"A campanha na França"
e outros relatos de viagem

FUNDAÇÃO EDITORA DA UNESP

Presidente do Conselho Curador
Mário Sérgio Vasconcelos

Diretor-Presidente
Jézio Hernani Bomfim Gutierre

Superintendente Administrativo e Financeiro
William de Souza Agostinho

Conselho Editorial Acadêmico
Danilo Rothberg
Luis Fernando Ayerbe
Marcelo Takeshi Yamashita
Maria Cristina Pereira Lima
Milton Terumitsu Sogabe
Newton La Scala Júnior
Pedro Angelo Pagni
Renata Junqueira de Souza
Sandra Aparecida Ferreira
Valéria dos Santos Guimarães

Editores-Adjuntos
Anderson Nobara
Leandro Rodrigues

JOHANN WOLFGANG VON GOETHE

"A campanha na França" e outros relatos de viagem

Coordenação da série
Mario Luiz Frungillo

Organização, tradução, apresentação e notas
Mario Luiz Frungillo

© 2021 Editora Unesp

Títulos originais:
Briefe aus der Schweiz ("Cartas da Suíça")
Auszüge aus einem Reise-Journal ("Excertos de um diário de viagem")
Aus meinem Leben ("A campanha na França")
Belagerung von Mainz ("O cerco de Mainz")
Aus einer Reise in die Schweiz über Frankfurt, Heidelberg, Stuttgart und Tübingen im Jahre 1797 ("De uma viagem à Suíça no ano de 1797, com passagens por Frankfurt, Heidelberg, Stuttgart e Tübingen")
Über Kunst und Altertum in den Rhein und Main Gegenden ("Sobre arte e antiguidade nas regiões do Reno e do Meno")
Sankt Rochus Fest zu Bingen ("A festa de São Roque em Bingen")

Direitos de publicação reservados à:

Fundação Editora da Unesp (FEU)
Praça da Sé, 108
01001-900 – São Paulo – SP
Tel.: (0xx11) 3242-7171
Fax: (0xx11) 3242-7172
www.editoraunesp.com.br
www.livrariaunesp.com.br
atendimento.editora@unesp.br

Dados Internacionais de Catalogação na Publicação (CIP) de acordo com ISBD
Elaborado por Vagner Rodolfo da Silva – CRB-8/9410

G599c
    Goethe, Johann Wolfgang von
        "A campanha na França" e outros relatos de viagem / Johann Wolfgang von Goethe ; traduzido por Mario Luiz Frungillo. – São Paulo: Editora Unesp, 2021.

        Tradução de: Briefe aus der Schweiz; Auszüge aus einem Reise-Journal; Aus meinem Leben; Belagerung von Mainz; Aus einer Reise in die Schweiz über Frankfurt, Heidelberg, Stuttgart und Tübingen im Jahre 1797; Über Kunst und Altertum in den Rhein und Main Gegenden; Sankt Rochus Fest zu Bingen
        ISBN: 978-65-5711-026-3

        1. Viagens. 2. Relato de viagem. 3. Narrativa de viagem. I. Frungillo, Mario Luiz. II. Título.

2021-637   CDD 910.4
                                                                                      CDU 913

Editora afiliada:

Asociación de Editoriales Universitarias de América Latina y el Caribe

Associação Brasileira de Editoras Universitárias

Johann Wolfgang von Goethe não deve sua fama como gênio universal apenas à sua obra literária. Homem de múltiplos talentos e interesses, dedicou-se também à reflexão sobre a literatura e as artes e a estudos e pesquisas no campo das ciências da natureza. Mas, se sua obra literária é bastante divulgada e conhecida, as obras não literárias, de importância fundamental para quem queira conhecer o autor e sua época mais a fundo, ainda são de conhecimento restrito aos especialistas.

O objetivo desta coleção é oferecer ao leitor brasileiro um acesso tão amplo quanto possível à variedade de sua obra não literária. Ela foi planejada em três grandes seções, tendo como abertura as *Conversações com Goethe* de Johann Peter Eckermann. A primeira seção reunirá as principais obras de caráter autobiográfico e os relatos de viagem, a segunda será dedicada aos escritos de estética, e a terceira, às suas incursões no campo das ciências da natureza.

Sumário

Apresentação . *11*

Cartas da Suíça . *15*
   Primeira parte . *15*
   Segunda parte . *30*

Excertos de um diário de viagem . *83*
   1. O santuário de Santa Rosália . *83*
   2. Sobre a teoria das artes figurativas . *87*
      Arquitetura . *87*
      O material da arte figurativa . *90*
   3. Medida das horas dos italianos . *91*
   4. Papéis femininos representados por homens no teatro romano . *93*
   5. Nápoles . *97*
      Notícias histórico-críticas da Itália, de Volkmann. Terceiro volume . *97*
   6. A *História Natural* de Plínio. Terceiro livro, quinto capítulo . *103*
      O prazer de viver do povo em Nápoles e seus arredores . *104*
   7. Imitação simples da natureza, maneira, estilo . *107*
      Imitação simples da natureza . *107*
      Maneira . *108*
      Estilo . *109*
   8. Do arabesco . *111*

9. História natural . *115*

    Canto popular . *117*

10. História natural (Resposta) . *137*

A campanha na França, 1792 (De *Minha vida*, segunda seção, quinta parte) . *141*

Eu também na Champanhe! . *141*

Digressão . *258*

O cerco de Mainz . *317*

    Lacuna . *333*

De uma viagem à Suíça no ano de 1797, com passagens por Frankfurt, Heidelberg, Stuttgart e Tübingen . *353*

À guisa de introdução . *353*

    Excertos de cartas enviadas a Meyer em Florença e Stäfa pouco tempo antes de minha partida . *353*

Frankfurt . *363*

    Jornais italianos . *366*

    Primeiro cenário . *372*

    Descrição de algumas personalidades do Teatro de Frankfurt . *372*

    Ainda sobre os franceses e seu modo de ser . *390*

De Frankfurt a Heidelberg . *390*

De Heidelberg para Stuttgart, passando por Heilbronn e Ludwigsburg . *395*

    Algumas observações sobre a produção de vitrais . *418*

De Stuttgart a Tübingen . *430*

    Ao duque de Weimar . *434*

    Sobre a produção de vitrais (continuação) . *439*

    A Schiller . *441*

De Tübingen a Schaffhausen . *445*

    Schaffhausen e as cataratas do Reno . *451*

    O castelinho de Wörth . *455*

De Schaffhausen a Stäfa . *459*

    Ao conselheiro privado Voigt . *463*

"A campanha na França" e outros relatos de viagem

Amintas . *465*
    A Schiller . *467*
Ida e volta de Stäfa ao São Gotardo . *473*
    A Schiller . *494*
    Ao sr. conselheiro privado Voigt . *497*
    Ao duque de Weimar . *499*
    Ao sr. Cotta em Tübingen . *500*
Eufrosina . *501*
    Ao sr. conselheiro privado Voigt . *511*
    Ao sr. conselheiro-chefe do consistório Böttiger . *512*
    A Schiller . *514*
    A Schiller . *518*
    A Schiller . *521*

Sobre arte e Antiguidade nas regiões do Reno e do Meno . *523*
    Colônia . *523*
    Bonn . *536*
    Neuwied . *539*
    Koblenz . *540*
    Mainz . *541*
    Biberich . *543*
    Wiesbaden . *544*
    Frankfurt . *546*
        Suplemento a Frankfurt . *565*
    Offenbach . *569*
    Hanau . *570*
    Aschaffenburg . *576*
    Darmstadt . *577*
    Heidelberg . *581*

A festa de São Roque em Bingen . *611*
    Em 16 de agosto de 1814 . *611*
    Dias de outono em Rheingau (Suplemento de *A festa de São Roque*, 1814) . *639*

Apresentação

Mario Luiz Frungillo

Ao lado de *Poesia e verdade*, os relatos de viagem formam um importante conjunto de escritos autobiográficos de Goethe. Entre eles, nenhum tem extensão, abrangência e significado comparáveis aos da *Viagem à Itália*. A estada de Goethe naquele país não só teve importância fundamental para o desenvolvimento de sua carreira de escritor em particular, como também para o da própria literatura alemã em geral. No entanto, é inegável que as demais viagens ensejaram contribuições relevantes na trajetória do autor, mesmo se reconhecidas as diferenças dos motivos que as determinaram e das circunstâncias em que foram empreendidas.

Os relatos que compõem este volume estão organizados cronologicamente, segundo a época em que as viagens foram realizadas. Alguns deles se constituem de diários e cartas escritos durante a própria viagem; outros, porém, foram redigidos muitos anos depois dos acontecimentos neles narrados, tendo o autor recorrido não apenas às próprias anotações, como também às de terceiros, e mesmo a materiais consultados em bibliotecas.

Goethe fez três viagens à Suíça. A primeira delas, em 1795, durante uma crise causada pelas dúvidas em relação a seu noivado com Lili Schönemann. Os trechos dos diários dessa viagem não foram incluídos neste volume, não apenas por não terem sido escritos com vistas à publicação, mas também porque foram integralmente utilizados pelo autor para a composição do relato dessa viagem em *Poesia e verdade*, obra já publicada pela Editora Unesp.

Johann Wolfgang von Goethe

O primeiro dos textos aqui reunidos, *Cartas da Suíça*, é dividido em duas partes. A primeira é uma peça de ficção, composta de cartas do jovem Werther referentes a sua estada na Suíça em uma época anterior aos acontecimentos narrados no famoso romance da juventude de Goethe. A data da composição dessa primeira parte remonta ao ano de 1796, mas se estende por um longo tempo. O texto foi revisto em 1807, antes de sua publicação. A segunda parte trata da viagem de Goethe em 1797, em companhia do duque Carl August, do camareiro Johann Konrad Wagner, do cavalariço Hermann Blomberg e do criado Philipp Seidel. Inicialmente, planejavam visitar a mãe de Goethe em Frankfurt e parentes do duque em Düsseldorf e Darmstadt. Porém, antes da chegada a Frankfurt, decidiram mudar de rumo e viajar para a Suíça. O relato dessa viagem foi inicialmente redigido para leitura no círculo de Goethe em Weimar, e não abarca todo o itinerário percorrido. Foi publicado em forma reduzida na revista *Horen*, de Schiller, em 1796. As duas partes reunidas apareceram pela primeira vez em livro em 1808.

Os *Excertos de um diário de viagem* são passagens do diário escrito por Goethe durante sua viagem à Itália que não foram incluídas no livro que a narra especificamente, com exceção do trecho inicial – reproduzido quase integralmente – e de algumas passagens que foram modificadas na redação final. Esse texto costuma ser incluído entre os escritos de estética, mas muitas vezes ao preço de ser desmembrado, com partes dele constando entre os escritos sobre arte, partes entre os escritos sobre literatura. Foi principalmente com o intuito de mantê-lo na forma integral de sua primeira publicação em dois números da revista *Teutscher Merkur* (1788-1789) que se decidiu por incluí-lo no presente volume.

A *Campanha na França* é possivelmente o relato mais conhecido entre os que foram aqui reunidos. Trata da campanha empreendida contra a Revolução Francesa por uma coalizão austro-prussiana, para a qual o duque Carl August, comandante de uma tropa reunida em Weimar para se integrar à da Prússia, convocou Goethe a acompanhá-la como observador. Goethe começou a escrever o relato em 1820, como parte de sua autobiografia, quase três décadas depois dos acontecimentos narrados. Embora tivesse ido como observador (muito a contragosto, aliás), quase não dispunha de material próprio, e teve de recorrer a um extenso estudo de fontes secundárias tomadas de empréstimo à biblioteca de Weimar. Serviu-se ainda dos diários do camareiro Johann Konrad Wagner e de informações que lhe foram fornecidas por terceiros. Os acontecimentos são, assim, vistos a uma considerável distância. Da mesma forma foi composto o relato *O cerco de Mainz*, que dá continuidade à *Campanha na França*, estendendo o relato até o ano de 1793.

A terceira viagem de Goethe à Suíça aconteceu em 1797. Inicialmente era planejada uma terceira viagem à Itália, onde se encontraria com o pintor e historiador da arte Johann Heinrich Meyer. A viagem, contudo, foi diversas vezes adiada, tanto em virtude dos muitos compromissos de Goethe em Weimar quanto dos acontecimentos de uma época conturbada. Quando Meyer adoeceu e decidiu retornar para Stäfa, sua cidade natal na Suíça, a viagem foi definitivamente cancelada, e Goethe decidiu-se por uma visita ao amigo. A versão publicada do relato dessa viagem não foi redigida pelo próprio Goethe. Trata-se de um texto póstumo, organizado por Eckermann a partir de trechos do diário de Goethe.

Depois do fim das guerras de libertação e do término da era napoleônica, Goethe empreendeu, nos anos de 1814 e 1815, duas viagens às regiões do Reno e do Meno. Ali seu interesse se voltou sobretudo às coleções de história natural existentes em diversas localidades. *Sobre arte e Antiguidade nas regiões do Reno e do Meno* surgiu como um memorando à administração cultural prussiana, que lhe foi sugerido pelo Barão von Stein, membro do conselho central que administrava as regiões do Reno ainda sem governo depois da libertação, com o objetivo de convencer as autoridades da importância da preservação dos tesouros artísticos dos antigos territórios sob domínio eclesiástico – então sob os cuidados de colecionadores particulares. O encontro com os irmãos Boissérée despertou também seu interesse pela pintura alemã e flamenga antiga, bem como pela arquitetura da Catedral de Colônia, como se pode verificar na seção intitulada "Heidelberg", dedicada aos tesouros recolhidos na coleção de arte dos irmãos Boisserée, que à época viviam naquela cidade. O texto foi publicado como primeiro volume da revista *Kunst und Altertum*, em 1816.

Da mesma época, *A festa de São Roque em Bingen* foi publicado em 1817 no segundo volume da mesma revista. O texto descreve a festa na capela de São Roque em Bingen em 1814, a primeira depois do fim do domínio francês.

Johann Wolfgang von Goethe

Embora forme um conjunto heterogêneo, a reunião desses escritos menores de viagem, além de constituir um complemento importante de seus textos autobiográficos, nos dá também uma ideia da grande variedade de interesses e da permanente atividade intelectual de Goethe. A sombra das guerras e revoluções paira sobre boa parte das recordações reunidas nestes relatos, mas, mesmo nas situações mais adversas, como na desastrosa campanha na França, nós o vemos recolhendo dados para seus estudos sobre a luz e as cores. E, nos escritos posteriores a esse período, podemos observá-lo preocupado com a preservação de tesouros artísticos e monumentos, e com sua necessária institucionalização.

A tradução foi feita sobre a edição organizada por Klaus-Detlef Müller, *Campagne in Frankreich, Belagerung von Mainz, Reiseschriften* (Frankfurt: Deutscher Klassiker Verlag, 1994), com exceção de *Fragmentos de um diário de viagem*, que se encontra no volume *Ästhetische Schriften 1771-1805*, organizado por Friedmar Apel (Frankfurt: Deutscher Klassiker Verlag, 1998). As notas foram em parte adaptadas dessas edições, em parte completadas com a consulta a fontes diversas.

Cartas da Suíça[1]

Primeira parte

Há alguns anos, quando nos foram entregues cópias das cartas que vêm a seguir, afirmaram-nos que as haviam encontrado entre os papéis de Werther, e nos disseram ter conhecimento de que ele estivera na Suíça antes de travar relações com Lotte. Jamais vimos os originais e, de resto, não queremos de modo algum nos antecipar aos sentimentos e julgamento dos leitores: pois, seja como for, não será sem simpatia que se poderá fazer a leitura delas.[2]

Quanta repulsa sinto ao reler minhas descrições! Apenas teu conselho, teu apelo, tua ordem podem levar-me a fazê-lo. Quantas descrições dessas coisas eu não havia lido antes de vê-las! Acaso me ajudaram a formar uma imagem, uma ideia qualquer? Em vão minha fantasia tentou evocá-las, em

---

1 Título original: *Briefe aus der Schweiz*. Primeira publicação em 1808.

2 As cartas não têm data nem destinatário. A hipótese mais imediata seria que se trata de Wilhelm, o amigo a quem são endereçadas as cartas no romance *Os sofrimentos do jovem Werther*. A afirmação de nunca ter visto o original parece deixar aberta uma dúvida sobre a autenticidade dessas cartas, enquanto, por outro lado, algumas passagens parecem fazer referência ao romance. Contudo, é interessante notar que elas contêm referências não só às cartas do próprio Goethe que compõem a segunda parte, como também a outras obras do autor.

vão meu espírito tentou pensar em alguma coisa durante a leitura. Agora estou aqui, contemplo essas maravilhas, e que efeito isso tem sobre mim? Não penso nada, não sinto nada, e gostaria tanto de pensar e sentir algo. Esse magnífico panorama me excita no mais fundo de meu ser, instiga-me a agir, e que posso fazer, que faço eu? Sento-me, escrevo e descrevo. Boa viagem, minhas descrições! Enganem meu amigo, deixem-no acreditar que faço alguma coisa, que ele vê e lê alguma coisa...

Então os suíços são livres? Livres, esses burgueses abastados em suas cidades fechadas? Livres, esses pobres-diabos em seus penhascos e rochedos? Do que não se pode convencer as pessoas, em especial quando se preserva *in spiritus* uma lenda tão antiga! Bastou se livrarem de um tirano e já se imaginaram livres; mas o querido sol, operando uma singular ressurreição, criou-lhes da carcaça do opressor um enxame de pequenos tiranos; eles, contudo, continuam a repisar a velha lenda, nós a ouvimos até a saciedade: um dia eles se libertaram e ficaram para sempre livres; agora ficam ali, atrás de seus muros, enredados em seus costumes e leis, seu palavrório de comadres e seu filistinismo, enquanto lá fora, nos rochedos, talvez também valha a pena falar de liberdade, uma vez que a neve os mantém prisioneiros por metade do ano, como a uma marmota.[3]

Ai, como é horrível ver uma obra humana como essa, uma obra humana contingente, péssima, uma cidadezinha negra, um monte de ripas e pedras bem no meio da natureza grandiosa, magnífica![4] Grandes calhaus e outras pedras sobre os telhados, para que o temporal não lhes arranque o triste

---

3 A liberdade dos suíços é quase um lugar-comum no século XVIII, presente nas obras de diversos autores. Aqui também se faz referência à lenda de Guilherme Tell, o herói nacional suíço, que no século XIII matou o tirânico governador Hermann Gessler, da casa dos Habsburgo. Sua rebelião teria levado à independência da Suíça.

4 Veja, na segunda parte, a carta datada de Leuk (10 de novembro), às 10 horas: "Tivemos de subir mais uma colina, e então logo descortinamos lá embaixo o Valais aberto e a feia cidade de Leuk. Essas cidadezinhas, em sua maioria, são como que cosidas à montanha, os tetos são revestidos desgraciosamente de ripas grosseiras, fendidas, que as intempéries enegrecem e recobrem de musgo".

teto de sobre suas cabeças, e a sujeira, o estrume! E os idiotas maravilhados! – Onde quer que reencontremos as pessoas, logo queremos fugir delas e de suas obras lastimáveis.

Que existam nos seres humanos tantas predisposições intelectuais que eles não podem desenvolver ao longo da vida, e que apontam para um futuro melhor, uma existência harmônica, nisso estamos de acordo, meu amigo, e também não posso renunciar ao meu outro devaneio, ainda que por isso você já tenha muitas vezes me chamado de extravagante. Temos também a intuição das predisposições físicas a cujo desenvolvimento temos de renunciar nesta vida: é o que acontece, sem dúvida, com o voo. Assim como as nuvens, ao passar sobre minha cabeça lá no alto, sempre me despertaram o desejo de segui-las para terras estrangeiras, também agora corro o risco de que, ao passar ao meu lado no pico de um rochedo, elas me levem consigo. Que vontade de me lançar no espaço infinito, pairar sobre os terríveis abismos e pousar sobre um rochedo inacessível! Com que anseio eu respiro fundo e ainda mais fundo quando a águia paira nas profundezas azul-escuras sob mim, sobre rochedos e bosques e, acompanhado pela fêmea, o macho descreve, em suave harmonia, grandes círculos ao redor do pico ao qual confiou seu ninho e seus filhotes. E a mim não restará senão rastejar para alcançar as alturas, colar-me ao rochedo mais elevado como se fosse ao chão e, tendo penosamente chegado ao meu destino, agarrar-me a ele cheio de temor, apavorar-me à ideia de voltar e tremer de medo da queda?[5]

Mas com que estranhas singularidades nascemos! Que vago anseio atua em nós! que estranha oposição há entre a imaginação e as disposições fí-

---

5 No romance *Os sofrimentos do jovem Werther*, na carta de 18 de agosto, lê-se: "Ah, naquele tempo, quantas vezes desejei que as asas do grou, que voava sobre minha cabeça, me transportassem até as margens do mar incomensurável, para que pudesse beber, na taça espumante do infinito, a palpitante alegria da vida, e sentir em mim, criatura frágil e limitada, por um momento apenas, uma gota da bem-aventurança daquele Ser supremo que cria todas as coisas em Si e por Si mesmo". (Goethe. *Os sofrimentos do jovem Werther*. Tradução de Marion Fleischer. São Paulo: Martins Fontes, 2000, p.65.)

sicas! Peculiaridades de minha primeira juventude voltam a se manifestar. Quando percorro um longo caminho e meu braço balança ao longo do corpo, de repente fecho o punho, como se agarrasse uma lança, atiro-a não sei contra quem, não sei contra o quê; então uma flecha me atinge e perfura meu coração; levo a mão ao peito, sinto uma indizível doçura e, logo depois, volto ao meu estado normal. De onde me vem essa visão? Que significa ela e por que se repete sempre exatamente com as mesmas imagens, o mesmo movimento do corpo, a mesma sensação?

Sempre me dizem que as pessoas que me viram pelo caminho não estão muito satisfeitas comigo. Acredito de bom grado, pois a mim também nenhuma delas trouxe qualquer satisfação. Sei lá por que isso acontece! Por que qualquer sociedade me oprime, por que a cortesia me causa desconforto, por que não me interessa o que me dizem, por que o que me mostram ou me é indiferente ou me provoca emoções contrárias ao esperado? Se vejo uma paisagem desenhada ou pintada, sou tomado de uma inquietação indescritível. Os dedos de meus pés começam a se contrair dentro dos sapatos, como se quisessem agarrar o chão, os dedos das mãos se agitam de modo convulsivo, mordo os lábios e, seja ou não conveniente, procuro fugir à companhia das pessoas, sento-me em algum lugar desconfortável diante da natureza magnífica, procuro capturá-la com os olhos, transpassá-la, e diante dela encho de rabiscos uma folhinha que nada representa, mas tem para mim um valor infinito, pois me traz à lembrança um momento feliz, cuja bem-aventurança me proporcionou esse exercício canhestro. Que é isto, esse estranho anseio de ir da arte à natureza e da natureza de volta à arte? Se prenuncia um artista, por que me falta a constância? Se me chama ao gozo, por que não posso alcançá-lo? Recentemente nos enviaram um cesto de frutas; fiquei encantado como que diante de uma visão celestial; essa riqueza, essa plenitude, essa variedade e semelhança! Não conseguir colher um único bago, apanhar um pêssego, um figo. Sem dúvida esse gozo do olhar e do sentido interior é mais elevado, mais digno do ser humano, é talvez o desígnio da natureza, ainda que as criaturas famintas e sedentas creiam que a natureza se esgotou em prodígios apenas para lhes satisfazer o palato. Ferdinand veio e me encontrou imerso em reflexões; ele me deu razão e disse então, sorrindo com um suspiro profundo: "Sim, não somos dignos de destruir esses magníficos produtos da natureza, seria de fato uma pena! Permita-me enviá-los à minha amada". Com que prazer vi levarem o cesto dali! Como amei Ferdinand! Quanto lhe agradeci pelo sentimento que despertou em mim, pelas luzes que me acendeu! Sim, devemos conhecer o belo, devemos contemplá-lo com arrebatamento e procurar nos elevar à altura dele, de sua natureza; e para conseguir isso temos de nos manter desprendidos, não devemos nos apropriar dele, devemos de preferência entregá-lo, sacrificá-lo aos que nos são caros e importantes para nós.

Quanto nos educam em nossa juventude! Temos de nos desvencilhar ora desta, ora daquela rudeza e, no entanto, as rudezas são na maior parte das vezes apenas recursos dos quais o ser humano se vale ao longo da vida. O quanto não atormentam um menino no qual se descobre uma centelha de vaidade! E que criatura miserável não é o homem quando se despe de toda a vaidade! Quero dizer a você como cheguei a essas reflexões: anteontem se juntou a nós um jovem extremamente desagradável tanto para mim quanto para Ferdinand. Seus pontos fracos eram tão evidentes, sua nulidade tão gritante, sua preocupação com a aparência tão notória, nós o sentimos tão inferior a nós, mas em toda parte ele era mais bem recebido que nós. Entre outros absurdos, ele vestia um colete de cetim vermelho tão apertado no pescoço que mais parecia a fita de alguma insígnia. Não pudemos deixar de zombar dessa tolice; ele suportou tudo, tirou o melhor partido de tudo e decerto se riu em segredo de nós. Pois tanto o anfitrião quanto a anfitriã, o cocheiro, os criados, as criadas e até mesmo alguns passageiros se deixaram enganar por esses falsos ornamentos, trataram-no com maior cortesia que a nós, serviram-no primeiro que a todos os outros e, para nossa maior humilhação, nos demos conta de que as belas donzelas da casa não paravam de lhe dirigir olhares furtivos. Por fim, tivemos de dividir em partes iguais a conta que seus fumos de grandeza tornaram mais alta. Quem foi que fez papel de bobo? Ele é que não!

Há algo de belo e edificante nos símbolos e máximas que se veem por aqui afixados sobre todas as lareiras. Aqui você tem o desenho de uma dessas imagens instrutivas que me atraiu em especial. Um cavalo preso a um poste pela pata traseira pasta ao redor tão longe quanto a corda lhe permite. Embaixo está escrito: "Deixe-me apanhar ali minha modesta porção de alimento". Assim decerto vai ser comigo quando eu voltar para casa, como o cavalo no moinho, para cumprir meus deveres segundo a vontade de vocês e, como o cavalo em cima da lareira aqui, receber em troca uma ração bem medida para minha subsistência. Sim, eu voltarei, e o que espera por mim decerto compensa o esforço de escalar o alto dessas montanhas, de caminhar ao léu por esses vales e ver esse céu azul, ver que existe uma natureza cuja existência se deve a uma necessidade muda, eterna, e que é desprovida de carências e sentimentos, que é divina, ao passo que nós temos de prover nossas tristes carências em vilarejos e cidades e, a par disso, submeter tudo a um arbítrio indecifrável ao qual damos o nome de liberdade.

Sim, subi a Furka e o São Gotardo! Guardarei para sempre em minha mente essas sublimes e incomparáveis cenas da natureza; sim, li a história romana, apenas para sentir vivamente, por comparação, que não passo de um pobre coitado.

Nunca como nesses últimos dias foi tão evidente para mim que eu poderia ser feliz na estreiteza, que poderia ser tão feliz quanto qualquer outro se dominasse algum ofício, um ofício agitado, mas que não tivesse consequências para o dia seguinte, que exigisse empenho e determinação no momento, sem exigir cuidados e considerações. Qualquer artesão me parece ser o mais feliz dos homens: o que ele tem de fazer, está dito; o que tem de realizar, está decidido. Ele não reflete sobre a tarefa que lhe é imposta, trabalha sem pensar, sem esforço e sem precipitação, mas com aplicação e amor, como um pássaro que faz seu ninho, uma abelha que faz sua colmeia; está apenas um degrau acima do animal e é um homem por inteiro. Como invejo o oleiro diante de sua roda, o marceneiro detrás de sua bancada![6]

---

6 Em anotação datada de 17 de julho de 1779 do diário de Goethe, lê-se: "Invejamos qualquer pessoa que vemos presa à sua roda de oleiro, quando diante de nós vemos surgir sob suas mãos, segundo sua vontade, ora um pote, ora uma tigela".

"A campanha na França" e outros relatos de viagem

A agricultura não me agrada, essa atividade primeva e necessária dos seres humanos me repugna; imitamos a natureza que espalha suas sementes por toda parte, mas queremos produzir um fruto específico em um campo determinado. As coisas, porém, se passam de um modo diferente; a erva daninha cresce com força, o frio e a umidade danificam a semeadura e o granizo a destrói. O pobre agricultor espera o ano inteiro para saber o que as cartas decidirão sobre as nuvens, se seu lance ganhará ou perderá. Uma situação tão incerta e ambígua talvez esteja em conformidade com o ser humano, com sua letargia, uma vez que não sabemos de onde viemos e para onde vamos. Pode ser também que seja aceitável confiar nossos esforços ao acaso, pois quando as coisas vão muito mal os vigários têm a oportunidade de invocar seus deuses e estabelecer uma conexão entre os pecados de sua comunidade e os fenômenos naturais.

Pois então não tenho nada de que censurar Ferdinand! Também a mim estava reservada uma doce aventura. Aventura? Por que uso uma palavra tão tola, não há nada de aventuroso na doce atração que impele uma pessoa para outra. Nossa vida burguesa, nossas relações falsas, essas é que são as aventuras, essas é que são as aberrações, e, contudo, nos parecem tão conhecidas, tão familiares quanto tios e tias!

Tínhamos sido apresentados à família do sr. Tüdou e nos sentimos muito felizes em sua casa; é uma gente rica, de coração aberto, animada, que de um modo despreocupado e decente goza, com seus filhos, da felicidade do dia, de suas posses, de sua situação magnífica. Nós jovens não precisamos, como costuma acontecer em tantas casas austeras, nos sacrificar na mesa de jogo para agradar aos mais velhos. Foram antes os velhos, o pai, a mãe e a tia, que vieram se juntar a nós quando propusemos alguns joguinhos nos quais se combinavam o acaso, a inteligência e o engenho. Eleonore (pois preciso em algum momento dizer seu nome), a segunda filha, cuja imagem ficará para sempre em minha mente – uma figura esbelta, delicada, de formas puras, olhos alegres, de uma cor pálida que em moças dessa idade antes encanta que assusta, pois é indício de uma enfermidade curável, é em tudo e por tudo uma presença incrivelmente agradável. Parecia alegre e viva, e era tão bom estar com ela. Logo, ou devo dizer, de imediato, já na primeira noite, Eleonore se aproximou de mim, sentou-se ao meu lado e, quando o jogo nos separava, ela encontrava um modo de me reen-contrar.[7] Eu estava alegre e feliz; a viagem, o bom tempo, o lugar, tudo contribuía para me despertar uma alegria gratuita, quase diria despreocu-pada; eu a recebia de qualquer um e a passava para qualquer um, até mesmo Ferdinand pareceu se esquecer por um momento de sua predileta. Já está-vamos cansados de passar de um jogo a outro quando, finalmente, chega-mos ao do matrimônio, que é um jogo em si bastante divertido.[8] Os nomes dos homens e das mulheres são dispostos em dois chapéus e o casamento entre eles é sorteado ao acaso. A cada um que é sorteado, uma pessoa do grupo faz, por sua vez, um poema. Os nomes de todas as pessoas do grupo, pai, mãe, tias, tinham de ser postos no chapéu, os de todas as pessoas im-portantes de seu círculo que conhecíamos, e para aumentar o número de candidatos ainda pusemos os das pessoas mais conhecidas das esferas política e literária. Começamos, e logo foram sorteados alguns casais im-portantes. Nem todos conseguiam fazer seus versos de imediato. Ela, Ferdinand, eu e uma das tias que sabe fazer uns versos graciosos em francês logo começamos a nos revezar no papel de secretários. A inspiração era quase sempre boa e os versos, satisfatórios; os dela sobretudo tinham uma naturalidade que os fazia se destacar entre os dos outros; um fraseado feliz, sem ser especialmente espirituoso; um gracejo sem zombaria e boa vontade para com todos. O pai ria com gosto e irradiava alegria quando reconhecía-mos que os versos da filha eram os melhores ao lado dos nossos. Nosso aplauso ilimitado o deixava imensamente feliz, nós a louvávamos como

---

7 Na primeira carta (4 de maio de 1771) do romance *Os sofrimentos do jovem Werther*, com ligeira discrepância no nome da personagem, lê-se: "A pobre Leonora! No entanto, eu não sou culpado! Cabe-me alguma culpa, se em seu pobre coração cresceu uma paixão, enquanto eu encontrava uma distração agradável nas en-cantadoras extravagâncias da irmã? Contudo, estarei mesmo totalmente isento de culpa? Não terei alimentado seus sentimentos? Não senti prazer perante as expressões sinceras de sua natureza, que tantas vezes nos fizeram rir, embora não fossem motivo para riso?" (Goethe, op. cit., p.7).

8 Goethe descreve jogos semelhantes nos livros sexto e décimo quinto de *Poesia e verdade*. Cf. Goethe. *De minha vida: Poesia e verdade*. Tradução de Maurício Mendonça Cardozo. São Paulo: Editora Unesp, 2017, p.280-1, 793-4.

quem exalta o inesperado, como quando louvamos o autor que nos seduziu. Por fim, chegou também minha vez, e o céu me reservou uma sorte honrosa; ninguém menos do que a imperatriz da Rússia me foi destinada como esposa. Todos riram com gosto, e Eleonore afirmou que umas bodas tão solenes tinham de ser cantadas por todos os presentes. Todos puseram mãos à obra, alguns mordiscavam as penas, ela foi a primeira a terminar, mas queria ser a última a ler. A mãe e uma tia não conseguiram produzir nada, e embora o pai fosse um pouco direto demais, Ferdinand, malicioso e a tia, reservada, tudo deixava transparecer amizade e boa vontade. Enfim chegou sua vez de ler; ela respirou fundo, a alegria e a liberdade a abandonaram, não leu os versos, apenas os sussurrou e os pôs à minha frente junto com os outros; fiquei espantado, assustado: assim se abre o broto do amor em toda a sua grande beleza e modéstia! Senti como se uma primavera inteira derramasse de uma vez sobre mim seus brotos. Todos se calaram; Ferdinand não perdeu a presença de espírito e exclamou: "Belo, muito belo, ele merece tão pouco o poema quanto um império". "Se pelo menos nós o tivéssemos entendido", disse o pai; pediram-me que o lesse mais uma vez. Até aquele momento meus olhos repousavam sobre aquelas lindas palavras, um arrepio me percorreu da cabeça aos pés, Ferdinand percebeu meu constrangimento, tomou-me a folha de papel das mãos e leu; ela mal o deixou terminar e já sorteara outro par. O jogo não durou muito tempo mais, e a refeição foi servida.

Devo ou não devo? É bom ocultar algo de você, a quem digo tanto, a quem digo tudo? Devo silenciar sobre algo importante ao mesmo tempo que o ocupo com tantas ninharias que sem dúvida ninguém leria a não ser você, que tem por mim uma predileção tão grande, tão extraordinária, ou devo silenciar sobre algo porque poderia lhe dar de mim uma ideia falsa, ruim? Não! você me conhece melhor do que eu mesmo me conheço, e me corrigirá quando eu fizer algo de que não me julgue capaz, não me poupará quando eu merecer repreensão, me orientará e guiará quando minhas idiossincrasias me desviarem do caminho certo.

Minha alegria, meu encanto pelas obras de arte quando são verdadeiras, quando são expressões imediatas e engenhosas da natureza, proporcionam a maior das alegrias a todo proprietário, a todo aficionado. Aqueles que se chamam conhecedores nem sempre compartilham de minhas opiniões, mas, se estou feliz, pouco me importa a erudição deles. A natureza viva não se imprime vivamente no olhar, as imagens não se fixam em meu cérebro, não se embelezam e se alegram olhar e cérebro ao se encontrarem com as imagens da arte embelezadas pelo espírito humano? Eu confesso a você: a causa de meu amor pela natureza, de minha paixão amorosa pela arte até agora foi a natureza ter surgido diante de meus olhos, tão bela, tão bela, tão resplandecente e tão encantadora que o impulso do artista de imitá-la, o impulso imperfeito, me arrebatava quase como um modelo perfeito. São as obras de arte sentidas, cheias de espírito, que me encantam. A criação fria, que se encerra no círculo limitado de certa maneira mesquinha, de certo esforço insignificante, é de todo insuportável para mim. Por aí você pode ver que minha alegria, meu gosto, até agora só foram despertados por aquelas obras de arte cujos objetos naturais me eram conhecidos, que eu podia comparar com minhas experiências. Paisagens rurais, com o que vive e medra nelas, flores e frutos, igrejas góticas, um retrato feito imediatamente segundo a natureza, isso eu podia reconhecer, sentir e, se você quiser, em certa medida julgar. O excelente M*** se alegrava com meu modo de ser e, sem que eu o levasse a mal por isso, se divertia comigo. Nessa matéria ele tem uma visão muito mais ampla do que a minha, e para mim é preferível que zombem instrutivamente de mim do que me louvem de modo estéril. Ele percebeu o que me chamava a atenção de imediato e, depois de algum tempo de convivência, não me escondia que naquilo que me encantava poderia haver ainda algumas coisas dignas de ser apreciadas e que só o tempo me revelaria. Mas agora deixo isso de lado e quero, mesmo que minha pena tenha de fazer muitos rodeios, abordar o assunto que preciso confiar a você, ainda que com certa relutância. Posso vê-lo em seu gabinete, no jardinzinho de sua casa, onde abrirá esta carta e a lerá, enquanto fuma seu cachimbo. Será que seus pensamentos poderão me acompanhar neste mundo aberto e variado? Será que as relações e as condições serão compreensíveis à sua imaginação? E será que continuará a ter a mesma indulgência por um amigo ausente que sempre teve em minha presença?

Depois de me conhecer mais de perto, e depois de me considerar digno de apreciar pouco a pouco obras melhores, aquele amigo das artes trouxe-

-me, não sem fazer um ar de mistério, uma caixa que, aberta, me mostrou uma Dânae em tamanho natural recebendo em seu regaço a chuva de ouro.[9] Admirei-me da imponência dos membros, da magnificência da postura e da atitude, da grande delicadeza e do tratamento engenhoso do mais sensual dos motivos; contudo, limitei-me a observar a obra. Ela não me provocava aquele encanto, aquela alegria, aquele indizível prazer. Meu amigo, que me dizia muitas coisas a respeito dos méritos daquela imagem, não percebia, mergulhando em seu próprio encantamento, minha frieza e estava feliz por me fazer ver, por meio daquele esplêndido quadro, as superioridades da escola italiana. A visão daquele quadro não me fez feliz, mas me deixou inquieto. Como!, eu dizia para mim mesmo, em que caso excepcional nos encontramos nós, pessoas limitadas por nossa condição burguesa? Um rochedo coberto de musgo, uma cachoeira me prende o olhar por tanto tempo, e os conheço de cor; suas alturas e profundezas, suas luzes e sombras, suas cores, meios-tons e reflexos, tudo se apresenta ao meu espírito todas as vezes que eu quiser, tudo vem ao meu encontro com tanta vivacidade a partir de uma imitação; e da obra-prima da natureza, do corpo humano, da coerência, da consonância da construção de seus membros tenho apenas uma ideia geral, que na verdade não é ideia nenhuma. Minha imaginação não é capaz de representar para mim essa construção magnífica, e quando a arte a oferece a mim, não estou em condições nem de sentir algo nem de julgar o quadro. Não! Não quero permanecer por mais tempo nesse estado de obtusidade, quero imprimir em mim a forma humana como imprimo a forma das uvas e dos pêssegos.

Persuadi Ferdinand a tomar um banho no lago; que figura magnífica a de meu jovem amigo! Que simetria entre todas as partes! Que plenitude de forma, que esplendor de juventude, que grande ganho para mim ter en-

---

9 Dânae era filha de Acrísio, rei de Argos, e de Eurídice. Um oráculo predissera a Acrísio que ele seria morto por seu neto. A fim de evitar que Dânae tivesse um filho que cumprisse a profecia, Acrísio a aprisiona em uma torre de bronze. Mas Zeus, apaixonado pela jovem, entra na prisão sob a forma de uma chuva de ouro e a engravida de Perseu, o herói que matará Medusa. Durante os jogos comemorativos de seu feito, um disco ou, em outras versões, um dardo arremessado por Perseu atinge Acrísio acidentalmente, matando-o e cumprindo a profecia.

riquecido minha imaginação com esse espécime perfeito da natureza humana![10] Agora eu povoo as florestas, prados e montes com figuras tão belas; vejo-o como Adônis perseguido pelo javali,[11] como Narciso se espelhando na fonte![12]

Infelizmente ainda me falta Vênus a retê-lo, Vênus a chorar sua morte, a bela Eco a lançar um olhar para o jovem frio antes de desaparecer.[13] Decidi-me a, custasse o que custasse, ver uma jovem em estado natural, assim como vi meu amigo. Chegamos a Genebra. Não haveria em uma cidade grande como essa, eu pensei, alguma jovem que, por um certo preço, se exibisse para um homem? E não haveria dentre elas uma que fosse bela e dócil o bastante para oferecer uma festa aos meus olhos? Inquiri o criado, que se aproximou de mim, embora muito lentamente e de um modo astuto. Claro que não lhe disse nada a respeito de minhas intenções; ele podia pensar de mim o que quisesse, pois é preferível que nos tomem por depravados do que por ridículos. À noite ele me apresentou a uma velha; ela me

---

10 No livro décimo oitavo de *Poesia e verdade*, Goethe narra o escândalo causado por seus amigos, os irmãos Stolberg e Haugwitz, que o acompanharam em sua primeira viagem à Suíça, ao se banharem nus em um lago nas proximidades de Darmstadt. Cf. Goethe. *De minha vida: Poesia e verdade*, op. cit., p.875.

11 Adônis é um belo jovem disputado por Afrodite e Perséfone. Por determinação de Zeus, ele deve dividir seu tempo entre as duas, permanecendo quatro meses na terra com Afrodite e quatro meses no Hades com Perséfone. Os outros quatro meses ficaria livre. Mas Ares, ciumento de sua relação com Afrodite, tomando a forma de um javali selvagem, o persegue e mata diante da deusa, que transforma o sangue derramado em uma anêmona.

12 Narciso é um jovem de grande beleza que despertava o amor de homens e mulheres, o qual retribuía, porém, com um desprezo orgulhoso. Nêmesis, então, o castigou, fazendo-o apaixonar-se por si mesmo, ao ver sua imagem refletida em um lago. Entregue à própria contemplação, Narciso permaneceu às margens do lago até definhar e morrer. Depois de sua morte, foi transformado por Afrodite em flor.

13 Vênus (nome romano de Afrodite) chora a morte de Adônis. Eco é uma ninfa que distraía Hera contando-lhe histórias sem fim enquanto Zeus se entregava aos seus amores com as outras ninfas. Hera a castigou, tolhendo-lhe a fala e fazendo-a se limitar a repetir as últimas palavras que ouvia de alguém. Tendo se apaixonado por Narciso, este a desprezou, e Eco definhou de tristeza até que dela só restasse a voz.

recebeu com muita cautela e reservas: disse que em toda parte, e sobretudo em Genebra, é perigoso servir à juventude. Declarei-lhe de imediato que serviços eu lhe pedia. Saí-me bem com minha lorota, e a mentira fluiu sem dificuldade de minha boca. Eu era um pintor, esboçara paisagens que agora pretendia elevar a uma condição de cenário heroico acrescentando-lhe a imagem de belas ninfas. Disse-lhe as coisas mais despropositadas que ela já ouviu em sua vida. Ela balançou a cabeça e me garantiu: não seria nada fácil atender ao meu desejo. Uma jovem honrada dificilmente se prestaria a tanto, aquilo me custaria algum dinheiro, ela iria ver. "Como?", exclamei. "Uma jovem honrada se entrega a um homem estranho por um preço razoável?" "Sem dúvida." "E não há de querer se mostrar nua diante de seus olhos?" "De modo algum; para isso é necessária muita determinação." "Mesmo sendo bonita?" "Mesmo então. Enfim, vou ver o que posso fazer pelo senhor, que é um jovem bonito e educado pelo qual vale a pena despender alguns esforços."

Ela me deu uns tapinhas nos ombros e nas faces. "Sim", exclamou, "um pintor, deve ser mesmo um, pois o senhor não é nem velho nem distinto o bastante para precisar de uma cena dessas!" Disse-me para voltar no dia seguinte, e nos despedimos.

Hoje não posso evitar ir com Ferdinand a uma grande reunião social, e à noite me está reservada minha aventura. Será um belo contraste. Já conheço essa maldita sociedade, na qual as velhas senhoras exigem que joguemos com elas e as jovens, que flertemos com elas; onde temos de dar ouvidos ao erudito, venerar os sacerdotes, ceder o lugar ao aristocrata, na qual as muitas luzes mal iluminam uma figura sofrível que, além do mais, se esconde por trás de uma indumentária bárbara. Terei de falar francês, uma língua estrangeira que sempre nos faz parecer tolos, não importa o que façamos, pois através dela só podemos dar expressão ao que é trivial, só aos seus traços mais grosseiros e, além disso, hesitando e gaguejando.[14] Pois o que diferencia um imbecil de um homem refinado senão a peculiar

---

14 Goethe se refere às dificuldades de se expressar em francês no livro décimo primeiro de *Poesia e verdade*. Cf. Goethe. *De minha vida: Poesia e verdade*, op. cit., p.573-7.

rapidez e vivacidade com que este percebe a delicadeza e a conveniência do que tem diante de si e as exprime com facilidade, enquanto aquele a todo momento tem de recorrer, do mesmo modo como fazemos em uma língua estrangeira, a fórmulas prontas e surradas? Hoje quero suportar com serenidade a horrível diversão, na perspectiva da cena invulgar que me espera.

Minha aventura chegou a bom termo, inteiramente de acordo com meus desejos, superando meus desejos e, contudo, não sei se devo sentir-me feliz com ela ou se devo me recriminar. Não somos feitos para contemplar o belo com pureza, fazer o bem sem interesse próprio? Não se arreceie e ouça-me: não tenho do que me censurar, a visão não me tirou o autocontrole, mas minha imaginação está em chamas, meu sangue ferve. Oh, se eu já estivesse diante das grandes massas de gelo a fim de me esfriar! Não foi sem comoção que abandonei furtivamente a reunião, embrulhado em meu capote para ir ao encontro da velha. "E seu portfólio?", exclamou. "Desta vez não o trouxe. Hoje quero estudar apenas com os olhos." "Seus trabalhos devem ser muito bem pagos para poder custear estudos tão caros. Hoje o senhor não vai se escapar com uma pechincha. A moça pede ***, e por meus esforços o senhor não poderá pagar nada menos de *** (Perdoe-me não confessar o preço que paguei). Mas, em compensação, o senhor será tão bem servido quanto se possa desejar. Espero que me louve por minhas providências; um banquete para os olhos como esse jamais lhe foi oferecido antes e [...] as sensações são de graça."

Ela então me levou até um quartinho graciosamente mobiliado: um tapete limpo recobria o piso, em uma espécie de nicho havia uma cama muito asseada, ao lado da cabeceira um toucador com espelho, e nos pés um gueridom com um candelabro de três braços nos quais ardiam bonitas velas muito claras; também sobre o toucador ardiam duas velas. O fogo da lareira, já apagado, aquecera o quarto por inteiro. A velha me indicou uma poltrona disposta junto à lareira, de frente para a cama, e se afastou. Não demorou muito, e pela porta fronteira entrou uma linda mulher, alta, de belíssimas formas. Seus trajes não tinham nada de incomum. Ela pareceu não me notar, despiu seu capote negro e se sentou diante do toucador. Tirou da cabeça uma grande touca que lhe encobria o rosto, pondo à mostra uma bela cabeça de formas harmoniosas; uns cabelos castanhos de grandes cachos caíram-lhe sobre os ombros. Começou a se despir; com que estranha comoção vi cair uma a uma as peças do vestuário e a natureza, livre do envoltório estranho a ela, aparecer como algo estranho diante de meus olhos e causar-me uma impressão que eu diria quase aterrorizante. Ah, meu amigo! Não é o que acontece também com nossas opiniões, preconceitos, instituições, leis e caprichos? Não nos aterrorizamos quando afastam de nós uma dessas redomas estranhas, impróprias, falsas, e alguma parte de nossa verdadeira natureza fica ali exposta? Sobressaltamo-nos, envergonhamo-nos, mas não sentimos a menor repulsa diante de qualquer maneira estranha e insípida de nos desfigurar por meio de uma coerção externa. Devo confessar que não podia me conformar com aquele corpo magnífico quando o último envoltório caiu, tão pouco quanto o amigo L. se conformaria com sua situação se o céu quisesse fazer dele o chefe dos mohawk. O que vemos nas mulheres? Que mulheres nos agradam e como confundimos todas as noções? Um sapatinho cai bem e exclamamos: que belo pezinho! Um espartilho delgado parece elegante e elogiamos a bela silhueta.

Descrevo-lhe minhas reflexões porque não posso lhe reproduzir em palavras a série de imagens encantadoras que a bela jovem me pôs diante dos olhos com decoro e gentileza. Cada movimento seu sucedia o outro de modo tão natural e no entanto pareciam tão estudados! Enquanto se despia, ela era sedutora, e bela, magnificamente bela depois que a última peça de roupa caiu. Estava ali diante de mim como talvez Minerva diante de Páris, deitou-se em seu leito com simplicidade, tentou entregar-se ao sono em diferentes posições, descoberta, até que por fim pareceu adormecer.[15] Permaneceu na mesma posição graciosíssima por um momento, eu nada podia fazer senão me admirar e contemplá-la. Então um sonho passional pareceu inquietá-la, soltou um profundo suspiro, mudou bruscamente de posição, balbuciou

---

15 Páris, por ordem de Zeus, deve pôr fim à disputa entre Hera, Atena e Afrodite, entregando um pomo de ouro àquela que julgar ser a mais bela entre as deusas. Ele o entrega a Afrodite, que lhe promete em recompensa o amor de Helena, mulher de Menelau, dando assim início à guerra de Troia. A fim de que Páris pudesse proferir seu veredito, as deusas apareceram nuas diante dele.

o nome de algum namorado e pareceu abrir seus braços para ele. "Vem!", exclamou por fim com voz audível, "vem, meu amigo, para os meus braços, antes que eu adormeça de verdade." Nesse momento, agarrou a colcha de seda bordada, puxou-a sobre seu corpo e sob ela surgiu um rosto adorável.[16]

Segunda parte

Moutier, 3 de outubro
Domingo à noite[17]

Da Basileia você recebe um pacote contendo a história de nossa viagem até aqui, enquanto prosseguimos com determinação nosso itinerário através da Suíça. No caminho para Bienna, percorremos a cavalo o Vale do Birs até chegarmos enfim ao estreito desfiladeiro que nos conduziu até aqui.

O Birs, um rio mediano, buscou em tempos remotos seu caminho ao longo de uma cadeia de montanhas alta e larga. Mais tarde, a necessidade humana subiu temerosamente através de suas gargantas. Já os romanos alargaram o caminho, e hoje podemos perfazê-lo com bastante conforto. O caminho e o rio que murmura sobre os rochedos correm lado a lado e ocupam, na maior parte das localidades, toda a largura do desfiladeiro, fechado em ambos os lados por rochedos que podemos abarcar com a vista por inteiro apenas levantando um pouco o olhar. Por detrás as montanhas, cujos cumes estavam encobertos pela neblina, erguem suavemente suas encostas.

Aqui se elevam paredões perpendiculares, uns colados aos outros, ali poderosas camadas de terreno descem oblíquas em direção ao rio e, ao

---

16 Essa descrição parece ter causado escândalo. Foi suprimida tanto da tradução para o inglês de Alexander James William Morrison (*Letters from Swizerland*, 1849) quanto da francesa de Jacques Porchat (*Voyage em Suisse*, 1862). Este último incluiu uma nota explicando a supressão: "Não traduzimos as três páginas que encerram a primeira parte das *Cartas escritas da Suíça*. Werther vai a Genebra e se entrega à satisfação de completar seus estudos. Ele quis, sem dúvida, proporcionar a si mesmo um prazer puramente estético, mas a narrativa e o quadro que faz dela são de uma natureza antes capaz de desencaminhar os sentidos do que de formar o gosto".

17 De uma carta a Charlotte von Stein.

caminho, vastas massas se empilham umas sobre as outras e em sua vizinhança imediata se ergue uma série de penhascos pontiagudos. Grandes fendas se abrem de alto a baixo, e platôs com as dimensões de uma muralha se destacaram das demais rochas. Alguns penedos isolados se precipitaram lá do alto, outros ainda estão suspensos, e sua situação nos faz temer que um dia também eles cairão aqui para baixo.

O cume dos rochedos é ora arredondado, ora pontiagudo, ora coberto de vegetação, ora nu, e não raro uma cabeça calva e ousada se eleva ainda mais acima deles, enquanto nos paredões e nas profundezas se aninham fendas cavadas pela erosão.

A passagem por esse desfiladeiro deu-me uma sensação de grande paz. O sublime proporciona à alma a bela paz, ela se deixa tomar inteiramente por ele, sente-se tão grande quanto pode ser. Como é maravilhoso um sentimento assim puro quando ele sobe até as bordas sem entornar. Meu olho e minha alma podiam apreender os objetos e, como eu estava puro, em parte alguma essa sensação se chocou com algum obstáculo; assim os objetos tiveram o efeito que deviam ter. Se compararmos um tal sentimento com aquele que temos ao despender todos os nossos esforços com algo insignificante, fazendo o melhor que podemos para lhe conferir, pespegar-lhe tantas qualidades quanto possível e proporcionar ao nosso espírito alimento e alegria por meio de sua própria criação, só então percebemos o quão miserável é esse recurso.

Um jovem que levamos conosco de Basileia disse que, para ele, nem de longe era como da primeira vez, e rendeu todas as honras à novidade. Eu, porém, diria que, quando vemos pela primeira vez uma paisagem como essa, em um primeiro momento nossa alma desacostumada se expande, e isso nos proporciona um prazer doloroso, um excesso que comove a alma e nos faz verter lágrimas de êxtase. Através dessa operação, sem o saber, a alma se torna maior em si mesma e por isso não é mais capaz de repetir aquele primeiro sentimento. A pessoa pensa haver perdido, mas na verdade ganhou; o que perde em êxtase, ganha em crescimento interior. Se o destino tivesse determinado que eu vivesse em uma região grandiosa, eu desejaria sorver dela, todas as manhãs, os nutrientes da grandeza, assim como, de um vale ameno, a paciência e o silêncio.

Ao final do desfiladeiro, desci da carruagem e refiz um pedaço do percurso sozinho. Concebi então um sentimento profundo que aumenta consideravelmente o prazer para um espírito atento. Pressentimos na obscuridade a origem e a vida dessas formas singulares. Seja lá quando e como foi que essas massas, pelo peso e pela semelhança de suas partes, se juntaram e se combinaram de um modo simples e grandioso. Quaisquer que tenham sido as revoluções que depois disso as moveram, separaram, dividiram, estas não passaram, contudo, de abalos isolados, e mesmo a ideia de um movimento tão formidável nos dá um sentimento elevado de eterna estabilidade. Também o tempo, aliado às leis eternas, exerceu sua influência sobre elas.

Elas parecem ser, em seu interior, da cor amarela; mas o clima e o ar tornam a superfície cinza-azulada, de modo que apenas aqui e ali, em algumas fissuras e fendas recentes, a cor original se deixa ver. Pouco a pouco, a própria pedra se desgasta pela ação do clima e se arredonda em suas arestas, as partes mais moles são corroídas, e com isso surgem graciosas aberturas e cavidades chanfradas que, quando se combinam com arestas e pontas, formam desenhos singulares. A vegetação faz valer seus direitos; em todas as protuberâncias, superfícies e fendas os abetos lançam suas raízes, o musgo e as ervas orlam os rochedos. Sentimos em profundidade que aqui não há nada de arbitrário, aqui atua uma lei eterna que move tudo, e apenas a confortável estrada pela qual deslizamos ao longo dessa região invulgar foi feita pela mão humana.

Genebra, 27 de outubro[18]

A grande cadeia de montanhas que, de Basileia a Genebra, separa a Suíça da França é chamada, como você sabe, de Jura. Seus picos mais elevados se estendem de Lausanne até mais ou menos Rolle e Nyon. Sobre essa cordilheira altíssima, a natureza escavou — eu quase diria enxaguou, pois em todas essas elevações calcárias são visíveis os efeitos das antigas inundações — um

---

18 De uma carta a Charlotte von Stein de 28 de outubro de 1779 (com exceção do último parágrafo).

vale notável chamado La Vallée de Joux, nome que em alemão significa "vale da montanha", pois *joux* na língua local significa rochedo ou montanha. Antes de prosseguir com a descrição de nossa viagem, quero expor em poucas palavras a situação geográfica desse vale. Longitudinalmente ele se estende quase por completo de sul a norte, como a própria cordilheira, e é limitado ao sul por Septmoncels e a norte pelo Dent de Vaulion que é, depois do Dole, o pico mais alto do Jura. Reza a lenda da terra que sua extensão é de 9 léguas pequenas, mas, pelas nossas contas de viajantes, deve ser de mais ou menos 6. A montanha que limita sua extensão ao norte, e que também é visível da planície, se chama Le Noirmont. A oeste se estende a Floresta de Risoux que, pouco a pouco, se perde no Franco-Condado. A França e Berna compartilham mais ou menos igualitariamente esse vale, ficando a primeira com a metade superior, a pior parte, e a segunda com a inferior, a melhor, sendo que esta última se chama de fato La Vallée du Lac de Joux. Na extremidade superior do vale, aos pés dos Septmoncels, fica o Lac des Rousses, que não tem nenhuma origem visível, mas reúne suas águas das numerosas nascentes que brotam do solo, e das fontes que afluem de todos os lados. Desse lago flui o Orbe, que atravessa todo o domínio francês e grande parte do de Berna até ir formar lá embaixo, próximo ao Dent de Vaulion, o Lac de Joux, que deságua por um dos lados em um pequeno lago, e depois disso suas águas por fim se perdem sob a terra. A largura do vale é variada; acima, junto do Lac des Rousses ele tem cerca de meia légua, dali para a frente se estreita para tornar a se abrir lá embaixo, onde a maior largura é de cerca de 1,5 légua. Isso é o que basta para uma compreensão melhor do que vem a seguir, e peço-lhe também que dê uma olhada no mapa, embora me pareça que todos os que representam essa região são incorretos.

No dia 24 de outubro cavalgamos, em companhia de um capitão e diretor da guarda-florestal desta região, primeiro em direção a Mont, uma pequena localidade dispersa que, na verdade, poderíamos chamar de uma série de casas de agricultores e vinicultores. O dia estava muito claro; quando nos voltávamos para trás, tínhamos uma vista do lago de Genebra, dos Alpes Valaisanos e da Saboia, podíamos reconhecer Lausanne e, através de uma leve névoa, também as vizinhanças de Genebra. A vista do Montblanc, que se eleva acima das montanhas da Faucigny, se tornava cada vez mais nítida.

O sol se punha, muito claro, e tudo era um espetáculo tão grandioso que um olho humano não basta para abarcá-lo. Uma lua quase cheia surgiu no céu, e nós subíamos cada vez mais. Continuamos a subir o Jura ao longo de bosques de abetos, e vimos o lago encoberto pela névoa e a lua refletida nele. A claridade era cada vez maior. O caminho é uma estrada bem feita, aberta apenas para facilitar o transporte de madeira das montanhas para a planície. Depois de termos subido umas 3 léguas, começamos a descer a suave encosta do outro lado. Parecia-nos que tínhamos diante dos olhos um grande lago, pois uma névoa espessa se espalhava por todo o vale até onde nossa vista alcançava. Fomos nos aproximando e vimos um arco branco que o luar produzia na neblina que logo nos envolveu por completo. A companhia do capitão nos franqueou a hospedagem em uma casa na qual normalmente não se recebem estrangeiros. Seu interior não se diferenciava em nada das construções comuns, exceto pelo grande cômodo central que é ao mesmo tempo cozinha, sala de estar e antecâmara, da qual se pode passar para os quartos do térreo e também subir as escadas. De um dos lados havia um fogo aceso sobre o piso de pedra, cuja fumaça era recolhida por uma chaminé muito sólida e limpa, revestida de lambris de madeira, que dava vazão à fumaça. No canto ficavam as portinholas dos fornos, o piso era todo recoberto de assoalho, com exceção de um cantinho junto da janela em torno da pia, que era ladrilhado; no restante do espaço, e também no alto, sobre as vigas, uma profusão de utensílios domésticos e apetrechos arrumados em uma bela ordem e nos quais não se via sinal de sujeira.

Na manhã do dia 25, o tempo estava claro e frio, os prados recobertos de geada, aqui e ali havia fiapos de névoa; tínhamos uma vista bastante boa da parte inferior do vale, nossa casa ficava ao pé do lado leste do Noirmont. Lá pelas 8 horas partimos a cavalo, tomando, a fim de aproveitar bem o sol, o rumo oeste. A parte do vale para a qual nos dirigíamos se constitui de prados divididos que, mais perto do lago, se tornam um pouco pantanosos. O Orbe corre bem no meio deles. Parte da população vive em casas isoladas perto das margens, parte se agrupou em vilarejos de nomes simples, indicativos de sua localização. O primeiro que atravessamos foi o Sentier. De longe avistamos o Dent de Vaulion, cujo pico se elevava acima da neblina que pairava sobre o lago. O vale se alargava, passamos por detrás da ponta de um rochedo que nos ocultava o lago e atravessamos outro vilarejo, chamado Le Lieu; a névoa ora subia, ora baixava diante do sol. Próximo dali há um lago que parece não ter nem afluência nem escoamento. O tempo limpou completamente, chegamos ao sopé do Dent de Vaulion e alcançamos a extremidade norte do grande lago, que, fazendo uma curva a oeste, deságua no pequeno através de uma barragem, passando por baixo de uma ponte. O vilarejo do outro lado se chama Le Pont. A situação do pequeno lago se assemelha a um pequeno vale que poderíamos chamar de gracioso. Na extremidade oeste há um curioso moinho, construído na cavidade de um rochedo que outrora era preenchida pelo pequeno lago. Agora ele foi represado, e o moinho se ergue lá no fundo. A água cai através de uma eclusa sobre as rodas, e, de lá, sobre fendas do rochedo pelas quais é engolida e só reaparece a 1 légua dali, em Vallorbe, onde volta a ter o nome do Rio Orbe. Esses escoadouros (*entonnoirs*) têm de ser mantidos limpos, caso contrário a água subiria, tornaria a encher a cavidade e inundaria o moinho, como já aconteceu mais de uma vez. As pessoas estavam muito ocupadas com a rocha calcária, removendo as partes quebradiças e reforçando as outras. Cavalgamos de volta através da ponte em direção de Pont, e contratamos um guia para o Dent. Enquanto subíamos, podíamos ver o grande lago inteiro atrás de nós. A leste, seu limite é o Noirmont, atrás do qual se eleva o cume calvo do Dole; a oeste o retém a encosta do rochedo que, do lado do lago, é totalmente nua. O sol brilhava forte, era entre 11 horas e meio-dia. Pouco a pouco nossa vista foi abarcando todo o vale; podíamos reconhecer ao longe o Lac des Rousses e, estendendo-se dali até nossos pés, a região pela qual viéramos e o caminho que ainda tínhamos de percorrer ao voltar. Durante a subida, falamos sobre a grande faixa de terra e as propriedades que podíamos distinguir lá de cima, e distraídos com essas ideias alcançamos o pico; mas outro espetáculo estava preparado para nós. Apenas as elevadas cadeias de montanhas eram visíveis sob um céu claro e sereno, todas as regiões mais baixas estavam encobertas por um mar de nuvens brancas que se estendia de Genebra até o horizonte ao norte e refulgia ao sol. Desse mar de nuvens se erguia a leste toda a série de montanhas cobertas de neve e gelo, sem fazer distinção dos nomes dos povos e príncipes que se creem proprietários delas, submetidas apenas a um grande Senhor e à luz do sol que lhes dá uma bela coloração avermelhada. O Mont Blanc, bem diante de nós, parecia ser o mais alto, depois dele os picos gelados do Valais e do Oberland e, por fim, as montanhas mais baixas do Cantão de Berna. Ao poente, o mar de névoa era ilimitado; bem longe à esquerda se mostravam então as montanhas de Soleura, mais perto a de Neufchâtel, bem à nossa frente alguns cumes mais baixos do Jura, sob nós algumas casas da cidade de Vaulion, à qual pertence o Dent e da qual leva o nome. Ao poente, o Franco-Condado toma todo o horizonte com suas montanhas recobertas de mata que se perdem na planície, das quais uma única se distingue à distância, em direção ao nordeste. Bem diante de nós havia uma bela vista. Ali estava o pico que dá a essa montanha o nome de um dente. Ele desce a pique, fazendo mesmo uma leve curva para dentro; lá nas profundezas avizinha-se dele um pequeno vale de bétulas com belas manchas de relvado; logo mais à frente fica o vale chamado de Vallorbe, no qual podemos ver o Orbe brotar do rochedo e seguir em pensamentos seu curso subterrâneo até o pequeno lago. A cidadezinha de Vallorbe também fica nesse vale. Foi a contragosto que partimos. Se permanecêssemos mais algumas horas, teríamos divisado os territórios mais baixos e o lago, pois por esse tempo a névoa costuma se dissipar; mas para que nosso prazer fosse completo, era também preciso que ainda ficasse algo a desejar. Enquanto descíamos, tínhamos nosso vale inteiro diante de nós em toda claridade; em Pont montamos a cavalo, seguimos ao longo da margem leste do lago e atravessamos L'Abbaye de Joux, que agora é um vilarejo, mas outrora foi sede de uma ordem religiosa à qual pertencia todo o vale. Por volta das 16 horas chegamos à nossa hospedaria, onde encontramos uma refeição que nossa hospedeira garantiu ter estado boa ao meio-dia, mas que, mesmo já passada, tinha um sabor excelente.

Deixe-me acrescentar ainda algumas coisas que me foram contadas. Como já mencionei, o vale outrora pertenceu a monges que então o dividiram em propriedades isoladas, e foram expulsos com os demais na época da Reforma. Agora pertence ao Cantão de Berna, e as montanhas ao redor são o armazém de madeira do Cantão de Vaud. A maior parte dos bosques é propriedade privada; as árvores são cortadas sob supervisão e a madeira é comercializada na região. Aqui também se fazem aduelas de abeto para barris e se fabricam baldes, tinas e todo tipo de recipientes de madeira. As pessoas têm boa instrução e bons costumes. Além do comércio de madeira, também criam gado; têm um pequeno rebanho e produzem bom queijo. São trabalhadoras, e um torrão de terra é muito valioso para elas. Encontramos um homem que, com um cavalo e um carrinho, recolhia o pouco de terra que tinha sido retirado de uma cova, e a levava para uma depressão no mesmo terreno. Elas juntam com cuidado as pedras e as arrumam em pequenas pilhas. Há aqui muitos marmoristas que trabalham para comerciantes de Genebra e de outras localidades e também empregam em seu negócio as mulheres e crianças. As casas são sólidas e limpas, a forma e o arranjo são apropriados às necessidades da região e dos moradores; diante de cada uma das casas há uma fonte, e em toda parte percebemos a dedicação, a atividade e o bem-estar. Mas acima de tudo devemos louvar as belas vias pelas quais, nessas regiões isoladas, a administração de Berna se responsabiliza, como aliás em todo o restante do cantão. Uma estrada pavimentada rodeia todo o vale, não muito larga, mas bem cuidada, de modo que a população se entrega a seus afazeres com toda a comodidade e pode ir a qualquer parte com cavalos de pequeno porte e veículos leves. O ar é muito puro e saudável.

No dia 26, durante o café da manhã, discutimos qual caminho tomar na volta. Como ouvimos dizer que o Dole, o pico mais alto do Jura, não fica longe da extremidade superior do vale, e como o tempo prometia ser dos melhores, podíamos ter esperança de que a sorte nos daria hoje tudo o que ontem não pudemos ter, e decidimos tomar aquela direção. Preparamos para o guia um pacote contendo queijo, manteiga, pão e vinho, e lá pelas 8 horas partimos a cavalo. Nosso caminho agora atravessava a parte superior do vale à sombra do Noirmont. Fazia muito frio, o chão estava coberto de geada e gelo; ainda tínhamos pela frente uma hora de cavalgada nos domínios de Berna, onde se interrompe a estrada que estão terminando de construir. Passando através de um bosque de abetos, entramos em território francês. Aqui o cenário muda bastante. O que primeiro nos chamou a atenção foram as estradas ruins. O chão é muito pedregoso; em toda parte se juntaram grandes montes de pedra; então, de repente, ele se torna lodoso e cheio de minas d'água; a mata ao redor está muito arruinada; observando as casas e os moradores reconhecemos, não diria indigência, mas sem dúvida uma grande penúria. Pertencem, quase como servos, aos prelados de Saint-Claude; estão presos à gleba, e sobre eles pesa uma grande carga de impostos (*sujets à la main morte et au droit de la suite*);[19] eu ainda irei contar-lhe mais detalhes a esse respeito, assim como do mais recente édito do rei, pelo qual fica revogado o *droit de suite*, mas os proprietários e inquilinos são convidados a renunciar à *main morte* por certa soma de dinheiro.[20] Ainda assim, essa parte do vale é bem cultivada. Eles se alimentam com esforço e, contudo, amam sua pátria; às vezes, roubam madeira de Berna e a vendem de volta ao mesmo território. A primeira diocese se chama Le Bois d'Amont, e através dela chegamos à paróquia de Les Rousses, onde vimos o pequeno Lac des Rousses e os Septmoncels, sete pequenas colinas encadeadas de diferentes formatos, o limite meridional do vale. Logo chegamos à nova estrada que leva do Cantão de Vaud a Paris, descemos por ela durante algum tempo e nos despedimos de nosso vale. O cume calvo do Dole se erguia diante de nós; desmontamos e os cavalos seguiram à nossa frente para Saint-Cergue, enquanto subíamos o Dole. Era em torno do meio-dia, o sol estava forte, mas do sul soprava um vento fresco. Quando, para descansar, olhávamos em torno, tínhamos atrás de nós os Septmoncels, víamos também uma parte do Lac des Rousses e, ao redor dele, as casas espalhadas da paróquia; o Noirmont nos tapava a vista do restante do vale; mais acima reencontramos quase a mesma vista de ontem do Franco-Condado e, mais perto de nós, ao sul, as últimas montanhas e os vales do Jura. Evitamos com todo o cuidado ver, através de uma ondulação da colina, a região por causa da qual na verdade subíramos até aquele ponto. Eu estava um pouco preocupado com a neblina, mas a aparência do céu acima de nós parecia nos trazer bons

---

19 No Direito feudal, *main morte* (mão morta) designava a impossibilidade dos servos de transmitirem seus bens como herança a seus descendentes. Depois da morte dos servos, seus bens passavam a ser propriedade do senhor feudal. No século XVII, a mão morta estava praticamente abolida na França, com exceção do Franco-Condado, onde os monges de Saint-Claude mantiveram o direito de mão morta sobre os servos até o advento da Revolução. Foi abolido por um decreto de 1790. O *droit de suite* significava a dependência do servo em relação ao senhor feudal.

20 Um édito do rei Luís XVI que abolia a servidão em Saint-Claude.

presságios. Enfim chegamos ao ponto mais alto e constatamos com a maior satisfação que hoje nos foi concedido o que ontem nos fora negado. Todo o Cantão de Vaud e o de Gex se estendiam diante de nós como um mapa, todas as propriedades, delimitadas por cercas verdes, como os canteiros de um *parterre*. Estávamos em uma altura tal que as elevações e depressões do território diante de nós se tornavam imperceptíveis. Vilarejos, cidadezinhas, casas de campo, vinhedos e, mais acima, onde começam as florestas e os Alpes, chalés, em sua maioria pintados de branco ou de alguma outra cor clara, reluziam ao sol. A névoa que cobria o Lago Léman[21] já se dissipara, podíamos ver claramente a parte mais próxima da margem de nosso lado; podíamos ver por inteiro o chamado lago pequeno, no ponto em que o grande se estreita na direção de Genebra, do lado oposto ao nosso, e, diante dele, resplandecia a região que o rodeia. Mas nada era páreo para a vista das montanhas cobertas de gelo e neve. Refugiamo-nos do vento frio atrás de um rochedo, aquecendo-nos ao sol; a comida e a bebida estavam deliciosas. Observávamos a neblina que ia se dissipando, cada um de nós descobriu alguma coisa, ou pensou ter descoberto. Pouco a pouco fomos avistando com muita nitidez Lausanne, com todas as casas ajardinadas ao seu redor; Vevey e o castelo de Chillon; a cordilheira que nos tapava a vista da entrada de Valais, até o lago; dali em diante, na costa de Saboia, Evian, Ripaille, Tonon e, de entremeio, pequenos vilarejos e casinhas; por fim, Genebra surgiu da névoa à direita, mas bem longe ao sul, próximo ao Grand Crêt d'Eau e ao Mont-Vuache, entre os quais se encontra o Fort l'Écluse, ela se dissipava por completo. Se tornássemos a nos voltar para a esquerda, toda a região de Lausanne até Soleura estava envolta em uma leve bruma. Podíamos reconhecer também as montanhas e elevações, e qualquer lugar em que houvesse casas brancas; mostraram-nos o cintilante castelo de Champvent, que fica à esquerda do Lago de Neuchâtel, o que nos permitiu adivinhar a localização deste, pois não podíamos enxergá-lo através da bruma azulada. Não há palavras para descrever a grandeza e a formosura dessa vista; nós mesmos não temos consciência, no momento, do que vemos, apenas invocamos com prazer os nomes e as velhas imagens

---

21 Lac Léman é o nome francês para o Lago de Genebra.

das cidades e dos lugares conhecidos e nos comprazemos em um reconhecimento vertiginoso de que estes são justamente aqueles pontos brancos que temos diante de nós.

E a série de montanhas reluzentes cobertas de neve atraía incessantemente nosso olhar e nossa alma para si. O sol ia se encaminhando para o poente e fazia refulgir diante de nós suas grandes superfícies. Rochedos negros, dentes, torres e muros e variegadas fileiras, tudo isso como que brota da neve diante delas! Átrios selvagens, descomunais, impenetráveis se formam! Só então, quando eles se mostram na pureza e claridade do ar livre em toda a sua diversidade, é que renunciamos de bom grado à pretensão do infinito, uma vez que com nossa contemplação e nosso pensamento sequer podemos dar conta do que é finito.

Tínhamos diante de nós uma terra fértil e povoada; o solo que pisávamos, uma montanha alta e calva, ainda produz relva, alimento para os animais dos quais o homem tira seu proveito. Disso o presunçoso senhor do mundo ainda pode se apropriar; mas aquelas montanhas são como uma fileira de virgens sagradas que o espírito do céu preserva apenas para si em eterna pureza diante de nossos olhos, em uma região inacessível. Ficamos ali, estimulando-nos mutuamente a descobrir, ora a olho nu, ora através do telescópio, cidades, montanhas e localidades, e não descemos enquanto o sol em retirada não permitiu que a névoa espalhasse seu hálito noturno sobre o lago. Chegamos com o crepúsculo às ruínas do forte de Saint-Cergues. Mesmo quando estávamos mais perto do vale, não tirávamos os olhos das montanhas cobertas de neve à nossa frente. As últimas, à esquerda em Oberland, pareciam se desfazer em um leve vapor incandescente; as mais próximas ainda preservavam bem nítida sua silhueta rubra; mas aos poucos iam se tornando brancas, verdes, acinzentadas. Era quase assustador. Assim como em um corpo vigoroso a morte avança das extremidades para o coração, a palidez ia tomando pouco a pouco toda aquela massa em direção ao Mont Blanc, cujo vasto seio ainda resplendia rubro acima de tudo, e mesmo ao final de tudo ainda nos parecia conservar um brilho avermelhado, assim como não reconhecemos de imediato a morte de alguém que amamos, e não queremos precisar o momento em que o coração para de bater. Partimos, por fim, a contragosto. Encontramos nossos

"A campanha na França" e outros relatos de viagem

cavalos em Saint-Cergues e, para que nada faltasse, a lua se ergueu no céu e nos iluminou o caminho até Nyon, enquanto durante o trajeto nossos sentidos excitados começavam a recuperar a serenidade, apaziguavam-se para gozar das janelas da hospedaria, com um prazer renovado, o reflexo da lua boiando sobre a pureza do lago.[22]

A todo momento, durante a viagem, ouvimos falar da singularidade das montanhas geladas da Saboia e, quando chegamos a Genebra, nos disseram que está cada vez mais na moda visitá-las, o que despertou no conde um desejo incomum de desviar nosso caminho para aquela direção,[23] seguindo de Genebra para o Vale de Chamonix através de Cluses e Sallanches, a fim de poder desfrutar daquelas maravilhas, e descendo em seguida para Martigny, no Valais, através de Vallorcine e Trient. Dada a estação do ano, essa rota, que é feita pela maioria dos viajantes, parecia um pouco arriscada. Por isso, fizemos uma visita ao sr. de Saussure em sua propriedade a fim de nos aconselharmos com ele.[24] Ele nos assegurou que poderíamos tomar aquele caminho sem receio; nas montanhas de altura mediana ainda não havia neve, e se prestássemos atenção às condições do tempo e ao bom conselho dos camponeses, que nunca falha, poderíamos empreender a viagem com toda a segurança. Transcrevo aqui um diário de viagem feito às pressas.

Cluses, na Saboia, 3 de novembro

Hoje, ao nos despedirmos de Genebra, o grupo se dividiu; o conde, acompanhado por mim e por um caçador, se encaminhou para a Saboia;

---

22 Do parágrafo seguinte até o final da primeira anotação datada "Martigny no Valais, 6 de novembro à noite", o texto é retirado de um diário em cartas enviado de Lucerna para Charlotte von Stein em novembro de 1779.

23 "Conde" é como apareceu na edição impressa, a fim de manter incógnita a identidade da personagem. No manuscrito está "duque". Trata-se do duque Carl August von Sachsen-Weimar.

24 Horace Bénédict de Saussure (1740-1799), naturalista e professor em Genebra, pesquisador das condições geológicas e físicas dos Alpes. Autor de uma *Voyage dans les Alpes*, em quatro volumes. Um dos fundadores do alpinismo, escalou o Mont Blanc em 1787.

Johann Wolfgang von Goethe

nosso amigo W., para o Valais com os cavalos, através do Cantão de Vaud.[25] Partimos primeiro, em um cabriolé leve de quatro rodas, a fim de visitar Huber em sua propriedade, um homem cujo espírito, imaginação e paixão para as artes imitativas lhe saem por todos os poros, uma das poucas pessoas completas que encontramos.[26] Ele nos indicou o caminho, e então seguimos viagem, tendo diante dos olhos as altas montanhas cobertas de neve às quais queríamos chegar. Do Lago de Genebra, as primeiras cadeias de montanhas se estendem umas em direção às outras, até o ponto em que se situa Bonneville, a meio caminho entre a Môle, uma montanha notável, e o Arve. Ali almoçamos. Atrás da cidade começa o vale, embora ainda muito largo; o Arve flui com suavidade através dele, o lado sul é bem cultivado e o solo, inteiramente aproveitado. Desde cedo temíamos que caísse uma chuva, ao menos durante a noite, mas as nuvens foram pouco a pouco deixando a montanha e se desfazendo em carneirinhos que nos pareceram antes um bom presságio. O ar estava quente, como costuma ser em setembro, e a região era muito bonita, com muitas árvores ainda verdejantes, a maioria já marrom-amarelada, umas poucas já de todo desfolhadas, as plantações de um verde intenso, as montanhas, rosadas ao crepúsculo, tendendo ao violeta, e essas cores se derramavam sobre os vultos grandes, belos e agradáveis da paisagem. Falamos de muitas coisas boas. Por volta das 17 horas chegamos a Cluses, onde o vale se estreita e só apresenta uma saída, pela qual o Arve deixa as montanhas e por onde seguiremos amanhã. Subimos a uma montanha e nos comprazemos em percorrer com os olhos a cidade lá embaixo, com uma de suas extremidades apoiada ao rochedo, e a outra se espraiando pela parte plana do vale; sentados sobre um grande bloco de granito que rolara até ali, esperamos pela chegada da noite, conversando com tranquilidade sobre os assuntos mais variados. Em torno das 19 horas, enquanto descíamos, o tempo ainda não refrescara, o que no verão

---

25 Caçador: Hermann Blochberg, de Weimar; nosso amigo W.: o camareiro Otto Joachim Moritz von Wedel (1752-1794).

26 Jean Huber (1721-1786), silhuetista, desenhista, gravador e pintor de Genebra, também chamado Huber-Voltaire por ter se dedicado à representação da vida e da pessoa de Voltaire, com quem conviveu por mais de vinte anos.

só costuma acontecer por volta das 21 horas. Em uma hospedaria simples, cheia de uma gente alegre e despojada, cujo dialeto nos divertia muito, pernoitamos, com a intenção de seguir com nosso cajado de caminhantes ainda antes do raiar do dia seguinte.

São 10 horas da noite.

Sallanches, 4 de novembro, ao meio-dia

Enquanto um mau almoço é preparado por mãos muito solícitas, tentarei descrever o que vimos de mais notável esta manhã. Com o raiar do dia, partimos a pé de Cluses a caminho de Balme. No vale, o tempo estava agradavelmente fresco, o último quarto minguante da lua se erguia claro diante do sol e nos alegrou, pois estamos acostumados a vê-lo muito de raro em raro. Névoas leves e dispersas subiam das fendas dos rochedos, como se o ar da manhã tivesse despertado jovens espíritos que desejassem expor o seio ao sol e dourá-lo à sua luz. O céu mais acima estava muito limpo, cortado apenas por alguns fiapos de nuvens cintilantes. Balme é um vilarejo miserável, não muito distante do ponto da estrada em que uma garganta rochosa faz uma curva. Pedimos às pessoas que nos guiassem até a caverna à qual o local deve sua fama. Ao ouvir isso, elas se entreolharam e disseram umas às outras: "Pegue a escada, eu vou pegar a corda; senhores, acompanhem-nos". Esse estranho convite não nos demoveu de segui-los. A trilha subia primeiro através de blocos de rochas calcárias que haviam deslizado ali para baixo e com o tempo tinham se empilhado, formando degraus diante da parede de rocha íngreme, recobertos de aveleiras e de faias. Através deles chegamos por fim ao ponto do paredão de onde se tem de subir com esforço e fadiga pela escada e pelos degraus de pedra, com a ajuda de galhos de nogueira que se dobram até embaixo e de cordas que se amarram neles; então, com grande alegria, nos vemos diante de um portal que as intempéries escavaram nas rochas, e temos uma vista para o vale e para o vilarejo lá embaixo. Preparamo-nos para entrar na caverna, acendemos archotes e carregamos uma pistola que queríamos disparar. A caverna é um corredor comprido, em sua maior parte plano, em uma mesma camada, ora larga o suficiente para dar passagem a uma pessoa, ora para duas, ora da altura de uma pessoa, ora nos obrigando a nos abaixar e até mesmo a rastejar. Lá pelo meio uma cavidade se abre para cima e forma um domo afunilado. Em um canto havia uma cavidade e sempre podíamos contar devagar até dezessete ou dezenove antes que uma pedra atirada nela finalmente chegasse ao fundo, depois do eco de diversos ricochetes. Das paredes cresce uma estalactite, mas há muito poucos pontos de umidade, e também não se formam aqui figuras tão ricas e maravilhosas quanto na caverna de Baumann. Avançamos tanto quanto nos permitiam as águas e, encaminhando-nos para a saída, disparamos a pistola, fazendo a caverna estremecer com um forte estampido surdo e ressoar ao redor de nós como um sino. Levamos um bom quarto de hora para sair dali, depois tornamos a descer pelo rochedo, retomamos nossa carruagem e seguimos viagem. Vimos uma bela cachoeira que lembrava a de Staubbach; não era nem demasiado alta nem muito opulenta, mas muito interessante, pois os rochedos ao redor dela formam uma espécie de nicho circular no qual a água se precipita, e as camadas de calcário ao redor dela, caindo umas sobre as outras, formam figuras novas e incomuns. Chegamos ali com o sol bem alto, e não tão famintos a ponto de achar bom o almoço feito de um peixe requentado, carne de vaca e pão duro. Daqui não há nenhuma estrada que leve às montanhas apropriada para uma carruagem tão suntuosa quanto a nossa; ela voltará a Genebra e eu me despeço de você, a fim de continuar meu caminho. Uma mula com nossas bagagens nos acompanhará em nosso caminho a pé.

Chamonix, 4 de novembro, por volta das 21 horas

Tomo da pena somente para que esta folha me leve mais próximo de você; o melhor seria deixar minha mente descansar. Deixamos Sallanche para trás, em um belo vale aberto; durante nossa sesta o céu se povoara de carneirinhos brancos, a respeito dos quais tenho de fazer aqui uma observação especial. Em um dia sereno, nós os vimos se elevarem, tão belos, cada vez mais belos, das montanhas geladas de Berna. Também aqui nos pareceu que acontecia o mesmo, como se o sol atraísse para si as levíssimas exalações das mais altas montanhas geladas, e esses vapores muito finos fossem cardados como algodão através da atmosfera por uma leve brisa. Não me lembro de jamais ter visto entre nós, nos dias mais quentes do verão, quando fenômenos atmosféricos como esse também ocorrem, algo tão transparente e entretecido com tanta leveza. Já víamos diante de nós as montanhas cobertas de neve de onde eles subiam; o vale começava a se estreitar, o Arve irrompia da fenda de um rochedo, precisamos subir a uma montanha e, com os picos gelados à nossa direita, subimos cada vez mais alto. As montanhas se sucediam, velhos bosques de abetos se mostravam à nossa direita, parte deles nas profundezas, parte na mesma altura que nós. Acima de nossas cabeças, à esquerda, os cumes das montanhas, calvos e pontiagudos. Sentíamos que nos aproximávamos cada vez mais de uma sucessão de montanhas mais massivas e poderosas. Chegamos por um largo leito seco de seixos e pedras que as enchentes rasgam nas encostas das montanhas e tornam a encher; dali passamos para um vale plano, circular, no qual está localizada a aldeiazinha de Serves. Dali o caminho continua ao redor de rochedos muito diversificados de volta para o Arve. Depois que os deixamos para trás, subimos uma montanha, os maciços se tornam cada vez maiores, aqui a natureza, com mão leve, começou a preparar um portento. Escurecia, nós nos aproximávamos do Vale de Chamonix e, por fim, entramos nele. Apenas as grandes massas ainda eram visíveis. As estrelas surgiam umas depois das outras e avistamos sobre os picos das montanhas à nossa direita uma luz que não podíamos explicar. Clara, sem brilho, como a Via Láctea, porém mais espessa, quase como as Plêiades, porém maior, ela nos prendeu a atenção por longo tempo, até que, enfim, quando mudamos de posição, se ergueu acima dos picos de todas as montanhas como uma pirâmide atravessada por uma misteriosa luz interior, que melhor poderia se comparar com o brilho de um vaga-lume, e nos deu a certeza de que se tratava do pico do Mont Blanc. Foi um momento de extraordinária beleza, pois, uma vez que luzia juntamente com as estrelas ao seu redor, embora não com a mesma luz fulgurante, e sim como uma enorme massa contínua, ele parecia aos nossos olhos pertencer a uma esfera superior, e só com esforço podíamos, em pensamentos, replantar suas raízes na terra. À sua frente vimos uma série de picos nevados refulgindo sobre as encostas de montanhas recobertas de abetos, e geleiras descomunais que desciam para o vale através dos negros bosques.

Minha descrição começa a se tornar desordenada e angustiosa, e sempre seriam necessárias duas pessoas, uma que visse e outra que descrevesse.

Estamos aqui no vilarejo mais central do vale, chamado Le Prieuré, bem instalados na casa que uma viúva mandou construir há alguns anos em honra dos muitos forasteiros. Estamos sentados diante da lareira e saboreamos mais o vinho moscatel do Vale de Aosta do que a refeição quaresmal que nos é servida.

5 de novembro à noite

É sempre necessária uma resolução semelhante à que se toma quando mergulhamos na água fria para que eu pegue da pena e comece a escrever. Aqui eu gostaria de recomendar-lhe a descrição das montanhas geladas da Saboia publicada por Bourrit, um alpinista apaixonado.[27]

Reconfortado por algumas taças de um bom vinho e pelo pensamento de que essas folhas chegarão à sua casa antes dos viajantes e do livro de Bourrit, vou procurar fazer o melhor que posso. O Vale de Chamonix, onde estamos agora, fica a grande altitude na cordilheira, tem cerca de 6 ou 7 léguas de extensão e vai de sul a norte. A particularidade que, para mim, o distingue dos outros, é que no meio ele não tem quase nenhuma superfície plana, pois o fundo, feito uma bacia, se eleva diretamente das margens do Arve para as montanhas mais elevadas. O Mont Blanc e a cadeia de montanhas que se afastam dele em linha descendente, assim como as massas de gelo que preenchem essas fendas descomunais, formam o paredão oriental, do qual, ao longo de toda a extensão do vale, descem sete geleiras, uma maior do que a outra. Os guias que contratamos para nos mostrar o mar de gelo chegaram no horário. Um deles é um rapaz jovem e robusto, o outro é um pouco mais velho e se acha muito esperto;[28] já teve contato

---

27 Marc-Théodore Bourrit (1739-1819), escritor, desenhista e alpinista suíço. Publicou sua *Description des Glaciers de Savoye* [Descrição das geleiras da Saboia] em 1773.

28 Um rapaz jovem e robusto: Victor Tessac; o outro, um pouco mais velho: Michel Paccard.

com muitos eruditos estrangeiros, sabe muito a respeito da constituição das montanhas geladas e é um homem muito capaz. Ele nos assegurou que pela primeira vez em 28 anos — há tanto tempo ele guia forasteiros pelas montanhas — levava alguém para o alto delas em uma época tão avançada do ano, depois do Dia de Todos os Santos. Contudo, poderíamos ver tudo tão bem quanto em agosto. Abastecidos de vinho e mantimentos, subimos o Montanvers, onde deveríamos ser surpreendidos pela visão do mar de gelo. Eu não encheria tanto a boca, e o chamaria antes de vale gelado ou rio de gelo: pois as enormes massas de gelo se elevam de um vale profundo e, vistas de cima, formam uma grande planície. Logo atrás termina uma montanha pontiaguda e, dos dois lados dela, ondas de gelo vêm se enrijecer na corrente principal. Não havia ainda nenhuma neve sobre a superfície rugosa, e as fendas azuladas despediam belas reverberações. O tempo foi pouco a pouco ficando nublado e vi nuvens cinzentas agitadas, que pareciam anunciar neve como eu nunca vira antes. No lugar em que estávamos, a cabaninha de pedras construída para as necessidades dos viajantes é chamada, de brincadeira, castelo de Montanvers. Monsieur Blaire, um inglês que mora em Genebra, mandou construir outra mais espaçosa um pouco mais acima, em um lugar mais apropriado e nela, sentados junto ao fogo, pudemos ter uma vista de todo o vale gelado pela janela. Os picos dos rochedos em frente, e também no fundo do vale, têm pontas muito agudas. Isso porque são constituídos de uma espécie de rocha cujas paredes penetram em um ângulo quase perpendicular para dentro da terra. Se as intempéries decompõem uma delas com maior facilidade, a outra se ergue livre no ar com sua extremidade pontiaguda. Esses dentes são chamados de agulhas, e a Aiguille du Dru é uma dessas notáveis pontas altas, situada bem do lado oposto do Montanvers. Quisemos também caminhar sobre o Mar de Gelo e observar aquelas enormes massas tendo-as sob nossos próprios pés.[29] Descemos a montanha e demos algumas centenas de passos sobre os abrolhos de cristal ondulantes. Podemos ter deles uma visão excelente quando, em pé sobre o gelo, olhamos de frente para as massas que se precipitam do alto, cortadas por estranhas fendas. Mas não nos sentimos confortáveis por

---

29 Mar de Gelo é a principal geleira do Mont Blanc.

muito tempo sobre aquele chão resvaladiço, não estávamos equipados nem com crampons nem tínhamos sapatos ferrados, ao contrário, os saltos de nossos sapatos tinham se arredondado e se tornado lisos por causa da longa caminhada. Assim, tomamos o caminho de volta para as cabanas lá em cima e, depois de descansar um pouco, nos preparamos para seguir viagem. Descemos a montanha, chegamos ao ponto em que a torrente de gelo pouco a pouco se embrenha no vale e entramos na caverna de onde brota sua água. É larga, profunda, de um azul belíssimo, e ficamos mais seguros no fundo do que na abertura, pois junto desta sempre há grandes blocos de gelo que se derretem e se soltam. Tomamos o rumo da hospedaria, passando diante da morada de duas crianças albinas, de seus 12 ou 14 anos, com a pele muito branca, cabelos brancos, mas muito arrepiados, olhos vermelhos e inquietos como os dos coelhos. A noite profunda que cai sobre o vale me convida a ir cedo para a cama, quase não tenho ânimo o bastante para lhe dizer que vimos dois bodes jovens e mansos, uma exceção entre os caprinos, assim como o filho natural de um grande senhor, cuja educação foi secretamente confiada a uma família burguesa. Não convém que eu lhe fale a respeito de nossas conversas, para não cair em indiscrições. Você também não acha grande interesse no granito, no gnaisse, no larício ou no pinus cembra; mas assim que possível verá os frutos notáveis de nossa herborização. Acho que estou caindo de sono e não consigo escrever nem mais uma linha.

Chamonix, 6 de novembro pela manhã

Satisfeitos com o que a estação do ano nos permitiu ver, estamos prontos para partir a fim de chegar ainda hoje ao Valais. O vale inteiro está coberto de neblina até a metade das montanhas, e precisamos esperar pelo que o sol e o vento farão em nosso proveito. Nosso guia sugere o caminho através do Passo de Balme: uma montanha alta situada no lado norte do vale em direção ao Valais, de cujas alturas, se tivermos sorte, poderemos ver ainda uma vez o Vale de Chamonix com a maior parte de suas atrações. No momento em que escrevo estas linhas, passa-se algo maravilhoso no céu: as névoas, que se movem e se desfazem em alguns pontos deixam ver,

"A campanha na França" e outros relatos de viagem

como que através de claraboias, o céu azul, bem como os picos das montanhas que lá no alto, acima de nossa cobertura vaporosa, são iluminados pelo sol da manhã. Mesmo sem a esperança de um belo dia, essa visão é um verdadeiro banquete para os olhos. Só agora temos uma medida da altura das montanhas. Só a partir de uma altura considerável acima do vale a neblina alcança a montanha, e em uma altura ainda maior é que haverá nuvens, quando então, acima delas, ainda se veem os picos das montanhas assomar em meio ao esplendor. Está na hora! Despeço-me ao mesmo tempo desse amado vale e de você.

Martigny, no Valais, 6 de novembro à noite

Chegamos bem, e assim também esta aventura foi levada a bom termo. A alegria por nosso destino favorável ainda manterá minha pena viva por cerca de meia hora.

Tendo disposto nossa bagagem sobre o lombo de uma mula, partimos hoje cedo de Le Prieuré, lá pelas 9 horas. As nuvens variavam, de modo que os picos das montanhas ora apareciam, ora desapareciam; ora alguns raios de sol podiam penetrar no vale, ora toda a região voltava a ficar encoberta. Seguimos caminho vale acima, passando pelo escoadouro da torrente de gelo, e, mais à frente, pelo Glaciar de Argentière, o mais alto de todos, cujo pico mais alto, porém, estava encoberto pelas nuvens. No local, fizemos uma pequena assembleia para decidir se subiríamos pelo Passo de Balme, abandonando o caminho por Vallorcine. A perspectiva não era das mais favoráveis; mas, como não tínhamos nada a perder e muito a ganhar, tomamos destemidamente o rumo da região escura e nublada. Quando chegamos à altura do Glaciar do Tour, as nuvens se abriram e então vimos também essa bela geleira em plena luz. Encontramos um lugar para nos sentar, bebemos uma garrafa de vinho e comemos alguma coisa. Continuamos a subir em direção à nascente do Arve, caminhando por uma várzea bravia e por trechos de terra escassamente cobertos de relva, nos aproximando cada vez mais da área tomada pela névoa, até que ela nos envolveu por inteiro. Continuávamos pacientemente nossa subida e então, de súbito, o céu sobre nossa cabeça começou a clarear. Em pouco tempo saímos do meio das

Johann Wolfgang von Goethe

nuvens, e as vimos, abaixo de nós, pairando pesadas sobre o vale e, com exceção do pico do Mont Blanc, envolto em nuvens, pudemos ver, identificar e chamar pelo nome as montanhas que o encerram à direita e à esquerda. Vimos alguns glaciares descerem de seus cumes até a profundeza das nuvens, de alguns pudemos apenas discernir a localização, pois as massas de gelo estavam ocultas pelas fendas das montanhas. Sobre toda a superfície das nuvens nós vimos, além da extremidade sul do vale, montanhas distantes à luz do sol. De que serviria enumerar para você os nomes dos cumes, picos, agulhas, massas de gelo e neve, se não poderão oferecer à sua mente uma ideia nem do todo nem de nenhuma das partes? Era estranho como os espíritos do ar pareciam brigar no espaço abaixo de nós. Bastou fazermos uma breve parada para nos deleitar com aquela vista grandiosa, e uma fermentação hostil pareceu tomar conta da névoa, que se deslocou para cima e ameaçou nos envolver outra vez. Subimos ainda mais alto a fim de novamente escaparmos dela, mas ela nos ultrapassou e nos encobriu. Continuamos a subir mais e mais, e logo veio em nosso auxílio um vento contrário que passou pela sela que liga dois picos e empurrou a névoa de volta ao vale. Essa estranha contenda se repetiu muitas vezes, e por fim chegamos em segurança ao alto do Passo de Balme. Foi uma visão singular, única. O céu altíssimo sobre os picos das montanhas estava coberto de nuvens, abaixo de nós víamos, através da névoa que às vezes se esgarçava, todo o Vale de Chamonix, e entre essas duas camadas de nuvens os picos de todas as montanhas eram visíveis. A leste estávamos cercados por montanhas abruptas, a oeste podíamos ver os portentosos vales onde, sobre alguns prados, se erguiam moradas humanas. À frente se estendia o Vale do Valais onde, com um olhar, podíamos ver, até Martigny e mais além, montanhas diversas entrelaçadas umas às outras. Cercados por montanhas de todos os lados que pareciam se multiplicar e se empilhar mais e mais em direção ao horizonte, encontrávamo-nos na fronteira entre a Saboia e o Valais. Alguns contrabandistas subiam a montanha com suas mulas e se assustaram ao nos ver, pois não contavam encontrar ninguém naquele lugar. Dispararam uma arma de fogo, como que a nos dizer: isso é para vocês verem que elas estão carregadas; um deles se adiantou a fim de nos identificar. Como reconhecesse nosso guia e constatou que éramos figuras inofensivas, os outros se

"A campanha na França" e outros relatos de viagem

aproximaram, e passamos uns ao lado dos outros saudando-nos mutuamente. O vento estava cortante e começou a nevar um pouco. Agora tinha início uma descida muito áspera e agreste, através de um velho bosque de bétulas que se enraizara sobre platôs rochosos de gnaisse. Arrancados e empilhados pelo vento, os troncos apodreciam com suas raízes, e as rochas, que se tinham despedaçado ao mesmo tempo, estavam espalhadas entre eles por todos os lados. Enfim chegamos ao vale, onde o Rio Trient brota de uma geleira; deixamos para trás, à direita, a aldeiazinha de Trient e seguimos o vale por um caminho muito desconfortável até que, finalmente, em torno das 18 horas, chegamos aqui a Martigny, sobre o solo plano do Valais, onde queremos repousar para outros empreendimentos.

Martigny, 6 de novembro de 1779, à noite

Assim como nossa viagem prossegue sem interrupções, também uma folha de minha conversação com você se segue a outra, e mal dobrei e deixei de lado o fim de nossas andanças pela Saboia, já tomo de outra lauda a fim de pô-la a par de nosso próximo projeto.

À noite, chegamos a uma terra que há muito já vinha excitando nossa curiosidade. Ainda não vimos nada a não ser os picos das montanhas que encerram o vale dos dois lados mergulhados no crepúsculo. Estamos recolhidos à hospedaria, olhamos pela janela o movimento cambiante das nuvens, sentimo-nos tão bem e aconchegados por termos um teto quanto crianças que fazem para si uma cabana com cadeiras, o tampo de uma mesa e tapetes junto ao aquecedor, e se convencem umas às outras de que lá fora chove e neva, a fim de produzir em suas alminhas um agradável tremor imaginário. Assim, aqui estamos, nesta noite de outono, em uma terra estranha e desconhecida. Pelo mapa, sabemos que nos encontramos na ponta de um cotovelo, a partir do qual a parte menor do Valais, mais ou menos do sul para o norte, descendo o Ródano, se une ao Lago de Genebra, enquanto a outra, mais longa, do oeste para o leste, sobe o Ródano até tocar sua nascente, na Furka. Fazer uma viagem através do Valais é em si para nós uma bela perspectiva; mas o modo pelo qual deveremos chegar lá em cima é motivo de alguma preocupação. Antes de mais nada já está decidido que, para ver a parte de baixo, iremos amanhã até Saint-Maurice, onde encontraremos o amigo que fez o caminho com os cavalos através do Cantão de Vaud.[30] Amanhã à noite pretendemos estar de volta aqui e depois de amanhã deveremos começar nossa viagem para a parte alta da região. Se seguirmos o conselho do sr. de Saussure, faremos a cavalo o caminho até a Furka, e então de volta a Briga através do Simplon – que, não importa o tempo que faça, é uma boa passagem –, seguiremos então por Domodossola, pelo Lago Maggiore, por Bellinzona e, em seguida, pelo São Gotardo acima. Segundo consta, o caminho é bom e apropriado para cavalos. Preferiríamos ir através da Furka para o São Gotardo, por causa da distância menor e porque o desvio pelas províncias italianas não estava em nossos planos iniciais; mas então o que faríamos com os cavalos, que não se deixarão arrastar ao longo da Furka, onde talvez os caminhos já estejam interditados pela neve para os pedestres? Estamos muito tranquilos quanto a isso e esperamos, como agora, a cada momento tirar um bom conselho das próprias circunstâncias. Digna de nota nesta hospedaria é uma criada que, a par de uma burrice enorme, tem todas as maneiras de uma senhorita alemã cheia de não me toques. Houve muitas risadas quando nós, por sugestão de nosso guia, banhamos nossos pés cansados com vinho tinto e farelos e pedimos a essa empregada tão simpática que os enxugasse.

Depois do jantar

A refeição não fez muito por nos restabelecer, e esperamos que o sonho nos saiba melhor.

No dia 7 em Saint-Maurice, por volta de meio-dia

Durante a viagem, meu modo de desfrutar das belas paisagens é invocar ora um, ora outro de meus amigos ausentes e conversar com eles sobre as maravilhosas paisagens. Se chego a uma hospedaria, descansar, rememorar e escrever a você são uma e a mesma coisa, ainda que a alma demasiado

---

30 Amigo: Otto Joachim Moritz von Wedel.

"A campanha na França" e outros relatos de viagem

relaxada preferisse quedar absorta em si mesma e se restabelecer com um sono leve. Hoje ao romper do dia partimos de Martigny; um vento norte fresco nasceu com o dia, passamos ao lado de um velho castelo que fica no ponto em que os dois braços do Valais formam um Y.[31] O vale é estreito e fechado de ambos os lados por montanhas muito diversificadas que, mais uma vez, apresentam, em conjunto, um caráter peculiar, sublime e gracioso. Chegamos ao local onde o Rio Trient irrompe no vale, contornando paredões rochosos estreitos e abruptos, deixando-nos em dúvida sobre se ele não brota de sob os rochedos. Logo ao lado fica a velha ponte, avariada pela torrente há um ano, não muito longe de blocos de rocha descomunais que rolaram da montanha pouco tempo atrás e obstruíram a estrada. Esses grupos dariam, juntos, um quadro de extraordinária beleza. Não longe dali construíram uma ponte nova de madeira e abriram um novo trecho de estrada. Sabíamos que nos aproximávamos da famosa cachoeira de Pissevache, e ansiávamos por uma réstia de sol, de que as nuvens cambiantes nos davam alguma esperança. Pelo caminho, observamos as grandes quantidades de blocos de granito e gnaisse que, apesar de toda a sua variedade, pareciam ter em comum a mesma origem. Por fim, vimo-nos diante da cachoeira, cuja fama merecidamente a eleva acima de muitas outras. A uma grande altura irrompe uma forte torrente fulgurante que vem cair em uma bacia, de onde se espalha ao vento desfeita em espuma e gotículas. O sol apareceu e tornou a visão duas vezes mais vívida. Lá embaixo, conforme andávamos de um lado para o outro, um arco-íris se formava muito próximo de nós nas gotículas de água. Continuando a subir, pode-se observar um fenômeno ainda mais belo. As ondas vaporosas e espumejantes formadas pelo repuxo sibilante e impetuoso lá em cima, ao alcançar a linha em que o arco-íris se forma diante de nossos olhos, adquirem uma coloração flamejante, sem que surja a imagem de um arco contínuo; com isso, agitam-se ali em um movimento incessante cheio de matizes fulgurantes. Subimos até lá, sentamo-nos e desejamos poder desfrutar ali dias inteiros e boas horas da vida. Ali de novo, como tantas vezes em nossa viagem, sentimos que grandes espetáculos

---

31 Velho castelo: La Bâtiaz.

Johann Wolfgang von Goethe

não podem ser de fato sentidos e apreciados de passagem. Chegamos a um vilarejo onde encontramos muitos soldados alegres, e bebemos o mesmo vinho novo que já nos fora servido no dia anterior. Tem a aparência de água com sabão, mas eu o prefiro ao outro, de um ou dois anos, muito ácido. Quando temos sede, qualquer coisa nos sabe bem. Vimos ao longe Saint--Maurice, situada em um ponto em que o vale se estreita, formando um desfiladeiro. À esquerda, acima da cidade, vimos uma pequena igreja com uma ermida plantada em uma encosta rochosa que pretendemos visitar.[32] Aqui na hospedaria recebemos um bilhete de nosso amigo que ficou em Bex, a três quartos de légua de distância.[33] Enviamos-lhe um mensageiro. O conde saiu a passeio, a fim de ver a região mais à frente. Quero comer alguma coisa e, depois, também sair para ver a famosa ponte e o desfiladeiro.

Depois das 13 horas

Acabo de voltar daquele lugar em que se poderia passar dias a fio sentado desenhando, perambulando e, sem se cansar, conversando consigo mesmo. Se tivesse de sugerir a alguém uma rota no Valais, seria essa que parte do Lago de Genebra e segue Ródano acima. A caminho de Bex, cruzei a grande ponte pela qual se entra no território de Berna. Sob ela passa o Ródano e o vale se alarga um pouco na direção do lago. Quando me voltei, vi os rochedos que se apertam uns contra os outros perto de Saint-Maurice, e uma ponte pequena e estreita que se lança ousadamente em um arco sobre o Ródano, que murmureja por baixo dela. Logo ao lado dessa ponte se erguem os diversos balcões e torres de um castelo, e um único portão fecha a entrada para o Valais. Atravessei a ponte de volta a Saint-Maurice, e procurei ainda um ponto de observação que vi em um desenho de Huber, do qual pude encontrar a localização aproximada.

O conde voltou; ele fora ao encontro dos cavalos, e se adiantara montando seu castanho. Disse que a ponte é uma construção tão bela e leve que parece um cavalo saltando sobre um fosso. Nosso amigo também regressou

---

32 Pequena igreja: Notre Dame du Scex.
33 Amigo: Wedel.

satisfeito de sua viagem. Percorreu em poucos dias o caminho que ladeia o Lago de Genebra até Bex, e reina entre nós uma alegria generalizada por nosso reencontro.

Martigny, por volta das 21 horas

Cavalgamos até altas horas da noite, e o caminho de volta nos pareceu mais longo do que o de ida, quando nos sentimos atraídos por uma vista depois da outra. Também estou hoje para lá de cansado de tantas descrições e reflexões, mas ainda quero rapidamente fixar duas delas na memória. Passamos outra vez por Pissevache, quando o crepúsculo já ia bem adiantado. As montanhas, o vale e mesmo o céu estavam escuros e cambiantes. Por sua cor cinzenta e seu murmúrio tranquilo, a torrente se destacava de tudo o mais, quase não se percebia nenhum movimento. Escurecia cada vez mais. De repente vimos o pico de uma falésia muito alta incandescer toda, como se fosse bronze fundido em uma fornalha, e despedir um vapor avermelhado. Esse estranho fenômeno era produzido pelo sol crepuscular, que iluminava a neve e a névoa que se desprendia dela.

Sião, 8 de novembro, depois das 15 horas

Hoje de manhã erramos o caminho e nos atrasamos por pelo menos três horas. Partimos ao romper do dia de Martigny a fim de chegar cedo a Sião. O tempo estava belíssimo, mas o sol, ainda muito baixo no horizonte, era impedido pelas montanhas de iluminar o caminho pelo qual seguíamos; a vista do maravilhoso Vale do Valais despertava pensamentos bons e alegres. Já havíamos cavalgado três horas pela estrada, tendo o Ródano à nossa esquerda; vimos Sião se estender diante de nós e já nos alegrávamos com a proximidade do almoço, quando nos demos conta de que a ponte que deveríamos atravessar estava destruída. Segundo fomos informados pelas pessoas que trabalhavam nela, só nos restava fazer a pé uma pequena trilha que ladeava os rochedos, ou então retroceder por 1 légua a cavalo e então passar por alguma das outras pontes que atravessam o Ródano. Escolhemos a segunda alternativa e não nos deixamos acometer pelo mau humor;

preferimos pôr esse incidente na conta de algum bom espírito que queria nos conduzir a um passeio por esse interessante país na hora mais bela do dia. O Ródano comete muitos malefícios nessa região estreita. Para chegar a outra ponte, tivemos de cavalgar mais de 1,5 légua por um trecho de solo arenoso que as enchentes do rio mudam a todo momento, e no qual só medram amieiros e salgueiros. Finalmente chegamos às péssimas pontes, inseguras, longas e construídas com toras de madeira imprópria. Tivemos de passar nossos cavalos, um de cada vez, não sem preocupação. Depois disso tomamos de novo o rumo de Sião pelo lado esquerdo do Valais. A estrada em si era em sua maior parte ruim e pedregosa, mas cada passo dado nos punha diante de uma paisagem digna de um quadro, dentre as quais merece menção especial um castelo, do alto do qual se descortinava uma das mais belas vistas que pude contemplar em toda a região. As montanhas mais próximas se afundam com suas bases de ambos os lados na terra e, com seus vultos reduzem, em um efeito de perspectiva, a paisagem ao redor. Podíamos ver, com toda a comodidade, de montanha a montanha, a largura inteira do Valais; o Ródano descia com todas as suas muitas curvas e as margens cobertas de arbustos ao largo de vilarejos, prados e colinas cultivadas; lá longe se via o castelo de Sião e as diversas colinas que começam a se erguer por detrás dele; a área mais distante era fechada por uma cadeia de montanhas nevadas que lembravam o semicírculo de um anfiteatro, iluminada como tudo o mais pelo sol a pino do meio-dia.[34] Quanto mais desconfortável e pedregosa era a estrada pela qual tínhamos de cavalgar, tanto mais nos agradavam as videiras ainda muito verdes que a recobriam. Os moradores da região, para quem qualquer pedacinho de chão é precioso, plantam suas videiras coladas aos muros que separam suas propriedades da estrada; elas crescem e adquirem uma densidade extraordinária, e são então estendidas por cima da estrada, sustentadas por ripas e estacas, de modo que ela adquire uma forma como semelhante à de uma série de cara-

---

34 Castelo de Sião: o castelo Toubillon, mandado construir em fins do século XIII por Boniface de Challant, bispo de Sião de 1289 a 1308. Foi destruído por um incêndio em 1788.

manchões contíguos. A parte mais baixa do vale era recoberta de relva, mas à medida que nos aproximávamos de Sião encontramos também algumas lavouras. Nas redondezas dessa cidade, a paisagem se torna, graças às diversas colinas, extremamente variada, e desejaríamos poder desfrutar de uma estada mais longa. Mas a feiura das cidades e das pessoas interrompe com muita frequência as sensações agradáveis provocadas pela paisagem. As horríveis papeiras me deixaram de muito mau humor. Por hoje não podemos exigir mais nada de nossos cavalos, e por isso pensamos em ir a pé até Sierre. A hospedaria aqui em Sião é detestável, e a cidade tem um aspecto repulsivo, enegrecido.

Sierre, 8 de novembro, à noite

Uma vez que partimos de Sião ao cair da tarde, chegamos aqui à noite sob um claro céu estrelado. Com isso, como pude notar, fomos privados de algumas belas vistas. Em especial, gostaríamos de ter subido até o castelo Tourbillon, que fica próximo a Sião; dizem que de lá a vista é de uma beleza extraordinária. Um guia que levamos conosco nos conduziu sem contratempos através de alguns trechos horríveis de estrada, invadidos pelas águas. Logo alcançamos o topo e tínhamos o Ródano sempre à nossa direita lá embaixo. Encurtamos o caminho nos entretendo com assuntos de astronomia, e chegamos à casa de uma boa gente que fará o melhor que puder para nos hospedar. Quando pensamos em retrospecto, um dia como o de hoje, em que vimos tanta coisa diferente, equivale quase a uma semana. Começo a ficar consternado por não ter nem o tempo nem a habilidade necessária para desenhar, ainda que apenas em linhas gerais, todas essas paisagens notáveis; para alguém que não está aqui, é sempre melhor do que qualquer descrição.

Sierre, 9 de novembro

Antes de partirmos, posso lhe desejar um bom-dia. O conde seguirá comigo o caminho à esquerda pelas montanhas até Leukerbad, enquanto nosso amigo vai esperar aqui pelos cavalos e nos encontrará amanhã em Leuk.

Johann Wolfgang von Goethe

Leukerbad, 9, aos pés da Montanha de Gemmi

Em uma pequena casa de madeira, na qual fomos recebidos com a maior amabilidade por uma gente muito valorosa, acomodamo-nos em um quartinho pequeno de teto baixo, e quero ver quanto de nosso interessantíssimo passeio de hoje pode ser expresso em palavras. Partindo de Sierre, subimos hoje de manhã 3 léguas por uma montanha, depois de termos encontrado pelo caminho uma grande devastação causada pelas águas que descem dali. Uma torrente dessas que se formam de repente leva tudo de roldão no espaço de algumas léguas, cobrindo de pedras e cascalho os campos, prados e jardins, que as pessoas então têm de, pouco a pouco, quando isso ainda é possível, recuperar sofrivelmente, para serem, depois de algumas gerações, mais uma vez cobertos de entulho. Tivemos um dia cinzento com alguns intervalos de sol instável. Não é possível descrever o quanto, aqui, o Valais se torna outra vez diversificado. A todo momento a paisagem faz uma inflexão e se transforma. Tudo parece estar lado a lado em uma grande proximidade e, no entanto, estamos separados por grandes abismos e montanhas. Até agora, na maior parte do tempo, havíamos tido à nossa direita o vale aberto do Valais, e então, de súbito, uma bela vista da cordilheira surgiu diante de nossos olhos.

Para tornar mais palpável o que quero descrever, tenho de dizer algumas palavras acerca da situação geográfica da região na qual nos encontramos. Já havíamos subido umas 3 léguas pela portentosa cordilheira que separa o Valais de Berna. Trata-se da mesma cadeia de montanhas que se estende ininterrupta do Lago de Genebra até o São Gotardo, sobre o qual, na região de Berna, as grandes massas de gelo e neve se aninharam. Aqui, "acima" e "abaixo" são conceitos relativos, determinados pelo momento. Digo que abaixo do lugar em que me encontro, em uma planície, se ergue um vilarejo, mas essa planície pode estar situada à beira de um abismo, muito mais profundo em relação a ela que ela em relação a mim.

Depois de uma curva no caminho, parando para descansar ao lado de uma cruz, vimos lá embaixo, ao fim de um belo relvado verdejante, que se estende à beira de uma garganta rochosa, o vilarejo de Inden com sua igreja branca, situado bem no meio da paisagem, nas encostas da montanha. Para além do desfiladeiro, outros relvados e bosques de pinheiros se estendiam

"A campanha na França" e outros relatos de viagem

em uma linha ascendente; logo atrás do vilarejo, uma grande fenda subia até o topo do rochedo; as montanhas à nossa esquerda desciam até perto de nós, as da direita estendiam suas encostas para bem longe, e assim o pequeno vilarejo, com sua igreja branca, parecia o vértice para o qual convergiam tantos rochedos e fendas. O caminho para Inden foi aberto no íngreme paredão de rocha que fecha esse anfiteatro à esquerda de quem chega. Mesmo não sendo um caminho perigoso, tem uma aparência assustadora. Ele desce pela ribanceira de um paredão, separado do abismo à direita por uma precária prancha de madeira. Um sujeito que subia ao nosso lado conduzindo uma mula segurava o animal pela cauda nos trechos de descida mais abrupta, a fim de ajudá-lo. Por fim chegamos a Inden e, como nosso guia era bem conhecido, não foi difícil conseguir de uma mulher de boa vontade uma boa taça de vinho tinto e pão, já que nessa localidade não há casa de pasto. Então subimos pela grande fenda atrás de Inden, e logo avistamos a Montanha de Gemmi, que nos fora descrita em termos tão assustadores, aos pés da qual, entre outras montanhas altas, inacessíveis, cobertas de neve, se situa Leukerbad, como sobre a palma de uma mão. Eram cerca de 15 horas quando chegamos, e nosso guia logo encontrou uma hospedagem para nós. Embora não haja hospedarias, os moradores oferecem boas acomodações aos banhistas que vêm para cá. Nossa anfitriã está desde ontem em resguardo pós-parto, e seu marido, com o auxílio de uma velha mãe e de uma criada, faz muito bem as honras da casa. Pedimos algo para comer e depois nos fizemos conduzir às fontes termais, cujas águas brotam da terra com muita força em diversos lugares e são recolhidas em reservatórios muito limpos. Disseram-nos que fora do vilarejo, para o lado das montanhas, há outras ainda mais fortes. Essas águas não têm o menor cheiro de enxofre, e não depositam, nos lugares onde brotam e por onde fluem, o menor sedimento de ocre, nem de nenhum mineral ou de terra; ao contrário, como costuma acontecer com as águas puras, não deixam nenhum vestígio de sua passagem. Brotam da terra com uma temperatura muito elevada, e são famosas por suas boas propriedades. Ainda tínhamos tempo para um passeio ao sopé da Gemmi, que parecia ficar muito perto de onde estávamos. Mais uma vez tenho de observar aqui, como tantas outras vezes, que quando estamos cercados de montanhas, tudo nos parece muito próximo. Tínhamos uma boa légua para subir por rochedos despencados e entre depósitos de calcário antes de chegarmos ao sopé da portentosa montanha, onde o caminho segue por falésias íngremes. Aqui fica a passagem para o território de Berna, por onde todos os doentes têm de ser levados em liteiras. Se a estação do ano não nos ditasse a pressa, muito provavelmente faríamos amanhã uma tentativa de escalar essa montanha tão notável: por esta vez teremos de nos contentar com a mera vista. Quando voltávamos, vimos a aglomeração das nuvens que, nesta região e nesta época do ano, é extremamente interessante. Por causa do tempo bom, esquecemo-nos por completo de que estamos em novembro; o outono aqui, conforme nos haviam dito em Berna, é muito agradável. Contudo, os dias breves e as nuvens prenunciadoras de neve de vez em quando nos lembram de que a estação já vai avançada. A deliciosa aragem que as movia era de uma beleza extraordinária. Quando voltávamos do sopé da Gemmi, vimos uma leve bruma subir em uma veloz agitação da garganta de Inden. Ia ora para trás, ora para a frente e, por fim, chegou em sua subida tão perto de Leukerbad que nos demos conta de que precisaríamos redobrar a velocidade de nossos passos para não sermos envoltos pelas nuvens ao cair da noite. Chegamos bem à nossa pousada e, enquanto escrevo essas linhas, as nuvens de fato se dissolvem decididamente em um belo nevisco. É a primeira neve que temos e, se pensarmos na tepidez da viagem que fizemos ontem de Martigny a Sião sob as videiras ainda bastante verdejantes, uma grande mudança. Fiquei por algum tempo à porta da casa observando a evolução das nuvens, que é de uma beleza indescritível. Na verdade, ainda não é noite fechada, mas elas por vezes recobrem o céu, deixando tudo escuro. Sobem das profundas fendas rochosas até alcançar o pico das montanhas; atraídas por eles, parecem se avolumar e, condensadas pelo frio, caem em forma de neve. É um sentimento de indizível solidão o que temos ao estar aqui em cima, em uma altura tão grande que, contudo, se assemelha ao fundo de um poço, de onde suspeitamos só poder sair seguindo em frente através dos abismos. As nuvens que se aglomeram aqui nesse saco, em pouco tempo recobrindo os enormes rochedos, ora os envolvendo em uma treva infinita, ora deixando ver parte deles como fantasmas, conferem ao cenário uma triste vivacidade. Em meio a essa ação da natureza, sentimo-nos cheios de presságios. Nas planuras, acostumamo-nos a ver as nuvens, esse fenômeno tão espantoso para o ser humano desde sua infância, como algo apenas estranho, sobrenatural. Nós as consideramos apenas como hóspedes, como aves de arribação que, nascidas sob outro céu, passam fugazes por nossa terra vindas dessa ou daquela região, ou como tapetes suntuosos por meio dos quais os deuses escondem de nossos olhos sua glória. Mas aqui somos envolvidos por elas no momento mesmo de seu nascimento, e sentimos, cheios de pressentimentos, mover-se através de cada nervo a eterna energia intrínseca da natureza.

Prestamos pouca atenção justamente às névoas que produzem em nós esse efeito e, porque elas se impõem com menos intensidade aos nossos olhos, sua atividade também é mais difícil de observar. Diante de todos esses fenômenos, desejaríamos poder permanecer por mais tempo e passar vários dias em um lugar como esse; sim, se somos observadores apaixonados, nosso desejo se torna cada vez mais vivo quando pensamos que cada estação, cada hora do dia e cada mudança climática deve produzir novos fenômenos de todo inesperados. E assim como em qualquer pessoa, mesmo a mais comum, que tenha um dia testemunhado grandes eventos excepcionais, sempre restam estranhas reminiscências; assim como essa pessoa, por conta desse único instante, se sente maior, não se cansa de revivê-lo por meio da narração e adquiriu um tesouro para toda a vida: assim também se passa com quem pôde ver esses grandes fenômenos da natureza e se tornou íntimo deles. Se essa pessoa souber preservar suas impressões, ligá-las a outras sensações e pensamentos que se produzem nela, terá sem dúvida adquirido uma reserva de temperos com os quais condimentar as partes mais insípidas da vida e conferir um sabor agradável a toda a sua existência.

Percebo que, ao escrever, menciono pouco as pessoas; ocorre que, entre esses grandes fenômenos da natureza, em especial se vistos de passagem, elas são menos notáveis. Não tenho dúvida de que em uma estada mais longa encontraríamos pessoas de fato boas e interessantes. Uma coisa creio ter observado em toda parte: quando mais nos afastamos das grandes estradas nacionais e das grandes atividades humanas, quanto mais limitadas, isoladas e levadas de volta às necessidades primordiais da vida nas montanhas as pessoas se encontram, quanto mais elas se alimentam de uma atividade simples, lenta, inalterável, tanto melhores, mais complacentes, amigáveis, desinteressadas, hospitaleiras em sua pobreza eu as achei.

Leukerbad, 10 de novembro

Preparamo-nos à luz de velas para descer a montanha logo ao romper do dia. Tive uma noite muito agitada. Mal me deitei e pareceu-me ser acometido de urticária; mas logo vi que se tratava de um verdadeiro exército de insetos saltitantes, que atacavam, sedentos de sangue, o recém-chegado. Esses bichos se reproduzem em grande quantidade nas casas de madeira. A noite se tornou longuíssima para mim, e fiquei feliz quando nos trouxeram a luz pela manhã.

Leuk, em torno das 10 horas

Não temos muito tempo, mas quero, antes de partirmos, comunicar a estranha separação de nossa sociedade que teve lugar aqui, e quais foram seus motivos. Saímos de Leukerbad hoje ao romper do dia, e, com a neve fresca, tínhamos um caminho escorregadio para percorrer através do prado. Logo chegamos a Inden, onde deixamos, à direita, acima de onde estávamos, o caminho íngreme que tomamos ontem, para prosseguir a descida através do prado em direção à garganta que agora estava à nossa esquerda. Ela é selvagem e coberta de árvores, mas uma trilha bem satisfatória leva até lá embaixo. Através dessas fendas rochosas, a água que vem de Leukerbad escoa para o Valais. Vimos lá em cima, ao lado do rochedo que descemos ontem, um aqueduto engenhosamente escavado, por meio do qual um arroio é conduzido da montanha, primeiro até aqui, depois, através de uma gruta, para o vilarejo vizinho. Tivemos de subir mais uma colina, e então logo descortinamos lá embaixo o Valais aberto e a feia cidade de Leuk. Essas cidadezinhas, em sua maioria, são como que cosidas à montanha, os tetos são revestidos desgraciosamente de ripas grosseiras, fendidas, que as intempéries enegrecem e recobrem de musgo.[35] Mal entramos nelas, somos tomados de asco, pois em toda parte falta asseio; as carências e a temerosa atividade desses habitantes privilegiados e livres se revelam em toda parte. Encontramos nosso amigo e recebemos a má notícia de que, de agora em diante, se tornaria muito difícil prosseguir a cavalo. As estrebarias são menores e mais apertadas, pois se destinam apenas a mulas e animais de carga; a aveia também começa a se tornar algo muito raro, dizem mesmo que mais à frente nas montanhas não pode ser encontrada em lugar algum! Logo tomamos uma decisão: nosso amigo voltará a descer o Valais com os cavalos através de Bex, Vevey, Lausanne, Freiburg e Berna, até Lucerna, enquanto eu e o conde continuaremos o caminho Valais acima, buscando alcançar o São Gotardo e, depois, seguindo caminho pelo Cantão de Uri e, ao longo do Lago dos Quatro Cantões, chegar também a Lucerna. Aqui nessa região se podem encontrar mulas em toda parte; para esse trajeto elas são melhores do que os cavalos, e caminhar ainda é, no fim das contas, o mais agradável. Separamos nossas coisas, nosso amigo partiu, as bagagens foram ajeitadas sobre uma mula que alugamos, e assim pretendemos seguir viagem e tomar o caminho para Briga a pé. O céu parece instável, mas creio que a boa sorte que nos acompanhou até aqui e nos trouxe até tão longe não nos abandonará justo no lugar em que mais precisamos dela.

Briga, 10 de novembro, à noite

Do caminho que percorremos hoje tenho pouco para contar, a não ser que você queira se distrair com um relato circunstanciado das condições climáticas. Depois de arrumar nossas bagagens no lombo de uma mula, cujo dono a conduzia à nossa frente, partimos de Leuk em torno das 11 horas, em companhia de um auxiliar de açougueiro suábio que se perdera por aqui, encontrara uma colocação e fazia um pouco o papel de palhaço. Às nossas costas, até onde nossa vista podia alcançar o Vale do Valais, o céu estava coberto por pesadas nuvens de neve que vinham subindo pela região. Era de fato uma visão triste, e eu secretamente alimentava o temor de que,

---

35 Cf. n.4 deste capítulo.

embora o céu à nossa frente estivesse tão claro quanto na terra de Gósen, as nuvens logo nos alcançariam e talvez, no fundo do vale, cercados de montanhas de ambos os lados, em uma noite fôssemos soterrados pela neve.[36] Assim sussurrava a preocupação, que com frequência se assenhoreia de um dos ouvidos. Do outro lado, a boa coragem falava com uma voz muito mais confiável, censurava minha descrença, evocava o passado e me chamava a atenção para os fenômenos atmosféricos do momento presente. Continuávamos a caminhar na direção do bom tempo; subindo o Ródano, tudo estava claro, e por mais que o vento forte do entardecer empurrasse as nuvens em nosso encalço, elas jamais poderiam nos alcançar. Isso pelo seguinte motivo: no Vale do Valais desembocam, conforme eu já disse diversas vezes, muitas fendas das montanhas ao redor e se lançam ali como pequenos arroios no grande rio, assim como também suas águas afluem todas para a corrente do Ródano. De cada uma dessas aberturas sopra uma corrente de ar originada nos vales e sinuosidades internos. Quando então a massa principal de nuvens, subindo o vale, chega a uma dessas fendas, a corrente de ar não permite que ela passe ao seu largo, mas luta com elas e com o vento que as empurra, detém-nas e lhes disputa o caminho ao longo de léguas. Vimos muitas vezes uma luta dessas, e quando pensávamos que as nuvens logo nos alcançariam, elas tornavam a encontrar um obstáculo, e depois de caminharmos toda 1 légua, ainda não haviam saído do lugar. Ao cair da tarde, o céu estava de uma beleza extraordinária. À medida que nos aproximávamos de Briga, as nuvens chegaram quase ao mesmo tempo que nós; mas, como o sol já se pusera e soprava um vigoroso vento leste, elas tiveram de se deter e descrever, de montanha a montanha, uma grande meia-lua sobre o vale. O ar frio lhes dera consistência e, onde sua fímbria se destacava contra o céu azul, exibiam belas formas leves e alegres. Podíamos ver que continham neve, mas o ar fresco parece nos augurar que esta noite ela não deverá cair em grande quantidade. Estamos acomodados em uma bela hospedaria e, para nossa grande satisfação, dispomos de uma lareira

---

36 Terra de Gósen: cf. Gênesis 47,28. Há discrepância na tradução do nome para o português. João Ferreira de Almeida usa a forma Gósen. A *Bíblia de Jerusalém* traz Gessem.

em uma sala muito espaçosa; sentamo-nos diante do fogo e confabulamos sobre a continuidade de nossa viagem. Daqui de Briga a estrada ordinária leva, através de Simplon, à Itália; portanto, se quisermos desistir de nossa ideia de tomar o rumo do São Gotardo através de Furka, iríamos com cavalos alugados e mulas até Domo d'Osula e Mergozzo, seguiríamos depois margeando o Lago Maggiore, chegando então a Bellinzona e daí por diante, São Gotardo acima, através de Airolo até os Capuchinhos. Esse caminho permanece transitável o inverno inteiro, e pode ser confortavelmente percorrido a cavalo, mas não entusiasmava muito, pois não estava em nossos planos iniciais e nos faria chegar a Lucerna cinco dias depois de nosso amigo. Queremos, antes, seguir visitando o Valais até sua extremidade superior, à qual deveremos chegar amanhã ao entardecer; se a sorte nos sorrir, depois de amanhã a esta hora estaremos em Realp, no Vale de Urseren, que fica sobre o São Gotardo, próximo ao seu cume mais alto. Se não pudermos atravessar a Furka, o caminho que fizemos até aqui sempre estará aberto para nós, e então recorreremos por necessidade àquilo a que não recorremos por nossa livre escolha. Você já deve ter imaginado que aqui eu mais uma vez indaguei das pessoas se elas acreditam que a passagem pela Furka está aberta; pois esse é o pensamento com o qual me levanto, com o qual vou dormir e com o qual me ocupo durante todo o decorrer do dia. Até este momento, tudo podia ser comparado a uma marcha ao encontro do inimigo, e agora é como se nos aproximássemos do ponto onde ele se entrincheirou e tivéssemos de lutar com ele. Além de nossa mula, reservamos dois cavalos para amanhã.

Münster, 11 de novembro, 18 horas

Mais um dia de viagem feliz e agradável! Hoje de manhã, quando partimos cedo e com bom tempo de Briga, nosso hospedeiro nos disse, quando já tomávamos nosso rumo, que, caso a montanha (é como chamam aqui a Furka) estivesse muito feroz, deveríamos retroceder e tomar outro caminho. Com nossos dois cavalos e a mula, logo chegamos, através de prados aprazíveis, ao ponto em que o vale se estreita tanto que sua largura não vai além de alguns tiros de espingarda. Há ali uma bela pastagem, com grandes

Johann Wolfgang von Goethe

árvores e blocos de rochas espalhados que se desprenderam das montanhas vizinhas. O vale se torna cada vez mais estreito, vimo-nos obrigados a subir pelo flanco das montanhas que o ladeiam, tendo então o Ródano sempre à nossa direita, correndo por uma garganta escarpada. Mas no alto o terreno torna a se alargar, sobre a diversificada ondulação das colinas há belas pastagens nutritivas, graciosos lugarejos que, com suas casas de madeira marrom-escuras espiam, de maneira insólita, do fundo da neve. Andamos um bom pedaço a pé, e o fizemos como um favor mútuo. Pois, embora estivéssemos seguros sobre os cavalos, sempre nos parece perigoso ver outra pessoa à nossa frente levada por um animal tão frágil, em um caminho tão estreito, à beira de um abismo escarpado. Uma vez que não pode haver animais na pastagem, pois as pessoas todas se recolhem a suas casas, um local assim parece muito solitário, e a ideia de que estamos cada vez mais espremidos entre montanhas portentosas fornece à imaginação quadros sombrios e desagradáveis, que poderiam a qualquer momento fazer cair lá embaixo qualquer um que não estivesse firme na sela. O ser humano jamais é senhor de si mesmo. Uma vez que não sabe o futuro, uma vez que mesmo a próxima fração de minuto lhe é desconhecida, sempre que antevê algo de incomum, ele tem de lutar com sentimentos involuntários, pressentimentos, fantasias traumáticas das quais logo depois pode até rir, mas que, no momento decisivo, são extremamente penosas. Em nosso repouso do meio-dia aconteceu-nos algo agradável. Buscamos alojamento na casa de uma senhora, onde tudo parecia na mais perfeita ordem. A sala de estar era, segundo o costume local, revestida de lambris, as camas eram graciosamente entalhadas, nos armários, mesas e todas as pequenas prateleiras presas às paredes e nos cantos havia pequenos ornamentos torneados ou entalhados. Pelos retratos que estavam pendurados na sala de estar, podia-se ver que vários membros da família tinham seguido a carreira eclesiástica. Vimos também uma coleção de livros bem encadernados acima das portas, que tomamos por donativo de algum daqueles senhores. Entre eles encontramos lendas de santos, que nos pusemos a ler enquanto nos preparavam a refeição. Entrando na sala, nossa anfitriã nos perguntou se tínhamos lido também a lenda de Santo Aleixo. Dissemos que não, mas não demos maior atenção à pergunta, e cada um continuou a ler seu capítulo. Quando nos sentamos à mesa, ela veio se juntar a nós e se pôs de novo a falar de Santo Aleixo. Perguntamos-lhe se era seu padroeiro, ou o padroeiro de sua casa, ao que ela respondeu negativamente, mas nos assegurou que aquele santo homem tinha suportado tantas coisas por amor a Deus que sua história lhe parecia muito mais desoladora do que várias outras. Vendo que não tínhamos conhecimento dela, começou a contá-la. Santo Aleixo vivia em Roma e era filho de pais distintos, ricos e tementes a Deus, a quem de bom grado acompanhava nas extraordinárias boas obras que realizavam em prol dos pobres; mas isso ainda não lhe parecia o bastante, ele se dedicara em segredo inteiramente a Deus, e prometera a Cristo se manter em eterna castidade. Quando, algum tempo depois, seus pais quiseram casá-lo com uma bela e virtuosa jovem, ele não opôs resistência ao desejo deles, e as bodas foram celebradas; ele, porém, em vez de ir ao encontro da noiva na alcova, embarcou em um navio que encontrou pronto para zarpar, e partiu para a Ásia. Ali, assumiu a figura de um infeliz mendigo e ficou tão irreconhecível que os servos que seu pai enviara em seu encalço não o puderam identificar. Costumava postar-se à porta da igreja matriz, assistir à missa e alimentar-se com as pequenas esmolas dos fiéis. Passados três ou quatro anos aconteceram diversos milagres, claro sinal de que Deus estava satisfeito. O bispo ouviu uma voz na igreja dizer-lhe que deveria chamar para dentro dela o homem extremamente piedoso, cuja prece era a mais agradável a Deus, e celebrar ao seu lado a missa. Como o bispo não sabia a quem a voz se referia, ela lhe indicou o mendigo, que ele então, para grande espanto do povo, fez entrar na igreja. Santo Aleixo, aturdido por ver que a atenção de todos se voltava para ele, fugiu em silêncio e embarcou em um navio, desejoso de ser levado novamente a um país estrangeiro. Mas o mau tempo e outras circunstâncias o obrigaram a desembarcar na Itália. O santo homem viu nisso um sinal de Deus e alegrou-se por encontrar uma oportunidade de demonstrar no mais alto grau sua abnegação. Assim, dirigiu-se diretamente à sua cidade natal, postou-se como um pobre mendigo diante da casa de seus pais e estes, tomando-o por tal, acolheram-no em sua piedosa benevolência, e ordenaram a um criado que lhe preparassem um aposento no castelo e lhe dessem de comer. Esse criado, aborrecido com o encargo e descontente com a benevolência de seus patrões, levou o mendigo fingido para um mísero vão debaixo da escada e, como se fosse a um cão, atirou-lhe uma comida parca e ruim. O santo homem, sem se deixar perturbar por isso, primeiro de tudo louvou a Deus em seu coração e não apenas suportou de ânimo sereno tudo aquilo que facilmente ele poderia mudar, como também, com uma constância inacreditável e sobre-humana, a infinita tristeza de seus pais e de sua esposa pela ausência de seu tão amado Aleixo. Pois centenas de vezes ao dia ele ouvia seus bem-amados pais e sua bela esposa pronunciarem seu nome, sentindo sua falta, e os via consumir suas vidas lamentando sua ausência. Nesse ponto da narrativa, nossa hospedeira não pôde mais conter as lágrimas, e suas duas filhas, que durante o decorrer da história se haviam agarrado à saia dela, olharam fixo para a mãe. "Não consigo imaginar situação mais lastimável", ela disse, "e nenhum martírio maior do que o que esse santo homem suportou voluntariamente junto dos seus." Mas Deus lhe recompensou a constância da maneira mais gloriosa e, na hora de sua morte, pôs diante dos olhos dos crentes os maiores sinais de Sua graça. Pois esse santo homem, depois de ter vivido alguns anos naquelas condições, frequentando a missa todos os dias com o maior fervor, por fim adoeceu, sem que ninguém prestasse alguma atenção a ele. Quando então certa manhã o papa, em presença do imperador e de toda a nobreza, celebrava em pessoa uma missa solene, os sinos de toda a cidade de Roma de repente começaram a dobrar como que pela morte de uma pessoa distinta; como toda a gente se espantasse com isso, o papa teve a revelação de que aquele milagre anunciava a morte do homem mais santo daquela cidade, que acabava de falecer na casa do patrício ***. O próprio pai de Aleixo, quando perguntado, pensou no mendigo. Foi para casa e, de fato, o encontrou morto embaixo da escada. Entre as mãos unidas o santo homem segurava uma folha de papel que o velho tentou em vão retirar. Ele voltou à igreja levando a notícia ao imperador e ao papa que então, com a corte e o clero, foram ver o santo cadáver. Quando chegaram ali, o santo padre retirou sem dificuldade o papel das mãos do morto e o entregou ao imperador, que imediatamente ordenou ao seu chanceler que o lesse. Esse papel continha a história do santo até aquele momento. Era de ver o imenso sofrimento dos pais e da esposa, que haviam tido tão perto de si seu querido filho e esposo sem poder fazer nada de bom por ele, e só agora ficavam sabendo o quanto ele tinha sido maltratado!

"A campanha na França" e outros relatos de viagem

Atiraram-se sobre o corpo, lamentando-se de modo tão triste que ninguém ali presente pôde conter as lágrimas. E entre a multidão que pouco a pouco foi se juntando ali havia muitos doentes que tiveram permissão de se aproximar do corpo santo e, ao tocá-lo, ficavam curados. A narradora afirmou mais uma vez, enxugando os olhos, jamais ter ouvido outra história tão desoladora, e eu próprio senti tanta vontade de chorar que só com muito esforço pude disfarçá-la e reprimi-la. Depois da refeição, procurei a lenda no livro do padre Cochem, e constatei que a boa mulher preservara o fluxo puramente humano da história, e se esquecera de todas as expressões de mau gosto desse escritor.[37]

Vamos continuamente à janela observar as condições do tempo, pois estamos agora muito propensos a adorar o vento e as nuvens. O início da noite e o silêncio geral são o elemento em que a escrita melhor se desenvolve, e estou convencido de que se pudesse e devesse permanecer por apenas alguns meses em um lugar como este, concluiria por pura necessidade, um após o outro, todos os meus dramas já começados.[38] Já nos avistamos com diversas pessoas e lhes perguntamos sobre a passagem pela Furka, mas não obtivemos nenhuma resposta precisa, embora a montanha fique a apenas 2 léguas daqui. Temos, portanto, de nos dar por satisfeitos e amanhã, ao romper do dia, tratar de fazer nós mesmos um reconhecimento e ver como se decide nosso destino. Por mais tranquilo que esteja, tenho de confessar que ficaria extremamente aborrecido se tivéssemos de retroceder. Se tudo correr bem, amanhã ao entardecer estaremos em Realp, sobre o São Gotardo, e depois de amanhã ao meio-dia, no alto da montanha, com os capuchinhos; se correr mal, só teremos duas vias abertas para nossa retirada, sendo que nenhuma delas é especialmente melhor do que a outra.

---

37 Martin von Cochem (1634-1712), padre capuchinho alemão, conhecido escritor de livros religiosos populares e de reuniões de lendas de santos.

38 No manuscrito, Goethe se refere aos seus "dramas e romances já começados". Refere-se a diversas obras: *Fausto, Prometeu, Maomé, Egmont, Ifigênia em Táuris, A missão teatral de Wilhelm Meister* (este último é a primeira versão de *Os anos de aprendizado de Wilhelm Meister*). Goethe só iria concluir durante a viagem à Itália alguns de seus fragmentos de dramas (1786-1788).

Percorrer de volta todo o Valais e tomar o caminho conhecido para Berna e Lucerna, ou então regressar a Briga e, fazendo uma grande volta, chegar ao topo do São Gotardo! Creio que já lhe disse isso três vezes nessas folhas. Acontece que para nós isso é da maior importância. O desfecho dirá quem tinha razão: nossa coragem e confiança em que tudo daria certo, ou o tino de certas pessoas que nos desaconselharam com virulência a seguir este caminho. Uma coisa é certa: tanto o tino quanto a coragem têm de reconhecer a supremacia da sorte sobre eles. Depois de termos mais uma vez observado o tempo e constatado que o ar estava frio e o céu limpo, sem prenúncios de neve, fomos para a cama tranquilos.

Münster, 12 de novembro, às 6 da manhã

Estamos prontos e todas as nossas coisas já foram empacotadas, de modo a podermos partir com o romper do dia. Teremos 2 léguas até Oberwald, e de lá se costuma calcular 6 léguas até Realp. Nossa mula nos segue com as bagagens até onde pudermos levá-la.

Realp, 12 de novembro, à noite

Chegamos aqui ao cair da noite. Tudo está superado, e o nó que nos embaraçava o caminho, cortado em dois. Antes de lhe dizer onde estamos instalados, antes de lhe descrever o modo de ser dos amigos que nos hospedam, conceda-me o prazer de refazer em pensamentos o caminho que víamos com preocupação diante de nós e que percorremos com sucesso, embora não sem fadiga. Às 7 horas partimos de Münster e vimos diante de nós, coberto de neve, o anfiteatro fechado das altas montanhas, tomamos a montanha que se eleva obliquamente por trás dele pela Furka, mas estávamos enganados, como percebemos mais tarde; ela estava encoberta por montanhas que se erguiam à nossa esquerda e por nuvens altas. O vento leste soprava forte e lutava com algumas nuvens de neve, espalhando flocos fininhos ora pelas montanhas, ora pelo vale. Mas tanto mais espessa era a camada de neve que se acumulava no chão, e muitas vezes nos fez errar o caminho, apesar de que, cercados de montanhas pelos dois lados, não

"A campanha na França" e outros relatos de viagem

poderíamos deixar de encontrar por fim Oberwald. Chegamos ali depois das 9 horas, entramos em uma hospedaria, e não foi pouco o espanto dos proprietários ao verem surgir umas figuras como as nossas nesta época do ano. Perguntamos se o caminho pela Furka estava transitável. Responderam-nos que a gente do lugar o percorria durante a maior parte do inverno, mas não sabiam nos dizer se conseguiríamos atravessá-lo. De imediato mandamos chamar um desses guias; logo apareceu um homem baixinho e robusto, cuja aparência inspirava confiança, e a quem fizemos nossa proposta: se achasse que o caminho ainda era praticável, ele deveria nos dizer, mandar chamar um ou mais camaradas e nos acompanhar. Depois de pensar um pouco, ele concordou, foi se preparar e chamar os outros. Entrementes, pagamos ao nosso muladeiro, pois não precisávamos mais dele nem de seu animal, comemos um pouco de pão com queijo, tomamos uma taça de vinho tinto e estávamos alegres e bem-dispostos quando nosso guia voltou trazendo com ele um homem mais alto e robusto, aparentando ter a força e a coragem de um cavalo. Um deles tomou nossas bagagens nas costas, e então nosso grupo, cinco ao todo, deixou para trás o vilarejo, e em pouco tempo alcançamos o sopé da montanha que ficava à nossa esquerda e começamos a subir pouco a pouco. De início ainda tínhamos uma trilha batida que descia de um prado elevado vizinho, mas logo a perdemos e precisamos subir a montanha através da neve. Nossos guias se movimentavam com muita habilidade entre os rochedos por entre os quais serpenteia o caminho conhecido, embora tudo estivesse coberto de neve. Nosso caminho ainda nos levou através de um bosque de abetos, lá embaixo víamos o Ródano correndo por um vale estreito e estéril. Pouco tempo depois tivemos nós mesmos que descer para aquele vale, atravessamos uma pequena ponte e então surgiu diante de nós a geleira do Ródano. É a mais portentosa de todas as que vimos por inteiro até agora. Ela recobre toda a larguíssima encosta de uma montanha e desce ininterruptamente até o ponto em que, no vale, o Ródano flui dela. Nesse desaguadouro, conforme nos asseguraram, ela vem diminuindo ao longo dos anos, mas em relação ao restante da enorme massa essa perda é insignificante. Embora tudo estivesse recoberto de neve, as falésias escarpadas de gelo, nas quais o vento não permite que se deposite a neve, eram visíveis com suas fendas azul-vitríolo, e podíamos ver claramente onde termina a geleira e o rochedo nevado começa. Chegamos muito perto dele, que ficava à nossa esquerda. Logo atravessamos outra ponte frágil sobre um pequeno riacho que desaguava em um pequeno vale estéril em forma de bacia. Mas da geleira não se vê mais nenhuma árvore, nem à direita, nem à esquerda, nem à frente, tudo é vazio e deserto. Nenhum rochedo escarpado e proeminente, nada além de vales extensos, montanhas com encostas suaves que agora, sob a neve que nivela tudo, nos mostravam uma superfície simples e ininterrupta. Subimos então a montanha à esquerda e nos enfiamos na neve profunda. Um de nossos guias teve de se antecipar e, avançando com coragem, abrir o caminho pelo qual o seguimos. Se por um momento desviávamos nossa atenção da trilha para nós mesmos e nosso grupo, tínhamos uma estranha visão: no lugar mais vazio do mundo, em uma portentosa montanha-deserto coberta de uma neve uniformizadora, onde sabíamos não haver vivalma a uma distância de 3 léguas para a frente ou para trás, tendo de ambos os lados as enormes profundezas de montanhas soterradas, se via uma fila de pessoas que caminhavam umas sobre as fundas pegadas das outras, sem nada que saltasse à vista em toda aquela vasta extensão lisa, a não ser os rastros que deixávamos. As profundezas de onde viemos se perdem às nossas costas na névoa cinzenta. As nuvens passam sobre o sol pálido, grossos flocos de neve caem nas profundezas e estendem sobre tudo um véu em perpétuo movimento. Estou convencido de que alguém cuja imaginação o dominasse ao menos em parte pereceria de terror e angústia aqui neste caminho, sem que houvesse um perigo aparente. De fato, aqui não se corre nenhum risco de queda, perigo mesmo só oferecem as avalanches, quando a neve se torna mais espessa do que agora e, por causa do peso, começa a deslizar. Mas nossos guias nos contaram que durante todo o inverno passaram por aqui, levando peles de cabras do Valais para o São Gotardo, o que constitui um intenso comércio. Mas então, para evitar as avalanches, não vão pelo caminho que seguimos, subindo pouco a pouco a montanha, preferindo avançar por algum tempo lá embaixo, no vasto vale, e então subir em linha reta a montanha íngreme. Esse caminho é mais seguro, mas também muito mais desconfortável. Depois de mais ou menos três horas e meia de marcha, chegamos à sela da Furka, à cruz que demarca a fronteira entre o Valais e o Uri. Daqui também não era visível o duplo pico da Furka, ao qual ela deve seu nome.[39] Esperávamos agora uma descida confortável, mas nossos guias nos anunciaram uma neve ainda mais profunda, que de fato logo encontramos. Nossa marcha continuou como antes, em fila, e quem ia na frente muitas vezes se afundava até a cintura. A habilidade das pessoas e a tranquilidade com que encaravam o problema mantinha também nossa coragem, e devo dizer que eu, pessoalmente, fiquei muito feliz em vencer o trajeto sem grande fadiga, embora com isso não queira dizer que foi um passeio. O caçador Hermann afirmou que já vira neve tão profunda na floresta da Turíngia, mas por fim não pôde conter uma exclamação: a Furka era uma p…a![40] Um abutre-barbudo sobrevoou o lugar onde estávamos com incrível velocidade, foi o único ser vivo que encontramos naquele deserto, e à distância víamos as montanhas do Vale do Urseren iluminadas pela luz do sol. Nossos guias queriam entrar em uma cabana de pastores abandonada, feita de pedras e coberta de neve, para comer alguma coisa, mas nós os instamos a prosseguir, a fim de evitar ficarmos parados no frio. Ali serpenteiam novos vales, e enfim tivemos uma vista aberta para o Vale de Urseren. Apressamos os passos e, depois de percorrer umas 3,5 léguas a contar da cruz, vimos os telhados dispersos de Realp. Já havíamos perguntado diversas vezes aos nossos guias qual hospedagem, e sobretudo qual vinho poderíamos esperar encontrar em Realp. As esperanças que eles nos deram não eram das maiores, mas nos asseguraram que os capuchinhos, embora não tivessem um albergue como aqueles do São Gotardo, costumavam acolher de vez em quando os estrangeiros. Com eles, poderíamos encontrar um bom vinho tinto e uma refeição melhor do que a da estalagem. Assim, enviamos um deles à nossa frente, a fim de interceder por nós junto aos padres e preparar nossas acomodações. Não demoramos a segui-lo e chegamos pouco depois dele, sendo então recebidos à entrada por um padre alto e imponente. Convidou-nos a entrar com a maior amabilidade e nos pediu ainda na soleira que não os levássemos a mal, pois não estavam preparados para receber tantos hóspedes, em especial naquela época do ano.

---

39 Furka, do latim *furca* (garfo).

40 Caçador Hermann: cf. n.25 deste capítulo; P…a: no original, S***r (*Schindluder*, originalmente carcaça animal, muitas vezes empregado como xingamento).

Johann Wolfgang von Goethe

Levou-nos sem demora para um cômodo aquecido e, enquanto descalçávamos as botas e trocávamos de roupa, fez o que pôde para nos servir. Dizia-nos a todo momento que nos sentíssemos em casa. Quanto à comida, ele nos disse, teríamos de ter paciência, pois eles estavam em meio ao longo jejum que dura até o Natal. Asseguramos-lhe que, em nossas atuais condições, um quarto aquecido, um pedaço de pão e uma taça de vinho era tudo o que desejávamos. Ele nos serviu o que pedíamos e, mal havíamos descansado um pouco, começou a nos descrever suas condições e relações naquele cantinho deserto. "Não temos", disse, "um albergue, como os padres do São Gotardo; estamos aqui na condição de sacerdotes, e somos em número de três: eu estou encarregado das prédicas, o segundo padre da escola e o irmão cuida das atividades domésticas." Continuou a nos contar como era difícil a vida deles, morando nos confins de um vale longe do mundo e trabalhando duro por um parco salário. Outrora esse posto, como os outros semelhantes a ele, foi provido por um padre secular que, porém, certa vez em que uma avalanche de neve encobriu uma parte do vilarejo, fugiu levando consigo o ostensório, tendo sido então deposto. Eles, então, a quem se atribuía maior resignação, foram mandados para esse local. Para escrever estas linhas, retirei-me para um quarto no andar de cima, que é aquecido lá de baixo através de uma abertura. Trazem a notícia de que a refeição está pronta, o que, embora já tenhamos beliscado alguma coisa, é muito agradável de se ouvir.

Depois das 21 horas

Os padres, os senhores, servos e carregadores se sentaram todos à mesma mesa, apenas o frade que serve a mesa apareceu já bem ao final da ceia. Com ovos, leite e farinha, ele providenciou pratos bem variados, que saboreamos um depois do outro com prazer. Os carregadores, muito felizes de falar a respeito de nossa bem-sucedida expedição, elogiaram nossa rara destreza para caminhar e afirmaram que não fariam o mesmo por qualquer pessoa. Confessaram-nos que hoje de manhã, quando os mandamos chamar, apenas um se apresentou, a fim de nos avaliar e ver se tínhamos cara de quem poderia acompanhá-los; eles tomavam o cuidado de não guiar pessoas frágeis ou idosas nessa época do ano, pois tinham a obrigação de carregar todos aqueles a quem haviam concordado em conduzir aqui para cima, caso ficassem fatigados ou adoecessem, e mesmo se essa pessoa morresse, não poderiam deixá-la para trás, a não ser que houvesse risco para suas próprias vidas. Com essa confissão, abriram-se as comportas da narrativa, e a partir de então, um depois do outro contou histórias de excursões penosas ou fatídicas pelas montanhas, situação na qual essas pessoas vivem como que em seu elemento, razão pela qual relatam com a maior tranquilidade casos de catástrofes às quais elas próprias estão expostas todos os dias. Um deles contou a história de como, sobre o Kandersteg, a caminho da Gemmi, junto com um camarada que ele sempre chamava pelo nome e sobrenome, encontrou uma pobre família afundada na neve alta, a mãe agonizante, o menino semimorto e o pai tomado por uma indiferença semelhante à loucura. Ele carregou a mãe nos ombros, o camarada levou o filho, e o pai, que não queria sair do lugar, eles empurraram à sua frente. Na descida da Gemmi, a mãe morreu sobre seus ombros, e ele a carregou morta até Leukerbad. Quando lhe perguntamos que gente era aquela e como tinha ido parar na montanha naquela estação do ano, ele respondeu: era uma gente pobre do Cantão de Berna que, levada pela necessidade, se arriscara na montanha em uma época inclemente do ano a fim de procurar por parentes no Valais ou nas províncias italianas, e foi surpreendida pelo mau tempo. Contaram ainda outras histórias que se passaram com eles quando, no inverno, levavam peles de cabras através da Furka, ocasiões em que sempre iam juntos em grupo. Entre uma e outra história, o padre pediu mil desculpas pela refeição, e redobramos nossas garantias de que não desejávamos nada além daquilo e, como ele desviasse a conversa para si mesmo e sua situação, ficamos sabendo que ainda não havia muito tempo que ele se encontrava naquele lugar. Começou a falar das prédicas e das habilidades imprescindíveis para um pregador; comparou este a um comerciante que tem de sublinhar as qualidades de seus produtos e, com uma conversa agradável, torná-las atraentes para os compradores. Depois da refeição, continuou com sua explanação, levantando-se da mesa, apoiando nela a mão esquerda, acompanhando suas palavras com a direita e falando de um modo eloquente sobre a eloquência, dando a impressão de que queria nos convencer naquele momento mesmo de ser ele próprio o hábil comerciante. Nós o aplaudimos e ele passou da preleção para a coisa em si. Louvou a religião católica. Uma regra para a fé nos é imprescindível, disse ele: e seu melhor atributo é ser tão firme e inalterável quanto possível. Nós temos a Escritura como fundamento de nossa fé, mas isso não basta. Não podemos entregá-la nas mãos do homem comum; pois, por mais sagrada que ela seja e por mais que dê em cada uma de suas páginas testemunho do espírito de Deus, o homem mundano não pode compreendê--la, e facilmente encontra a cada passo confusão e repulsa. O que pode um leigo fazer com as histórias indecorosas contidas nela e que foram, no entanto, escritas pelo Espírito Santo para o fortalecimento da fé aos filhos experientes e experimentados de Deus; o quê, além disso, pode tirar de bom delas um homem comum que não considera as coisas em seu contexto? Como poderá ele se desenredar das aparentes contradições que surgem aqui ou ali, da ordenação imperfeita dos livros, dos estilos discrepantes, algo difícil até mesmo para os eruditos e que exige dos fiéis que, diante de algumas passagens, ponham peias ao seu entendimento? O que devemos, pois, ensinar? Uma regra fundada na Escritura, atestada pela melhor explicação da Escritura! E quem deve explicar a Escritura? Quem deve estabelecer essa regra? Eu, talvez, ou alguma outra pessoa? De modo algum! Cada um interpreta a coisa de maneira diferente, entende-a segundo sua própria concepção. Assim, haveria tantas doutrinas quantas fossem as cabeças, causando confusões indescritíveis, como aliás já foram causadas. Não, deve ser reservado apenas à Santíssima Igreja explicar a Escritura e determinar a regra pela qual devemos orientar a conduta de nossa alma. E quem é essa Igreja? Não é esse ou aquele líder, esse ou aquele membro dela. Não! São os homens mais santos, mais sábios, mais experientes de todos os tempos, que se uniram pouco a pouco sob a proteção do Espírito Santo para erguer esse vasto edifício harmonioso e universal, que nos grandes concílios comunicaram suas ideias uns aos outros, edificando-se mutuamente, que baniram os erros e deram uma segurança, uma certeza à nossa santíssima religião, da qual nenhuma outra pode se gabar, que abriram para ela um alicerce e a fortificaram com parapeitos que o próprio inferno não pode vencer. O mesmo se passa com o texto da Sagrada Escritura. Nós temos a Vulgata, temos uma tradução autorizada da Vulgata, e para cada versículo há uma explicação que é sancionada pela Igreja. Daí vem essa concordância que espanta qualquer um. Se os senhores me ouvem aqui neste canto remoto do mundo, ou na maior capital de um país longínquo, se ao mais canhestro ou ao mais capaz, todos falarão a mesma língua; um cristão católico ouvirá sempre a mesma coisa, em toda parte será instruído e edificado da mesma maneira: e é isso que faz a certeza de nossa fé, que nos dá a doce satisfação e segurança nas quais vivemos firmemente unidos uns aos outros, e nas quais nos separamos uns dos outros com a convicção de que nos reencontraremos. Ele proferiu essas prédicas, uma depois da outra, como se fizesse um discurso, mais com o íntimo sentimento deleitoso de que se mostrava a nós por seu lado mais favorável do que com o tom de uma ânsia carola de doutrinação. Ora ele trocava a mão que se apoiava sobre a mesa, ora as enfiava nas mangas da sotaina e as apoiava sobre o ventre; ora tirava com todo o decoro a tabaqueira de seu capuz e, depois de tomar seu rapé, a atirava de volta para dentro dele. Nós o ouvíamos com atenção, e ele parecia muito satisfeito com nossa maneira de ouvir suas palavras. Quanto não se admiraria se um espírito lhe tivesse revelado naquele momento que ele dirigia sua peroração a um descendente de Frederico, o Sábio![41]

13 de novembro, no cume do São Gotardo com os capuchinhos, 10 horas

Finalmente chegamos com sucesso ao cume de nossa viagem! Aqui, está decidido, vamos parar e, depois, rumar de volta à pátria. Sou tomado de uma sensação maravilhosa aqui em cima onde, há quatro anos, com outras preocupações, ideias, planos e esperanças, em outra estação do ano, permaneci por alguns dias e, sem intuir o que o futuro me reservava, levado por sabe-se lá o quê, voltei as costas para a Itália e inconscientemente tomei o

---

41 Frederico, o Sábio (Friedrich der Weise, 1463-1525), príncipe eleitor da Saxônia de 1486 a 1525. Seu descendente é o duque Carl August von Sachen-Weimar, oriundo em linha direta do irmão de Frederico, João da Saxônia, conhecido como João, o Firme, ou João, o Constante (Johann der Beständige, 1468-1532), príncipe eleitor da Saxônia de 1525 a 1532. Frederico, que foi protetor de Martinho Lutero e fundador da Universidade de Wittenberg (1502), não se casou e, por isso, não tinha descendentes diretos.

rumo de meu atual destino.[42] Não reconheci a casa. Há algum tempo ela foi muito danificada por uma avalanche de neve; os padres aproveitaram a oportunidade para recolher contribuições na região a fim de ampliar sua morada e torná-la mais confortável. Os dois padres que moram aqui não estão em casa, mas, segundo ouvi dizer, ainda são os mesmos que encontrei há quatro anos. O padre Seraphim, que já se mantém há treze anos neste posto, está neste momento em Milão, o outro deve regressar ainda hoje de Airolo.[43] Com esse ar puro, faz um frio terrível. Assim que terminarmos de comer, vou continuar a escrever, pois já verifiquei que não poderemos pôr os pés para fora da porta.

Depois do jantar

Está cada vez mais frio, não se pode sair de perto da estufa. Sim, é o maior prazer sentar-se sobre ela, o que se pode fazer sem problemas nesta região em que as estufas são construídas com pedras lisas. Primeiro de tudo, falaremos de nossa despedida de Realp e de nosso caminho até aqui.

Ainda ontem à noite, antes de nos deitarmos, o padre nos levou ao seu quarto de dormir, onde tudo está arrumado em um espaço bem pequeno. Sua cama, que consistia em um saco de palha e um cobertor de lã, não nos pareceu, a nós que estamos acostumados a um leito semelhante, nada de especialmente digno de admiração. Ele tinha um grande prazer e uma satisfação profunda em nos mostrar tudo, sua estante de livros e outras coisas. Elogiamos tudo e nos separamos muito contentes, a fim de nos recolher ao leito. Na arrumação do quarto, para que coubessem duas camas junto a uma parede, elas foram feitas em tamanho menor do que o adequado. Esse desconforto não me permitiu pegar no sono, até que procurei me arranjar juntando duas cadeiras. Só acordamos hoje com o dia claro e descemos,

---

42 Alusão à sua primeira viagem à Suíça, no ano de 1775, quando esteve no São Gotardo em 22 e 23 de agosto, e desistiu de seu plano de viajar à Itália. O estado de espírito que descreve se refere a sua relação com Lili Schönemann e de planos que antecederam sua decisão de fixar residência em Weimar.

43 O padre Seraphim vivia em Milão desde 1775. O outro, que voltaria de Airolo, era o padre Lorenzo.

"A campanha na França" e outros relatos de viagem

encontrando lá embaixo semblantes muito alegres e amistosos. Nossos guias, prontos para tomar o mesmo caminho suave de ontem, pareciam considerá-lo um marco e uma história com a qual, no futuro, poderiam impressionar outros estrangeiros; e como foram bem pagos, parecia que a ideia de aventura se tornara perfeita para eles. Tomamos ainda um café da manhã reforçado e partimos. Nosso caminho agora seguia através do Vale de Unseren, notável por ter, em uma altura tão grande, belos prados e criação de gado. Aqui se produzem queijos pelos quais eu tenho especial predileção. Aqui não há árvores; arbustos de salgueiros margeiam o riacho e, nas montanhas, pequenas moitas se enroscam umas nas outras. Dentre todas as regiões que conheço, essa é a mais encantadora e interessante; seja porque antigas recordações as fazem mais preciosas, ou porque o sentimento de tantos prodígios da natureza tão estreitamente encadeados me provoca um prazer secreto e inefável. Já antecipo que toda a região que lhe descrevo está embaixo de neve; montanha e prado e caminho estão todos igualmente recobertos pela brancura. O céu estava muito claro, sem nenhuma nuvem, o azul muito mais profundo do que aquele ao qual estamos acostumados na planície; as encostas das montanhas, cujo branco se destacava sobre ele, claras nas partes ensolaradas, e azuladas nas partes cobertas pelas sombras. Em uma hora e meia chegamos a Hospental, um lugarejo que, ainda localizado no Vale do Unserer, fica no caminho para o São Gotardo. Aqui, pela primeira vez, tornei a pisar a trilha de minha viagem anterior. Entramos, pedimos um almoço para amanhã e subimos a montanha. Um grande bando de mulas vivificava com seus sinos toda a região. É um som que desperta todas as recordações da montanha. A maior parte já havia subido antes de nós, e rasgara o caminho plano com as ferraduras afiadas. Encontramos também alguns cantoneiros que foram chamados para cobrir de terra o gelo liso e manter a estrada transitável. O voto que fiz um dia, de ainda ver essa região coberta de neve, agora foi cumprido. O caminho sobe margeando o Reuss, que se precipita sobre os rochedos, e as cascatas tomam aqui as mais belas formas. Detivemo-nos um bom tempo diante da beleza de uma delas, muito larga, que descia sobre rochedos negros. Aqui e ali se haviam formado massas de gelo nas fendas e nas superfícies, e a água parecia correr sobre mármore pintalgado de branco e preto. O gelo cintilava ao sol como veios de cristal e faíscas, e a água corria pura e fresca de entremeio. Nas montanhas não há companheiros de viagem mais difíceis do que as mulas. Elas têm um passo irregular, pois, graças a um instinto singular, quando chegam ao pé de um trecho íngreme, primeiro ficam paradas para depois subi-lo com a maior rapidez e parar novamente lá em cima a fim de descansar. Também param por vezes em superfícies planas e retas, que se encontram aqui e acolá, até que são obrigadas pelos condutores ou pelos animais que vêm atrás delas a avançar. Assim, mantendo um passo regular, nos espremamos à margem da estreita trilha, a fim de passar por elas e tomar a dianteira de toda a longa fila de animais. Se nos detínhamos para observar alguma coisa, elas voltavam a nos ultrapassar, e éramos importunados pelo barulho ensurdecedor de seus sinos e pelos volumosos fardos que lhes pendiam dos dois lados do lombo. Assim, por fim chegamos ao cume da montanha, que você deve imaginar como um cocuruto calvo rodeado por uma coroa. Aqui nos encontramos sobre uma superfície plana, mas rodeados de outros picos, e a vista é limitada por encostas e falésias nuas ou, com mais frequência, cobertas de neve.

É quase impossível se aquecer, pois aqui as pessoas só podem utilizar gravetos para isso, e mesmo estes têm de ser poupados, pois é preciso arrastá-los para baixo por quase 3 léguas, e lá em cima, como eu disse, quase não cresce árvore alguma. O padre chegou de Airolo, tão gelado que ao entrar não conseguia dizer uma só palavra. Mesmo que aqui eles possam se vestir de modo mais confortável do que os demais membros da ordem, sempre é uma roupa que não foi feita para esse clima. Ele veio de Airolo subindo o caminho muito liso contra o vento, sua barba estava congelada, e demorou algum tempo até que ele pudesse se refazer. Conversamos sobre as dificuldades dessa morada; ele nos contou como costumam passar o ano, suas fadigas e suas condições domésticas. Não falava senão italiano, e assim tivemos oportunidade de empregar os exercícios nessa língua que fizemos na primavera. Ao anoitecer, fomos por um momento até a porta de entrada, para que o padre pudesse nos mostrar os cumes, que são considerados os mais altos do São Gotardo; mas não pudemos ficar ali por mais do que alguns minutos, de tão penetrante e agressivo que é o frio. Por essa vez ficamos, portanto, fechados dentro de casa, até a hora da partida amanhã,

"A campanha na França" e outros relatos de viagem

e temos bastante tempo para viajar em pensamentos pelas maravilhas da região.

Por uma pequena descrição geográfica, você poderá ver como é notável o lugar em que agora estamos. O São Gotardo não é, de fato, a montanha mais alta da Suíça, e na Saboia o Mont Blanc o supera muito em altura; mas ele mantém acima de todas as outras a dignidade de rei das montanhas, pois as maiores cadeias de montanhas convergem para ele e se apoiam nele. Sim, se não estou enganado, o sr. Wyttenbach, que viu do cume mais elevado os picos das demais montanhas, me disse em Berna que todos eles parecem se inclinar diante dele.[44] As montanhas de Schwyz e de Unterwald, unidas às de Uri, avançam do norte; do leste, as montanhas do Cantão dos Grisões; do sul, as das províncias italianas e do oeste, através da Furka, se entranha nele a dupla cadeia de montanhas que circunda o Valais. Não muito distante da casa há dois pequenos lagos, um dos quais leva o Ticino, através de desfiladeiros e vales, para a Itália e o outro, o Reuss, para o Lago dos Quatro Cantões. Não distante daqui nasce o Reno e corre para o leste; se contarmos ainda o Ródano, que nasce em um sopé da Furka e corre para o oeste através do Valais, então nos encontramos aqui em um cruzamento a partir do qual cordilheiras e rios correm em direção a todos os pontos cardeais.

---

44 Jakob Samuel Wyttenbach (1748-1830), teólogo protestante e naturalista suíço. Goethe utilizava sua obra *Kurze Anleitung für Diejenigen, welche die Reise durch einen Theil der merkwürdigen Alpgegenden des Lauterbrunner Tals, Grindelwald und über Meyringen auf Bern zurück, machen wollen* [Pequeno guia para aqueles que querem fazer a viagem através de uma parte da notável região alpina do Vale do Lauterbrunnen, Grindelwald, Meiringen e de volta a Berna], de 1777. Goethe o visitou em Berna no dia 19 de outubro. Em 18 de fevereiro de 1780, escreveu a ele solicitando um exemplar da obra *Merkwürdige Prospekte aus den Schweizer Gebürgen, und derselben Beschreibung* [Vistas notáveis das montanhas suíças e descrições das mesmas], de 1776, cujo texto era de autoria de Wyttenbach.

Excertos de um diário de viagem[1]

1. O santuário de Santa Rosália[2]

Santa Rosália, protetora de Palermo, já é tão conhecida por meio da descrição que Brydone[3] fez da festa em sua homenagem que é provável que os amigos tenham lido alguma coisa a respeito do local onde se dá esse culto.

O Monte Pellegrino, uma grande massa rochosa mais larga do que alta, situa-se ao noroeste do Golfo de Palermo. Sua bela forma não se deixa descrever com palavras. Uma imagem imperfeita dele se encontra na *Voyage pittoresque de la Sicile*.[4] Trata-se de uma rocha calcária de épocas muito antigas. As

---

1 Título original: *Auszüge aus einem Reise-Journal*. Escrito durante a viagem à Itália, texto definitivo em torno de 1788. Primeira publicação em *Der Teutsche Merkur* [O Mercúrio alemão], revista editada por Christoph Martin Wieland, outubro e novembro de 1788, fevereiro e março de 1789.

2 Esta passagem dedicada ao santuário de Santa Rosália foi incluída integralmente, com exceção do último parágrafo, na *Viagem à Itália*, com a datação "Palermo, 6 de abril de 1787". Está reproduzida aqui na tradução de Wilma Patricia Maas. Cf. Goethe. *Viagem à Itália*. São Paulo: Editora Unesp, 2017, p.269-71.

3 Patrick Brydone (1736-1818), escritor e viajante escocês. Autor de *A tour through Sicily and Malta in a series of letters to William Beckford* [Viagem pela Sicília e por Malta em uma série de cartas a William Beckford], de 1773.

4 Jean-Claude Richard de Saint-Non, mais conhecido como Abbé de Saint-Non (1727-1791), gravador, desenhista e viajante francês. Autor de *Voyage pittoresque*

rochas são completamente nuas, ali não crescem árvores ou mesmo um único arbusto, pois as superfícies estão cobertas por um pouco de grama e musgo.

Em uma caverna da montanha descobriram-se, no começo do século passado, os despojos da santa, que foram então trazidos a Palermo. Sua presença libertou a cidade da peste e Rosália tornou-se desde então a padroeira do povo. Ergueram capelas em sua homenagem e em sua honra promoveram suntuosas festividades.

Os crentes fazem assiduamente sua peregrinação ao monte e dispenderam muito dinheiro para construir o caminho que, como um aqueduto, se sustenta sobre pilastras e arcos, erguendo-se em ziguezague entre dois rochedos.

O lugar de culto é mais apropriado à modéstia e humildade da santa que se abrigara ali do que a festa suntuosa que paradoxalmente se faz para celebrar seu total isolamento do mundo.[5] E talvez a cristandade, que construiu suas propriedades, seu luxo e sua alegria festiva sobre a miséria de seus fundadores e profetas, não possua lugar mais santo do que este, cultuado e ornamentado de modo tão puro e comovente.

Uma vez no cimo da montanha, deparamo-nos, em um canto da rocha, com uma parede íngreme, sobre a qual a igreja e o mosteiro foram firmemente construídos.

A aparência exterior da igreja nada tem de convidativo ou promissor. Abrimos a porta sem nenhuma expectativa, mas somos maravilhosamente surpreendidos ao entrar. Encontramo-nos então em um vestíbulo que ocupa toda a largura da igreja e se abre para a nave. Veem-se ali os costumeiros recipientes com água benta e alguns confessionários. A nave da igreja é um pátio aberto, delimitado à direita por rochas nuas e do lado esquerdo por uma continuação do vestíbulo. A pedra do calçamento foi assentada com um ligeiro declive, de modo que a água da chuva possa escorrer por elas. Mais ou menos no centro há uma pequena fonte.

---

ou Description des royaumes de Naples et de Sicile [Viagem pitoresca ou Descrição dos reinos de Nápoles e da Sicília], 5v., 1781-1786.

5 O santuário de Santa Rosália foi construído em 1635. A estátua da santa é obra do escultor florentino Gregorio Tedeschi (morto em 1634).

"A campanha na França" e outros relatos de viagem

A própria gruta foi transformada em coro, sem que com isso tivessem retirado dela sua aparência bruta. Alguns degraus conduzem ao púlpito com o antifonário. De ambos os lados há assentos. Tudo isso é iluminado pela luz do dia, que vem do pátio ou da nave. Mais atrás, na escuridão da gruta, fica o altar principal, no centro.

Como eu disse antes, não se alterou em nada a aparência da gruta. No entanto, como a rochas estão sempre porejadas de água, foi preciso pensar em manter o lugar seco. Isso foi feito por meio de calhas de chumbo, dispostas nos ângulos das rochas e ligadas umas às outras de diferentes maneiras. Essas calhas são largas na parte de cima, estreitando-se embaixo. Além disso, são pintadas de uma cor verde-sujo, o que causa a impressão de que grandes cactos teriam crescido dentro da caverna. A água é conduzida para um recipiente límpido onde os crentes a recolhem, usando-a contra todo tipo de malefício.

Como eu observava esses objetos com atenção, veio até mim um padre e indagou se eu era porventura um genovês que quisesse encomendar algumas missas. Respondi que viera a Palermo com um genovês que amanhã participaria das festividades. Como sempre, um de nós deveria ficar tomando conta da casa, era hoje meu dia de visitar o local. Disse-me então que ficasse à vontade, observasse tudo com cuidado e exercesse minha fé. Procurou chamar minha atenção especialmente para um altar que ficava à esquerda da gruta, considerado uma relíquia santa, deixando-me depois.

Vi, por entre as aberturas de um grande ornamento de latão em forma de folhagem, lâmpadas queimando sob o altar. Ajoelhei-me bem próximo dele e espiei pelas aberturas. Lá dentro havia ainda grades construídas por um fino trançado de fios de latão, de modo que se podia distinguir os objetos apenas como se estivéssemos por detrás de um véu.

Distingui uma bela jovem sob o brilho de algumas lâmpadas silenciosas.

Ela jazia como se em uma espécie de encantamento, os olhos semi-fechados, a cabeça apoiada relaxadamente sobre a mão direita, que era ornamentada por muitos anéis. Não me cansava de observar a cena, que me parecia provida de um encanto particular. Seu vestido era feito de latão dourado, material capaz de reproduzir muito bem a riqueza do próprio ouro. A cabeça e as mãos, em mármore branco, são, ainda que não se possa dizer de estilo elevado, trabalhadas de modo tão natural e agradável que se acredita que a jovem deveria respirar e mover-se.

Um anjinho está a seu lado e parece refrescá-la, com um lírio na mão.

Nesse meio-tempo, os padres entraram na gruta, ocuparam seus assentos no coro e entoaram as vésperas.

Sentei-me então em um banco em frente ao altar e ouvi-os por algum tempo. Caminhei mais uma vez em direção ao altar, ajoelhei-me e busquei gravar na memória de maneira ainda mais nítida a bela imagem da santa, abandonando-me por inteiro à atraente ilusão produzida pela forma e pelo lugar.

O canto dos padres cessara. A água corria em direção ao recipiente ali junto ao altar e as rochas do átrio da própria nave da igreja fechavam a cena de maneira ainda mais primorosa. Havia uma grande calma nesse lugar que se tornava novamente ermo, uma grande pureza nessa caverna selvagem. O exagero brilhante do culto católico, do siciliano, em particular, encontrava aqui a simplicidade natural. A ilusão provocada pela figura da bela adormecida, irresistível também para um olhar experiente – tudo isso fez que só a muito custo eu me afastasse dali, chegando de novo a Palermo só tarde da noite.

Mais tarde gracejei comigo mesmo, e atribuí o prazer que sentira ali antes a uma disposição de ânimo favorável e algumas taças de um bom vinho siciliano do que aos próprios objetos; mas, para me justificar, encontrei a seguinte passagem na *Voyage pittoresque de la Sicilie*: "*La statue est de bronze doré, avec les mains e la tête en marbre blanc, mais si parfaitement sculpée e dans une position si naturelle, que l'on serait tenté de la croire vivante*".[6] Assim, segundo esse testemunho, não preciso me envergonhar da impressão que me deu aquela imagem inanimada.

Ao lado da igreja e do pequeno mosteiro ligado a ela ainda há algumas grutas quase das mesmas dimensões, que, contudo, só servem de proteção e aprisco natural aos rebanhos de cabras.

---

6 "A estátua é de bronze dourado, com as mãos e a cabeça em mármore branco, mas esculpida com tanta perfeição e em uma posição tão natural, que somos tentados a acreditar que está viva."

"A campanha na França" e outros relatos de viagem

2. Sobre a teoria das artes figurativas

Arquitetura

Era muito fácil de ver que a arte de construção em pedra dos antigos, na medida em que eles se serviam das ordenações de colunas,[7] tomara como modelo a arte de construção em madeira. Vitrúvio traz a esse respeito a fábula da cabana do mercado, que agora também foi aceita e sacralizada por muitos teóricos; eu, porém, estou convencido de que devemos buscar as causas em um período muito mais próximo.

Os templos dóricos da ordem mais antiga, que podem ser vistos ainda hoje na Magna Grécia e na Sicília, e Vitrúvio não conhecia, nos levam a refletir naturalmente que não foi uma cabana de madeira a fornecer o modelo remoto.

Os templos mais antigos eram de madeira, eram construídos da maneira mais simples, a única preocupação era com o estritamente necessário. As colunas sustentavam as vigas principais, e estas, por sua vez, as cabeças das traves transversais que se estendiam de dentro para fora, e as cornijas repousavam sobre elas. As cabeças de trave visíveis eram, segundo a técnica dos carpinteiros, levemente chanfradas, mas o espaço entre elas, as chamadas métopas, não eram fechados, de modo que era possível dispor nelas as cabeças dos animais sacrificados, o que permite a Pílades, na *Ifigênia em Táuris*, sugerir que as utilizassem como esconderijo.[8] Esse formato muito sólido, simples e rústico do templo era, contudo, sagrado aos olhos do

---

7 A descrição do papel da medida das colunas com base em seu diâmetro para a determinação das proporções e simetrias dos templos na arquitetura antiga, com a definição das ordens dórica, jônica e coríntia, se encontra na obra *De Architectura, libri decem* [Os dez livros de arquitetura], do arquiteto romano Vitrúvio (81 a.C.-15 a.C.).

8 Na primeira cena da peça de Eurípides, Pílades diz a Orestes: "Deixemos o templo e escondamo-nos longe da nau, numa gruta inundada pela água do mar sombrio. [...] Olha o espaço vazio que existe entre os tríglifos! Por ali pode passar uma pessoa!" (Eurípides. *Ifigênia entre os tauros*. Tradução do grego, introdução e comentário de Nuno Simões Rodrigues. Coimbra; São Paulo: Imprensa da Universidade de Coimbra; Anablume, 2010, p.37).

povo, e quando passaram a construí-los em pedra, imitaram o melhor que puderam o templo dórico.

É muito provável que para fazer as colunas dos templos em madeira se tenham utilizado os troncos mais fortes, pois, ao que parece, elas eram apenas dispostas sob as vigas principais, sem se fazer nenhuma junção por meio de alguma técnica de carpintaria. Quando começaram a imitar essas colunas em madeira, a intenção era construir para a eternidade; mas nem sempre estavam à mão as pedras mais resistentes; era preciso fazer as colunas por meio da junção de peças, a fim de poder lhes dar a altura necessária; assim, elas eram feitas em uma largura muito grande em relação à altura, e iam se estreitando até a extremidade superior, a fim de aumentar sua capacidade de sustentação.

Os templos de Pesto, Segesta, Selinunte e Agrigento são todos de pedra calcária, mais ou menos semelhante ao tufo, que na Itália é chamado de travertino; os de Agrigento são, aliás, construídos com o calcário conquífero mais poroso que se possa imaginar. Por isso também eram tão suscetíveis às intempéries, e passíveis de ser destruídos sem a ação de nenhum outro poder hostil.

Permitam-me explicar aqui uma passagem de Vitrúvio, na qual ele narra que um arquiteto, Hermógenes, depois de ter reunido todo o mármore necessário para a construção de um templo dórico, mudou de ideia e construiu um jônico.[9]

Vitrúvio, de fato, dá como causa o fato de que esse arquiteto, como talvez também outros, não podia se decidir sobre a distribuição dos tríglifos; a mim, contudo, agrada mais pensar que esse homem, ao ver os belos blocos de mármore diante de si, os destinou a um edifício mais agradável e encantador, uma vez que o material não o impedia de realizá-lo. Além disso, a ordenação dórica sempre foi feita de dimensões mais delgadas, de modo que no templo de Hércules em Cora o comprimento da coluna é correspondente a oito vezes seu diâmetro.

Não gostaria de me indispor, por causa do que estou dizendo, com aqueles que são entusiastas da forma do antigo templo dórico. Eu mesmo confesso

---

9 Hermógenes (século II a.C.), arquiteto grego.

"A campanha na França" e outros relatos de viagem

que eles têm uma aparência majestosa, por vezes mesmo encantadora; mas é próprio da natureza humana ir sempre adiante, até mesmo além de seu objetivo; assim, era natural também que na relação entre a espessura da coluna com sua altura o olhar buscasse sempre a mais delgada, e o espírito pensasse com isso sentir maior elevação e liberdade. Sobretudo por ser possível, com um mármore de tanta variedade e beleza, fazer colunas muito grandes de uma única peça, e porque, por fim, o ancestral de todas a pedras, o velho granito, foi trazido do Egito para a Ásia e a Europa, oferecendo suas massas grandes e belas para usos portentosos. Até onde sei, as maiores colunas ainda são de granito.

A ordenação jônica logo se diferenciou da dórica, não apenas pelas variadas alturas relativas das colunas, pelo capitel ornamentado, mas sobretudo porque os tríglifos dos frisos foram abandonados, evitando as inevitáveis quebras na divisão dos mesmos. Também me parece que os tríglifos jamais teriam chegado à construção de pedra se os primeiros templos de madeira a ser imitados não tivessem sido tão rústicos, as métopas protegidas e fechadas e o friso caiado. Mas eu mesmo admito que esses desenvolvimentos não eram para aqueles tempos, e que é muito natural para uma técnica rústica construir edifícios como se fossem uma simples pilha de lenha.

Que, contudo, um edifício assim fosse, graças à veneração dos povos, sacralizado, tomado como modelo para a construção de outro em material inteiramente diverso, é um destino que nossa espécie humana teria de experimentar em centenas de outros casos, muito mais próximos dela, e com um efeito muito pior sobre ela do que métopas e tríglifos.

Eu dou um salto de vários séculos e busco um exemplo semelhante, tentando explicar a maior parte da chamada arquitetura gótica a partir dos entalhes em madeira com os quais nos tempos mais antigos se costumavam ornamentar relicários, altares e capelas que, mais tarde, quando o poder e a riqueza da Igreja cresceram, eram afixados no exterior das paredes nórdicas com todas as suas volutas, barras, filetes, e acreditava-se ornamentar com isso frontões e torres informes.

Infelizmente, todos os decoradores de igreja nórdicos buscavam sua grandeza apenas na pequenez multiplicada. Poucos sabiam estabelecer uma proporção entre essas formas mesquinhas; com isso, monstruosidades como a catedral de Milão, na qual se empregou com custos monstruosos uma montanha de mármore moldado nas formas mais indigentes, na qual ainda se torturam as pobres pedras a fim de dar continuidade a uma obra que jamais poderá ser concluída, pois o desatino infecundo que a inspirou também tinha o poder de conceber um plano quase infinito.

O material da arte figurativa

Nenhuma obra de arte é inquestionável, mesmo que tenha sido realizada pelo maior e mais experiente artista: por mais que tenha se tornado senhor do material com o qual trabalha, ele não pode modificar sua natureza. Portanto, só em um certo sentido e sob certas condições ele pode produzir o que tem em mente, e sempre será o melhor artista de sua estirpe aquele cuja invenção e imaginação se ligam imediatamente ao material com o qual ele tem de trabalhar. Essa é uma das maiores vantagens da arte antiga; e assim como as pessoas só podem ser chamadas de inteligentes e felizes quando vivem com a maior liberdade possível nas limitações de sua natureza e condições, também merecem nossa grande veneração aqueles artistas que não querem fazer mais do que lhes permite o material e, justamente por isso, fazem tanto que mesmo com uma energia espiritual esforçada e educada, mal somos capazes de lhes reconhecer o mérito.

Queremos dar alguns exemplos de como as pessoas são levadas para a *arte* pelo *material*, e na própria arte continuam a ser orientadas por ele. Dessa vez, um exemplo bem simples.

Parece-me muito possível que os egípcios tenham sido levados a erigir tantos obeliscos pela própria forma do granito. Constatei, depois de um estudo muito minucioso das variadíssimas formas nas quais se encontra o granito, uma coincidência quase geral: a de que os paralelepípedos nos quais o encontramos muitas vezes se dividem novamente em diagonal, e com isso de imediato surgem dois obeliscos brutos. É possível que esse fenômeno da natureza ocorra no Alto Egito, nas montanhas de Assuã, de forma colossal e quando, para demarcar um lugar relevante, se erigiu alguma pedra imponente, se tenham buscado e extraído para os monumentos públicos as maiores cunhas de granito, talvez raras até mesmo nas montanhas de lá. Precisou-se ainda de muito trabalho para lhes dar uma forma regular, para inscrever nela os hieróglifos com tanto esmero e poli-las por inteiro; mas não tanto trabalho quanto se toda a figura, sem nenhum estímulo da natureza, tivesse de ser esculpida em uma enorme massa rochosa.

Não quero, para fortalecer meu argumento, explicar a maneira pela qual os hieróglifos são gravados, escavando-se em primeiro lugar uma depressão na pedra, na qual então a figura ficará em relevo. Poderíamos ainda explicar isso por meio de outros motivos; eu poderia, contudo, também de minha parte argumentar e afirmar que as pedras foram encontradas com a maioria de seus lados já bastante aplainados, de modo que foi muito mais vantajoso logo emoldurar as figuras do que apresentá-las em relevo e aprofundar tanto a superfície da pedra.

3. Medida das horas dos italianos

Um dos costumes mais frequentes observado de um ponto de vista errôneo pelos estrangeiros é a maneira pela qual os italianos contam as horas. Ela desorienta qualquer recém-chegado; isso porque a maior parte dos viajantes quer em toda parte prosseguir em seu modo de ser, em sua ordem e em sua trilha: assim, é natural que eles se queixem amargamente quando de súbito uma medida importante de suas ações é de todo mudada.

Governantes alemães já introduziram em seus estados italianos nosso modo costumeiro de contar as horas. Esses ponteiros conhecidos como franceses que, para consolo dos estrangeiros, há muito já podem ser vistos em Trinità dei Monti, também deverão em breve mostrar aos viajantes dentro e fora de São Pedro suas horas costumeiras. Nossa forma de contar as horas, portanto, pouco a pouco deverá se tornar mais comum, ainda que o povo dificilmente se sirva dela de imediato; e decerto ele perderia também um costume regional peculiar, uma forma hereditária de pensamento, um costume bastante conveniente.

Quantas vezes não ouvimos viajantes louvarem a terra feliz, o belo clima, o límpido céu azul, a atmosfera suave da Itália, e na maior parte das vezes de modo verdadeiro e nada exagerado. Disso, porém, se deduz para a vida que quem pode, e sempre que pode, permanece de bom grado sob um céu

aberto e desfruta do ar livre mesmo ao praticar seu ofício. Quantos trabalhadores fazem seu serviço diante das casas na rua aberta? Quantas casas
de comércio se abrem diretamente para a rua? Quanta coisa não acontece
nas feiras, praças e pátios? É fácil compreender que, com tal modo de vida,
o momento em que o sol se põe e a noite cai seja decisivo de forma mais
generalizada para quase todos aqui do que entre nós, onde muitas vezes
o dia não se torna dia. O dia de fato termina; todas as atividades de uma
certa natureza devem também ser encerradas, e essa época, entra ano e sai
ano, tem, como convém a um povo sensual, sempre a mesma denominação.
Então é noite (*notte*), pois a vigésima quarta hora jamais é chamada de
meio-dia, como em francês (*midi*), em vez de 12 horas. Os sinos tocam,
todos rezam uma breve prece, o criado acende as lâmpadas, leva-as para o
quarto e deseja *felicíssima notte*.

Desse período, que sempre chega com o pôr do sol, até o próximo pôr
do sol, o tempo é dividido em 24 horas, e como todos sabem pelo costume
arraigado tanto quando começa o dia como quando chegam o meio-dia
e a meia-noite, todos se põem a fazer todo tipo de cálculos, no quais os
italianos parecem encontrar um prazer e uma espécie de diversão. Naturalmente, a comodidade de se contarem desse modo as horas se mostra em
todas as ações que têm a mais pura relação com o dia e a noite, e vemos
como dessa maneira o tempo de uma grande massa de gente sensual pode
ser distribuído.

Assim encontramos todas as oficinas, estúdios, escritórios, bancos,
abertos até a noite em todas as estações do ano; todos podem realizar suas
atividades até essa hora. Se tiver um tempo ocioso, pode continuar seus
passeios até o pôr do sol, depois encontrar certos círculos e combinar com
eles o que for necessário, conversar com amigos; à noite, de uma hora e meia
a duas horas, todos vão ao teatro; e assim tem-se a impressão de, entra ano
e sai ano, viver no mesmo tempo, pois tudo que tem uma relação com o
dia ou com a noite é realizado na mesma ordem, sem se preocupar se seria
cedo ou tarde, segundo nossa maneira de contar as horas.

Assim é guiada por essa maneira de contar as horas, como que por um
cordão, a grande confluência de passantes a pé ou de carro que em todas
as grandes cidades italianas, sobretudo aos domingos e feriados, se vê na

rua principal, nas praças principais; assim também o corso romano e, no Carnaval de Roma, uma enorme massa de pessoas indisciplinadas. Sim, graças a essa separação decidida entre dia e noite, impõe-se um certo limite ao luxo de se misturar de bom grado o dia e a noite e tomar um pelo outro.

Admito que os italianos poderiam continuar a levar sua vida e, mesmo assim, contar as horas à nossa maneira, mas para eles, sob seu venturoso céu, o momento que separa o dia da noite permanecerá sempre como o mais importante. Eles continuarão a considerá-lo sagrado, porque a Igreja continuará a seguir o antigo horário para a prece vespertina. Tanto em Florença quanto em Milão pude observar que muitas pessoas, embora os relógios públicos estivessem acertados de acordo com nossos ponteiros, continuavam a deixar seus relógios de bolso e sua vida doméstica correr segundo a antiga medida. De tudo isso, a que ainda poderia acrescentar mais algumas coisas, já se poderá reconhecer suficientemente que essa maneira de contar o tempo que parece desprezível aos astrônomos, para quem o meio-dia permanece sendo a principal hora do dia, e não pode deixar de ser desconfortável para o viajante nórdico, é muito bem calculada para um povo que quis, sob um céu venturoso, viver de acordo com a natureza, e fixar os principais períodos de seu tempo da maneira mais compreensível.

4. Papéis femininos representados por homens
no teatro romano

Não há lugar no mundo em que o *tempo passado* fale com tanta imediatez e com tantas vozes ao observador como Roma. Assim também se preservou por acaso, entre muitos outros, um costume que em qualquer outra parte se perdeu quase por inteiro.

Os antigos, pelo menos nas melhores épocas da arte e dos costumes, não permitiam que uma mulher pusesse os pés no teatro. Suas peças ou eram compostas mais ou menos de forma a prescindir de mulheres, ou então os papéis femininos eram representados por um ator que tinha se preparado especialmente para isso. Esse ainda é o caso na Roma moderna e no restante do Estado eclesiástico, com a exceção de Bolonha que, entre outros privilégios, desfruta também da liberdade de poder admirar mulheres em seus teatros.

Já se fizeram tantas censuras àquela tradição romana que talvez fosse permitido também dizer algumas palavras em seu louvor, pelo menos (a fim de não parecer por demais paradoxal) com o objetivo de chamar a atenção para um remanescente da Antiguidade.

Aqui não se pode levar em consideração a ópera, pois a bela e insinuante voz dos *castrati*, aos quais ainda por cima os trajes femininos parecem mais apropriados do que os masculinos, facilmente nos reconcilia com tudo que talvez pudesse parecer inadequado na figura travestida. Aqui, na verdade, devo falar de tragédias e comédias, e discutir em que medida elas podem nos proporcionar algum prazer.

Pressuponho o que se deve pressupor em cada encenação, ou seja, que as peças sejam montadas tendo em vista o caráter e as habilidades dos atores. Uma condição sem a qual nenhum teatro, e muito poucos dentre os maiores atores, poderiam existir.

Os romanos modernos têm sobretudo uma tendência especial para trocar, nas mascaradas, os trajes de ambos os sexos. No Carnaval, muitos rapazes perambulam em roupas de mulheres das classes mais baixas, e parecem se divertir muito com isso. É comum que cocheiros e criados se mostrem muito recatados em trajes femininos e, se jovens e formosos, muito galantes e encantadores. As mulheres de uma classe social intermediária, por sua vez, se mostram belas e apropriadas nos trajes de Polichinelo, as mais distintas em uniformes de oficiais. Todos parecem desejar se deleitar em uma continuada extravagância juvenil com essa brincadeira em que todos nós um dia nos divertimos na infância. É muito evidente que ambos os sexos se comprazem nessa aparente transformação e buscam tanto quanto possível usurpar o privilégio de Tirésias.[10]

Da mesma forma, os rapazes que se dedicam a papéis femininos têm uma paixão especial em se mostrar perfeitos em sua arte. Eles observam minuciosamente as expressões faciais, os movimentos, os modos das mulheres, procuram imitá-los, e conferir suavidade e doçura a suas vozes, ainda que

---

10 Conforme o livro III das *Metamorfoses* de Ovídio, Tirésias se transformou em mulher depois de ter atingido com o cajado duas serpentes que se acasalavam. No oitavo ano, repetiu a ação com as mesmas duas serpentes e voltou à forma anterior.

não possam mudar os tons mais baixos; em suma, procuram se libertar tanto quanto possível de seu próprio sexo. Têm tanta avidez pelas novas modas quanto as próprias mulheres; deixam-se paramentar por hábeis costureiras, e *a primeira atriz* de um teatro muitas vezes tem a felicidade de alcançar seu objetivo.

Quanto aos papéis secundários, nem sempre são preenchidos da melhor maneira, e não se pode negar que às vezes a Colombina não pode esconder de todo sua barba azulada. Mas os papéis secundários são um problema na maioria dos teatros, e nas capitais de outros países, onde se tem um cuidado muito maior com o espetáculo, muitas vezes ouvimos queixas amargas sobre a inabilidade dos *terceiros* ou *quartos* atores, bem como sobre a ilusão inteiramente prejudicada por causa dela.

Não foi sem preconceito que fui assistir à comédia romana, mas logo me senti, sem nem pensar, reconciliado; experimentei um prazer ainda desconhecido para mim e notei que muitas outras pessoas o compartilhavam comigo. Refleti sobre a causa daquilo, e creio que a encontrei: *é porque, em uma representação dessa natureza, o conceito de imitação, a reflexão sobre a arte, sempre permaneceram vivos, e a encenação habilidosa apenas produziu uma espécie de ilusão autoconsciente.*

Nós alemães nos recordamos de ter assistido a velhos papéis representados até a maior ilusão por um jovem talentoso,[11] e ainda nos recordamos do duplo prazer que aquele ator nos proporcionou. Da mesma maneira, o fato de essas pessoas não serem mulheres, e sim representarem mulheres, produz um duplo encanto. O jovem estudou as características do sexo feminino em seu modo de ser e sua conduta; ele as conhece e as reproduz com *arte*; ele não representa a si mesmo, e sim a uma terceira e, na verdade, estranha natureza. Aprendemos a conhecê-la tanto melhor porque alguém a observou, alguém refletiu sobre ela, e o que nos é apresentado não é a coisa em si, mas o resultado da coisa.

Uma vez que, graças a isso, toda arte se diferencia perfeitamente da simples imitação, é natural que nós, diante de tal representação, sintamos uma espécie peculiar de prazer, e relevemos algumas imperfeições na encenação.

---

11 Refere-se ao ator e dramaturgo August Wilhelm Iffland (1759-1814), cuja atuação se destacava por um gestual vivo, em lugar de uma declamação estática.

Nem é necessário dizer, como já foi apontado antes, que as peças têm de ser adequadas a essa espécie de representação.

Assim, o público não pôde recusar à *Locandiera* de Goldoni um aplauso unânime.[12]

O jovem que representava a estalajadeira deu expressão, da melhor maneira possível, a todas as nuances que residem nesse papel. A tranquila frieza de uma jovem que exerce sua profissão, é cortês, amável e prestativa para todos, mas não quer amar nem ser amada, e muito menos dar ouvidos às paixões de seus hóspedes distintos; as coqueterias secretas, delicadas, com que, por outro lado, ela sabe cativar seus hóspedes do sexo masculino; o orgulho ofendido por ser tratada com dureza e hostilidade por um deles; as variadas e sutis adulações por meio das quais ela sabe atrair e subjugar também a este; e, por fim, o triunfo de havê-lo vencido!

Estou convencido, e eu mesmo o vi, de que uma atriz hábil e inteligente pode merecer muitos louvores ao representar esse papel; mas sempre é uma afronta ver as últimas cenas da peça representadas por uma mulher. A expressão daquela frieza invencível, daquele doce sentimento de vingança, da petulante alegria maliciosa, nos causa indignação em sua verdade imediata; e quando por fim ela dá sua mão ao criado da casa apenas para ter um criado particular em casa, sentimo-nos menos satisfeitos com esse desfecho insípido. Mas, no teatro romano, não havia de fato a frieza insensível, a insolência feminina; a representação apenas nos fazia *recordá-las*; consolávamo-nos com o fato de que dessa vez não era verdade; aplaudíamos de alma alegre o jovem, e nos deleitávamos por ele conhecer tão bem as perigosas qualidades do belo sexo e nos ter, graças a uma feliz imitação de sua conduta, quase que vingado das beldades por tudo de semelhante que nos fazem suportar.

Repito, portanto: sentimos aqui o prazer de ver não a coisa em si, mas sua imitação, de sermos entretidos não pela natureza, mas pela arte, de não contemplar uma individualidade, e sim um resultado.

---

12 *La locandiera* [A estalajadeira], peça de Carlo Goldoni (1707-1793), encenada pela primeira vez em 1751.

Acresce ainda que a figura do ator era muito adequada para uma personagem da classe intermediária.

E assim Roma preserva, entre seus muitos resquícios, também uma antiga instituição, embora imperfeita; e mesmo que nem todos possam se deleitar com isso, uma pessoa dada à reflexão encontra, contudo, oportunidade de em certa medida trazer ao presente aqueles tempos, e se inclina a dar crédito aos testemunhos dos antigos escritores, que nos asseguram em muitas passagens: com muita frequência atores do sexo masculino tiveram um sucesso excepcional ao encantar em trajes femininos uma nação de muito bom gosto.

5. Nápoles

Notícias histórico-críticas da Itália, *de Volkmann.*[13] *Terceiro volume*

Lazaroni

Vivem em Nápoles entre 30 mil e 40 mil pessoas ociosas, que não têm nenhuma atividade específica, e nem querem ter. Elas precisam de alguns côvados de tecido para suas roupas, e uns 6 vinténs para seu sustento. Na falta de camas, dormem à noite em bancos, e por isso se chamam jocosamente *banchieri* ou *lazaroni*. Desprezam qualquer conforto da vida com uma indiferença estoica. Mas tanta gente ociosa é um grande mal para um Estado; porém, também é difícil mudar o gosto de uma nação e torná-la operosa quando é tão grande a tendência para a preguiça. São necessários tempo e uma dedicação incansável para despertar neles uma espécie de emulação pressurosa, além de um rei que viva no país, seja amado e temido por seus súditos, e tenha a capacidade de impor com coragem um plano cuidadosamente elaborado. Nápoles poderia,

---

13 Johann Jacob Volkmann (1732-1803), escritor alemão. Suas *Historische-kritischen Nachrichten von Italien, welche eine Beschreibung dieses Landes, der Sitten, Regierungsform, Handlung, des Zustandes der Wissenschaften und insonderheit der Werke der Kunst enthalten* [Notícias histórico-críticas da Itália, contendo uma descrição desse país, dos costumes, forma de governo, comércio, da situação das Ciências e, em especial, das obras de arte], 3v., 1770-1771, foram em sua época uma obra de referência como guia de viagem.

então, se tornar um reino muito mais poderoso. O mar oferece as melhores oportunidades de empregar tantos milhares de mãos na indústria, no comércio e na navegação. Entre uma tão grande quantidade de pessoas ociosas, deve haver necessariamente muita gente indigna; ela traz má fama à nação, que no fundo não é pior do que o resto da Itália.

É verdade que vi em Nápoles muitas pessoas malvestidas, mas nenhuma desocupada. Por isso, perguntei a alguns amigos pelos 40 mil ociosos, que gostaria de conhecer; eles tampouco me podiam mostrá-los e, assim, eu mesmo me pus à caça, porque essa investigação coincidia perfeitamente com a contemplação da cidade.

Comecei a me familiarizar com as diferentes figuras no meio da enorme confusão, a julgá-las e classificá-las por suas roupas, seu aspecto, comportamento, ocupação. Achei essa operação mais fácil aqui do que em qualquer outro lugar, porque as pessoas aqui são mais despreocupadas e também exteriormente se dão a conhecer de acordo com sua posição social.

Comecei minha observação logo cedo, e todas as pessoas que vi aqui e ali, paradas ou descansando, eram uma gente cuja profissão se revelava de imediato.

Os carregadores, que têm seus postos privilegiados em diferentes praças, e apenas esperam que alguém queira utilizar seus serviços;

Os cocheiros de aluguel, seus criados e aprendizes, que ficam nas grandes praças com suas caleches de um cavalo, alimentam seus animais e estão à disposição de todos aqueles que os procurarem;

Capitães de navios, que fumam seus cachimbos no *molo*;[14]

Pescadores, que ficam deitados ao sol, talvez porque sopra um vento desfavorável que os impede de se lançarem ao mar. Vi também alguns andando de lá para cá, mas a maioria deles trazia uma marca de sua atividade. Não se via nenhum *mendigo*, a não ser algumas pessoas muito velhas, totalmente incapazes e inválidas. Quanto mais eu olhava ao redor, quanto mais precisamente eu observava, menos eu podia encontrar gente verdadeiramente ociosa, nem da classe baixa, nem da intermediária, nem de manhã, nem na maior parte do dia, e de nenhuma idade e nenhum sexo.

---

14 Cais (em italiano).

"A campanha na França" e outros relatos de viagem

Vou me alongar em alguns detalhes para tornar mais plausível e palpável o que estou afirmando. As *crianças mais novas* encontram alguma maneira de se ocuparem. Grande parte delas leva peixes de Santa Lucia[15] para a cidade a fim de vendê-los; outras podem ser vistas com muita frequência nos arredores do Arsenal, ou onde quer que se façam trabalhos de carpinteiro e, portanto, haja pedaços de madeira, e também junto ao mar, que atira gravetos e pedaços pequenos de lenha na praia, ocupadas em recolher em cestos mesmo os pedacinhos mais pequenos. Crianças de pouca idade, que ainda engatinham, em companhia de outras mais velhas, de 5 ou 6 anos, se ocupam com esse pequeno negócio. Mais tarde vão com seus cestinhos para o centro da cidade e se sentam com suas pequenas porções de lenha como que no mercado. O artesão, o pequeno cidadão as compram, queimam no tripé para transformá-las em carvão e utilizá-las para se aquecer, ou as utilizam em suas parcimoniosas cozinhas.

Outras crianças levam para vender a água das fontes sulfurosas, que é muito consumida sobretudo na primavera. Outras buscam um pequeno lucro comprando frutas, rebuçados de mel, bolos e doces e, como comerciantes infantis, os oferecem e vendem às outras crianças, apenas para ter sua parte de graça. É mesmo uma graça ver como um desses meninos, cuja barraca e instrumentos se limitam a um tabuleiro e uma faca, leva para lá e para cá uma melancia ou meia abóbora assada; como ao seu redor se junta um bando de crianças; como ele arma seu tabuleiro e começa a partir as frutas em pequenos pedaços. Os compradores observam com toda a seriedade se recebem o suficiente por sua moedinha de cobre, e o pequeno comerciante é igualmente cauteloso diante do ávido freguês, a fim de não ser defraudado em nenhum pedacinho. Estou convencido de que, em uma estada mais longa, poderia colecionar ainda outros exemplos desse comércio infantil.

Grande número de pessoas, alguns já homens feitos, outros ainda rapazinhos, quase sempre maltrapilhas, se ocupam em levar os detritos em lombo de burro para fora da cidade. O campo situado imediatamente ao redor de Nápoles é uma horta só, e é uma alegria ver que profusão indescritível de hortaliças é trazida para cá em todos os dias de feira, bem como a faina das

---

15 A zona portuária.

Johann Wolfgang von Goethe

pessoas que levam de volta para o campo as sobras, as partes rejeitadas pela cozinheira, a fim de acelerar o ciclo da vegetação. Em virtude do incrível consumo de legumes, os talos e folhas de couve-flor, brócolis, alcachofra, repolho, alface, alho, constituem de fato grande parte dos detritos napolitanos; e estes são, então, muito procurados. Dois grandes cestos maleáveis pendem do lombo de um burro, e não apenas ficam cheios, como também se amontoa sobre cada um deles, com muita arte, uma pilha. Nenhuma horta pode subsistir sem um desse burros. Um criado, um ajudante, por vezes o próprio patrão, acorrem quantas vezes puderem à cidade, que, a qualquer hora é para eles uma mina de preciosidades. Não é difícil imaginar o quanto esses catadores são atentos ao estrume dos cavalos e mulas. É contrariados que deixam as ruas quando anoitece, e as pessoas ricas, que saem da ópera depois da meia-noite, provavelmente nem imaginam que ainda antes do amanhecer uma pessoa diligente procurará com toda a atenção os vestígios de seus cavalos.

Afirmaram-me que duas dessas pessoas, que se associam para comprar um burro e arrendar um pedacinho de terra cultivável de um grande proprietário, se trabalharem firmemente no clima favorável, na qual a vegetação jamais para de crescer, logo podem chegar a ampliar consideravelmente seu negócio.

Eu me desviaria muito de meu caminho se fosse descrever aqui a variedade de pequenos negócios que temos o prazer de contemplar em Nápoles e em todas as outras grandes cidades; mas não posso deixar de falar dos vendedores ambulantes, pois eles pertencem em sua maioria à classe mais baixa da população. Alguns andam de um lado para o outro com barris de água gelada e limões, para poderem oferecer limonada em toda parte, uma bebida a que mesmo as pessoas mais humildes não gostam de renunciar; outros com bandejas, sobre as quais garrafas com licores variados e copos são protegidos da queda por anéis de madeira; outros levam cestos com pães e bolos de todos os feitios, doces, limões e outras frutas; e parece que todos querem compartilhar e ampliar a grande festa dos sabores que todo dia é celebrada em Nápoles.

Tão operosa quanto esses ambulantes é ainda uma multidão de pequenos comerciantes que vão igualmente de um lado para o outro e, sem

"A campanha na França" e outros relatos de viagem

muitas cerimônias, oferecem suas miudezas em um tabuleiro, na tampa de um caixa — ou expõem sua mercadoria diretamente sobre o chão nu das praças. Não estou falando aqui de mercadorias específicas, que também se encontram em lojas maiores, refiro-me ao verdadeiro comércio de bugigangas. Não há um pedacinho de ferro, couro, pano, tecido, que não volte ao mercado sob a forma de bugigangas e não seja novamente comprado por uma ou outra pessoa. Muita gente da classe mais baixa também é empregada como entregadores e ajudantes por comerciantes e artesãos.

É verdade que não damos um passo sem encontrar alguém muito mal vestido, e mesmo maltrapilho; mas nem por isso se trata de um preguiçoso ou desocupado! Eu gostaria mesmo de fazer aqui a afirmação paradoxal de que em Nápoles, proporcionalmente, talvez a maior operosidade seja encontrada na classe mais baixa. Claro que não devemos compará-la à operosidade *nórdica*, que trabalha não apenas para a hora e o dia como também, nos dias bons e alegres, para os maus e chuvosos, no verão, para o inverno. Uma vez que os nórdicos são obrigados pela natureza à reserva e à organização; que a dona de casa tem de salgar e defumar a fim de prover a cozinha no inverno; que o homem não pode descuidar da lenha e das provisões de frutas, da ração para o gado etc., os melhores dias são negados ao prazer e dedicados ao trabalho. Uma grande parte do ano nos afastamos de bom grado do ar livre e nos protegemos em casa da chuva, dos temporais, da neve e do frio; as estações do ano se sucedem ininterruptamente, e todos aqueles que não desejam perecer têm de se tornar os administradores de sua casa. Pois aqui renunciar não é uma questão de *querer*. Não lhe é permitido querer renunciar, ele não *deve* querer renunciar, pois não pode renunciar; a natureza o obriga ao trabalho preventivo. Decerto essas influências da natureza, que permanecem as mesmas durante milênios, determinaram o caráter das nações nórdicas, sob muitos aspectos admiráveis. Em contrapartida, de nosso ponto de vista, julgamos os povos *meridionais*, com os quais o céu foi tão benevolente, com excessivo rigor. O que o sr. De Pauw[16] em suas *Recherches*

---

16 Cornelis de Pauw (1739-1799), historiador, filósofo cultural e filólogo holandês. Suas *Recherches philosophiques sur le Grecs* [Investigações filosóficas sobre os gregos] foram publicadas em Berlim em 1787-1788.

sur les Grecs, ao falar dos filósofos cínicos, ousa dizer, serve perfeitamente aqui. A condição miserável daquelas pessoas, segundo ele, não foi bem compreendida; seu princípio de renunciar a tudo foi muito favorecido por um clima que proporciona tudo. Uma pessoa pobre, que nos parece miserável, não apenas pode, naquelas regiões, satisfazer as necessidades mais urgentes e imediatas, como também gozar o mundo da maneira mais bela; e assim também o chamado mendigo napolitano facilmente desprezaria a posição de um vice-rei na Noruega, e declinaria da honra caso a imperatriz da Rússia lhe oferecesse o governo da Sibéria.

Decerto um filósofo cínico não suportaria bem nossa região, ao passo que nas terras meridionais a natureza quase o convida a isso. Nelas, a pessoa vestida com farrapos ainda não está *nua*; aquele que não tem uma casa própria, nem mora de aluguel, mas no verão passa as noites sob algum teto casual, na soleira de um palácio ou igreja, em espaços públicos, e nos dias de mau tempo se abriga em algum lugar em troca de um valor mínimo, nem por isso é proscrito ou miserável, uma pessoa não é pobre por não haver provido o dia seguinte. Se pensarmos na abundância de alimentos oferecida pelo mar piscoso, de cujos produtos qualquer um, segundo a lei, tem de se alimentar alguns dias na semana; na profusão de frutas e verduras das mais variadas espécies que se pode ter *em qualquer estação do ano*; em como a região na qual Nápoles está localizada fez por merecer o nome de *Terra di Lavoro* (não a terra do *trabalho*, e sim a da *agricultura*); em como a província inteira já tem há séculos o título honorário de campo feliz, *Campagna felice*, então talvez possamos compreender por que pode ser fácil viver ali.

Aquele paradoxo que ousei exprimir acima poderia sobretudo dar ocasião a algumas considerações, caso alguém se lançasse à tarefa de escrever um detalhado *tableau* de Nápoles, para o qual, aliás, seriam necessários um talento não desprezível e alguns anos de observação. Talvez então de um modo geral se notasse que o assim chamado *lazarone* não é nem um pouco menos ativo do que as demais classes. Mas se notaria também que todos, à sua maneira, não trabalham tão somente para viver, e sim para gozar, e que eles querem até mesmo durante o trabalho se alegrar com a vida; isso então talvez colabore muito para que os artesãos, quase inteiramente, sejam muito atrasados em comparação com as regiões nórdicas; que as fábricas não logrem sucesso;

que, além de advogados e médicos, se encontre pouca erudição em proporção à grande massa de gente, por mais que alguns homens de mérito façam um esforço individual; por isso, nenhum pintor da escola napolitana jamais foi vigoroso e se tornou grande; por isso, o clero se sente melhor na ociosidade, e também os grandes só conseguem gozar de seus bens na maior parte das vezes apenas em alegrias sensuais, pompa e distração.

Sei que isso é dito aqui de modo muito generalizante, e que os traços de caráter de cada classe só podem ser, quando muito, delineados; mas, de modo geral, creio que se chegaria a esses resultados.

Volto ao povo humilde de Nápoles. Notamos nele, como em crianças alegres a quem incumbimos de alguma tarefa, que eles ao mesmo tempo realizam seu trabalho e fazem de seu trabalho uma brincadeira. Essa classe de gente tem também um espírito muito vivo, e um olhar certeiro. Sua línguagem deve ser figurada; seu humor, muito vivo e mordaz. A antiga Atella[17] ficava nas vizinhanças de Nápoles e, assim como seu amado Polichinelo ainda dá prosseguimento àquelas representações, também toda a classe dos homens comuns continua a compartilhar daquele humor. Sobre isso ainda falarei uma outra vez.

6. A *História Natural* de Plínio. Terceiro livro, quinto capítulo

Sim, a Campânia sozinha seria digna de uma extensa descrição.

Aquela região é tão feliz, graciosa, abençoada, que reconhecemos ter a natureza se regozijado com seu trabalho nesse lugar.

Pois esse ar vivificante, essa suavidade sempre saudável do céu, os campos tão férteis, as colinas tão ensolaradas, as florestas tão benignas, os bosques tão umbrosos, as matas tão úteis, as montanhas tão favorecidas pelos ventos, as semeaduras tão extensas, essa abundância de videiras e oliveiras, a lã tão nobre dos carneiros, o pescoço tão vigoroso dos touros, tantos lagos, uma riqueza tão grande de rios e nascentes que a tudo irrigam, tantos mares, tantos portos! A

---

17 Cidade da Campânia. De seu nome veio a designação de "comédia atelana" a um tipo de farsa popular improvisada. Seu humor típico teve continuidade na *commedia dell'arte*, da qual o Polichinelo (Pulcinella) é uma das personagens características.

própria terra em toda parte abre seu seio para o comércio e, ansiosa por auxiliar a humanidade, estende seus braços mar afora.

Não menciono as habilidades do povo, seus usos, suas energias e quantas nações conquistaram por sua língua e seus braços.

Os gregos, um povo que costuma se gabar de si mesmo de maneira desmesurada, deram a esta terra o mais honroso julgamento, chamando a uma parte dela de *Magna Grécia*.

O prazer de viver do povo em Nápoles e seus arredores

Uma extraordinária alegria é o que, com um enorme prazer solidário, vemos em toda parte. As flores e frutos multicoloridos com os quais a natureza se adorna parecem convidar os seres humanos a se enfeitar, e a todos os seus apetrechos, com tantas cores vivas quantas for possível. Lenços e faixas de seda, flores nos chapéus enfeitam todos os que em certa medida podem se permitir isso. Cadeiras e cômodas nas casas mais humildes são ornamentadas com flores sobre fundo dourado. Mesmo as caleças de um só cavalo são pintadas de um vermelho vivíssimo, os entalhes são dourados, os cavalos enfeitados com flores artificiais, borlas e ouropéis. Alguns têm um penacho na cabeça, outros até mesmo uma bandeirinha, que giram de acordo com o movimento que fazem. Costumamos classificar como bárbaros ou como pessoas de mau gosto os amantes de cores muito fortes; pode ser que de certa maneira eles o sejam de fato, mas sob um céu azul e alegre nenhuma cor é verdadeiramente forte, pois nada consegue ofuscar o brilho do sol e seu reflexo no mar. A cor mais viva é abrandada pela intensidade da luz e, como todas as cores, o verde das árvores e plantas, a terra amarela, marrom, vermelha atuam sobre o olho com plena força; mesmo as flores e roupas coloridas entram na harmonia geral. Os coletes e saias escarlates das mulheres de Nettuno,[18] debruados de ouro e prata em profusão, os demais trajes nacionais coloridos, os barcos pintados, tudo parece se esforçar para se tornar minimamente visível entre o brilho do céu e do mar.

E assim como vivem, eles também enterram seus mortos; nenhum cortejo negro e lento perturba a harmonia daquele mundo alegre.

---

18 Cidade portuária ao sul de Roma.

Vi levarem uma criança para o túmulo. Um grande tapete de veludo vermelho bordado de ouro cobria um grande féretro; sobre ele, um caixãozinho entalhado, com muitos dourados e prateados, no qual a criança morta, vestida de branco, estava toda encoberta de fitas cor-de-rosa. Em cada um dos quatro cantos do caixãozinho havia um anjo de cerca de 2 pés de altura cujas mãos sustinham grandes ramalhetes de flores sobre a criança e, por estarem fixados nas bases apenas com arame, balouçavam ao andar do féretro e pareciam espalhar sobre ela o aroma das flores. Os anjos sacolejavam ainda mais porque o cortejo seguia apressadamente pelas ruas, seguindo os sacerdotes e os portadores de velas, que mais corriam do que andavam.

Não há estação do ano em que a gente não se veja em toda parte imerso em produtos alimentícios, e os napolitanos não se dão por satisfeitos com os víveres, querem também que estes sejam postos à venda bem paramentados.

Em Santa Lucia, os peixes, caranguejos, ostras, moluscos, pequenos mariscos, todos de acordo com sua espécie, são servidos em belos cestos, sobre folhas verdes. Os mercados de frutas secas e leguminosas são enfeitados das mais variadas maneiras. As laranjas e os limões de todas as espécies expostos em meio a folhagens verdes são uma festa para o olhar. Mas nenhum outro produto é tão enfeitado quanto as carnes, para as quais o povo lança olhares especialmente luxuriosos, pois o apetite por elas é estimulado por períodos de escassez.

Nos açougues, jamais se penduram as peças dos bois, das vitelas, dos leitões, sem que, além da gordura, também as costelas e os pernis sejam adornados de um dourado intenso. Diversos dias do ano, sobretudo o Natal, são famosos por seus banquetes. Há então um festim coletivo, com o qual 500 mil pessoas já se comprometeram. Mas também a Via Toledo, e ao lado dela várias outras ruas e praças são enfeitadas da maneira mais apetitosa.[19] As tendas em que se vendem mercadorias verdes, onde se expõem uvas-passas, melões e figos alegram os olhos da maneira mais agradável.

---

19 A Via Toledo, construída em 1536 pelo vice-rei Pedro Álvarez de Toledo (1484-1553), é, desde então, uma das mais importantes ruas do comércio e da vida cultural napolitana.

Os produtos alimentícios pendem em guirlandas sobre as ruas, grandes rosários de salsichas douradas e atadas com fitas vermelhas e aves diversas, todas com uma bandeirinha espetada no curanchim. Afirmaram-me que são vendidas 30 mil delas, sem contar aquelas que as pessoas criaram em casa. Além disso, numerosos burros carregados com hortaliças, capões e filhotes de cordeiros são levados através da cidade até o mercado, e as pilhas de ovos que se veem aqui e ali são tão grandes que nunca imaginamos ver tantas umas ao lado das outras. E, não contentes de consumir isso tudo, todos os anos um policial atravessa a cidade com uma trombeta e anuncia em todas as praças e cruzamentos *quantos* milhares de bois, vitelas, cordeiros, leitões etc. os napolitanos consumiram. O povo ouve com atenção, alegra-se infinitamente com os números elevados, e cada um se recorda com prazer de sua parte no festim.

Quanto à farinha e aos alimentos à base de leite, que nossas cozinheiras sabem preparar com tanta variedade, um povo que não gosta de perder tempo com coisas desse tipo e não tem uma cozinha bem equipada está duplamente bem servido. O macarrão, uma massa delicada de trigo fino, muito trabalhada, cozida, prensada em determinadas formas, pode ser encontrado em toda parte, de todas as espécies, por um preço módico. Normalmente é cozido apenas em água, e o queijo ralado ao mesmo tempo unta e tempera os pratos. Nas esquinas de quase toda grande rua vemos os fazedores de massas com suas frigideiras cheias de óleo fervente, sobretudo nos dias de jejum, prontos para preparar a qualquer um peixes ou massas, segundo seu desejo. Seus produtos têm uma procura incrível, e milhares de pessoas levam de lá seu almoço e seu jantar sobre um pedaço de papel. A oficinas desses *frigitori* são muito divertidas de se observar, sobretudo no Dia de São José, seu padroeiro. As tendas são enfeitadas com a imagem do santo e muitos quadros de almas que sofrem no purgatório, como alusão à chamas em que os peixes são fritos. Uma grande frigideira é aquecida em um fogão; alguns preparam a massa, outros jogam as porções no óleo fervente; mas as duas pessoas que retiram a guirlanda com grandes garfos de duas pontas são as mais estranhas; elas representam *anjos*, mas ninguém adivinharia *como* elas os representam.

Por causa da ideia de que os anjos têm de ter grandes cachos de cabelos dourados, costumam-se pôr perucas louras nos meninos que sairão como anjos nas grandes procissões; pode ser que essas perucas tenham se tornado ralas com o tempo, ou que nem sempre tenha sido possível tê-las com tanta abundância de cachos; enfim, em um país onde cada um exibe quase sempre seu próprio cabelo, apenas os conceitos de peruca e anjo permaneceram ligados, e o conceito principal de cacho se perdeu de todo; assim, esses dois sujeitos, que de resto são tão maltrapilhos como o mais humilde dos napolitanos, acreditam manter sua dignidade de anjos pondo qualquer peruca velha sobre as orelhas, trabalhando na frigideira, aliás com afinco, e representando assim os bons espíritos que retiram as almas do purgatório. Esse extravagante cenário, uma gritaria incontrolável, e mais ainda o preço compensador desses dias atrai uma multidão que sacia seu apetite por uma quantia insignificante e ao mesmo tempo envia uma prece devota para as almas abençoadas do purgatório.

7. Imitação simples da natureza, maneira, estilo

Não parece supérfluo demonstrar com precisão o que pensamos dessas palavras que utilizaremos com frequência. Pois, ainda que já as utilizemos há muito tempo em nossos escritos, ainda que elas pareçam já bastante bem definidas em obras teóricas, cada um as utiliza com um sentido próprio, e ao fazê-lo reflete tanto mais ou menos, quanto maior ou menor for sua compreensão do conceito que deve ser expresso por elas.

Imitação simples da natureza

Quando, nos tempos antigos, um artista no qual pressupomos um talento natural, depois de haver exercitado os olhos e as mãos com modelos, se voltava para os objetos da natureza, e imitava da maneira mais precisa, com fidelidade e dedicação, suas formas e suas cores, conscienciosamente jamais se afastando deles, começando e finalizando qualquer quadro que devesse realizar em sua presença imediata, teria de ser um artista digno de consideração; pois ele não poderia deixar de ser *verdadeiro* em um grau incrivelmente elevado, e seus trabalhos não poderiam deixar de ser seguros, vigorosos e ricos.

Quando refletimos com cuidado a respeito dessas condições, é fácil constatar que uma natureza capaz, mas limitada, poderia dessa forma tratar objetos agradáveis, mas limitados.

Esses objetos precisam ser fáceis e estar sempre à mão; têm de poder ser confortavelmente observados e tranquilamente imitados; a mente que se ocupa de um trabalho como esse tem de ser serena, ensimesmada, e se contentar com um prazer moderado.

Essa espécie de reprodução seria praticada com os objetos ditos *mortos* ou *inanimados* por pessoas tranquilas, fiéis, limitadas. Por sua natureza, ela não exclui um alto grau de perfeição.

Maneira

Mas normalmente tal forma de proceder se torna muito insegura ou insuficiente para a pessoa. Ela vê uma coincidência de muitos objetos que só logra transformar em imagem sacrificando o detalhe; aborrece-a apenas, por assim dizer, soletrar as letras da natureza ao desenhar; ela inventa para si mesma uma *maneira*, cria para si mesma uma *linguagem*, a fim de expressar a seu modo aquilo que captou com a alma, e dar a um objeto que ela já repetiu muitas vezes uma forma própria, característica, sem que, ao repeti-lo, tenha a própria natureza diante de si, ou sequer se recorrer vivamente dela.

Surge assim uma linguagem na qual o espírito de quem fala se expressa e caracteriza de imediato. E, assim como as opiniões sobre assuntos morais se organizam e formam diferentemente na alma de cada um que pensa por si, cada artista dessa espécie verá, compreenderá e reproduzirá o mundo de modo diferente, ele apreenderá suas manifestações com mais cuidado ou facilidade, ele o fará surgir mais nítido ou mais fugidio.

Vemos que essa espécie de imitação é empregada de modo mais adequado para objetos que, num todo de considerável grandeza, contêm muitos pequenos objetos subordinados. Estes últimos têm de ser sacrificados para se poder alcançar a expressão geral do grande objeto, como ocorre, por exemplo, em *paisagens*, nas quais malograria totalmente o propósito quem

"A campanha na França" e outros relatos de viagem

se mantivesse temerosamente preso aos detalhes e não buscasse muito mais apreender a ideia do todo.

Estilo

Se a arte logra, através da imitação da natureza, do esforço, criar para si uma linguagem geral, e por meio do *estudo preciso e profundo dos próprios objetos* finalmente chegar a conhecer com precisão, e com cada vez maior precisão, as propriedades das coisas e o modo *como* elas se constituem, a ponto de ter uma visão abrangente da série de objetos e pôr as diversas formas características umas ao lado das outras e imitá-las, então o *estilo* se tornará o grau mais elevado que ela poderá alcançar, o grau em que ela poderá ficar em pé de igualdade com os mais elevados esforços humanos.

Assim como a *imitação simples* repousa sobre uma existência tranquila e uma presença amorosa, a *maneira* apreende um fenômeno com um ânimo leve e capaz, assim também o *estilo* repousa sobre os mais profundos fundamentos do conhecimento, sobre a essência das coisas, na medida em que nos é permitido conhecê-la em formas visíveis e tangíveis.

A elaboração do que dissemos anteriormente encheria volumes inteiros; algumas coisas a esse respeito já podem ser encontradas em livros; mas a ideia pura só pode ser estudada na natureza e nas obras de arte. Acrescentamos ainda algumas considerações e, sempre que se falar em artes figurativas, teremos ocasião de nos recordar destas páginas.

É fácil de compreender que esses três modos de produzir obras de arte que apresentamos aqui em separado são estreitamente relacionados uns com os outros, e que um pode suavemente se diluir nos outros.

A imitação simples de objetos facilmente apreensíveis (tomemos como exemplo flores e frutas) pode ser levada a um alto grau. É natural que alguém que reproduza rosas logo conheça e distinga as rosas mais belas e frescas, e as busque entre as milhares que o verão lhe oferece. Aqui já entra a *escolha*, sem que o artista tenha feito uma ideia universal e determinada da beleza da rosa. Ele tem de se haver com formas apreensíveis; tudo depende da determinação variada e da cor da superfície. O pêssego veludoso, a ameixa delicadamente empoeirada, a maçã lisa, a cereja reluzente, a rosa deslumbrante, os cravos variados, as tulipas coloridas, tudo ele terá diante de si em seu silencioso quarto de trabalho sempre que quiser, no maior grau de perfeição de sua florescência e madureza; ele lhes dará a iluminação mais favorável, seu olho se habituará quase brincando à harmonia das cores brilhantes, ele estará em condições de renovar todos os anos os mesmos objetos e, através de uma tranquila observação imitativa da existência simples, reconhecer e apreender as qualidades desses objetos sem uma abstração trabalhosa; assim surgirão as obras miraculosas de um Huysum ou de uma Rachel Ruysch, artistas que quase ultrapassaram o limite do possível.[20] É evidente que um tal artista só pode se tornar maior e mais resoluto quando, além de ter talento, também é um botânico instruído, quando é capaz de reconhecer desde a raiz a influência das diversas partes sobre o desenvolvimento e o crescimento da planta, suas determinações e influências mútuas, quando ele compreende e reflete sobre a evolução sucessiva das folhas, flores, inseminação, fruto e do novo embrião. Ele então não apenas nos mostrará seu gosto pela simples escolha dos fenômenos, como também nos provocará admiração e nos instruirá através de uma representação correta das propriedades. *Nesse sentido*, seria possível dizer que ele formou para si um *estilo*, assim como, por outro lado, é fácil de compreender que um mestre desses, se não levar as coisas muito a sério e se esforçar tão somente para exprimir o que é evidente, impressionante, fácil, logo terminaria na *maneira*.

A imitação simples trabalha, portanto, quase como em uma antessala do estilo. Quanto mais fiel, cuidadosa, pura ela for ao se lançar ao trabalho, mais tranquilamente ela sente o que vê, quanto mais serenamente ela imita, mais ela se acostuma a *pensar* durante o processo; ou seja, quanto mais ela aprende a comparar o que é semelhante, separar o que é dessemelhante e ordenar objetos isolados sob um conceito geral, mais digna ela se tornará de atravessar o limiar do santuário.

---

20 Jan van Huysum, ou Huijsum (1682-1749), pintor e desenhista holandês; uma de suas especialidades era a pintura de flores e frutas. Rachel Ruysch, ou Rahel Ruysch (1664-1750), pintora holandesa da época barroca, especializada em naturezas-mortas florais.

Se nós, além disso, observarmos a *maneira*, veremos que ela pode ser, no mais alto sentido e no mais puro significado da palavra, uma intermediadora entre a imitação simples e o estilo. Quanto mais ela se aproxima da imitação fiel com seu método fácil, quanto mais ansiosamente ela procura, por outro lado, capturar e expressar compreensivelmente o característico dos objetos, quanto mais ela une ambos por meio de uma individualidade pura, viva, ativa, mais elevada, grande e respeitável ela se tornará. Se um artista desses deixar de se ater à natureza e pensar na natureza, ele se afastará cada vez mais dos fundamentos da arte; sua maneira se tornará cada vez mais vazia e insignificante quanto mais ele se afastar da imitação simples e do estilo.

Não precisamos repetir aqui que empregamos a palavra *maneira* em um sentido elevado e respeitável, que portanto o artista cujos trabalhos, segundo nossa opinião, se enquadram no círculo da maneira, não precisa se queixar de nós. Nossa intenção é, unicamente, manter e preservar a palavra *estilo* em sua maior dignidade, a fim de que nos reste uma expressão para designar o grau mais alto que a arte já alcançou e poderá alcançar. Apenas reconhecer esse grau já é uma grande ventura, e conversar a seu respeito com conhecedores é um nobre prazer que teremos algumas oportunidades de nos proporcionar em seguida.

8. Do arabesco

Designamos com essa palavra uma combinação pictórica arbitrária e de bom gosto dos objetos mais variados com o objetivo de ornamentar as paredes internas de um edifício.

Quando comparamos essa espécie de pintura com a arte em sentido elevado, ela pode nos parecer condenável e desprezível, mas se formos justos, nós lhe reconheceremos e concederemos de bom grado seu devido lugar.

Aprenderemos melhor o lugar apropriado aos arabescos com os antigos, que são e permanecerão nossos mestres em todo o campo das artes.

Procuraremos tornar perceptível para nossos leitores de que forma os arabescos foram utilizados pelos antigos.

Os cômodos das casas escavadas em Pompeia são em sua maior parte pequenos; mas sempre constatamos que as pessoas que as habitavam gostavam de adornar e enobrecer tudo ao seu redor com figuras adequadas. Todas as paredes são lisas e cuidadosamente caiadas, todas são recobertas de pinturas; no centro de uma parede de altura e largura medianas encontramos uma imagenzinha que, na maior parte das vezes, representa um tema mitológico. Ela quase sempre tem entre 2 ou 3 pés de comprimento e uma altura proporcional; como obra de arte, tem algum valor. No espaço restante, a parede é caiada em uma única cor; a moldura é proporcionada pelos chamados arabescos. Filetes, volutas, faixas das quais aqui e ali espia uma flor ou algum outro ser vivente, tudo na maior parte das vezes preservando uma grande leveza, e todos esses ornamentos, ao que parece, têm por objetivo apenas tornar mais acolhedora a parede monocromática e, à medida que seus traços leves se movimentam em direção à figura central, deixá-la em harmonia com o todo.

Se observarmos mais de perto os primórdios dessa espécie de ornamento, nós a acharemos muito inteligente. O dono de uma casa não tinha posses o bastante para recobrir todas as suas paredes com obras de arte condignas, e, mesmo que tivesse, isso não teria sido nem mesmo aconselhável; pois imagens de figuras em tamanho natural em seu pequeno quarto o teriam tão somente assustado, já uma variedade delas em formato pequeno umas ao lado das outras apenas o desorientariam. Ele, portanto, adornava suas paredes de um modo agradável e divertido dentro dos limites de suas posses; o fundo monocromático de suas paredes com os ornamentos coloridos em primeiro plano dão aos seus olhos uma impressão sempre agradável. Quando ele tem algo a fazer ou sobre o que refletir, eles não o distraem nem lhe ocupam a atenção, e, não obstante, ele está rodeado de objetos agradáveis. Se ele quiser satisfazer seu gosto pela arte, se quiser pensar, deleitar um gosto mais elevado, ele olha para suas imagenzinhas centrais e se sente feliz por possuí-las.

Dessa maneira, portanto, os arabescos daquela época não eram um *desperdício*, e sim uma *economia da arte*! A parede não deveria e não poderia ser uma obra de arte *por inteiro*, mas devia, sim, ser ornamentada por inteiro, tornar-se um objeto acolhedor e alegre, e em seu centro ela devia conter uma boa obra de arte bem proporcionada, que atraísse o olhar e satisfizesse o espírito.

A maior parte dessas peças foi agora retirada das paredes e levada para Portici, as paredes com suas cores e ornamentos estão agora em sua maioria expostas ao ar livre e pouco a pouco devem se arruinar.

Como seria desejável que se tivessem reproduzido em calcografia pelo menos algumas dessas paredes em seu conjunto, tais como foram encontradas! Assim, aquilo que estou dizendo se tornaria evidente para qualquer um.

Creio ter ainda feito uma observação da qual se tornou claro para mim como os melhores artistas daquela época trabalharam para satisfazer as necessidades dos apreciadores. As imagens centrais das paredes, ainda que pintadas diretamente sobre a cal, não parecem ter sido executadas no lugar que ocupam atualmente; parece que foram trazidas para cá, fixadas na parede, aglutinadas à cal, e depois as demais foram cores acrescentadas aqui e ali.

É muito fácil fazer placas firmes e transportáveis de cal e pozolana. Talvez bons artistas tivessem sua residência em Nápoles e, com o auxílio de seus discípulos, pintassem uma provisão desses quadros; dali o habitante de uma cidadezinha do interior, como era Pompeia, adquiria um deles, segundo suas posses; pintores de parede e artistas subalternos, capazes de acrescentar-lhes os arabescos, eram possivelmente mais fáceis de se encontrar, e assim se satisfaziam as necessidades de qualquer proprietário. Foram encontradas no porão de uma casa em Pompeia duas dessas placas soltas e encostadas na parede, e daí se conclui que os moradores quiseram, durante a erupção do Vesúvio, extraí-las da parede e salvá-las. Mas isso me parece em mais de um sentido muito improvável, estou antes convencido de que eram na verdade placas adquiridas que ainda seriam afixadas em algum edifício.

Alegria, despreocupação, gosto pelo ornamento parecem ter inventado e disseminado os arabescos, e nesse sentido devemos admiti-los de bom grado; sobretudo quando eles, como aqui, servem de moldura à melhor arte, não a excluem, não a suplantam, apenas a tornam mais generalizada, e a posse de boas obras de arte mais possível.

Por isso, eu não os combateria, apenas desejaria que o valor das obras de arte mais elevadas fosse reconhecido. Se isso acontecesse, toda arte subalterna, até o artesanato, encontraria seu lugar; o mundo é tão pequeno e a alma tem tanta necessidade de diversificar suas fruições, que a obra de arte mais humilde permanecerá apreciável em seu devido lugar.

Nas termas de Tito em Roma ainda vemos resquícios desse tipo de pintura. Longos corredores abobadados e grandes salas tinham de ter suas paredes, por assim dizer, apenas alisadas e pintadas, adornadas com o mínimo possível de rebuscamento. Sabemos com que cuidado os antigos caiavam suas paredes, que lisura marmórea e que firmeza eles sabiam dar à caiação. A seguir, pintavam essas superfícies puras com cera colorida, que ainda hoje não perdeu quase nada de sua beleza e, em seus primeiros tempos, era recoberta como que por um verniz brilhante. Como já foi dito, um corredor abobadado assim já deleitava o olhar por sua lisura, brilho, cor, pureza. A ornamentação leve, o adorno agradável contrastava, por assim dizer, com as grandes massas arquitetônicas simples, transformava uma abóbada em fronde e uma sala escura em um mundo colorido. Quando deviam e queriam ter uma ornamentação *sólida*, não lhes faltavam nem os meios nem o tino para isso, do que ainda falaremos em outra ocasião.

Os famosos arabescos com os quais Rafael ornamentou uma parte das galerias do Vaticano já têm, na verdade, outro sentido; é como se ele quisesse demonstrar com prodigalidade o que havia inventado e o que o grupo de homens capazes que o acompanhava podia realizar. Aqui, portanto, não há mais aquela sábia parcimônia dos antigos que, por assim dizer, apenas se apressavam a terminar um edifício para poder desfrutar dele; aqui, ao contrário, temos um artista que trabalha para os senhores do mundo e, tanto quanto eles, quer erguer um monumento de abundância e riqueza. O que mais se aproxima da orientação dos antigos me parece ser um quartinho da *villa* em que Rafael viveu com sua amada. Aqui encontramos, de um lado do teto abobadado, as bodas de Alexandre e Roxana e uma outra imagem misteriosa e alegórica, talvez representando o poder do desejo. Nas paredes, vemos pequenos gênios e figuras masculinas de estatura elevada, que se balançam nas volutas e filetes e se movimentam brusca e alegremente. Eles parecem se balançar, correr em direção a um objetivo e fazer todos os demais movimentos que a alegria de viver pode inspirar. O retrato da bela *Fornarina* se repete quatro vezes, e os ornamentos em parte levianos, em parte sólidos desse quartinho exalam alegria, vida e amor. Provavelmente ele próprio só pintou uma parte deles, e tudo é ainda mais encantador porque ele poderia ter feito muita coisa aqui, mas quis fazer menos, e justamente o que era suficiente.

9. História natural

Nápoles, 10 de janeiro de 178...

Se neste belo país, mesmo no meio do inverno, eu desfruto de um céu claro, uma bela terra, uma vegetação perpétua, tanto mais me alegra que meus amigos no Norte sejam mantidos ao menos em certa medida a salvo por outros fenômenos naturais.

Você se gaba, caro amigo, da beleza de suas vidraças enregeladas, e não se cansa de me descrever como essas manifestações passageiras se transformam, com o frio rigoroso e contínuo, e com o afluxo de alguns vapores, em folhas, ramos, gavinhas e até mesmo rosas. Você me envia alguns desenhos que me recordam o que de mais belo já vi dessa espécie e me causam admiração pela graciosidade invulgar das figuras. Mas me parece que você dá um valor excessivo a esses efeitos da natureza; você gostaria de elevar essas cristalizações ao grau de vegetações. O que você argumenta em favor de sua opinião é bastante engenhoso, e quem negaria que as coisas que existem têm relações entre si?

Mas permita-me notar que essa forma de observar e tirar conclusões das observações é perigosa para nós humanos.

Parece-me que deveríamos cada vez mais observar sobretudo aquilo em que as coisas a cujo conhecimento chegamos se diferenciam umas das outras, em lugar de privilegiar aquilo em que elas se assemelham. Diferenciar é mais difícil e custoso do que encontrar semelhanças, e quando já diferenciamos bem, então os objetos se comparam por si mesmos. Se começamos por achar as coisas iguais ou semelhantes, facilmente deixaremos, por amor de nossas hipóteses ou nossa forma de representação, de reconhecer os determinantes pelos quais as coisas se diferenciam bastante umas das outras.

Perdoe-me se caio em um tom dogmático, e aceite de bom grado a seriedade em um assunto sério.

Não podemos apreender de uma só vez em nossa mente a vida que atua em todas as coisas existentes, nem em toda a sua extensão, nem em todas as formas pelas quais ela se revela.

A um espírito que tenha esse objetivo não resta, portanto, senão conhecer esses modos e formas tão precisamente quanto possível. Ele se dá conta de que submeteu todos eles juntos a um único conceito, o conceito da vida em seu sentido mais amplo, mas então, com tanto maior cuidado ele diferenciará uns dos outros os objetos nos quais o modo de ser e de viver se manifesta. Ele exigirá com rigor, e mesmo com *pedantismo*, que não se desloquem os marcos fincados que, mesmo quando o tenham sido arbitrariamente, o auxiliam a medir o terreno e a conhecê-lo com toda a exatidão. Ele jamais procurará aproximar uns dos outros os três cumes que se evidenciam ao nosso olhar, a cristalização, a vegetação e a organização animal, antes buscará conhecer com exatidão os espaços intermediários entre eles e se deterá com o maior interesse nos pontos em que os diferentes reinos parecem se confundir uns com os outros.

Este último pode ser seu caso em particular, caro amigo, e não posso censurá-lo, pois eu mesmo me detive muitas vezes nessas regiões e ainda gosto de permanecer nelas. Mas não posso admitir de bom grado que alguém tome duas montanhas ligadas por um vale por uma única montanha e as apresente como tal. Pois é isso que acontece com as coisas da natureza: os cumes dos reinos da natureza são decididamente separados e distinguíveis uns dos outros com a maior nitidez. Um sal não é uma árvore, e uma árvore não é um animal; aqui podemos fincar firmemente os marcos, pois a própria natureza nos indicou o lugar. Podemos então descer dessas alturas com tanto maior segurança para seus vales comuns, e explorar e sondar em minúcias também a estes.

Assim, meu amigo, não tenho nada contra o fato de você levar adiante com precisão essas observações para as quais o ornamento invernal de suas vidraças o atraiu; preste atenção quando uma cristalização se aproxima de uma ramificação, e descobrirá que isso costuma acontecer quando um flogisto se mistura aos sais. Irá então reunir, com o auxílio de pequenos experimentos químicos, algumas descobertas agradáveis. Você passará pouco a pouco dos fenômenos enregelados para o preparo artificial de dendritos, e então me surpreenderá e instruirá ao mostrar exatamente o ponto em que, por essa via, teve a sorte de flagrar o musgo, ao que parece tão estreitamente aparentado a ele.

De resto, vamos demonstrar o mesmo respeito por todos os termos especializados. Todos eles dão mostra do esforço do espírito humano de compreender algo incompreensível. Usemos para nossa comodidade os termos agregação, cristalização, epigênese, evolução, na medida em que um ou outro for mais adequado à nossa observação.

Uma vez que não podemos fazer muito com pouco, não nos deve aborrecer fazer pouco com muito, e se o ser humano não pode apreender a natureza nem sequer em um obscuro sentimento, ele pode ainda assim conhecer e saber muito a respeito dela.

A ciência é de fato o privilégio dos seres humanos, e se eles sempre são levados por ela à grande concepção de que tudo é apenas uma unidade harmônica, e eles também afinal uma unidade harmônica, então essa grande concepção persistirá neles com muito maior riqueza e plenitude do que se eles se satisfizessem com um cômodo misticismo que de bom grado esconde sua pobreza numa respeitável obscuridade.

Canto popular

Veneza

É sabido que em Veneza os gondoleiros sabem de cor longas passagens de Ariosto e Tasso e costumam cantá-las em melodias de sua própria lavra. Mas esse talento parece ter se tornado mais raro nos dias atuais; eu, pelo menos, só depois de algum esforço pude encontrar dois deles que me apresentaram dessa forma uma passagem de Tasso.

São sempre necessárias duas pessoas que cantem as estrofes alternadamente. Conhecemos mais ou menos a melodia através de Rousseau, que a imprimiu junto com suas canções;[21] ela não tem, de fato, nenhum movimento melódico, é uma espécie de intermediária entre o *canto fermo* e o *canto*

---

21 Na coletânea póstuma *Les consolations des misères de ma vie* [As consolações das misérias de minha vida], de 1781.

figurato, aproxima-se daquele pela declamação em recitativo, e dessas por passagens e sequências em que as sílabas são sustentadas e ornamentadas.[22]

Embarquei em uma gôndola sob um luar claro, pedi que um dos cantores se posicionasse na dianteira e outro na traseira, e tomei o rumo de São Jorge. Um deles deu início ao canto; quando ele terminou a estrofe, o outro começou, e assim se alternaram entre si. No todo, eles pareciam permanecer sempre nas mesmas notas, mas davam, de acordo com o conteúdo da estrofe, um valor maior ora a esta, ora àquela, e também alteravam a entonação de toda a estrofe a cada vez que o objeto dela mudava.

De um modo geral, contudo, sua recitação era rude e gritada. Eles pareciam, como todas as pessoas não instruídas, atribuir toda a qualidade de seu canto à força; um parecia querer suplantar o outro pela potência de seu pulmão, e eu, a bordo da gôndola, em vez de ter algum prazer com a cena, me encontrava numa situação muito desconfortável.

Meu acompanhante, a quem o revelei, e que queria preservar o crédito de seus concidadãos, assegurou-me que aquele canto é muito agradável de se ouvir à distância; então desembarcamos, um dos cantores permaneceu na gôndola e o outro se afastou algumas centenas de passos. Começaram então a cantar alternadamente, e eu me pus a andar de um lado para o outro entre eles, sempre me afastando daquele que ia começar a cantar. Por vezes me detinha e ficava a ouvir um e outro.

Aqui a cena estava em seu lugar. Os sons declamados com força, quase gritados, chegavam de longe aos ouvidos e despertavam a atenção; as passagens que se seguiam imediatamente a eles e, de acordo com sua natureza, tinham de ser cantadas mais baixo, pareciam o eco em tons lamentosos de um grito de sentimento ou dor. O outro, que ouvia com atenção, começava exatamente onde o primeiro parava e lhe respondia com maior suavidade ou intensidade, de acordo com o que a estrofe exprimia. Os canais silenciosos, os edifícios altos, a luz do luar, as sombras profundas, o vulto espectral das poucas gôndolas negras que passavam de um lado para o outro aumentavam

---

22 *Canto fermo*, em latim *cantus firmus* (canto fixo), designa uma melodia preexistente que forma a base de uma composição polifônica; *canto figurato* designa o canto em suas formas mais floreadas, em que se canta mais de uma nota por sílaba.

a peculiaridade daquela cena, e era fácil reconhecer o caráter daquele canto maravilhoso entre todas essas circunstâncias.

É perfeitamente apropriado a um barqueiro solitário e ocioso, para afugentar o tédio enquanto espera por seus patrões ou clientes deitado em sua embarcação na tranquilidade desses canais, revestir com esse canto algum texto pré-elaborado ou poemas que ele conhece de cor. Às vezes ele faz ouvir sua voz com a maior potência possível, ela se dissemina ao longe sobre o sereno espelho das águas, tudo ao redor é tranquilidade, ele está, por assim dizer, imerso na solidão em meio a uma grande e populosa cidade. Não há ruído de carruagens, nenhum barulho de pedestres, uma gôndola silenciosa passa por ele e quase não se ouve o rumorejar dos remos.

À distância, outra pessoa o ouve, talvez um completo desconhecido. Melodia e poema unem duas pessoas estranhas, esta última se torna o eco da primeira e também se esforça por ser ouvida, assim como a que iniciou o canto. A convenção manda que eles se alternem verso a verso, o canto pode atravessar noites inteiras, eles dialogam sem se cansar, o ouvinte que passa entre eles assiste a tudo enquanto os dois cantores se ocupam um com o outro.

Esse canto soa indescritivelmente encantador à distância, pois apenas no sentimento daquele que está distante ele encontra sua razão de ser. Ele soa como um lamento sem luto, e mal podemos conter as lágrimas. Meu acompanhante, que não era um homem especialmente sensível, disse sem motivo nenhum: *"È singolare, come quel canto intenerisce, e molto più, quando lo cantano meglio"*.[23]

Disseram-me que as mulheres do Lido (a longa série de ilhas que separa o Mar Adriático das lagunas), sobretudo as das localidades mais distantes de Malamocca e Palestrina, também cantam o Tasso com essa melodia e outras semelhantes.

À noite, quando os maridos se lançam ao mar para pescar, elas costumam se sentar à beira da praia e entoar esse canto com voz potente, continuando até ouvi-los responder ao longe.

Tão mais belo e singular se mostra aqui esse canto, na forma de um chamado lançado à lonjura e à vastidão por um solitário que é respondido por

---

23 "É singular como esse canto enternece, tanto mais quanto melhor o cantam."

outro de ânimo semelhante! É a expressão de um intenso anelo do coração que, contudo, a todo momento está perto da felicidade de ser satisfeito.

Roma

Ritornelli

O povo de Roma costuma se divertir com um canto semelhante que, porém, não é de modo algum agradável ou encantador e ofende a qualquer ouvido que não o seu próprio.

É também uma forma de *canto fermo*, recitação ou declamação, conforme se queira. Nenhum movimento melódico o caracteriza, os intervalos dos tons não podem ser expressos por nossa maneira de escrever as notas, e esses intervalos singulares, entoados com toda a força da voz, são o que de fato caracteriza essa forma de cantar. O tom e o modo de cantar desses cantores, ou melhor, desses berradores, coincidem tão perfeitamente que pensamos ouvir sempre os mesmos loucos em todas as ruas de Roma. Em geral, só os ouvimos ao crepúsculo ou à noite; assim que se sentem livres e soltos, a gritaria começa. Um rapazinho que, depois de um dia quente, abre as janelas à noite; um cocheiro que atravessa o portão com seu veículo; um trabalhador que sai de sua casa, todos eles logo desatam a mais incontrolável gritaria. Eles chamam a essa forma de cantar de *ritornelli*, e acompanham com essa desmelodia qualquer palavra que lhes venha à cabeça, pois qualquer tipo de frase ou sentença, seja em verso ou prosa, facilmente pode ser acompanhada por ela. As palavras raramente são compreensíveis, e eu me lembro de uma única vez em que consegui entender um cantor desses. Ele parecia dirigir invectivas rudes, embora não de todo desprovidas de engenho, contra as vizinhas.

Vaudeviles

No ano de 1786 ainda se ouvia cantar *Marlborough* em todas as ruas, mais ou menos em sua conhecida melodia, metade em francês, metade em italiano.[24]

---

24 *Marlborough s'en va-t-en guerre* [Marlborough vai para a guerra], também conhecida como *Mort et convoi de l'invincible Marlborough* [Morte e sepultamento do invencível

No início de 1787, seu lugar foi tomado por um vaudevile que em pouco tempo se tornou conhecido a ponto de as crianças mais novas o cantarem tão bem quanto qualquer adulto; foi apresentado em concertos com diversos arranjos e muitas vozes. Era na verdade uma declaração de amor a uma beldade. Cada verso continha louvores e promessas que sempre eram anulados pelo refrão.

Non dico! é a expressão mais popular para imediatamente duvidar do que a própria pessoa ou alguma outra disse, por ser exagerado:

A primeira estrofe dizia:

> *Ogni uomo ogni donzella,*
> *Mia dolce Mirami!*
> *Mi dice che sei bella*
> *E penso ach'io cosi:*
> *Non dico: bella bella!*
> *Ma – li la ba te li.*[25]

O último Ma – que é capturado pelas sílabas sem significado do refrão, dá toda força à expressão da ironia.

A melodia que se ouvia com mais frequência, e que em breve publicaremos juntamente com todo o poema, é cantável e agradável, sem ser expressiva.

Romanze

Ouvem-se poucas histórias de fantasmas em Roma, e a causa provável disso é que nenhum cristão católico que tenha confessado e recebido os sacramentos pode ser condenado, apenas tem de passar algum tempo no purgatório para completar a expiação e se purificar. Todas as mentes se voltam com devoção para o alívio e a libertação das almas sofredoras. Às vezes,

---

Marlborough], é uma canção popular francesa do século XVIII, cujo texto é uma sátira a John Churchill, primeiro duque de Marlborough (1650-1722).

25 Todo homem, toda donzela/ Minha doce Mirami/ Me dizem que és bela/ E eu também penso assim:/ Não digo bela, bela! Mas – li la ba te li.

o purgatório inteiro aparece em sonhos ou durante uma febre a um crente temeroso, e então a Mãe de Deus surge imediatamente como uma aparição amiga, como se pode ver em muitos ex-votos. Mas as verdadeiras ideias de fantasmas, bruxas e diabos parecem ser próprias das regiões nórdicas.

Tanto mais, portanto, eu me surpreendi com uma *romanza* que um rapazinho napolitano cego, que se deixava guiar por toda Roma, cantou por algumas semanas, e cujo conteúdo e concepção imaginativa era tão nórdica quanto possível.

A cena é noturna, junto de um cadafalso. Uma bruxa vigia o cadáver de um sentenciado, possivelmente um malfeitor supliciado na roda; um homem insolente se aproxima de modo furtivo, com a intenção de roubar alguns membros do corpo. Ele não esperava pela presença da bruxa nas proximidades, mas reúne forças e se dirige a ela com uma fórmula mágica de saudação. Ela responde, e o diálogo entre eles, com uma fórmula sempre repetida, compõe o poema. Damos aqui os primeiros versos. A melodia, com as linha pelas quais as demais estrofes se diferenciam da primeira, se encontra ao final do texto.

> Gurugium a te! Gurugiu!
> *Che ne vuoi della vecchia tu?*
> Io voglio questi piedi.
> *E che diavolo che ne vuoi far?*
> Per far piedi ai candelieri.
> *Caddavere! Malattia!*
> Aggi pazienza vecchia mia.

Acrescentamos uma tradução aproximada para maior clareza.
Gurugiu! é possivelmente uma forma mágica de saudação amigável.
O ladrão. Gurugium para você, Gurugiu!
A bruxa. O que você quer desta velha?
O ladrão. Gostaria de levar os pés!
A bruxa. Que diabos quer com eles?
O ladrão. Fazer pés de candelabro.
A bruxa. Que a peste e a moléstia te levem!
O ladrão. Minha velha, tenha paciência!

As demais estrofes se diferenciam da primeira apenas pela modificação do terceiro e do quinto versos, nos quais ele pede a cada vez outro membro e o destina a outro uso.

Não me lembro de ter visto poema semelhante em nenhuma coletânea de canções italianas. A repulsa por tais temas é geral. Também na melodia pensam haver algumas coisas estranhas.

Canção religiosa dialogada

Mais conveniente, agradável, adequada ao espírito da nação e aos princípios da fé católica é a adaptação do diálogo de Cristo com a samaritana em uma canção dramática. Interiormente, ela tem a forma de um intermezzo para duas vozes e é cantada na rua por duas pessoas pobres com uma melodia fácil. O homem e a mulher se sentam separados por uma certa distância e cantam alternadamente seu diálogo; ao final, recebem uma pequena esmola e vendem cópias impressas de seus cantos aos ouvintes.

Damos aqui a canção no original, pois em uma tradução ela perderia toda a graça, e inserimos, para aqueles leitores que não conhecem a língua italiana, um breve comentário entre os diálogos.

A cena se passa junto de uma fonte nas vizinhanças da cidade de Samaria.

Primeira parte

Jesus chega e explica sua situação e a do lugar em que se encontra.
Sono giunto stanco e lasso
Dal mio lungo camminar.
Ecco il pozzo, e questo è il sasso
Per potermi riposar.

Explica seu propósito:
Qui mi fermo, quivi aspetto,
Una Donna hà de venir,
O bel fonte, o fonte eletto
Alma infida à convertir!
Pecorella già smarrita
Dall'ovile cercando va.
Ma ben presto convertita
Al pastor ritornerà.

A mulher aparece ao longe.
Ecco appunto la meschina
Che sen vien sola da se.
Vieni, vieni, o poverina
Vien, t'aspetto, vien da me.

Johann Wolfgang von Goethe

Samaritana. Fica parada a uma certa distância, olhando ao redor da fonte: Não lhe agrada encontrar alguém ali.

Questo appunto ei mancava;
Chi è colui, che siede là?
Io di già me l'aspettava
Di trovar qualcuno quà.

Desagrada-a sobretudo que seja um judeu.

È un Giudeo, se ben ravviso,
Lo connosco in fin di qui;
Alle chiome, al mento, al viso
Egli è desso, egli è, sì, sì.

Pensa no ódio entre os dois povos.

Questa gente non è amica,
Della patria mia, lo sú;
Vi è una ruggine alta e antica,
Che levare non si può.

Mas ela reúne forças, vai cuidar do que veio fazer e decide, caso ele se mostre hostil, ser ferina com ele.

Baderò, alli fatti miei,
Jo al pozzo voglio andar:
Se dirá, Donna chi sei?
Gli dirò, son chi mi par.

Jesus a surpreende com uma saudação amável e piedosa.
Buona Donna il ciel vi guardi!

A Samaritana, surpresa e conquistada, responde com amabilidade.
O buon Uomo, à voi ancor!

Jesus se aproxima, falando com ela.
Siete giunta troppo tardi

"A campanha na França" e outros relatos de viagem

A Samaritana não recusa a conversa.
Non potevo piu à buonor.

Jesus lhe pede água.
O figlioula, che gran sete!
Un po d'acqua in carità.
Deh ristoro a me porgete,
Un po d'acqua per pietà!

A Samaritana acha paradoxal que um judeu lhe peça água para beber.
Voi à ma Samaritana
Domanda vi dia da ber,
A un Giudeo, è cosa strana
Chi l'avesse da veder.
Queste due nation fra loro
Non si posson compatir;
Se vedesse un di coloro
Cosa avrebbe mai a dir.

Jesus passa do paradoxal para o maravilhoso.
Se sapeste, se sapeste
Chi a voi chiede da ber,
Certo à lui richiedereste
Acqua viva per aver.

A Samaritana pensa que ele está zombando dela.
Voi burlate, e dov'è il secchio
Dove l'acqua, o buon Signor?
Di Giacobbe il nostro vecchio
Siete voi forse maggior?
Che sia pur benedetto!
Questo pozzo a noi lasciò:
A suoi figli, il suo diletto
Gregge in questo abbeverò.

127

Johann Wolfgang von Goethe

Jesus permanece em sua parábola e promete saciar para sempre a sede de todos com sua água.

O Figgliuola, chi l'acqua mia
Acqua viva beverà
Già sia pur chiunque sia
Mai in eterno sete avvrà.

A Samaritana acha isso muito conveniente e pede a ele que lhe dê dessa água.

O Signor, non si potrebbe
Di quest'acqua un po gustar?
La fatica leverebbe
Di venirla qui à cavar.

Jesus a experimenta.

A chiamar vostro marito
Gite , l'acqua vi darò:
Ne temete sia partito,
Perchè vi aspetterò.

A Samaritana não quer saber de marido.

Io Marito! guardi il cielo,
Sono libera di me.

Jesus censura o fingimento dela.

Che direte s'io vi svelo
Che n'avete più di tre?
Cinque già ne avete avuti,
Se vostr'è quel ch'avete or.

A Samaritana se assusta.

O che sento, (à parte) il Ciel m'aiuti!

Ela confessa

Dite vero, o mio Signor.

e reconhece que ele deve ser um grande profeta para estar tão bem informado sobre seus amores.

Certo che siete Profeta,
Ben sapete indovinar.

Ela quer escapulir.
Jo per dirla cheta, cheta,
Me ne voglio un poco andar.

Jesus a detém e fala da vinda do Messias.
Nò, nò, non gite via
Che è venuto il tempo già
D'adorare il Gran Messia
In spirito e verità.

A Samaritana pede explicações, muito ingenuamente.
Che il Messia abbia a venire
Jo non nego, o questo nò;
Ma se poi avessi a dire
Se è venuto, non lo so.

Jesus se apresenta como o Messias.
 O Figliuola, egli è venuto
Il Messia credete a me,
Se puol essere creduto,
Chi vi parla quel Egli è.

A Samaritana acredita de imediato, adora-o e se oferece para o ofício apostólico.
Jo vi credo, o buon Signore,
E vi adoro, or voglio gir
In Sammaria, un tal stupore
Voglio a tutti riferir.

Jesus a envia.

Gite pur! Sia vostra gloria
Se vi crede la città.
Per si nobile vittoria
Tutto il ciel trionferà.

A Samaritana, encantada com a graça divina.

O divina si grand'opera
Convertir si infido cuor.

Jesus dá testemunho do poder e do amor de Deus.

Il poter tutto si adopra
Del gran Dio tutto l'amor.

Segunda parte

A Samaritana regressa convertida, da mesma maneira que partiu convencida.

Ecco qui quella meschina
Che ritorna onde partì;
O amabile divina
Maestà, eccomi qui.
L'alma mia in questo pozzo,
La vostra acqua si gustò:
Che ogni fonte dopo sozzo
Qual pantam gli risembrò.
Mille grazie, o grand'Iddio.
A voi rendo e sommo onor,
Che mutò questo cor mio
Dal profano al santo amor.

Jesus a aceita como filha e se revela como Deus.

O mia figlia! tale adesso
Più che mai vi vo chiamar,
La mia grazia quanto spesso

Si bell'opra ella sà far.
Sono Dio! di già 'l sapete
E mio braccio tutto può,
Jo per voi se fede avrete,
Quanto più per voi farò.

A Samaritana repete sua profissão de fé.
Siete Dio onnipotente,
E veduto l'ho pur or:
Di Sammaria la gran gente
Convertita è a voi, Signor.

Jesus já o sabia desde a eternidade e a escolhera para o apostolado.
 Ab eterno già sapea
E però vi mandai là;
Fin d'allora vi sceglica
A bandir la verità.

A Samaritana se sente envergonhada.
O Signor, io mi arrossisco
Di vedermi in tanto onor
Più ci penso, e men capisco
Come a me tanto favor.

Jesus lhe explica seu método divino de fazer grandes coisas com meios pequenos.
Questo è già costume mio
Qual io sono à dimostrar,
Per oprar cosa da Dio
Mezzi deboli adoptar.

Ele dá exemplos da História.
D'Oloferne il desumano
Dite sù, chi trionfò?

Donna fral di propria mano
Nel suo letto lo svenò.
Il Gigante fier Golia
Come mai, come morì?
D'un sassetto della via,
Che scagliato lo colpi.

Assim também o mundo foi feito do nada.
Tutto il Mondo già creato
Opra fù della mia man,
Ed il tutto fù cavato
Dal suo niente in tutto van.

E seu propósito divino é a glorificação de seu nome.
Perchè vuò la gloria mia,
Come è debito per me

E o proveito está destinado aos fiéis.
L'util poi voglio che sia
Sol di quel che opra con fè.

A Samaritana se regozija com o Evangelho.
Che più potrete darmi?
Mi scoprite il gran Vangel
E di quel volete farmi
Una Apostola fedel.

O coração dela arde de amor e ternura. Ela se entrega toda a ele.
Quanto mai vi devo, quanto
Cortesissimo Gesù!
A voi m'offro e dono intanto,
Nè sarò d'altri mai più.

Jesus aceita o coração dela.
Vi gradisco, si vi accetto

Si già accetto il vostro amor
E gradito e sol diletto
Esser vuò dal vostro cor.

A Samaritana o abraça como a um noivo.
Si sarete sposo mio.

Jesus a abraça como a uma noiva.
Sposa voi sarete a me

Samaritana
Jo in voi,

Jesus
Ed in voi io,

Os dois
Serbaremo eterna fè.[26]

---

26 Primeira parte// *Jesus chega e explica sua situação e a do lugar em que se encontra.*// Cheguei cansado e lasso/ De minha longa caminhada/ Eis aqui o poço/ E esta é a pedra/ Em que posso descansar.// *Explica seu propósito:*// Aqui me detenho, aqui espero,/ Há de vir uma mulher,/ Ó bela fonte, ó fonte eleita/ Para converter uma alma infiel!/ Uma ovelha desgarrada/ Do ovil vagueia e busca./ Mas em breve convertida/ Voltará para o pastor.// *A mulher aparece ao longe.*// Eis que chega a desvalida/ Que vem só e abandonada./ Vem, vem, ó pobrezinha/ Vem, te espero, vem a mim.// *Samaritana. Fica parada a uma certa distância, olhando ao redor da fonte: Não lhe agrada encontrar alguém ali.*// É só isso que faltava;/ Quem é aquele ali sentado?/ Eu já estava esperando/ Encontrar alguém aqui.// *Desagrada-a sobretudo que seja um judeu.*// É um judeu, se vejo bem,/ Posso reconhecê-lo já daqui;// Pelo cabelo, pelo queixo, pelas feições/ É um deles, ora se é!/ *Pensa no ódio entre os dois povos.*// Essa gente não é amiga/ De minha pátria, eu sei;/ Há um rancor grande e antigo,/ Que não se pode superar.// *Mas ela reúne forças, vai cuidar do que veio fazer e decide, caso ele se mostre hostil, ser ferina com ele.*// Vou cuidar de minha tarefa/ Vou chegar até o poço/ Se disser "mulher, quem és?"/ Lhe direi "isso é da minha conta". // *Jesus a surpreende com uma saudação amável e piedosa.*// Boa mulher, que o céu te guarde!// *A Samaritana, surpresa e conquistada, responde com amabilidade.*// Ó bom homem, também a ti!// *Jesus se aproxima, falando com ela.*//

Johann Wolfgang von Goethe

E assim termina o drama, com uma ligação formal e eterna.

Seria fácil desenvolver a partir dessa canção a teoria das histórias de conversão e missão; ela contém todo o plano de salvação e a progressão

---

Chegaste muito tarde.// *A Samaritana não recusa a conversa.*// Não pude vir na hora certa.// *Jesus lhe pede água.*// Oh, filhinha, tenho muita sede!/ Um pouco de água, por caridade./ Ah, dá-me alívio,/ Um pouco de água, por piedade!// *A Samaritana acha paradoxal que um judeu lhe peça água para beber.*// A mim, uma samaritana/ Tu me pedes de beber/ Para um judeu, seria estranho/ Se pudesse ver isso./ Essas nações entre si/ Não se podem suportar;/ Se um deles visse isso/ O que não haveria de dizer?// *Jesus passa do paradoxal para o maravilhoso.*// Se soubesses, se soubesses/ Quem te pede de beber,/ Com certeza pedirias/ Que te desse a água da vida.// *A Samaritana pensa que ele está zombando dela.*// Fazes troça, e onde está o balde,/ Onde a água, ó bom senhor?/ Será que és talvez maior/ Que Jacó, nosso ancestral?/ Que ele seja bendito!/ Nos deixou este poço/ A seus filhos, a seu dileto/ Rebanho aqui trouxe para beber.// *Jesus permanece em sua parábola e promete saciar para sempre a sede de todos com sua água.*// Ó Filhinha, quem beber da minha água/ Água viva beberá/ Seja lá quem for/ Não terá mais sede por toda a eternidade.// *A Samaritana acha isso muito conveniente e pede a ele que lhe dê dessa água.*// Ó senhor, não se poderia/ Beber um pouco dessa água?/ Nos livraria da fadiga/ De a vir aqui buscar.// *Jesus a experimenta.*// Vai chamar o teu marido/ E eu vos darei a água;/ Não temas que eu vá embora,/ Pois por vós esperarei.// *A Samaritana não quer saber de marido.*// Marido, eu! Que o céu me guarde,/ Eu sou livre e só por mim.// *Jesus censura o fingimento dela.*// Que dirias se eu revelasse/ Que não tens menos de três?/ Já tiveste mesmo cinco,/ Se o que tens hoje é teu.// *A Samaritana se assusta.*// Oh, que ouço, (à parte) que o céu me ajude!// *Ela confessa*// Dizes a verdade, meu senhor.// *e reconhece que ele deve ser um grande profeta para estar tão bem informado sobre seus amores.*// Com certeza és um profeta/ Sabes bem adivinhar.// *Ela quer escapulir.*// Quero ir-me de mansinho,/ Vou-me embora daqui, já.// *Jesus a detém e fala da vinda do Messias.*// Não, não te vás/ Que o tempo já chegou/ De adorares o grande Messias/ Em espírito e verdade.// *A Samaritana pede explicações, muito ingenuamente.*// Que o Messias há de vir/ Eu não nego, isso não;/ Mas se tivesse de dizer/ Que ele já veio, eu não saberia.// *Jesus se apresenta como o Messias.*// Ó Filhinha, ele veio,/ O Messias, podes crer,/ Se é que podes acreditar/ Que é ele quem te fala.// *A Samaritana acredita de imediato, adora-o e se oferece para o ofício apostólico.*// Eu o creio, ó bom Senhor,/ E te adoro, já quero ir/ A Samaria, um tal milagre/ Quero a todos anunciar.// *Jesus a envia.*// Vai, então! Será tua glória/ Se a cidade te acreditar./ Por uma tão grande vitória/ Todo o céu triunfará.// *Samaritana, encantada com a graça divina.*// Oh, que grande obra divina/ Converter um coração tão infiel.// *Jesus dá testemunho do poder e do amor de Deus.*// O poder de Deus/ E seu grande amor tudo podem.//

do amor terreno para o celestial; qualquer cristão católico pode ouvi-la e cantá-la, divertir-se e edificar-se com ela, qualquer moça pode, ao fazê-lo, pensar em seu noivo terreno, qualquer freira em seu noivo celeste, e toda boa pecadora tranquilizar-se com a esperança de um futuro apostolado. E aqui podemos notar que foi a Igreja Romana a que melhor logrou tornar a fé *popular*, pois soube uni-la não tanto aos *conceitos* da massa quanto às *convicções* da massa.

Segunda parte// *A Samaritana regressa convertida, da mesma maneira que partiu convencida.*// Eis aquela desvalida/ Que volta ao lugar de onde partiu;/ Ó amável, divina/ Majestade, eis-me aqui./ Minha alma neste poço/ De tua água bebeu;/ Depois disso qualquer fonte/ Pareceu-lhe ser um charco./ Graças mil, ó grande Deus/ Eu te rendo, e toda glória,/ Pois voltaste meu coração/ Do profano ao santo amor.// *Jesus a aceita como filha e se revela como Deus.*// Oh, filha minha! quero agora/ Mais que nunca te chamar,/ Minha graça saberá sempre/ Realizar obras tão belas./ Sou Deus! Já o sabes/ E meu braço tudo pode,/ E por tu, se tu tens fé/ Ainda mais hei de fazer.// *A Samaritana repete sua profissão de fé.*// Tu és Deus onipotente,/ Eu agora já o vi:/ De Samaria o grande povo/ Já se converteu a ti, Senhor.// *Jesus já o sabia desde a eternidade e a escolhera para o apostolado.*// Desde sempre eu o soube/ E por isso te mandei lá;/ Desde então te escolhi/ Para anunciar a verdade.// *A Samaritana se sente envergonhada.*// Ó Senhor, eu enrubesço/ De me ver assim honrada/ Quanto mais penso, menos entendo/ Por que recebo tal favor.// *Jesus lhe explica seu método divino de fazer grandes coisas com meios pequenos.*// Este é o meu costume/ Que aqui eu quis mostrar,/ Para fazer as obras de Deus/ Adotar os meios mais fracos.// *Ele dá exemplos da História.*// Sobre Holofernes, o desumano/ Dize, quem triunfou?/ Uma frágil mulher, com suas próprias mãos/ O matou em seu leito./ O orgulhoso gigante Golias,/ Como foi que ele morreu?/ Por uma pedrinha da estrada,/ Que de um golpe o atingiu.// *Assim também o mundo foi feito do nada.*// Todo o mundo já criado/ Foi obra de minha mão,/ E o universo inteiro/ Foi tirado de seu nada.// *E seu propósito divino é a glorificação de seu nome.*// Pois eu quero minha glória/ Tal como ela me é devida.// *E o proveito está destinado aos fiéis.*// E o proveito quero que seja/ Só de quem age com fé.// *A Samaritana se regozija com o Evangelho.*// Que mais tu me podes dar?/ Me revelas o Evangelho/ E de mim queres fazer/ Uma apóstola fiel.// *O coração dela arde de amor e ternura. Ela se entrega toda a ele.*// Quanto devo a ti,/ Meu boníssimo Jesus!/ A ti me oferto e dou inteira,/ Nunca mais serei de outro.// *Jesus aceita o coração dela.*// Eu te amo, sim, te aceito/ Se já aceito o teu amor/ E quero ser o amado e o favorito/ De teu coração.// *A Samaritana o abraça como a um noivo.*// Sim, serás o meu esposo.// *Jesus a abraça como a uma noiva.*// Minha esposa tu serás.// *Samaritana*// Eu em ti,// *Jesus*// E em ti, eu// *Os dois*// Para sempre seremos fiéis.

Johann Wolfgang von Goethe

A tarantela

A dança chamada tarantela é universal entre as moças das classes baixa e média. São necessárias no mínimo três delas: uma toca o pandeiro e de tempos em tempos sacode as platinelas sem bater em seu couro; as outras duas, com castanholas nas mãos, executam os passos da dança.

Na verdade, como acontece em todas as danças rústicas, não são passos de dança ornamentais, específicos, que existem por si sós. As moças marcam o compasso com os pés, sapateando no mesmo lugar uma diante da outra durante algum tempo, depois giram, trocam de lugar etc.

Logo uma das dançarinas troca suas castanholas pelo pandeiro, fica parada, a terceira começa a dançar e, assim, elas podem se divertir horas a fio sem se preocupar com os espectadores. Essa dança é apenas um entretenimento para moças, nenhum rapaz põe as mãos num pandeiro. Só as criaturas do sexo feminino parecem passar pulando as horas mais agradáveis de sua juventude, e já se observou que, graças aos seus movimentos, essa dança pode ser muito salutar para o sexo feminino, seja contra males psíquicos, seja para aquelas picadas de aranha que talvez possam ser curadas pela transpiração; por outro lado, também se vê que essa dança, sem um motivo externo, pode ela própria degenerar em doença.

Sobre ambas as possibilidades, o sr. Riedesel fez observações muito belas e precisas em suas viagens.[27]

Acrescento ainda uma consideração: essa dança, chamada *tarantella*, não tem seu nome derivado daquele inseto, pois *tarantola* é o nome de uma aranha que se encontra sobretudo na região de Tarento, e *tarantella* é o nome de uma dança praticada especialmente nessa mesma região. Portanto, o nome semelhante de ambas tem sua origem em sua pátria comum, sem que isso denote uma conformidade entre elas. Da mesma maneira, são muito apreciadas as ostras tarentinas, bem como outros produtos daquela bela região.

Faço essa observação aqui porque analogias falsas entre nomes muitas vezes dão a ideia de uma relação falsa, e é um dever desfazer tanto quanto

---

27 Johann Hermann von Riedesel, barão de Eisenbach e Altenburg (1740-1785), viajante, diplomata e escritor alemão. Goethe se refere a sua obra *Reise durch Sizilien und Grossgriechenland* [Viagem pela Sicília e pela Magna Grécia], de 1771.

possível qualquer equívoco e incompreensão, bem como trabalhar contra o *maravilhoso* para assegurar o lugar do *notável*.

10. História natural (Resposta)

Veja o *Teutscher Merkur* de fevereiro, p.126.

Um vento morno já tinha desfeito nosso jardim de inverno quando chegou uma carta que quase nos roubou a alegria que sentimos ao pensar nas graciosas aparições. Perdoe-nos de início se acreditamos ver em sua missiva a arrogância de um rico, se nos parecia que uma pessoa feliz no gozo das belas cenas da natureza não saberia estimar com ternura suficiente o prazer que amigos distantes encontram nas produções medianas e pequenas da natureza.

Nessa ocasião eu senti muito bem que, quando se trata de assuntos científicos, é muito mais vantajoso dialogar oralmente do que por escrito. À distância e pela comunicação escrita muitas vezes acreditamos pensar de modo diferente do que nosso interlocutor, quando de fato pensamos de modo igual; acreditamos pensar de modo coincidente, e pensamos de modo divergente. Na conversação, um tal mal-entendido se desfaz com facilidade; por escrito, a coisa começa a empacar, e infelizmente vemos que muitas vezes pessoas inteligentes e sensatas, ao verem impressas suas discordâncias com os outros, quase nunca mais conseguem se entender.

Felizmente, este não é nosso caso, e eu escrevo esta carta às pressas para lhe mostrar que pensamos de modo mais convergente do que você pensa, e eu talvez apenas tenha em minha primeira carta me exprimido de modo excessivamente sumário e impreciso, o que o levou a desconfiar de que nos afastávamos do caminho correto da observação e da ciência.

É forçoso admitir, infelizmente, que temos um sentimento em tudo diferente ao desfrutar em plenitude e vagar o prazer de um passeio por um laranjal do que ao perscrutar atrás de uma vidraça as ações momentâneas e passageiras da natureza. Também jamais pretendemos elevar nossas superfícies de vidro enregeladas às alturas dos jardins das Hespérides.

Contudo, para o olho aguçado é um fenômeno singular que no inverno rigoroso os vapores se precipitem sobre as vidraças e comecem a se juntar em pequeninas gotículas de água que, compelidas pelo frio maior que há nas bordas, busquem se reunir mais densamente. Algumas então se cristalizam de imediato em forma de estrela ou outras coisas semelhantes, algumas formam longas linhas ou cordões, ao lado dos quais se dispõem novas linhas ou cordões, até surgir uma figura semelhante a plantas ou árvores.

É certo que, como você mesmo nota, o flogisto desempenha aqui um papel nada desprezível. Em lugares onde muitos vapores impuros e flogísticos se reúnem, essas figuras muitas vezes se espalham cada vez mais em formas coerentes; no centro, logo se formam por assim dizer talos e troncos; eles parecem retirar nutrientes das cavidades profundas de uma moldura de vidraça e se espalham ali em ramificações semelhantes a raízes.

Mesmo que aqui a imaginação venha auxiliar um pouco a percepção exterior, não se pode deixar de reconhecer a grande semelhança, ao menos na aparência, dessas figuras que, induzidas de fora para dentro, se formam sobre uma superfície, com as vegetações que têm o poder de se formar em todas as direções de dentro para fora.

Por isso, de bom grado deixaremos em pé aqueles marcos que fincamos, mas estaremos ainda mais autorizados a fazer comparações depois de termos realizado separações e distinções rigorosas.

Se é necessária muita seriedade e exatidão ao separar e diferenciar, e se para o grande bem da ciência for aconselhável que aquilo que separamos e diferenciamos seja organizado em manuais como que em arquivos, não me parece que seja desvantajoso nos permitirmos um pouco mais de arbitrariedade na comparação. Você reconhece direitos iguais a diversos termos especializados! Permita-me, da mesma forma, falar em favor das diferentes energias da alma. Assim como é bom não excluir nenhuma energia da alma do uso da vida comum, também, assim me parece, se deve deixar que todas contribuam para a difusão de uma ciência.

Imaginação e engenho que, considerados separadamente e aplicados a objetos dispersos, poderiam ser mais perigosos do que úteis para uma ciência, são, contudo, as ferramentas principais com as quais o gênio chega mais longe do que os seres humanos normalmente conseguem chegar. Se, portanto, existem homens que fazem observações de fato precisas, outros que ordenam e definem o que foi conhecido, e se nós temos de respeitar profundamente os trabalhos desses homens, pois eles mesmos assumiram um encargo muito sério, vamos também considerar com maior leveza a terceira classe, à qual antes de mais nada declaram pertencer seus amigos, que lhe enviam uma cordial saudação conjunta. Adeus, e esteja seguro de que nós também levamos a sério a ciência que é tão vital para você, e se nos trouxer observações muito boas, decerto não interpretará de modo equivocado nossas tentativas de combinar o novo com o que já nos é conhecido, e quando nossa maneira de ser nos levar longe demais, de bom grado daremos atenção a um aceno que nos advirta a tempo.

A campanha na França, 1792
(*De* Minha vida, *segunda seção, quinta parte*)[1]

Eu também na Champanhe![2]

Em 23 de agosto de 1792

Logo depois de minha chegada a Mainz, visitei o sr. Von Stein sênior, camareiro real da Prússia e diretor da Guarda Florestal, que ocupava naquela cidade o posto de um residente e se sobressaía por seu ódio violento em relação a tudo o que fosse revolucionário.[3] Ele me descreveu em rápidas pinceladas os progressos feitos até aqui pelos exércitos aliados[4] e me for-

---

1 Título original: *Aus Meinem Leben. Zweiter Abteilung Fünfter Teil. Campagne in Frankreich 1792*. Primeira publicação em 1882. O título original se relaciona com a intenção de Goethe de escrever uma autobiografia que abarcasse toda a sua vida. Na "edição definitiva" de 1792, o título foi mudado para *Campanha na França*.

2 Variação do mote da *Viagem à Itália*: "Eu também na Arcádia!".

3 O barão Johann Friedrich vom und zum Stein (1749-1799), monteiro-mor prussiano, desde 1787 embaixador extraordinário da Prússia no eleitorado de Mainz. Residentes eram representantes e encarregados de negócios de um príncipe que não detinham um posto de embaixador.

4 Em 19 de agosto, o exército aliado, contando cerca de 81 mil homens, formado por uma tropa prussiana, duas austríacas, uma de Hessen e uma composta por emigrados franceses, cruzou a fronteira francesa em direção a Longwy. Os austríacos ficaram em Flandres e no Alto Reno.

neceu um extrato do atlas topográfico da Alemanha que Jäger editou em Frankfurt sob o título de *Teatro da guerra*.[5]

À mesa do almoço, em casa dele, encontrei algumas mulheres francesas que tive motivos para observar com atenção. Uma delas (dizem ser a amante do duque de Orléans),[6] uma mulher robusta, de postura orgulhosa e já de uma certa idade, com olhos, sobrancelhas e cabelos negríssimos; aliás, de uma amabilidade muito polida na conversação. Uma filha sua, retrato da mãe quando jovem, não disse palavra. Tanto mais alegre e encantadora se mostrou a princesa de Mônaco,[7] amiga declarada do príncipe de Condé,[8] e o ornamento de Chantilly em seus dias de juventude.[9] Não havia nada mais gracioso de se ver do que essa loira esguia; jovem, alegre, brincalhona; nenhum homem sobre o qual ela pusesse seus olhos poderia resistir-lhe. Eu a observava de espírito livre e me surpreendi de rever ainda uma vez Philine,[10] a quem não esperava encontrar aqui, aprontando das suas, tão fresca e alegre. Ela não parecia tão tensa nem tão exasperada quanto o restante do grupo, que afinal de contas vivia dias de esperança, apreensão e temor. Naqueles dias, os aliados haviam entrado na França. Longwy iria se render logo ou resistir, as tropas republicanas se juntariam aos aliados, conforme o prometido,[11]

---

5 Johann Wilhelm Abraham Jäger (1718-1790), engenheiro e editor do *Grand Atlas d'Allemagne en LXXXI feuilles* [Grande Atlas da Alemanha em 81 folhas].

6 Louis-Philippe d'Orléans (1747-1793), duque de Orléans, conhecido como "Felipe Igualdade" (Philippe Égalité) por ter se afastado do Ancien Régime. Guilhotinado em Paris no dia 6 de novembro de 1793. Ele é o pai de Luís Felipe I (1773-1850), o último rei francês.

7 Marie Catherine Brignole (1737-1813), esposa do príncipe de Mônaco, Honoré III (1720-1795), casou-se em segundas núpcias com o príncipe Louis V Joseph de Bourbon-Condé (1736-1818).

8 O príncipe de Condé reunira desde 1790 os nobres franceses emigrados e se tornara chefe de uma tropa de emigrantes que se juntou aos austríacos no Alto Reno.

9 Durante o Ancien Régime, o castelo de Chantilly, residência dos príncipes de Condé, era local de frequentes festas da corte.

10 Personagem do romance *Os anos de aprendizado de Wilhelm Meister* (1795-1796), de Goethe.

11 Os emigrantes franceses haviam apresentado aos chefes do exército aliado uma imagem falsa da situação na França.

"A campanha na França" e outros relatos de viagem

todos adeririam à boa causa e facilitariam o avanço? Tudo isso naquele momento estava cercado de dúvidas. Mensageiros eram esperados; os últimos haviam apenas informado sobre o lento avanço do exército e dos obstáculos oferecidos pelos caminhos precários. O desejo dissimulado dessas pessoas se tornava ainda mais temeroso por elas não poderem esconder que tinham de almejar o regresso à pátria para o mais breve possível, a fim de tirar vantagens dos *assignats*, invenção de seus inimigos, e poder levar uma vida mais barata e confortável.[12]

Depois passei duas noites alegres com os Sömmering,[13] Huber,[14] Forster[15] e outros amigos; aqui já me senti outra vez em ares pátrios. Quase todos eles eram velhos conhecidos, colegas de estudos, em casa na vizinha Frankfurt (a esposa de Sömmering era de Frankfurt), todos conhecidos de minha mãe, apreciadores de suas qualidades geniais, alguns repetindo suas palavras felizes, afirmando mais de uma vez minha grande semelhança com ela em minha atitude alegre e minha viva conversação; quantas sugestões e motivos não havia aí, em uma intimidade natural, inata e costumeira! A liberdade de um gracejo benevolente no campo da ciência e do conhecimento proporcionava o estado de espírito mais alegre. De assuntos políticos não se falou, sentíamos que nos devíamos poupar mutuamente: pois, se não negavam por completo suas convicções republicanas, todos sabiam que eu

---

12 *Assignat:* originariamente um título de empréstimo emitido pelo Tesouro francês em 1789. Em 1791, foi transformado em moeda. Seu valor rapidamente foi corroído pela inflação. Deixou de circular em 1797.

13 Samuel Thomas Sömmering (1755-1830), anatomista, antropólogo, paleontólogo e inventor alemão, professor de Anatomia e Fisiologia na Universidade de Mainz, e sua esposa, a pintora e gravadora Margarethe Elisabeth Grunelius (1768-1802), uma amiga da mãe de Goethe.

14 Ludwig Ferdinand Huber (1764-1804), escritor, tradutor e jornalista alemão, de 1787 a 1792 secretário da legação saxônica no eleitorado de Mainz.

15 Johann Georg Forster (1754-1794), naturalista, etnólogo, escritor de livros de viagens e revolucionário alemão, professor de História Natural nas Universidades de Kassel e Wilna. Com seu pai, Johann Reinhold Forster (1729-1798), participou entre 1772 e 1775 da segunda circum-navegação de James Cook (1728-1779) e publicou contribuições importantes para a geografia comparativa e a etnografia dos mares do Sul. Simpatizante da Revolução Francesa e membro do clube jacobino de Mainz, foi um dos protagonistas da efêmera República de Mainz (mar.-jul. 1793).

143

corria para me juntar a um exército com o objetivo de pôr um fim definitivo a essas convicções e seus efeitos.

Entre Mainz e Bingen, presenciei uma cena que logo me revelou a tendência do dia. Nossa carruagem leve não demorou a alcançar um veículo sobrecarregado, puxado por quatro cavalos; a estrada arruinada, que subia a montanha entre paredes rochosas, nos obrigou a apear, e então perguntamos ao cocheiro, que também havia apeado, quem seguia à nossa frente. O postilhão da outra carruagem respondeu, com xingamentos e pragas, se tratar de francesas tentando escapar com suas cédulas de dinheiro, mas que ele sem dúvida ainda as faria capotar se surgisse alguma oportunidade. Nós o censuramos por seu ardor rancoroso, sem que pudéssemos corrigi-lo nem um pouco. Durante a travessia muito vagarosa, eu me pus ao lado da janelinha da senhora e me dirigi a ela em tom amigável, o que fez um rosto belo e jovem, mas ensombrecido por uma expressão de temor, se alegrar um pouco.

Ela logo me confidenciou que ia ao encontro de seu marido em Trier e de lá desejava chegar o mais breve possível à França. Eu lhe disse que considerava esse um passo muito precipitado, e ela me confessou que, além da esperança de reencontrar o esposo, era levada a isso pela necessidade de viver de seus papéis. Demonstrou também uma confiança tão grande nas tropas aliadas dos prussianos, austríacos e emigrados que, se o tempo e o lugar não constituíssem um obstáculo, dificilmente a teriam retido.

Em meio a essa conversação, deu-se um incidente inusitado; sobre o desfiladeiro pelo qual estávamos limitados haviam passado uma calha de madeira que levava a água necessária para mover um moinho que ficava do outro lado. Era de se esperar que a altura das traves tivesse sido calculada pelo menos para uma carroça de feno. Fosse como fosse, a carruagem estava tão sobrecarregada, com as caixas e arcas formando uma pirâmide sobre o teto, que a calha se tornava um empecilho intransponível para o prosseguimento da viagem.

Ao ver que seriam retidos por tanto tempo, os postilhões xingaram e praguejaram a valer; mas nós nos pusemos amigavelmente à disposição, ajudamos a descarregar as coisas e tornar a carregá-las do outro lado do tronco gotejante. A jovem e bondosa dama, pouco a pouco encorajada, não sabia o que fazer para demonstrar sua gratidão; mas, ao mesmo tempo, as esperanças que depositava em nós se tornavam cada vez maiores. Escreveu o nome de seu marido e, uma vez que chegaríamos bem antes dela em Trier, nos pediu encarecidamente que tivéssemos a bondade de informar por escrito o endereço dele no portão da cidade. Apesar de toda a nossa boa vontade, expressamos nossas dúvidas quanto ao sucesso desse plano, considerando se tratar de uma cidade grande, mas ela não quis abandonar suas esperanças.

Chegando a Trier, encontramos a cidade tomada por tropas, atopetada de todos os tipos de veículos, sem possibilidade de hospedagem em parte alguma; as carruagens estacionavam nas praças, as pessoas erravam pelas ruas, a repartição responsável pelos alojamentos não sabia o que fazer. Uma tal confusão, porém, é como uma loteria, quem tiver sorte sai ganhando de alguma forma, e, sendo assim, encontrei o tenente Von Fritsch,[16] do regimento do duque,[17] que me saudou amigavelmente e me levou à presença de um cônego,[18] cuja casa espaçosa e pátio amplo ofereceram um abrigo amigável e confortável a mim e a minha modesta bagagem, proporcionando-me também o necessário repouso. O tenente meu amigo, que eu conhecia e estimava desde os dias de infância, fora designado para permanecer com um pequeno comando em Trier a fim de cuidar dos doentes que haviam sido deixados para trás, acolher os incapazes de marchar e acompanhar as tropas, as carroças de bagagem retardadas e outras coisas semelhantes, e fazê-las seguir adiante. Sua presença ali foi muito útil para mim, embora ele próprio não gostasse da ideia de ficar na retaguarda nas tropas, onde um jovem ambicioso como ele pouco tinha a esperar da sorte.

Meu criado[19] mal acabara de desembalar o necessário e já pediu permissão para dar uma olhada na cidade; ele voltou tarde e, na manhã seguinte,

---

16 Barão Ludwig Heinrich Gottlieb von Fritsch (1772-1808), filho mais novo do ministro Jakob Friedrich von Fritsch (1731-1814), presidente do conselho secreto de Weimar, do qual Goethe também fazia parte.

17 O Sexto Regimento de Couraceiros da Prússia, cujo chefe, desde 1787, era o duque Carl August.

18 Bertrand Ludwig Prestinary (1749-1823), pároco de São Gangulfo em Trier e professor de Teologia.

19 Johann Georg Paul Götze (1777-1794).

a mesma inquietação o fez sair de casa outra vez. Esse estranho comportamento me parecia inexplicável, até que o mistério se desvendou: as belas francesas não o haviam deixado indiferente, ele investigara com atenção e tivera a sorte de reconhecê-las pela pirâmide de caixas entre centenas de carruagens na grande praça, sem, contudo, encontrar o marido da bela dama.

Fazendo o caminho de Trier para Luxemburgo,[20] tive o prazer de contemplar o monumento nas proximidades de Igel.[21] Tendo conhecimento de como os antigos sabiam escolher bem o lugar para seus edifícios e monumentos, afastei em pensamento todas as casinholas da aldeia e, então, lá estava ele em um lugar condigno. O Mosela corre nas imediações, e do outro lado vem se juntar um respeitável afluente, o Saar; as curvas dos rios, os aclives e declives do terreno, a vegetação exuberante dão encanto e dignidade ao lugar.

O monumento em si poderia ser descrito como um obelisco adornado arquitetônica e plasticamente. Ele se eleva bem alto sobre diversos andares dispostos artisticamente uns sobre os outros, terminando em uma ponta revestida de escamas como se fossem telhas encimada por um globo, uma serpente e uma águia.

Tomara que algum engenheiro trazido a essas paragens pelo curso dessa guerra, e que tenha de permanecer aqui por algum tempo, não desdenhe do trabalho de tirar as medidas do monumento e, se houver também um desenhista à disposição, nos registre e preserve as figuras dos quatro lados, na medida em que ainda são reconhecíveis.

Quantos obeliscos tristes, desprovido de figuras, eu não vi construírem em minha época, sem que ninguém tivesse se lembrado desse monumento! Ele é, sem dúvida, de uma época já tardia, mas ainda se podem ver o prazer e o amor de transmitir de modo sensível à posteridade a presença da pessoa, com todo o seu círculo e os testemunhos de sua atividade. Aqui estão, uns diante dos outros, pais e filhos, celebrando um banquete em família;

---

20 Goethe partiu em 26 de agosto de 1792.

21 Coluna de Igel: monumento funerário romano em forma de obelisco. Construída em arenito vermelho pelos irmãos Lucius Secundinius Aventinus e Lucius Secundinius Securus, tem cerca de 23 metros de altura, e é decorada com cenas em relevo da mitologia e da vida cotidiana dos mercadores de tecidos.

"A campanha na França" e outros relatos de viagem

mas, para que o observador saiba de onde vem a abastança, vemos também a chegada de animais de carga, e a indústria e o comércio são representados de diversas maneiras. Pois, na verdade, foram comissários de guerra que construíram esse monumento para si e para o seus, como prova de que, então como agora, se pode amealhar uma considerável fortuna desempenhando essa função.

Toda essa construção em ponta foi feita com grandes blocos rústicos de arenito empilhados uns sobre os outros e em seguida, como em um rochedo, esculpiram-se neles os ornamentos arquitetônicos e plásticos. A durabilidade desse monumento, que já atravessou alguns séculos, pode talvez ser atribuída a essa base muito sólida.

Não pude me entregar por muito tempo a esses pensamentos tão agradáveis e férteis, pois muito perto dali, em Grevenmacher, se preparava para mim o mais moderno dos espetáculos. Ali encontrei a tropa de emigrados, constituída só de pessoas da nobreza, em sua maioria cavaleiros da Ordem de São Luís. Não tinham nem criados nem cavalariços, e cuidavam eles próprios de si e de suas montarias. Vi alguns deles levarem seus cavalos para beber água, segurá-los diante da oficina do ferreiro. Mas o que oferecia o contraste mais singular a essa conduta humilde era um grande prado atopetado de carroças e carruagens de toda espécie. Eles haviam trazido consigo suas mulheres e amantes, filhos e parentes, como se quisessem exibir a contradição íntima de sua situação atual.

Como tinha de esperar aqui, a céu aberto, algumas horas pelos cavalos de posta, pude ainda fazer mais uma observação. Eu estava diante da janela da estação de postas, não muito longe do lugar em que ficava a caixinha em cuja fenda se costuma inserir as cartas não seladas. Eu jamais vira uma tal quantidade. Elas eram postas às centenas na abertura. Não havia representação mais viva e penetrante dos esforços ilimitados daquelas pessoas para satisfazer seu desejo de correr de volta para a pátria, de corpo, alma e mente, através da abertura do dique avariado.

Por tédio, e pelo prazer de descobrir ou desvendar segredos, eu pensava comigo mesmo o que não poderia haver nesse monte de cartas. Acreditava sentir ali uma amante que, com paixão e dor, expressava vivamente a tortura da falta sentida naquela separação; um amigo que, na mais extrema das necessidades, pedia ao amigo algum dinheiro; mulheres expulsas com os filhos e a criadagem, cujas economias haviam derretido até sobrarem apenas umas poucas moedas; adeptos ardentes dos príncipes que, esperando pelo melhor, se recomendavam mutuamente alegria e coragem; outros que já pressentiam a desgraça à distância e se lamentavam pela perda iminente de seus bens – e penso que não adivinhei mal.

Sobre algumas coisas recebi explicações do chefe dos correios, em sua tentativa de distrair minha impaciência com relação aos cavalos. Ele me mostrou várias cartas com selos de lugares distantes que agora deveriam seguir um caminho incerto em busca de pessoas que já haviam partido ou estavam de partida. Todas as fronteiras da França, de Antuérpia até Nice, estavam completamente sitiadas por uma multidão de infelizes; os exércitos franceses, por sua vez, também estavam prontos para a defesa e o ataque. Disse-me coisas muito inquietantes; a ele, pelo menos, a situação parecia muito duvidosa.

Como eu não me mostrava tão irado quanto outros que se lançavam ao ataque contra a França, ele logo me tomou por um republicano e demonstrou maior confiança; recordou-me as desgraças que os prussianos haviam sofrido com o mau tempo e as estradas de Koblenz a Trier, e fez uma pavorosa descrição das condições em que eu encontraria o acampamento nas redondezas de Longwy; estava bem informado de tudo e não parecia se incomodar de informar os outros; por fim, procurou chamar-me a atenção para o modo como os prussianos, durante sua marcha, saquearam aldeias pacíficas e inocentes, fosse isso feito pelas próprias tropas ou pelos carregadores e os retardatários; aparentemente haviam sido punidos, mas as pessoas estavam muitíssimo irritadas.

Então me lembrei daquele general da Guerra dos Trinta Anos que, quando se queixaram enfaticamente do comportamento inamistoso de suas tropas em territórios amigos, respondeu: "Não posso transportar meu exército em um saco". Mas, em especial, pude notar que nossa retaguarda não está muito segura.

Deixei à direita, a alguma distância, Longwy, cuja conquista já me haviam anunciado triunfantemente pelo caminho,[22] e cheguei no dia 27 de agosto

---

22 Longwy capitulou em 23 de agosto de 1792.

"A campanha na França" e outros relatos de viagem

à tarde ao acampamento de Brocourt. Estabelecido em uma planura, podia ser abarcado com a vista, mas não se chegava lá sem antes vencer algumas dificuldades. O solo úmido, revirado, era um obstáculo para os cavalos e as carroças; além disso, chamava a atenção o fato de não termos encontrado nem sentinelas nem guardas, nem qualquer outra pessoa que exigisse os passaportes e de quem, por sua vez, seria possível receber algumas informações. Avançamos através de um deserto de tendas, pois todos haviam se escondido para encontrar uma proteção precária contra o tempo horrível. Foi só depois de um certo esforço que conseguimos que alguém nos indicasse onde poderíamos encontrar o regimento do duque de Weimar; chegamos enfim ao local, vimos rostos conhecidos e fomos recebidos muito amigavelmente por companheiros de sofrimento. O camareiro Wagner[23] e seu cão negro foram os primeiros a nos saudar; ambos reconheceram um camarada de muitos anos, que mais uma vez devia atravessar com eles uma época de apreensões. Logo fiquei sabendo de um acontecimento desagradável. Ontem o cavalo favorito do príncipe, o Amaranth, caíra morto depois de soltar um grito horrível.

Então vi e ouvi coisas ainda piores, a respeito da situação do acampamento, do que aquelas que o chefe dos correios me anunciara. Imaginem estar sobre uma planura ao pé de uma suave colina, onde um fosso cavado há tempos imemoriais deveria conter o avanço das águas dos campos e prados; mas esse fosso se tornara, tão rápido quanto era possível, depósito de todo lixo, de todos os detritos; o escoamento fora interrompido, violentos aguaceiros haviam rompido o dique durante a noite e levado aquela repulsiva desgraça para baixo das tendas. Tudo o que os açougueiros haviam jogado fora, vísceras, ossos e coisas parecidas haviam ido parar nos leitos, de resto já molhados e pavorosos.

Deviam preparar uma tenda também para mim, mas preferi passar o dia com amigos e conhecidos e, à noite, descansar na grande carroça-dormitório, cujo conforto já me era conhecido de outros tempos. Mas não podia deixar de parecer inusitado que ela, embora distante apenas uns trinta

---

23 Johann Konrad Wagner (1737-1802), camareiro do duque Carl August.

passos das tendas, fosse de tal modo inacessível que à noite era preciso que me carregassem para dentro, e de manhã para fora dela.

Em 28 de agosto

Amanheceu tão estranho desta vez o dia de meu aniversário. Montamos a cavalo e cavalgamos para a fortaleza conquistada; a cidadezinha bem construída e fortificada fica sobre uma colina. Minha intenção era comprar grandes cobertores de lã, e nos dirigimos de imediato a uma loja, onde encontramos mãe e filha, ambas belas e graciosas. Não pechinchamos muito, pagamos um bom preço, e fomos tão bem-educados quanto possível para um alemão sem traquejo.

Os destinos da casa durante os bombardeios foram dos mais impressionantes. Várias granadas caíram, uma atrás da outra, no quarto da família; as pessoas fugiram, a mãe arrancou uma criança do berço e escapuliu no exato momento em que mais uma granada caía bem no meio dos travesseiros sobre os quais a criança estivera. Por sorte, nenhuma das granadas explodiu, elas arrebentaram os móveis, chamuscaram os lambris, e tudo passou sem maiores danos, sem que nenhum projétil atingisse a loja.

Que o patriotismo da gente de Longwy não era lá muito forte se podia ver pelo fato de que os cidadãos em pouco tempo obrigaram o comandante a entregar a fortaleza;[24] também mal déramos um passo para fora da loja quando a divisão interna entre os cidadãos se revelou claramente a nós. Partidários da monarquia, nossos amigos, portanto, responsáveis pela rápida rendição, consideraram lamentável termos entrado por acaso sob as abóbadas daquela casa de comércio e entregado uma tão bela soma ao pior dos jacobinos que, com toda a sua família, não servia para nada. Do mesmo modo nos advertiram contra uma esplêndida hospedaria, e de maneira muito inquietante, como se a comida servida lá não fosse de todo confiável; indicaram-nos em seguida outra estalagem como sendo segura, e nela fomos então recebidos como amigos e razoavelmente bem atendidos.

---

24 O comandante de Longwy, tenente-coronel Louis François Lavergne, foi julgado pela capitulação e executado em 1793.

"A campanha na França" e outros relatos de viagem

Lá estávamos, então, velhos camaradas de guerra e de guarnição, outra vez sentados, alegres e íntimos, lado a lado e frente a frente; eram os oficiais do regimento, unidos aos companheiros da corte, da casa e da chancelaria do duque; conversávamos sobre o passado recente: como fora interessante e movimentado o início de maio em Aschersleben,[25] quando o regimento recebera ordens de se manter pronto para marchar, e o duque de Braunschweig,[26] além de várias outras altas personalidades, o haviam visitado, não nos esquecendo de mencionar o marquês de Bouillé, um estrangeiro importante que intervinha energicamente nas operações.[27] Assim que esse nome chegou aos ouvidos do estalajadeiro, ele perguntou, interessadíssimo, se conhecíamos aquele senhor. A maioria podia responder afirmativamente, e então ele lhes demonstrou o maior respeito e externou grandes esperanças na cooperação daquele homem digno e ativo; tivemos mesmo a impressão de que, a partir daquele momento, passamos a ser mais bem servidos.

Tendo-nos todos nós ali reunidos nos declarado súditos de corpo e alma de um príncipe que, em muitos anos de regimento, havia adquirido tão grandes méritos e agora, também no ofício da guerra, para o qual ele se sentia inclinado desde a juventude e que exercera desde tanto tempo, certamente demonstraria seu valor; brindamos e bebemos à sua saúde e à dos seus à boa maneira alemã e, em especial, à saúde do príncipe Bernhard,[28] a quem, pouco antes de se porem em marcha, o major Von Weyrach[29] serviu de padrinho como delegado do regimento.

---

25 Goethe se refere aos participantes da Campanha da Silésia em 1790 e aos oficiais da guarnição de Aschersleben, onde estava estacionado o regimento do duque Carl August, que ele visitara em 1789.

26 Karl Wilhelm Ferdinand zu Braunschweig-Lüneburg (1735-1806), irmão da duquesa-mãe Anna Amalia von Sachsen Weimar, comandante do exército aliado.

27 François Claude Amour du Chariol, marquês de Bouillé (1739-1800), general francês. Em 1791, tentou organizar a malsucedida fuga da família real. Tendo emigrado e se refugiado em Koblenz, exerceu grande atividade como inimigo da revolução.

28 Bernhard von Sachsen-Weimar Eisenach (1792-1862), filho mais novo de Carl August.

29 Christian Friedrich Weyrach (1741-?), major no regimento de Carl August.

151

Todos ali tinham algo a contar sobre a marcha; por exemplo, como, deixando o Harz à esquerda, passando ao largo de Goslar e através de Göttingen, haviam chegado a Nordheim; ouviram então falar de alojamentos ótimos e péssimos, de estalajadeiros matutos e hostis, cultos e rabugentos, hipocondríacos e amáveis, de conventos de freiras e das instabilidades dos caminhos e do tempo. Mais tarde haviam avançado pela margem leste da Vestfália até Koblenz, guardavam lembrança de algumas belas mulheres, tinham histórias disparatadas para contar de clérigos esquisitos, amigos inesperadamente encontrados, rodas quebradas, carruagens tombadas.

De Koblenz em diante, reclamavam das regiões montanhosas, dos caminhos difíceis e de algumas carências; então, depois de se distrair brevemente com o passado, aproximavam-se cada vez mais da realidade; a marcha França adentro na pior das intempéries foi descrita como extremamente desagradável e como digno prelúdio da situação que se podia prever ao voltar para o acampamento. Mas, em uma companhia como aquela, um encoraja o outro, e eu me tranquilizei especialmente com a visão dos preciosos cobertores de lã que o cavalariço havia desembrulhado.

No acampamento, à noite, encontrei na tenda grande a melhor sociedade; ela havia permanecido reunida lá porque ninguém podia pôr o pé para fora; todos estavam no melhor dos ânimos e cheios de confiança. A rápida rendição de Longwy confirmara a promessa dos emigrados: em toda parte seríamos recebidos de braços abertos, e parecia não haver nada que se opusesse ao grande projeto a não ser o mau tempo. O ódio e o desprezo pela França revolucionária, expresso pelos manifestos do duque de Braunschweig, era externado sem exceção pelos prussianos, austríacos e emigrados.[30]

---

30 Manifestos dirigidos à população francesa em 25 e 27 de julho de 1792 pelo duque Karl Wilhelm Ferdinand von Braunschweig-Wolfenbüttel (1735-1806), chefe do exército prussiano. Foram redigidos pelo marquês Jérôme-Joseph Geoffroy de Limon (1746-1799) e pelo diplomata Jean-Joachim Pellenc (1751-1833). Continham ameaças à população de Paris em caso de violência contra a família real. O resultado, contudo, foi o contrário do almejado, contribuindo para aumentar a tensão e radicalizar os parisienses, que atacaram o palácio das Tulherias e fizeram prisioneiro o rei Luís XVI.

"A campanha na França" e outros relatos de viagem

Sem dúvida, quando se narrava aquilo que já se tornara de fato conheci-do, parecia evidente que um povo a tal ponto desunido, não apenas dividido em partidos, mas transtornado em seu íntimo, separado em meros indivíduos, não poderia resistir ao elevado senso de união dos nobres aliados.

Também havia feitos guerreiros a ser narrados. Logo em seguida à entrada na França, cinco esquadrões de hussardos de Wolfrat em expedição de reconhecimento se defrontaram com uma tropa de mil caçadores vindos de Sedan para observar nosso avanço. Os nossos, bem comandados, atacaram e, como os inimigos se defenderam com bravura, recusando-se a aceitar qualquer indulgência, houve uma horrível carnificina da qual saímos vencedores, fizemos prisioneiros, tomamos cavalos, carabinas e espadas, em um prelúdio que elevou o espírito guerreiro e deu fundamentos ainda mais firmes para a esperança e a confiança.

A 29 de agosto, deu-se a partida lenta daquelas ondas de água e terra meio endurecidas, e não sem muita fadiga: pois como se poderiam manter limpas as tendas e as bagagens, os uniformes e o que mais fosse, se não havia um único lugar seco em que se pudesse estender e pôr em ordem o que quer que fosse?

Porém, a atenção que os mais altos comandantes dedicavam a essa partida nos deu uma nova confiança. Foi determinado com o maior rigor que todos os veículos, sem exceção, seguissem atrás das colunas, sendo permitido apenas aos chefes dos regimentos mandar um coche seguir à frente de sua tropa; assim, dessa vez eu tive a sorte de conduzir a tropa principal em um cochezinho aberto. Ambos os chefes, tanto o rei[31] quanto o duque de Braunschweig, haviam se postado com sua comitiva em um ponto no qual todos tinham de passar diante deles. Eu os avistei de longe e, quando chegamos perto, Sua Majestade cavalgou ao lado de meu cochezinho e perguntou, com sua maneira lacônica: a quem pertencia o veículo? Eu respondi alto: ao duque de Weimar! – e prosseguimos. É raro alguém ser retido por um inspetor mais nobre.

Mais à frente, contudo, em alguns pontos, o caminho era um pouco melhor. Em uma região maravilhosa, na qual se alternavam vales e coli-

---

31 O rei da Prússia, Frederico Guilherme II (1744-1797).

nas, ainda havia, especialmente para os que iam a cavalo, espaços secos o bastante para avançarem com comodidade. Montei o meu, e assim pude prosseguir com mais liberdade e prazer; o regimento tinha precedência sobre todo o exército, e assim podíamos sempre estar à frente e evitar de todo o importuno movimento das tropas.

A marcha deixou a estrada principal, passamos por Arancy, tendo ao nosso lado, como primeiro sinal da revolução, a abadia de Chatillon, uma propriedade vendida da igreja, com seus muros meio arruinados e destruídos.

Vimos, então, Sua Majestade se deslocando velozmente a cavalo pela colina e pelo vale, seguido, como o núcleo de um cometa, por uma longa comitiva que fazia as vezes de cauda. Mas, assim que aquele fenômeno passou por nós e desapareceu com a velocidade de um raio, um novo, vindo de outra direção, coroou a colina e encheu o vale. Era o duque de Braun-schweig, que trazia consigo e atrás de si elementos da mesma espécie. Nós, porém, embora mais inclinados a observar do que a julgar, não pudemos evitar a questão: qual das duas forças era a maior? Qual das duas, em caso de dúvida, seria decisiva? Perguntas não respondidas que só nos deixaram dúvidas e apreensões.

O que, porém, dava motivos ainda mais sérios para reflexão era ver os dois comandantes entrarem tão livres e leves em um país onde não era improvável que em cada arbusto um inimigo mortal, exaltado, estivesse de tocaia. Mas tivemos de reconhecer que desde sempre foi justamente a ousada entrega pessoal que colheu a vitória e assegurou o domínio.

Mesmo com um céu nublado, o sol estava muito quente; os veículos avançavam com dificuldade pelo caminho danificado. Rodas de carroça quebradas e canhões obrigavam os fuzileiros esgotados, que já não podiam nem sequer se arrastar, a algumas paradas aqui e ali.

Ouvimos o canhoneio em Thionville e desejamos sucesso aos que com-batiam daquele lado.[32]

---

32 Thionville foi sitiada pelos austríacos em 29 de agosto e bombardeada em 6 de setembro, mas mesmo assim não pôde ser tomada.

"A campanha na França" e outros relatos de viagem

À noite, descansamos no acampamento de Pillon. Um ameno prado cercado pela floresta nos abrigou, a sombra já nos refrescava, havia gravetos prontos para se acender o fogo e cozinhar; um riacho corria por ali e formava duas bacias de águas claras que em pouco tempo seriam turvadas pelos homens e pelos animais. Deixei uma delas livre, defendi a outra com veemência e no mesmo instante mandei cercá-la com estacas e cordas. Não era possível se opor aos impertinentes sem barulho. Um de nossos cavaleiros perguntou aos outros, que tranquilamente limpavam suas tralhas: quem é aquele sujeito tão prepotente? Não sei, respondeu o outro, mas ele tem razão!

Prussianos e austríacos e uma parte da França foram, portanto, exercer em solo francês seu ofício guerreiro. Com que poder e força o faziam? Podiam fazê-lo em seu próprio nome, a guerra fora em parte declarada contra eles, sua aliança não era nenhum segredo; mas se inventara ainda um pretexto. Eles intervinham em nome de Luís XVI: não faziam requisições, mas tomavam emprestado pela força. Haviam mandado imprimir bônus que os comandantes assinavam, mas aqueles que os tinham em mãos os preenchiam como achassem melhor, Luís XVI os pagaria. Talvez, depois do manifesto, nada tenha incitado tanto o povo contra a monarquia quanto essa forma de tratá-lo. Eu mesmo presenciei uma cena assim, da qual me lembro como trágica ao extremo. Alguns pastores queriam reunir seus rebanhos, a fim de levá-los para as florestas ou algum outro lugar distante onde pudessem mantê-los escondidos em segurança; capturados por patrulhas ativas e levados ao exército, em um primeiro momento se viram bem recebidos e tratados de maneira amigável. Perguntaram-lhes pelos diversos donos, separaram e contaram cada um dos rebanhos. Preocupação e temor, mas também alguma esperança, estavam estampados nas faces daqueles homens trabalhadores. Mas quando aquele procedimento terminou com a divisão dos rebanhos entre regimentos e companhias, e aos seus donos foram dados, com toda a cortesia, aqueles papéis em nome de Luís XVI, enquanto seus pupilos lanudos eram mortos aos seus pés pelos soldados impacientes e ávidos por carne, tenho de confessar que jamais tive diante dos olhos e da alma uma cena mais cruel e uma dor viril mais profunda em

Johann Wolfgang von Goethe

todas as suas gradações. Apenas as tragédias gregas têm algo que comove tanto e de forma tão simples.

30 de agosto

Para o dia de hoje, que nos devia levar até Verdun, nós nos prometíamos aventuras, e elas não faltaram. O caminho em sobe-e-desce já estava mais seco, os veículos deslizavam sem obstáculos, os cavaleiros se movimentavam com maior facilidade e contentamento.

Havia se reunido um grupo alegre que, bem montado, avançou até encontrar uma tropa de hussardos que, de fato, formava a vanguarda do exército principal. O capitão da cavalaria, um homem sensato, já passado da meia-idade, não parecia ver com bons olhos nossa chegada. Foi-lhe recomendada a mais rigorosa atenção, tudo devia ser feito com cuidado; todo acaso desagradável, contornado com inteligência. Ele dividiu seus homens de acordo com as regras da arte, eles avançavam um a um guardando certa distância, e tudo se passava na maior ordem e tranquilidade. A região estava deserta de gente, a solidão absoluta, cheia de presságios. E assim, seguindo colina acima e colina abaixo, já passáramos por Mangiennes, Damvillers, Wavrille e Ormont quando, no alto de uma colina que nos proporcionava uma bela vista, um tiro foi disparado nos vinhedos à nossa direita, depois do qual os hussardos na mesma hora correram a inspecionar as imediações. De fato, voltaram com um homem barbudo de cabelos negros e aparência muito selvagem, que haviam encontrado portando uma pequena pistola imprestável. Ele disse com altivez que estava espantando os pássaros de seu vinhedo e não fazia mal a ninguém. O capitão, em silenciosa reflexão, parecia confrontar o caso com suas instruções rigorosas, e mandou soltar o prisioneiro ameaçado depois de lhe aplicarem algumas bastonadas, que o sujeito levou consigo pelo caminho com tanta pressa que lhe atiraram atrás, com um grito de alegria, o chapéu que ele não sentiu nenhuma necessidade de apanhar.

A tropa avançava, nós conversávamos sobre os acontecimentos e sobre o que mais podíamos esperar. Deve-se notar que nosso pequeno grupo, que fora ao encontro dos hussardos, se juntara por acaso, sendo constituído dos mais diferentes elementos; em sua maioria eram homens corretos, cada um ao seu modo dedicado ao momento presente. Um deles em especial, porém, devo destacar: um homem sério, muito digno de respeito, de uma espécie que, naquela época, se costumava encontrar entre os militares prussianos, de formação antes estética do que filosófica, sério com certo traço de hipocondria, recolhido silenciosamente em si mesmo e inclinado, com uma paixão delicada, à beneficência.

Quando havíamos já avançado bastante, deparamo-nos com uma cena tão estranha quanto agradável, que despertou o interesse de todos. Dois hussardos levavam um cochezinho de um cavalo e duas rodas montanha acima e, quando perguntamos o que poderia haver sob a lona estirada, encontramos, conduzindo o cavalo, um rapazinho de seus 12 anos e, em um dos cantos, uma lindíssima menina ou mocinha que se inclinou para olhar os muitos cavaleiros que rodeavam seu abrigo de duas rodas. Ninguém ficou indiferente, mas tivemos de deixar a ação efetiva em prol da beldade para nosso amigo sensível; ele, assim que observou mais de perto o veículo em apuros, sentiu-se irresistivelmente compelido a salvá-la. Deixamo-nos ficar em segundo plano, mas ele quis conhecer com precisão todas as circunstâncias, e descobrimos que a jovem, residente em Samogneux, desejosa de escapar da ameaça iminente indo para junto de amigos distantes, fora se refugiar justamente na goela do perigo, pois, em momentos de grande angústia como aquele, os seres humanos se iludem pensando que qualquer outro lugar será melhor do que aquele onde estão. Fomos unânimes em assegurar-lhe da forma mais cordial possível que o melhor a fazer era regressar. Também nosso chefe, o capitão, que de início pensou farejar aqui uma espionagem, se deixou convencer pela retórica sincera do homem honesto que então, secundado por dois hussardos, a levou, até certo ponto consolada, de volta à sua residência, de onde nós, que também passamos pouco depois por ali observando uma perfeita ordem e disciplina, recebemos a saudação que ela, em pé sobre um murinho em companhia dos seus, nos enviou amigavelmente; assim, a primeira aventura terminou muito bem, cheia de esperança.

Há pausas como essa em meio a expedições guerreiras durante as quais, com uma momentânea disciplina, buscamos angariar confiança e estabelecer uma espécie de paz legal em meio à confusão. Tais momentos são preciosos para cidadãos e camponeses e para todos aqueles a quem a prolongada desgraça da guerra ainda não tirou toda a fé na humanidade.

Foi montado um acampamento do lado de cá de Verdun, e pudemos contar com alguns dias de repouso.

Na manhã do dia 31, encontrando-me semiacordado na carroça-dormitório, sem dúvida o leito mais seco, quente e agradável, ouvi algo se remexer nas cortinas de couro e, ao abri-las, vi o duque de Weimar, que me apresentou a um estranho inesperado. Reconheci de imediato o aventuroso Grothaus que, não desdenhando de desempenhar também aqui seu papel de mediador, chegara com a tarefa espinhosa de exigir a rendição de Verdun.[33] Por isso, viera solicitar de nosso príncipe um corneteiro, que, feliz com a distinção especial, logo foi designado para a missão. Saudamo-nos muito alegres, recordando antigas extravagâncias, e Grothaus se apressou a ir desincumbir-se de sua missão que, depois de terminada, deu ocasião para muitos gracejos. Contava-se como ele, com o corneteiro à frente e os hussardos atrás de si, descera a cavalo pela estrada, mas os cidadãos de Verdun, uns verdadeiros *sans-culottes*, desconhecendo ou desprezando o direito dos povos, o teriam recebido a canhonadas; ele, então, teria amarrado um lenço branco na corneta e ordenado ao corneteiro que a tocasse cada vez mais forte; teria sido então apanhado por um comando e, de olhos vendados, levado sozinho para uma fortaleza onde fizera um belo discurso, mas não conseguira nada, e muitas outras coisas semelhantes, com o que, à maneira mundana, se procurava diminuir o serviço prestado e empanar a honra do emissário.

Tendo a fortaleza, como era natural, recusado a primeira ordem de se render, foi necessário fazer preparativos para um bombardeio. O dia estava perto do fim; enquanto isso, eu me ocupava com um trabalho de cujas boas consequências me beneficio até hoje. Em Mainz, o sr. Von Stein me

---

33 Nikolaus Heinrich Julius von Grothaus (1747-1801), jurista e oficial do exército prussiano. Sua aventurosa vida errante se devia ao temor que sentia de uma doença mental hereditária que, de fato, o acometeu ao final da vida. No original, Goethe escreve Grothhus em lugar de Grothaus.

fornecera o atlas de Jäger,[34] que representava em várias folhas o atual teatro de guerra e, esperávamos, também o de um futuro próximo. Destaquei uma das folhas, a de número 48, cujos limites eu adentrara em Longwy e, como entre os homens do duque havia um artesão, pedi-lhe que a recortasse e emoldurasse; ainda hoje ela me serve de recordação daqueles dias tão importantes para o mundo e para mim.

Depois desses preparativos para uso futuro e para a comodidade presente, examinei o prado em que nos encontrávamos e de onde as tendas se multiplicavam até a colina. Sobre o grande tapete verde, um estranho espetáculo atraiu minha atenção: um grupo de soldados havia formado um círculo e se ocupava com alguma coisa no centro dele. Olhando mais de perto, vi que estavam sentados ao redor de um afundamento do terreno em forma de funil, cheio de uma água puríssima, cuja abertura devia ter algo em torno de 30 pés de diâmetro. Havia, então, uma infinidade de peixes pequenos que aqueles soldados tentavam pescar com os apetrechos apropriados que haviam trazido junto com o restante da bagagem. A água era a mais clara do mundo, e a caçada, muito divertida de se observar. Mas não fazia muito tempo que eu assistia a esse jogo quando notei que os peixinhos, ao se mexer, reverberavam diversas cores. Em um primeiro momento, tomei o fenômeno pelas cores cambiantes dos corpinhos em movimento, mas logo se revelou para mim uma explicação muito bem-vinda. Um caco de louça caíra no funil que, lá do fundo, me enviava as mais belas cores prismáticas. Mais clara do que o fundo, evidenciando-se à minha vista, ela mostrava na borda oposta as cores azul e violeta; na borda voltada para mim, ao contrário, a vermelha e a amarela. Quando eu me deslocava ao redor da fonte, o fenômeno me acompanhava, como é natural em um experimento subjetivo como esse, e as cores apareciam, em relação a mim, sempre as mesmas.

Tendo sempre nutrido um interesse apaixonado por essa matéria, foi para mim a maior alegria ver ali, sob o céu aberto, tão fresco e natural, aquilo que há quase um século leva os professores de Física a se encerrarem com seus alunos em uma câmara escura. Arranjei mais alguns cacos de louça, atirei-os na fonte, e pude verificar claramente que o fenômeno

---

34 Cf. n.5 deste capítulo.

começava logo abaixo da superfície da água, intensificava-se durante a submersão e, por fim, um pequeno corpo branco chegava ao fundo, todo coberto de cores, sob a forma de uma chaminha. Lembrei-me, então, que Agricola já se referia a esse fenômeno e se vira inclinado a incluí-lo entre os fenômenos ígneos.[35]

Depois da refeição, cavalgamos para o alto da colina, que escondia de nossas tendas a vista de Verdun; achamos a situação da cidade em si muito agradável, rodeada de prados e hortas, em uma planície alegre, banhada pelo Mosa em diversas ramificações, entre colinas próximas e distantes; mas, como fortaleza, sujeita a bombardeios de todos os lados. A tarde foi passada com a instalação das baterias, uma vez que a cidade se recusara a capitular. Enquanto isso, observávamos com boas lunetas a cidade e pudemos reconhecer com exatidão o que acontecia sobre a muralha à nossa frente; muita gente que se movimentava de um lado para o outro e parecia especialmente ocupada em um determinado ponto.

À meia-noite começou o bombardeio, tanto por parte da bateria instalada a nossa margem direita quanto por outra instalada à margem esquerda, que ficava mais próxima e, lançando foguetes incendiários, produzia o efeito mais forte. Bastava mandar pelos ares com toda a tranquilidade esses meteoros de fogo com uma cauda para, logo em seguida, ver um bairro da cidade em chamas. Nossas lunetas, voltadas para lá, nos permitiam ver também essa desgraça em detalhes; podíamos reconhecer as pessoas que se esforçavam obstinadamente para conter o fogo, podíamos ver e distinguir o madeiramento desnudo das casas desabando. Tudo isso aconteceu na companhia de conhecidos e desconhecidos, que faziam comentários inimagináveis, muitas vezes contraditórios, e externavam os mais diversos pontos de vista. Eu me aproximara de uma bateria que trabalhava ferozmente, mas o terrível som trovejante dos obuses disparados era insuportável para meus ouvidos

---

35 Georg Agricola ou Georgius Agricola (o nome é a forma latina de Georg Bauer, 1494-1555), médico, farmacêutico e cientista alemão, considerado o pai da Mineralogia e o fundador da Geologia da mineração modernas. Goethe se refere a sua obra *De natura eorum, quae effluunt ex terra* [Sobre a natureza das coisas que brotam da terra], de 1545.

pacíficos, logo tive de me afastar. Então encontrei o príncipe Reuss XI, que sempre fora para mim um senhor amigável e magnânimo.[36] Ficamos indo e vindo por trás dos muros de um vinhedo, protegidos por eles das balas que os sitiados não se cansavam de enviar em nossa direção. Depois de algumas conversas sobre política que, de resto, só nos enredaram em um labirinto de esperanças e preocupações, o príncipe quis saber com o que eu me ocupava naquele momento. E ficou admirado quando, em vez de anunciar tragédias e romances, me pus a falar com grande animação, excitado pelo fenômeno de refração que presenciara naquele dia, da teoria das cores. Pois para mim se passava, com as elucidações desses fenômenos naturais, o mesmo que com as poesias: não era eu que as fazia, elas me faziam. O interesse, uma vez despertado, fazia valer seus direitos, a produção seguia seu curso sem se deixar perturbar nem um pouco com as balas de canhão e as bolas de fogo. O príncipe quis que eu lhe explicasse de modo compreensível como enveredara por aquele campo. Para isso o caso daquele dia foi de especial utilidade e proveito.

Um homem como aquele não precisava de muitas palavras para se convencer de que a um amigo da natureza que costuma passar sua vida ao ar livre, seja em um jardim, na caça, viajando ou em uma campanha militar, não faltam oportunidade e ócio suficientes para observar a natureza em geral e se familiarizar com fenômenos de toda espécie. Ora, o ar da atmosfera, o vapor, a chuva, a água e a terra nos oferecem o tempo todo fenômenos de cor variáveis, e sob condições e circunstâncias tão diferentes, que não podemos deixar de querer conhecê-las com maior exatidão, separá-las, classificá-las sob certas rubricas, investigar suas afinidades mais próximas ou mais distantes. Com isso se ganha em todas as matérias novos pontos de vista, diferentes da doutrina escolar e de tradições escritas.[37]

Nossos antepassados, dotados de grande capacidade de compreensão, viram muito bem, mas não deram prosseguimento nem concluíram suas

---

36 Possivelmente o príncipe Heinrich XIV Reuss zu Greiz (1749-1799), embaixador austríaco na Prússia.

37 Doutrina escolar: Goethe refere-se à teoria de Isaac Newton (1643-1727), que ele procurava refutar.

observações, e foram ainda menos bem-sucedidos em ordenar os fenômenos e classificá-los sob as rubricas corretas.

Eram esses os assuntos de que tratávamos enquanto íamos e voltávamos pela grama úmida; estimulado por perguntas e objeções, eu dava prosseguimento à minha teoria quando o frio da manhã que raiava nos impeliu para um bivaque dos austríacos, o qual nos proporcionou o enorme benefício de um fogo que se mantivera aceso a noite toda.

Todo tomado por meu objeto, com o qual me ocupava havia apenas dois anos, e que portanto se encontrava ainda em um ponto muito incipiente e imaturo de fermentação, eu mal saberia se o príncipe estava me ouvindo se ele não tivesse vez por outra dito de entremeio algumas palavras inteligentes e, por fim, retomado minha exposição e me encorajado com sua aprovação.

Sempre me chamou a atenção que, com homens de negócio e com a gente do mundo, que têm de deixar que lhe exponham alguma coisa de improviso e, por isso, precisam estar sempre alerta para não ser enganados, também é muito melhor discutir assuntos científicos, pois eles mantêm o espírito livre e prestam atenção a quem está falando sem outro interesse que não o de se instruírem. Já os eruditos, ao contrário, não costumam ouvir nada que não tenham aprendido ou ensinado e sobre o que chegaram a um acordo com seus pares. No lugar do objeto, coloca-se uma palavra de fé à qual se podem aferrar tão bem quanto a qualquer outra.

A manhã estava fresca, mas seca; andávamos de um lado para outro, meio assados, meio gelados, e de repente vimos algo se mover ao longo do muro do vinhedo. Tratava-se de um piquete de caçadores que passara a noite ali, mas agora pegavam suas carabinas e suas mochilas e desciam para o subúrbio incendiado, para levar a inquietude às muralhas. Indo ao encontro de uma morte provável, cantavam canções muito libertinas, o que talvez fosse perdoável naquela situação.

Mal deixaram seus postos, quando notei um fenômeno geológico muito evidente no muro que haviam tocado; vi sobre o murinho branco feito de pedras de calcário um friso de pedras verde-claro, exatamente da cor do jaspe, e fiquei muito espantado de se poder encontrar tal quantidade de pedras daquela espécie invulgar no meio daquelas camadas de calcário. Mas fui

"A campanha na França" e outros relatos de viagem

desenganado da maneira mais singular assim que corri para me aproximar daquela fantasmagoria, e logo notei que tudo não passava de miolo de pão mofado que, incomível para os caçadores, fora cortado com bom-humor e espalhado sobre o muro para servir de ornamento.

Isso logo nos deu a oportunidade de falar do envenenamento, assunto que sempre vem à baila desde que entramos em território inimigo e que, é claro, enche de pânico um exército em campanha, pois não apenas qualquer comida oferecida pelos taberneiros, como também o pão de preparo próprio se torna suspeito, embora o mofo que em pouco tempo lhe toma o miolo deva ser atribuído a causas inteiramente naturais.

Na manhã do dia 1º de setembro, às 8 horas, o bombardeio cessou, embora as balas não parassem de voar de um lado para o outro. Os sitiados haviam empregado contra nós principalmente um canhão calibre 24, cujos parcimoniosos tiros eram disparados mais por brincadeira do que a sério.

Sobre a colina aberta, ao lado dos vinhedos, em face daquele enorme canhão, haviam se postado dois hussardos a cavalo a fim de observar atentamente a cidade e o espaço intermediário que nos separava dela. Durante todo o tempo que permaneceram lá, não foram molestados. Mas, como na troca de guarda o número de soldados foi aumentado, e justo naquele momento alguns espectadores acorreram ao local, formando um ajuntamento, os sitiados mantiveram a munição preparada. Eu estava conversando com um amigo a uma distância de mais ou menos cem passos, virado de costas para os hussardos e aquele grupo de pessoas, quando de repente o som furioso, sibilante e estrondoso ressoou atrás de mim, fazendo-me virar sobre os calcanhares, sem poder dizer se fora o som, o deslocamento de ar ou um estímulo psíquico íntimo, moral, que provocara esse movimento. Vi ainda a bala ricochetear através de algumas cercas a uma boa distância do grupo dispersado. Com uma grande gritaria, correram a apanhá-la assim que ela deixou de representar perigo; ninguém fora ferido, e os felizardos que se apossaram daquela massa esférica de ferro a carregavam em triunfo.

Lá pelo meio-dia a cidade recebeu mais uma vez a exigência de rendição e pediu 24 horas de prazo para deliberar. Também aproveitamos esse tempo para nos instalar de maneira mais confortável e nos aprovisionar, cavalgar pelas redondezas, e eu não perdi a ocasião de voltar àquela instrutiva fonte, onde poderia dar prosseguimento às minhas observações com mais tranquilidade e atenção, pois a água fora esvaziada dos peixes, estava completamente clara e quieta, de modo que eu podia repetir à vontade o jogo da chamazinha submergente; ademais, encontrava-me na mais agradável disposição de espírito. Mas logo alguns incidentes infelizes nos puseram de novo em estado de guerra.

Um oficial da artilharia tentou dar de beber ao seu cavalo; a falta de água na região era geral; minha fonte, ao lado da qual ele passou, não ficava em um terreno plano o suficiente; ele foi até o Mosa, que ficava ali perto, e rolou da margem íngreme; o cavalo se salvou; ele foi trazido de volta sem vida.

Logo depois se viu e ouviu uma forte explosão no acampamento austríaco, ao pé da colina que podíamos avistar de onde estávamos; o estampido e a fumaça se repetiram algumas vezes. Ao carregar as bombas, o descuido provocara um incêndio, o perigo era enorme; as chamas já atingiam as bombas carregadas e era de temer que todo o estoque fosse pelos ares. Mas logo o medo foi dissipado pela ação notável dos soldados imperiais que, desdenhando do perigo, acorreram a retirar da área das tendas a pólvora e as bombas carregadas.

Assim terminou esse dia; na manhã seguinte, a cidade se rendeu e foi ocupada; mas logo em seguida nos defrontamos com um traço do caráter republicano. O comandante Beaurepaire, acossado pela população acossada, que vira toda a sua cidade incendiada e destruída pelos bombardeios incessantes, não pudera protelar por mais tempo a rendição; mas ao dar, na sessão lotada da Câmara Municipal, seu voto favorável, ele sacou da pistola e se matou, para ainda uma vez dar exemplo da mais elevada abnegação patriótica.[38]

---

38 Nicolas Beaurepaire, por vezes também chamado Nicolas-Joseph Beaurepaire (1740-1792), oficial francês, comandante da fortaleza de Verdun. Ele não se matou de fato em uma reunião do conselho, foi encontrado morto em seu escritório na Prefeitura. As circunstâncias de sua morte nunca foram suficientemente esclarecidas, o que favoreceu a hipótese de que teria se suicidado para evitar a desonra de uma rendição. Em 12 de setembro de 1792, a Assembleia Legislativa decidiu transferir seus restos mortais para o Panteão, mas estes não puderam ser localizados entre as demais tumbas do cemitério onde fora sepultado.

"A campanha na França" e outros relatos de viagem

Depois dessa conquista tão rápida de Verdun, ninguém mais duvidava de que logo avançaríamos ainda mais e em Châlons e Epernay nos restabeleceríamos de todo, graças a um bom vinho, dos sofrimentos que suportáramos até ali. Por isso, mandei recortar e emoldurar cuidadosamente os mapas de Jäger que designavam a rota de Paris, e colar-lhes papel branco no verso, do mesmo modo que havia mandado fazer com os primeiros, a fim de anotar neles breves observações diárias.

3 de setembro

Pela manhã, reuniu-se um grupo para ir até a cidade, ao qual me juntei. Logo ao entrar, constatamos terem sido tomadas grandes providências prévias que indicavam a intenção de uma resistência mais prolongada; o pavimento do meio das ruas fora todo removido e empilhado junto das casas, por isso, o tempo úmido tornava desagradável a circulação. Mas logo visitamos os empórios famosos, onde se podiam comprar os melhores licores que havia. Provamo-los todos, e nos abastecemos de algumas espécies. Entre eles havia um de nome *Baume humain*,[39] menos doce, porém mais forte, e por isso mesmo de um efeito especialmente restaurador. Também não recusamos os rebuçados, grãos recobertos de açúcar, acondicionados em canudos. Diante de tantas coisas boas, pensávamos nas pessoas queridas que deixáramos para trás e que haveriam de se deleitar com tudo aquilo. Caixinhas foram empacotadas, e mensageiros prestativos e benevolentes, encarregados de levar à Alemanha as notícias do sucesso na guerra, consentiram em transportar alguns pacotes daquela espécie, que deveriam convencer as amadas na tranquilidade do lar de que nos encontrávamos em um país onde o espírito e a doçura jamais se esgotam.

Depois de visitarmos a cidade em parte ferida e devastada, sentimo-nos impelidos a repetir a observação: nas desgraças que o homem inflige ao homem, bem como nas que a natureza nos envia, acontecem casos particulares que parecem apontar para um destino, uma providência favorável. O andar térreo de uma casa de esquina na Praça do Mercado mostrava uma

---

39 Bálsamo humano.

loja de faianças bem iluminada por muitas janelas; chamaram-nos a atenção para o fato de que uma bomba, ricocheteando da praça, batera nos frágeis batentes de pedra da porta, mas, rebatida por eles, tomara outra direção. O batente ficara de fato danificado, mas cumprira o dever de um bom defensor: o esplendor da superfície de porcelana estava lá, em sua cintilante magnificência atrás das vitrines muito limpas, claras como água pura.

Ao meio-dia, na mesa da taberna, foi-nos servido um bom pernil de cordeiro e vinho de Bar-le-Duc que, por não poder ser transportado, tem de ser adquirido e saboreado na própria região. Em mesas como aquela, porém, é costume receber-se uma colher, mas não garfo nem faca, estes o próprio hóspede tem de trazer. Informados dessa peculiaridade regional, tínhamos já providenciado uns talheres decorados em baixo-relevo que se encontram à venda por lá. Umas moças alegres, resolutas, serviam à mesa, do mesmo modo como, alguns dias antes, haviam servido a guarnição local.

Na ocupação de Verdun, contudo, deu-se um caso que, embora isolado, provocou grande agitação e conquistou a simpatia geral. Os prussianos entraram na cidade, e da multidão francesa partiu um tiro que não feriu ninguém, tentativa ousada cuja autoria um granadeiro francês não pôde nem quis negar. Na guarda central, para onde foi levado, eu mesmo o vi: era um jovem muito bonito, de belas proporções, olhar firme e atitude serena. Até que seu destino fosse decidido, trataram-no com liberalidade. Ao lado da guarda havia uma ponte sob a qual passava um braço do Mosa; ele se sentou sobre a mureta, permaneceu quieto por algum tempo, depois se atirou de costas nas profundezas e só foi retirado da água já sem vida.

Essa segunda morte heroica, ominosa, despertou um ódio entre os recém-chegados, e ouvi pessoas em geral sensatas afirmar que não se deveria conceder nem a ele nem ao comandante um sepultamento honroso. O que esperávamos eram, de fato, atitudes muito diferentes dessa, e também ainda não se via entre as tropas francesas o menor movimento no sentido de se passarem para nosso lado.

Alegria maior, por outro lado, foi provocada pela narração de como o rei fora recebido em Verdun; catorze das mais belas e bem-educadas mulheres haviam dado as boas-vindas à Sua Majestade com discursos agradáveis, flores e frutas.[40] As pessoas de seu círculo mais íntimo, porém, aconselharam-no a não saborear as frutas, temendo um envenenamento; o monarca, contudo, não deixou de aceitar essas dádivas com uma galante mesura, e de degustá-las, confiante.

Aquelas crianças encantadoras pareciam também ter inspirado confiança a nossos jovens oficiais; aqueles que tiveram a sorte de estar no baile de certo não teriam poucos motivos para comentar e exaltar a amabilidade, a graça e as boas maneiras delas.

Mas também não se negligenciaram os prazeres mais sólidos: pois, como se esperava e previa, encontraram-se na fortaleza as melhores e mais ricas provisões, e todos acorreram, talvez com demasiado afã, a restaurar as forças com elas. Pude observar bem que não se procedia do modo mais econômico com a carne e o toucinho defumados, com o arroz, as lentilhas e outras coisas boas e necessárias, o que parecia preocupante em nossas condições.

Foi divertida, por outro lado, a forma como um arsenal, ou uma coleção de armas de toda espécie, foi saqueado com toda a tranquilidade. Haviam sido levadas para um mosteiro armas dos mais variados tipos, mais antigas do que novas, além de outras coisas estranhas, com as quais o homem desejoso de se defender contém ou mesmo elimina o inimigo.

Mas aquela suave pilhagem deu-se da seguinte forma: quando, depois da tomada da cidade, as altas personalidades militares pensavam em se inteirar das provisões de todos os gêneros ali disponíveis, estiveram igualmente naquela coleção de armas e, reivindicando-as para as necessidades gerais da guerra, encontraram algumas especiais que não seria desagradável ao indivíduo possuir, e eram raros os que, inspecionando aquelas armas, não tivessem encontrado algo que desejassem para si. Isso aconteceu com representantes de todos os graus da hierarquia, até que aquele tesouro, por fim, ficou quase esvaziado. Todo mundo dava uma gorjeta para o vigia a fim de poder examinar a coleção, e retirava dela algo que lhe agradasse. Meu criado se apossou de um comprido bastão achatado que, revestido de

---

40 Os presentes foram levados ao rei no acampamento. Não houve recepção em Verdun.

barbante com solidez e habilidade, à primeira vista não prometia nada; mas seu peso sugeria um conteúdo perigoso, e de fato ele continha a lâmina de uma espada muito larga, de uns 3 pés de comprimento, com a qual um pulso forte teria realizado feitos miraculosos.

Assim levava-se a vida, entre ordem e desordem, entre preservar e arruinar, entre roubar e pagar, e é provável que seja isso que torna a guerra de fato nociva ao espírito. Ora se representa o ousado, destruidor, ora o delicado, vivificador; acostumam-nos a máximas destinadas a despertar e vivificar esperanças em meio às mais desesperadas situações; daí se origina uma certa hipocrisia de um caráter especial, que se diferencia de um modo muito particular da clerical, cortesã ou que nome quer que tenha.

Devo ainda recordar uma pessoa notável que, de fato, só vi à distância, por trás das grades de uma prisão: era o chefe dos correios de Sainte-Menehould que, por inabilidade, se deixou prender pelos prussianos.[41] Ele não se intimidava de modo algum com o olhar dos curiosos, e parecia muito tranquilo diante de seu destino incerto. Os emigrados afirmavam que ele merecia mil mortes, e faziam intrigas junto às autoridades superiores, as quais, todavia, se deve louvar por haverem, nesse como em outros casos, mantido a necessária tranquilidade e uma correta equanimidade.

Em 4 de setembro

O grande número de pessoas que chegavam e partiam animava nossas tendas o dia todo; ouviam-se muitas histórias, muita oratória e julgamentos; o estado das coisas se tornava mais claro do que até então. Todos estavam de acordo: era preciso avançar até Paris o mais rápido possível. As fortalezas de Montmédy e Sedan haviam sido deixadas de lado, inconquistadas, e pareciam pouco temer as tropas estacionadas na região.

Lafayette, sobre o qual toda a tropa depositava sua confiança, fora obrigado a abandonar a causa; vira-se impelido a passar para o lado inimigo e

---

41 Jean-Baptiste Drouet (1763-1824), revolucionário francês, era chefe dos correios de Sainte-Menehould. Em 20 de junho de 1791, reconheceu o rei Luís XVI em fuga com sua família e providenciou para que ele fosse preso em Varennes.

"A campanha na França" e outros relatos de viagem

fora tratado como inimigo.[42] Dumouriez, mesmo tendo mostrado, como ministro, conhecimento em assuntos militares, não era famoso por nenhuma campanha e, promovido da chancelaria para o comando do exército, parecia só demonstrar aquela inconsequência e perplexidade do momento.[43] Do outro lado, só se davam a conhecer os tristes acontecimentos de meados de agosto em Paris, onde, apesar do manifesto de Braunschweig, o rei fora preso, deposto e tratado como um malfeitor. Mas o que deveria ser o mais preocupante para as próximas operações de guerra havia sido discutido circunstanciadamente.

A cadeia de colinas recobertas de árvores que faz o Aire correr de sul a norte aos seus pés, chamada Floresta de Argonne, se estendia imediatamente diante de nós e detinha nosso movimento. Falava-se muito de Les Islettes, o importante desfiladeiro entre Verdun e Sainte-Menehould. Por que ele não era ocupado, não fora ocupado, sobre isso não se podia chegar a um acordo. Os emigrados o teriam por um momento tomado de assalto sem poderem mantê-lo em seu poder. As tropas que se retiravam de Longwy tinham, até onde se sabia, se instalado ali; enquanto marchávamos para Verdun e estávamos ocupados com o bombardeio da cidade, Dumouriez também enviara tropas através do país para fortalecer aquele ponto e cobrir a ala direita de sua posição atrás de Grandpré, dispondo assim os prussianos, austríacos e emigrados diante de uma segunda Termópilas.

Admitíamos uns aos outros que aquela situação era extremamente desfavorável e tínhamos de nos adequar aos preparativos para que a tropa avançasse sem cessar e descesse margeando o Aire a fim de arriscar a traves-

---

42 Marie-Joseph-Paul-Yves-Roch-Gilbert du Motier, marquês de La Fayette ou Lafayette (1757-1834), general francês, tomou parte na guerra de independência norte-americana e teve também um papel importante na Revolução Francesa. Tentou evitar a prisão do rei Luís XVI e foi acusado de traição pela Assembleia Nacional. Fugiu então para Flandres, onde foi capturado pelos austríacos em 19 de agosto de 1792, permanecendo prisioneiro até 1797.

43 Charles François du Perrier du Mouriez, ou Dumouriez (1739-1823), general francês. Depois da fuga de Lafayette, assumiu o comando do exército francês do norte. Depois de alguns sucessos militares, tornou-se opositor da Revolução e passou para o lado dos austríacos.

sia da garganta fortificada, contando com a grande vantagem de Clermont ter sido tomada aos franceses e estar ocupada pelas tropas de Hesse, que, em operação contra Les Islettes, se não os conquistassem, ao menos os manteriam intranquilos.

6 de setembro

Segundo essa ideia, o acampamento foi, então, mudado e instalado atrás de Verdun; o quartel-general do rei, chamado Glorieux, e o do duque de Braunschweig, chamado Regret, davam ensejo a curiosas observações.[44] Cheguei ao primeiro devido a um incidente fastidioso. O regimento do duque de Weimar deveria ter acampado em Jardin Fontaine, próximo da cidade e do Mosa; saímos sem dificuldade pelos portões, enfiando-nos no meio da caravana de um regimento desconhecido e nos deixando levar por ela, embora devêssemos ter notado que nos afastávamos em demasia; mas também, naquela estrada estreita, seria quase impossível nos destacar do comboio sem despencar irremissivelmente nos fossos. Olhamos à direita e à esquerda sem nada descobrir, e também perguntamos sem obter uma informação; pois todos eram estrangeiros como nós e estavam extremamente enfastiados com aquela situação. Por fim, chegados a uma suave colina, vi à esquerda em um vale, que na boa estação devia ser muito agradável, uma bela localidade com os imponentes edifícios de um castelo, para onde, felizmente, um suave relvado verdejante prometia nos levar com toda a comodidade. Dei ordem de nos afastarmos do terrível comboio e tomar o rumo daquela descida o mais rápido que pudéssemos, pois vira lá embaixo oficiais e cavalariços cavalgando de um lado para outro a toda pressa, carroças de bagagens e coches alinhados; supus tratar-se de um dos quartéis-generais e, de fato, era Glorieux, o alojamento do rei. Mas ali também minha pergunta – onde ficava Jardin Fontaine? – era inútil. Por fim encontrei, como um mensageiro dos céus, o sr. Von Alvensleben,[45] que

---

44 *Glorieux*: glorioso; *Regret*: lamento.

45 Conde Philipp Karl von Alvensleben (1745-1802), diplomata prussiano e desde 1791 ministro de Estado.

já em outras ocasiões me tratara com amabilidade, e ele me informou que eu deveria seguir o caminho da aldeia no vale, livre de qualquer veículo, até a cidade, mas, antes de chegar a ela devia tentar tomar o rumo à esquerda, e logo eu avistaria Jardin Fontaine.

Consegui fazer as duas coisas, e também encontrei nossas tendas armadas, mas em uma condição das mais horríveis; eu me vi afundar em uma lama sem fundo, as cordas apodrecidas das tendas se rompiam uma depois da outra e a lona desabava sobre a cabeça e os ombros de quem procurava abrigo sob elas. Durante algum tempo suportamos aquilo, mas por fim decidimos nos instalar no próprio lugarejo. Encontramos uma casa bem arrumada com pátio, cujo proprietário, um bom homem, gozador, havia sido outrora cozinheiro na Alemanha; acolheu-nos com alegria, no andar térreo havia belos quartos arejados, uma boa lareira e o que mais fosse necessário para o conforto.

A comitiva do duque de Weimar foi servida pela cozinha do príncipe, nosso anfitrião, que, contudo, exigiu com ênfase: eu tinha de provar pelo menos uma vez de sua arte. Ele, de fato, me preparou um jantar muito saboroso, mas que me fez muito mal, de modo que eu também poderia ter pensado em envenenamento, se não me viesse logo à mente o alho, que fora o que dera de fato sabor àqueles pratos, mas costuma ter sobre mim, mesmo em quantidades mínimas, efeitos devastadores. O mal logo passou e eu me mantive, de qualquer modo, fiel à cozinha alemã, enquanto ela pudesse me atender.

Quando nos despedimos, o bem-humorado anfitrião entregou ao meu criado uma carta já prometida à sua irmã em Paris, que ele nos recomendou especialmente; mas acrescentou com bom humor, depois de alguns rodeios: acho que você não chega até lá.

11 de setembro

Fomos, portanto, depois de alguns dias de um bom tratamento, atirados de volta a um terrível mau tempo; nosso caminho subia pela encosta da montanha que, separando as águas do Mosa e do Aire, obrigava os dois a correrem para o norte. Com grandes sofrimentos chegamos a Malancour, onde encontramos adegas vazias e cozinhas sem dono, dando-nos por satisfeitos em saborear sob um teto e sobre um banco seco a refeição frugal que trouxéramos. A arrumação das casas em si me agradou, dava testemunho de uma tranquila felicidade doméstica; havia em tudo uma simplicidade natural, tudo era suficiente para as necessidades imediatas. Nós a havíamos perturbado, nós a havíamos destruído; pois da vizinhança se ergueu um grito angustioso contra os saqueadores; corremos para lá e, não sem perigo, pusemos fim ao abuso por aquele momento. A grande surpresa foi que os pobres delinquentes nus, aos quais arrancamos casacos e camisas, nos acusaram da mais dura crueldade, pois não queríamos lhes permitir cobrir sua nudez à custa dos inimigos.

Mas ainda teríamos de suportar outra acusação ainda mais singular. Voltando ao nosso primeiro alojamento, encontramos um emigrado distinto, já nosso conhecido. Nós o saudamos, e ele não desdenhou de uma refeição frugal; mas podíamos perceber nele uma comoção íntima, algo lhe pesava sobre o coração, de que ele tentava se aliviar dando gritos. Quando, graças às nossas antigas relações, logramos despertar nele alguma confiança, ele invectivou a crueldade com que o rei da Prússia tratava os príncipes franceses. Surpresos, quase estupefatos, pedimos maiores esclarecimentos. Então ficamos sabendo: ao partir de Glorieux, apesar da horrível chuva que caía, o rei não vestira nenhum sobretudo, nenhum casaco, uma vez que os príncipes também haviam tido de renunciar a tais proteções contra a chuva; nosso marquês, porém, não pudera ver sem a mais profunda compunção aquelas pessoas tão nobres vestidas com roupas leves, molhadas até os ossos, gotejando; ele teria mesmo, se isso ajudasse, dado sua vida para vê-los sendo levados em uma carruagem seca; eles, em quem residiam a esperança e a felicidade de toda a pátria, que estavam acostumados a um modo de vida bem diferente.

Não tínhamos nada a replicar, pois não seria consolo para ele a ideia de que a guerra, como uma pré-morte, igualava todas as pessoas, revogava toda propriedade e ameaçava mesmo as personalidades mais elevadas com o sofrimento e o perigo.

"A campanha na França" e outros relatos de viagem

12 de setembro

Na manhã seguinte, contudo, decidi, diante de exemplos tão elevados, deixar meu coche leve, mas puxado por quatro cavalos requisitados, sob os cuidados do confiável tesoureiro Wagner, encarregado de nos seguir com a carruagem e a tão necessária moeda sonante. Montei a cavalo, com alguns bons companheiros, e assim nos pusemos em marcha para Landres. Encontramos, na metade do caminho, feixes de galhos e lenha de um bosque de bétulas derrubado, cuja secura interior logo venceu a umidade exterior, e eles logo nos deram labaredas e brasas bastantes para nos aquecermos e cozinharmos.

Mas o belo aparato de uma mesa de regimento já fora desfeito; não vimos ser trazidas as mesas, cadeiras e bancos, e tivemos de nos ajeitar em pé, ou talvez encostados, da melhor forma que podíamos.

Contudo, ao cair da noite chegamos bem ao acampamento; estabelecemo--nos perto de Landres, bem de frente a Grandpré, mas sabíamos bem que o desfiladeiro estava forte e vantajosamente ocupado. Chovia sem parar, não faltavam lufadas de vento, a cobertura da tenda oferecia pouca proteção.

Bem-aventurado aquele, porém, cujo peito guarda uma paixão mais elevada; o fenômeno de cor da fonte não me deixara um só momento durante aqueles dias, eu refletia sobre ele a toda hora, a fim de elevá-lo à categoria de um experimento. Então ditei a Vogel, que também ali se mostrava um fiel secretário, um esboço fragmentário, e depois desenhei as figuras ao lado.[46] Ainda tenho esses papéis, com todas as marcas da chuva, e como testemunho de uma pesquisa fiel no caminho perigoso pelo qual enveredara. Mas o caminho para a verdade tem a vantagem de que sempre nos lembramos com prazer dos passos inseguros, de um desvio, e mesmo de um erro.

O tempo piorava e se tornou tão ruim durante a noite que não podíamos deixar de considerar a maior felicidade poder passá-la sob o teto da carruagem do regimento. Que situação terrível, se pensarmos que estávamos

---

46 Christian Georg Karl Vogel (1760-1819), secretário particular de Goethe de 1782 a 1786. Em 1815, tornou-se conselheiro de chancelaria em Weimar.

acampados diante do inimigo, e tínhamos de temer que ele pudesse sentir vontade de irromper em qualquer ponto de suas barricadas nas montanhas e na floresta.

De 13 a 17 de setembro

O tesoureiro Wagner chegou cedo, trazendo consigo o cachorro e toda a equipagem; tivera uma noite horrível: depois de mil outros obstáculos, ele se perdera na escuridão, desencaminhado por servos de um general, embriagados de vinho e sonolentos, aos quais seguira. Chegaram a um vilarejo e pensaram que os franceses estavam bem perto. Assustado por todo tipo de alarme, abandonado pelos cavalos que não voltaram do bebedouro, ele soube, contudo, se orientar e se arranjar, de modo que logrou escapar daquela malfadada aldeia e nós nos vimos novamente em posse de nossos pertences móveis.

Por fim, houve uma espécie de movimento de abalo e ao mesmo tempo de esperança; ouviu-se em nossa ala direita um forte canhoneio, e se disse: o general Clairfait chegou dos Países Baixos e atacou os franceses pelo flanco esquerdo.[47] Todos estavam extremamente tensos, esperando notícias sobre o sucesso do empreendimento.

Cavalguei até o quartel-general para saber mais de perto o que significava o canhoneio e o que se poderia de fato esperar. Lá também ainda não se sabia nada de mais preciso, a não ser que o general Clairfait estaria em combate com os franceses. Encontrei o major Von Weyrach, que por impaciência e tédio montava seu cavalo para ir até o posto avançado; acompanhei-o, e logo chegamos a uma colina de onde a vista alcançava bastante longe para todos os lados. Chegamos ao nosso posto de hussardos e falamos com o oficial, um homem jovem e bonito. O canhoneio ocorria bem para lá de Grandpré e ele tinha ordens de não avançar a fim de não provocar um movimento sem necessidade. Não havíamos ainda nos falado por muito tempo quando o

---

47 François Sébastien Charles Joseph de Croix, conde de Clerfait, Clerfayt ou Clairfait (1733-1798), marechal austríaco.

príncipe Louis Ferdinand chegou com uma pequena comitiva;[48] depois de uma breve saudação e de uma troca de palavras com o oficial, pediu que este avançasse. O oficial expôs argumentos incisivos, mas o príncipe não lhes deu atenção, esporeou seu cavalo e todos tivemos de segui-lo. Não havíamos ido muito longe quando um caçador francês se deixou ver de longe, avançou em nossa direção até a distância de um tiro de carabina para depois desaparecer tão rápido quanto surgira. A ele seguiu-se um segundo, depois um terceiro, para logo em seguida igualmente desaparecer. Mas o quarto, talvez o primeiro, disparou a carabina contra nós, não sem perigo; podiam-se ouvir com toda nitidez as balas sibilando. O príncipe não se deixou confundir, e seus homens também fizeram seu trabalho, de modo que muitos tiros foram disparados enquanto seguíamos nosso caminho. Olhei algumas vezes para o oficial que hesitava e, tomado de grande perplexidade, se dividia entre o cumprimento de seu dever e o respeito por um príncipe herdeiro. Ele decerto leu em meus olhares a expressão de alguma solidariedade, cavalgou em minha direção e disse: se o senhor tiver alguma influência sobre o príncipe, convença-o a voltar, ele me deposita sobre os ombros a maior das responsabilidades; recebi uma ordem estrita de não abandonar meu posto, e nada é mais razoável do que procurarmos não provocar o inimigo que está acampado em uma posição muito firme atrás de Grandpré. Se o príncipe não voltar, logo toda a cadeia dos postos avançados estará alarmada, no quartel--general ninguém sabe o que isso significa, e o primeiro aborrecimento cairá sobre mim sem que eu tenha nenhuma culpa. Voltei meu cavalo para o lado do príncipe e disse: concederam-me agora mesmo a honra de tentar exercer alguma influência sobre Sua Alteza, e por isso peço que me ouça com benevolência. Expus-lhe o problema com toda a clareza, o que quase não teria sido necessário, pois ele mesmo via tudo com clareza e teve a amabilidade de retroceder com algumas palavras sensatas, ao que também os caçadores deixaram de atirar. O oficial me agradeceu imensamente, e por esse episódio se pode ver que um mediador é bem-vindo em toda parte.

---

48 Friedrich Ludwig Christian da Prússia (chamado príncipe Louis Ferdinand da Prússia; 1772-1806), príncipe prussiano da Casa de Hohenzollern, sobrinho de Frederico II. Militar e também compositor, aluno de Beethoven.

Pouco a pouco as coisas iam ficando mais claras. A posição de Dumouriez perto de Grandpré era extremamente firme e vantajosa; que ele não podia ser atacado pelo flanco direito já era bem sabido; à sua esquerda havia duas passagens importantes: La Croix aux Bois e Le Chesne le Populeux, ambas bem fechadas e consideradas intransponíveis; mas esta última estava a cargo de um oficial negligente ou incapaz de assumir tal incumbência. Os austríacos atacaram; na primeira investida, o jovem príncipe Von Ligne caiu,[49] mas em seguida se obteve sucesso, o posto foi vencido e o grande plano de Dumouriez destruído: ele teve de abandonar sua posição e se retirar, subindo pelas margens do Aisne; hussardos prussianos puderam passar pelo desfiladeiro e avançar para além da Floresta de Argonnes. Eles espalharam um tal pânico pelo exército francês que 10 mil homens bateram em retirada diante de quinhentos,[50] e só com muito esforço puderam ser detidos e reunidos de novo; o regimento Chamborant se destacou especialmente e impediu um avanço maior aos nossos, que, de qualquer modo, haviam sido enviados apenas em missão de reconhecimento, então voltaram alegres e triunfantes, e não negaram haver feito algumas carroças de pilhagem. O que era de uso imediato, como dinheiro e roupas, eles dividiram entre si; a mim, porém, como membro da chancelaria, couberam os papéis, entre os quais encontrei antigas ordens de Lafayette e muitas listas em uma escrita extremamente limpa. Mas o que mais me surpreendeu foi um *Moniteur* muito recente.[51] Essa impressão, esse formato, com os quais estive familiarizado ininterruptamente ao longo de anos e não via desde algumas semanas, me saudaram de uma forma um tanto inamistosa, pois um artigo do dia 3 de setembro me gritava ameaçador: *Les Prussiens pourront venir à Paris, mais ils n'en sortiront pas.*[52] Portanto, em Paris julgavam possível que pudéssemos chegar até lá, nosso regresso dependia de forças superiores.

---

49 Karl Joseph Emanuel von Ligne (1759-1792), oficial austríaco.

50 O número correto deveria ser 1,5 mil.

51 *Moniteur Universel*, jornal fundado em 1789 por Charles-Joseph Panckoucke (1736-1798) e que circulou até 1901. Durante muito tempo foi o órgão oficial do governo francês, no qual eram transcritos os debates parlamentares. Seu primeiro título foi *Gazette nationale ou Moniteur Universel*. A partir de 1811, passou a se chamar apenas *Le Moniteur Universel*.

52 Os prussianos podem vir a Paris, daqui não sairão.

A terrível situação em que nos encontrávamos entre o céu e a terra foi em certa medida suavizada quando vimos o exército avançar e as divisões de vanguarda se porem em movimento uma após a outra. Por fim, chegou nossa vez e, passando sobre colinas, através de vales e ao lado de vinhedos em que nos deleitávamos, chegamos a uma área aberta em uma hora clara do dia e vimos, em um vale amigável do Aire, o castelo de Grandpré, muito bem situado no alto de uma colina, bem no ponto em que o rio se embrenha a oeste entre as colinas a fim de se unir no lado oposto das montanhas ao Aisne, cujas águas, sempre correndo em direção ao crepúsculo, por intermédio do Oise, deságua por fim no Sena; daí se torna evidente que a encosta da montanha que nos separava do Maas, sem ter uma altura muito significativa, exercia uma influência decisiva sobre o curso das águas, e era capaz de nos impelir para outra região fluvial.

Seguindo aquela marcha, alcancei por acaso a comitiva do rei, e depois a do duque de Braunschweig; conversei com o príncipe Reuss e outros conhecidos do serviço militar-diplomático. Aquela massa de cavaleiros servia como um rico ornamento à agradável paisagem; desejaríamos ter ali um Van der Meulen para eternizar aquele préstito; tudo era alegre, risonho, confiante e heroico. É verdade que alguns vilarejos ardiam diante de nós, mas também a fumaça não fica mal em um quadro de guerra. Dizia-se que haviam atirado daquelas casas contra a guarda avançada e esta, segundo o direito de guerra, levara a cabo sua própria vingança. Censurou-se o ato, mas não havia como revogá-lo; os vinhedos, ao contrário, foram protegidos, embora os proprietários não pudessem esperar deles uma grande colheita; assim prosseguimos, entre condutas amistosas e inamistosas.

Deixando Grandpré para trás, alcançamos o Aisne, o qual atravessamos, e acampamos próximo a Vaux-les-Mouron; lá estávamos nós na famigerada Champagne, mas ela não parecia assim tão má. Sobre as águas, do lado do sol, se estendiam vinhedos bem cuidados e, quando visitávamos vilarejos e celeiros, encontrávamos alimento suficiente para homens e animais, sendo apenas de lamentar que o trigo ainda não estivesse debulhado e não houvesse moinhos suficientes para moê-lo; fogões e fornos eram também raros, e assim começávamos a ser ameaçados de nos ver em uma condição verdadeiramente tantálica.

Em 18 de setembro

Para se entregar a essas reflexões, juntou-se um grande grupo que costumava se reunir a cada parada com alguma confiança, em especial durante o café da tarde; era formado por elementos singulares, alemães e franceses, soldados e diplomatas, todos pessoas notáveis, experientes, inteligentes, espirituosas, excitadas pela importância do momento. Eram todos homens valorosos e dignos, mas não integrantes do conselho secreto e, por isso mesmo, tanto mais aplicados em adivinhar o que teria sido decidido, o que poderia acontecer.

Dumouriez, depois de não ter podido manter por mais tempo o desfiladeiro de Grandpré, subira pelas margens do Aisne e, como ali tinha a retaguarda protegida pelos Islettes, havia se postado sobre as colinas de Sainte-Menehould, de frente para a França. Nós havíamos avançado através do desfiladeiro estreito, tínhamos às nossas costas e ao nosso lado as fortalezas inconquistadas de Sedan, Montmédy, Stenay, que podiam nos dificultar a seu bel-prazer qualquer aprovisionamento. Entramos, com um tempo ruim, em uma terra singular, cujo solo ingrato de calcário só podia alimentar precariamente algumas localidades esparsas.

É verdade que Reims, Châlons e suas abençoadas vizinhanças não estavam longe, podíamos esperar nos restabelecer mais à frente; por isso, o grupo foi quase unânime em se convencer de que tínhamos de marchar sobre Reims e ocupar Châlons; Dumouriez não poderia, então, permanecer tranquilo em sua posição vantajosa; uma batalha seria inevitável e, fosse ela onde fosse, acreditávamos já havê-la vencido.

19 de setembro

Houve, por isso, algumas reservas quando, no dia 19, recebemos a ordem de encaminhar nossa marcha para Massiges, subindo pelas margens do Aisne e, mais perto ou mais longe, nos mantermos à esquerda do rio ou da floresta.

Durante a marcha, nós nos restabelecíamos dessas graves considerações, contemplando com alegre interesse alguns incidentes e acontecimentos;

um fenômeno estranho chamou toda a minha atenção para si. A fim de fazer avançar várias colunas, umas ao lado das outras, haviam conduzido uma delas através dos campos sobre colinas de topo plano, mas, por fim, quando tínhamos de descer outra vez para o vale, encontramos um declive íngreme; ele logo foi, na medida do possível, taludado, mas ainda assim continuou bastante inclinado. Então, ao meio-dia, saiu um raio de sol e se refletiu em todas as armas. Eu estava sobre um outeiro e vi aquele rio de armas cintilantes aproximar-se com todo o seu brilho; a surpresa, porém, veio quando a coluna chegou à encosta íngreme, onde as fileiras até então unidas se dispersaram aos pulos, e cada indivíduo procurava, da melhor forma que pudesse, chegar ao fundo. Essa desordem dava perfeitamente a ideia de uma cascata, um sem-número de baionetas cintilando para todos os lados marcavam o mais vivo movimento. E quando, já lá embaixo, no sopé, todos voltaram à ordem em fileiras e linhas, prosseguindo a marcha no vale da mesma forma que quando haviam chegado ao topo da colina, a ideia de um rio se tornava cada vez mais viva; esse fenômeno foi tanto mais agradável porque sua longa duração foi o tempo todo favorecida pela luz do sol, cujo valor só em horas tão duvidosas, depois de tanto tempo privados dela, aprendemos a reconhecer.

À tarde, chegamos finalmente a Massiges, a apenas umas poucas léguas do inimigo. O acampamento estava delimitado, e nos estabelecemos no espaço destinado a nós. As estacas já estavam fincadas, os cavalos amarrados nelas, o fogo aceso, e a cozinha de campanha foi aberta. Foi de um modo totalmente inesperado, portanto, que se espalhou o boato de que não haveria acampamento ali, pois chegara a notícia de que o exército francês se retirava de Sainte-Menehould para Châlons; o rei não queria deixá-lo escapar e, por isso, dera a ordem de partida. Busquei uma boa fonte para tirar a dúvida, e foi-me dito aquilo que eu já ouvira, apenas com um acréscimo: a essa notícia insegura e inverossímil, o duque de Weimar e o general Heymann haviam tomado a dianteira, justamente com os hussardos que haviam provocado aquele alvoroço.[53] Depois de algum tempo, esses

---

53 Friedrich August Thomas von Heymann (1740-1801), oficial alsaciano. Depois de sua emigração, passou a servir no exército prussiano.

generais voltaram e asseguraram: não se notava a menor movimentação, e aquelas patrulhas também tiveram de admitir haver antes intuído que visto o que tinham comunicado.

Mas o estímulo fora dado, e a ordem era: o exército deve avançar, mas sem nenhuma bagagem: todas as carroças deviam regressar a Maison Champagne, lá formar um forte de carros e aguardar pelo que se esperava ser o desfecho feliz de uma batalha.

Sem duvidar nem por um minuto sobre o que devia ser feito, deixei carruagem, bagagens e cavalos a cargo de meu criado resoluto e cuidadoso e logo montei a cavalo e me reuni aos meus companheiros de guerra. Já se falara antes diversas vezes que quem se engaja em uma campanha militar deve sempre permanecer firmemente junto das tropas regulares, seja qual for a divisão à qual ele se integrou, e não temer nenhum perigo: pois seja o que for que se passe conosco ali, será honroso; manter-se junto da bagagem, da equipagem ou em qualquer outra parte, ao contrário, é ao mesmo tempo perigoso e infame. E assim eu havia combinado com os oficiais do regimento que queria sempre estar junto deles e, se possível, do esquadrão de guarda, pois isso só poderia contribuir para fortalecer uma relação tão bela e boa.

O caminho seguia acima pelas margens do Tourbe, através do vale mais triste do mundo, entre colinas baixas, sem árvores nem arbustos; fora-nos ordenado e reforçado que devíamos marchar em completo silêncio, como se nos preparássemos para surpreender o inimigo, que, contudo, de seu posto deveria notar o avanço de uma massa de 50 mil homens. Caiu a noite, não havia nem lua nem estrelas no céu, soprava um vento bravo, o movimento silencioso de uma fileira tão grande de homens na mais profunda escuridão era algo singularíssimo.

Cavalgando ao lado da coluna, encontrávamos vários oficiais conhecidos que iam de um lado para o outro, ora para acelerar, ora para retardar o movimento da marcha. Falávamos uns aos outros, mantínhamos silêncio, reuníamo-nos.

Assim se juntou um círculo de talvez uns doze conhecidos e desconhecidos, nós nos interrogávamos, lamentávamo-nos, surpreendíamo-nos, censurávamo-nos e refletíamos: não podíamos perdoar o comandante por ter perturbado o almoço. Um hóspede alegre desejava uma salsicha assada com pão, outro logo saltava com seus desejos para carne de veado assada e salada de anchovas; mas, como tudo era de graça, não faltavam empadas e outras guloseimas, nem o mais saboroso dos vinhos, e compusemos um banquete perfeito, até que por fim um dos presentes, cujo apetite tomara proporções desmesuradas, amaldiçoou toda a companhia e declarou ser insuportável o sofrimento de uma imaginação excitada diante da maior das carências. Dispersamo-nos, e o indivíduo isolado não estava melhor do que todos juntos.

19 de setembro à noite

Assim chegamos a Somme-Tourbe, onde paramos; o rei se deteve em um albergue, diante de cujas portas o duque de Braunschweig instalara o quartel-general e a chancelaria, em uma espécie de caramanchão. A praça era grande, havia vários fogos acesos, avivados por grandes feixes de ramos de videiras. O príncipe marechal de campo reclamou algumas vezes pessoalmente que se atiçavam demais as chamas; discutimos o assunto entre nós e ninguém acreditava que nossa proximidade tivesse permanecido um segredo para os franceses.

Eu chegara muito tarde, e não adiantava procurar, tudo já fora consumido ou estava nas mãos de alguém. Enquanto buscava por toda parte, os emigrados me ofereceram um inteligente espetáculo culinário; eles estavam sentados ao redor de um braseiro grande, redondo, baixo, já quase se apagando, no qual alguns ramos de videira deviam ter se desfeito com estalidos; com inteligência e rapidez eles haviam se apossado de todos os ovos do vilarejo, e era muito apetitoso ver como os ovos estavam dispostos em pé uns ao lado dos outros sobre o braseiro e eram retirados um a um assim que estivessem no ponto certo para ser sorvidos. Eu não conhecia nenhum dos nobres cozinheiros, e não queria lhes dirigir a palavra como um estranho, mas, assim que encontrei um querido conhecido, que sofria tanto quanto eu de fome e sede, ocorreu-me um estratagema de guerra, segundo uma observação que tivera a oportunidade de fazer em minha curta carreira militar. Eu tinha notado que, ao se buscar forragem ao redor das aldeias, e também dentro delas, se procedia de maneira estúpida; os primeiros a chegar se precipitavam, levavam tudo embora, estragavam, destruíam; os que vinham depois encontravam cada vez menos, e o que se perdia não aproveitava a ninguém. Eu já havia pensado que em uma ocasião dessas era preciso agir estrategicamente e, quando o bando entrava pela frente, procurar do lado oposto aquilo de que se necessitasse. Dificilmente seria possível fazer isso ali, pois tudo estava lotado, mas o vilarejo se estendia bastante de comprido, e justo para o lado de onde viéramos. Disse a meu amigo para descer comigo pela longa rua. Da penúltima casa saiu um soldado praguejando, porque tudo já fora consumido, e em nenhum lugar havia algo ainda de que se pudesse tomar posse. Olhamos através das janelas e vimos dois caçadores muito tranquilos; entramos para pelo menos nos sentar em um banco sob um teto, saudamo-los como camaradas e nos queixamos da carência de tudo. Depois de trocarmos algumas palavras, eles nos fizeram jurar guardar segredo, e nós lhes estendemos a mão. Revelaram-nos então ter encontrado na casa uma bela despensa bem sortida, cuja entrada eles mesmos mantinham oculta, mas não se negaram a compartilhar conosco uma parte das provisões. Um deles tirou uma chave do bolso e, depois de remover vários obstáculos, surgiu a porta de um porão. Descendo, encontramos vários barris no depósito, cada um contendo cerca de dois *eimer*[54] de vinho, mas, o que mais nos interessou, diversos compartimentos de garrafas cheias dispostos na areia, das quais o camarada, que já havia provado de todas, nos indicou as melhores espécies. Eu tomei duas garrafas entre os dedos bem abertos de cada mão e escondi-as sob o casaco; meu amigo fez o mesmo e então tornamos a subir pela rua com a esperança de um breve restabelecimento.

Bem junto ao grande fogo da guarda, vi uma pesada e sólida grade aradora, sentei-me sobre ela e, por baixo do casaco, fiz as garrafas deslizarem por entre seus dentes. Depois de algum tempo retirei uma das garrafas, arrancando exclamações de meus vizinhos, aos quais logo convidei a partilhá-la comigo. Tomaram uns bons tragos, mas o último deles foi mais comedido, pois percebeu que deixava muito pouco para mim; escondi a garrafa bem

---

54 *Eimer*: antiga medida que podia variar bastante de região para região.

junto de mim e retirei a segunda, bebi à saúde dos amigos, que outra vez se regalaram com o vinho, sem se dar conta do milagre; mas, quando retirei a terceira, eles se puseram a gritar pelo mestre feiticeiro; naquela triste situação foi, de todo modo, uma brincadeira bem-vinda.

Vislumbrei, dentre as muitas pessoas cujo rosto e figura naquele círculo era iluminada pelo fogo, um homem mais velho que me pareceu conhecido. Depois de perguntar e me aproximar, ele não ficou menos surpreso de me encontrar ali. Era o marquês de Bombelles,[55] que eu visitara dois anos antes, quando acompanhara a duquesa Amalie a Veneza, onde ele, residindo ali na função de embaixador francês, tomara a si tornar a estada daquela excelente princesa na cidade tão agradável quanto possível. Exclamações de admiração mútua, alegria pelo reencontro e recordações animaram aquele momento grave. Falamos de sua suntuosa morada junto do Canal Grande, louvei a maneira como nós, chegando ali de gôndola, tivemos uma recepção honrosa e desfrutamos de uma hospitalidade amável; como ele, com pequenas festas, justamente de acordo com o gosto e a índole daquela dama amante da natureza e da arte, da alegria e do decoro, proporcionou muitas alegrias a ela e aos seus e também, pela influência que tinha, lhe permitiu desfrutar de alguns prazeres em geral vedados a estrangeiros.

Qual não foi minha surpresa ao ouvir aquele homem, a quem eu pensava agradar com um sincero discurso laudatório, exclamar com melancolia: não falemos dessas coisas, aquele tempo já vai longe, e mesmo então, quando entretinha meus nobres hóspedes com aparente alegria, um verme me roía o coração, eu previa as consequências daquilo que se passava em minha pátria. Admirava vossa despreocupação, a despreocupação de quem não pressente os perigos que também o senhor tinha diante de si; preparava--me em segredo para a mudança de minhas condições. Pouco depois tive de deixar meu honroso posto e minha amada Veneza para lançar-me a uma errância que, por fim, me trouxe até aqui.

O mistério em que se tentou envolver de tempos em tempos aquela marcha evidente nos fazia supor que partiríamos ainda naquela noite e con-

---

55 Marc Marie de Bombelles (1744-1822), oficial, diplomata francês. Posteriormente se ordenou sacerdote.

tinuaríamos a avançar; mas já raiava a manhã, e com ela veio uma chuvinha fina; quando nos pusemos em movimento, já era dia claro. Como o regimento do duque de Weimar tinha a dianteira, enviaram junto do esquadrão da guarda, que era o primeiro de toda a coluna, os hussardos, que deveriam conhecer o caminho de nosso destino. Então seguimos, muitas vezes a trote ligeiro, sobre campos e colinas sem arbustos nem árvores; só lá longe à esquerda vimos a região da Floresta de Argonnes; a chuvinha nos batia com vontade no rosto, mas logo avistamos uma alameda de salgueiros bem desenvolvidos e bem cuidados que cortava em diagonal nosso caminho. Era a estrada de Châlons para Sainte-Menehould, o caminho de Paris para a Alemanha; conduziram-nos para além dele e para um futuro cinzento.

Já antes havíamos observado a marcha do inimigo, que acampara diante da área coberta pela floresta. Também pudemos notar a chegada de novas tropas. Era Kellermann,[56] que vinha se juntar a Dumouriez a fim de formar sua ala esquerda. Os nossos sentiam uma ânsia inflamada de se lançar contra os franceses; oficiais e soldados alimentavam o desejo ardente de que o comandante atacasse naquele instante; também nosso avanço impetuoso parecia indicá-lo. Mas Kellermann se pusera em uma posição demasiado vantajosa, e então começou o canhoneio de que tanto se falara, cuja violência repentina, contudo, não pode ser descrita, nem mesmo revivida pela imaginação.

A estrada já ficara muito para trás; prosseguíamos impetuosamente em direção oeste quando, de repente, chegou um ajudante a galope que nos transmitiu a ordem de voltar para trás; tínhamos sido levados a avançar demais, agora recebíamos o comando de regressar pela estrada e, colados à margem esquerda, apoiar a ala direita. Assim foi feito, e então formamos uma linha de frente voltada para a fortificação exterior chamada de La Lune, que se podia ver junto da estrada sobre a colina, a uma distância aproximada de um quarto de légua. O comandante veio ao nosso encontro; havia acabado de conduzir lá para cima meia bateria a cavalo; recebemos ordem de avançar para protegê-la e encontramos pelo caminho um velho administrador das carruagens estendido no chão, a primeira vítima do dia.

---

56 François-Étienne-Christophe Kellermann, duque de Valmy (1735-1820), general francês.

"A campanha na França" e outros relatos de viagem

Continuamos a avançar, cheios de confiança, vimos a fortificação exterior mais próxima, a bateria disposta ali fazia um fogo cerrado.

Mas logo nos vimos em uma situação estranha, balas de canhão choviam sobre nós sem que entendêssemos de onde vinham, pois avançávamos atrás de uma bateria amiga, e a artilharia inimiga sobre a colina oposta estava muito longe para nos alcançar. Eu me mantive ao lado da linha de frente, e tive a visão inusitada; as balas caíam às dúzias diante do esquadrão, por sorte sem ricochetear, enterrando-se no solo macio; mas a lama e a sujeira respingavam nos homens e nas montarias; os cavalos negros, mantidos tão juntos quanto possível por hábeis cavaleiros, arfavam e relinchavam; toda aquela massa, sem se separar ou se dispersar, mantinha-se em um movimento ondulante.

Uma visão singular me fez lembrar de outros tempos. Na primeira fileira do esquadrão, o estandarte balançava de um lado para o outro nas mãos de um belo rapaz;[57] ele o segurava firme, mas era fortemente sacudido pelo cavalo assustado e, algo muito estranho, mas natural naquele momento horrível, seu rosto gracioso me evocou a figura da mãe ainda mais graciosa, e não pude deixar de recordar os momentos de paz que passara ao lado dela.[58]

Finalmente chegou a ordem para retroceder e descer a colina; isso foi feito por todo o regimento de cavalaria em perfeita ordem e tranquilidade, apenas um único cavalo dos dragões de Lottum fora morto quando, de fato, todos nós, em especial aqueles da ala direita, deveríamos ter perecido.[59]

Depois que nos retiramos do fogo incompreensível e nos restabelecêramos da surpresa e do espanto, o enigma foi resolvido; encontramos a meia bateria, sob cuja proteção acreditávamos avançar, bem lá embaixo, em uma depressão do terreno, que por acaso eram frequentes naquela região. Ela fora expulsa lá de cima e descera para uma fenda do outro lado da estrada, de modo que não pudemos perceber sua retirada, o fogo inimigo lhe tomara

---

57 Carl Emil von Bechtolsheim (1779-1811), aspirante a oficial, mais tarde capitão da cavalaria da Prússia.

58 Julie Auguste von Bechtolsheim (1751-1847).

59 Lottum: Regimento de dragões prussianos, em 1792 sob o comando do duque Carl August.

a posição, e o que deveria nos proteger quase se tornou nossa ruína. Às nossas censuras, os rapazes se limitaram a rir e asseguraram, gracejando: ali embaixo na chuva estava bem melhor.

Mas quando, mais tarde, vimos com nossos próprios olhos como uma bateria a cavalo tinha de se arrastar penosamente através da terrível colina lamacenta, não pudemos deixar de refletir na perigosa situação em que nos metêramos.

Entrementes, o canhoneio não cessava; Kellermann ocupava um posto perigoso perto do moinho em Valmy, contra o qual nosso fogo era de fato direcionado; lá uma carruagem carregada de pólvora foi pelos ares, e nos alegramos pela desgraça que aquilo devia ter causado aos inimigos. Assim, todos se limitavam a ser espectadores e ouvintes, estivessem ou não sob fogo. Paramos na estrada de Châlons diante de um marco que indicava o caminho de Paris.

Tínhamos, portanto, aquela capital às costas, mas, entre nós e a pátria, o exército francês. Sem dúvida, jamais outro obstáculo mais forte se interpusera ali, algo extremamente preocupante para quem estudava com afinco um mapa preciso do teatro da guerra havia já quatro semanas.

Mas a necessidade do momento se faz valer mesmo em detrimento da mais iminente. Nossos hussardos haviam tido a felicidade de capturar várias carroças de pão enviadas de Châlons para o exército, e vinham subindo com elas pela estrada. Assim como devia nos parecer estranho estarmos posicionados entre Paris e Sainte-Menehould, os que estavam em Châlons não deviam ter nenhuma ideia de que o exército inimigo estava no caminho ente eles e os seus. Em troca de uma gorjeta, os hussardos nos deixaram um pouco de pão, era o mais belo pão branco; o francês tem pavor de qualquer pão preto. Distribuí mais de um entre os mais próximos de mim, com a condição de me guardarem um pouco para os próximos dias.

Encontrei ainda ocasião para mais uma precaução: um caçador da comitiva tinha também negociado com os hussardos uma pesada manta de lã; propus-lhe cedê-la a mim por três noites, por 8 *groschen* a noite; em compensação, durante o dia ele podia ficar com ela. Ele achou a proposta muito vantajosa; a manta lhe custara 1 florim e, depois de um curto espaço de tempo, ele a receberia de volta com lucro. Eu, por minha vez, também

"A campanha na França" e outros relatos de viagem

podia me dar por satisfeito; meus preciosos cobertores de lã adquiridos em Longwy tinham ficado junto com as bagagens e naquele momento, em que eu não tinha nem teto nem afeto, arranjara uma segunda proteção além de meu casaco.

Tudo isso se passou sob o acompanhamento contínuo dos canhões trovejantes. De ambos os lados foram desperdiçados naquele dia 10 mil tiros, sendo que do nosso apenas 1200 homens foram mortos, e todos eles inutilmente. Com aquele imenso abalo o céu se clareou, pois se atirava com os canhões como se fosse fogo de pelotão, mas desigual, ora diminuindo, ora aumentando. Às 13 horas, depois de uma breve pausa, ele voltou com violência redobrada, a terra tremia no sentido mais estrito da palavra e, contudo, não se via a menor alteração nas posições. Ninguém sabia como aquilo iria acabar.

Eu ouvira tantas vezes falar em febre de canhão e desejava saber o que queria dizer aquilo. O tédio e um espírito ao qual todo perigo conclamava à audácia, e mesmo à temeridade, me levaram a cavalgar com toda a tranquilidade para a fortificação exterior La Lune. Ela tornara a ser ocupada pelos nossos, mas tinha um aspecto de todo selvagem. Os telhados destruídos pelas balas, os feixes de trigo espalhados ao redor, os feridos de morte estirados aqui e ali e, no meio de tudo, de vez em quando, uma bala de canhão que, perdendo-se naquela direção, estalava contra os telhados.

Sozinho, entregue a mim mesmo, cavalguei à esquerda no alto da colina, e pude ver claramente a posição favorável dos franceses; eles estavam dispostos em anfiteatro, na maior tranquilidade e segurança; Kellermann, contudo, na ala esquerda, mais fácil de alcançar.

Encontrei boa companhia; eram oficiais conhecidos do Estado-maior e do regimento, muito surpresos de me encontrar ali. Queriam levar-me de volta consigo, mas eu lhes falei de propósitos especiais e eles me deixaram sem insistir entregue à minha conhecida e caprichosa excentricidade.

Eu agora chegara à plena região onde as balas caíam; o som é bastante estranho, como se fosse resultado da combinação do zumbido de um pião, do cachoar da água e do chilrear de um pássaro. Eram menos perigosas por causa do solo úmido; onde uma caía, parava, e assim minha insensata cavalgada exploratória estava pelo menos a salvo do perigo do ricochete.

Johann Wolfgang von Goethe

Naquelas condições, contudo, pude perceber de imediato que algo incomum se passava comigo; eu me concentrava totalmente na coisa e, no entanto, aquele sentimento só poderia ser comunicado através de metáforas. Era como estar em um lugar muito quente e também todo tomado pelo mesmo calor, de modo que a gente se sente igual ao elemento no qual se encontra. Os olhos não perdem nada de sua força nem de sua clareza; mas é como se o mundo tivesse certo tom marrom-avermelhado, que torna a situação e também os objetos ainda mais assustadores. Do movimento do sangue não pude perceber nada, tudo me parecia antes mergulhado naquela ardência. Isso esclarece em que sentido se pode chamar aquele estado de febre. Digno de nota, entretanto, é que aquele horrível temor só nos é trazido através do ouvido; pois o trovejar dos canhões, o urro, o silvo, o estrondo das balas através do ar são de fato a origem dessas sensações.

Quando regressei e me vi em completa segurança, achei curioso que toda aquela ardência se dissipasse de imediato e não restasse o menor traço de um movimento febril. Esse estado, aliás, é um dos menos desejáveis; e não encontrei entre meus caros e nobres camaradas de guerra um único que tenha manifestado uma inclinação de fato apaixonada por ele.

Assim se passou o dia; os franceses permaneceram imóveis, Kellermann também tomara um local confortável, nossos homens foram retirados da linha de fogo, e era como se nada tivesse se passado. A maior perplexidade se espalhava pela tropa. Ainda pela manhã ninguém pensara senão em espetar e empalar os franceses, eu mesmo me sentira atraído a participar dessa expedição perigosa pela confiança incondicional em um tal exército, no duque de Braunschweig; mas agora todos ali vagueavam sem destino, um não olhava para o outro ou, quando olhava, era para praguejar ou maldizer. Quando a noite estava caindo, formamos por acaso um círculo, em cujo centro nem mesmo, como costumava acontecer, se podia acender um fogo, a maioria se mantinha calada, alguns falavam, mas, na verdade, faltavam reflexão e juízo a todos ali. Por fim, pediram-me para dizer o que pensava daquilo. Pois eu costumava alegrar e animar o grupo com ditos breves; dessa vez, disse: a partir de hoje, e aqui, começa uma nova era da história mundial, e vocês poderão dizer que estiveram presentes.

"A campanha na França" e outros relatos de viagem

Naqueles momentos em que ninguém tinha o que comer, reclamei um pedaço do pão adquirido naquela manhã; também do vinho que fora generosamente distribuído ontem restava ainda o equivalente ao conteúdo de uma garrafinha de aguardente e, por isso, tive de renunciar ao papel de um bem-vindo milagreiro que desempenhara ontem com tanta audácia.

Mal parara o canhoneio, e já recomeçavam a chuva e o vendaval, tornando extremamente desagradável uma permanência sob o céu aberto e sobre um solo argiloso e pegadiço. Contudo, depois de tanto tempo de vigília, de tanta agitação física e moral, e à medida que a escuridão se adensava, o sono foi se fazendo anunciar. Havíamos nos refugiado atrás de uma elevação que nos protegia precariamente do vento cortante, quando ocorreu a alguém que naquela noite devíamos nos enterrar no solo e nos cobrir com a manta. Tomamos as providências necessárias, e cavaram-se várias covas com os apetrechos fornecidos pela artilharia a cavalo. O próprio duque de Weimar não desdenhou daquele sepultamento antecipado.

Requisitei, então, contra o pagamento de 8 *groschen*, a referida manta, enrolei-me nela e ainda estendi o cobertor por cima, sem sentir muito de sua umidade. Ulisses não deve ter repousado com mais satisfação e contentamento sob sua manta adquirida de modo semelhante.[60]

Todos esses preparativos foram feitos contra a vontade do comandante, que nos fez ver que os franceses tinham uma bateria de prontidão atrás de uns arbustos na colina oposta, com a qual podiam dar cabo de nós quando quisessem e nos sepultar de verdade. Mas não quisemos renunciar ao lugar protegido do vento e ao conforto que nos fora proporcionado por uma imaginação sábia; não foi essa a última vez que pude observar como, para fugir do desconforto, as pessoas não temem o perigo.

21 de setembro

As saudações mútuas de quem acordava não eram de modo algum animadas e alegres, pois todos tinham consciência de sua situação vergonhosa, desesperadora. Víamo-nos colocados nas bordas de um enorme anfiteatro

---

60 Cf. *Odisseia*, XIV.

Johann Wolfgang von Goethe

e, do outro lado, sobre a colina, cujo sopé era protegido por rios, lagos, riachos e charcos, o inimigo formava um semicírculo descomunal. Do lado de cá estávamos exatamente como no dia anterior, aliviados de 10 mil balas de canhão, mas, do mesmo modo, muito mal situados para um ataque; olhávamos para uma vasta arena lá embaixo onde, entre casinholas de camponeses e hortas, circulavam os hussardos de ambos os lados que, ora avançando, ora recuando, sabiam atrair de hora em hora os olhares dos espectadores com seu simulacro de batalha. Mas de todo esse vaivém, de todos esses disparos e mais disparos não se obtinha ao fim nenhum resultado senão que um dos nossos, que ousara avançar demais por entre os arbustos, foi cercado e, como não quisesse se entregar, executado.

Essa foi a única vítima das armas naquele dia, mas a enfermidade que se disseminara tornava ainda mais triste e terrível a situação desconfortável, opressiva, desamparada.

Por mais dispostos ao combate e preparados que estivéssemos no dia anterior, reconhecíamos que um cessar-fogo seria desejável, pois mesmo o mais corajoso e apaixonado não podia deixar de dizer, depois de refletir um pouco: um ataque seria o ato mais ousado do mundo. Durante todo o dia as opiniões oscilavam, até que, por uma questão de honra, se mantiveram as mesmas posições que no momento do canhoneio; ao cair da noite, porém, elas foram mudando em alguma medida; por fim, o quartel-general foi transferido para Hans, e nossas bagagens chegaram. Pudemos então saber do medo, do perigo, do quase perecimento de nossa criadagem e de nossos pertences.

A Floresta de Argonnes, de Sainte-Menehould até Grandpré, estava ocupada por franceses; dali, seus hussardos nos moviam uma pequena guerra das mais ousadas e maliciosas. Ouvíramos no dia anterior que um secretário do duque de Braunschweig e algumas outras pessoas da comitiva do príncipe haviam sido feitos prisioneiros entre a tropa e o forte de carros. Este, contudo, não merecia o nome de um forte, pois fora mal formado, não se fechava e não estava suficientemente protegido. Agora, um ruído surdo depois do outro o assustava, além do canhoneio a pouca distância. Mais tarde espalhou-se a lenda ou a verdade: as tropas francesas já haviam descido da floresta e estavam prontas para se apossar de toda a equipagem;

"A campanha na França" e outros relatos de viagem

um mensageiro do general Kalckreuth,[61] aprisionado e depois libertado por eles, ganhou grande notoriedade ao assegurar: ele teria evitado um ataque inimigo, por meio de mentiras felizes sobre uma forte retaguarda, baterias a cavalo e coisas semelhantes. Bem possível! Quem não tinha algo feito ou por fazer em um momento tão importante como aquele?

Agora lá estavam as tendas, as carroças e os cavalos; mas nenhum alimento para um ser vivente. Debaixo de chuva, até água faltava, e alguns tanques haviam sido poluídos por cadáveres de cavalos; tudo isso somado resultava na mais terrível das condições. Eu fiquei sem entender quando vi meu fiel pupilo, criado e companheiro Paul Götze recolher com afinco a água que se acumulara no couro da carruagem; ele me disse que era para preparar um chocolate, do qual felizmente trouxera uma provisão. Pior ainda: cheguei a ver pessoas bebendo água das pegadas dos cavalos a fim de saciar uma sede insuportável. Compravam-se pães de velhos soldados que, acostumados às privações, juntavam algum dinheiro a fim de se restabelecer com conhaque, quando se pudesse novamente obtê-lo.

22 de setembro

Ouvimos dizer que os generais Manstein[62] e Heymann[63] haviam ido a Dampierre, no quartel-general de Kellermann, onde também estaria Dumouriez. Aparentemente se tratava da troca de prisioneiros, do socorro aos doentes e feridos, mas, de modo geral, esperava-se, no meio da desgraça, se chegar a uma mudança na situação. Desde 10 de agosto o rei da França estava prisioneiro, em setembro haviam sido cometidos morticínios desmesurados. Sabia-se que Dumouriez era pelo rei e pela constituição; ele devia, portanto, para sua própria salvação e segurança, combater a situação atual, e teria sido um grande acontecimento se ele se juntasse aos aliados para marchar sobre Paris.

---

61 Friedrich Adolf von Kalckreuth (1737-1818), comandante de uma divisão de cavalaria e, posteriormente, do cerco de Mainz.

62 Johann Philipp von Manstein (1729-1800), oficial prussiano, ajudante general do rei.

63 Cf. n.53 deste capítulo.

Desde a chegada das equipagens, a situação da tropa do duque de Weimar havia melhorado muito, pois tínhamos de fazer justiça ao tesoureiro, ao cozinheiro e outros domésticos e reconhecer que nunca lhe faltavam provisões e, mesmo na maior das carências, sempre havia alguma comida quente. Assim restabelecido, eu cavalgava pelas redondezas a fim de conhecer ao menos em certa medida a região, sem nenhum temor; aquelas colinas baixas nada tinham de característico, nenhum objeto se destacava no meio dos outros. Então, para me orientar, procurei a aleia de choupos altos, que ontem chamara tanto a atenção e, não podendo encontrá-la, pensei ter me perdido; olhando melhor, porém, vi que as árvores tinham sido derrubadas, levadas embora e talvez já queimadas.

Nos lugares atingidos pelo canhoneio, via-se uma grande miséria: havia homens insepultos, e os animais feridos com gravidade não acabavam de morrer. Vi um cavalo que se enroscara em suas próprias entranhas caídas do corpo ferido e assim seguia mancando, desventurado.

Quando voltava para casa, encontrei o príncipe Louis Ferdinand sentado em campo aberto em uma cadeira de madeira que haviam trazido da aldeia lá embaixo; alguns de seus homens arrastavam um pesado armário de cozinha trancado, diziam que dentro dele se ouvia o barulho de coisas batendo, esperavam ter feito um bom achado. Arrombaram-no, ávidos, mas encontraram apenas um grosso livro de culinária e, enquanto o armário despedaçado ardia em chamas, liam em voz alta as deliciosas receitas, fazendo com isso a imaginação excitada intensificar até as raias do desespero a fome e a vontade.

24 de setembro

O pior tempo do mundo foi em alguma medida alegrado pela notícia de que tinha sido decidido um cessar-fogo e que, assim, ao menos havia a perspectiva de poder sofrer e mirrar com alguma tranquilidade de espírito; mas mesmo isso não proporcionou senão um meio consolo, pois logo ficamos sabendo que havia sido apenas acordado que os postos avançados deveriam cessar as hostilidades, mas que, fora desse tênue acordo, não haveria proibição de se continuarem as operações de guerra a quem assim aprouvesse.

Isso era, de fato, decidido em favor dos franceses, que poderiam mudar suas posições ao redor da área e melhor nos sitiar; nós, que estávamos no centro da região, teríamos de permanecer imóveis e continuar em nossa situação estagnada. Mas os postos avançados receberam essa permissão com grande satisfação; primeiro concordaram em que aqueles que, de ambos os lados, tivessem o rosto batido pelos ventos e pela intempérie deveriam ter o direito de se retirar e, enrolados em suas mantas, não ter o que temer do inimigo. Foi-se ainda mais longe: os franceses ainda tinham um pouco do que comer, ao passo que os alemães já não tinham mais nada; aqueles, portanto, compartilhavam o pouco que tinham, e assim ambos os lados se tornavam cada vez mais camaradas. Por fim, os franceses distribuíram folhas impressas, nas quais se anunciavam aos bons alemães em duas línguas as bênçãos da liberdade e da igualdade; com isso eles imitavam, com sinal trocado, o manifesto do duque de Braunschweig; ofereciam sua boa vontade e hospitalidade e, embora já tivessem posto em marcha mais tropas do que poderiam governar de cima, esse apelo, pelo menos naquele momento, pretendia antes enfraquecer a parte contrária do que se fortalecer a si mesmos.

Sobre o 24 de setembro

Como companheiros de sofrimento, eu lamentava também naquele tempo dois belos rapazes de seus 14 ou 15 anos. Integrados à tropa por meio de requisições, eles tinham arrastado até ali meu coche puxado por quatro cavalos fracos e sofriam em silêncio mais por seus animais do que por si próprios. Mas havia tão pouco a se fazer por eles quanto por nós todos. Como eles tinham suportado toda a desgraça por minha causa, eu me sentia obrigado a demonstrar algum tipo de piedade, e queria dividir com eles aquele pão de campanha que havia comprado; mas ele recusaram e afirmaram não poder comer aquilo. Quando lhes perguntei: o que costumavam comer?, responderam: *Du bon pain, de la bonne soupe, de la bonne viande, de la bonne bière.*[64] Como agora tudo ia bem para eles e mal para nós, perdoei-os de bom grado por terem, pouco depois, ido embora deixando seus cavalos para trás. Eles tinham, aliás, suportado algumas desgraças, mas creio que por fim a oferta

---

64 Bom pão, boa sopa, boa carne e boa cerveja.

do pão de campanha, como se fosse uma terrível assombração, os levou a dar aquele último passo. Pão preto *versus* pão branco é o xibolete, o grito de guerra entre alemães e franceses.

Não posso deixar passar aqui uma observação; chegamos, é verdade, na época mais desfavorável, a uma terra não abençoada pela natureza que, entretanto, alimenta sem dificuldade seus poucos habitantes laboriosos, amantes da ordem, fáceis de contentar. Regiões mais ricas e mais ilustres podem desdenhar dela; mas não encontrei ali nem sinal de insetos e albergues muquifentos. As casas são construídas em alvenaria, cobertas de telhas, e em toda parte se vê uma grande atividade. Além disso, a faixa de terra ruim tem uma largura de no máximo 4 a 6 léguas e já oferece, tanto na direção das Argonnes quanto na de Reims e Châlons, melhores condições. As crianças que surpreendemos ainda no primeiro vilarejo falavam com satisfação de sua comida, e eu só preciso lembrar aqui a adega de Somme-Tourbe e o pão branco de Châlons, que nos caíra nas mãos ainda bem fresco, para me convencer de que, em tempos de paz, a fome e os insetos não têm vez.

25 de setembro

Que os franceses, de sua parte, se manteriam em atividade durante o cessar-fogo, era de prever e pôde ser constatado. Eles procuraram restabelecer a comunicação perdida com Châlons e acossar os emigrados às nossas costas ou, antes, empurrá-los para junto de nós; mas naquele momento o mais prejudicial para nós era que eles podiam nos dificultar, se não impedir por completo, o abastecimento que nos vinha tanto da Floresta de Argonnes quanto de Sedan e Montmédy.

26 de setembro

Conhecendo-me como alguém atento a certas coisas, as pessoas me traziam tudo o que pudesse parecer, de algum modo, especial; entre outras coisas me apresentaram uma bala de canhão, cujo peso se podia avaliar em cerca de 4 libras, mas o que havia nela de insólito era que toda a sua superfície parecia terminar em pirâmides cristalizadas. Naquele dia se haviam disparado muitas balas, e uma delas poderia ter se perdido por aqui. Imaginei todas as hipóteses possíveis para explicar por que durante a fundição, ou depois dela, o metal poderia ter tomado aquela forma; um acaso veio me esclarecer tudo.

Voltando à minha tenda depois de uma breve ausência, perguntei pela bala, mas não se podia encontrá-la. Quando insisti, confessaram-me: depois de terem feito todo tipo de experimento com ela, eis que havia se partido. Pedi que me trouxessem os pedaços e, para minha grande admiração, vi que uma cristalização se irradiava do centro para a superfície. Era pirita, que devia ter se formado em algum lugar livre ao nosso redor. Essa descoberta me levou mais longe; encontrei mais amostras de pirita igual àquela, porém menores, em forma de esfera ou de rim, ou outras menos regulares, mas todas semelhantes pelo fato de não terem se fixado em nenhum lugar, e de suas cristalizações sempre se encaminharem para um certo centro; também não eram lisas, tinham uma superfície claramente cristalizada. Teriam elas se formado por si mesmas sobre o solo, e será que se encontrariam outras ao lavrar a terra?

Mas eu não era o único a estar atento aos minerais da região; o belo giz que se encontrava em toda parte parecia ter algum valor. De fato, bastava que um soldado cavasse um buraco para fazer fogo com que cozinhar, e logo ele encontrava o giz de um branco puríssimo que, de resto, lhe era tão necessário para a limpeza de suas armas e roupas. Assim, havia uma ordem do exército que determinava: o soldado devia fazer uma provisão tão grande quanto possível desse produto tão necessário e que ali se podia obter de graça. Isso, aliás, dava oportunidade para algum sarcasmo; afundados no mais horrível lamaçal, tínhamos de nos abarrotar de produtos de limpeza e higiene, dar-nos por satisfeitos com pó quando todos suspiravam por pão.

Também os oficiais não ficavam pouco espantados quando eram severamente censurados no quartel-general por não aparecer ali tão limpos e adornados como em uma parada em Berlim ou Potsdam. Se os superiores não podiam ajudar, dizia-se, ao menos não deviam criticar.

27 de setembro

Foi também publicada uma medida um tanto estranha para combater a fome premente: era preciso sovar tanto quanto possível os feixes de cevada disponíveis, cozer em água fervente até rebentarem os grãos assim obtidos e, com esse alimento, tentar saciar a fome.

Para as pessoas mais próximas de nós, contudo, encontrou-se um recurso melhor. Viram-se ao longe duas carroças atoladas e, como estavam carregadas de provisões e de outras coisas necessárias, todos se prontificaram a ajudá-las. O estribeiro Von Seebach imediatamente mandou cavalos para lá, elas foram desatoladas, mas logo levadas para o regimento do duque; os carroceiros protestaram, pois estavam destinadas ao exército austríaco, como, de fato, atestavam seus passaportes. Mas haviam tomado posse delas; para protegê-las de qualquer investida e, ao mesmo tempo, retê-las ali, foram postas sob vigilância e, uma vez que o preço pedido por elas fora pago, não puderam deixar de considerar que também entre nós elas haviam encontrado sua destinação.

Os primeiros a assediá-las foram o despenseiro-mor, os cozinheiros e seus auxiliares, que se apossaram da manteiga em potinhos, do presunto e de outras coisas boas. O afluxo de gente aumentava, a maior parte pedia tabaco, que também foi vendido em grande quantidade a um preço muito alto. Mas as carroças estavam de tal modo cercadas que, por fim, ninguém mais conseguia chegar perto delas; por isso, nossos homens e nossos cavaleiros me chamaram e pediram encarecidamente que eu os ajudasse a obter aquela mercadoria das mais necessárias.

Mandei que os soldados me abrissem caminho e, para evitar me perder no meio do ajuntamento, subi na carroça mais próxima, comprei por um bom preço todo o tabaco que meus bolsos podiam carregar e, quando desci e, livrando-me da multidão, comecei a distribuí-lo, fui louvado como o maior benfeitor que um dia se apiedou da humanidade sofredora. Também havia conhaque, que foi adquirido de bom grado, a um escudo por garrafa.

27 de setembro

Tanto no próprio quartel-general, para onde íamos de vez em quando, quanto a todos aqueles que vinham de lá, perguntávamos sobre o estado das coisas, que não podia ser mais preocupante. Mais e mais se ouvia falar dos horrores acontecidos em Paris, e o que no começo tomáramos por uma fábula se revelou por fim como uma verdade absolutamente horrível. O rei e sua família haviam sido feitos prisioneiros, já se falava em sua deposição, o ódio pela monarquia em si ganhava uma dimensão cada vez maior, já se podia mesmo esperar que se faria um processo contra o infeliz monarca. Nossos inimigos imediatos na guerra tinham restabelecido sua comunicação com Châlons, para onde viera Luckner,[65] a fim de recrutar em hordas guerreiras os voluntários vindos de Paris; mas esses, que haviam deixado a capital nos primeiros dias de setembro entre rios de sangue que corriam aos borbotões, haviam trazido consigo antes a vontade de matar e pilhar do que de uma guerra regulamentar. A exemplo da horrível plebe de Paris, escolhiam arbitrariamente vítimas sacrificiais às quais, dependendo do caso, roubar a autoridade, a propriedade ou mesmo a vida. Bastava deixá-los entregues à sua indisciplina para que acabassem conosco.

Os emigrados foram impelidos para junto de nós, e falava-se das muitas desgraças que nos ameaçavam pela retaguarda e pelos flancos. Nas imediações de Reims, 20 mil camponeses haviam se juntado em bandos, armando-se de apetrechos de agricultura e de outros instrumentos rudimentares encontrados ao acaso; havia um grande temor de que também eles pudessem nos atacar.

À noite, na tenda do duque, tratamos desse assunto na presença de importantes oficiais superiores; cada um trouxe sua notícia, sua suposição, sua preocupação como contribuição àquele conselho desorientado, pois parecia que só mesmo um milagre poderia nos salvar.

Mas eu pensava naquele momento que, em situações perigosas, costumamos nos comparar de bom grado a pessoas elevadas, em especial aquelas que sofreram coisas ainda piores; senti-me então inclinado, se não por divertimento, ao menos por distração, a narrar os episódios mais angustiosos da vida de São Luís.[66] O rei, em sua cruzada, quis primeiro humilhar o

---

65 Johann Nikolaus von Luckner, em francês Nicolas Luckner (1722-1794), oficial francês de origem alemã.

66 Os eventos aqui relatados se referem à Sexta Cruzada (1248-1254), comandada pelo rei Luís IX, canonizado em 1297. Ela terminou em uma derrota e com o rei feito prisioneiro.

sultão do Egito, pois dele dependia então a terra prometida. Damiette cai nas mãos dos cristãos sem necessidade de sítio. Inflamado por seu irmão, o conde Artois, ele empreende uma expedição a Babilônia-Cairo, subindo pela margem direita do Nilo. Conseguem aterrar um fosso que recebe água do Nilo. A tropa o atravessa. Mas eis que eles se veem prensados entre o Nilo, seus canais principais e secundários; os sarracenos, ao contrário, estão em posição favorável dos dois lados do rio. Passar pelos grandes canais será difícil. Erguem-se fortificações contra as fortificações dos inimigos; mas esses têm a vantagem do fogo grego.[67] Com isso, danificam os bastiões de madeira, construções e homens. De que adianta aos cristãos sua decidida ordem de batalha, se estão sendo o tempo todo provocados, desafiados, atacados, separados e envolvidos em escaramuças pelos sarracenos? Atos de bravura individual, combates corpo a corpo, são significativos, estimulantes, mas os heróis, e mesmo o rei, estão cercados. Os mais corajosos conseguem romper o cerco, mas a confusão aumenta. O conde de Artois está em perigo, para salvá-lo o rei arrisca tudo. O irmão já está morto, a desgraça atinge seu ponto mais alto. Naquele dia quente, tudo depende da defesa de uma ponte sobre um canal secundário, a fim de se impedir que os sarracenos se retirem da batalha principal. Os poucos guerreiros posicionados ali são atacados de todas as formas possíveis, com flechadas pelos soldados, com pedras e lama pelos cavalariços. Em meio àquele horror, o conde de Soissons diz gracejando ao cavaleiro Joinville:[68] Senescal! Deixa essa matilha latir e mostrar os dentes; pelo trono de Deus! (assim ele costumava jurar) ainda falaremos deste dia no quarto diante das damas.

Todos sorriram, tomaram como um bom augúrio, discutiram sobre casos possíveis, em especial se enfatizaram os motivos pelos quais os franceses deveriam antes nos poupar do que arruinar: o cessar-fogo mantido sem incidentes por tanto tempo, a atitude até agora contida nos davam alguma esperança.

---

67 Fogo grego: arma incendiária utilizada pelos bizantinos para queimar as posições inimigas.

68 Jean de Joinville (*c.* 1224-1317), ou Sire de Joinville, cronista francês, biógrafo de Luís IX.

"A campanha na França" e outros relatos de viagem

A fim de avivá-la, ousei ainda outra exposição histórica e recordei, mostrando um mapa detalhado, que a duas milhas de distância a oeste de onde estávamos fica o famigerado Campo do Diabo,[69] aonde Átila, rei dos hunos, chegou com suas imensas hordas no ano 452, mas foi batido pelos príncipes burgúndios com o auxílio do general romano Aécio; que, se tivessem insistido em buscar a vitória, ele próprio e todos os seus homens teriam caído e sido exterminados. Mas o general romano, que não pensava em libertar de todo os príncipes burgúndios desse inimigo poderoso, a fim de não vê-los se voltar em seguida contra os romanos, convenceu um após o outro a voltar para casa e, com isso, também o rei dos hunos escapou com o restante de um povo inumerável.

Nesse exato momento, recebemos a notícia de que o esperado carregamento de pães de Grandpré havia chegado; isso também animou dupla e triplamente os espíritos; separamo-nos consolados, e pude ler até o amanhecer, para o duque, um divertido livro francês que chegara a suas mãos da maneira mais estranha. As anedotas ousadas e irreverentes me fizeram lembrar dos levianos caçadores de Verdun que foram para a morte cantando canções jocosas. Contudo, quando se trata de dissipar a amargura, não é preciso ser muito exigente com a escolha dos meios.

28 de setembro

O pão chegara, não sem fadigas e perdas; da péssima estrada de Grandpré, onde ficava a padaria, até onde estávamos, várias carroças haviam encalhado, outras caído nas mãos do inimigo, e mesmo uma parte da carga se estragara: pois na massa aguada e assada muito depressa o miolo se separava da casca, e no espaço entre eles crescia o mofo. Muitas vezes, com medo de envenenamento, me trouxeram pães em estado semelhante, cujas cavidades tinham dessa vez uma coloração alaranjada forte, lembrando arsênico e en-

---

69 Campo do Diabo: os Campos Cataláunicos, onde em 20 de junho de 451 (e não 452) se travou uma batalha entre o Império Romano do Ocidente, os visigodos e os alanos, comandados por Flávio Aécio e Teodorico, e os hunos, comandados por Átila.

xofre, do mesmo modo que o de Verdun tinha um verde-pátina. Mas, ainda que não estivesse envenenado, e sua aparência provocasse repulsa e nojo, a saciedade ludibriada aguçou a fome; doença, miséria, desânimo pesavam sobre uma tão grande massa de bons homens.

Em toda aquela apreensão, fomos ainda surpreendidos e entristecidos por uma notícia inacreditável: o duque de Braunschweig enviara o manifesto que redigira a Dumouriez que, atônito e agastado, encerrara de imediato o cessar-fogo e ordenara o reinício das hostilidades. Por maior que fosse a desgraça em que nos encontrávamos, e ainda maiores a que prevíamos, não pudemos deixar de gracejar e motejar, dizendo: vejam só que desgraça a autoria traz consigo! Todos os poetas e demais escritores leem com prazer seus trabalhos para qualquer audiência, sem se perguntar se é a melhor época e o melhor momento; agora acontece isso ao duque de Braunschweig, que, saboreando o júbilo da autoria, não tinha pior hora para reproduzir seu malfadado manifesto.

Ficamos então à espera de ouvir mais uma vez os estampidos dos postos avançados; olhávamos para todas as colinas para ver se não aparecia ali um inimigo. Mas tudo estava tão silencioso e tranquilo como se nada tivesse acontecido. Enquanto isso, vivíamos na mais penosa incerteza e insegurança, pois todos podiam ver que, do ponto de vista estratégico, estávamos perdidos, caso o inimigo tivesse a mínima intenção de nos intranquilizar e atormentar. Mas algo nessa incerteza já apontava para uma concordância e uma intenção benevolente; assim, por exemplo, o chefe dos correios de Sainte-Menehould fora libertado em troca das pessoas da comitiva real aprisionadas no dia 20 entre o forte de carros e o exército.

29 de setembro

Ao cair da tarde, seguindo as ordens recebidas, as carroças com nossas bagagens se puseram em movimento. Elas deveriam ir à frente, sob a escolta do regimento do duque de Braunschweig; a tropa seguiria à meia-noite. Todos começaram a se mexer, mas devagar e desanimados, pois mesmo a maior das boas vontades escorregava no solo encharcado e afundava antes que pudesse se dar conta. Também essas horas passaram: chegam ao fim do dia mais difícil tempo e hora![70]

Caíra a noite, e era mais uma que devíamos passar insones; o céu não se mostrava desfavorável, a lua cheia brilhava, mas não havia nada para iluminar. As tendas tinham desaparecido, bagagens, carroças e cavalos, tudo se fora, e nossa pequena sociedade se via em uma situação singular. No lugar determinado onde nos encontrávamos, os cavalos deviam vir ao nosso encontro, mas não vieram. Até onde podíamos enxergar com aquela luz pálida, tudo parecia ermo e vazio; em vão aguçávamos os ouvidos, não se percebia nenhum vulto e nenhum som. Nossas dúvidas pendiam para lá e para cá; preferíamos não deixar o lugar indicado para não desorientar de todo nossos homens e nos perder deles. Mas era pavoroso, em território inimigo, depois de tudo o que acontecera, se não estar, ao menos parecer isolados e abandonados.

Prestamos atenção para ver se não haveria algum sinal de vida por parte dos inimigos, mas nada se movia nem se mostrava, fosse favorável ou desfavorável.

Pouco a pouco, fomos juntando toda a palha das tendas largada pelas redondezas e a queimamos, não sem preocupação. Atraída pelas chamas, uma velha vivandeira se aproximou de nós; provavelmente se atrasara durante a retirada nas localidades distantes, e não ficara inativa, pois trazia muitos fardos volumosos embaixo dos braços. Depois de nos saudar e se aquecer, ela antes de mais nada elevou aos céus Frederico, o Grande, e incensou a Guerra dos Sete Anos, que afirmava ter presenciado quando criança; invectivou irada os príncipes e generais de hoje, que levavam uma tropa tão grande para um país onde a vivandeira não podia exercer seu ofício, a primeira coisa em que na verdade se deveria pensar. Sua maneira de ver as coisas serviu para nos divertir e distrair por um momento, mas, por fim, demos nossas melhores boas-vindas aos cavalos; iniciamos então com o regimento de Weimar aquela retirada cheia de pressentimentos.

---

70 Cf. *Macbeth*, I, 3: "Come what come may, / Time and the hour runs through the roughest day." Citado aqui segundo a tradução de Péricles Eugênio da Silva Ramos: "Chegam ao fim / do dia mais difícil tempo e hora, / o que deve ocorrer ocorra embora." (William Shakespeare. *Macbeth*. São Paulo: Círculo do Livro, s. d., p.32).

Medidas de segurança, ordens significativas despertavam o temor de que o inimigo não assistiria impassível à nossa marcha. Ainda durante o dia observáramos com receio as carroças, e com receio ainda maior a artilharia avançar tropegamente sobre aquele solo encharcado e fofo; o que não poderia se passar à noite? Com pesar, víamos carroças carregadas de bagagens tombadas, arrebentadas, caídas na água do rio, consternados deixávamos de socorrer homens doentes que iam ficando pelo caminho. Para onde quer que olhássemos, em certa medida familiarizados com a região, admitíamos que ali não havia salvação, a partir do momento em que o inimigo às nossas costas, à direita e à esquerda, achasse por bem nos atacar; mas, como isso não aconteceu na primeira hora, nosso ânimo necessitado de esperança logo se restabeleceu, e o espírito humano, que submete tudo o que acontece à razão e ao entendimento, dizia a si mesmo, consolado, que as negociações entre os quartéis-generais de Hans e Sainte--Menehould teriam sido encerradas de modo auspicioso e favorável a nós. De hora a hora aumentava essa convicção; e quando vi a tropa fazer alto e todas as carroças atravessarem, segundo a ordem, o vilarejo de Saint-Jean, tive a plena certeza de que chegaríamos em casa e, em boa companhia (*devant les dames*),[71] iríamos descrever e narrar os tormentos que vencêramos. Também dessa vez comuniquei aos amigos e conhecidos minha convicção, e suportamos já com serenidade as aflições presentes.

Não se montou nenhum acampamento, mas nossos homens ergueram uma grande tenda e espalharam para todos os lados, por dentro e por fora dela, os mais belos e viçosos feixes de trigo para servirem de leito. A lua brilhava clara através do ar tranquilo, via-se apenas um suave movimento de nuvens leves, toda a redondeza estava visível e nítida, quase como durante o dia. O luar iluminava os homens adormecidos, os cavalos continuavam despertos pela fome, muitos deles eram brancos e refletiam intensamente a luz; coberturas brancas de carroças, mesmo as espigas brancas dedicadas ao repouso noturno, tudo disseminava claridade e serenidade sobre aquela cena impressionante. De fato, o maior dos pintores poderia se considerar feliz se fosse capaz de reproduzir aquelas imagens.

---

71 "Diante das damas". Alusão à anterior citação de Joinville.

"A campanha na França" e outros relatos de viagem

Só mais tarde fui me deitar na tenda, e esperava gozar do sono mais profundo; mas a natureza espalhou algumas coisas desagradáveis entre suas mais belas dádivas, e assim, uma das mais mal-aventuradas anomalias do ser humano é o fato de que, ainda quando ele mesmo desfruta do mais profundo repouso, costuma manter seus companheiros acordados por meio de um ronco desenfreado. Eu, dentro da tenda, estava deitado cabeça a cabeça com um homem fora dela que me arruinou irrecuperavelmente o tão necessário repouso com seus horríveis gemidos. Soltei o cordão da estaca da tenda para conhecer meu adversário; era um de nossos criados, homem valoroso e dedicado; estava deitado, banhado em luar, em um sono tão profundo como se fosse o próprio Endimião.

A impossibilidade de descansar com uma vizinhança daquela despertou meu espírito gaiato; peguei uma espiga de trigo e fiz a ponta oscilante pairar sobre a testa e o nariz do homem adormecido. Perturbado em seu repouso profundo, ele por várias vezes passou a mão no rosto e, assim que voltava a dormir, eu repetia minha brincadeira, sem que ele pudesse entender de onde poderia ter surgido uma mosca naquela estação do ano. Levei a coisa ao ponto de conseguir que ele decidisse se levantar, completamente desperto. Entretanto, também meu sono passara de todo; saí então para a frente da tenda e admirei no quadro pouco mudado a infinita tranquilidade à beira do maior perigo que ainda tínhamos razão para temer; e assim como nesses momentos o medo e a esperança, o temor e a calma se alternam em um sobe e desce, assustei-me outra vez, pensando: se o inimigo quisesse nos atacar naquele instante, não escapariam nem um raio de roda nem um osso de gente.

O dia que raiava novamente me distraiu, mostrando-me algumas coisas esquisitas. Duas velhas vivandeiras tinham vestido várias peças de roupas femininas de seda umas sobre as outras ao redor das ancas e dos seios, a última delas em volta do pescoço, e em cima de tudo isso ainda tinham um mantelete. Assim adornadas, pavoneavam-se fazendo muita graça, afirmando terem adquirido aquela fantasia pela compra e pela troca.

30 de setembro

Apesar de que, já ao nascer do dia, todas as carroças se puseram em movimento, só percorremos um curto trecho do caminho de volta, pois já às 9 horas fizemos uma parada entre Laval e Varge-Moulin. Os homens e os animais procuraram se refrescar, não se montou nenhum acampamento. Logo chegou também a tropa e estacionou sobre um outeiro; em toda parte reinava uma ordem e um silêncio profundos.

Embora se pudesse notar por certas medidas de segurança que o perigo ainda não passara de todo, fazíamos reconhecimentos, conversávamos em segredo com pessoas desconhecidas, preparávamo-nos para uma nova partida.

1º de outubro

O duque de Weimar comandava a vanguarda e cobria ao mesmo tempo a retirada das bagagens. A ordem e o silêncio reinavam nessa noite, e nos tranquilizávamos com essa tranquilidade quando, à meia-noite, recebemos a ordem de partida. Então, de tudo aquilo, se revelou que nossa marcha não era de todo segura, pois devíamos temer um possível ataque de batedores vindos da Floresta de Argonnes. Pois, ainda que se tivesse fechado um acordo com Dumouriez e os poderes superiores, o que não se poderia de modo algum afirmar com segurança, ninguém obedecia facilmente a quem quer que fosse, bastava que a tropa na floresta da montanha se declarasse autônoma para nos arruinar, e ninguém iria reprová-la por isso.

Também a marcha daquele dia não foi muito longe: o propósito era manter a equipagem e as tropas juntas, e avançar no mesmo passo que os austríacos e emigrantes, que também faziam sua retirada à nossa esquerda.

Lá pelas 8 horas, pouco depois de deixar Rouvroy para trás, já fizemos uma parada; algumas tendas foram montadas, o dia estava bonito e nada perturbava nossa tranquilidade.

Quero agora deixar registrado aqui que no meio daquela miséria toda fiz um voto jocoso: se sairmos desta e eu voltar para casa, ninguém mais ouvirá um pio de lamentação de minha parte pelas cumeeiras da vizinhança que limitam a vista da janela de meu quarto e que eu agora, muito pelo contrário, gostaria de ter diante dos olhos; além disso, eu jamais voltaria a me queixar de mal-estar e tédio no teatro alemão, onde, afinal, sempre podemos agradecer a Deus por estar sob um teto, não importa o que aconteça no palco. E ainda fiz um terceiro voto, do qual, contudo, me esqueci.

Já era alguma coisa que cada um pudesse cuidar de si, fosse como fosse, e que os cavalos e as carroças, os homens e as montarias se mantivessem regularmente juntos; e também que nós, tão logo fizéssemos alto, ou montássemos um acampamento, ainda encontrássemos uma mesa posta, bancos e cadeiras. Mas a nós parecia que tínhamos de nos haver com demasiada frugalidade, embora logo nos déssemos por humildemente satisfeitos, dada a conhecida carência geral de tudo.

Entretanto, a sorte me deu a oportunidade de partilhar de uma refeição melhor. Anoitecera cedo, cada um havia se deitado sobre o leito de palha que preparara para si, eu também adormecera, mas fui despertado por um sonho vivo e agradável: parecia-me sentir o cheiro e desfrutar dos mais saborosos quitutes e, quando despertei e ergui a cabeça, minha tenda estava tomada por um aroma maravilhoso de banha de porco assada e tostada que me despertou a luxúria. Em contato tão imediato com a natureza, devíamos ser perdoados por considerar o porqueiro um ser divino e a carne de porco, uma iguaria inestimável.[72] Levantei-me e avistei a uma boa distância um fogo que, por sorte, estava acima do vento, e dali me vinha aquela profusão de aromas agradáveis. Sem hesitar, caminhei na direção da claridade, e encontrei toda a criadagem ocupada ao redor de uma grande fogueira já reduzida a brasas, o lombo de um porco já quase no ponto, o resto em pedaços prontos para ser embalados, e todos colaborando ativamente no preparo de salsichas. A pequena distância do fogo havia dois grandes troncos de árvores; depois de cumprimentar o grupo, sentei-me em um deles e, sem dizer uma palavra, fiquei assistindo com prazer a sua faina.

Parte daquelas pessoas me queria bem, parte não podia excluir sem inconveniência o hóspede inesperado e, de fato, quando chegou a hora da divisão, deram-me um saboroso pedaço de carne. Pão também não faltava, nem um gole de conhaque; não faltava nada de bom.

Também não deixaram de me dar um belo pedaço de salsicha quando, ainda pela noite e no meio da névoa, montamos a cavalo; eu o guardei em meu coldre, e foi assim que recebi as graças do vento noturno.

---

72 Porqueiro divino: alusão ao porqueiro Eumeu, na *Odisseia*.

Johann Wolfgang von Goethe

2 de outubro

Mesmo tendo me fortificado com alguma comida e bebida e acalmado o espírito com motivos de consolo moral, na alma insegura continuavam a se alternar a esperança e o temor, o aborrecimento e a vergonha; ainda me alegrava por estar vivo, mas maldizia viver naquelas condições. Às 2 horas da madrugada, partimos; avançando cautelosamente ao lado de uma floresta, chegamos a Vaux passando sobre o lugar do acampamento que deixáramos havia pouco, e logo chegamos ao Aisne. Aqui encontramos duas pontes já preparadas que nos levaram à margem direita. Paramos em um ponto de onde podíamos ver as duas, uma ilhazinha arenosa coberta de salgueiros, e logo preparamos o fogo mais vivo para cozinhar. Em pouco tempo estavam prontas as lentilhas mais delicadas que jamais comi, e saborosas batatas alongadas, vermelhas. Quando, por fim, aquelas salsichas preparadas pelos cocheiros austríacos, até então mantidos em estrito segredo, estavam no ponto, pudemos recuperar nossas forças a contento.

A equipagem já chegara, mas logo se abriu uma cena tão imponente quanto triste. A tropa atravessava as pontes, infantaria e artilharia, a cavalaria passava por um vau, todos de rosto sombrio, as bocas fechadas, transmitindo um sentimento de horror. Se chegavam regimentos nos quais sabíamos estar pessoas conhecidas e amigos, corríamos até eles e os abraçávamos, conversávamos, mas com que perguntas! Com que lamentos! Com que vexame! Nunca sem lágrimas.

Entretanto, alegrávamo-nos por estar tão bem servidos por vivandeiras, e assim poder aliviar as necessidades dos grandes e dos humildes. Primeiro foi o tambor de um piquete posicionado ali que nos serviu de mesa, depois se buscaram nas localidades vizinhas cadeiras e mesas, acomodamo-nos, e aos hóspedes, o melhor que pudemos. O príncipe herdeiro[73] e o príncipe Louis[74] saborearam as lentilhas, alguns generais que viram de longe a fumaça também vieram ter conosco. Contudo, por maior que fossem nossas

---

73 O futuro rei Friedrich Wilhelm III da Prússia (1770-1840).
74 Cf. n.48 deste capítulo.

"A campanha na França" e outros relatos de viagem

provisões, o que era aquilo para tanta gente?[75] Tínhamos de servir uma segunda e uma terceira rodada, e nossas reservas minguavam.

Assim como nosso príncipe compartilhava tudo de bom grado, o mesmo faziam seus homens, e seria difícil contar caso a caso quantos doentes infelizes que passavam sozinhos por ali foram socorridos pelo tesoureiro e o cozinheiro.

Assim foi durante todo o dia! E aquela retirada se desenrolou diante de meus olhos não por meio de exemplos e metáforas, mas em sua total realidade; cada novo uniforme renovava e multiplicava a dor. Um espetáculo tão cruel tinha também de se encerrar de maneira condigna; o rei empreendeu com seu Estado-maior uma longa cavalgada até o local onde estávamos, deteve-se em silêncio por algum tempo diante da ponte, como se quisesse ainda uma vez abarcar tudo com a vista e refletir sobre tudo, mas por fim tomou o mesmo caminho de todos os seus homens. Da mesma maneira se portou o duque de Braunschweig diante da outra ponte: hesitou e atravessou-a.

A noite caiu, ventosa mas seca, e a maior parte dela foi passada insone sobre o triste prado arenoso.

3 de outubro

Às 6 horas da manhã deixamos aquele lugar, subimos uma colina e chegamos a Grandpré, onde encontramos a tropa acampada. Lá havia outros males e outras preocupações; o castelo fora transformado em hospital e já estava ocupado por centenas de infelizes aos quais não podíamos ajudar nem aliviar o sofrimento. Continuamos nosso caminho vexados, tendo de deixá-los à mercê da humanidade do inimigo.

Ali fomos pegos mais uma vez por uma chuva feroz que paralisou qualquer movimento.

4 de outubro

A dificuldade de sair do lugar aumentava cada vez mais; a fim de nos retirar da intransitável estrada principal, buscamos um caminho através

---

75 Alusão a João 6,9.

do campo. O terreno lavrado, de uma cor avermelhada, ainda mais pegajoso do que o solo de giz pelo qual tínhamos vindo até agora, impedia qualquer movimento. Os quatro cavalinhos mal podiam puxar meu coche, pensei em aliviá-los pelo menos do peso de minha pessoa. Não se via um cavalo de montaria; a grande carroça de cozinha passou por mim puxada por seis animais vigorosos. Subi nela; não estava de todo vazia de comida, mas a criada da cozinha estava enfiada em um canto, muito aborrecida. Entreguei-me aos meus estudos. Havia tirado da mala o terceiro volume do léxico de Física de Fischer; nesses casos, quando a qualquer momento pode ocorrer uma interrupção, um dicionário é a companhia mais bem-vinda e também nos proporciona a melhor distração, levando-nos de um assunto para outro.[76]

Com imprudência e premidos pela necessidade, havíamos enveredado pelo campo avermelhado de solo argiloso, com nascentes a jorrar aqui e ali; naquele terreno lavrado até a força das robustas parelhas da carroça de cozinha por fim se esgotou. Eu me sentia nela como uma paródia do faraó no Mar Vermelho, pois ao redor de mim também os cavaleiros e os soldados da infantaria pareciam prestes a se afundar da mesma maneira na mesma cor. Olhei aflito para todas as colinas que nos circundavam, até que por fim avistei as montarias, e entre elas o cavalo branco que me fora destinado; gesticulei freneticamente para que o trouxessem e, depois de entregar minha física à pobre criada doente de aborrecimento e recomendá-la aos seus cuidados, montei a cavalo, com o firme propósito de não me aventurar tão cedo em outra viagem como aquela. Agora, de fato, eu podia avançar de modo mais autônomo, mas não melhor nem mais rápido.

---

76 Johann Carl Fischer (1760-1833): *Physikalisches Wörterbuch oder Erklärung der vornehmsten zur Physik gehörigen Begriffe und Kunstwörter sowohl nach atomistischer als auch nach dynamischer Lehrart betrachtet mit kurzen beygefügten Nachrichten von der Geschichte der Erfindungen und Beschreibungen der Werkzeuge in alphabetischer Ordnung* [Dicionário de Física, ou explicação dos principais conceitos e termos técnicos da Física, considerados tanto segundo o método atomístico quanto segundo o dinâmico, com breves notícias da história das invenções e descrições dos instrumentos em ordem alfabética]. Göttingen, 1798-1805, em sete volumes com três volumes suplementares (1823-1827).

"A campanha na França" e outros relatos de viagem

De bom grado deixamos para trás Grandpré, então descrita como um lugar da peste e da morte. Vários amigos, companheiros de campanha, se reuniram e formaram um círculo ao redor de um fogo, segurando atrás de si os cavalos pelas rédeas. Disseram que foi a única vez que fiz uma cara de aborrecimento, não os fortaleci com minha seriedade nem os alegrei com meus gracejos.

4 de outubro

O caminho que o exército tomou levava à direção de Busancy, porque queríamos atravessar o Mosa acima de Dun. Montamos nosso acampamento nas imediações de Sivry, em cujas vizinhanças constatamos que nem tudo ainda havia sido consumido. O soldado se lançava para cima da horta e estragava aquilo que outras pessoas poderiam ter aproveitado. Encorajei nosso cozinheiro e seus auxiliares a forragear estrategicamente, rodeamos todo o vilarejo e encontramos hortas ainda de todo intactas e uma rica colheita não disputada. Havia ali uma plenitude de couves e cebolas, raízes e outros bons alimentos vegetais; por isso, não pegamos mais do que precisávamos, com moderação e cuidado. A horta não era grande, mas limpa, e antes de sairmos novamente pela cerca, eu me perguntei qual seria o motivo por que em uma horta doméstica não se via nem sinal de uma porta que desse para o edifício contíguo.

Quando voltávamos bem carregados com nosso butim culinário, ouvimos um grande barulho diante do regimento. A montaria de um cavaleiro, requisitada havia cerca de vinte dias naquela região, escapara, levando consigo a estaca em que estava amarrada; o cavaleiro foi muito censurado, ameaçado e recebeu a ordem de recapturar o animal.

Como já estava decidido que no dia 5 descansaríamos naquela região, fomos alojados em Sivry e, depois de tantas tristezas, achamos deliciosa a vida doméstica; pudemos mais uma vez, para nosso entretenimento e distração, observar em minúcias a vida rural francesa, homericamente idílica. Não se entrava de imediato da estrada para a casa, antes se passava por um espaço quadrado pequeno e aberto, delimitado pela própria porta; de lá se passava através da verdadeira porta da casa para um cômodo espaçoso, alto,

Johann Wolfgang von Goethe

destinado à convivência familiar; era pavimentado com tijolos. À esquerda, imediatamente colada à parede e erguida sobre o chão, uma lareira, encimada pela chaminé que dava vazão à fumaça. Depois de saudar os anfitriões, instalamo-nos com prazer, e nos demos conta de que reinava ali uma rigorosa ordem hierárquica na distribuição dos lugares. À direita da lareira havia uma caixinha alta com tampa que também servia de cadeira e continha sal que, mantido em estoque, tinha de ser conservado em lugar seco. Esse era o assento de honra, que de imediato foi oferecido ao estrangeiro mais distinto; os demais recém-chegados sentaram-se com a gente da casa em diversas cadeiras de madeira. Pude examinara com exatidão pela primeira vez a receita camponesa tradicional, o *pot au feu*.[77] Um grande caldeirão de ferro ficava pendurado sobre o fogo em um gancho que se podia erguer ou baixar por meio de uma roda dentada; dentro dele já havia um bom pedaço de carne de vaca com água e sal, e também com nabo, beterraba, alho-poró, repolho e outros ingredientes vegetais.

Enquanto conversávamos amigavelmente com aquela boa gente, observei a inteligência arquitetônica com que haviam sido instalados o aparador, a pia, as prateleiras para a panelas e os pratos. Ocupavam todo o espaço alongado que formava interiormente o lado daquele quadrado aberto do pórtico. Os apetrechos estavam muito limpos e bem arrumados; uma criada, ou irmã da família, cuidava de tudo com muita graça. A dona da casa estava sentada junto ao fogo, com um menino sobre os joelhos, e duas menininhas grudadinhas nela. A mesa foi preparada, em cima dela havia uma grande tigela de cerâmica, em cujo interior puseram fatias de um belo pão branco, sobre as quais derramaram o caldo quente e nos desejaram bom apetite. Ali os rapazes que recusaram meu pão de campanha poderiam ter me lembrado do exemplo do *bon pain* e da *bonne soupe*. A ela seguiu-se o acompanhamento de legumes que também estavam prontos, bem como a carne, e qualquer um teria se deleitado com aquela arte culinária simples.

Perguntamos com interesse sobre a situação da família; ela já havia sofrido bastante da última vez, quando estivemos por um longo tempo em Landres e, ainda mal restabelecidos, temiam que um exército inimigo em retirada

---

77 Cozido de carne com legumes.

"A campanha na França" e outros relatos de viagem

pudesse arruiná-los por completo dessa vez. Nós lhes demonstramos nossa solidariedade e amizade, os consolamos dizendo que não demoraria muito, que, além da *arrière-garde*[78] éramos os últimos e lhes demos conselhos e orientações sobre como se comportar diante de retardatários.

Com um vendaval e pancadas de chuva que só aumentavam, passamos quase o dia todo dentro de casa junto ao fogo; evocando em pensamentos o que se passara, pensando não sem apreensão no que tínhamos diante de nós. Desde Grandpré eu não vira mais nem carroças, nem bagagens, nem criados e por isso, de um momento para outro, a esperança se alternava com a preocupação. Caíra a noite, as crianças deviam ir para a cama; elas se aproximaram respeitosamente do pai e da mãe, fizeram uma mesura, beijaram-lhes as mãos e disseram *bon soir, papa, bon soir, mama*,[79] com uma graça sedutora. Logo em seguida ficamos sabendo que o príncipe de Braunschweig estava nas vizinhanças, gravemente enfermo, e pedimos informações sobre ele.[80] Visitas eram recusadas, ao mesmo tempo que nos asseguravam que seu estado melhorara muito, de modo que ele pensava em partir inadiavelmente no dia seguinte.

Havíamos acabado de buscar refúgio da horrível chuva junto da lareira quando entrou um jovem que, pela enorme semelhança dos traços, reconhecemos como o irmão mais jovem de nosso anfitrião, suposição que nos foi confirmada. Vestindo os trajes dos camponeses franceses, um grosso cajado na mão, ele se aproximou; era um belo jovem. Parecia muito sério e mesmo tremendamente aborrecido; sentou-se perto do fogo ao nosso lado sem dizer uma palavra, mas assim que se aqueceu um pouco pôs-se a andar com o irmão de um lado para o outro e, depois, para o cômodo contíguo. Travaram uma conversação muito viva e íntima. Depois ele saiu para a chuva inclemente sem que nossos anfitriões tentassem detê-lo.

Mas também nós fomos chamados para a noite tempestuosa por um grito de medo e angústia. Nossos soldados, sob o pretexto de procurar

---

78 Retaguarda.

79 Boa noite, papai, boa noite, mamãe.

80 Friedrich Wilhelm von Braunschweig (1771-1815), filho mais novo do duque Karl Ferdinand von Braunschweig (cf. n.26 deste capítulo).

211

forragem no chão, haviam começado a praticar saques, e de um modo dos mais inábeis, tomando a um tecelão seu instrumento de trabalho, que para eles, aliás, de nada serviria. Com severidade e algumas palavras conciliadoras, restabelecemos a ordem: eram muito poucos os que se entregavam a tais atos. Mas aquilo podia facilmente se tornar contagioso e pôr tudo de cabeça para baixo.

Muitas pessoas haviam acorrido para ali, e um hussardo de Weimar, açougueiro de profissão, se aproximou de mim; ele me confidenciou ter encontrado em uma casa vizinha um porco cevado; tentara negociar, mas não conseguira convencer o proprietário a vendê-lo; pediu que tomássemos uma medida enérgica: pois nos próximos dias nos faltaria de tudo. Era muito estranho pedirem a nós, que acabávamos de deter um saque, para agir de maneira semelhante. Entretanto, como a fome não conhece nenhuma lei, acompanhamos o hussardo na casa que ele nos indicara; encontramos ali também uma grande lareira acesa, saudamos as pessoas e nos sentamos em companhia delas. Juntara-se a nós outro hussardo de Weimar, chamado Liseur, a cuja habilidade confiamos a tarefa.[81] Ele começou a falar em um francês fluente das virtudes das tropas regulares, e gabou as pessoas que só pedem para lhes fornecer os alimentos mais necessários em troca de dinheiro vivo; em contrapartida, censurou os retardatários, ajudantes de soldados e vivandeiros, que costumavam se apropriar com brutalidade e violência até da última presa. Ele aconselhava então a todos, com a melhor das intenções, que considerassem a possibilidade de vender o porco, pois o dinheiro sempre é mais fácil de esconder do que um animal que se pode farejar. Mas seus argumentos não pareceram surtir muito efeito, pois sua negociação foi interrompida de modo bastante estranho.

De súbito, ouviram-se fortes batidas na porta trancada; não demos atenção pois não tínhamos vontade de permitir a entrada de mais hóspedes; continuaram a bater, por entre as pancadas ouvimos gritos de uma voz lamentosa, a voz de uma mulher que implorava em bom alemão que abrissem. Finalmente nos abrandamos e abrimos; uma velha vivandeira

---

81 Liseur: de fato, Nikolaus Lieser (1763-1809), hussardo de origem luxemburguesa a serviço do duque Carl August.

entrou trazendo nos braços alguma coisa envolta em panos; atrás dela uma jovem, não feia, mas pálida e exausta, mal podendo se manter em pé. Com poucas, mas vigorosas palavras, a velha explicou a situação, mostrando uma criança nua que aquela mulher em fuga dera à luz. Retidas pelo acontecimento, maltratadas pelos camponeses, finalmente chegaram naquela noite às nossas portas. Tendo perdido o leite, a mãe não pudera dar à criança nenhum alimento desde que ela respirara pela primeira vez. Agora a velha pedia com veemência por farinha, leite, uma bacia e panos para agasalhar a criança. Como não sabia nada de francês, tivemos de pedir em nome dela, mas sua presença imperiosa, sua veemência deram um peso e uma ênfase pantomímica suficiente às nossas falas: não podiam providenciar o que fora pedido com a urgência exigida, e o que providenciaram não lhe pareceu bom o bastante. Por outro lado, também era interessante ver com que rapidez ela agia. Logo nos expulsou de perto do fogo, o melhor assento foi de imediato ocupado pela parturiente, ela, por sua vez, se sentou tão à vontade em seu banquinho como se estivesse sozinha em casa. Em um átimo a criança estava limpa e vestida, o mingau cozido; ela deu de comer à criaturinha, depois à mãe, em si mesma parecia não pensar. Depois pediu roupas limpas para a parturiente, enquanto as outras secavam. Nós a observávamos com admiração; ela sabia como fazer requisições.

A chuva amainou, voltamos ao nosso alojamento e, pouco depois, os hussardos trouxeram o porco. Pagamos barato; agora se tratava de abatê-lo, o que foi feito e, como na viga do aposento ao lado havia uma roldana, ele foi pendurado ali a fim de ser convenientemente desmembrado e preparado.

Que as pessoas da casa não se mostrassem aborrecidas, ao contrário, se dispusessem a nos auxiliar e compartilhar o trabalho, pareceu em alguma medida estranho, pois tinham boas razões para considerar nossa atitude rude e desrespeitosa. No mesmo cômodo em que realizamos a operação as crianças dormiam em camas limpas e, despertadas por nosso barulho, nos observavam com uma graça inibida por debaixo dos cobertores. O porco estava pendurado ao lado de uma grande cama de casal cuidadosamente protegida por sarja verde, de modo que as cortinas compunham um fundo pitoresco para o corpo iluminado. Era uma cena noturna sem igual. Mas os moradores não podiam se entregar a considerações dessa espécie, antes fizeram notar que não eram especialmente amigos da casa onde adquiríramos o porco, e por isso havia em sua atitude algo de uma alegria malévola. Antes havíamos lhes prometido de boa vontade um pouco de carne e salsichas, e isso favoreceu o trabalho, que terminaria em poucas horas. Mas nosso hussardo se mostrou tão ativo e tão hábil em sua especialidade como a cigana da outra casa na dela, e já nos alegrávamos pela boa salsicha e o bom assado que nos viria daquela meia pilhagem. Nessa expectativa nos acomodamos sobre os mais belos feixes de trigo na oficina de ferreiro de nosso anfitrião e dormimos tranquilos até o amanhecer. Entrementes nosso hussardo terminara sua tarefa dentro da casa, o desjejum já estava pronto, e o restante já fora empacotado, depois de ter sido dada aos anfitriões a parte que lhes cabia, não sem desagrado de nossos homens, que afirmavam: com esse povo a boa vontade é desperdício, eles com certeza teriam mais carne e outras coisas boas escondidas, que ainda não tínhamos aprendido a farejar.

Quando olhei ao redor do cômodo interno, encontrei, por fim, uma porta trancada que, pela posição que ocupava, devia dar para uma horta. Olhando por uma pequena janela ao lado dela, vi que não me enganara, a horta ficava em um nível um pouco mais alto do que a casa, e a reconheci claramente como a mesma em que nos abastecêramos anteriormente com víveres. A porta estava fechada com uma tranca, e do lado de fora estava tão bem disfarçada e encoberta que pude entender por que naquela manhã eu a procurara em vão. E, assim, estava escrito nas estrelas que, apesar de toda a precaução, nós, contudo, chegaríamos à casa.

6 de outubro pela manhã

Em uma região como essa, não podemos esperar ter nem um momento de sossego nem a mais breve constância de uma situação. Com o nascer do dia, toda a localidade estava na maior movimentação; voltou à baila a história do cavalo fugido. O assustado cavaleiro que deveria recuperá-lo, sob pena de ser punido e ter de seguir a pé, percorrera os vilarejos vizinhos, onde, por fim, para se livrar da maçada, lhe afirmaram que ele deveria estar em Sivry, pois algumas semanas antes se teria apreendido ali um murzelo como aquele que ele descrevia, o qual escapulira bem perto de Sivry, e

"A campanha na França" e outros relatos de viagem

outras coisas mais que pudessem aumentar a verossimilhança. Então ele chegou acompanhado de um suboficial severo que, ameaçando toda a localidade, solucionara o mistério. O cavalo, de fato, viera para Sivry, de volta ao seu antigo dono; a alegria da família por rever o companheiro de casa e estábulo, disseram, fora imensa, e a solidariedade dos vizinhos unânime. Com muito engenho haviam levado o cavalo para um sótão e o esconderam com feno; todo mundo guardava o segredo. Agora ele ia ser, entre queixas e lamentos, retirado dali, e toda a comunidade foi tomada de tristeza quando o cavaleiro montou nele e seguiu o suboficial. Ninguém pensou nem em suas próprias penas nem no destino cheio de incertezas de todos; o cavalo e seu dono enganado pela segunda vez eram a preocupação da multidão que acorrera ali.

Uma esperança momentânea se manifestou; o príncipe herdeiro da Prússia chegou e, ao perguntar o que reunira aquela multidão, aquela boa gente dirigiu a ele seus apelos para que restituísse o cavalo. Não estava em seu poder, pois os cursos da guerra são mais poderosos do que os reis, e ele os deixou desconsolados à medida que ia se afastando.

Nós, então, falamos mais uma vez com nossos bons anfitriões sobre as táticas contra os retardatários; pois aquela ralé já começava a dar o ar de sua graça. Aconselhamos: o homem e a mulher, a criada e o aprendiz deviam se fechar atrás da porta do pequeno vestíbulo e, em todo caso, oferecer da porta para fora um pedaço de pão, um gole de vinho, quando fosse pedido, mas impedir de qualquer maneira que entrassem à força. Dificilmente aquela gente invadia uma casa com violência, mas, uma vez que lhes permitam a entrada, não se podia mais ter controle sobre ela. Nossos bons anfitriões nos pediram que ficássemos ali por mais tempo, mas tínhamos de pensar em nós mesmos; o regimento do duque já estava à frente e o príncipe herdeiro já partira. Era motivo suficiente para que nos despedíssemos.

O quanto isso foi sensato ficou ainda mais claro para nós quando, alcançando a coluna, nos foi dito que no dia anterior a guarda avançada dos príncipes franceses, mal tinha deixado para trás o desfiladeiro de Chesne le populeux e o Aisne, entre as Grandes e as Petites Armoises, quando foi atacada por camponeses; o cavalo de um oficial fora morto embaixo dele, uma bala atravessara o chapéu do criado do comandante. Então me lembrei de que, no dia anterior, quando o belicoso cunhado entrara na casa, eu não pudera evitar o pressentimento de alguma coisa parecida.

Ainda o dia 6 de outubro

Havíamos escapado do aperto mais perigoso, mas nossa retirada ainda era difícil e preocupante; o transporte de nossos pertences se tornava a cada dia mais penoso, pois na verdade levávamos conosco um mobiliário completo; fora os apetrechos de cozinha havia ainda uma mesa e bancos, caixas, arcas e cadeiras, e até um par de fogões de folha de flandres. Como levar adiante as várias carroças, se a cada dia tínhamos menos cavalos? Alguns morreram, os que restavam não tinham mais forças. Não havia alternativa, a não ser deixar uma carroça para trás a fim de levar as outras adiante. Então discutimos sobre o que seria o mais indispensável e, para não perder tudo, tivemos de abandonar à própria sorte uma carroça bem carregada com os mais variados apetrechos. Essa operação se repetiu outras vezes, nosso comboio se tornara bem mais modesto em muitos aspectos e, contudo, fomos ainda uma vez obrigados a uma nova redução, pois nos arrastávamos com o maior desconforto pelas margens baixas do Mosa.

Mas o que naquelas horas mais afligia e preocupava era que desde alguns dias eu não via meu coche. Eu não podia encontrar outra explicação a não ser a de que meu resoluto criado se vira em apuros, perdera seus cavalos e não tivera como requisitar outros. Vi, então, como produto de minha triste imaginação, meu valioso coche boêmio, um presente de meu príncipe que já me levara a tantos lugares neste mundo, afundado na lama, talvez até tombado; por isso, como seguia a cavalo, levava tudo o que tinha comigo. A mala com roupas, manuscritos de toda espécie e outros pertences tornados preciosos por influência do hábito, tudo isso me parecia perdido e espalhado pelo mundo.

Que teria sido feito da carteira com dinheiro e papéis importantes? De outras ninharias que sempre acabamos carregando conosco? Já tinha pensado em tudo isso longa e minuciosamente; então, o espírito se restabeleceu da situação insuportável. A confiança em meu criado voltou a crescer e,

"A campanha na França" e outros relatos de viagem

assim como havia pouco pensara na perda, agora pensava que tudo estaria salvo graças à sua eficiência, alegrando-me com essa ideia, como se já tivesse tudo de novo diante de meus olhos.

7 de outubro

No exato momento em que subíamos pela margem esquerda do Mosa, buscando chegar ao ponto em que deveríamos atravessá-lo e chegar, do outro lado, à estrada principal, justo no lugar mais pantanoso, nos deram a notícia: o duque de Braunschweig vinha chegando atrás de nós. Detivemo-nos e o saudamos com respeito; ele também se deteve bem próximo de nós e me disse: "Lamento muito vê-lo nessa situação desagradável, mas isso também me parece bem-vindo, pois assim sei que podemos contar com um homem inteligente e digno de crédito para testemunhar que não fomos vencidos pelo inimigo, e sim pelos elementos".

Ele me vira de passagem no quartel-general de Hans, e sabia que eu estivera presente durante toda a triste marcha. Respondi-lhe qualquer coisa conveniente e, por fim, lastimei que ele, depois de tanto sofrimento e fadiga, ainda tivesse de se preocupar com a doença de seu nobre filho, que nos despertara grande solidariedade na noite anterior em Sivry. Ele me ouviu de bom grado, pois esse príncipe era seu filho favorito; mostrou-o a nós, pois estava ali perto, e nós lhe fizemos também uma mesura. O duque nos desejou toda a paciência e perseverança, e eu, por minha vez, desejei-lhe saúde constante, pois fora isso não lhe faltava nada para nos salvar a nós e à boa causa. Ele, na verdade, jamais gostara de mim, isso eu tinha de aceitar; ele o demonstrara, e isso eu lhe perdoara; agora, porém, a infelicidade se tornara uma delicada mediadora que nos reuniu em uma empatia mútua.

7 e 8 de outubro

Havíamos cruzado o Mosa e tomado o caminho que leva dos Países Baixos a Verdun; o tempo estava pior do que nunca; acampamos nas proximidades de Conservoy. O desconforto, a desgraça mesmo, atingiram seu ponto mais alto, as tendas estavam encharcadas, e não havia nenhuma outra proteção para servir de teto; não sabíamos para que lado nos voltar, meu coche ainda não aparecera e me faltavam a coisas mais necessárias. Mesmo se pudéssemos nos esconder embaixo de uma tenda, não poderíamos encontrar um lugar que fosse para descansar. Que falta não sentíamos da palha, ou mesmo de uma tábua, e por fim não nos restava nada além de nos deitarmos sobre o chão frio e úmido.

Mas em outros casos parecidos eu já havia inventado um modo prático de superar aquela calamidade: ficava em pé até que os joelhos não pudessem mais suportar, e então me sentava sobre uma cadeira dobrável onde permanecia obstinadamente até sentir que ia cair, quando então qualquer lugar sobre o qual pudesse ficar em posição horizontal parecia dos mais bem-vindos. Assim como a fome é o melhor tempero, a fadiga é o melhor soporífero.

Havíamos passado já dois dias e duas noites dessa maneira, quando a triste situação de alguns doentes iria favorecer também os saudáveis. O camareiro do duque fora acometido da moléstia geral, o príncipe salvara um fidalgo do regimento no hospital de Grandpré; agora ele decidiu enviar os dois para Verdun, distante duas milhas dali. O tesoureiro Wagner recebeu ordem de lhes prestar assistência e eu não hesitei em tomar o quarto lugar, atendendo ao apelo providencial do príncipe. Despedimo-nos levando cartas de recomendação ao comandante,[82] e como ao partir não podíamos deixar o cãozinho para trás, a carroça dormitório, tão apreciada por nós, se transformou em um semi-hospital e em algo semelhante a uma jaula de jardim zoológico.

Como escolta e encarregado do alojamento e das provisões, foi-nos dado aquele hussardo chamado Liseur, que, sendo natural de Luxemburgo, conhecia a região, e aliava em si a habilidade, a destreza e a ousadia de um saqueador; com satisfação ele cavalgou à frente, e dava um ar distinto à carroça puxada por seis fortes cavalos brancos e a si mesmo.

Acomodado entre doentes contagiosos, não sentia nenhuma apreensão. Quando permanece fiel a si mesmo, o ser humano encontra para cada si-

---

82 Comandante: Wilhelm René de l'Homme de Courbière (1733-1811), tenente-general prussiano, comandante de Verdun.

"A campanha na França" e outros relatos de viagem

tuação uma máxima reconfortante; a mim, sempre que havia grande perigo, vinha em socorro o mais cego fatalismo, e pude notar que pessoas que exercem uma profissão muito perigosa se sentem revigoradas e fortalecidas pela mesma fé. A religião maometana dá a melhor prova disso.

9 de outubro

Nosso triste hospital ambulante avançava lentamente e dava motivos para graves considerações, pois havíamos caído na mesma estrada pavimentada pela qual entráramos no país. Ali passamos pelas mesmas redondezas onde fora disparado o primeiro tiro no vinhedo, o mesmo caminho em que a bela mulher caíra em nossas mãos e fora reconduzida à sua casa; passamos pelo murinho de onde ela e seus familiares nos acenaram amigavelmente e nos despertaram tantas esperanças. Como tudo parecia diferente! E como pareciam duplamente infelizes as consequências de uma campanha infrutífera através do véu turvo de uma chuva que não parava de cair!

Mas no meio de todas aquelas tristezas deveria me acontecer o melhor que eu poderia desejar. Alcançamos um veículo que ia à nossa frente, puxado por quatro cavalinhos insignificantes; ali se passou uma cena de alegria e reconhecimento, pois era meu coche, era meu criado. "Paul!", chamei, "é você, seu diabinho? Como veio parar aqui?" A mala estava tranquilamente instalada em seu lugar de costume; que visão alvissareira! E quando perguntei ansiosamente pela carteira e por outros objetos, dois amigos saltaram do coche, o secretário privado Weyland[83] e o capitão Vent.[84] Foi uma cena alegre de reencontro e eu soube de tudo o que acontecera até então.

Desde a fuga daqueles garotos camponeses, meu criado soubera conduzir os quatro cavalos, e se arrastara não apenas de Hans até Grandpré como também, depois de desaparecer de minhas vistas, através do Aisne, e então prosseguira, sempre pedindo, exigindo, forrageando, requisitando, até

---

83 Philipp Christian Weyland (1765-1843), secretário privado do duque Carl August.

84 Johann Christoph Gottlob Vent (1751-1822), oficial engenheiro, mais tarde diretor do serviço sanitário e de manutenção de estradas em Weimar.

que nos tornamos a encontrar e então, todos reunidos e muito contentes, continuamos a avançar em direção a Verdun, onde esperávamos encontrar tranquilidade e repouso suficientes.

Também nesse sentido o hussardo tivera as melhores e mais sábias providências; ele tomou nossa dianteira e entrou na cidade onde, vendo a grande calamidade que reinava ali, em pouco tempo se convenceu de que aqui não se poderia, de acordo com as ordens recebidas, esperar nada da ação e da boa vontade de uma divisão de alojamentos; por sorte, contudo, ele viu, no pátio de uma bela casa, que se faziam preparativos para uma próxima partida. Regressou, indicou-nos para onde devíamos seguir e, assim que aquele grupo deixou a casa, apressou-se em ocupar o portão do pátio, impedir que o fechassem e nos dar as boas-vindas. Entramos e descemos dos veículos sob os protestos de uma velha governanta que, acabando de se livrar de um hóspede, não tinha nenhuma vontade de receber mais um, especialmente sem um documento oficial. Entrementes, os cavalos foram desatrelados e levados para o estábulo, enquanto nós nos distribuíamos pelos aposentos superiores; o dono da casa, idoso, nobre, cavaleiro da ordem de São Luís, deixou estar; nem ele nem a família queriam mais saber de hóspedes, muito menos daqueles prussianos em retirada.[85]

10 de outubro

Um garoto que nos guiou pela cidade devastada perguntou com ênfase: não havíamos ainda provado do incomparável patê de Verdun? Levou-nos, então, ao famoso mestre dessa iguaria. Entramos em um grande espaço doméstico, no qual havia fornos grandes e pequenos por todos os lados, e em cujo centro estavam dispostos uma mesa e bancos para a degustação imediata do patê recém-preparado. O artista se adiantou, mas expressou com a maior vivacidade seu desespero por não poder nos servir, pois lhe faltava de todo a manteiga. Mostrou-nos as mais belas provisões de finíssimo trigo branco, mas de que lhe serviam elas sem o leite e a manteiga? Gabou-se de seu talento, do aplauso dos concidadãos, dos viajantes, e

---

85 O dono da casa seria um barão de Manonelle.

lamentou que justamente agora, quanto tinha oportunidade de se exibir diante daqueles estrangeiros e disseminar sua fama, faltava-lhe o que havia de mais essencial. Implorou-nos que lhe conseguíssemos manteiga, e deu a entender que, se mostrássemos apenas um pouco de rigor, haveríamos de encontrá-la em algum lugar. Mas deu-se por satisfeito para o momento quando lhe prometemos que, se ficássemos por mais tempo, iríamos buscá--la em Jardin Fontaine.

Perguntamos ao nosso jovem guia, que continuou a nos acompanhar pela cidade e que parecia entender tanto de crianças bonitas quanto de patês, por uma mulher lindíssima que acabava de se inclinar da janela de uma casa bem construída. Sim, exclamou, depois de nos dizer o nome dela, tomara que a bela cabecinha possa se manter firme sobre os ombros; ela é uma daquelas que entregaram flores e frutas ao rei da Prússia. Em sua casa e sua família todos já pensavam ter regressado ao topo, que a página tinha sido virada, mas agora eu não gostaria de estar no lugar dela. Ele disse aquilo com a maior tranquilidade, como se fosse a coisa mais natural, que não pudesse ser de outra maneira e não seria.

Meu criado voltara de Jardin Fontaine, para onde fora a fim de cumprimentar nosso antigo anfitrião e devolver a carta para a irmã dele em Paris. O homem zombeteiro o recebeu com bastante cordialidade, tratou-o da melhor maneira possível e mandou convidar seu senhor, a quem prometia um acolhimento semelhante.

Mas não deveria ser assim; pois, mal havíamos levado o caldeirão ao fogo, com os ingredientes e cerimônias tradicionais, quando entrou um ordenança e, em nome do comandante, o sr. Von Courbière,[86] nos ordenou amigavelmente que nos preparássemos para partir de Verdun às 8 horas da manhã seguinte. Muito perplexos, pois tínhamos de abandonar a toda pressa o teto, o leito e o fogão sem descansar nem um pouquinho e de novo sair para o mundo ermo e sujo, invocamos a doença do fidalgo e do camareiro, ao que ele respondeu que teríamos de tentar de todas as maneiras possíveis levá-los conosco, pois durante a noite o hospital seria esvaziado, e apenas os doentes intransportáveis seriam deixados para trás.

---

86 Cf. n.82 deste capítulo.

Fomos tomados de horror e desespero, pois até agora ninguém duvidava de que da parte dos aliados deveríamos manter Verdun e Longwy, se não conquistar ainda outras fortalezas, e preparar alojamentos para o inverno. Não podíamos abandonar essas esperanças de uma hora para outra; por isso, tivemos a impressão de que pretendiam apenas livrar a fortaleza dos inúmeros doentes e da incrível tropa, a fim de poder depois ocupá-la com a guarnição necessária. O tesoureiro Wagner, contudo, que entregara a carta do duque ao comandante, pensava ver naquelas medidas motivos para as maiores preocupações. Mas, fosse qual fosse o fim de tudo aquilo, tínhamos desta vez de nos entregar ao nosso destino, e comemos tranquilamente a refeição simples com diversas pausas e pratos; foi então que um segundo ordenança entrou e nos comunicou que devíamos tentar partir às 3 horas da manhã de Verdun, sem hesitação nem demora. O tesoureiro Wagner, que pensava conhecer o conteúdo daquela carta para o comandante, viu nisso uma clara confissão de que a fortaleza seria de imediato restituída aos franceses. Ao ouvir isso, pensamos na ameaça do garoto, lembramo-nos da linda mulher em sua bela toalete, das frutas e flores, e pela primeira vez nos sentimos intimamente entristecidos pelo inequívoco fracasso de nossa grande campanha.

Embora eu tivesse encontrado alguns amigos honrados no corpo diplomático, não pude evitar algumas ideias zombeteiras ao vê-los no meio daquela grande movimentação; eles me pareciam diretores de teatro que escolhem a peça, distribuem os papéis e andam de um lado para o outro sem ser notados, enquanto a trupe, paramentada com toda a pompa, tem de dar o melhor de si e entregar o resultado de seus esforços aos caprichos da sorte e ao humor do público.

O barão Breteuil[87] morava defronte de nós; desde a história do colar ele não saía de meus pensamentos. Seu ódio pelo cardeal de Rohan o levou à mais terrível precipitação; a comoção causada por aquele processo abalou os alicerces do Estado, aniquilou o respeito pela rainha e pelas classes superiores em geral: pois tudo que foi dito não fez senão revelar a horrível corrupção em que estavam mergulhadas a corte e a nobreza.

---

87 Louis Charles Auguste Le Tonnelier, barão de Breteuil (1730-1807), diplomata e político francês.

"A campanha na França" e outros relatos de viagem

Daquela vez pensamos que ele teria produzido o evidente arranjo que nos obrigava à retirada, e que desculpávamos pressupondo condições extremamente favoráveis; asseguraram que o rei, a rainha e a família seriam libertados e que outras exigências desejáveis seriam atendidas. Mas a questão de como essas grandes vantagens diplomáticas poderiam coincidir com tudo o que sabíamos fez surgir uma dúvida atrás da outra.

Os quartos que ocupávamos eram mobiliados de modo conveniente; minha atenção foi atraída por um armário de parede, através de cujas portas de vidro vi vários cadernos in-quarto iguais, de corte regular. Para minha admiração, descobri por eles que nosso anfitrião estivera em Paris no ano de 1787 como um dos notáveis;[88] naqueles cadernos estavam impressas suas instruções. A moderação das exigências de então, a modéstia com que foram redigidas contrastavam por completo com as situações atuais de violência, prepotência e desespero. Li aquelas folhas com verdadeira comoção e levei alguns exemplares comigo.

11 de outubro

Sem ter dormido à noite, às 15 horas estávamos prontos para subir em nossos veículos voltados para o portão do pátio, quando nos demos conta de um obstáculo intransponível: uma fila ininterrupta de carroças de doentes já atravessava, entre as pedras do pavimento empilhadas às margens da rua, a cidade transformada em charco. Enquanto nos detínhamos à espera do que se poderia fazer, nosso anfitrião, o cavaleiro de São Luís, passou por nós sem nos cumprimentar. Mas nosso espanto por sua aparição extemporânea e hostil logo se transformou em compaixão, pois seu criado o seguia com uma trouxa amarrada a uma vara, e então se tornou claro para nós que ele, quatro semanas depois de ter reavido sua casa e seu pátio, tinha outra vez de deixá-los, assim como nós às nossas conquistas.

Minha atenção, então, se voltou para os cavalos atrelados ao meu coche, melhores do que os anteriores; meu caro criado me confessou que trocara

---

88 Um dos notáveis: reunião de 147 nobres convocada pelo rei a fim de reformar o sistema financeiro e tributário. O fracasso da tentativa acelerou o fim da monarquia. O nome do barão de Manonelle não consta da lista dos notáveis.

aqueles animais fracos e inúteis por açúcar e café, mas logo tivera sucesso ao requisitar outros. Não podíamos deixar de reconhecer a operosidade do hábil Liseur naquele momento; também graças a ele foi que deixamos o lugar, pois ele se lançou com seu cavalo em uma lacuna da fila de carruagens e deteve a que vinha em seguida por tempo suficiente para que introduzíssemos nela nossos veículos de quatro e seis cavalos; pude, então, desfrutar outra vez do ar fresco em meu leve coche.

Avançávamos, é verdade, em passo de cortejo fúnebre, mas, enfim, avançávamos; raiou o dia, vimo-nos diante da cidade na maior confusão e aperto. Veículos dos mais variados feitios, uns poucos cavaleiros, inúmeros pedestres se cruzavam sobre a grande praça diante do portão. Seguimos com nossa coluna à direita, em direção a Estain, por uma estrada estreita com fossos de ambos os lados. A autopreservação, sob uma pressão tão terrível, já não sabia o que fosse compaixão nem consideração. Não muito longe de nós um cavalo caiu diante de uma carroça de bagagens; cortaram-lhe as correias e o deixaram ali caído. Mas, como os outros três não conseguiam continuar a puxar a carga, cortaram-lhes também as correias, atiraram a carroça carregada no fosso, e com um mínimo de demora prosseguimos, passando por cima do cavalo já prestes a se recuperar; percebi claramente como seus ossos estalavam e tremiam sob as rodas.

Cavaleiros e pedestres tentavam trocar a estrada estreita e intransitável pelo prado; mas também este estava encharcado pela chuva, inundado pelos fossos transbordantes, a conexão das trilhas interrompida em toda parte. Quatro soldados franceses distintos, belos, bem-vestidos, chapinharam por um tempo ao lado de nosso coche, muito simpáticos e asseados, e sabiam tão bem onde deviam pisar, que suas botas só mostravam até a altura dos tornozelos a suja jornada que aquela boa gente havia vencido.

Que naquelas condições víssemos tantos cavalos mortos nos fossos, sobre os prados, campos e pastagens, era uma consequência natural da situação; mas logo os víamos também esfolados e descarnados, triste indício da penúria geral.

Continuamos nossa marcha, a todo momento correndo o perigo de, à menor hesitação, sermos atirados para fora de nosso veículo; sob tais condições, jamais se poderia louvar e honrar suficientemente o cuidado de nosso

"A campanha na França" e outros relatos de viagem

guia. Pudemos comprová-lo mais uma vez em Étain, aonde chegamos ao meio-dia; naquela cidadezinha bela e bem construída, através de ruas e sobre praças, vimos ao nosso redor e ao nosso lado uma multidão fervilhante que nos perturbava os sentidos; a massa ondeava para lá e para cá e, enquanto todos tentavam avançar, uns se tornavam obstáculos para os outros.

De súbito, nosso guia mandou parar o coche diante de uma casa bem construída na Praça do Mercado; entramos e fomos saudados a uma distância respeitosa pelo dono da casa e sua esposa.

Levaram-nos a uma sala revestida de tapeçarias ao rés do chão, onde havia um agradável fogo aceso em uma lareira de mármore negro. Contemplamo-nos com desprazer no espelho disposto acima dela, pois eu ainda não tinha tomado a decisão de cortar meus cabelos compridos, que então caíam sobre meus ombros como uma gramadeira emaranhada; a barba crescida e desgrenhada aumentava a aparência selvagem de nossa presença.

Mas agora podíamos, abarcando com o olhar toda a praça do mercado, quase tocar com a mão o tumulto ilimitado. Pedestres de toda espécie; homens alquebrados em uniformes; burgueses sadios, mas de luto; mulheres e crianças se apertavam e espremiam entre veículos de todos os feitios, carroças de armamentos, carroças com xelmas, de um ou mais cavalos, centenas e centenas de cavalos próprios ou requisitados, recuando, colidindo, impediam a passagem uns dos outros à direita e à esquerda. Também se via passar gado vacum, provavelmente rebanhos requisitados ou confiscados. Cavaleiros se viam poucos, mas chamavam a atenção as carruagens elegantes dos emigrados, laqueadas em diversas cores, douradas e prateadas, talvez as mesmas que eu já pudera admirar em Grevenmachern. A maior aflição surgia, porém, lá onde a multidão que enchia a praça do mercado tinha de enveredar por uma rua reta e bem construída, porém estreita demais para aquelas circunstâncias. Eu jamais vira coisa igual em toda a minha vida; mas a cena poderia ser comparada com uma torrente que primeiro transborda e alaga um prado e um campo, mas depois tem de passar através dos arcos estreitos de uma ponte e voltar ao leito limitado do rio.

A rua longa, cuja descida se avistava inteira de nossa janela, era ininterruptamente inundada pelas ondas mais estranhas; uma carruagem alta de dois lugares se elevava acima da torrente. Ela nos fez lembrar das belas francesas, mas não eram elas, e sim o conde Haugwitz, que vi com uma certa alegria malévola avançar oscilando passo a passo.[89]

Ainda sobre o 11 de outubro

Haviam-nos preparado uma boa refeição; em especial o saborosíssimo pernil de carneiro foi muito bem-vindo; também não faltavam vinho e pão, e com isso desfrutávamos da mais bela tranquilidade ao lado do maior dos tumultos: do mesmo modo assistimos sentados na amurada de pedra aos pés de um farol ao selvagem movimento das ondas de um mar tempestuoso, e vemos aqui e ali um navio à mercê de seu arbítrio. Mas, naquela casa hospitaleira, uma cena familiar de fato comovente esperava por nós.

O filho, um belo jovem, arrebatado pelas tendências gerais, já servira por algum tempo nas tropas nacionais em Paris, nas quais se destacara. Mas depois que os prussianos invadiram o país e os emigrados chegaram com sua orgulhosa esperança de uma vitória segura, os pais, também seguros dela, apelaram insistentemente ao filho para que abandonasse sem mais tardança sua posição na capital, que agora deveria lhe causar repulsa, voltasse para casa e se batesse dessa vez pela boa causa. O rapaz, malgrado seu, voltou por amor filial no exato momento em que prussianos, austríacos e emigrados se retiravam; ele então correu desesperadamente através da multidão para a casa paterna. Que deveria fazer agora? Como seria recebido? Alegria por revê-lo, sofrimento por perdê-lo outra vez, confusão por não saber se a casa e o pátio se poderão preservar naquela tempestade. Favorável, como jovem, ao novo sistema, regressa constrangido para um partido que abomina, e no exato momento em que se entrega a esse destino vê tal partido sucumbir. Tendo fugido de Paris, já sabe que seu nome está na lista dos pecadores e dos mortos; agora deverá ser banido de sua pátria, expulso da casa paterna. Os pais, que nada mais desejam senão se alegrar com sua presença, têm de mandá-lo embora e ele, presa do êxtase doloroso do reencontro, não sabe

---

89 Christian August Heinrich Curt von Haugwitz (1752-1832), jurista, político e diplomata prussiano. Acompanhou Goethe em sua primeira viagem à Suíça.

como se desvencilhar e partir; os abraços são censuras, e a separação que se dá diante de nossos olhos é terrível.

Tudo isso se passou bem diante da porta de nossos aposentos, no vestíbulo da casa. Mal as coisas se acalmaram, os pais se afastaram em prantos, e outra cena, quase ainda mais estranha, impressionante, nos tocou, mais do que isso, nos deixou perplexos e, embora muito comovente, nos arrancou por fim um sorriso. Alguns camponeses, homens, mulheres e crianças, invadiram nosso quarto e se atiraram chorando e gritando aos meus pés. Com toda a eloquência da dor e da miséria, queixaram-se de que lhes levavam seu belo gado; pareciam ser arrendatários de uma grande propriedade. Eu só precisava olhar pela janela, os animais estavam naquele momento passando diante dela, os prussianos se haviam apoderado deles, eu devia detê-los, devia chamar por socorro. Aproximei-me então da janela, a fim de refletir; o hussardo leviano se pôs às minhas costas e disse: "Perdão! Eu os fiz acreditar que o senhor era o cunhado do rei da Prússia, a fim de conseguir uma boa recepção e um bom tratamento. Os camponeses não deveriam ter entrado, mas entregue essa gente com uma boa palavra aos meus cuidados, e dê a entender que confia em meu juízo".

Que fazer? Surpreso e contrariado, concentrei-me e fiz como quem reflete sobre a situação. Afinal, disse a mim mesmo, a astúcia e a ousadia são sempre louvadas na guerra! Quem se deixa servir por patifes corre o risco de ser conduzido por eles. Devemos evitar um escândalo inútil e vexaminoso aqui. E, assim como o médico, em casos desesperados, prescreve um remédio para dar esperança, eu despedi aquela gente mais com uma pantomima do que com palavras; depois disse, a fim de me tranquilizar: se em Sivry o verdadeiro herdeiro do trono não pudera garantir às pessoas aflitas o cavalo que lhes pertencia, era justo que se perdoasse ao pretenso cunhado do rei por tentar repelir quem precisava de ajuda sussurrando algumas frases inteligentes.

Era uma noite escura quando chegamos a Sebincourt; havia luz em todas as janelas, como sinal de que todos os quartos estavam ocupados. Na porta de cada casa, os habitantes protestavam por não querer receber novos hóspedes, e os hóspedes, por não querer receber novos companheiros de alojamento. Mas nosso hussardo, sem fazer muita cerimônia, entrou na casa e, quando encontrou alguns soldados franceses no salão junto à lareira, pediu-lhes insistentemente que dessem um lugar ao lado do fogo para os senhores distintos que ele acompanhava. Entramos de imediato; eles nos receberam amigavelmente e se apertaram para nos dar lugar, mas logo tornaram a se sentar em sua estranha posição, estendendo os pés erguidos na direção do fogo. Às vezes também corriam pela sala de um lado para o outro, voltando logo em seguida para o lugar que ocupavam, e então eu pude observar que sua verdadeira preocupação era secar a parte de baixo de suas galochas.

Mas logo os reconheci: eram os mesmo que hoje de manhã corriam de modo tão gracioso na lama ao lado de nossa carruagem. Tendo chegado antes de nós, haviam lavado e escovado na fonte a parte de baixo de seus calçados, e agora os secavam para amanhã cedo caminharem galantes com eles ao encontro de mais sujeira e mais lixo. Um comportamento exemplar, do qual poderemos nos recordar em algumas ocasiões da vida. Lembrei-me ainda de meus companheiros de campanha, que haviam recebido com resmungos a ordem de limpeza.

Mas ao inteligente e prestativo Liseur não bastou ter-nos conseguido aquele abrigo; a ficção do meio-dia, de tão felizes resultados, foi repetida ali com ousadia, a pessoa do nobre general, do cunhado do rei teve um efeito poderoso e expulsou de um quarto com duas camas uma grande massa de bons emigrados. Em contrapartida, acolhemos no mesmo aposento dois oficiais de Köhler, mas eu me retirei para a frente da casa, para a velha e conhecida carroça-dormitório, cujos varões, dessa vez voltados para a Alemanha, me trouxeram pensamentos muito singulares, que, contudo, logo foram interrompidos por um rápido adormecer.

12 de outubro

O caminho de hoje parecia ainda mais triste do que o de ontem; cavalos exaustos caíam com maior frequência e jaziam junto dos veículos tombados no prado ao lado da estrada principal. Pelo teto das carroças de bagagens arrebentadas saíam graciosos sacos de viagem pertencentes a um corpo de emigrados; o aspecto colorido e galante daqueles pertences sem dono, abandonados, despertava a cobiça dos que passavam, e havia quem se carregasse de fardos que mais à frente teria também de deixar para trás. Talvez venha daí o boato de que durante a retirada os emigrados foram saqueados pelos prussianos.

De casos semelhantes se contavam também alguns episódios engraçados. Uma carruagem de emigrados atolara da mesma forma ao pé de uma colina, e fora abandonada. As tropas que chegaram depois examinaram seu conteúdo, encontraram caixas de tamanho mediano, estranhamente pesadas; distribuíram entre si a carga e a arrastaram com muito esforço até o alto da colina mais próxima, onde pretendiam dividir o butim e a carga; mas, que cena! De cada caixa arrombada caiu um sem-número de cartas de baralho, e os caçadores de ouro buscaram consolo em um sarcasmo mútuo, rindo e fazendo troça uns dos outros.

Prosseguimos através de Longuyon e Longwy, e aqui, se as imagens de cenas importantes de alegria desaparecem da mente, temos de nos considerar felizes por também empalidecerem em nossa imaginação imagens repulsivas de horror. Por que repetir que os caminhos não se tornavam melhores, que agora como antes seguíamos por entre carroças tombadas e nos horrorizávamos com os cavalos esfolados e retalhados à direita e à esquerda? Mal escondidos pelos arbustos, podíamos ver a toda hora corpos humanos pilhados e despidos, e por fim os havia mesmo abertamente ao lado da estrada.

Contudo, de novo um caminho lateral nos reservava algum repouso e alívio, mas ao mesmo tempo tristes considerações sobre a situação do burguês abastado e benevolente em meio à desgraça da guerra, dessa vez de todo inesperada.

13 de outubro

Nosso guia não desejava ter gabado com petulância os parentes abastados e valorosos que tinha na região; por isso, fez-nos tomar um desvio através de Arlon, uma bela cidadezinha onde fomos anunciados por ele e recebidos com amabilidade por pessoas distintas e honradas em uma casa bem construída e bem instalada. Aquela boa gente se alegrou com a presença do primo e pensou ter visto um sinal de certa melhora e de uma próxima promoção já no encargo honroso que lhe fora dado de nos tirar dos apuros mais perigosos com duas carruagens e tantos cavalos, além de, como ele os fez acreditar, muito dinheiro e objetos preciosos. Também podíamos dar o melhor testemunho sobre a maneira pela qual ele nos havia levado até ali e, embora não pudéssemos acreditar na regeneração daquele filho pródigo, nós lhe devíamos tanto que não podíamos negar alguma confiança em sua conduta futura. O patife não deixou de fazer das suas com um verdadeiro espírito de patifaria e, de fato, conseguiu daquela boa gente um belo presente em ouro. Nós nos revigoramos com um bom desjejum frio e um excelente vinho, respondendo de um modo tão tranquilizador quanto possível às perguntas daquela gente honrada, mas também muito assustada, sobre as probabilidades para o futuro imediato.

Diante da casa, haviam chamado nossa atenção alguns veículos singulares, mais longos e em parte mais altos do que as carroças de bagagens comuns, e também guarnecidos nas laterais com os acessórios mais estranhos; com viva curiosidade, perguntei o que eram aqueles estranhos veículos, e me responderam em tom confidencial, mas com cautela, que eles continham a fábrica de *assignats* dos emigrados, e relataram a desgraça infinita que haviam provocado na região. Pois, uma vez que havia já algum tempo não se podiam recusar os *assignats* verdadeiros, desde a marcha dos aliados tinha sido imposta a circulação daqueles *assignats* falsos. Comerciantes atentos, buscando segurança, haviam logo enviado aqueles papéis suspeitos para Paris, a fim de obter de lá uma declaração oficial de sua falsidade; mas isso levara ao infinito a confusão no comércio e nos negócios: pois, se com os *assignats* verdadeiros as pessoas se sentiam apenas meio inseguras, com os falsos tinham a certeza de terem sido completamente enganadas, e como também não conseguiam diferenciar entre uns e outros à primeira vista, ninguém sabia mais o que deveria dar ou receber, o que espalhara uma tal incerteza, desconfiança e temor até em Luxemburgo e Trier, que, para onde quer que se olhasse, a miséria não poderia ser maior.

Em meio a todos os males já sofridos e ainda por temer, aquelas pessoas demonstravam uma dignidade burguesa, uma amabilidade e boas maneiras que nos causavam admiração, e cujo reflexo nos chega através do drama

"*A campanha na França* e outros relatos de viagem"

sério francês dos tempos antigos e modernos. De uma tal situação não podemos fazer, na realidade de nossa própria pátria, nem em sua representação, nenhuma ideia. A *Petite Ville*[90] pode ser ridícula, mas os *Provincianos alemães*[91] são absurdos.

14 de outubro

Muito agradavelmente surpresos partimos de Arlon para Luxemburgo por uma excelente estrada pavimentada e fomos admitidos naquela fortaleza sempre tão importante e bem guardada como em qualquer aldeia, em qualquer vilarejo. Sem sermos detidos ou interrogados, vimo-nos pouco a pouco dentro da fortificação exterior, das muralhas, fossos, pontes levadiças, muros e portões; o restante confiamos a nosso guia, que pretendia encontrar aqui seu pai e sua mãe. A cidade estava cheia de feridos e doentes, de pessoas ativas que tentavam restabelecer a si mesmas, aos cavalos e veículos.

Nossa companhia, que se mantivera unida até então, tinha de se separar; o hábil mestre dos alojamentos conseguiu-me um quarto que, graças a suas janelas muito altas, recebia iluminação suficiente do patiozinho mais estreito, como de uma chaminé. Ele soube me instalar muito bem ali, com minhas bagagens e demais pertences, e cuidar de todas as minha necessidades; instruiu-me acerca dos proprietários e dos locatários do edifício e me assegurou que, em troca de um pequeno donativo, eu não seria despejado tão cedo e seria bem tratado.

Aqui pude pela primeira vez voltar a abrir a mala e me assegurar de que ainda estava em posse de meus pertences de viagem, do dinheiro e dos manuscritos. Primeiro ordenei os papéis da *Teoria das cores*, tendo sempre diante dos olhos minha máxima mais antiga: ampliar a experiência e depurar o método. Não quis tocar em um diário de guerra e de viagem. O

---

90 *La Petite Ville* [A cidadezinha], de 1801, comédia de Louis-Benoît Picard (1769-1828).

91 *Provincianos alemães* (em alemão, *Die deutschen Kleinstädter*), de 1803, comédia de August von Kotzebue adaptada da *Petite Ville* de Picard.

curso infeliz do empreendimento, que levava a se temer coisas ainda piores, continuava a dar novos motivos para a ruminação do aborrecimento, para o despertar de novas preocupações. Meu alojamento tranquilo, isolado contra qualquer ruído, me proporcionava, como se fosse uma cela de mosteiro, um espaço perfeito para as mais serenas reflexões, mas, assim que punha o pé para fora da porta, via-me no meio do mais vívido tumulto da guerra e podia perambular à vontade pelo lugar mais estranho que talvez possa se encontrar no mundo.

15 de outubro

Quem jamais viu Luxemburgo não poderá fazer uma ideia desses edifícios militares dispostos uns ao lado ou acima dos outros. A imaginação se confunde quando tentamos rememorar a estranha variedade, com a qual o olho de quem passeia de um lado para o outro mal pode se familiarizar. Será necessário ter diante de si a planta e o projeto, a fim de achar minimamente compreensível o que vem a seguir.

Um riacho chamado Pétrusse, primeiro sozinho, depois se juntando ao rio que vem da direção oposta, o Alzette, serpenteia entre rochedos, passa entre eles, circunda-os, ora em um curso natural, ora no que lhe foi dado pela arte. Na margem esquerda fica a cidade velha, elevada e plana; com suas fortificações voltadas para o campo aberto, ela se assemelha a outras cidades fortificadas. Quando havia preocupações com sua segurança pelo lado oeste, constatou-se que também era necessário se proteger contra as profundezas onde correm as águas; com o avanço das artes militares, isso também já não bastava, foi necessário erguer novas fortificações na margem direita do rio, para o sul, o leste e o norte sobre os recessos e saliências de rochedos irregulares, uma sempre sendo necessária para a proteção das outras. O resultado foi uma cadeia interminável de bastiões, redutos, meias-luas e tenalhões como a arte da defesa só pode conceber nos casos mais singulares.

Por isso, nada pode proporcionar uma vista mais peculiar do que o vale estreito que desce em direção ao rio passando através disso tudo, com suas poucas superfícies planas, suas encostas suaves ou íngremes cultivadas

"A campanha na França" e outros relatos de viagem

como jardins, dispostas em terraços e vivificadas por chalés. Aqui se combinam tanta grandeza e graça, tanta severidade e doçura, que desejaríamos que Poussin tivesse exercitado seu magnífico talento nesses espaços.

Os pais de nosso alegre guia possuíam no Pfaffenthal um gracioso jardim em declive, cujo desfrute gentilmente e de bom grado me franquearam. Igreja e mosteiro, não muito longe dali, justificavam o nome daquele Elísio e pareciam prometer paz e tranquilidade também ao habitante laico dessa vizinhança clerical, ainda que ao erguer o olhar para o alto ele devesse se lembrar da guerra, da violência e da ruína.

Mas então, sair da cidade, onde o mal-aventurado epílogo da guerra era encenado com hospitais, soldados mutilados, armas despedaçadas, eixos, rodas e carretas de canhões a ser reparados, e destroços de toda espécie, buscando refúgio em um tal silêncio, era extremamente benéfico; afastar-se das ruas onde segeiros, ferreiros e outros artesãos exerciam seu ofício de modo incansável e silencioso, e se esconder no jardinzinho do vale dos padres era algo delicioso. Aqui se encontrava um asilo bem-vindo para quem estava necessitado de paz e concentração.

16 de outubro

A variedade além de toda imaginação dos edifícios militares empilhados e espremidos lado a lado, que nos oferecem uma imagem diferente a cada passo que damos para a frente ou para trás, para perto ou para longe, despertavam a vontade de pôr ao menos uma amostra disso no papel. De fato, era natural que essa inclinação se reavivasse em mim, pois havia muitas semanas que eu não tinha diante dos olhos um objeto que a despertasse. Entre outras coisas, parecia tão inusitado que alguns rochedos, muros e obras de fortificação, que se sobressaíam uns diante dos outros, fossem ligados no alto por pontes levadiças, galeria e certas instalações incomuns. Algum homem do *métier* teria visto tudo aquilo com olhos de especialista e se alegraria com um olhar de soldado pela segurança daquelas instalações; eu, porém, podia apenas colher delas o efeito pictórico e, se não fosse rigorosamente proibido desenhar no interior e nos arredores das fortalezas, teria de muito bom grado exercido aqui meus talentos de desenhista.

Johann Wolfgang von Goethe

19 de outubro

Depois de ter me esgueirado durante vários dias, solitário e reflexivo, através daqueles labirintos onde as rochas naturais e os edifícios militares competiam — fendas singularmente íngremes se elevavam umas sobre as outras, ao lado de florações de plantas, aí incluídos o cultivo de árvores e de arbustos ornamentais —, ao chegar em casa comecei a pôr no papel as imagens que pouco a pouco haviam se imprimido à imaginação, sem dúvida de modo incompleto, mas suficiente para fixar em certa medida a memória de uma situação singularíssima.

20 de outubro

Eu havia ganhado tempo para refletir sobre o passado recente, mas quanto mais pensava, mais confuso e incerto tudo me parecia. Não ignorava, também, que o mais urgente de tudo era se preparar para o que estava por vir. As poucas milhas até Trier tinham de ser percorridas; mas o que encontraríamos lá, se agora os próprios senhores se punham em retirada ao lado de outros fugitivos?

O mais doloroso, porém, o que podia acometer como um acesso de furor mesmo quem estivesse mais ou menos resignado, era a notícia, que não podia mais se esconder, de que nossos maiores comandantes teriam de negociar com os malditos revoltosos, votados à morte pelo manifesto, apresentados como repulsivos pelos mais horríveis atos, e entregar-lhes as fortalezas, a fim de garantir para si e para os seus um retorno possível. Entre os nossos vi alguns por cuja sanidade mental devíamos temer.

22 de outubro

A caminho de Trier, não vimos em Grevenmachern mais nada daquele galante forte de carros; as campinas estavam vazias, devastadas e pisadas, ao longo e ao largo delas se viam os sinais da passagem daquela existência fugitiva. Com cavalos requisitados, passei dessa vez em silêncio pela casa de posta, a caixinha de correspondência ainda estava em seu lugar, não havia nenhum ajuntamento ao redor; eu não podia evitar as ideias mais extravagantes.

Mas um maravilhoso raio de sol vivificou o lugar no exato instante em que o monumento de Igel reverberou em minha direção como um farol para o navegante noturno.

Talvez o poder da Antiguidade jamais fosse sentido com tanta intensidade quanto naquele contraste. Um monumento, embora também de um tempo de guerra, mas de dias mais felizes, triunfantes, e de um duradouro bem-estar de homens ativos naquela região.

Embora construído em um período tardio, sob os Antoninos, ele ainda guarda em si tantas qualidades de uma arte excelente, que no todo nos fala de um modo gracioso e severo, e de suas partes, ainda que muito danificadas, nos comunica o sentimento de uma existência alegre e ativa. Ele me deteve por um bom tempo; anotei algumas coisas, afastando-me com pena, pois me sentia ainda mais desconfortável em minha lamentável situação.

Mas rapidamente minha alma foi tomada por uma nova perspectiva alegre, que pouco depois se tornou realidade.

23 de outubro

Levamos ao nosso amigo, o tenente Von Fritsch,[92] que deixáramos a contragosto em seu posto, a desejada notícia de que ele recebera a ordem do mérito militar, com justiça, por um feito de bravura, e com felicidade, sem ter tomado parte em nossa calamidade.

A coisa se passou da seguinte maneira: os franceses, sabendo que havíamos avançado bastante depois de entrar no país, e que estávamos a uma distância considerável e em grandes dificuldades, tentaram um lance inesperado à nossa retaguarda; aproximaram-se de Trier em grande número, e mesmo com canhões. O tenente Von Fritsch recebeu a notícia e com uma pequena tropa foi de encontro ao inimigo, que surpreendida pela prontidão, temendo a chegada de novas tropas, retirou-se, depois de um breve combate, para Merzig e não tornou a aparecer. O cavalo de nosso amigo foi

---

92 Cf. n.16 deste capítulo.

ferido, e a mesma bala atingira de raspão sua bota; ele, porém, regressando como vencedor, teve a melhor das recepções. O prefeito, os cidadãos lhe dispensaram toda a atenção possível; também as mulheres, que até então o conheciam como um jovem formoso, sentiram-se duplamente encantadas por encontrar nele um herói.

Ele relata de imediato os eventos ao seu chefe que, como era de esperar, os comunica ao rei, ao que se segue então a cruz azul. Compartilhar da felicidade do bravo rapaz, sua viva alegria, foi um prazer incomum; a fortuna, que nos evitava, o visitara em nossa retaguarda e ele se viu recompensado pela obediência militar que parecia aprisioná-lo em uma vida inativa.

24 de outubro

O amigo me conseguira um alojamento em casa daquele cônego. Eu também não ficara de todo livre da doença geral, e por isso precisava de algum medicamento e cuidados.

Naquelas horas tranquilas, pus-me de imediato a redigir as observações que fizera junto do monumento de Igel.

Se tiver de expressar a impressão mais geral, nele a vida se opõe à morte, o presente ao futuro, e ambos estão juntamente preservados no sentido estético. Essa era a magnífica maneira dos antigos, que se manteve ainda por um longo tempo na arte.

A altura do monumento pode chegar a setenta pés, ele se eleva em diversas seções arquitetônicas à maneira de um obelisco; primeiro a base, sobre essa um pedestal, depois a massa principal, acima dela um ático, depois um frontão e por fim uma ponta que se eleva maravilhosamente para o alto, na qual se veem os restos de uma esfera e de uma águia. Cada uma dessas seções, com os membros dos quais se constituem, é toda decorada com figuras e ornamentos.

Essa característica aponta, então, para um período mais tardio: pois ela surge assim que se perdem as proporções puras do todo, mas também há, a esse respeito, algo para se recordar aqui.

É preciso, contudo, reconhecer que essa obra tem seus fundamentos em uma arte mais elevada, havia pouco passada. Assim, também sobre o todo reina o sentido antigo no qual a vida real se representa temperada alegoricamente por alusões mitológicas. No campo principal, homem e mulher de proporções colossais se dão as mãos, unidos por uma terceira figura apagada que os abençoa. Estão entre duas pilastras ricamente ornamentadas, com crianças que dançam dispostas umas sobre as outras.

Todas as superfícies, então, aludem às mais felizes relações familiares, representando parentes que pensam e agem em consonância, convívio honesto e prazeroso.

Mas, na verdade, em toda parte predomina a atividade; não me atrevo, porém, a explicar tudo. Em um campo parece haver comerciantes reunidos que tratam de negócios; são evidentes os navios carregados, delfins como ornamentos, transporte sobre animais de carga, chegada de mercadorias e pessoas que a observam, e tudo o mais de humano e natural que pudesse haver.

Também um cavalo correndo no zodíaco, que talvez outrora puxasse um carro e um cocheiro; nos frisos, em outros espaços, nos campos do frontão, Baco, faunos, Sol e Lua e tudo o mais que pudesse ornamentar e ter ornamentado o globo e a ponta.

O todo é extremamente agradável, e seria possível, no estágio em que se encontram hoje a arquitetura e a escultura, erigir nesse sentido um magnífico monumento às personalidades mais dignas, aos prazeres de suas vidas e aos seus méritos. E assim também me pareceu muito desejável comemorar com essas considerações o aniversário de nossa veneranda duquesa Amalie, rememorar em detalhes sua vida, sua nobre atuação e sua benemerência; daí então surgiu de forma muito natural o estímulo para lhe dedicar em pensamentos um obelisco semelhante, e ornamentar caracteristicamente todos os espaços com seus destinos individuais e suas virtudes.

Trier, 25 de outubro

Aproveitei a paz e a comodidade que me foram enfim concedidas para também reunir e organizar aquilo que elaborei nos tempos mais tumultuosos. Recapitulei e redigi meus apontamentos cromáticos, desenhei várias figuras para as tabelas de cores, que modifiquei muitas e muitas vezes para tornar cada vez mais evidente o que eu queria representar e afirmar. Além disso, pensei também em reaver a terceira parte do léxico de Física de Fischer. Investigando e pedindo informações, encontrei finalmente a criada de cozinha do hospital que havia sido instalado com todo o cuidado em um mosteiro. Ela sofria da doença geral, mas os cômodos eram arejados e limpos; reconheceu-me, mas não podia falar. Retirou o volume de sob a cabeça e o entregou a mim tão limpo e bem conservado quanto na ocasião em que eu o confiara aos seus cuidados, e espero que os cuidados aos quais a recomendei lhe venham a ser benéficos.

Um jovem mestre-escola veio me visitar e emprestou-me vários dos jornais mais recentes, o que me proporcionou uma ótima conversação.[93] Ele se admirou, assim como tantos outros, por eu não querer saber de poesia, ao passo que parecia me entregar com todas as minhas forças à observação da natureza. É conhecedor da filosofia de Kant, e por isso eu pude lhe indicar o caminho pelo qual enveredei. Quando, em sua *Crítica da faculdade do juízo*, Kant põe a faculdade de juízo teológica ao lado da estética, segue-se daí o que ele quer indicar: uma obra de arte deve ser tratada como uma obra da natureza, uma obra da natureza como uma obra de arte, e o valor de cada uma deve ser depreendido de si mesmo, observado em si mesmo. Sobre essas coisas eu podia ser muito eloquente, e creio ter sido em alguma medida útil ao bom jovem. É estranho como cada época leva consigo e arrasta atrás de si verdade e erro de um passado recente, e mesmo de um passado remoto, mas os espíritos alertas se movem por novos caminhos, onde, contudo, têm de se contentar em caminhar sozinhos, ou levar consigo um companheiro por um breve trecho.

Trier, 26 de outubro

Não poderíamos sair dessas redondezas tão tranquilas sem nos sentirmos como na Idade Média, quando os muros de um mosteiro e a situação de guerra mais insana e irregular contrastam o tempo todo entre si. Em es-

---

93 Jovem mestre-escola: Johann Hugo Wyttenbach (1767-1848), diretor do Liceu, bibliotecário e fundador da Biblioteca Municipal de Trier.

pecial os cidadãos locais, bem como os imigrados em retirada, lamentavam a terrível calamidade que se abateu sobre a cidade e o país por causa dos falsos *assignats*. Algumas casas comerciais já haviam cuidado de enviá-los a Paris e recebido de lá a confirmação da falsidade, da completa nulidade, do extremo perigo de se negociar com eles fosse de que modo fosse. Que também os verdadeiros *assignats* tenham, por causa disso, caído em descrédito; que em caso de uma total inversão no estado das coisas se devesse também temer pela destruição de todos aqueles papéis, estava claro para todos. Esse mal monstruoso se juntava agora aos outros, e assim parecia ser infinito aos olhos da imaginação e do sentimento; uma situação desesperadora, como quando se vê uma cidade inteira arder em chamas.

Trier, 28 de outubro

A mesa da hospedaria, na qual, aliás, éramos muito bem servidos, oferecia um espetáculo desnorteante: militares e empregados, todos os tipos de uniformes, cores e trajes; um silêncio mal-humorado, um falar veemente, mas todos como que reunidos em um mesmo inferno.

Também nela pude presenciar um acontecimento de fato comovente: um velho oficial dos hussardos de estatura mediana, barba e cabelos grisalhos e olhos cintilantes se aproximou de mim ao sairmos da mesa, tomou-me pela mão e perguntou se eu tinha passado por tudo aquilo com eles. Contei-lhe algumas coisas sobre Valmy e Hans, a partir das quais ele podia imaginar o resto. Então ele começou a dizer com entusiasmo e uma simpatia calorosa palavras que eu não ousaria escrever, do seguinte teor: já era uma irresponsabilidade que se envolvessem, em uma calamidade da qual talvez jamais se tivesse ouvido igual, pessoas como ele, cujo *métier* e obrigação eram suportar situações como aquela e arriscar nelas sua vida; mas que também eu (e expressou sua boa opinião sobre minha personalidade e minhas obras) tivesse de compartilhar daquele sofrimento, isso ele não podia aceitar. Eu lhe pintei as coisas por seu lado favorável, considerando que suportara com tantos valorosos guerreiros aquelas poucas semanas como se fosse uma prova pela qual tivesse de passar ao lado de meu príncipe, ao qual não deixara de ser útil; mas ele não abandonou seu discurso; entrementes, um civil se aproximou de nós e replicou: eu merecia gratidão por ter querido ver tudo aquilo, pois era lícito esperar de minha pena talentosa uma descrição e uma explicação dos acontecimentos. O velho soldado não queria saber disso, e exclamou: não creia nisso, ele é inteligente demais! O que ele poderia escrever, ele não irá querer, e o que ele gostaria de escrever, não irá poder.

De resto, fosse de que lado fosse que procurássemos ouvir, a insatisfação era ilimitada. E, assim como já nos provoca uma sensação de aborrecimento ouvir uma pessoa feliz desfiar diante de nós seu contentamento, é ainda mais insuportável quando nos vêm ruminar nos ouvidos uma calamidade que nós mesmos gostaríamos de tirar da cabeça. Ser expulso do país pelos franceses, a quem se odiava, ser forçado a negociar com eles, estabelecer relações amigáveis com os homens do 10 de agosto,[94] tudo aquilo era tão duro para o espírito e a mente quanto até agora o fora todo o sofrimento físico. Não se poupava o comando superior, e a confiança que se depositara no famoso oficial parecia perdida para sempre.

Trier, 29 de outubro

Quando nos vimos novamente sobre o solo e a terra alemã e podíamos esperar nos desvencilhar da enorme confusão, recebemos a notícia do empreendimento ousado e feliz de Custine.[95] O grande armazém de Speyer caíra em suas mãos, e ele soubera obter por isso uma rendição de Mainz. Esses sucessos pareciam arrastar atrás de si um mal sem fim, revelavam um espírito extraordinário, tão ousado quanto consequente, e por isso tudo parecia estar perdido. Nada era mais provável e natural do que Koblenz já

---

94 Refere-se aos acontecimentos de 10 de agosto, quando as massas revolucionárias tomaram as Tulherias, o rei foi deposto e, em 12 de agosto, a família real foi presa. A constituição de 1791 foi revogada. Entre os "homens do 10 de agosto", talvez se refira principalmente a Danton.

95 Adam-Philippe de Custine (1740-1793), conhecido como *général moustache* (general bigode), militar francês, célebre principalmente pela conquista de Speyer (30 de outubro de 1792) e Mainz (21 de outubro do mesmo ano). Acusado de traição, foi guilhotinado em 29 de agosto de 1793.

ter sido ocupada pelos franceses, e como então faríamos nosso caminho de volta?[96] Em pensamentos também já dávamos Frankfurt por perdida;[97] Hanau e Aschaffenburg de um lado, Kassel do outro nos pareciam ameaçadas, e quanta coisa mais não se poderia temer! Os príncipes vizinhos paralisados pelo malfadado sistema de neutralidade,[98] tanto mais ativas, em contrapartida, as massas imbuídas de convicções revolucionárias. Não seria o caso de, assim como já se havia feito em Mainz, predispor também a região e as províncias vizinhas mais próximas para as mesmas convicções e aproveitar rapidamente as que já haviam sido desenvolvidas? Tudo isso devia ser pensado, discutido.

Com frequência eu ouvia repetirem: será que os franceses deram esses passos importantes sem uma grande reflexão e estudos, sem um poder militar forte? As ações de Custine pareciam tão ousadas como prudentes; pensávamos nele, em seus auxiliares e seus superiores como homens sábios, enérgicos, consequentes. A calamidade era grande e desnorteante, sem dúvida a maior entre todos os sofrimentos e preocupações que havíamos sofrido até então.

No meio daquela desgraça e tumulto, veio ter às minhas mãos uma carta atrasada de minha mãe, uma folha que lembrava estranhamente relações juvenis doméstico-citadinas. Comunicava a morte de meu tio, o vereador Textor, cujo parentesco próximo me excluíra pelo período de sua vida do posto honroso e influente de um conselheiro municipal de Frankfurt, para o qual agora, segundo um louvável costume tradicional, haviam pensado imediatamente em meu nome, uma vez que eu progredira muito entre os graduados de Frankfurt.[99]

Minha mãe recebera a incumbência de me consultar a respeito do assunto: se eu assumiria o posto de um conselheiro municipal, caso fosse incluído no sorteio e me saísse a bola dourada. Talvez uma tal consulta não pudesse ser feita em um momento mais estranho do que aquele; fiquei

---

96 Koblenz não chegou a ser ocupada.

97 Frankfurt foi ocupada em 22 de outubro.

98 Refere-se à neutralidade dos principados do Reich que não se engajaram na campanha da França, só se unindo à aliança austro-prussiana em 1793.

99 Johann Jost Textor (1739-1792), tio de Goethe pelo lado materno.

perplexo, recolhi-me a mim mesmo, milhares de imagens se erguiam diante de minha mente e não me permitiam pensar. Mas, assim como um doente ou um prisioneiro se distrai em certos momentos com uma história que lhe contam, eu também fui transportado para outra esfera e outros tempos.

Eu me encontrava no jardim de meu avô, onde as espaldeiras ricamente abençoadas com pêssegos despertavam o apetite lúbrico do neto e apenas a ameaça de expulsão daquele paraíso, apenas a esperança de receber os frutos mais maduros e avermelhados das próprias mãos do bondoso avô podia conter em certa medida um tal desejo até o término do prazo.

Então avistei o venerando patriarca cuidando de suas rosas, protegendo zelosamente suas mãos dos espinhos com luvas antigas que lhe haviam sido dadas como um tributo de cidades liberadas do pagamento de impostos alfandegários, semelhante ao nobre Laertes, embora não melancólico e aflito como este.[100] Depois o vi em paramentos de prefeito, com a corrente de ouro, sentado no trono sob o retrato do imperador; depois ainda, infelizmente, em seus anos de semiconsciência na cadeira de doente e, por fim, no esquife.

Durante minha última passagem por Frankfurt eu havia encontrado meu tio, que como um bom filho seguira os passos do pai e galgara os degraus mais altos da administração da cidade livre, em posse da casa, do pátio e do jardim. Aqui, no círculo íntimo da família, em meu velho conhecido lugar, inalterado, aquelas recordações de menino afloravam vivamente e me surgiam com força renovada diante dos olhos.

Vieram então se juntar a elas outras imagens juvenis sobre as quais não devo silenciar. Que habitante da cidade imperial poderá negar que, cedo ou tarde, pôs os olhos no cargo de conselheiro municipal, edil, burgomestre e, de acordo com seu talento, buscou com afinco e prudência alcançar um desses postos ou, talvez, outro mais modesto? Pois o doce pensamento de tomar parte de um governo desperta bem cedo no peito de qualquer republicano, e com ainda maior vivacidade e orgulho na alma de um menino.

Eu não podia, contudo, me entregar por muito tempo a esses amáveis sonhos infantis, muito cedo despertei para a localidade cheia de presságios

---

100 Laertes é o pai de Ulisses na *Odisseia*.

em torno de mim, as tristes redondezas que me limitavam e ao mesmo tempo me turvavam e entristeciam as imagens de minha cidade natal. Mainz nas mãos dos franceses, Frankfurt ameaçada, se já não ocupada, o caminho para lá obstruído e, no interior daqueles muros, ruas, praças, residências, amigos de infância e parentes consanguíneos, talvez já presas do mesmo infortúnio que eu vira acometer tão cruelmente a gente de Longwy e Verdun; quem teria ousado se lançar em uma tal situação?

No entanto, mesmo na época mais feliz daquele venerável corpo político não me teria sido possível aceitar a proposta; os motivos não eram difíceis de exprimir. Havia doze anos que eu gozava de uma felicidade rara, da confiança e da indulgência do duque de Weimar. Esse príncipe extremamente favorecido pela natureza, de uma afortunada formação cultural, se comprazia com meus serviços bem-intencionados, muitas vezes insuficientes, e me dava a oportunidade de me aperfeiçoar, o que não teria sido possível em nenhuma outra situação que me pudesse ser oferecida em minha pátria; minha gratidão não tinha limites, assim como minha afeição pelas nobres senhoras, sua esposa e sua mãe, por sua família florescente, por uma terra à qual eu, afinal, também prestara alguns serviços. Não deveria, ainda, pensar naquele círculo de amigos recentes, extremamente cultos, e de outras pessoas boas e queridas do lugar, que se desenvolvera graças às minhas disposições fiéis e constantes? Essas imagens e sentimentos evocados diversas vezes naquela ocasião me alegraram sobremaneira naquele momento dos mais sombrios: pois já é meia salvação quando, de uma situação tristíssima em terra estrangeira, somos estimulados a lançar um olhar esperançoso para nossa pátria segura; assim gozamos deste lado, nesta terra, daquilo que nos é prometido para além das esferas.

Com essa disposição, comecei a carta que escreveria à minha mãe, e se esses motivos pareciam de início se referir aos meus sentimentos, ao meu bem-estar pessoal, às minhas vantagens particulares, eu tinha, contudo, outros a acrescentar que também levavam em consideração o bem de minha cidade natal e devia convencer meus protetores lá.

Pois como, de fato, eu poderia desenvolver uma atividade produtiva naquele círculo muito particular para o qual, talvez mais do que para qualquer outro, era necessário ter sido preparado com toda dedicação? Havia tantos

Johann Wolfgang von Goethe

anos que eu me acostumara a exercer funções correspondentes às minhas capacidades, mas de uma natureza tal que dificilmente seriam exigidas pelas necessidades e objetivos de uma administração municipal. Poderia mesmo acrescentar: que se, de fato, apenas cidadãos poderiam ser admitidos no conselho, essa condição se tornara tão estranha para mim que eu deveria ser considerado um forasteiro.

Expus todos esses motivos à minha mãe com gratidão, e ela decerto não esperava por outra coisa. Mas talvez essa carta tenha demorado demais para chegar a suas mãos.

Trier, 29 de outubro

O jovem amigo com quem eu me comprazia em manter agradáveis conversações científicas e literárias também tinha um bom conhecimento da história da cidade e de suas redondezas.[101] Nossos passeios, sob um tempo sofrível, eram, por isso, sempre instrutivos, e eu pude assimilar o que havia de mais geral.

A cidade em si tem um caráter notável, ela afirma possuir mais edifícios eclesiásticos do que qualquer outra do mesmo tamanho, e seria difícil negar-lhe essa distinção; pois no interior de seus muros ela é cheia, podemos dizer mesmo atravancada, de igrejas, capelas, mosteiros, conventos, colégios, edifícios de ordens cavalheirescas e clericais; e fora dos muros é bloqueada, e mesmo sitiada, por abadias, monastérios, cartuxas.

Isso dá testemunho de um vasto círculo de poder eclesiástico que o arcebispo domina a partir daqui, pois sua diocese se estende até Metz, Toul e Verdun. Também o governo secular dispõe de belas propriedades, pois o príncipe eleitor de Trier governa um magnífico território dos dois lados

---

101 Jovem amigo: Johann Hugo Wyttenbach (cf. n.93 deste capítulo). Wyttenbach era autor de um *Versuch einer Geschichte von Trier* [Ensaio de história de Trier], de 1815-1817. Goethe também se utilizou de uma *Beschreibung der Altertümer von Trier* [Descrição das antiguidades de Trier], de 1820, de Carl Friedrich Quednow, e da *Topographia Archiepiscopatuum Moguntinensis Trevirensis et Coloniensis, Das ist Beschreibung der Vornembsten Stätt und Plätz in denen Ertzbistümen Mayntz, Trier vnd Cöln* [Descrição dos lugares mais importantes dos Arcebispados de Mainz, Trier e Colônia], de Mattäus Merian.

do Mosela, e assim também não faltam em Trier palácios que atestam que a cidade era a sede de um poder que abarcava uma vasta região.

A origem da cidade se perde nos tempos lendários; o aprazível local deve muito cedo ter atraído agricultores. Os tréveros foram integrados ao Império Romano, primeiro como pagãos, depois como cristãos, dominados pelos normandos e pelos francos e, por fim, a bela região foi incorporada ao Sacro Império Romano-Germânico.[102]

Eu gostaria muito de ver a cidade em uma bela estação, em uma época de paz, de conhecer mais de perto seus cidadãos que têm desde sempre a fama de ser amigáveis e alegres. Da primeira dessas características ainda se percebem traços nesse momento, da segunda quase nada; e como se poderia manter a alegria em situações tão adversas?

Contudo, quem for examinar os anais da cidade encontrará repetidas notícias das calamidades causadas pelas guerras que assolaram essa região, uma vez que o Vale do Mosela, e o próprio rio, favorecem tais campanhas. Assim como nós, até mesmo Átila empreendeu, a partir do Extremo Oriente, marchas e retiradas com seu inumerável exército pela região do rio. O que não tiveram de suportar os cidadãos durante a Guerra dos Trinta Anos até o final do século XVII, quando o príncipe se juntou à França como o aliado mais próximo, tendo por isso amargado um longo período como prisioneiro da Áustria! Também de guerras internas a cidade adoeceu mais de uma vez, como não poderia deixar de acontecer em qualquer cidade episcopal, nas quais os cidadãos nem sempre podiam se entender com o poder secular eclesiástico.

Enquanto me instruía sobre a história da cidade, meu guia me chamava a atenção para edifícios das mais diferentes épocas, a maioria dos quais tinha uma aparência curiosa, e por isso notável, embora pouca coisa pudesse satisfazer ao julgamento do gosto da mesma maneira como ressaltei anteriormente no monumento de Igel.

Os restos do anfiteatro romano me pareceram respeitáveis; mas como o edifício desabou sobre si mesmo e provavelmente foi tratado como uma pe-

---

102 Os tréveros eram um povo de origem celta da Gália Bélgica. Deles se origina o nome da cidade de Trier (em latim: Augusta Treverorum, Augusta dos Tréveros).

dreira durante vários séculos, não se poderia defini-lo com muita exatidão. Podia-se, contudo, ainda admirar o modo como os antigos, de acordo com sua sabedoria, buscavam atingir grandes objetivos com meios moderados, e souberam aproveitar as condições naturais de um vale entre duas colinas, onde a configuração do solo poupou afortunadamente ao arquiteto muito trabalho de escavação e alicerces. Quando subimos das primeiras alturas do Monte de Marte, onde ficam essas ruínas, para um pouco mais acima, avistamos por sobre todas as relíquias de santos, sobre as cúpulas, telhados e zimbórios o Monte de Apolo, e assim ambos os deuses, tendo Mercúrio ao lado, preservam a memória de seus nomes; as imagens puderam ser removidas, o gênio não.[103]

Para a observação da arquitetura da Alta Idade Média, Trier oferece monumentos notáveis; tenho pouco conhecimento dessas coisas, e elas não dizem nada a uma mente cultivada. A vista delas, apesar de algum interesse, me confundiu; algumas estão soterradas, em escombros, usados para fins diversos dos originais.

No momento mais alegre, fui guiado através da grande ponte, cujos fundamentos também remontam à Antiguidade; daqui se vê como a cidade foi edificada sobre uma superfície plana com um ângulo saliente que adentra as águas do rio e as empurra em direção à margem esquerda.

Do sopé do Monte de Apolo veem-se o rio, a ponte, os moinhos, a cidade e as imediações onde, tanto aos nossos pés quanto sobre as primeiras encostas do Monte de Marte, os vinhedos ainda não de todo desfolhados se destacavam amigavelmente, revelando em que região abençoada estávamos e nos despertando um sentimento de bem-estar e contentamento que parece pairar no ar sobre as regiões produtoras de vinho. As melhores espécies de vinho do Mosela que nos foram servidas pareciam, depois dessa visão, ter um sabor mais agradável.

---

103 Monte de Marte (Martis-Berg) é uma reinterpretação erudita de Martinsberg (Monte de São Martim); Monte de Apolo (Apollo-Berg), por sua vez, é uma reinterpretação erudita de Polsberg (Monte do eremita Paulo). Essas reinterpretações dos nomes se encontram na obra de Merian (cf. n.101 deste capítulo). Também a menção a um castelo chamado Mercurii Mons (Monte de Mercúrio) se encontra em Merian.

"A campanha na França" e outros relatos de viagem

Trier, 29 de outubro

Nosso comandante, o príncipe, chegou e tomou alojamento na abadia de São Maximino. Essas pessoas ricas, e de resto muito felizes, já haviam, é verdade, suportado um longo tempo de grandes perturbações; os irmãos do rei tinham estado alojados lá e, depois disso, o lugar nunca ficou vazio.[104] Uma instituição como aquela, surgida da paz e da tranquilidade, votada à paz e à tranquilidade, constituía, naquelas condições, uma singular exceção, pois, por mais que se procurasse poupá-la, se manifestava um violento contraste entre a vida cavalheiresca e a monástica. O duque, porém, com sua liberalidade e seu comportamento amistoso, e mesmo sendo um hóspede indesejável, sabia, aqui como em qualquer outra parte, fazer de si e dos seus uma presença agradável.

A mim, contudo, o maligno demônio da guerra deveria voltar a perseguir aqui. Nosso bom coronel Von Gotsch também se alojara no mosteiro;[105] encontrei-o à noite a velar e cuidar de seu filho que, assim como os demais, sucumbira à infeliz enfermidade. Tive mais uma vez de ouvir a litania e a imprecação contra nossa campanha, pela boca de um velho soldado e pai que tinha o direito de censurar com paixão todos os erros que reconhecia como soldado e amaldiçoava como pai. Voltamos também a falar dos Islettes, e qualquer um que tivesse clareza sobre aquele malfadado ponto não podia deixar de se desesperar.

Alegrei-me com a oportunidade de visitar a abadia e encontrei um edifício imenso, de fato principesco; os quartos de tamanho e altura imponentes, o piso assoalhado, tapeçarias de veludo e damasco, estuque, dourados e entalhes, em nada disso se economizara, nem em tudo o mais que estamos acostumados a ver em palácios como esse, e tudo era duplicado e triplicado pelos grandes espelhos.

Também as pessoas ali alojadas se sentiam muito bem; os cavalos, contudo, não puderam ser todos acomodados, tinham de ficar ao céu aberto,

---

104 Trata-se dos irmãos de Luís XVI: Louis Stanislas Xavier, conde da Provença, mais tarde rei Luís XVIII (1755-1824), e Charles Philippe, conde de Artois, mais tarde rei Carlos X (1757-1836).

105 Raphael von Gotsch (1726-1803), oficial do regimento do duque Carl August.

sem lugar para dormir, sem cochos ou bebedouros. Infelizmente os sacos de ração haviam apodrecido e a aveia tinha de ser sorvida do chão.

Mas se as estrebarias eram insignificantes, tanto mais espaçosas eram as adegas. Além de seus próprios vinhedos, o mosteiro ainda desfrutava dos ganhos com muitos dízimos. É verdade que nos últimos meses muitos barris deviam ter sido esvaziados, pois havia muitos deles no pátio.

30 de outubro

Nosso príncipe ofereceu um grande banquete; três dos mais distintos senhores eclesiásticos foram convidados. Eles haviam emprestado preciosas toalhas de mesa e um belíssimo serviço de porcelana; não se via muita prata, os tesouros e as preciosidades estavam em Ehrenbreitstein.[106] Pratos muito saborosos, preparados pelos cozinheiros do príncipe; o vinho que deveria ter seguido conosco para a França, voltando de Luxemburgo, foi saboreado aqui; porém, o que mais recebeu elogios foi o delicioso pão branco, que trazia a lembrança do contraste com o pão de munição de Hans.

Quando por esses dias eu pesquisava a história de Trier, tive necessariamente de me ocupar também com a abadia de São Maximino;[107] por isso, pude manter uma conversação histórica bastante satisfatória com meu vizinho eclesiástico na mesa. Supomos que a instituição era muito antiga; pensamos depois em seus destinos tão variados, em sua localização próxima da cidade, circunstância perigosa para ambas; recordamos como um incêndio a devastou e destruiu no ano de 1674. Também fui informado sobre a reconstrução e o demorado restabelecimento na situação atual. Também havia muito de bom a dizer e a louvar no estabelecimento, o que o clérigo ouviu de bom grado; mas ele não queria reconhecer nada de meritório nos

---

106 Fortaleza em Koblenz, residência do arcebispo de Trier, onde os tesouros do príncipe eleitor de Trier foram guardados em 1792 para evitar que caíssem em mãos dos franceses.

107 Abadia beneditina fundada no século IV. Foi destruída diversas vezes. A edificação descrita aqui data do século XVII, e dela só restam atualmente um portal e a igreja. Foi secularizada em 1802.

últimos tempos: os príncipes franceses haviam se alojado ali por um longo período, e ouvira-se muito falar em abusos, arrogância e desperdício.

Para mudar de assunto, voltei à história; mas, quando mencionei os primeiros tempos, a época na qual a abadia se pusera em pé de igualdade com o arcebispo, e o abade era um dignitário do Sacro Império Romano Germânico, ele se esquivou com um sorriso, como se a memória desse fato nos dias de hoje lhe parecesse algo insidioso.

A preocupação do duque com seu regimento se tornou então clara e efetiva; pois quando se revelou impossível transportar os doentes nas carroças, ele mandou alugar um barco a fim de levá-los com conforto para Koblenz.

Mas então chegaram outros soldados, inválidos de outra maneira. Durante a retirada, logo nos demos conta de que não seria possível levar os canhões; os cavalos da artilharia morriam um depois do outro, era difícil encontrar animais para repô-los; os cavalos, requisitados quando do avanço, fugidos quando da retirada, faltavam em toda parte. Apelou-se para uma medida extrema: em cada regimento, um grande número de homens tinha de desmontar e prosseguir a pé, a fim de se poder salvar os canhões. Com suas botas rígidas que, por fim, não resistiam mais naquela estrada horrível, aqueles bravos homens sofreram infinitamente; mas também para eles o tempo se tornou mais alegre, pois foram tomadas providências para que eles seguissem igualmente pelo rio até Koblenz.

Outubro[108]

Meu príncipe me encarregara de visitar o marquês Lucchesini, levar-lhe suas saudações de despedida e pedir-lhe certas informações.[109] Em uma hora tardia da noite, e não sem alguma dificuldade, fui admitido na presença daquele homem importante que outrora não deixara de me demonstrar sua consideração. A graça e a amabilidade com que me recebeu

---

108 Aqui Goethe abandona a forma do diário. Os acontecimentos narrados sob a rubrica de "outubro" se deram, de fato, em novembro.

109 Girolamo Lucchesini (1751-1825), escritor e diplomata de origem italiana a serviço da Prússia. Último leitor e confidente de Frederico II.

foram benéficas; o mesmo não se pode dizer das respostas que deu às minhas perguntas e aos pedidos que lhe fiz. Despediu-me assim como me recebera, sem me atender em nada, e creio que me acreditarão se disser que eu estava preparado para isso.

Quando vi os preparativos para a partida daqueles cavaleiros doentes e esgotados, também senti que o melhor a ser feito era buscar uma saída pela água. Foi muito a contragosto que deixei meu coche para trás, depois de me prometerem que o enviariam para mim em Koblenz, e aluguei um barco tripulado por um único homem; o embarque de todos os meus pertences me deu uma impressão muito agradável, pois mais de uma vez pensei que estivessem perdidos ou temi perdê-los. Juntou-se a mim nessa viagem um oficial prussiano a quem acolhi como velho conhecido, do qual ainda me recordava como um pajem, e que tinha ainda muito claro diante de si seu tempo na corte; afirmava ter me servido café muitas vezes.

O tempo estava sofrível, a viagem foi tranquila e reconhecíamos com tanto maior intensidade a graça daquela situação favorável por vermos na estrada, da qual o rio aqui e ali se aproximava, o quão penosamente a coluna avançava, tendo mesmo de vez em quando de fazer uma parada. Já em Trier haviam se queixado de que em uma retirada tão apressada a maior dificuldade era encontrar alojamento, pois era frequente que as localidades destinadas a um regimento já se encontrassem ocupadas, o que provocava grandes aflições e confusões.

As vistas das margens do Mosela ao longo de nossa viagem eram as mais variadas; uma vez que, embora a água oriente obstinadamente seu curso principal do sudeste para o nordeste, ela é empurrada ora para a esquerda, ora para a direita por angulações salientes das margens, pois atravessa uma região ardilosa de montanhas, de modo que só pode avançar fazendo largos volteios de serpente. Por isso também é de extrema necessidade dispor-se de um hábil navegador; o nosso demonstrou força e destreza, sabendo evitar ora um rochedo avançado, ora aproveitar, para uma viagem mais rápida, a corrente que flui entre encostas escarpadas. As muitas localidades de ambos os lados ofereciam uma vista das mais risonhas; o cultivo de vinhedos, em toda parte muito bem cuidados, fazia pensar em um povo jovial, que não poupa esforços para conseguir o saboroso licor. Cada colina ensolarada era aproveitada, mas logo podíamos admirar rochedos abruptos junto da corrente, sobre cujos ângulos estreitos e proeminentes as vinhas cresciam maravilhosamente, como sobre fortuitos terraços naturais.

Ancoramos junto de um gracioso albergue, onde uma velha estalajadeira nos recebeu bem, queixou-se de algumas adversidades, reservando, contudo, as maiores imprecações para os emigrados. Contou-nos que vira com horror como, à mesa, aquelas criaturas ímpias atiravam à cabeça umas das outras o precioso pão em forma de bolinhas e aos pedaços, que ela e sua criada depois recolhiam derramando lágrimas.

Assim, com boa sorte e coragem, íamos descendo mais e mais até o crepúsculo, quando então nos vimos colhidos pelos meandros das sinuosidades do rio que se formam quando ele avança pelas alturas de Montroyal. Então a noite caiu sobre nós antes de alcançarmos ou ao menos avistarmos Tarrach. Estava escuro como breu, tínhamos de prosseguir espremidos entre margens mais ou menos íngremes, quando uma tempestade que já se anunciava lá atrás desabou com violência duradoura; ora o rio subia ao vento contrário, ora rajadas de vento se chocavam e o faziam baixar com um atroar furioso; uma onda depois da outra veio se quebrar contra o barco, estávamos encharcados. O barqueiro não escondia sua desorientação; o perigo parecia cada vez maior quanto mais ele durava, e a pressão subira ao máximo quando o bravo homem afirmou não saber onde estava nem para que lado levar o barco.

Nosso companheiro emudeceu, eu me recolhi em silêncio a mim mesmo; flutuávamos na mais profunda escuridão, apenas vez por outra eu tinha a impressão de que as massas que pairavam acima de mim pareciam aos olhos um pouco mais escuras do que o próprio céu trevoso; isso, contudo, proporcionava pouco consolo e esperança, estar encerrado entre terra e rochedo nos incutia uma angústia cada vez maior.

E assim fomos por um longo tempo jogados de um lado para o outro em meio às trevas, até que por fim uma luz surgiu à distância e, com isso também recobramos a esperança. Procuramos, tanto quanto possível, voltar o barco e remar naquela direção, e Paul empregou nisso todas as suas forças.[110]

---

110 Paul Goetze, o criado de Goethe.

Depois de tudo, finalmente descemos ilesos em Trarbach, e em uma estalagem passável logo nos ofereceram galinha com arroz. Um comerciante distinto, porém, vendo o desembarque de forasteiros em uma noite tão profunda e tempestuosa, insistiu para que nos instalássemos em sua casa, onde comemoramos a oportunidade de observar com alegria, e mesmo comoção, à clara luz das velas, gravuras inglesas em negro encerradas em moldura e vidro que adornavam as paredes de aposentos bem decorados, e contrastá-las com os perigos sombrios que enfrentáramos pouco antes. Marido e mulher, ambos ainda jovens, faziam o que podiam para que nos sentíssemos bem; saboreamos o melhor vinho do Mosela, com o qual meu companheiro de viagem, o que mais necessitava refazer suas forças, se regozijou especialmente.

Paul confessou que já havia tirado o casaco e as botas para, caso soçobrássemos, nos salvar a nado; mas sem dúvida ele não teria resgatado senão a si mesmo.

Mal nos havíamos secado e revigorado, eu já me senti tomado pela impaciência, e queria seguir viagem. O amistoso anfitrião não queria permitir, insistiu mesmo para que permanecêssemos ali até o dia seguinte, prometeu-nos a melhor e mais ampla vista do alto de uma colina vizinha sobre um belíssimo território e ainda outras coisas que poderiam ter nos servido de repouso e distração. Mas, coisa estranha, assim como o ser humano se acostuma a uma situação de tranquilidade e permanece nela de bom grado, também existe o hábito da intranquilidade; havia em mim uma necessidade de seguir em frente a toda pressa que eu não podia dominar.

Quando estávamos prestes a partir, o bom homem ainda nos obrigou a aceitar dois colchões, para que tivéssemos ao menos algum conforto no barco; a mulher não os deu de bom grado, o que não podíamos lhe censurar, levando em conta que o revestimento de fustão ainda era novo e bonito. E acontece com frequência em casos de alojamento, que ora um, ora outro dos cônjuges tenha maior ou menor boa vontade para com os hóspedes forçados.

Deslizamos tranquilamente rio abaixo até Koblenz, e me recordo nitidamente de que pelo fim da viagem vi o mais belo quadro natural que talvez já me tenha surgido diante dos olhos. Quando íamos em direção da ponte do

Mosela, essa construção negra e poderosa ergueu diante de nossos olhos seu vulto imponente; sob seus arcos avistávamos os edifícios suntuosos do vale, acima de sua superfície surgia da névoa azulada o castelo de Ehrenbreitstein. À direita a cidade, achegando-se à ponte, formava um excelente primeiro plano; essa imagem nos proporcionou um prazer magnífico, mas momentâneo, pois desembarcamos e imediatamente cuidamos de enviar os colchões intactos à casa comercial que nos fora indicada por nossos bons anfitriões de Trarbach.

Haviam reservado um belo alojamento ao duque de Weimar, no qual eu também encontrei um bom lugar para mim; o exército se aproximava mais e mais; a criadagem do príncipe general chegou e não acabava mais de contar a respeito das desgraças que tiveram de suportar. Demos graças por ter escolhido a viagem pelo rio, e a tempestade da qual saíramos ilesos parecia um mal menor em comparação com uma viagem por terra cheia de interrupções e obstáculos.

O príncipe também chegara; ao redor do rei havia vários generais reunidos; eu, porém, fazendo passeios solitários pelas margens do Reno, recapitulava os estranhos acontecimentos da semana passada.

Um general francês, Lafayette, chefe de um grande partido, pouco tempo antes ídolo da nação, desfrutando da confiança total dos soldados, se levanta contra o poder superior que representa sozinho o reino depois da prisão do rei; ele foge, sua tropa, não contando mais do que 23 mil homens, fica sem general e sem oficiais superiores, desorganizada e perplexa.

Pela mesma época, um rei poderoso entra com 80 mil homens em solo francês, duas cidades fortificadas e, depois de uma breve hesitação, eles se rendem.

Então aparece um general pouco conhecido, Dumouriez; sem jamais ter comandado uma tropa, assume, hábil e inteligente, uma posição muito forte; ela é desbaratada, mas ele alcança outra, também nesta é cercado, e de um modo que o inimigo se dispõe entre ele e Paris.

Mas chuvas ininterruptas provocam uma situação estranhamente intrincada; o terrível exército inimigo, distante não mais de 6 léguas de Châlons, e 10 de Reims, se vê impedido de conquistar aquelas duas localidades, resigna-se a uma retirada, desocupa as duas praças conquistadas, perde mais de um terço de seus homens, sendo que no máximo 2 mil pelas armas, e acaba por se ver de volta ao Reno. Todos esses acontecimentos, que raiam o fantástico, se dão em menos de seis semanas, e a França está salva do maior perigo que seus anais jamais registraram.[111]

Se pensarmos nos muitos milhares de participantes em uma tal catástrofe, aos quais os atrozes sofrimentos do corpo e da alma pareciam dar algum direito a se lamentar, poderemos facilmente imaginar que nem tudo se resolveu em silêncio, e por mais que se tomassem precauções, às vezes a boca transbordava aquilo de que o coração ia cheio.

E assim também me aconteceu de, estando sentado ao lado de um excelente velho general em uma grande mesa, e não podendo resistir de todo a falar do que havia se passado, ele me responder, com cordialidade, mas com certa ênfase: "conceda-me a honra de vir me visitar amanhã de manhã, a fim de podermos falar a respeito disso com cordialidade e franqueza". Eu dei a entender que aceitava, mas não compareci, e intimamente fiz o voto de não tornar a romper tão cedo o costumeiro silêncio.

Durante a viagem pelo rio, e também em Koblenz, eu fizera algumas observações propícias aos meus estudos cromáticos; em especial sobre as cores epópticas uma nova luz se acendera para mim, e eu podia ter esperanças cada vez maiores de relacionar os fenômenos físicos entre si e de distingui-los de outros com os quais pareciam ter um parentesco remoto.[112]

Também o diário do fiel tesoureiro Wagner me foi de grande utilidade para completar o meu, que nos últimos dias eu negligenciara bastante.

O regimento do duque chegara e se acantonara nos vilarejos ao redor de Neuwied. Aqui o príncipe demonstrou um cuidado paternal por seus subordinados; cada um deles podia se queixar de suas penas, e foi feito todo o possível para minorá-las e socorrê-los. O tenente Von Flotho, que era o comandante na cidade e quem estava mais próximo do benfeitor,

---

111 Esses quatro últimos parágrafos, começando em "Um general francês…" até "jamais registraram", é citação quase literal, sem identificação, da autobiografia de Dumoriez: *La vie du général Dumouriez*, Hamburgo, 1795.

112 Cores epópticas são cores que aparecem em superfícies finas, como a de uma bolha de sabão, pela interferência da luz. Goethe trata delas em sua *Teoria das cores*, como transição das cores físicas para as químicas.

mostrou-se diligente e prestativo.[113] A necessidade urgente de sapatos e botas foi solucionada comprando-se couro e mandando os sapateiros que havia no regimento trabalhar sob as ordens dos artesãos da cidade. Também se tomaram providências para a higiene e a boa aparência, comprou-se giz amarelo, os coletes para cavalgada foram limpos e tingidos, e nossos cavaleiros trotavam outra vez em belos trajes.

Meus estudos, porém, tanto quanto as alegres conversações com os oficiais da chancelaria e da casa, foram muito animados pelo vinho de honra de excelente cepa do Mosela que o conselho municipal oferecera ao nosso príncipe e que tínhamos a autorização de saborear, pois ele quase sempre fazia suas refeições fora. Quando tivemos a oportunidade de cumprimentar um dos doadores por seu vinho, e expressar-lhe nossa gratidão reconhecida por ele conceder em ser roubado de algumas boas garrafas em nosso benefício, recebemos como resposta que eles nos concederiam aquilo e ainda muito mais, e só lamentavam os barris que tinham de ser destinados aos emigrados, pois estes, de fato, haviam trazido muito dinheiro, mas também muitos males para a cidade, e a deixaram de cabeça para baixo; sobretudo não era nada louvável o comportamento deles diante do príncipe, em cujo lugar tinham em certa medida se posto, permitindo-se com petulância, contra sua vontade, cometer diversas irresponsabilidades.[114]

Nos últimos tempos, que nos ameaçavam com tantas desgraças, ele também viajara para Regensburg, e, em um meio-dia claro e sereno, eu me esgueirei ao redor de seu castelo situado um pouco acima da cidade, à margem esquerda do Reno, e que se erguera da terra, esplendoroso, desde a última vez em que eu estivera naquela região. Ele estava lá, solitário, como a mais recente ruína, não arquitetônica, mas política, e não tive coragem de pedir ao castelão que andava por todos os lados permissão para entrar. Como eram belas as redondezas mais próximas e mais distantes, como era bem cultivado e cheio de jardins o espaço entre o castelo e a cidade; como

---

113 Tenente Von Flotho: de fato, Heinrich Friedrich von Flotow (1765-1827), oficial do regimento do duque de Weimar.

114 O príncipe: Clemens Wenzeslaus August Hubertus Franz Xaver von Sachsen (1739-1812), último arcebispo e eleitor de Trier.

era tranquila e apaziguadora a vista a montante do Reno, ao passo que em direção da cidade e da fortaleza se tornava imponente e excitante!

Na intenção de passar para a outra margem, dirigi-me à balsa, mas fui detido, ou melhor, eu mesmo me detive para observar um transporte de carruagens austríaco, que pouco a pouco era levado para a outra margem. Então começou uma discussão entre um suboficial prussiano e um austríaco que trazia à luz nitidamente o caráter das duas nações.

Do austríaco, que se postara ali para supervisionar a transposição tão rápida quanto possível da coluna de carruagens, prevenir qualquer confusão e, para isso, não permitir que nenhum outro veículo se interpusesse, o prussiano exigia com veemência que abrisse uma exceção para seu pequeno coche, que levava sua mulher e seu filho com alguns pertences. Com toda a tranquilidade o austríaco se recusava a atendê-lo, alegando ter recebido ordens que o impediam expressamente de fazê-lo; o prussiano ficava cada vez mais exaltado; o austríaco, se possível, mais tranquilo; ele não admitia nenhum hiato na coluna que lhe fora confiada, e o outro não encontrava nenhum espaço por onde se enfiar. Por fim, o importuno bateu em seu sabre e desafiou o obstinado; com ameaças e xingamentos, queria levar seu adversário para a viela mais próxima e resolver ali a questão; mas o homem extremamente tranquilo e sensato, que conhecia muito bem os direitos de seu posto, não se mexeu e continuou a manter a ordem.

Gostaria de ver essa cena representada por um pintor de caracteres: pois tanto na conduta quanto na figura ambos se diferenciam; o homem tranquilo era corpulento e robusto, e o furioso – pois assim ele se revelou ao final –, magro, comprido, franzino e agitado.

O tempo que eu podia empregar nesse passeio já se escoara em parte, e o temor de outros retardos semelhantes no regresso me afugentou qualquer vontade de visitar o vale que tanto amo, mas que só teria me despertado o sentimento doloroso de perda e estimulado a recordação estéril de anos passados; ainda assim, fiquei por um longo tempo a olhar para o outro lado, evocando fielmente tempos de paz em meio à inconstância desconcertante dos acontecimentos terrenos.

E assim, casualmente, aconteceu de eu ser informado mais de perto das medidas tomadas para futuras campanhas na margem direita. O regimento

"A campanha na França" e outros relatos de viagem

do duque se aprestava a atravessar para o outro lado; o próprio príncipe, com toda a sua comitiva, deveria segui-lo. Eu temia qualquer continuação do estado de guerra, e novamente fui tomado pelo desejo de fuga. Eu poderia chamar a isso uma saudade invertida da pátria, um anseio pela vastidão, em vez da estreiteza. Permaneci ali; o magnífico rio se estendia diante de mim, descia tão suave, tão docemente para uma vasta e larga paisagem; corria para onde estavam os amigos aos quais, apesar de todas as mudanças e reviravoltas, eu continuara fielmente ligado. Sentia o desejo de fugir do mundo estranho e violento para os braços dos amigos e, assim, depois de conseguir uma licença, apressei-me em alugar um barco até Düsseldorf, deixando meu coche, que ainda não chegara, a cargo de amigos de Koblenz, com o pedido de que o enviassem a mim.

Quando então embarquei com meus pertences e me vi de imediato descendo a correnteza, acompanhado pelo fiel Paul e por um passageiro cego, que se comprometeu a remar eventualmente, considerei-me feliz e livre de todo o mal.

Entretanto, algumas aventuras ainda estavam por vir. Não havíamos remado por muito tempo quando notamos que o barco devia ter uma grande rachadura, pois o barqueiro de tempos em tempos tirava água do fundo. E só então descobrimos que, partindo a toda pressa, não pensamos em como, no longo trecho que desce de Koblenz a Düsseldorf, os barqueiros costumam usar apenas um velho bote que vendem como lenha quando chegam ao destino e depois, leves e soltos, voltar para casa a pé, com o dinheiro da viagem no bolso.

Entretanto, continuamos a descer confiantes. Uma noite estrelada, mas muito fria, favorecia nossa viagem quando, de súbito, o remador estrangeiro pediu para ser deixado em terra e começou a discutir com o barqueiro sobre que lugar seria melhor para um caminhante. Sobre isso, não conseguiam chegar a um acordo.

Durante aquela discussão, nosso barqueiro caiu na água, e só com muito esforço foi resgatado. Então, não mais podendo suportar a noite clara e estrelada, pediu encarecidamente que lhe permitíssemos parar em Bonn para se secar e aquecer. Meu criado foi com ele a uma taberna de barqueiros; eu porém, quis permanecer sob céu aberto e mandei que me preparassem um leito com meu saco de viagens e minha bolsa. É tão grande o poder do hábito que, tendo passado as últimas seis semanas quase sempre sob um céu aberto, sentia horror de quartos e tetos. Mas desta vez isso me trouxe uma nova desgraça, que, contudo, se poderia prever: o bote tinha sido puxado tanto quanto possível para a margem, mas não tão longe que não pudesse entrar mais água pela rachadura.

Depois de um sono profundo, senti-me mais que refrescado, pois a água chegara ao meu leito e encharcara tanto a mim quanto meus pertences. Por isso, vi-me obrigado a me levantar, ir em busca de uma taberna e me secar da melhor maneira possível no meio de um monte de gente que se enchia da fumaça de tabaco e sorvia vinho quente; em consequência, já em plena manhã, nos pusemos a remar com afinco a fim de recuperar o atraso de nossa viagem.

Digressão

Vendo-me assim, na memória, descendo o Reno, não saberia dizer o que se passava comigo. À vista de um espelho d'água tranquilo, o sentimento da viagem confortável sobre ele me fazia olhar para o passado recente como um sonho mau do qual tivesse acabado de despertar; entreguei-me às mais felizes esperanças de uma próxima convivência agradável.

Mas, agora que devo continuar meu relato, tenho de escolher outro tratamento, mais adequado à minha exposição até este ponto: pois quando dia após dia se desenrola o que há de mais significativo diante de nossos olhos, quando junto a tantos milhares de pessoas sofremos, tememos, e só temos esperanças temerosas, então o momento presente tem um valor decisivo e, relatado passo a passo, renova o passado, ao mesmo tempo que aponta para o futuro.

Mas o que acontece em círculos de amizades só pode ser compreendido através de uma sequência convencional das expressões de circunstâncias íntimas; aqui a reflexão está em seu lugar, o momento não fala apenas por si mesmo, recordações do passado, considerações posteriores têm de traduzi-lo.

Como eu, de um modo geral, vivia de modo bastante inconsciente, deixava-me levar de um dia para o outro e, sobretudo nos últimos anos, não me sentia mal assim, tinha por isso mesmo a peculiaridade de jamais pensar com antecedência nem em uma pessoa que estava prestes a encontrar, nem em um lugar que deveria visitar, deixando que essas situações agissem sobre mim sem preparação prévia. A vantagem que advém disso é grande; não precisamos retroceder de uma ideia preconcebida nem apagar uma imagem feita ao nosso bel-prazer e, com desgosto, pôr a realidade em seu lugar; a desvantagem, por sua vez, pode ser constatada quando, em momentos importantes, de modo inconsciente, não fazemos senão tatear, sem saber como nos orientar de improviso em cada situação de todo inesperada.

Nesse mesmo sentido, eu jamais prestara atenção no efeito que minha presença e estado de espírito tinham sobre as pessoas, e por isso muitas vezes fui pego completamente de surpresa ao ver que despertava simpatia ou antipatia, ou mesmo ambas ao mesmo tempo.

Ainda que não se queira louvar ou censurar essa conduta como uma peculiaridade individual, não se pode deixar de notar que no caso presente ela produzia fenômenos estranhos, e nem sempre os mais felizes.

Havia muitos anos que não me encontrava com aqueles amigos, eles tinham permanecido fiéis ao curso de suas vidas, ao passo que a mim fora dada a sorte maravilhosa de passar por alguns graus de prova, de ação, de sofrimento, de modo que, continuando a ser a mesma pessoa, mas tendo me tornado um homem completamente diferente, me apresentei diante de meus velhos amigos como um quase desconhecido.

Seria difícil, mesmo em idade avançada, quando adquirimos um olhar mais livre para a vida, nos prestar contas daquelas transições, que ora parecem avanços, ora retrocessos e, no entanto, deveriam trazer ganho e proveito a todo homem guiado pela providência.

O homem moral desperta simpatia e amor apenas na medida em que se percebe nele uma aspiração, que expressa ao mesmo tempo posse e desejo, a posse de um coração terno e o desejo de encontrar um igual em outras pessoas; através daquela nós atraímos, através deste nós nos damos.

A aspiração que havia em mim, que nos anos de juventude eu talvez tenha alimentado demais, e com o avançar da vida tentei combater energicamente, já não convinha mais ao homem, não lhe bastava mais, e por isso ele buscava o apaziguamento total, final. O objetivo de minha aspiração mais íntima, cujo tormento preenchia todo o meu íntimo, era a Itália, cuja imagem e sím-

Johann Wolfgang von Goethe

bolo pairara em vão diante de meus olhos durante muitos anos, até que por fim, tomando uma decisão desassombrada, eu me atrevi a assenhorear-me da realidade concreta. Meus amigos também me seguiram de bom grado, em pensamentos, naquele país magnífico, acompanharam-me em meus caminhos de ida e de volta; possam eles também compartilhar com simpatia minha próxima estada mais longa e me acompanhar na viagem de volta, pois então alguns problemas se poderão resolver de maneira mais compreensiva!

Na Itália, eu me senti pouco a pouco afastado de ideias mesquinhas, libertado de desejos falsos, e no lugar da aspiração pelo país das artes veio se pôr a aspiração pela própria arte; eu a conhecera, agora queria penetrá-la.

O estudo da arte, assim como o dos escritores antigos, nos dá um certo suporte, uma satisfação conosco mesmos; à medida que nos enche a interioridade de grandes temas e ideias, ele se assenhoreia de todos os desejos que se voltam para fora, mas despertam todos os anseios nobres nos corações silenciosos; a necessidade de comunicação se torna cada vez menor, e acontece ao amador o mesmo que aos pintores, escultores, arquitetos: ele trabalha sozinho, por prazeres que mal terá oportunidade de compartilhar com os outros.

Mas, ao mesmo tempo, outro desvio me devia alhear do mundo, a saber: a decisiva reorientação para a natureza, para a qual fui conduzido pelo impulso mais próprio da maneira mais individual. Aqui não tive nem mestres nem companheiros, tive de me bastar a mim mesmo para tudo. Na solidão das florestas e dos jardins, na escuridão das câmaras escuras, eu teria ficado inteiramente só, se uma relação doméstica feliz não tivesse sabido me confortar.[115] As *Elegias romanas*, os *Epigramas venezianos* são dessa época.[116]

Agora, também, eu deveria experimentar um antegosto de empreendimentos bélicos. Pois, recebendo ordens de acompanhar a campanha sile-

---

115 Alusão ao relacionamento com Christiane Vulpius, com quem Goethe vivia desde julho de 1788.

116 As *Elegias romanas* foram compostas entre o outono de 1788 e a primavera de 1790, e publicadas pela primeira vez em 1795 nas *Horas* de Schiller. Os *Epigramas venezianos* foram escritos durante a estada de Goethe em Veneza na primavera de 1790. Publicados pela primeira vez em 1795, no *Almanaque das musas* para o ano de 1796, de Schiller.

"A campanha na França" e outros relatos de viagem

siana, que foi encerrada pelo Congresso de Reichenbach,[117] vi-me esclarecido e aperfeiçoado por algumas experiências em uma terra notável, e ao mesmo tempo me deixei embalar de um lado para o outro por distrações agradáveis, ao passo que a calamidade da Revolução Francesa, espalhando-se cada vez mais, obrigava todos os espíritos, não importando qual fosse a orientação de seus pensamentos e inclinações, a voltar à superfície do mundo europeu, e lhe impunha as mais cruéis realidades. Se o dever me chamava a acompanhar meu príncipe e senhor nos acontecimentos do dia, de início preocupantes e logo depois tristes, e a suportar virilmente a desgraça que ousei comunicar aos meus leitores em um grau apenas moderado, tudo o que ainda havia se recolhido de terno e afetuoso no fundo de mim tinha de se apagar e desaparecer.

Se considerarmos tudo isso em conjunto, a situação cuja descrição se esboçará a seguir não parecerá de todo enigmática, o que tanto mais desejo porque só a contragosto resisto ao impulso de reescrever essas páginas, compostas às pressas há tantos anos, segundo minha compreensão e convicção de hoje.[118]

Pempelfort, novembro de 1792

Já estava escuro quando desembarquei em Düsseldorf, e tive de me fazer conduzir à luz de lanternas a Pempelfort onde, depois de uma surpresa momentânea, encontrei uma acolhida amistosa; boa parte da noite foi consumida com as conversas sobre esse e aquele assunto, que um reencontro como esse provoca.[119]

---

117 Em 1790, a Prússia fez uma aliança com a Turquia contra a qual a Áustria, aliada à Rússia, trava desde 1797 sua última guerra contra a Turquia, e envia suas tropas para a fronteira austríaca com a Silésia. Na convenção de Reichenbach, realizada em 27 de julho de 1790 chega-se a um acordo entre a Áustria e a Prússia. Carl August, acompanhado de Goethe. tomou parte da Campanha.

118 As páginas seguintes foram, de fato, compostas entre 1820 e 1822, sem anotações prévias. A datação retrospectiva é uma ficção.

119 Em Pempelfort, Goethe se hospedou na casa de campo do escritor e filósofo Friedrich Heinrich Jacobi (1743-1819), onde já estivera em 1774.

No dia seguinte, depois de perguntas, respostas, relatos, logo me senti ambientado; a campanha malograda, infelizmente, rendia muitas conversas, ninguém pensara em um desfecho tão triste. Mas ninguém também podia expressar o efeito profundo de um terrível silêncio de quase quatro semanas, a incerteza sempre crescente pela falta total de notícias. Falava-se tão pouco do exército aliado que ele parecia ter sido engolido pela terra; todos olhavam para um horrível vazio, atormentados pelo medo e pela angústia, e agora se esperava com pavor os novos desdobramentos da guerra, desta vez nos Países Baixos. A margem direita do Reno, e também a esquerda, estavam igualmente ameaçadas.

Dessas considerações nos distraíam discussões morais e literárias, e em tais ocasiões meu realismo manifesto não parecia especialmente edificante para meus amigos.[120]

Durante a Revolução, para me distrair em alguma medida de seu caráter feroz, eu iniciara uma obra maravilhosa, a viagem de sete irmãos de índole diferente, cada um servindo a aliança à sua própria maneira, obra inteiramente aventurosa e fantástica, intrincada, escondendo percepção e propósito, uma metáfora de nossa própria situação.[121] Pediram que eu a lesse em voz alta, não me fiz de rogado e peguei meus cadernos, mas não precisei de muito tempo para notar que não agradava a ninguém. Deixei, por isso, minha família peregrina em um porto qualquer e os demais manuscritos entregues ao seu próprio repouso.

Meus amigos, porém, que não quiseram se acostumar de imediato a meu modo de pensar tão mudado, fizeram algumas tentativas para despertar sentimentos de outrora através de trabalhos mais antigos, e assim me puseram nas mãos, para uma leitura noturna, a *Ifigênia*;[122] mas eu não conseguia encontrar gosto nela, eu me tornara alheio àquele caráter delicado, e mesmo lida por outras pessoas suas ressonâncias me aborreciam. Contudo, depois

---

120 Por realismo, Goethe entende sua nova orientação literária e estética, sob a influência das impressões da natureza e da arte que recebera durante sua viagem à Itália.

121 Trata-se do fragmento de um romance: *Reise der Söhne Megaprazons* [A viagem dos filhos de Megaprazon], publicado postumamente em 1837.

122 *Ifigênia em Táuris*, peça de Goethe publicada em 1787.

"A campanha na França" e outros relatos de viagem

de a peça ter sido rapidamente terminada, parecia que queriam me submeter a um grau ainda mais intenso de tortura. Trouxerem *Édipo em Colono*,[123] cuja sublime santidade pareceu de todo insuportável à minha mente voltada para a arte, a natureza e o mundo, endurecida por uma terrível campanha; não suportei a leitura nem de cem versos.

Por fim, aquelas pessoas se conformaram ao modo de pensar tão mudado do amigo, pois, afinal de contas, não nos faltavam temas para a conversação.

Foram trazidas à baila algumas singularidades dos primeiros tempos da literatura alemã, mas em momento algum a conversa enveredou por uma contextualização mais profunda, pois queríamos evitar que se manifestassem os diferentes modos de pensar.

Para fazer aqui uma reflexão de caráter generalizante, eu diria que fazia já vinte anos que vivíamos uma época de fato notável, em que vidas marcantes convergiam, algumas pessoas se ligavam a outras de um lado, embora de outro fossem diferentes ao extremo: todas traziam um alto conceito de si mesmas para a sociedade e se compraziam em uma admiração e indulgência mútuas.

O talento consolidava sua posse adquirida de uma consideração geral, as pessoas sabiam se estimular e favorecer através de relações de amizade, as vantagens conquistadas não eram mais mantidas por indivíduos, e sim por uma maioria consonante. Que a isso não faltasse uma espécie de premeditação estava na ordem das coisas; elas sabiam, tão bem quanto quaisquer outras pessoas mundanas, conferir uma certa arte a suas relações, perdoavam-se as idiossincrasias, uma suscetibilidade contrabalançava a outra e os desentendimentos mútuos permaneciam durante muito tempo ocultos.

No meio de tudo isso eu tinha uma posição estranha, meu talento me dava um lugar honroso na sociedade, mas minha paixão arrebatada por tudo o que eu reconhecia como verdadeiro e natural se permitia algumas incivilidades maldosas contra algumas aspirações aparentemente falsas; por essa razão, vez por outra eu me indispunha com os membros daquele círculo, depois me reconciliava em parte ou de todo com eles, mas sempre conti-

---

123 *Édipo em Colono*, última peça de Sófocles, encenada em 407 a.C. Em 1787, foi publicada a tradução alemã do conde Christian zu Stolberg (1748-1821).

nuava a seguir meu caminho na convicção arrogante de ter razão.[124] Nisso preservei, até uma certa idade, algo da inocência dos hurões de Voltaire, de modo que eu podia ser insuportável e encantador ao mesmo tempo.[125]

Mas se havia um campo pelo qual podíamos enveredar com maior liberdade e concordância, este era o da literatura ocidental, para não dizer da francesa. Jacobi, seguindo seu próprio caminho, tomava conhecimento de tudo o que havia de importante, e a proximidade da Holanda contribuía de um modo nada desprezível para atraí-lo àquele círculo,[126] tudo isso em um âmbito não apenas literário, mas pessoal. Ele era um homem muito bem proporcionado, com traços fisionômicos dos mais privilegiados, de uma conduta bem medida, é verdade, mas muito agradável, destinado a brilhar em qualquer círculo culto.

Estranho tempo aquele, que dificilmente podemos nos presentificar; Voltaire de fato dissolveu os antigos laços da humanidade, e daí surgiu em boas cabeças o vício da dúvida em tudo aquilo que outrora se considerava digno. Se o filósofo de Ferney orientava todos os seus esforços no sentido de diminuir e enfraquecer a influência do clero, e tinha em vista sobretudo a Europa, De Pauw estendeu seu espírito de conquistador para continentes remotos;[127] ele se negava a conceder fosse aos chineses, fosse aos egípcios o prestígio que um preconceito de muitos anos acumulara sobre eles. Como cônego de Xanten, vizinha de Düsseldorf, ele mantinha uma relação de amizade com Jacobi; e quantos outros não poderiam ser mencionados?

---

124 Goethe fizera uma paródia do romance *Woldemar* (1777) de Jacobi diante da corte de Weimar e pregara um exemplar do livro em um carvalho, o que fez Jacobi se sentir profundamente ofendido. Os dois só se reconciliaram em 1782. Goethe, por sua vez, ficou contrariado quando Jacobi publicou, sem seu consentimento, o poema "Prometeu" no livro *Über die Lehre des Spinoza. In Briefen an Moses Mendelssohn* [Sobre a doutrina de Espinosa. Em cartas a Moses Mendelssohn], de 1785. Depois de 1792 houve também desavenças ideológicas entre eles.

125 Referência ao romance *L'Ingenu* [O ingênuo], de 1767, de Voltaire.

126 Na Holanda eram publicadas obras de autores do Iluminismo que a censura proibia de circular na França.

127 Cornelius Franciscus de Pauw (1739-1799), historiador da cultura, filósofo e filólogo holandês.

Assim, queremos ainda lembrar aqui Hemsterhuis[128] que, dedicado à princesa de Gallitzin,[129] passava longas temporadas na vizinha Münster. Ele buscou, de sua parte, com espíritos afins, um terno apaziguamento, uma satisfação ideal, e se inclinava à religião com pendores platônicos.

Nessas memórias fragmentárias, tenho ainda de mencionar Diderot, o dialético apaixonado, que também se sentiu muito bem durante algum tempo como hóspede em Pempelfort, e afirmava com grande franqueza seus paradoxos.

Também as opiniões de Rousseau sobre os estados de natureza não eram estranhas a esse círculo que não excluía nada, nem mesmo a mim, embora na verdade apenas me tolerasse.

Pois eu já indiquei em diversos lugares como a literatura de outras nações me influenciou em meus anos de juventude. Eu podia, de fato, empregar o que era estrangeiro em meu proveito, mas não assimilá-lo, eis a razão pela qual eu tinha tanta dificuldade de me entender com os outros sobre o que era estrangeiro. Com a produção se passava algo igualmente estranho; ela sempre caminhava passo a passo com o curso de minha vida, e como este sempre permanecesse um segredo mesmo para meus amigos mais próximos, era raro que eles pudessem aceitar meus novos produtos, pois sempre esperavam algo semelhante ao que já era conhecido.

Se eu já havia desagradado com meus sete irmãos, pois eles não se assemelhavam em nada à irmã Ifigênia, percebi também que com meu *O grande Cophta*, que já fora publicado havia muito, eu chegara mesmo a feri-los; não se falou dele, e eu me cuidei de trazê-lo à baila. Entretanto, haverão de convir comigo que um autor que não está em condições de ler em público ou de falar de suas obras mais recentes não pode deixar de se sentir tão consternado quanto um compositor que se sentisse impedido de repetir suas melodias mais novas.

---

128 Frans Hemsterhuis (1721-1790), filósofo e escritor holandês da época do Iluminismo.

129 Adelheid Amalie von Gallitzin (1748-1806), *sallonière*, dividia-se entre o catolicismo e o Iluminismo.

Com minhas observações da natureza, meu sucesso não era maior; a séria paixão com que eu me entregava a essa atividade não podia ser compreendida por ninguém, ninguém percebia como ela nascia no mais fundo de meu ser; consideravam essa louvável aspiração como um equívoco caprichoso; em sua opinião, eu poderia fazer algo melhor e deixar meu talento seguir sua antiga orientação. Pensavam ter ainda mais direito a isso na medida em que meu modo de pensar não se coadunava com o deles, antes expressava na maior parte das vezes o extremo oposto. Seria difícil imaginar uma pessoa mais isolada do que eu era naquela época e assim deveria permanecer por muito tempo. O hilozoísmo,[130] ou como quer que se o chame, do qual eu era adepto, e cujo fundamento profundo eu deixava intocado em sua dignidade e santidade, me tornava hostil, e mesmo intolerante, para com aquele modo de pensar que erigiu em profissão de fé uma matéria morta, despertada e animada seja lá como for. Eu não deixara passar despercebido na ciência da natureza de Kant que as forças de atração e repulsão são parte da essência da matéria e uma não pode ser separada da outra no conceito de matéria; daí se desenvolveu para mim a polaridade primeva de todos os seres, que impregna e vivifica a infinita variedade dos fenômenos.

Já quando das primeiras visitas da princesa Gallitzin com Fürstenberg[131] e Hemsterhuis a Weimar eu expusera essas ideias, mas fui advertido para me manter à parte e em silêncio, como se estivesse proferindo blasfêmias.

Não se pode censurar a nenhum círculo se ele se fecha em si mesmo; e meus amigos em Pempelfort o faziam com honestidade. Haviam tomado pouco conhecimento da *Metamorfose das plantas*, publicada havia já um ano, e quando expus minhas ideias sobre morfologia, por mais correntes que fossem para mim, da maneira mais metódica e, como me parecia, com toda a força de convencimento, tive, infelizmente de notar que a rígida concepção segundo a qual nada pode se tornar senão aquilo que já é havia

---

130 Doutrina filosófica segundo a qual toda matéria é dotada de vida, e o próprio cosmos um organismo vivo.

131 Barão Franz Friedrich Wilhelm von Fürstenberg (1729-1810), político alemão, um dos mais influentes políticos do episcopado de Münster na segunda metade do século XVIII.

se apoderado de todos os espíritos. Em consequência, tive de ouvir mais uma vez: tudo o que vive vem do ovo, ao que, em um gracejo amargo, levantei a velha questão: o que veio primeiro, o ovo ou a galinha? A teoria do encaixotamento[132] parecia tão plausível, e era tão edificante contemplar a natureza com Bonnet.[133]

De minhas contribuições à óptica se havia ouvido falar alguma coisa, não tendo sido preciso insistir para que eu entretivesse o grupo com alguns fenômenos e experimentos, e não foi difícil para mim apresentar coisas inteiramente novas, pois todas aquelas pessoas, por mais cultas e instruídas que fossem, tinham assimilado a teoria da luz decomposta[134] e, infelizmente, queriam ver relacionada a essa hipótese morta todos os fenômenos vivos com os quais tanto se compraziam.

Mas durante algum tempo me conformei com essa situação, pois jamais fazia uma exposição sem ganhar com isso; durante a fala era comum que algumas novas luzes se acendessem para mim, e era no fluxo da exposição que eu inventava com a maior segurança.

É verdade, contudo, que dessa maneira eu só podia proceder didática e dogmaticamente, não me fora dado o dom da conversação e da dialética.

Mas com frequência se manifestava também um costume maligno, pelo qual devo me censurar: como a conversação, da maneira pela qual ela normalmente é mantida, me fosse tediosa ao extremo, pois nela não se expressam senão concepções limitadas, individuais, eu costumava estimular e

---

132 Goethe chama de "teoria do encaixotamento" (*Einchachtelungslehre*) a hipótese segundo a qual o devir na natureza é apenas um "desempacotamento" de algo preexistente, contrária à sua teoria da constante transformação de todos os corpos orgânicos.

133 Charles Bonnet (1720-1793), naturalista e filósofo suíço, descobridor da partenogênese. Foi um dos principais expoentes da ideia da escala natural e autor de importantes descobertas biológicas como a partenogênese. Adepto da ideia de uma *scala naturae*, segundo a qual todos os elementos existentes na natureza, desde as formas da matéria inanimada até as formas mais complexas da matéria viva podem ser dispostos em uma linha contínua e hierarquicamente organizada, partindo do mais baixo para o mais alto.

134 A decomposição da luz através de um prisma foi demonstrada por Isaac Newton, cujas teorias Goethe buscou refutar em sua *Teoria das cores*.

Johann Wolfgang von Goethe

levar ao extremo, por meio de paradoxos violentos, as discussões medíocres que costumam surgir entre as pessoas. Com isso, o grupo quase sempre se sentia ofendido e aborrecido em mais de um sentido. Pois com frequência, para alcançar os meus objetivos, eu tinha de pôr em jogo o mau princípio, e como as pessoas queriam ser boas e que eu também fosse bom, não deixavam a coisa passar em branco; não podiam tomá-la por algo sério, pois não era profunda, e também não por um gracejo, pois era demasiado áspera; por fim me chamavam de um hipócrita às avessas e logo se reconciliavam comigo. Mas não posso negar que esse mau hábito me afastou de algumas pessoas, e me valeu a inimizade de outras.

Mas, quando me punha a falar da Itália, eu logo podia espantar todos os maus espíritos como que com uma varinha mágica. Também para lá eu viajara sem preparativos, sem precauções; não faltaram aventuras, deixei-me impregnar totalmente pelo próprio país, por sua graça e esplendor, as formas, cores, o impacto daquela paisagem iluminada por um céu dos mais propícios ainda era para mim uma presença imediata. As fracas tentativas de representá-la tinham aguçado a memória, eu podia descrevê-la como se a tivesse diante de meus olhos; ela fervilhava de figuras secundárias que a vivificavam, e assim todos ficavam satisfeitos, por vezes encantados, com a série de quadros que eu descrevia da maneira mais vívida.

Seria ainda desejável, a fim de expressar em sua inteireza o encanto de minha estada em Pempelfort, dar também uma ideia clara das localidades onde tudo se passou. Uma casa isolada, espaçosa, rodeada de vastos jardins bem cuidados, um paraíso no verão, e agradabilíssima mesmo no inverno. Cada raio de sol era desfrutado em uma paisagem pura, livre; à noite, ou quando fazia um mau tempo, nos recolhíamos de bom grado nos belos cômodos espaçosos que, aconchegantes, decorados sem pompa, ofereciam um cenário digno para uma conversação espirituosa. Uma grande sala de jantar, alegre e confortável, espaçosa o suficiente para acomodar uma família numerosa e os hóspedes que nunca faltavam, nos convidava a sentar diante de uma mesa comprida, sempre bem servida de pratos apetitosos. Aqui nos reuníamos, o anfitrião sempre alegre e animador, as irmãs bondosas e inteligentes, o filho sério e promissor, as filhas de belas formas, aplicadas,

"A campanha na França" e outros relatos de viagem

sinceras e amáveis, fazendo recordar a mãe, infelizmente já falecida e dos dias que passamos com ela em Frankfurt vinte anos atrás.[135]

Heinse, que também pertence à família, sabia replicar qualquer gracejo que lhe dirigissem; havia noites em que não parávamos mais de rir.[136]

As poucas horas solitárias que me restavam naquela casa das mais hospitaleiras, eu as dedicava em silêncio a um trabalho singular. Durante a campanha eu anotara, além do diário, ordens do dia poéticas, *ordres du jour* satíricas, agora queria revisá-las e redigi-las; mas logo me dei conta de que, com uma arrogância míope, havia visto algumas coisas de um modo equivocado e as julgado injustamente e, uma vez que nunca somos mais rigorosos do que com os erros que deixamos para trás, e como parecia imprudente deixar aqueles papéis à mercê de qualquer acaso, dizimei o caderno inteiro em uma viva fogueira de carvão mineral, algo que lastimo haver feito, pois ele me seria de grande valia para uma visão do transcorrer dos acontecimentos e do curso de meus pensamentos a respeito deles.

Não muito longe dali, em Düsseldorf, nos dedicamos intensamente a visitar amigos que pertenciam ao círculo de Pempelfort; a galeria era o ponto de encontro costumeiro.[137] Ali se deixava manifestar uma decidida predileção pela escola italiana, e se cometia uma grande injustiça contra a flamenga; é verdade que o sentido elevado da primeira era atraente, e arrebatava os espíritos nobres. Certa vez nos detivemos por um longo tempo na sala de Rubens e dos melhores flamengos; quando saímos, demos de frente com a *Ascenção* de Guido,[138] e um de nós exclamou cheio de entusiasmo:

---

135 Família numerosa: as meias-irmãs de Jacobi, Anna Katharina Charlotte Jacobi (1752-1832) e Susanne Helene Jacobi (1753-1838), a filha Klara Franziska Jacobi (1777-1849) e o filho Karl Wiegand Maximilian Jacobi (1775-1858). A esposa, já falecida então, era Helene Elisabeth Jacobi, nascida Von Clermont (1743-1784).

136 Johann Jakob Wilhelm Heinse, (1746-1803), escritor, tradutor e bibliotecário alemão. Sua obra mais conhecida é o romance *Ardinghello und die glückseeligen Inseln. Eine Italienische Geschichte aus dem sechszehnten Jahrhundert* [Ardinghello e as ilhas bem-aventuradas. Uma história italiana do século XVI], de 1787.

137 A galeria de Düsseldorf possuía uma das mais famosas coleções de pintura do século XVIII.

138 *Ascensão de Maria*, de Guido Reni (1575-1642).

"não parece que estamos saindo de uma taberna para entrar em uma casa distinta?". De minha parte, não me incomodava ver os mestres que me haviam encantado pouco tempo antes do outro lado dos Alpes se mostrarem em toda sua magnificência e despertarem uma admiração apaixonada, mas eu também procurava me familiarizar com os flamengos, cujas virtudes e qualidades se apresentavam ali aos nossos olhos em seu grau mais elevado; o proveito que tirei dali permanece para toda a vida.

Mas o que me chamou ainda mais a atenção foi que um certo senso de liberdade, um anseio pela democracia se havia disseminado nas classes mais elevadas; pareciam não perceber tudo o que se tinha de perder antes de se obter um ganho dos mais duvidosos. Vi reverenciarem como divindades os bustos de Lafayette e Mirabeau, esculpidos com grande naturalidade e semelhança por Houdon,[139] o primeiro por suas virtudes cavalheirescas e civis, o segundo por sua força espiritual e sua potência oratória. A tal ponto as convicções dos alemães oscilavam estranhamente; alguns haviam mesmo estado em Paris, haviam ouvido os homens mais importantes discursarem, haviam-nos visto em ação e sentiam-se, infelizmente a uma maneira bem alemã, estimulados a imitá-los, e isso logo em um momento em que a preocupação pela margem esquerda do Reno se transformava em temor.

A adversidade parecia premente; Düsseldorf estava cheia de emigrados, haviam vindo até mesmo os irmãos do rei; as pessoas corriam para vê-los, eu os encontrei na galeria e me lembrei como os vira encharcados durante a retirada de Glorieux. O sr. Von Grimm[140] e a sra. Von Bueil[141] também apareceram. Com a cidade lotada um farmacêutico os hospedara; o gabinete de História Natural servia de dormitório, macacos, papagaios e outros animais vigiavam o sono matinal de uma senhora amabilíssima; conchas e corais impediam as vestes de se desdobrarem, e assim a praga do alojamento que pouco antes havíamos levado para a França era trazida de volta a nós.

---

139 Jean-Antoine Houdon (1741-1828), escultor francês.
140 Barão Friedrich Melchior von Grimm (1723-1807), escritor, jornalista e diplomata.
141 Marie Renée Thérèse Émilie de Belsunce (1767-1814), condessa de Bueil.

A sra. Von Coudenhoven, uma dama bela e inteligente, ornamento da corte de Mainz, também fugira para lá.[142] O sr. e a sra. Von Dohm chegaram pelo lado alemão a fim de se informar mais de perto sobre a situação.[143]

Frankfurt ainda estava ocupada pelos franceses, os movimentos da guerra haviam se deslocado para o espaço entre o Lahn e as montanhas do Taunus; as notícias, diferentes a cada dia, ora seguras, ora inseguras, tornavam a conversa viva e inteligente, mas, por causa de interesses e opiniões conflitantes, nem sempre garantiam um entretenimento agradável. Eu não podia encontrar seriedade em um tema tão problemático, totalmente incerto, dependente do acaso e, com meus gracejos paradoxais, ora eu era divertido, ora importuno.

Assim, eu me recordo de que na mesa do jantar se prestaram honras aos cidadãos de Frankfurt, que teriam mantido uma postura boa e viril diante de Custine; sua conduta e convicção, dizia-se, sobressaíam muito em comparação com o modo inadmissível como os cidadãos de Mainz haviam se comportado e ainda se comportavam.[144] A sra. Von Coudenhoven, no entusiasmo que lhe caía tão bem, exclamou: ela daria tudo para ser uma cidadã de Frankfurt. Eu respondi: seria fácil, eu conhecia um meio, mas o guardaria comigo como um segredo. Como me interrogassem com insistência cada vez maior, acabei por explicar que aquela excelente dama precisava apenas me desposar para, no mesmo momento, se tornar uma cidadã de Frankfurt. Riso generalizado!

E de quantas coisas não se falou! Quando se tratou da infeliz campanha, sobretudo do canhoneio em Valmy, o senhor Von Grimm assegurou: na mesa do rei se tinha comentado minha estranha cavalgada sob o fogo dos canhões; talvez os oficiais que encontrei naquela ocasião tivessem falado a respeito, e a conclusão que tiraram foi: a coisa não era de se admirar, pois não se pode prever o que esperar de um sujeito esquisito.

---

142 Condessa Sophie von Coudenhoven (1747-1825).

143 Christian Konrad Wilhelm von Dohm (1751-1820), jurista, historiador, escritor e diplomata, e sua esposa Anna Henriette Elisabeth voh Dohm, nascida Helwing (1762-1808).

144 Mainz se aliara ao regime revolucionário francês e se tornara jacobina.

Também um médico hábil, inteligente, tomou parte em nossa meia saturnália, e em minha arrogância não pensei que em pouco tempo poderia precisar dele. Por isso, para minha irritação, ele riu alto quando me encontrou na cama, onde uma violenta dor reumática, provocada pela friagem, quase me paralisou. Ele, um discípulo do conselheiro privado Hofmann,[145] cujas enormes idiossincrasias haviam exercido uma influência que ia de Mainz e da corte do príncipe eleitor até lá embaixo no Reno, logo me aplicou cânfora, que passava por ser um remédio quase universal. Papel mata-borrão com giz macerado por cima e depois polvilhado com cânfora, para uso externo e também cânfora em pequenas doses para uso interno. Fosse como fosse, em alguns dias eu estava restabelecido.

Mas o tédio da dor me levou a fazer algumas reflexões, a fraqueza que facilmente decorre de se estar acamado me levou a considerar minha situação preocupante, o avanço dos franceses nos Países Baixos era significativo e aumentado pelos boatos; todos os dias, todas as horas se falava em novos emigrados.

Minha estada em Pempelfort já durava bastante e, se não fosse a hospitalidade cordial da família, qualquer um teria de pensar que estava sendo importuno; minha permanência fora prolongada por uma casualidade: eu esperava todos os dias e todas as horas por meu coche boêmio, que não queria deixar para trás; ele já chegara em Koblenz, vindo de Trier e logo deveria ser-me enviado de lá; mas, como ele continuava a se fazer esperar, a impaciência que me acometera nos últimos dias só aumentava. Jacobi me cedeu uma carruagem confortável, embora muito pesada pela quantidade de peças de ferro. Todos partiam, conforme se ouvia, para a Vestfália, e os irmãos do rei queriam fixar residência lá.

E assim eu parti, estranhamente dividido: a afeição me prendia ao círculo das amizades mais estreitas, que estava tomado da mais extrema inquietação, e eu tinha de deixar para trás as pessoas mais nobres presas da preocupação e da perplexidade e, com um tempo horrível, através de estradas péssimas, me lançar temerariamente no mundo vasto e selvagem, levado pela desabalada torrente dos fugitivos, eu mesmo me sentindo um fugitivo.

---

145 Christoph Ludwig von Hoffmann (1721-1807), médico alemão.

"A campanha na França" e outros relatos de viagem

E, no entanto, em meu caminho eu tinha a perspectiva da mais agradável pousada, pois, estando tão perto de Münster, não podia deixar de visitar a princesa Gallitzin.

Duisburg, novembro

E assim eu me vi mais uma vez, depois de quatro semanas, embora distante muitas milhas do cenário de nossa desgraça, outra vez em companhia das mesmas pessoas, cercado pela mesma multidão de emigrados que agora, decididamente expulsos do lado de lá, acorriam para o lado de cá, para a Alemanha, sem auxílio e sem conselho.

Ao meio-dia, tendo chegado um pouco mais tarde à casa de pasto, eu me sentava na ponta da comprida mesa; o dono e a dona do estabelecimento, que já haviam manifestado a mim, como alemão, sua repulsa pelos franceses, se desculparam por estarem os melhores lugares já ocupados por aqueles hóspedes indesejáveis. Observaram, também, que entre eles, apesar de toda a humilhação, de toda a miséria e da perspectiva amedrontadora da pobreza, ainda se manifestava o mesmo vício da hierarquia e a mesma imodéstia.

Olhando ao longo da mesa, avistei bem na outra ponta, em diagonal, no primeiro lugar, um homem velho, bem proporcionado, de postura tranquila, quase nula. Devia ser uma pessoa distinta, pois seus dois vizinhos de mesa lhe dedicavam todas as atenções, escolhiam as primeiras e melhores porções para lhe pôr no prato e quase seria possível dizer que lhe dariam a comida na boca. Não demorei muito para notar que, devido à idade, ele quase não tinha mais domínio de si, arrastando precariamente pelo mundo, como um lamentável autômato, a sombra de uma existência outrora abastada e digna, enquanto duas pessoas que lhe eram afeiçoadas procuravam evocar diante dele, como em um sonho, o reflexo de sua antiga condição.

Observei os demais; em todas as frontes se podia ler, e talvez distinguir, o destino incerto: soldados, comissários, aventureiros; todos estavam calados, pois cada um tinha sua própria desventura para carregar; viam diante de si uma miséria sem limites.

Johann Wolfgang von Goethe

Mais ou menos pelo meio do almoço chegou ainda um belo jovem, de figura insignificante, e também sem nenhuma insígnia; não se podia deixar de reconhecer nele o viandante. Sentou-se calado à minha frente, depois de ter acenado ao taberneiro pedindo por uma refeição, e comeu, em uma atitude tranquila, o que lhe ofereceram e serviram. Depois de tirarem a mesa, eu me aproximei do taberneiro que me sussurrou ao ouvido: seu vizinho não deve pagar caro por sua refeição! Não entendi nada daquelas palavras, mas quando o jovem se chegou perto de nós e perguntou quanto estava devendo, o taberneiro respondeu, depois de lançar um olhar furtivo ao redor da mesa, que a refeição custava 20 *kreutzer*. O forasteiro pareceu embaraçado e disse: devia haver algum engano, pois não apenas lhe fora servido um bom almoço, como também uma caneca de vinho; isso devia custar um preço mais alto. O taberneiro respondeu, muito sério, que costumava fazer ele mesmo suas contas, e seus fregueses pagavam de bom grado o que ele lhes pedia. Então o jovem pagou e se afastou, humilde e espantado; mas o taberneiro logo me desvendou o mistério. Fora o primeiro daquele povo maldito que comera pão preto, isso tinha de ser recompensado.

Em Duisburg, eu tinha um único velho conhecido, que não deixei de visitar. Era o professor Plessing, ao qual me ligava havia muitos anos uma relação romanesca-sentimental, da qual quero falar aqui em detalhes, pois graças a ela nossa conversa noturna foi transportada dos tempos mais inquietos para os dias mais tranquilos.[146]

Quando de seu aparecimento na Alemanha, Werther de modo algum provocou, como o acusaram, uma doença, uma febre, apenas pôs a descoberto o mal que estava escondido em almas jovens. Depois de uma paz longa e feliz, uma formação literária estética se desenvolvera de maneira belíssima na terra e no solo alemães, no âmbito da língua nacional; mas, uma vez que ela se relacionava apenas à intimidade, logo veio se aliar a ela uma certa sentimentalidade, em cuja origem e desenvolvimento e progresso não se pode deixar de reconhecer a influência de Yorick-Sterne;[147] mesmo que seu

---

146 Friedrich Victor Lebrecht Plessing (1749-1806), professor de Filosofia em Duisburg.

147 O pastor Yorick é uma das personagens principais do romance *A vida e as opiniões do cavalheiro Tristram Shandy*, de Laurence Sterne (1713-1768), publicado entre 1759 e 1767.

espírito não pairasse sobre os alemães, seu sentimento se comunicou com ainda maior vivacidade. Surgiu uma espécie de ascetismo terno-passional que, não nos tendo sido dada a ironia humorística do escritor britânico, geralmente degenerou em uma deplorável autotortura. Eu procurei livrar a mim mesmo desse mal e tentei também, disso estou convencido, ir em auxílio dos outros; mas isso era mais difícil do que se podia imaginar, pois para tanto era preciso ajudar a cada um contra si mesmo, em um contexto no qual não se podia contar com nenhum socorro que nos pudesse ser oferecido pelo mundo exterior, fosse sob a forma de conhecimento, instrução, ocupação ou favorecimento.

Temos de deixar passar em silêncio algumas atividades que também tiveram sua influência naquela ocasião, mas para nossos objetivos é necessário recordar aqui com maiores detalhes uma tendência que atuava por si só.

A *Fisiognomonia* de Lavater conferira ao interesse moral e social uma orientação inteiramente nova.[148] Ele se sentia possuidor da faculdade intelectual de elucidar a totalidade das impressões que a fisionomia e a figura humanas provoca em cada pessoa, sem que esta possa justificá-las para si mesma; mas, não sendo propenso a investigar metodicamente qualquer abstração que fosse, ele se limitava ao caso particular, ou seja, ao indivíduo.

Heinrich Lips, um artista jovem e talentoso, com uma aptidão especial para o retrato, estabeleceu uma firme relação com ele e, tanto em casa quanto em uma viagem que fez à Renânia, não saía do lado de seu protetor.[149] Lavater, então, fosse por sua fome de experiências ilimitadas, fosse pelo desejo de familiarizar e associar à sua obra futura tantas pessoas notáveis quanto possível, mandou retratar todas as personalidades que encontrava e que se destacassem em alguma medida por sua posição social e talento, por seu caráter e atuação.

---

148 Johann Kaspar Lavater (1741-1801), filósofo, poeta e pastor suíço. Com sua obra *Physiognomische Fragmente, zur Beförderung der Menschenkenntniß und Menschenliebe* [Fragmentos de Fisiognomonia, para o incentivo do conhecimento e do amor pela humanidade, 1775-1778] fundou a Fisiognomonia, que pretende deduzir, a partir de traços fisionômicos, a personalidade e o caráter das pessoas.

149 Johann Heinrich Lips (1758-1817), pintor e gravador suíço.

Com isso, porém, alguns indivíduos ganharam evidência, se tornaram mais ilustres ao ser admitidos em um círculo tão nobre, suas qualidades foram ressaltadas pelo mestre explicador, as pessoas acreditavam se conhecer melhor umas às outras; assim, de modo estranhíssimo, se sobressaíram consideravelmente em seus valores pessoais alguns indivíduos que até então haviam sido ordenados e classificados em uma posição insignificante no curso da vida pública e privada.

Esse efeito foi maior e mais forte do que se possa imaginar; qualquer um se sentia no direito de pensar o melhor de si mesmo como um ser completo e consumado; fortalecidos plenamente em sua individualidade, todos se achavam autorizados a admitir no complexo de sua preciosa existência quaisquer peculiaridades, tolices e defeitos.

Uma tal consequência pôde ser tirada com ainda maior facilidade por que, durante todo o processo, o que se manifestou foi tão somente a natureza individual, sem levar em consideração a razão universal, que deve, afinal, presidir toda a natureza; em compensação, o elemento religioso no qual Lavater estava imerso não era suficiente para atenuar uma presunção cada vez mais decidida; ao contrário, o que se viu foi surgir entre os devotos sobretudo um orgulho espiritual, que sobrepujava o natural em presunção.

Mas o que se evidenciou como uma consequência lógica, àquela época, foi o respeito dos indivíduos uns pelos outros. Velhos renomados foram reverenciados, se não pessoalmente, ao menos em imagens; e mesmo um jovem que se sobressaísse de maneira em alguma medida significativa logo despertava o desejo de se conhecê-lo pessoalmente e, quando isso não era possível, as pessoas se contentavam em ter um retrato dele, e nesse caso as silhuetas traçadas com precisão extrema, cuidado e bom gosto prestavam um serviço dos mais bem-vindos. Todos se exercitavam nesse ofício, e nenhum estrangeiro passava por nós sem que o desenhássemos à noite na parede; os pantógrafos jamais descansavam.

Conhecimento da humanidade e *amor pela humanidade* era o que essa atitude nos prometia; o interesse mútuo se estabeleceu, mas o conhecimento e o reconhecimento mútuos não podiam se desenvolver tão rápido e, se não nos parecesse louvável manter em uma venerável obscuridade os primórdios de situações extraordinárias, poderíamos fazer uma bela narrativa do que um

"A campanha na França" e outros relatos de viagem

jovem príncipe excepcionalmente dotado e seu círculo bem-intencionado, inteligente e animado fizeram para encorajar e favorecer de perto e à distância esses dois objetivos. Talvez os cotilédones daquela semeadura parecessem um tanto esquisitos, mas a colheita, da qual a pátria e o mundo estrangeiro tomaram parte com alegria, não deixará de despertar no mais remoto futuro uma reminiscência cheia de gratidão.

Quem guardar na memória e se deixar impregnar pelo que acaba de ser dito não achará nem improvável nem absurda a aventura que se vai relatar, e cuja lembrança seus dois protagonistas reviveram alegremente durante o jantar.

Entre outras visitações pessoais ou epistolares, eu recebi, em meados do ano de 1776, subscritada de Wernigerode e assinada Plessing, uma missiva, ou antes uma brochura, o exemplar mais estranho daquela espécie de autotortura que já me foi dado contemplar; podia-se reconhecer ali um jovem de formação escolar e universitária para o qual todo o conhecimento adquirido não bastava para lhe proporcionar um apaziguamento pessoal, íntimo, moral. Uma caligrafia esmerada, agradável à leitura, um estilo ágil e fluente e, embora se pudesse logo descobrir nele uma vocação para a eloquência do púlpito, tudo fora escrito de coração puro e honesto, de modo que não poderíamos deixar de recompensá-lo com nossa simpatia. Mas para que essa simpatia se tornasse viva, procuramos elucidar mais precisamente as condições do sofredor, e então pensamos descobrir nele, em lugar de paciência, obstinação; em lugar de resignação, teimosia e em lugar de um anseio melancólico, um desdém repulsivo. Ainda assim, de acordo com a tendência da época, senti despertar em mim um vivo desejo de ver de perto aquele jovem; mas não julguei aconselhável convidá-lo à minha casa. Naquelas conhecidas circunstâncias, eu já me sobrecarregara com um bom número de jovens que, em vez de me acompanhar em meu caminho para uma cultura mais pura e elevada, persistiam em seu próprio rumo, não evoluíam e impediam meu progresso.[150]

---

150 Referência aos escritores da época do *Sturm und Drang* Jakob Michael Reinhold Lenz (1751-1792) e Friedrich Maximilian Klinger (1752-1831), que estiveram com Goethe em Weimar no ano de 1776, mas partiram desapontados por ele não atender às suas expectativas.

Deixei, entrementes, a coisa em suspenso, esperando que o tempo me servisse de mediador. Então recebi uma segunda carta, mais breve, mas também mais vívida, mais impetuosa, na qual o missivista pedia por uma resposta e uma explicação, conclamando-me solenemente a não recusá-la.

Mas também essa nova investida não me abalou; as novas páginas me falaram tão pouco ao coração quanto as primeiras, mas o imperioso costume de socorrer jovens de minha idade em aflições do coração e da mente não me deixou esquecê-lo por completo.

A sociedade reunida ao redor de um excelente jovem príncipe não se separa com facilidade, suas ocupações e projetos, diversões, alegrias e sofrimentos eram partilhados. Então, no final de novembro, em virtude das frequentes queixas dos camponeses, empreendeu-se uma caçada de javalis em Eisenach da qual eu, como hóspede que era então, não podia deixar de participar; pedi, contudo, a permissão de me juntar ao grupo depois de fazer um pequeno desvio.

Ora, eu tinha um peculiar plano secreto de viagem. Com frequência ouvira não apenas de homens de negócios, como também de muitos cidadãos de Weimar que se interessavam pela comunidade, o vivo desejo de que as minas de Ilmenau fossem reativadas.[151] O que se pedia de mim, que na melhor das hipóteses só tinha uma ideia muito geral da mineração, não era nem um parecer nem uma opinião, mas interesse, o que eu, contudo, só poderia ter depois de uma observação do próprio local. Eu considerava imprescindível, antes de mais nada, ver com meus próprios olhos, ainda que de passagem, a mina em todo o seu complexo e assimilá-la em minha mente, pois só então eu poderia esperar compreender o que havia de positivo e simpatizar com o que havia de histórico ali. Por isso, havia muito que pensara em fazer uma viagem ao Harz e justamente agora, nessa época do ano, que deveria ser passada sob o céu aberto entregue aos prazeres da caça, eu me sentia impelido a realizá-la. Além disso, naquela época, tudo o que caracteriza o inverno tinha um grande encanto para mim, e no que

---

151 Goethe foi membro da comissão instituída pelo duque Carl August em 1777 para tratar da reativação das minas de cobre de Ilmenau, desativadas desde 1739. Em 1784, a extração de minério foi reiniciada, mas encerrada em 1800 por sua pouca rentabilidade.

dizia respeito à mina, em suas profundezas não se percebia nem o inverno nem o verão. Ao mesmo tempo, confesso de bom grado que o propósito de ter um contato pessoal com meu estranho correspondente e formar um juízo ao seu respeito acrescentava à minha decisão metade de seu peso.

Assim, enquanto os alegres caçadores tomavam outro rumo, eu cavalgava solitário na direção do Ettersberg e começava a compor aquela ode que, com o título de *Viagem ao Harz no inverno* figurou durante tanto tempo como um enigma em meio aos meus poemas mais breves.[152] Lá no alto, em meio às nuvens de neve sombrias que o vento trazia do norte, um abutre sobrevoava minha cabeça. Passei a noite em Sonderhausen, no dia seguinte cheguei sem demora a Nordhausen, de modo que decidi seguir viagem logo depois do almoço, mas só muito tarde, acompanhado de um guia com uma lanterna, e depois de enfrentar alguns perigos, cheguei a Ilfeld.

Uma hospedaria de aspecto agradável estava esplendidamente iluminada; ao que parecia, celebrava-se ali alguma festa particular. De início o hospedeiro não queria me permitir a entrada: os comissários da mais elevada corte, segundo ele disse, estavam ali já havia muito tempo, ocupados em tomar decisões importantes e conciliar interesses conflitantes; tendo levado sua tarefa a um bom termo, se concediam naquela noite um banquete em comum. Depois de uma argumentação insistente, e de alguns acenos do guia para que não me tratassem mal, o homem concordou em me franquear o quartinho separado por tabiques da sala de estar, que era sua morada ali, e seu leito nupcial, cuja roupa branca mandou trocar. Ele me guiou através do grande salão iluminado e pude lançar de passagem um rápido olhar para os alegres hóspedes.

Mas, para meu entretenimento, uma fresta no tabique, da qual talvez o próprio estalajadeiro se servisse para vigiar seus hóspedes, me deu uma excelente oportunidade de observá-los mais demoradamente. Vi a mesa longa e bem iluminada de cima para baixo, a vista que ela me oferecia era semelhante à que vemos muitas vezes em quadros representando as bodas de Caná; então me pus a contemplar de cima a baixo com toda a comodidade: presidentes, conselheiros, outros participantes e, mais à frente,

---

152 O poema "Harzreise im Winter" [Viagem ao Harz no inverno] foi composto em 1777 e publicado pela primeira vez em 1789.

secretários, escreventes e auxiliares. Uma negociação difícil levada a bom termo parecia estabelecer a igualdade entre todos os participantes, todos tagarelavam com franqueza, bebiam à saúde uns dos outros, trocavam chistes e gracejos, enquanto alguns dos hóspedes pareciam se destacar em fazer piadas e troças sobre eles; era, enfim, um banquete alegre e distinto o que eu podia observar com tranquilidade em todas as suas peculiaridades à resplandecente luz das velas, como se o diabo coxo estivesse ao meu lado e me permitisse observar e reconhecer de perto uma situação de todo estranha para mim.[153] E os amigos de aventuras semelhantes poderão avaliar o prazer que tudo aquilo me dava depois da sombria viagem noturna ao Harz. Em alguns momentos, o espetáculo me parecia muito fantasmagórico, como se eu contemplasse espíritos bem-humorados a se divertir na caverna de alguma montanha.

Depois de uma noite bem dormida, dirigi-me a toda pressa, ainda conduzido por meu guia, à caverna de Baumann, que percorri por inteira, observando com minúcia os efeitos dos fenômenos naturais.[154] Massas negras de mármore decompostas e reconstituídas sob a forma de colunas e superfícies brancas cristalinas me mostravam a vida da natureza em sua contínua ação configuradora. É verdade que diante do olhar sereno desapareceram todas as imagens miraculosas que uma fantasia soturna se compraz em criar para si mesma a partir de figuras informes; em compensação, porém, a própria verdade permaneceu em sua total pureza, e eu me senti enriquecido de um modo muito belo.

Voltando à luz do dia, escrevi as observações mais importantes, mas também, com um sentido todo novo, as primeiras estrofes do poema que, sob o título de "Viagem ao Harz no inverno", despertou a atenção de alguns amigos até os últimos tempos; aqui seria o lugar para dispor as estrofes que se referem ao homem estranho que logo se irá avistar, pois, melhor do que muitas palavras, são adequadas para expressar a amável disposição de meu íntimo naquele momento.

---

153 Referência ao romance *Le diable boîteux* [O diabo coxo], de 1707, de Alain-René Lesage (1668-1747).

154 A caverna de Baumann é uma caverna de estalactites localizada na aldeia de Rübeland, no Harz.

"A campanha na França" e outros relatos de viagem

Mas quem está ali de lado?
Sua trilha se perde na floresta,
Atrás dele se fecham
Os arbustos,
A grama se levanta
O vazio o engole.

Ah! Quem cura as dores
Daquele para quem o bálsamo se tornou veneno?
Que bebeu o ódio ao humano
Da plenitude do amor?
Antes desdenhado, hoje um desdenhoso,
Ele consome em segredo
Seu próprio valor
Em um egoísmo insaciável.

Se de teu saltério,
Pai do amor, chega
Ao teu ouvido um som,
Então apazigua teu coração!
Abre o olhar enevoado
Para as milhares de fontes
Ao lado do sedento
No deserto.[155]

Chegando à hospedaria de Wernigerode, entabulei uma conversação com o garçom, encontrei nele um homem reflexivo, que parecia conhecer muito

---

155 Aber abseits wer ists?/ Ins Gebüsch verliert sich sein Pfad,/ Hinter ihm schlagen/ Die Sträuche zusammen/ Das Gras steht wieder auf,/ Die Öde verschlingt ihn.// Ach wer heilet die Schmerzen/ Des, dem Balsam zu Gift ward?/ Der sich Menschenhaß/ Malte Stein/ Aus der Fülle der Liebe trank,/ Erst verachtet, nun ein Verächter,/ Zehrt er heimlich auf/ Seinen eignen Wert/ In ungnügender Selbstsucht.// Ist auf deinem Psalter,/ Vater der Liebe, ein Ton/ Seinem Ohre vernehmlich,/ So erquicke sein Herz!/ Öffne den umwölkten Blick/ Über die tausend Quellen/ Neben dem Durstenden/ In der Wüste.

Johann Wolfgang von Goethe

bem seus concidadãos. Disse-lhe que tenho o costume de, ao chegar a um lugar estranho sem recomendações especiais, informar-me a respeito de pessoas jovens que se destacam pela ciência e pela erudição; pedi-lhe que me indicasse alguém assim, para que eu pudesse passar uma noite agradável. O garçom me respondeu sem precisar pensar muito: a companhia do sr. Plessing, filho do superintendente, me seria muito proveitosa; quando menino ele já fora distinguido na escola e ainda mantinha a reputação de ter uma cabeça boa e aplicada, só havia a censurar nele o humor sombrio, e não se podia achar bom que ele se apartasse da sociedade com uma atitude desagradável. Com estranhos ele se mostrava acolhedor, disso havia exemplos; se eu desejasse ser anunciado a ele, isso poderia ser feito de imediato.

O garçom logo me trouxe uma resposta positiva e me levou até ele. Já anoitecera quando entrei em uma grande sala do térreo, como se costumam encontrar em casas paroquiais, e avistei o jovem ainda com bastante nitidez ao crepúsculo. Mas, por alguns sintomas, pude perceber que os pais haviam deixado o cômodo às pressas a fim de deixar o lugar livre para o hóspede inesperado.

A luz que trouxeram me permitiu então reconhecer claramente o jovem; ele estava em perfeita concordância com suas cartas e, como aqueles escritos, despertava o interesse sem ser atraente.

A fim de entabular uma conversação, fiz-me passar por um desenhista de Gotha, que, por questões familiares, tinha de visitar a irmã e o cunhado em Braunschweig naquela estação hostil.

Por pouco ele não me interrompeu, e disse com vivacidade: uma vez que o senhor mora tão próximo de Weimar, deve ter visitado muitas vezes aquela cidade que se tornou tão famosa. Respondi afirmativamente, com toda a simplicidade, e me pus a falar do conselheiro Kraus,[156] da escola de desenho, do conselheiro de legação Bertuch e de sua atividade incansável;[157]

---

156 Georg Melchior Kraus (1737-1806), pintor e gravador alemão. Desde 1780 dirigia a escola de desenho de Weimar.

157 Friedrich Johann Justin Bertuch (1747-1822), editor e mecenas alemão. Juntamente com Georg Melchior Kraus, fundou a Escola de Desenho Livre de Weimar em 1776.

não me esqueci de mencionar nem Musäus[158] nem Jagemann,[159] o mestre de capela Wolf[160] e algumas mulheres, e descrevi o círculo formado por essas pessoas de grande valor, que acolhia todos os estrangeiros com boa vontade e amabilidade.

Ele, por fim, perguntou com impaciência: "Por que o senhor não menciona Goethe?". Respondi que também a ele eu vira como um hóspede bem-vindo no referido círculo, e que também, como artista forasteiro, fora bem recebido e incentivado por ele, sem que pudesse dizer muito mais a seu respeito, uma vez que ele vivia em parte sozinho, em parte em outros círculos.

O jovem, que ouvira com atenção inquieta, pediu-me, com certa brusquidão, que lhe descrevesse aquele indivíduo peculiar, que dava o que falar. Fiz-lhe, então, com grande ingenuidade, uma descrição que não me saiu difícil, uma vez que aquela pessoa singular se encontrava ali na mais singular das circunstâncias, e se a natureza lhe tivesse dado apenas um pouco mais de sagacidade ao coração, não lhe permaneceria por muito tempo um segredo o fato de que o hóspede que estava ali diante de seus olhos descrevia a si mesmo.

Ele já passeara algumas vezes de um lado para o outro da sala quando a criada entrou e pôs sobre a mesa uma garrafa de vinho e uma ceia fria preparada com muito esmero; ele serviu a nós dois, ergueu um brinde e esvaziou a taça com vivacidade. E mal eu esvaziara o meu com goles um pouco mais moderados, ele tomou abruptamente meu braço e exclamou: "Oh, desculpe meu estranho comportamento! Mas o senhor me despertou tanta confiança que tenho de lhe revelar tudo. Esse homem que o senhor acaba de me descrever me deve uma resposta; eu lhe enviei uma carta longa e amável, descrevendo-lhe minha situação e meus sofrimentos, pedindo-lhe que se interessasse por mim, me aconselhasse, me ajudasse, e já se passaram

---

158 Johann Karl August Musäus (1735-1787), filólogo e escritor alemão, conhecido sobretudo por seus contos de fada.

159 Christian Joseph Jagemann (1735-1804), erudito, conselheiro áulico e bibliotecário alemão.

160 Ernst Wilhelm Wolf (1735-1792), mestre de capela, pianista e compositor.

meses sem que eu receba nenhuma resposta dele; creio que uma confiança assim ilimitada merecia pelo menos uma resposta negativa".

Respondi que não podia nem explicar nem desculpar tal atitude, mas até onde sabia por experiência própria, uma abordagem tão impetuosa, real ou ideal, deixava aquele homem, normalmente tão bem-intencionado, benevolente e solícito, sem condições de se mover, e ainda menos de agir.

"Já que casualmente chegamos a esse ponto", disse ele recobrando um pouco o controle, "preciso ler a carta para o senhor, e então o senhor poderá julgar se mereço uma resposta qualquer, um retorno qualquer."

Eu andava de um lado para o outro da sala à espera da leitura, já quase tendo a certeza de seu efeito, e por isso não refletia mais a fundo a fim de me antecipar a mim mesmo em um caso tão delicado. Ele então se sentou diante de mim e se pôs a ler aquelas folhas que eu conhecia de cor e salteado, e eu talvez jamais tenha estado tão convencido das afirmações dos fisiognomonistas de que um ser vivente, em todas as suas ações e condutas, está sempre em perfeita consonância consigo mesmo, e que toda mônada que se manifesta na realidade se mostra na perfeita unidade de suas propriedades. O leitor estava inteiramente de acordo com o lido, e se outrora, em sua ausência, ele não me cativava, o mesmo ocorria agora em sua presença; não podíamos deixar de dispensar alguma consideração ao jovem, um interesse que, afinal, me levara a percorrer aquele caminho tão estranho: pois uma vontade séria se expressava ali, uma inclinação e um objetivo nobres; mas embora ele falasse dos sentimentos mais ternos, sua exposição permanecia desprovida de encantos, e um solipsismo inteiramente limitado a si mesmo aflorava com toda a força. Quando terminou de ler, ele me perguntou com ansiedade o que eu tinha a dizer, e se uma tal missiva não merecia, ou mesmo exigia uma resposta.

Entrementes, a situação lastimável daquele jovem se tornara cada vez mais clara para mim; ele jamais tomara conhecimento do mundo exterior; em compensação, adquirira uma cultura variada através da leitura, orientara todas as suas energias e inclinações para dentro de si mesmo e, dessa maneira, não tendo encontrado nas profundezas de sua vida um talento produtivo, como que mergulhara em um abismo; por isso, até mesmo o entretenimento e o consolo magníficos que muitas vezes encontramos no estudo das línguas antigas parecia escapar-lhe por completo.

Uma vez eu já pudera confirmar com sucesso em mim mesmo e em outras pessoas que, em um caso como aquele, um rápido e confiante recurso à natureza em sua ilimitada variedade é o melhor remédio; logo ousei fazer naquele caso o mesmo experimento e, depois de refletir um pouco, respondi-lhe da seguinte maneira:

Eu creio que compreendo por que aquele homem jovem, em quem o senhor depositou tanta confiança, se manteve em silêncio, pois o modo de pensar dele atualmente se distancia muito do seu para que ele pudesse esperar ser possível um entendimento entre ambos. Eu mesmo presenciei algumas conversas naquele círculo, e ouvi afirmarem: só se pode encontrar a salvação e a libertação de um estado de alma doloroso, autotorturante, sombrio, pela contemplação da natureza e pelo interesse sincero pelo mundo exterior. Já o conhecimento mais geral da natureza, seja por que lado for, uma intervenção ativa, seja como jardineiro ou como agricultor, como caçador ou mineiro, nos arranca de nós mesmos; a orientação das forças espirituais para os fenômenos reais, verdadeiros, proporciona pouco a pouco a maior satisfação, clareza e instrução: assim também procede da melhor forma o artista que se mantém fiel à natureza e, ao mesmo tempo, busca se educar em seu âmago.

Meu jovem amigo parecia muito inquieto e impaciente com tudo aquilo, como quem começa a se irritar com uma língua estrangeira ou confusa, cujo sentido não compreende. Quanto a mim, sem nenhuma grande esperança de um resultado feliz, na verdade apenas para não me calar, continuei a falar. A mim, como pintor de paisagens – continuei – aquilo não podia deixar de ser, antes de mais nada, compreensível, pois minha arte dependia diretamente da natureza; mas, desde aquela época, eu observara com maior afinco e interesse não apenas imagens e fenômenos naturais extraordinários e notáveis, como também me voltara amorosamente para todos e cada um. Mas, a fim de não me perder em generalidades, contei-lhe como mesmo aquela viagem de inverno emergencial, em lugar de ser penosa, me proporcionara um prazer contínuo; descrevi-lhe com uma poesia imagética e, contudo, tão imediata e natural quanto me foi possível, o curso de minha viagem, aquele céu matinal carregado de neve sobre as montanhas, os variadíssimos fenômenos diurnos, e então ofereci à sua imaginação as fortificações da torre e das muralhas de Nordhausen, contempladas ao cair do crepúsculo; passei depois para as águas rumorejantes à noite, fugidiamente iluminadas e cintilantes à luz da lanterna do guia entre fendas montanhosas, e cheguei por fim à caverna de Baumann.

Nesse ponto, porém, ele me interrompeu com vivacidade e me assegurou: ele na verdade se arrependia da curta jornada que fizera naquelas paragens; elas não se assemelhavam em nada à imagem que ele formara em sua fantasia. Depois do que se passara, estes sintomas mórbidos não podiam me aborrecer: pois quantas vezes eu não experimentara que uma criatura humana se recusava a reconhecer o valor de uma clara realidade em favor de um lúgubre fantasma de sua imaginação sombria? Também pouco me admirei quando ele respondeu à minha pergunta sobre como, afinal, ele imaginara a caverna, fazendo-me uma descrição que nem o mais audacioso cenógrafo teria ousado fazer da antecâmara do reino de Plutão.

Tentei então ainda algumas máximas propedêuticas como meios experimentais para uma cura a ser empreendida, mas fui tão decididamente repelido com a afirmação de que nada neste mundo poderia ou deveria satisfazê-lo que meu âmago se fechou, e pensei que, depois de ter percorrido aquele caminho inóspito, e na convicção de ter agido com a maior boa vontade, senti que minha consciência estava de todo livre, e eu dispensado de qualquer outra obrigação para com ele.

Já era tarde quando ele quis ler para mim a segunda missiva, ainda mais impetuosa e também ela já minha conhecida, mas eu me desculpei, alegando estar muito cansado e, quando ele me convidou com insistência em nome de sua família para um jantar no dia seguinte em sua casa, reservei-me o direito de mandar-lhe uma resposta pela manhã bem cedo. E assim nos despedimos, pacífica e convenientemente; sua personalidade me causou uma impressão muito particular. Ele era de estatura mediana, sua fisionomia não tinha nada de atraente, mas também nada de repulsivo, seu espírito sombrio não parecia descortês, ele podia antes passar por um jovem bem-educado que se preparara em silêncio na escola e na academia para o púlpito e a cátedra.

"A campanha na França" e outros relatos de viagem

Ao sair, deparei-me com um céu claríssimo cintilante de estrelas, as ruas e as praças cobertas pela neve; detive-me serenamente sobre uma ponte estreita e contemplei o mundo mergulhado naquela noite invernal. Ao mesmo tempo, refletia sobre minha aventura e me senti firmemente decidido a não tornar a ver o rapaz; por isso, pedi que me preparassem o cavalo logo ao nascer do dia, deixei um bilhete anônimo de escusas escrito a lápis com o garçom, a quem não deixei de dizer algumas palavras boas e verdadeiras sobre o jovem a quem ele me apresentara, das quais ele, perspicaz como era, decerto tirou partido com muita satisfação.

Então segui meu caminho pela encosta nordeste do Harz, sob uma chuva e um vendaval furiosos que me batiam de lado e, depois de ter visitado Rammelsberg,[161] as forjas de latão e outras instalações da mesma espécie e memorizado sua constituição, segui em direção a Goslar, da qual por agora não direi muita coisa, pois espero no futuro conversar mais detalhadamente a seu respeito com meus leitores.

Não saberia dizer quanto tempo se passara sem que eu ouvisse qualquer coisa de novo sobre aquele jovem, quando certa manhã, inesperadamente, recebi um bilhete em minha casa de campo em Weimar, no qual se anunciava uma visita. Respondi-lhe em poucas palavras que ele seria bem-vindo. Esperava então por uma estranha cena de reconhecimento, mas ao entrar ele se manteve muito tranquilo e disse: não estou surpreso de encontrá-lo aqui, a caligrafia de seu bilhete me fez recordar tão claramente o daquelas linhas que o senhor me endereçou ao partir de Wernigerode, que em nenhum momento duvidei que reencontraria aqui aquele viajante misterioso.

Esse introito já foi agradável, e iniciou-se uma conversação franca, na qual ele procurou me relatar sua situação e eu, em contrapartida, não lhe soneguei minha opinião. Não saberia precisar o quanto sua condição interior havia de fato melhorado, mas sua aparência não devia ser muito ruim, pois depois de diversos colóquios nos despedimos de um modo muito pacífico e amigável, embora eu não pudesse retribuir seu desejo impetuoso por uma amizade apaixonada e uma ligação muito íntima.

---

161 Mina de cobre nas proximidades de Goslar.

Durante algum tempo mantivemos ainda uma relação epistolar; tive ainda a oportunidade de lhe prestar de fato alguns serviços, dos quais ele se recordou com gratidão em outros encontros, da mesma forma que rememorar aqueles dias proporcionava algumas horas agradáveis a nós dois. Ele, como sempre ocupado apenas consigo mesmo, tinha muito a contar e comunicar. No correr dos anos, lograra conquistar a posição de um escritor respeitado, dedicando-se com seriedade à história da filosofia mais antiga, em especial aquela que se orienta pelo misterioso, da qual esperava deduzir os inícios e as condições primevas do ser humano. Contudo, não li seus livros, que ele me enviava assim que eram publicados; aqueles trabalhos estavam muito distantes daquilo que me interessava.

Também não achei de modo algum agradáveis suas condições atuais; ele tinha finalmente se lançado com um empenho furioso à conquista de conhecimentos de língua e história que durante muito tempo negligenciara e recusara, mas esses excessos intelectuais haviam arruinado sua saúde física; além disso, sua situação econômica não parecia das melhores, pelo menos seus proventos moderados não lhe permitiam cuidar muito de si e se poupar; também sua sombria agitação juvenil não se apaziguara de todo; ele ainda parecia perseguir algo inatingível e, depois de esgotarmos as recordações de nossas antigas relações, não tínhamos mais nada de verdadeiramente alegre a nos dizer. Meu modo de ser então poderia ser considerado quase ainda mais distante do seu do que nunca. Despedimo-nos, contudo, na melhor das disposições, mas também o deixei cheio de temor e preocupação por causa da época opressiva.

Visitei também o notável Merrem,[162] cujos belos conhecimentos de História Natural logo me proporcionaram uma agradável conversação. Ele me mostrou algumas coisas importantes, presenteou-me com sua obra sobre as serpentes,[163] e isso me levou a acompanhar com atenção o curso de sua vida, o que me foi deveras proveitoso; pois a grande e gratificante

---

162 Blasius Merrem (1761-1824), biólogo alemão.

163 Obra sobre as serpentes: *Beiträge zur Naturgeschichte. Beiträge zur Geschichte der Amphibien* [Contribuições à História natural. Contribuições à história dos anfíbios], de 1790.

"A campanha na França" e outros relatos de viagem

vantagem de viajar é que jamais em toda a nossa vida perdemos o interesse pelas pessoas e lugares que um dia viemos a conhecer.

Münster, novembro de 1792

Anunciado à princesa,[164] eu esperava uma situação das mais agradáveis; antes, porém, teria de suportar uma prova em consonância com a época: pois, retido durante a viagem por alguns obstáculos, só cheguei à cidade altas horas da noite. Não me pareceu conveniente logo na chegada submeter a hospitalidade a uma prova tão drástica com uma investida daquelas; por isso, procurei uma hospedaria onde, porém, me negaram quarto e leito; os emigrados haviam chegado em massa até ali e ocupado todos os espaços. Naquelas condições, não me detive a refletir por muito tempo e passei as horas em uma cadeira no salão, ainda assim bem mais confortável do que pouco antes quando, sob a chuva forte, não podia encontrar nem teto nem abrigo.

Depois dessa pequena privação, fui compensado na manhã seguinte com a melhor das acolhidas. A princesa veio ao meu encontro, encontrei em sua casa tudo preparado para me receber. De minha parte, mantive uma conduta irrepreensível; conhecia havia um bom tempo os membros daquele grupo, sabia que adentrava um círculo piedoso e me comportei conforme o esperado. Eles, por sua vez, se mostraram amáveis, inteligentes e nada rigorosos.

A princesa nos visitara em Weimar anos atrás, acompanhada de Von Fürstenberg e Hemsterhuis; seus filhos também faziam parte da comitiva; já naquela ocasião havíamos estado de acordo em alguns pontos e, admitindo algumas coisas, tolerando outras, nos despedimos no melhor dos entendimentos. Ela era uma daquelas individualidades das quais não podemos fazer uma ideia sem tê-las visto, e não podemos julgar antes de tê-las observado em união ou conflito com seu meio. Von Fürstenberg e Hemsterhuis, dois homens excelentes, a acompanhavam fielmente e, em tal sociedade, tanto o bem quanto o belo exerciam sua influência e sempre despertavam o interesse. Entrementes, Hemsterhuis falecera, ao passo que

---

164 Adelheid Amalia von Gallitzin (cf. n.129 deste capítulo).

Fürstenberg, tantos anos mais velho, continuava a ser o mesmo homem inteligente, nobre, tranquilo; e que posição singular ocupava entre seus contemporâneos! Sacerdote, homem de Estado, tão próximo de subir ao trono de príncipe.

As primeiras conversas, depois que as memórias pessoais de tempos passados tinham sido evocadas, se voltaram para Hamann, cujo túmulo, no canto do jardim desfolhado, logo me atraiu a vista.[165]

Suas grandes e incomparáveis qualidades deram ocasião para maravilhosas considerações; mas não se falou de seus últimos dias; o homem que fora tão importante e benéfico para aquele círculo que, enfim, elegera, se tornara na morte em certa medida incômodo para seus amigos; fosse qual fosse a decisão tomada a respeito de seu sepultamento, ela permaneceria fora das regras.[166]

A situação da princesa, vista de perto, não poderia ser considerada senão amável;[167] cedo ela chegara sentir que o mundo não nos dá nada, que precisamos nos recolher a nós mesmos, que precisamos nos preocupar com o tempo e a eternidade em um círculo íntimo, limitado.

A ambos ela alcançara; a suprema temporalidade ela encontrara no que é natural, e isso nos faz lembrar das máximas de Rousseau sobre a vida burguesa e a educação das crianças. Em tudo se queria voltar à verdade simples, espartilhos e saltos desapareceram, o pó se dissipou, os cabelos caíram em cachos naturais. Seus filhos aprenderam a natação e a corrida, talvez também a luta e o pugilato. Daquela vez eu quase não teria reconhecido a filha; ela crescera e se tornara mais robusta, achei-a inteligente, amável, caseira, adaptada e dedicada à vida semimonástica. Isso quanto ao presente temporal, o eterno futuro elas haviam encontrado em uma religião que dá

---

165 Johann Georg Hamann (1730-1788) filósofo e escritor alemão.

166 Os cemitérios em Münster eram reservados aos católicos (Hamann era luterano), mas havia exceções. Foi por insistência da princesa Gallitzin, e depois de vencer muitas resistências, que Hamann foi sepultado em seu jardim, o que causou muitas discussões.

167 Depois de sua reconversão ao catolicismo, a princesa se divorciara de seu marido, o príncipe russo Dmitri Alexeiévitch Gallitzin (1734-1803).

através de uma promessa e garantia sacrossantas aquilo que as outras fazem esperar através do ensinamento.

Mas, como a mais bela mediação entre os dois mundos, o efeito mais suave de um ascetismo severo, surgiu a beneficência; a vida era preenchida com exercícios religiosos e com a caridade; moderação e frugalidade se manifestavam em todo o ambiente doméstico, cada necessidade diária era satisfeita com abundância e simplicidade, mas a própria casa, a mobília e tudo o mais de que se necessitava não pareciam nem elegantes nem valiosos; tinha-se a exata impressão de que ali viviam decentemente como inquilinos. O mesmo valia para a morada de Fürstenberg; ele vivia em um palácio, mas que não era sua propriedade e não podia ser deixado de herança a seus filhos. Com isso ele provava ser, em tudo, muito simples, moderado, frugal, amparado em sua dignidade interior, desprezando toda a exterioridade, exatamente como a princesa.

Nesse elemento se cultivava a mais espirituosa e cordial sociabilidade, séria, intermediada pela filosofia, alegrada pela arte, e se na primeira raramente partíamos dos mesmos princípios, na segunda nos alegrávamos de nos encontrar em concordância na maior parte das vezes.

Hemsterhuis, holandês, de sentimentos delicados, educado desde a infância no gosto dos antigos, dedicara sua vida à princesa, e também seus escritos, que dão um testemunho imperecível de confiança mútua e de uma formação cultural semelhante.

Com a sagaz delicadeza que lhe era própria, aquele homem admirável foi levado a buscar incansavelmente o ético-intelectual, assim como o estético--sensível. Se daquele precisamos nos impregnar, deste precisamos estar sempre rodeados; por isso, para um indivíduo em particular que não dispõe de um grande espaço e mesmo durante suas viagens não pode prescindir de seu costumeiro deleite artístico, uma coleção de pedras esculpidas é altamente desejável; a toda parte o acompanha o que há de mais encantador, um tesouro instrutivo que não pesa, e ele desfruta incessantemente a posse de seus objetos mais nobres.

Mas, para obter algo assim, não basta querer; para isso é necessária, além dos recursos, sobretudo a oportunidade. E ela não faltou ao nosso amigo; habitando nos limites entre a Holanda e a Inglaterra, observando o contínuo movimento comercial e os tesouros artísticos que também se movimentavam de um lado para o outro, ele pouco a pouco conseguiu reunir, por meio de aquisições e trocas, uma bela coleção de cerca de setenta peças, contando para isso com o auxílio seguro dos conselhos e das instruções do excelente lapidador Natter.[168]

A princesa vira surgir a maior parte dessa coleção, ganhara com isso conhecimento, gosto e amor por ela, e agora a mantinha como herança de um amigo falecido, que parecia sempre presente em tais tesouros.

Da filosofia de Hemsterhuis, de seus fundamentos, do curso de suas ideias, eu não podia me apropriar senão os traduzindo para minha própria língua. O belo, e o que há nele de prazeroso, dizia ele, ocorre quando em um único momento podemos ver e apreender com comodidade a maior quantidade de representações; eu, porém, diria: o belo ocorre quando vemos o que vive em consonância com a lei em sua maior atividade e perfeição; o que nos impele à reprodução e nos faz sentir ao mesmo tempo vivos e postos na mais intensa atividade. Considerando-se bem de perto, em ambos os casos se diz a mesma coisa, apenas expressa por dois homens diferentes, e eu me abstenho de dizer mais; pois o belo não é tanto produtor quanto promissor, o feio, ao contrário, surge de uma estagnação, conduz ele próprio à estagnação e não permite esperar, desejar e almejar nada.

Creio poder também explicar segundo minha convicção a carta sobre a escultura; além disso, o livrinho sobre o desejo também me pareceu se esclarecer pelo mesmo caminho: pois quando alcançamos a posse do belo que desejamos com intensidade, ele não cumpre em partes o que prometeu no todo, e assim é óbvio que aquilo que nos excitou como um todo não pode de modo algum nos satisfazer como parte.[169]

Essas considerações foram tanto mais importantes porque a princesa viu seu amigo desejar intensamente as obras de arte, mas esfriar ao obter-lhes

---

168 Johann Lorenz Natter (1705-1763) foi um lapidador e cunhador de medalhas alemão.

169 Hemsterhuis escreveu suas obras em francês. Aqui são referidas a *Lettre sur la sculpture* [Carta sobre a escultura], 1765, publicada em 1769, e a *Lettre sur les désirs* [Carta sobre os desejos], de 1770.

a posse, o que ele explicou com tanta perspicácia e amabilidade no livrinho citado. Claro que é preciso discernir se o objeto é digno do entusiasmo que se sente por ele; se for, a alegria e a admiração que desperta têm sempre de aumentar, de se renovar; se não for de todo, o termômetro abaixará em alguns graus, e ganhamos em conhecimento o que perdemos em preconceito. Por isso, é talvez de todo correto dizer que precisamos adquirir as obras de arte para conhecê-las, a fim de que o desejo seja abolido e o verdadeiro valor seja aferido. Entrementes, também aqui o anseio e a satisfação precisam se alternar em uma vida pulsante, agarrar-se e soltar-se mutuamente, a fim de que o que foi uma vez enganado não cesse de desejar.

O quanto a sociedade entre a qual eu me encontrava podia ser sensível a tais conversas, poderá julgar com maior propriedade aquele que tiver adquirido conhecimento das obras de Hemsterhuis, que surgiram naquele círculo e lhe devem também a vida e o alimento.

Mas regressar às pedras lapidadas era muitas vezes bastante agradável, e sem dúvida se deve considerar como um caso dos mais peculiares o fato de que justamente a florescência do paganismo seja preservada e altamente estimada em uma casa cristã. Não perderei a oportunidade de enfatizar os motivos mais amáveis que saltavam dessas pequenas e dignas imagens para nossa vista. Aqui também não deveríamos negar que a imitação de grandes e dignas obras da Antiguidade, que estariam definitivamente perdidas para nós, haviam sido preservadas em forma de joias naqueles pequenos espaços, e não havia quase nenhuma espécie que faltasse ali. O mais vigoroso Hércules, coroado de hera, não podia negar sua origem colossal; uma severa cabeça de Medusa, um Baco que outrora fora preservado no gabinete dos Médici, sacrifícios e bacanais dos mais encantadores e, a par disso tudo, os mais valiosos retratos de pessoas conhecidas e desconhecidas não podiam deixar de ser admirados por meio de repetida contemplação.

De tais conversações que, apesar de sua elevação e profundidade, não corriam o risco de cair no abstruso, parecia se originar uma união, uma vez que toda veneração de um objeto nobre sempre vem acompanhada de um sentimento religioso. Contudo, não podíamos nos esconder que a mais pura religião cristã sempre se encontra em desavença com a verdadeira arte figurativa, pois aquela almeja se afastar de toda sensualidade, ao passo que esta reconhece o elemento sensual como seu âmbito de influência mais verdadeiro e precisa permanecer nele. No espírito dessa ideia foi que escrevi de um átimo o seguinte poema:

> *Amor, não o menino, mas o jovem que seduziu Psiquê,*
> *Passeava pelo Olimpo, petulante e acostumado à vitória;*
> *Ele avistou uma deusa, a mais bela entre todas;*
> *Era Vênus Urânia, e ele sentiu-se arder por ela.*
> *Ai!, a própria divindade não resistiu ao seu assédio,*
> *E o ousado a manteve presa firmemente em seus braços.*
> *Deles nasceu um novo, doce Amor,*
> *Que deve o ânimo ao pai, o decoro à mãe;*
> *Você sempre o encontra na doce companhia das Musas,*
> *E sua flecha encantadora desperta o amor pela Arte.*[170]

Ninguém parecia insatisfeito com essa profissão de fé alegórica; apesar disso, deixaram que repousasse em si mesma e ambas as partes consideravam como um dever não revelar de seus sentimentos e convicções senão aqueles que fossem comuns e pudessem servir à instrução e ao deleite mútuos, sem controvérsias.

Mas sempre era possível recorrer às pedras gravadas como um meio maravilhoso de ligação todas as vezes que a conversação corresse o risco de se tornar lacunosa. De minha parte, porém, eu não podia apreciar senão o âmbito da poesia, e julgar e louvar o motivo em si, a composição, a representação, ao passo que os amigos, por sua vez, estavam acostumados a ex-

---

170 O poema foi publicado pela primeira vez no *Almanaque das musas* para o ano de 1798, sob o título "Der neue Amor" [O novo Amor]: Amor, nicht aber das Kind, der Jüngling, der Psychen verführte,/ Sah im Olympus sich um, frech und der Siege gewohnt;/ Eine Göttin erblickt' er, vor allen die herrlichste Schöne,/ Venus Urania war's, und er entbrannte für sie./ Ach, die Heilige selbst, sie widerstand nicht dem Werben,/ Und der Verwegene hielt fest sie im Arme bestrickt./ Da entstand aus ihnen ein neuer lieblicher Amor,/ Der dem Vater den Sinn, Sitte der Mutter verdankt;/ Immer findest du ihn in holder Musen Gesellschaft,/ Und sein reizender Pfeil stiftet die Liebe der Kunst.

pressar considerações inteiramente diferentes. Pois para o amador que quer adquirir tais joias e elevar sua posse à condição de uma coleção digna, não basta, para a segurança de sua aquisição, que ele compreenda e desfrute do espírito e do significado do precioso trabalho artístico, ele precisa também se valer de características externas que podem ser extremamente difíceis para quem não é ele mesmo um artista tecnicamente formado no mesmo ramo. Hemsterhuis se correspondera durante muitos anos com seu amigo Natter a esse respeito, e boa parte dessa importante correspondência ainda está preservada. Nelas se falava em primeiro lugar na espécie de pedras com que se deveria trabalhar, tendo ele se servido de uma em determinada época e de outra em épocas posteriores; assim, era preciso não perder de vista, antes de mais nada, a necessidade de fazer distinções precisas, pois desse modo era possível identificar períodos importantes, assim como um trabalho fugaz ora indicava espírito, ora incapacidade, ora leviandade, épocas mais antigas ou mais recentes. Dava-se especial importância ao polimento de pontos mais profundos e se pensava encontrar nele um testemunho imprescindível das melhores épocas. Mas ninguém ousava estabelecer critérios seguros sobre se uma pedra gravada era decididamente antiga ou moderna; nosso próprio amigo Hemsterhuis só pôde se tranquilizar a respeito desse ponto com a concordância daquele excelente artista.

Eu não podia esconder que, aqui, adentrava um campo inteiramente novo, pelo qual tinha um grande interesse, e só lamentava a brevidade do tempo, que me privava da oportunidade de orientar tanto meu olhar quanto minha percepção interior de modo mais vigoroso na apreensão daquelas particularidades. Em ocasiões como aquela a princesa se expressava de modo alegre e simples: ela se sentia inclinada a me ceder a coleção, a fim de que eu a pudesse estudar em casa com amigos e conhecedores e, acrescentando-lhe moldes em vidro e enxofre, fortalecer meus conhecimentos naquele importante ramo das artes plásticas.

Recusei com a maior gratidão essa oferta, que de modo algum podia ser tomada por um cumprimento vazio, e era extremamente sedutora; devo confessar, porém, que a maneira pela qual aquele tesouro era conservado no fundo me dava motivos para grandes preocupações. Os anéis estavam guardados em caixinhas avulsas, cada uma delas contendo um, dois, três, ou quantos quisesse o acaso; depois de exibi-los, era impossível saber se faltava um; a própria princesa confessou: certa vez, na melhor das sociedades, um Hércules se perdera, e só mais tarde se dera por sua falta. Assim, parecia muito temerário, naquele tempo, me encarregar de algo tão valioso e assumir uma responsabilidade das mais delicadas. Procurei, então, com expressões de uma amável gratidão, apresentar os motivos mais convenientes para uma recusa, e a princesa pareceu aceitar de boa vontade meus argumentos, ainda mais que eu tentava insistentemente, tanto quanto possível, chamar a atenção de todos para aqueles objetos.

Tive, porém, de prestar contas de meus estudos da natureza, sobre os quais preferia guardar silêncio, por ser pouco provável que encontrassem ali uma acolhida favorável. Von Fürstenberg afirmou ter recebido com admiração, que mais parecia estranheza, a notícia de que por causa da Fisiognomonia eu me dedicava ao estudo da osteologia geral, a qual, contudo, dificilmente poderia oferecer algum auxílio para a interpretação dos traços fisionômicos de qualquer pessoa. É fato que, a fim de justificar e em certa medida tornar aceitável a certos amigos o estudo da osteologia, considerado de todo inadequado a um poeta, eu afirmara, e era verdade, que a fisiognomonia de Lavater me reconduzira àquela matéria, que eu conhecera em meus primeiros anos na universidade. O próprio Lavater, o observador mais sagaz de superfícies organizadas, reconhecendo que as formas musculares e epidérmicas e seus efeitos dependiam da configuração interna do ossos, se vira compelido a reproduzir em sua obra o crânio de diversos animais e a me encarregar de redigir um breve comentário a respeito. Mas o que eu poderia recapitular naquele momento, ou acrescentar no mesmo sentido em favor de meu procedimento, seria de pouca valia, pois então um fundamento científico dessa natureza parecia algo muito distante e as pessoas, absortas na vida social presente, só atribuíam algum significado aos traços faciais móveis, e talvez mesmo apenas em momentos de paixão, sem pensar que neles não podia atuar apenas o efeito de uma aparência desregrada, e que, antes, o que era exterior, móvel, cambiante, devia ser visto como o resultado importante, significativo, de uma decisiva vida interior.

Mais do que em tais discursos, fui bem-sucedido em entreter uma sociedade mais ampla, da qual faziam parte sacerdotes inteligentes e com-

"A campanha na França" e outros relatos de viagem

preensivos, jovens ambiciosos de boa aparência e educação, cujo espírito e inteligência eram muito promissores. Para isso escolhi, sem que me pedissem, as festas da Igreja Romana: a Semana Santa e a Páscoa, Corpus Christi, São Pedro e São Paulo; depois, como divertimento, a consagração dos cavalos, da qual também tomam parte outros animais domésticos. Essas festas estavam então de todo presentes em minha memória, com todos os seus detalhes característicos, pois eu planejava escrever um "ano romano", descrevendo a série de todas as cerimônias sagradas e profanas; assim, estando em condições de descrever aquelas festas de acordo com uma impressão direta e sem interferências, vi que meu piedoso círculo católico estava tão satisfeito com os quadros que eu lhe apresentava quanto as pessoas mundanas com o carnaval. Um dos presentes, não de todo familiarizado com as relações sociais vigentes, chegou a perguntar confidencialmente se eu era de fato católico.

Quando me contou isso, a princesa me revelou também que lhe haviam escrito dando notícia de minha chegada e advertindo-a de que deveria se precaver contra mim, pois eu sabia me fazer passar por tão piedoso que poderiam me tomar por um homem religioso, e mesmo católico.

"Admita, cara amiga", exclamei, "que eu não me faço passar por um homem piedoso, eu o sou no lugar certo; não é difícil para mim observar todas as coisas com um olhar claro e inocente e depois representá-las com a mesma pureza. Sempre tive repulsa pelas deformações grotescas com as quais as pessoas pretensiosas, segundo suas próprias convicções, pecam contra o objeto de que se ocupam. Daquilo que me causa repulsa eu desvio o olhar, mas algumas coisas que não aprovo de todo eu as reconheço em sua peculiaridade; nisso fica demonstrado na maior parte das vezes que os outros têm tanto direito de existir ao seu modo e seu feitio particulares quanto eu segundo os meus." Com isso, esse ponto ficou esclarecido, e uma ingerência insidiosa, nada louvável, em nossas relações, ao procurar despertar desconfiança, havia, pelo contrário, despertado a confiança.

Em uma sociedade tão delicada não teria sido possível ser rude ou hostil; ao contrário, eu me sentia afetuoso como há muito tempo não acontecia, e não poderia haver felicidade maior do que, depois das terríveis experiências da guerra e da fuga, sentir outra vez a influência de costumes humanos e piedosos sobre mim.

Em um determinado ponto, contudo, desagradei a uma sociedade nobre em sua bondade e decorosa em sua alegria, sem sequer saber como isso se deu. Eu gozava da fama de ser um leitor em voz alta hábil, franco e expressivo. Queriam ouvir-me e, sabendo que eu admirava apaixonadamente a *Luise* de Voss, que fora publicada no fascículo de novembro de 1784 do *Merkur*, e a lia com prazer, fizeram alusão a ela, sem insistência.[171] Puseram o fascículo da revista sob o espelho e me deixaram à vontade. Eu não sei dizer o que me impediu; eu tinha os sentidos e os lábios cerrados, não pude tomar do fascículo nem me decidir a aproveitar uma pausa da conversação para proporcionar uma alegria a mim e aos meus amigos; o tempo passou e ainda agora eu me admiro desse embotamento inexplicável.

O dia da despedida se aproximava, em algum momento tínhamos de nos separar. Então a princesa disse: qualquer resistência será inútil. O senhor tem de levar consigo as gemas, eu exijo. Como eu reafirmasse com a maior cortesia e amabilidade minha recusa, ela disse por fim: então tenho de lhe revelar por que desejo isso. Fui desaconselhada a confiar-lhe esse tesouro, e justamente por isso quero fazê-lo; disseram-me que não o conheço o bastante para estar de todo segura a seu respeito. Por isso — prosseguiu — eu repliquei: vocês não acreditam que o conceito que faço dele me é mais caro do que essas pedras? Se devo perder a boa opinião que tenho a respeito dele, prefiro perder, juntamente com ela, esse tesouro.

Não havia mais nada que eu pudesse responder, pois com aquela declaração ela me honrava e obrigava em um mesmo grau. Ela também removeu todos os outros obstáculos; os moldes em enxofre, catalogados, foram empacotados em uma caixinha limpa juntamente com os originais para fins de controle, caso este se fizesse necessário, um pequeno espaço bastava para abrigar os tesouros facilmente transportáveis.

Então nos despedimos afetuosamente, sem, contudo, nos separarmos de imediato; a princesa me anunciou seu desejo de acompanhar-me até a

---

171 *Luise. Ein ländliches Gedicht in drei Idyllen* [Luise. Poema campestre em três idílios], de Johann Heinrich Voss (1751-1826).

próxima estação, sentou-se ao meu lado na carruagem, e a dela nos seguiu. Os pontos importantes da vida e da doutrina foram evocados mais uma vez, eu repeti com delicadeza e serenidade meu credo habitual, ela persistiu no seu. Então, cada um tomou o caminho de casa, ela com o desejo que expressara de me rever, nesta vida ou na outra.

Essa fórmula de despedida dos católicos amigos e benevolentes não me era estranha nem desagradável, eu a ouvira muitas vezes tanto de relações efêmeras em balneários e outras localidades, na maioria das vezes de sacerdotes benevolentes que me demonstravam uma disposição amigável, e não vejo por que deva me irritar com alguém que deseje me atrair para seu círculo, no qual, segundo sua convicção, se pode viver em perfeita tranquilidade e morrer suavemente seguro de uma eterna bem-aventurança.

Graças aos cuidados e ao estímulo de minha nobre amiga, o mestre de posta não apenas me atendeu prontamente, como também me anunciou e recomendou através de uma circular, o que era agradável e muito necessário. Pois a bela convivência amigável e pacífica me fizera esquecer que atrás de mim vinha um cortejo de fugitivos da guerra e, infelizmente, encontrei pelo caminho uma multidão de emigrados que se embrenhava cada vez mais fundo na Alemanha, e à qual os postilhões demonstravam tão pouca simpatia quanto no Reno. Muitas vezes não havia estrada batida, seguíamos ora de um lado, ora de outro, ora se encontrando, ora se cruzando. Urzes e arbustos, tocos de raízes, areia, brejo e juncos, uns tão incômodos e desagradáveis quanto os outros. Sem nenhum rompante não se saía dali.

Uma carruagem ficou encalhada, Paul saltou rapidamente em auxílio dela; ele pensou que as belas francesas, que ele reencontrara em Düsseldorf na mais desoladora das situações, estavam outra vez necessitadas de seu socorro. A senhora não reencontrara seu marido e fora por fim, arrastada e amedrontada pelo turbilhão da desgraça, atirada para a outra margem do Reno.

Contudo, aqui nesse deserto não foi ela a quem encontramos; algumas velhas senhoras demandavam nossa assistência. Mas quando nosso postilhão deveria parar e ir em socorro da outra carruagem com seus cavalos, ele se negou obstinadamente a fazê-lo e disse: deveríamos cuidar apenas de nosso próprio veículo, já bastante carregado com ouro e prata, a fim de evitar que atolássemos ou mesmo tombássemos, pois, embora tivesse as melhores intenções a nosso respeito, por nada neste mundo ele ficaria parado ali naquele deserto.

Felizmente, para aplacar nossa consciência, um sem-número de camponeses da Vestfália se reunira ao redor daquela carruagem e, por uma boa gorjeta acertada de antemão, conseguiu levá-lo de volta à pista trafegável.

Em nosso carro, contudo, o que mais pesava era o ferro, e o tesouro precioso que levávamos conosco era leve o bastante para não se fazer sentir nem no menor dos coches. Com que ardor eu não desejava poder dispor agora de meu cochezinho boêmio! Apesar de tudo, a ideia preconcebida de que levávamos preciosos tesouros me causava uma certa inquietação. Havíamos notado que um postilhão transmitia ao outro o tempo todo a notícia de uma sobrecarga no veículo e a suspeita de que levássemos dinheiro e objetos de valor. Contudo, anunciados com antecedência pela circular, embora não chegássemos no horário previsto por causa do mau tempo, e em cada estação fôssemos enviados às pressas para a frente, na verdade atirados para dentro da noite, nos vimos por fim de fato na situação angustiante de ver o postilhão jurar, no meio da noite escura, que não podia seguir adiante, e parar o veículo diante de uma casa solitária na floresta, cuja situação, estilo arquitetônico e moradores já nos teriam apavorado à mais clara luz do sol.

Mesmo o dia mais cinzento, em comparação, era um alento; evocávamos a lembrança dos amigos junto dos quais havia pouco desfrutáramos de tantas horas de intimidade; recordávamo-nos deles com respeito e amor, instruíamo-nos com suas qualidades e nos edificávamos com suas virtudes. Mas, assim que caía a noite, sentíamo-nos outra vez presas de todas as preocupações de uma situação desesperadora. Por mais sombrios, contudo, que tivessem sido meus pensamentos nas últimas e mais negras de todas as noites, eles novamente se iluminaram assim que entrei na cidade de Kassel, resplandecente de centenas e centenas de lampiões. À vista dela, descortinaram-se diante de meu espírito todas as vantagens de uma convivência citadina burguesa, o bem-estar de cada indivíduo no interior iluminado de sua morada e as agradáveis disposições para a recepção dos estrangeiros.

"A campanha na França" e outros relatos de viagem

Minha alegria, contudo, foi perturbada por alguns momentos quando chegamos à Königsplatz magnificamente iluminada e nos detivemos diante da bem conhecida hospedaria; o criado que mandáramos nos anunciar voltou com a informação de que não havia vagas. Como, porém, eu não quisesse arredar pé dali, um dos empregados da casa se aproximou de minha janela e, muito educado, se desculpou em belas frases francesas por não ser possível nos acolher.

Respondi em bom alemão que muito me admirava por ver recusada a acolhida a um viajante na noite em um edifício tão grande, cujos espaços eu conhecia muito bem.

"O senhor é alemão", exclamou ele, "isso faz toda a diferença!" E imediatamente permitiu ao postilhão que entrasse no pátio. Depois de me arranjar um quarto muito conveniente, ele acrescentou que estava firmemente decidido a não aceitar mais nenhum emigrado. O comportamento deles era por demais arrogante, o pagamento mesquinho; pois, em meio à sua miséria, sem saber para onde se voltar, eles ainda se comportavam como se tivessem tomado posse de um território conquistado. Então, eu parti em paz, e no caminho para Eisenach encontrei uma afluência menor daqueles hóspedes tão frequente e imprevisivelmente impelidos a avançar.

Minha chegada a Weimar também não seria desprovida de aventuras; ela ocorreu depois da meia-noite e ocasionou uma cena familiar que em um romance poderia iluminar e alegrar as trevas mais profundas.

Encontrei a casa que meu príncipe me destinara renovada, bem mobiliada e quase totalmente habitável, sem por isso me ver privado de todo da alegria de participar e influir na reforma. Encontrei meus familiares alegres e saudáveis, e nos momentos dedicados às narrativas, a situação feliz e tranquila em que haviam saboreado os doces enviados de Verdun contrastava fortemente com aquela em que nós, acreditando que se encontravam em uma condição paradisíaca, tínhamos de lutar com todas as dificuldades imagináveis.

Nosso sereno círculo doméstico se tornara mais rico e feliz, pois Heinrich Meyer viera se juntar tanto na qualidade de comensal como de artista, amigo das artes e colaborador, e participava com afinco de todas as atividades instrutivas e produtivas.

O teatro de Weimar existia desde maio de 1791; no verão daquele ano, e também no do corrente, o elenco se transferira para Lauchstädt e se afinara bastante pelas repetidas representações de peças em voga na época, na maior parte das vezes de boa qualidade. Um resto da trupe de Bellomo, ou seja, um grupo de artistas acostumados a atuar juntos, formava a base do elenco, à qual pouco a pouco vieram se juntar outros ou já preparados ou muito promissores que preencheram adequadamente as lacunas.[172]

Podemos afirmar que naquela época ainda havia um ofício de ator que permitia que membros de teatros distantes se pusessem em consonância, sobretudo quando se tinha a sorte de reunir atores da Baixa Alemanha para a recitação a outros da Alta Alemanha para o canto; assim, para começar, o público podia se dar por satisfeito.

Tendo assumido uma parte da direção do teatro, era para mim uma ocupação divertida buscar um modo suave pelo qual o empreendimento pudesse ser levado adiante. Logo constatei que uma certa técnica podia se desenvolver a partir da imitação, da comparação com outros e da rotina, mas faltava de todo aquilo a que eu poderia chamar de gramática, que constitui a base indispensável para que se possa chegar à retórica e à poesia.

Uma vez que pretendo voltar a esse ponto e não gostaria de dissecá-lo aqui, limito-me a dizer por ora: procurei estudar e levar de volta aos seus fundamentos aquela técnica que se apropria de tudo pela tradição, e fazer que se observasse em alguns casos isolados aquilo que se havia tornado claro para mim, sem recorrer a generalizações.

O que favoreceu esse meu empreendimento foi sobretudo o tom de naturalidade e conversação que se tornava dominante naquele momento e é especialmente gratificante e digno de louvor quando se manifesta como arte consumada, como uma segunda natureza, mas não quando qualquer um acredita que basta oferecer sua própria existência nua para produzir algo digno de aplauso. Contudo, eu aproveitava essa tendência para alcançar meus objetivos, pois podia me dar por satisfeito quando a naturalidade congênita se manifestava com liberdade e, pouco a pouco, graças a certas

---

172 Giuseppe Bellomo, diretor de uma companhia teatral, atuou em Weimar de 1784 a 1791.

"A campanha na França" e outros relatos de viagem

regras e orientações, se deixava conduzir no sentido de uma educação mais elevada. Mas não posso aqui me estender além disso, pois o que foi feito e realizado se desenvolveu pouco a pouco e por si mesmo, e portanto teria de ser descrito em sua evolução histórica.

Devo, contudo, enumerar brevemente algumas condições que se mostraram extremamente propícias para o novo teatro. Iffland e Kotzebue estavam no auge de suas carreiras, suas peças, naturais e compreensíveis, se voltavam, umas contra certas convenções burguesas autoindulgentes, outras contra uma liberdade licenciosa dos costumes; ambas as tendências estavam em consonância com a época e gozavam de uma acolhida entusiástica; algumas, ainda sob a forma de manuscrito, agradavam em virtude do vivo aroma do momento que exalavam. Schröder,[173] Babo,[174] Ziegler,[175] bons talentos enérgicos, deram uma contribuição importante; Bretzner[176] e Jünger,[177] na mesma época, despretensiosamente, abriram espaço para uma alacridade fácil. Hagemann[178] e Hagemeister,[179] talentos que não puderam vencer a prova do tempo, trabalhavam também para o momento presente e, se não foram admirados, eram ao menos considerados e bem-vindos como novidades.

Essa massa viva que se movia em círculos, nós nos esforçávamos por elevar intelectualmente com peças de Shakespeare, Gozzi e Schiller; abandonamos a prática até então corrente de ensaiar apenas novidades para perdê-las logo em seguida, fazíamos escolhas cuidadosas e preparávamos um repertório que iria durar muitos anos. Mas não podemos também deixar de recordar aqui com gratidão o homem que nos ajudou a fundar

---

173 Friedrich Ludwig Schröder (1744-1816), dramaturgo, ator e diretor em Hamburgo.

174 Josef Marius von Babo (1756-1833), dramaturgo e libretista, diretor artístico do teatro de Munique.

175 Friedrich Julius Wilhelm Ziegler (1759-1827), diretor e ator de teatro em Viena.

176 Christoph Friedrich Bretzner (1748-1807), comerciante e autor de comédias. Escreveu o libreto para a ópera *O rapto do serralho*, de Mozart.

177 Johann Friedrich Jünger (1759-1797), diretor de teatro e romancista em Viena.

178 Friedrich Gustav Hagemann (1760-1835), ator e diretor em Breslau.

179 Johann Gottfried Lukas Hagemeister (1762-1806) ator, diretor, poeta e professor em Anklam.

essa instituição. Trata-se de F. J. Fischer, um ator já entrado em anos, bom conhecedor de seu ofício, moderado, desapaixonado, satisfeito com sua situação, contentando-se com uma gama limitada de papéis.[180] Trouxe consigo vários atores de Praga que atuavam segundo sua orientação, e sabia tratar bem os artistas nacionais, o que disseminou uma paz íntima em todo o conjunto.

Quanto à ópera, fomos muito favorecidos pelos trabalhos de Dittersdorf.[181] Ele trabalhara para o teatro particular de um principado com naturalidade e humor apreciáveis, o que conferiu às suas produções uma alacridade fácil que também nos veio a propósito, pois tivemos a sagacidade de considerar nosso novo teatro um palco de amadores. Esforçávamo-nos muito para adequar os textos, tanto no aspecto rítmico quanto no prosaico, ao gosto da Alta Saxônia; e assim, essa mercadoria leve ganhou aplausos e demanda.

Os amigos regressados da Itália se empenharam em transportar para cá as óperas italianas mais leves daquela época, as de Paisiello,[182] Cimarosa[183] e Guglielmi;[184] e, depois disso, também o espírito de Mozart começou a exercer sua influência. Se pensarmos que de tudo isso pouca coisa era conhecida e nenhuma estava gasta, então não poderemos deixar de reconhecer que os começos do teatro de Weimar coincidem de modo perfeito com os primeiros tempos do teatro alemão e desfrutaram das vantagens que manifestamente, por si sós, deveriam lhe oferecer as melhores oportunidades para um desenvolvimento natural.

Para preparar e assegurar a fruição e o estudo da coleção de gemas que me fora confiada, mandei fazer duas graciosas caixinhas circulares nas quais as pedras, dispostas umas ao lado das outras, poderiam ser abarcadas com um só olhar, de modo que qualquer falta seria imediatamente notada; depois, foram preparadas numerosas cópias em enxofre e gesso e submetidas

---

180 Franz Joseph Fischer (*c.* 1740-?), ator e diretor em Praga, Weimar e Innsbruck.
181 Karl Ditters von Dittersdorf (1739-1799), compositor austríaco e mestre de capela em Breslau.
182 Giovanni Paisiello (1740-1816), compositor italiano.
183 Domenico Cimarosa (1749-1801), compositor italiano.
184 Pietro Guglielmi (1727-1804), compositor italiano.

a um exame com o auxílio de fortes lentes de aumento; também adquirimos reproduções já existentes de coleções mais antigas pelas quais nos orientar. Percebemos que nisso se deveria fundamentar nosso estudo das gemas; mas só pouco a pouco pudemos avaliar o quanto valia a oferenda que nos fizera nossa amiga.

Por isso, incluímos aqui o resultado de nossos longos anos de observação, pois dificilmente teremos oportunidade, em um curto espaço de tempo, para voltar nossa atenção mais uma vez para esse tema.

Por motivos artísticos intrínsecos, nossos amigos de Weimar acreditavam ser justificável considerar, se não todas, ao menos a maior parte daquelas pedras entalhadas verdadeiros monumentos artísticos antigos, e de fato muitas delas podiam ser incluídas entre os melhores trabalhos daquela espécie. Algumas se destacavam por serem de fato idênticas a moldes de enxofre mais antigos; encontraram-se várias cuja configuração coincidia com a de outras gemas antigas, e justamente por isso deveriam ser consideradas legítimas. Nas coleções maiores havia algumas representações que se repetiam, e seria um grande equívoco tomar umas por originais e outras por cópias modernas.

Temos de ter sempre em mente nesses casos a nobre fidelidade artística dos antigos, que não se cansavam de repetir a representação bem-sucedida dada uma vez a determinado tema. Aqueles artistas se consideravam suficientemente originais quando sentiam possuir a capacidade e o talento para compreender uma ideia original e representá-la a seu modo.

Diversas pedras traziam gravados os nomes dos artistas, coisa a que se dava grande valor havia anos. Tal complemento, por mais digno de nota que seja, permanece sempre problemático: é possível que a pedra seja antiga e o nome, recentemente gravado a fim de conferir um valor adicional àquilo que já é excelente.

Se, como é justificável, nos abstemos aqui de qualquer catalogação, uma vez que a descrição de tais obras de arte sem o acompanhamento de uma ilustração dá pouca ideia delas, não nos eximiremos de dar algumas indicações gerais das mais notáveis.

Cabeça de Hércules. Admirável em vista do gosto nobre e livre do trabalho, e ainda mais se considerarmos as magníficas formas ideais, que não coincidem inteiramente com nenhuma das cabeças de Hércules conhecidas e, justo por isso, aumentam ainda mais o valor notável desse precioso monumento.

Busto de Baco. Um trabalho como que soprado sobre a pedra e, em vista das formas ideais, uma das mais nobres obras da Antiguidade. Várias peças semelhantes a essa se encontram em diversas coleções e, se nos recordamos bem, tanto em alto quanto em baixo-relevo; mas ainda não nos foi dado conhecer nenhuma que superasse a que temos aqui presente.

Fauno que quer roubar a roupa de uma bacante. Composição excelente, que se repete em muitos monumentos antigos, também muito bem trabalhada.

Lira caída, cujas extremidades de chifre representam dois delfins, e cujo corpo ou, se se quiser assim, cujo pé representa Amor coroado de rosas; a eles se junta, formando um gracioso grupo, a pantera de Baco segurando com uma das patas dianteiras o tirso. A execução dessa gema satisfaz o conhecedor, e agradará também a quem aprecia símbolos delicados.

Máscara com grande barba e boca muito aberta; um ramo de hera circunda a fronte calva. Em seu gênero essa pedra pode ser considerada uma das melhores, e também apreciável é uma outra máscara com barba comprida e cabelos graciosamente entrançados; a gravação tem uma profundidade incomum.

Vênus dá de beber a Amor. Um dos grupos mais amáveis que se podem ver, tratado com espírito, mas sem grande dispêndio de trabalho.

Cibele cavalgando o leão. Gravado em profundidade; um trabalho cuja excelência é bastante conhecida dos amadores graças a reproduções que se encontram em quase todas as coleções de gemas.

Gigante que arranca um grifo de sua caverna rochosa. Obra de grande mérito artístico e, como representação, talvez única. Nossos leitores podem encontrar uma reprodução em escala ampliada no programa de Voss para a *Allgemeine Literatur Zeitung* de Iena, volume IV, 1804.

Cabeça com elmo, de perfil, com barba grande. Talvez seja uma máscara; contudo, nada tem de caricatural, trata-se de um rosto concentrado, heroico; excelentemente trabalhado.

Herma de Homero, quase inteiramente representado de frente e com uma gravação muito profunda. O poeta aparece aqui mais jovem do que de costume, mal entrado na velhice; por isso essa peça é valiosa não apenas pelo lado artístico, mas também por seu objeto.

Nas coleções de cópias de gemas quase sempre se encontra a cabeça de um velho venerável com barbas e cabelos longos, que (sem que se digam os motivos) deveria ser um retrato de Aristófanes. Uma cabeça semelhante, que só se distingue daquela por diferenças insignificantes, se encontra em nossa coleção, e é de fato uma das melhores peças.

O perfil de um desconhecido foi provavelmente encontrado partido acima das sobrancelhas e, em tempos modernos, polido para ser transformado em pedra de anel. Jamais vimos uma figura humana representada de forma mais grandiosa e vívida no pequeno espaço de uma gema, são raros os casos em que o artista demonstrou uma capacidade tão ilimitada. De conteúdo semelhante é o busto igualmente desconhecido coberto por uma pele de leão; assim como o anterior, este também estava partido acima das sobrancelhas, mas a parte que faltava foi preenchida com ouro.

Cabeça de um homem velho de caráter concentrado e enérgico, de cabelos curtos. Trabalhada com engenho e mestria extraordinários; especialmente admirável o tratamento ousado da barba, talvez único em seu gênero.

Cabeça de homem ou busto sem barba, uma faixa ao redor dos cabelos, as vestes ricas em pregas presas ao ombro direito. Há uma expressão engenhosa, enérgica nessa obra e nos traços, semelhantes aos que se costumam atribuir a Júlio César.

Cabeça de homem, também sem barba, a toga puxada sobre a cabeça, como era costume em sacrifícios. Há um teor extraordinário de veracidade e caráter neste rosto, e não há dúvida de que o trabalho é genuinamente antigo, do tempo do primeiro imperador romano.

Busto de uma dama romana; ao redor da cabeça uma dupla trança de cabelos, o todo executado com uma precisão admirável e, do ponto de vista do caráter, pleno de veracidade, leveza, ingenuidade, vida.

Pequena cabeça com elmo, de barbas cerradas e caráter enérgico, retratada de frente, um trabalho apreciável.

Por fim, lembramos de uma pedra moderna, excelente: a cabeça de Medusa em magnífica cornalina. Assemelha-se de todo à conhecida Medusa de Sósicles,[185] mal se notando as pequenas diferenças. De fato, uma das mais primorosas imitações de obras antigas: sim, não obstante seus muitos méritos, devemos considerá-la uma imitação, pois o tratamento dá mostras de uma liberdade um pouco menor, e além disso um N, gravado sob a linha do pescoço, nos permite tomá-la por um trabalho do próprio Natter.

Por essas poucas informações os verdadeiros conhecedores da arte poderão deduzir o alto valor dessa estimável coleção. Onde ela se encontra atualmente, não sabemos; talvez se pudesse descobrir seu paradeiro e, assim, estimular um amigo das artes abastado a adquirir esse tesouro, caso esteja à venda.[186]

Os amigos da arte de Weimar tiraram todas as vantagens possíveis dessa coleção, durante todo o tempo em que ela esteve em suas mãos. Já naquele mesmo inverno ela proporcionou um entretenimento extraordinário à sociedade culta que costumava se reunir ao redor da duquesa Amália. Buscava-se adquirir conhecimentos sólidos por meio do estudo das gemas, no que fomos favorecidos pela benevolência de sua excelente proprietária, que nos concedeu esse prazer por vários anos. Contudo, pouco antes de sua morte ela ainda pôde se deleitar com a bela e conveniente arrumação, ao poder contemplar todas as pedras de uma vez, como nunca antes, arranjadas em perfeita ordem nas duas caixinhas, e assim se sentir nobremente recompensada pela grande confiança que me demonstrara.

Nossos estudos artísticos também se voltavam para outro lado. Eu observara com atenção as cores em diversas situações da vida, e via a esperança de finalmente encontrar sua harmonia artística a cuja busca eu de fato me lançara. Nosso amigo Meyer esboçara diversas composições nas quais podíamos vê-las e julgá-las, ora arranjadas em série, ora em contraste.

Ela se mostrava a nós com a maior clareza nos objetos paisagísticos mais simples, nos quais ao lado da luz sempre se devia atribuir o amarelo e o amarelo-avermelhado, e ao lado da sombra o azul e o azul-avermelhado; mas, em virtude da variedade dos objetos naturais, era facilmente comuni-

---

185 Escultor romano (meados do século II).

186 Em 1797, Goethe devolveu a coleção à princesa Gallitzin, que a vendeu a fim de arrecadar fundos para obras beneficentes. Posteriormente, ele veio a saber que ela se encontrava no gabinete de medalhas do rei da Holanda.

cável por meio do marrom-esverdeado e do azul-esverdeado. Também aqui grandes mestres já haviam atuado por meio de exemplos, mais do que no domínio do histórico, em que o artista fica entregue a si mesmo quando se trata de escolher a cor das vestes e, em sua perplexidade, recorre aos usos e tradições, deixando-se também seduzir por algum significado e, assim, com frequência é desviado da verdadeira representação harmônica.

Mas sinto-me impelido a voltar desses estudos das artes figurativas para o teatro e fazer algumas considerações sobre minha própria relação com ele que de início queria evitar. Seria de se esperar que aquela seria a melhor oportunidade para, de minha parte, contribuir como escritor para o novo teatro e, de modo geral, para o teatro alemão; pois, olhando-se mais de perto, havia entre os autores já mencionados e suas produções um espaço que poderia ser preenchido; havia ainda uma grande variedade de material para um tratamento naturalmente simples a que se poderia recorrer.

Mas, para falar com franqueza, se penso em minhas primeiras produções dramáticas, que pertencem à história mundial, elas eram vastas demais para poderem caber no palco; e minhas últimas, dedicadas ao mais profundo sentido íntimo, tiveram pouca acolhida quando foram publicadas, por causa de sua versificação demasiado concentrada. Entrementes, eu havia me exercitado em uma certa técnica intermediária, que poderia ter dado ao teatro algo moderadamente satisfatório; mas então errei no tema, ou antes, minha natureza moral íntima foi sobrepujada pelo tema resistente a ser tratado sob a forma dramática.

Já no ano de 1785 o caso do colar me aterrorizava como a cabeça da Górgona. Eu via a dignidade da realeza abalada, de antemão aniquilada por aquela ação de uma perversidade inaudita, e todos os desdobramentos daquela época, infelizmente, só vieram confirmar meus terríveis pressentimentos. Eu os levei comigo para a Itália e os trouxe ainda mais agravados de volta. Por sorte, meu *Tasso* já estava concluído, mas desde então os eventos contemporâneos da história mundial tomaram por inteiro meu espírito.

Durante muitos anos eu tivera a oportunidade de maldizer com enfado as imposturas de malucos ousados e entusiastas premeditados,[187] e com

---

187 Goethe se refere aqui sobretudo a Giuseppe Balsamo, também conhecido como Cagliostro (1743-1795), que esteve envolvido no caso do colar da rainha.

Johann Wolfgang von Goethe

repulsa me espantara com a cegueira de pessoas excelentes diante daquelas temerárias inconveniências. Agora tinha diante de mim as consequências diretas e indiretas daqueles desatinos sob a forma de crimes ou quase crimes contra a majestade, todos suficientemente eficazes para abalar o mais belo trono do mundo.

Mas, para alcançar algum consolo e distração, tentei encontrar um lado divertido naquele horror, e a forma da ópera cômica, que desde muito tempo se tornara para mim uma das formas mais privilegiadas de representação dramática, parecia não ser avessa aos assuntos sérios, como se pudera constatar no *Rei Teodoro*.[188]

E assim, aquele tema foi trabalhado em versos,[189] a composição confiada a Reichardt,[190] e algumas vigorosas árias para baixo se tornaram conhecidas; outras partes musicadas, que fora do contexto não tinham nenhum significado, permaneceram inéditas, e a passagem da qual se esperava o efeito mais poderoso não chegou a ser composta, a visão dos espíritos pelo Cophta que profetiza durante o sono deveria, mais do que qualquer outra coisa, brilhar como um desfecho deslumbrante.

Mas como o todo não era presidido por um espírito alegre, o trabalho emperrou e, para não perder todo o esforço, escrevi uma peça em prosa, cujas personagens principais encontraram, de fato, figuras análogas na nova companhia de atores que, em uma encenação preparada com todo o cuidado, deu o melhor de si.[191]

Contudo, justamente porque foi representada de modo excelente, a peça produziu um efeito ainda mais contraditório. Um tema ao mesmo tempo terrível e aborrecido, tratado de forma ousada e implacável, assombrou todo o mundo, nenhum coração lhe correspondeu; a proximidade quase contemporânea do modelo fez que a impressão fosse sentida com intensidade ainda maior; como, além do mais, algumas ligações secretas se viram tratadas de maneira desfavorável, uma grande e respeitável parte do público

---

188 Ópera de Giovanni Paisiello.

189 Goethe se refere à ópera cômica *Die Mystifizierten* [Os enganados], versão preliminar de *O grande Cophta*.

190 Johann Friedrich Reichaerdt (1772-1842), compositor.

191 Peça em prosa: *O grande Cophta* (representada pela primeira vez em 1791).

"A campanha na França" e outros relatos de viagem

negou-lhe sua simpatia, ao mesmo tempo que a delicada sensibilidade feminina se horrorizou com uma audaciosa aventura amorosa.

Eu sempre fora indiferente ao efeito imediato de minhas obras, e também daquela vez vi com muita tranquilidade que minha produção mais recente, na qual trabalhara por tantos anos, não angariou nenhuma simpatia; eu até me deleitava com uma secreta malícia quando certas pessoas que vira com bastante frequência presas do engodo me asseguravam bravamente: ninguém poderia ser enganado de modo tão grosseiro.

Daquele acontecimento, porém, não tirei nenhum ensinamento; o que me ocupava intimamente sempre me aparecia sob a forma dramática e, assim como a história do colar me abalou como um presságio sombrio, a Revolução, em si mesma, me pareceu sua mais aterradora realização; vi o trono derrubado e despedaçado, uma grande nação fora de seus eixos e, depois de nossa malfadada campanha, também o mundo claramente fora de seus eixos.

Enquanto tudo isso me oprimia e amedrontava os pensamentos, tive de observar, infelizmente, que em nossa pátria as pessoas se divertiam em jogar com ideias que nos preparavam, também a nós, destinos semelhantes. Conhecia um bom número de espíritos nobres que se entregavam fantasiosamente a certas opiniões e esperanças, sem compreender nem a si mesmos nem aquelas coisas todas; ao mesmo tempo, alguns maus sujeitos se esforçavam por produzir, ampliar e tirar partido de um amargo descontentamento.

Como testemunho de meu bom humor irritante, levei à cena o *General cidadão*,[192] seduzido por um ator chamado Beck,[193] que interpretava com um virtuosismo todo individual o papel de Schnaps nos *Dois bilhetes*, baseados em Florian, para o qual até mesmo seus defeitos lhe vinham a calhar. Uma vez que aquela máscara lhe caía tão bem, representou-se a primeira continuação daquela pequena peça tão apreciada, *A árvore genealógica*, de Anton Wall. Quando também eu voltei toda a minha atenção para essa pequena bagatela, durante as provas, a montagem e a representação, era inevitável que me sentisse tão impregnado por aquele doido Schnaps a ponto de

---

192 *Der Bürgergeneral* [O general cidadão], de 1793.
193 Johann Christoph Beck (1754-?), ator.

ser tomado pelo desejo de produzi-lo mais uma vez.[194] Isso foi feito com empatia e riqueza de detalhes; o alforjezinho que continha tantas coisas, por exemplo, era genuinamente francês, Paul o atulhara às pressas durante nossa fuga. Na cena principal, Malcolmi, como um velho camponês rico e benevolente que vez por outra se compraz, de brincadeira, com uma excessiva impudência, se mostrou insuperável e rivalizava com Beck em sua adequação verdadeiramente natural.[195] Mas, debalde! A peça produziu o efeito mais repulsivo, mesmo entre meus amigos e protetores que, para se salvarem a si mesmos e a mim, afirmavam com obstinação: não era eu o autor, apenas, por capricho, emprestara meu nome e acrescentara algumas linhas a uma produção decididamente inferior.

Porém, como jamais alguma influência externa pôde me desavir comigo mesmo, antes me levava a um ensimesmamento ainda mais decidido, aquelas representações do espírito do tempo continuaram a ser para mim uma espécie de ocupação confortavelmente consoladora. As *Conversações dos emigrados*, tentativa fragmentária,[196] a peça *Os exaltados*,[197] inacabada, são igualmente confissões daquilo que na época me agitava o peito; mais tarde, também, *Hermann e Doroteia* brotou da mesma fonte que, por fim, secou. O poeta não podia acompanhar a incessante história mundial, e teve de ficar devendo a si e às outras pessoas o desfecho, pois ele via o enigma desvendado de maneira tão decidida quanto inesperada.

Sob tais constelações, dificilmente se encontraria, a uma distância tão grande do verdadeiro palco das calamidades, alguém tão oprimido quanto eu; o mundo me parecia sangrento e sedento de sangue como nunca antes,

---

194 O dramaturgo francês Jean-Pierre Claris de Florian (1755-1794) havia escrito uma comédia intitulada *Les deux Billets* [Os dois bilhetes], de 1779; em 1790, Christian Leberecht Heyne (1751-1821), que assinava suas obras como Anton Wall, escreveu uma peça que se intitulava *Der Stammbaum. Erste Fortsetzund der "Beiden Billets* [A árvore genealógica. Primeira sequência dos "Dois bilhetes"]. *O general cidadão* de Goethe foi encenado pela primeira vez com o subtítulo "Segunda sequência dos *Dois bilhetes*".

195 Karl Friedrich Malcolmi (1745-1819), ator.

196 *Unterhaltungen deutscher Ausgewanderten* [Conversações de emigrados alemães], de 1794.

197 *Die Aufgeregten. Politisches drama in fünf Aufzügen* [Os exaltados. Drama político em cinco atos], de 1793.

e se a vida de um rei na batalha vale pela de milhares, ela se torna ainda mais importante na luta jurídica. A acusação a um rei vale a vida ou a morte, e nessas circunstâncias circulam ideias e vêm à tona situações que a realeza havia séculos se pusera com toda força a apaziguar para sempre.

Mas também dessa horrível calamidade eu buscava me salvar, declarando indigno o mundo inteiro; foi quando um feliz acaso fez vir ter às minhas mãos o *Reinecke Fuchs*.[198] Se eu já me sentia farto até a náusea das cenas de rua, praças e plebe, foi verdadeiramente uma alegria olhar para o espelho da corte e dos príncipes: pois se aqui o gênero humano se mostra de um modo inteiramente natural em sua animalidade indisfarçada, tudo se passa, se não de maneira exemplar, ao menos alegre, e em parte alguma o bom humor se sente perturbado.

A fim de saborear intimamente a deliciosa obra, logo comecei a produzir uma imitação fiel; mas o que me levou a realizá-la em hexâmetros foi o seguinte:

Havia já muitos anos que, por influência de Klopstock, se escreviam na Alemanha hexâmetros muito desleixados; Voss, embora também se servisse deles, demonstrara aqui e ali que se poderia fazê-los melhores, e não poupava nem mesmo suas próprias produções e traduções, tão estimadas pelo público. Eu também gostaria de tê-lo aprendido, mas não tivera êxito. Nesse ponto, Herder e Wieland eram latitudinários, e mal se podiam mencionar os esforços de Voss, que pouco a pouco se mostravam mais rigorosos e, por ora, rígidos. O público, por sua vez, durante muito tempo preferiu os primeiros trabalhos de Voss, por serem mais fluentes, do que os mais tardios; eu, contudo, sempre tive uma confiança tácita em Voss, cuja seriedade não se podia deixar de reconhecer e, se tivesse menos idade ou condições diferentes, talvez empreendesse algum dia uma viagem a Eutin a fim de conhecer-lhe o segredo; pois em virtude de uma louvável reverência por Klopstock, ele não queria, enquanto vivesse aquele poeta venerável e festejado por todos,

---

198 *Reinecke Fuchs* [A raposa Reinecke], poema narrativo em dezoito cantos. O tema remonta a fábulas medievais. Goethe partiu principalmente da adaptação em prosa de Johann Christoph Gottsched (1700-1766) do poema em baixo-alemão *Reynke de vos*, do século XIII.

dizer-lhe abertamente que era necessário introduzir na versificação alemã uma disciplina mais estrita, caso se quisesse dar-lhe algum embasamento. O que ele, entrementes, dizia, eram para mim folhas sibilinas.[199] Ainda gosto de me recordar o quanto me atormentou o prefácio às *Geórgicas*, mas pelo propósito honesto, e não pelo proveito que pudesse tirar dele.[200]

Por estar bem consciente de que toda a minha formação não poderia ser senão prática, aproveitei a oportunidade para escrever alguns milhares de hexâmetros, cujo conteúdo preciosíssimo poderia lhes garantir, apesar da técnica imperfeita, uma boa recepção e um valor duradouro. O que haveria neles para criticar, pensei, ainda veremos. E assim empreguei cada hora livre que me restava a um trabalho que já era gratificante pelo trabalho em si, e continuei, entretanto, a construir e mobiliar sem pensar no que poderia ser de mim, embora isso não fosse nada difícil de prever.

Por mais que estivéssemos no Leste, distantes dos grandes acontecimentos mundiais, já naquele inverno apareceram alguns fugitivos, precursores de nossos vizinhos expulsos do Oeste; era como se estivessem em busca de algum lugar civilizado onde pudessem encontrar acolhida e proteção. Embora apenas provisoriamente, eles sabiam a tal ponto ganhar nossa simpatia pela conduta decorosa, pelo caráter paciente e resignado, pela disposição a se adaptar ao seu destino e se sustentar por meio de uma atividade qualquer, que graças a esses indivíduos os defeitos de todo o grupo se apagaram e toda animosidade se transformou em uma decidida benevolência. Isso, então, favoreceu aos que vieram depois deles e, mais tarde, se estabeleceram na Turíngia, bastando mencionar, entre eles, Mounier[201] e Camille Jourdan[202] para justificar o juízo favorável que se formou de toda a colônia, e se esta não se igualou a eles, ao menos não se mostrou indigna deles.

---

199 Profecias misteriosas, guardadas nos "livros sibilinos", no templo de Júpiter, em Roma.

200 A tradução das *Geórgicas* de Virgílio foi publicada por Voss em 1789.

201 Jean-Joseph Mounier (1758-1806), jurista e político francês. Em 1789 presidiu, por um curto espaço de tempo, a Assembleia Nacional. Em 1795, fundou uma escola para jovens ingleses em Weimar. Regressou à França em 1801.

202 Camille Jordan (1771-1821), político e escritor francês, chegou a Weimar em 1797, em companhia de Mounier, e trabalhou em sua instituição de ensino.

"A campanha na França" e outros relatos de viagem

Deve-se, aliás, notar aqui que em todos os acontecimentos políticos relevantes, os espectadores que se saem melhor são aqueles que tomam partido; o que lhes é de fato favorável, eles o tomam com alegria, o que lhes é desfavorável, eles o ignoram, rejeitam ou interpretam em um sentido vantajoso para si mesmos. Mas o poeta, que por sua própria natureza deve ser e permanecer apartidário, procura se impregnar das condições de ambos os partidos em luta e, se uma mediação se torna impossível, tem de se decidir por terminar tragicamente. E de que ciclo de tragédias não nos vimos ameaçados por causa da furiosa agitação do mundo!

Quem não se horrorizara, desde sua infância, com a história do ano de 1649, quem não tremera diante da execução de Carlos I e não se consolara com a esperança de que tais cenas de fúria partidária não voltariam a acontecer? Mas agora tudo aquilo se repetia de um modo mais horrível e feroz na mais culta entre as nações vizinhas, como que diante de nossos próprios olhos; dia a dia, passo a passo. Imaginem que dezembro e janeiro viveram aqueles que partiram para salvar o rei, e agora não podiam intervir no processo, não podiam impedir a execução da sentença de morte.

Frankfurt estava outra vez em mãos alemãs, todas as providências possíveis para a reconquista de Mainz foram tomadas com a maior presteza. Haviam se aproximado da cidade e tomado Hochheim; Königstein teve de se render. Mas agora, antes de mais nada, era necessário liberar nossa retaguarda por meio de uma rápida expedição à margem esquerda do Reno. Por isso, avançou-se ladeando o Taunus até Idstein, o mosteiro beneditino de Scönau até Caub, e então, através de uma ponte de barcos bem construída, até Bacharach; dali em diante houve uma série quase ininterrupta de combates entre os postos avançados que obrigaram o inimigo a se retirar. Deixamos à direita o Hundsrück propriamente dito, avançamos até Stromberg, onde o general Neubinger foi feito prisioneiro.[203] Tomamos Kreuznach e limpamos o canto entre o Nahe e o Reno; e assim avançamos com segurança em direção a esse rio. As tropas imperiais haviam cruzado

---

203 Joseph-Victorin Neuwinger (1736-1808), general francês sob as ordens de Custine. Havia ocupado Frankfurt em 22 de outubro de 1792. Feito prisioneiro pelas tropas austríacas em 27 de março de 1793.

o Reno na altura de Speyer e em 14 de abril se pôde concluir o sítio de Mainz e pelo menos de início amedrontar seus habitantes com a carência como precursora de calamidades maiores.

Recebi essa notícia ao mesmo tempo que o chamado para comparecer ao local e tomar parte em um tormento estacionário da mesma forma como antes participara de um tormento móvel.[204] O bloqueio fora completado, o cerco era inevitável; o quanto me desagradava voltar ainda uma vez ao teatro da guerra pode ser constatado por quem tomar nas mãos a segunda prancha gravada segundo meus esboços.[205] Ela reproduz um desenho muito preciso que eu fizera com todo o cuidado poucos dias depois de minha partida. Com que sentimentos, é o que dão a conhecer os poucos versos que escrevi para acompanhá-lo:

> *Aqui estamos muito tranquilos em casa,*
> *De porta em porta tudo parece encantador;*
> *O artista leva o olhar alegremente*
> *Para onde a vida se mostra amiga da vida.*
> *E assim como atravessamos uma terra estrangeira,*
> *Vindo de lá para cá, voltando de cá para lá;*
> *Nós retornamos, por mais que o mundo nos seduza,*
> *Para o cantinho que é nossa única felicidade.*[206]

---

204 Em carta do duque Carl August datada de 12 de maio de 1793.

205 Em 1821, foram publicadas seis *Radirte Blätter nach Handzeichnungen von Goethe, herausgegeben von Schwerdtgeburth* [Pranchas gravadas segundo desenhos de Goethe, editadas por Schwerdkgeburth]. Cada uma das pranchas era acompanhada de versos compostos entre 23 e 25 de setembro de 1821.

206 No original, o poema traz o título de *Hausgarten* [O jardim da casa]. O desenho mostra uma casa de campo ornada com videiras. Uma mulher (Cristiane, a esposa de Goethe) está apoiada no batente de uma porta que dá para o jardim da casa de Goethe em Weimar, observando uma criança (o filho August) sentada na soleira de outra porta que fica três lances de escada mais abaixo: Hier sind wir denn vorerst ganz still zu Haus,/ Von Tür' zu Türe sieht es lieblich aus;/ Der Künstler froh die stillen Blicke hegt/ Wo Leben sich zum Leben freundlich regt./ Und wie wir auch durch ferne Lande ziehn,/ Da kommt es her, da kehrt es wieder hin;/ Wir wenden uns, wie auch die Welt entzücke,/ Der Enge zu, die uns allein beglücke.

O cerco de Mainz[1]

Segunda-feira, 26 de maio de 1793. De Frankfurt para Höchst e Flörsheim, onde havia uma grande quantidade de peças de artilharia. A antiga estrada franca para Mainz estava interditada, tive de atravessar a ponte flutuante próximo de Rüsselheim; em Ginsheim fizemos uma refeição; o lugar está crivado de balas; em seguida, continuamos através da ponte flutuante para Nonnenaue, onde havia muitas árvores derrubadas, e logo a seguir pela segunda parte da ponte flutuante sobre o grande braço do Reno. Dali para Bodenheim e Oberolm, onde me acantonei e, logo em seguida, cavalguei com o capitão Vent[2] para a ala direita, através de Hechtsheim, e observei a situação de Mainz, Kastel, Kostheim, Hochheim, Weissenau, a ponta do Meno[3] e as ilhas do Reno. Os franceses haviam ocupado uma delas e ali se entrincheirado; à noite, dormi em Oberolm.

Na terça-feira, dia 27 de maio, fui prestar honras ao meu príncipe no acampamento de Marienborn, onde também tive a sorte de fazer uma visita de cortesia ao príncipe Maximiliam von Zweibrücken, meu sempre

---

1 O cerco de Mainz (*Belagerung von Mainz*) é, desde a primeira publicação, parte integrante da Campanha na França.

2 Cf. n.84 de "A campanha na França".

3 Ponta de terra localizada na confluência do Meno com o Reno.

generoso senhor;[4] troquei então meu sofrível alojamento por uma tenda espaçosa na parte fronteira do regimento. Quis também conhecer o centro do semicírculo do bloqueio, cavalguei para as fortificações diante da casa de portagem, lancei uma olhada geral para a situação da cidade, a nova fortificação francesa em Zahlbach e a condição estranha e perigosa do vilarejo de Bretzenheim. Então voltei ao regimento e me dediquei a pôr no papel alguns esboços precisos, a fim de memorizar melhor as relações e as distâncias dos pontos da paisagem.

Fiz uma visita de cortesia ao general conde Kalckreuth[5] em Marienborn, e à noite estive com ele; falou-se muito de uma história que chegara na noite anterior do acampamento do outro lado, onde se espalhara o rumor de que um general alemão se passara para o lado dos franceses, razão pela qual se teria até mesmo trocado a senha e posto alguns batalhões em armas.

Além disso, conversamos sobre os detalhes da situação em si, sobre o bloqueio e o futuro cerco. Falou-se bastante sobre personalidades e suas relações, que muitas vezes têm influência sem que se pronunciem. Daí se demonstrou o quanto a História não é confiável, pois pessoa alguma sabe de fato por quê, ou a partir de quê, acontece uma ou outra coisa.

Na quarta-feira, dia 28 de maio, visita ao coronel Von Stein em sua casa de campo, que fica em um lugar belíssimo;[6] uma estada extremamente agradável! Pode-se sentir o quanto foi prazenteiro o posto de couteiro-mor de um príncipe eleitor de Mainz. De lá se tem uma vista geral da grande bacia que se estende até Hochheim, na qual, em eras primitivas, o Reno e o Meno giravam em redemoinho e, se represando e transbordando, preparavam as melhores terras para o cultivo, antes de, na altura de Biebrich, adquirirem a plena liberdade de fluir em direção ao oeste.

Fiz minha refeição no quartel-general; discutimos a retirada da Champagne; o conde Kalckreuth deu livre curso ao seu mau humor contra os estrategistas.

---

4 Maximilian Joseph von Pfalz-Zweibrücken-Birkenfeld (1756-1825), o futuro rei Maximiliano I da Baviera.

5 Cf. n.61 de "A campanha na França".

6 Cf. p.141.

Depois da refeição, mandaram chamar um sacerdote suspeito de convicções revolucionárias. Na verdade ele era louco, ou queria parecê-lo; acreditava ter sido Turenne[7] e Condè,[8] e jamais ter sido parido por uma mulher. Tudo se faz pela palavra! Estava bem-humorado e, em sua loucura, mostrava coerência e presença de espírito.

Pedi permissão para visitar o tenente Von Itzenplitz,[9] que em 9 de maio fora ferido com um tiro e um golpe de espada e, por fim, aprisionado. No campo do inimigo, trataram-no do modo mais indulgente possível e logo o libertaram. Ainda não podia falar, mas alegrou-se com a presença de um antigo camarada de campanha, que tinha algumas histórias para contar.

Ao cair da noite, os oficiais do regimento se encontraram na tenda do vivandeiro, onde tudo se mostrava um pouco mais animado do que um ano antes na Champagne, pois bebíamos o vinho espumante da região, e dessa vez em local seco, com o melhor dos tempos. Lembraram-se de meu vaticínio daquela época; repetiram minhas palavras: a partir de hoje e daqui se inicia uma nova era da história mundial, e vocês poderão dizer que estiveram presentes.

Acharam muito espantoso ver essa profecia se cumprir, não apenas em seu sentido geral, mas muito ao pé da letra, pois os franceses contavam seu calendário a partir daqueles dias.[10]

Mas é natural ao ser humano, sobretudo na guerra, adaptar-se ao que é inevitável e preencher com prazer e diversão os intervalos entre perigo, sofrimento e desgosto; o mesmo se passou então, os oboístas de Von Thadden tocaram *Ça ira* e *A Marselhesa* enquanto esvaziávamos uma garrafa de champagne depois da outra.[11]

---

7 Henri de La Tour d'Auvergne, visconde de Turenne (1611-1675), militar francês, marechal de França no reinado de Luís XIV.

8 Louis II de Bourbon-Condé (1621-1686), general francês da época da Guerra dos Trinta Anos, um dos líderes da Fronda.

9 Friedrich August von Itzenplitz (1769-1842), tenente do regimento do duque Carl August.

10 No dia seguinte à batalha de Valmy, em 21 de setembro de 1792, a monarquia foi abolida, e criou-se um calendário revolucionário, segundo o qual o Ano I da revolução se iniciava em 22 de setembro.

11 Oboístas: músicos do regimento de infantaria sob o comando de Johann Leopold von Thadden (1736-1817).

Às 20 horas houve um forte canhoneio das baterias da ala direita.

Na quinta-feira, dia 29 de maio, às 8 horas, houve salvas de canhão em comemoração à vitória dos austríacos em Famars. Os estampidos me ajudaram a conhecer a situação das baterias e a localização das tropas; ao mesmo tempo havia uma séria escaramuça em Bretzenheim, pois os franceses, de fato, tinham todos os motivos para nos expulsar daquele vilarejo tão próximo.

Entrementes ficamos sabendo como, em virtude de estranhas combinações casuais, surgira a lenda da deserção no dia anterior, tão insípida quanto possível, mas que circulou durante algum tempo.

Acompanhei o duque, meu senhor, à ala esquerda, fiz uma visita de cortesia ao sr. landgrave de Darmstadt, cujo acampamento estava graciosamente adornado com ramos de pinheiro, e cuja tenda superava tudo o que eu havia visto no gênero: bem pensada, muito bem preparada, cômoda e suntuosa.[12]

A noite reservava a todos nós, mas em especial a mim, um espetáculo encantador. As princesas de Mecklemburg haviam jantado com Sua Majestade no quartel-general de Bodenheim, e depois da refeição nos visitaram em nosso acampamento.[13] Eu me fechara em minha tenda, e assim pude observar atentamente Suas Altezas, que passeavam de um lado para outro bem defronte dela, com toda a confiança. E, de fato, em meio ao tumulto da guerra, as duas jovens senhoras podiam ser tomadas por aparições celestiais; a impressão que me fizeram jamais se apagará.

Sexta-feira, 30 de maio. Logo cedo ouvimos atrás do acampamento alguns tiros de espingarda que nos causaram alguma apreensão; quando tudo se esclareceu, ficamos sabendo que os camponeses haviam festejado o Corpus Christi. Mais tarde, uma salva triunfal de canhões e outras armas menores, por causa do feliz evento na Holanda; entrementes, grande rumor da cidade para fora, e de fora para dentro. À tarde, um temporal.

---

12 Ludwig X von Hessen-Darmstadt (1753-1830) era cunhado de Carl August.

13 Luise Auguste Wilhelmine Amalie, duquesa de Mecklenburg-Strelitz (1776-1810), futura rainha Luísa da Prússia; Friederike Luise Karoline Sophie Charlotte Alexandrine, duquesa de Mecklenburg-Strelitz (1778-1841), futura rainha de Hanover.

"A campanha na França" e outros relatos de viagem

Chegou uma flotilha da artilharia holandesa, está estacionada em Ebenheim.

Na noite de 30 para 31 de maio, eu dormia tranquilamente na tenda, como de costume, inteiramente vestido, quando fui acordado pela eclosão de uma fuzilaria que não parecia muito distante dali. Levantei-me de um pulo, saí da tenda e já encontrei tudo em movimento; ficou claro que Marienborn havia sido tomada! Logo em seguida, nossos canhões da bateria defronte da casa de portagem dispararam, certamente por causa do inimigo que avançava. O regimento do duque, do qual havia um esquadrão atrás da casa de portagem, se pôs em marcha; a situação era quase inexplicável. A pequena fuzilaria em Marienborn na retaguarda de nossas baterias continuava, e nossas baterias também disparavam. Montei a cavalo e segui para a dianteira onde, pelo reconhecimento feito anteriormente, podia avaliar o terreno, embora fosse noite. Esperava ver a qualquer momento Marienborn em chamas, e regressei às nossas tendas, onde encontrei os homens do duque ocupados em empacotar tudo, para qualquer eventualidade. Confiei-lhes minha mala e minha pasta e combinei com eles nossa retirada. Eles queriam tomar o caminho para Oppenheim, e eu poderia segui-los facilmente, pois a trilha por onde se avançava a pé me era bem conhecida; contudo, queria esperar pelos acontecimentos e só me afastar dali quando o vilarejo fosse tomado pelas chamas e o combate se estendesse para além dele.

Em meio àquela incerteza, eu observava o desenrolar dos fatos, mas logo a pequena fuzilaria cessou, os canhões silenciaram, o dia começou a raiar e o vilarejo surgia inteiramente tranquilo diante de meus olhos. Fiz meu cavalo descer. O sol nascia com um brilho turvo, e as vítimas da noite jaziam umas ao lado das outras. Nossos gigantescos couraceiros bem vestidos faziam um estranho contraste com os *sans-culottes* pequeninos, franzinos, esfarrapados; a morte os ceifara sem distinção. Nosso bom capitão De Vière estava entre os primeiros a cair,[14] o capitão Von Voss, ajudante de campo do conde Kalckreuth, recebera um tiro no peito, sua morte era iminente.[15]

---

14 Ludwig de Vièr (1746-1793), oficial do regimento de Carl August.

15 Ludwig von Voss (1762-1793).

Johann Wolfgang von Goethe

Pediram-me que fizesse um breve relato daquela ocorrência singular e desagradável, que incluo aqui e depois acrescento algumas particularidades.

Do ataque noturno dos franceses em Marienborn posso fazer relato a seguir.

O quartel-general de Marienborn está situado no centro do semicírculo de acampamentos e baterias que começa à margem esquerda do Reno acima de Mainz, circunda a cidade numa distância não superior a meia légua e, abaixo dela, vem terminar novamente à margem do rio. A capela da Santa Cruz, os vilarejos de Weissenau, Hechtsheim, Marienborn, Drais, Grunzenheim, Mombach ou não são tangenciados por esse círculo, ou ficam a uma pequena distância fora dele. As alas de Weissenau e Mombach foram desde o início do bloqueio atacadas diversas vezes pelos franceses, e a primeira dessas aldeias foi incendiada; o centro, por sua vez, não sofreu nenhum combate. Ninguém poderia imaginar que eles fariam um ataque naquela direção, pois corriam o risco de se ver acossados por todos os lados, sem a possibilidade de uma retirada, sem obter nenhuma vantagem significativa. Enquanto isso, os postos avançados ao redor de Bretzenheim e Dahlheim, localidades que se situam diante de Marienborn num vale que se estende em direção à cidade, se mantiveram sempre um ao lado do outro, e a defesa de Bretzenheim do lado de cá foi tanto mais decidida porque os franceses haviam instalado uma bateria junto de Zahlbach, um mosteiro nas proximidades de Dahlheim, graças à qual mantinham o campo e a estrada sob fogo cerrado.

Uma intenção que não atribuíamos ao inimigo o levou finalmente a atacar o quartel-general. Os franceses, disso tínhamos sido convencidos pelos prisioneiros, queriam levar cativos ou deixar mortos atrás de si o general Kalckreuth, que estava em Marienborn, e o príncipe Ludwig, filho de Ferdinand,[16] que se acomodara na casa de portagem, distante algumas centenas de passos da aldeia. Escolheram a noite de 30 para 31, marcharam numa coluna de uns 3 mil homens que veio serpenteando do vale de Zahlbach, pela estrada, por alguns baixios e novamente pela estrada, e se dirigiu

---

16 Cf. n.48 de "A campanha na França".

célere para Marienborn. Tinham um bom guia e tomaram o caminho entre as patrulhas austríacas e prussianas que, infelizmente, por causa de umas poucas alternâncias entre terrenos altos e baixos, não se encontraram uma com a outra. Mais uma circunstância, ainda, veio em auxílio deles.

No dia anterior haviam dado ordem aos camponeses para moer durante a noite os grãos destinados à cidade; quando estes voltaram, depois de terminado o trabalho, os franceses os seguiram e, com isso, algumas patrulhas se desorientaram. Avançaram bastante sem ser notadas, e quando foram descobertas e alvejadas, tomaram a toda pressa o rumo de Marienborn; perto da 1 hora chegaram ao vilarejo, onde todos estavam dormindo, ou acordados e tranquilos. Imediatamente atiraram contra as casas nas quais havia luzes acesas, tomaram as ruas, cercaram o local e o mosteiro em que o general estava instalado. Houve uma grande confusão, as baterias disparavam, o regimento de infantaria Wegner chegou logo a seguir, um esquadrão do duque de Weimar, acampado nas imediações da localidade, estava a postos, assim como os hussardos saxões. Começou uma confusa escaramuça.

Entrementes, em todo o círculo do acampamento dos sitiantes se ouviam os disparos de falsos ataques; cada um tomava conta de si e ninguém ousava ir em auxílio dos outros.

A lua minguante no alto do céu produzia uma claridade moderada. O duque de Weimar reuniu a parte restante de seu regimento, que estava a um quarto de légua na colina além de Marienborn, e veio a toda pressa; o príncipe Ludwig comandava os regimentos Wegner e Thadden. Depois de meia hora de combates, os franceses foram expulsos. Entre mortos e feridos, deixaram atrás de si cerca de trinta homens; quantos levaram consigo, não se sabe.

As perdas dos prussianos em mortos e feridos chegam a cerca de noventa homens. O major La Vière, de Weimar, foi morto, o capitão e ajudante Von Voss, mortalmente ferido. Um acaso infeliz aumentou as perdas de nosso lado: quando os postos avançados de Bretzenheim estavam voltando para Marienborn, misturaram-se aos franceses e foram imediatamente alvejados por nossas baterias.

Johann Wolfgang von Goethe

Quando amanheceu, encontramos, por todos os cantos do vilarejo, coroas de betume, feixes de bétula embebidos em betume; a intenção deles, caso o ataque fosse bem-sucedido, era ao final de tudo incendiar o vilarejo.

Ficamos sabendo que ao mesmo tempo eles haviam tentado lançar uma ponte de uma ilha do Reno junto à ponta do Meno, onde haviam se aninhado algum tempo antes, para a próxima ilha, talvez com a intenção de empreender alguma ação conta a ponte de barcos de Ginsheim. A segunda fileira da tropa se alinhara mais próxima da primeira, e o regimento do duque está próximo de Marienborn.

Sabemos que durante o ataque as tropas nacionais foram na frente, seguidas pelas tropas regulares e, depois, por novas tropas nacionais;[17] daí pode ter surgido o boato de que os franceses avançavam em três colunas.

No dia 1º de junho, o regimento se aproximou de Marienborn; o dia foi ocupado com a mudança do acampamento; também a infantaria trocou sua posição e foram tomadas diversas medidas de defesa.

Visitei o capitão Von Voss, cujo estado era desesperador; estava na cama em posição ereta e pareceu reconhecer os amigos; falar ele não podia. A um aceno do cirurgião, nós nos retiramos; enquanto caminhávamos, um amigo me recordou que poucos dias antes, naquele mesmo quarto, se dera uma acalorada discussão, durante a qual alguém afirmava obstinadamente contra a opinião de muitos outros: Marienborn ficava próximo demais da cidade bloqueada que iria ser sitiada, era melhor se preparar para um ataque.

Mas, como fazia parte da ordem do dia se contrapor obstinadamente a qualquer disposição e medida que viessem de cima, ninguém prestou atenção e essa advertência, como outras, se perdeu no vazio.

No dia 2 de junho, enforcaram um camponês que teria guiado os franceses durante o ataque; pois sem um conhecimento preciso do terreno não teria sido possível aquela marcha serpenteante; para sua infelicidade, ele não conhecia igualmente bem o caminho para chegar à cidade com as tropas em retirada, e foi capturado pelas patrulhas que haviam revistado tudo com o maior cuidado.

---

17 Tropas nacionais eram as guardas revolucionárias formadas por associações de voluntários.

O major La Vière foi enterrado com todas as honras militares diante dos estandartes. Morreu o capitão Von Voss. O príncipe Ludwig, o general Kalckreuth e várias outras pessoas jantaram com o duque. À noite, disparos na ponta do Reno.

No dia 3 de junho, um grande almoço no pavilhão de caça do sr. Von Stein; tempo magnífico, vista deslumbrante, um prazer campesino turvado por cenas de morte e calamidade. À noite, o capitão Von Voss foi sepultado ao lado de La Vière.

Em 5 de julho, dá-se continuidade ao sério trabalho de fortificação do acampamento.

Grande ataque e canhoneio na ponta do Meno.

Em 6 de junho, o generalato da Prússia e da Áustria almoçou com o Sereníssimo[18] em uma grande sala decorada em madeira para tais festas. Um tenente-coronel do regimento Wegner, sentado na diagonal à minha frente, me observava em certa medida além do tolerável.

No dia 7 de junho pela manhã, escrevi muitas cartas. À mesa, no quartel--general, um major tagarelava muito sobre o futuro cerco e falava com muita franqueza sobre a condução das operações até aqui.

À noite, um amigo me levou à presença daquele tenente-coronel que me observava, e há alguns dias desejava ser apresentado a mim. Tivemos uma acolhida nada calorosa: anoitecera e não havia velas; nada de água mineral e vinho, como era costume oferecer a qualquer visita; conversa insípida. Meu amigo, que atribuiu essa situação constrangedora à circunstância de termos chegado muito tarde, depois de nos despedirmos retardou seus passos para se desculpar, mas o tenente-coronel lhe confidenciou não ter nada a dizer, pois ainda no dia anterior, à mesa, ele já pudera ver na expressão de meu rosto que eu não era o homem que ele imaginara. Rimo-nos daquela tentativa malograda de estabelecer uma nova relação.

No dia 8 de junho, retomei com afinco meu trabalho em *Reinecke Fuchs*.[19] Fui com Sua Alteza Sereníssima, o duque, ao acampamento de Darmstadt,

---

18 O duque de Weimar.

19 Cf. n.198 de "A campanha na França".

onde com alegria fiz as honras do landgrave, meu benevolente senhor de tantos anos.

À noite, vieram Maximilian von Zweibrücken com o coronel Von Stein e Sua Alteza Sereníssima; discutimos alguns assuntos e, por fim, falamos do segredo escancarado do iminente cerco à cidade.

No dia 9 de junho, os franceses fizeram um ataque bem-sucedido à igreja da Santa Cruz; conseguiram incendiar a igreja e o vilarejo bem diante das baterias austríacas, fazer alguns prisioneiros e se retirar, não sem algumas perdas.

No dia 10 de junho, os franceses ousaram um ataque diurno a Gonsenheim que, embora rechaçado, durante algum tempo nos deixou confusos e apreensivos por causa da ala esquerda e, sobretudo, pelo acampamento de Darmstadt.

Dia 11 de junho. Determinou-se que o acampamento de Sua Majestade seria instalado a cerca de mil passos de Marienborn, justamente na encosta onde termina a grande bacia na qual Mainz está situada, em paredões argilosos ascendentes e colinas; isso oferecia a oportunidade de instalações das mais agradáveis. O solo fácil de trabalhar se oferecia às mãos de jardineiros hábeis, que com pouco esforço deram forma ao mais aprazível dos parques: o lado em aclive foi aplainado e coberto de grama, construíram-se pérgolas, abriram-se canais de comunicação ascendentes e descendentes, aplainaram-se superfícies onde as tropas podiam se exibir em toda a sua pompa e garbo, o bosquezinho e a mata contíguos foram incluídos no plano, de modo que, com uma belíssima vista, nada mais havia a desejar senão ver aqueles espaços todos trabalhados justamente daquela forma para desfrutar do mais belo parque do mundo. Nosso Kraus[20] desenhou cuidadosamente a vista com todas as particularidades de então.

Dia 14 de junho. Uma pequena fortificação que os franceses ergueram e mantiveram ocupada abaixo de Weissenau estava no caminho da abertura de nossos fossos paralelos;[21] ela deveria ser tomada durante a noite, e várias

---

20 Cf. n.156 de "A campanha na França".

21 Fossos abertos paralelamente às fortificações. Foram abertos três fossos interligados.

pessoas que estavam informadas a respeito disso se dirigiram às fortificações do lado de cá de nossa ala direita, de onde se podia abarcar toda a área com a vista. Na noite muito escura, o que se esperava então é que se conhecesse muito bem o ponto para onde nossas tropas estavam sendo enviadas; o ataque e a defesa, com seu intenso tiroteio, deveriam oferecer um espetáculo impressionante. Esperamos muito tempo, esperamos em vão; em lugar disso, porém, vimos um fenômeno ainda mais agitado. Todos os postos de nossa posição deviam estar sendo atacados, pois em todo o entorno deles víamos um fogo intenso, sem que pudéssemos conhecer o motivo; porém, no ponto que de fato importava, tudo estava morto e mudo. Voltamos contrariados para casa, mais do que todos o sr. Gore, o mais ávido por esses combates noturnos de artilharia.[22] O dia seguinte nos forneceu a solução do enigma. Os franceses tinham planejado atacar naquela noite todos os nossos postos, e por isso haviam retirado suas tropas das fortificações e as reunido para o ataque. Por isso, nossos enviados, que avançavam contornando com toda a cautela as fortificações, não encontraram nem armas nem resistência. Eles escalaram a fortaleza e não encontraram ninguém, a não ser um artilheiro, que ficou muito surpreso com aquela visita. Durante o tiroteio generalizado, do qual apenas eles estavam a salvo, tiveram um bom tempo para destruir os muros e se retirar. Aquele ataque generalizado também não teve consequências; as linhas alarmadas voltaram a se acalmar com o romper do dia.

Dia 16 de junho. O cerco de Mainz, sempre discutido e mantido em segredo diante do inimigo, por fim se aproximava; dizia-se a boca pequena: "Hoje à noite o fosso será escavado".[23] Estava muito escuro e cavalgávamos pelo caminho conhecido para a fortificação de Weissenau; não se via nada, não se ouvia nada, mas nossos cavalos de súbito se assustaram e percebemos bem diante de nós uma tropa que mal se podia distinguir. Soldados austríacos, de uniforme cinza, com gabiões cinzentos e feixes de ramos nas costas, caminhavam em silêncio; de quando em quando o retinir de pás e

---

22 Charles Gore (1729-1807), comerciante inglês, construtor naval, colecionador de obras de arte e pintor. Vivia com sua filha em Weimar desde 1791.

23 Trata-se do primeiro fosso paralelo.

enxadas se chocando umas com as outras deixava perceber o movimento. Difícil imaginar uma aparição mais fantástica e espectral que, mal entrevista, se repetia sempre, sem que pudesse ser vista com maior nitidez. Ficamos parados onde estávamos até que eles se foram, pois dali podíamos ao menos observar o local em que iriam agir e trabalhar. Como empresas desse tipo sempre correm o risco de ser denunciadas ao inimigo, era de se esperar que lá dos muros fizessem disparos naquela direção, ainda que a esmo. E não ficamos por muito tempo nessa expectativa, pois bem no ponto em que o fosso deveria começar a ser aberto começou um pequeno tiroteio, incompreensível para todos. Teriam os franceses ousado se esgueirar até nossos postos avançados, ou mesmo além deles? Nós não podíamos entender. O tiroteio cessou e tudo mergulhou no mais profundo silêncio. Só na manhã seguinte foi-nos explicado que nossos próprios postos avançados haviam atirado contra a coluna que avançava em silêncio, como se fossem inimigos; os homens foram surpreendidos, ficaram confusos, atiraram fora seus gabiões e feixes de ramos, as pás e enxadas, mas se salvaram; os franceses no alto dos muros tiveram a atenção despertada, ficaram em guarda, os homens voltaram sem haver se desincumbido da tarefa; todo o exército dos sitiantes ficou consternado.

Dia 17 de junho. Os franceses instalaram uma bateria na estrada. À noite, chuva e temporal, desesperadores.

Dia 18 de junho. Quando se discutiu a malograda abertura do fosso entre os especialistas, chegou-se à conclusão de que havíamos permanecido longe demais da fortificação; decidiram, então, chegar mais perto com o terceiro fosso paralelo e, assim, tirar uma vantagem decisiva daquele insucesso. Puseram mãos à obra e foram bem-sucedidos.

Dia 24 de junho. Franceses e clubistas,[24] dando-se conta da gravidade da situação, e na tentativa de deter a escassez de alimentos, promoveram uma impiedosa extradição dos velhos, doentes, mulheres e crianças para Kastel, de onde foram devolvidos com igual crueldade. A miséria das pessoas

---

24 Simpatizantes da Revolução Francesa que fundaram uma "Associação dos Amigos da Liberdade e da Igualdade" em Mainz, segundo o modelo do Clube dos Jacobinos.

indefesas e desamparadas, espremidas entre inimigos internos e externos, vai além de toda imaginação.

Não perdemos a oportunidade de ouvir o toque de recolher dos austríacos, que superava o de todos os outros exércitos aliados.

Dia 25 de junho. À tarde começou um forte canhoneio na extremidade de nossa ala esquerda, incompreensível para todos; por fim se esclareceu que a salva acontecera no Reno, onde a frota holandesa manobrava diante de Sua Majestade, o rei. Ele depois se dirigiu a Eltville.

Dia 27 de junho. Início do bombardeio, que logo incendiou o decanato.

À noite, os nossos fizeram um ataque bem-sucedido a Weissenau e à fortificação acima da cartuxa, pontos indispensáveis para assegurar a ala direita do segundo fosso paralelo.

Dia 28 de junho. Continua o bombardeio da catedral; a torre e o teto ardem, bem como diversas casas ao redor. Depois da meia-noite, a igreja dos jesuítas.

Da fortificação de Marienborn, observávamos esse terrível espetáculo; a noite refulgia de estrelas, as bombas pareciam rivalizar com as luzes celestes, e houve de fato momentos em que não se podia diferenciar entre as duas. Uma novidade para nós era a subida e a queda das bolas de fogo; pois se ameaçavam alcançar o firmamento descrevendo uma leve curva, ao atingir uma determinada altura se precipitavam em uma parábola, e as chamas que então se erguiam anunciavam que haviam atingido seu alvo.

O sr. Gore e o conselheiro Kraus registraram a cena artisticamente e fizeram tantos estudos para a representação de um incêndio que mais tarde lhes foi possível pintar uma diáfana cena noturna ainda preservada que, se inteiramente iluminada, teria, melhor do que qualquer descrição em palavras, condições de transmitir a imagem de uma infeliz capital de nossa pátria ardendo em chamas.

E como uma tal visão evidencia a triste situação em que, para nos salvar, para em certa medida nos restabelecer, tínhamos de recorrer a tais meios!

Dia 29 de junho. Havia já algum tempo que se falava numa bateria flutuante que, construída em Ginsheim, deveria ser posta em ação nas cabeceiras do Meno e nas ilhas e prados circundantes e ocupá-los. Falou--se tanto a respeito dela que por fim foi esquecida. Em minha costumeira cavalgada da tarde até nossa fortificação que ficava além de Weissenau, eu mal havia chegado ali quando notei uma grande movimentação sobre o rio; botes franceses remavam com afinco em direção às ilhas e as baterias austríacas, instaladas para manter o rio sob fogo até aquele ponto, disparavam incessantemente em ricochete nas águas, um espetáculo inteiramente novo para mim. Assim que o projétil atingia a primeira vez o elemento líquido, elevava-se uma onda de vários pés de altura; mal ela havia caído, já uma segunda se levantava, tão forte quanto a primeira, embora não tão alta, e em seguida uma terceira, uma quarta, cada vez mais baixas, até alcançar os botes em um movimento já quase plano, muito perigoso para eles.

Eu não me cansava de observar esse espetáculo, pois um tiro se seguia a outro, uma onda sucedia a outra, ainda antes que as primeiras já tivessem se desfeito.

De repente, do outro lado, na margem direita, entre arbustos e árvores, uma estranha máquina se pôs em funcionamento; uma grande plataforma retangular, feita de vigas de madeira, veio flutuando, para grande espanto meu e, ao mesmo tempo, para grande alegria minha, pois eu era uma testemunha ocular daquela importante operação de que tanto se falara. Meus votos em seu favor, contudo, não pareciam ter efeito, minha esperança não durou muito, pois logo aquela massa se virou sobre si mesma; era visível que ela não obedecia a nenhum leme, a corrente a arrastava consigo em um movimento giratório. Na fortificação do Reno situada acima de Kastel, e antes dela, tudo era agitação; centenas de franceses correram margem acima soltando grandes gritos de júbilo quando aquele cavalo de Troia aquático foi colhido pela correnteza afluente do Meno longe de seu objetivo, a língua de terra, e agora descia serena e incontida entre o Meno e o Reno. Por fim, a correnteza levou aquela máquina desajeitada na direção de Kastel onde ela encalhou não muito longe da ponte de barcos, no terreno plano ainda encoberto pelas águas. Todas as tropas francesas se reuniram ali e, assim como até aquele momento eu observara o acontecido com meu excelente binóculo, vi também, infelizmente, se abrir o alçapão que fechava aquele espaço e os que estavam encerrados nele saírem e ser levados para o cativeiro. Foi uma visão desoladora; a ponte levadiça não alcançava o solo seco, a pequena guarnição teve de primeiro chapinhar na água até chegar

330

"A campanha na França" e outros relatos de viagem

ao círculo de seus inimigos. Eram 64 homens, dois oficiais e dois canhões; eles foram bem recebidos, levados para Mainz e, por fim, ao acampamento prussiano para a troca de prisioneiros.

Depois de meu regresso, não deixei de dar notícias desse acontecimento inesperado; ninguém queria acreditar, como eu mesmo não queria acreditar em meus próprios olhos. Por acaso Sua Alteza real, o príncipe herdeiro, se encontrava na tenda do duque de Weimar; fui chamado à sua presença e tive de relatar o ocorrido; narrei tudo com exatidão, embora com pesar, sabendo muito bem que sempre se costuma atribuir ao portador das más notícias uma parte da culpa da fatalidade que ele relata.

Entre as diversas espécies de ilusões que podem nos acometer diante de acontecimentos inesperados em uma situação inusual, há muitas contra as quais só podemos nos armar no momento. Ao cair da tarde, sem o menor motivo, tomei a trilha costumeira para a fortificação de Weissenau; o caminho passava por uma pequena depressão do terreno, onde não se via nem água, nem lodo, nem fossos ou algum outro obstáculo; quando voltei já era noite e, justamente quando eu estava para entrar naquela depressão do terreno, vi diante de mim uma linha negra que se destacava nitidamente do solo marrom no escuro. Tomei-o por um fosso, mas não era possível compreender como poderia ter surgido um fosso no meu caminho em tão pouco tempo. A única alternativa era cavalgar até lá.

Quando cheguei mais perto, a faixa negra continuava lá, mas algo parecia se mover de um lado para o outro diante dela; pouco tempo depois, ouvi me chamarem e logo me vi em meio a oficiais da cavalaria bem conhecidos. Era o regimento do duque de Weimar, que, tendo se deslocado não sei com que objetivo, havia se enfiado naquela depressão, de modo que a longa fileira de cavalos negros me parecera um fosso que cortava minha trilha. Depois de nos saudarmos mutuamente, segui em direção às tendas sem mais nenhum impedimento.

E assim, pouco a pouco, a infinita infelicidade interna de uma cidade se tornou, externamente e em suas cercanias, oportunidade para excursões de lazer. A fortificação acima de Weissenau, que oferecia uma vista maravilhosa, e diariamente era visitada por indivíduos solitários, desejosos de fazer

Johann Wolfgang von Goethe

uma ideia da situação e observar o que se passava ao redor, até onde a vista alcançasse, se tornava, aos domingos e feriados, local de encontro de uma multidão inumerável de habitantes da região que vinham das vizinhanças. Os franceses podiam fazer pouca coisa contra essa fortificação, os tiros dados para o alto eram muito imprecisos e, na maioria das vezes, passavam por cima dela. Quando o sentinela, indo e vindo sobre o parapeito, notava que os franceses disparavam o canhão apontado para lá, gritava: "Abaixem--se!", e então se esperava de todas as pessoas que estivessem dentro da bateria que caíssem de joelho ou de bruços, podendo assim ser protegidas pelo parapeito de uma bala que viesse voando baixo.

Era mesmo divertido observar aos domingos e feriados como a grande multidão de camponeses voltando da igreja vestidos com esmero, muitas vezes ainda com o livro de orações e o rosário nas mãos, enchia a fortificação, olhava tudo, tagarelava e gracejava; então, de repente, o sentinela gritava "abaixem-se!" e todos eles imediatamente se prosternavam diante dessa aparição perigosa e venerável, parecendo adorar um ser divino sibilante que os sobrevoava; mas, assim que o perigo passava, riam uns dos outros para, assim que aprouvesse aos sitiantes, novamente se atirar ao solo.

Podíamos desfrutar desse espetáculo com toda a comodidade, pondo--nos um pouco de lado, sobre a elevação mais próxima, fora da linha de tiro, de onde víamos aquele estranho rebuliço lá embaixo e ouvindo o sibilar das balas de canhão.

Mas esses projéteis que passavam por cima da fortificação não deixavam de ter alvo e objetivo. Nas encostas daquelas colinas passava a estrada de Frankfurt, de modo que de Mainz se podia observar muito bem a procissão de carruagens e coches, cavaleiros e pedestres, e espalhar o pavor tanto na fortificação quanto entre os viajantes. Quando os comandantes militares se deram conta disso, a entrada daquela turba foi proibida, e os que vinham de Frankfurt tomaram alguns desvios através dos quais podiam chegar ao quartel-general sem ser notados e molestados.

Final de junho. Certa noite inquieta, eu me entretinha em prestar atenção aos sons produzidos ao longe ou nas proximidades, e pude distinguir perfeitamente o seguinte:

Quem vem lá? A sentinela diante da tenda.

Quem vem lá? Os postos da infantaria.

Quem vem lá? Quando a ronda passava.

O vaivém das sentinelas.

O tinido das espadas contra as esporas.

Latidos dos cães ao longe.

Rosnado dos cães nas proximidades.

O cantar dos galos.

A pateada dos cavalos.

O fungar dos cavalos.

O corte do feno.

Canto. Conversa e discussão entre as pessoas.

Estampido de canhões.

Mugido das vacas.

Zurrar dos burros.

Lacuna

Que se encontre uma em meu relato, não deve causar estranheza. Cada hora estava carregada de desgraças; a todo momento tínhamos de temer por um príncipe respeitado, pelos amigos queridos; esquecíamos de pensar em nossa própria segurança. Atraídos pelo perigo feroz, selvagem, como pelo olhar de uma cascavel, precipitávamo-nos sem ser chamados nos espaços fatais, corríamos, cavalgávamos entre as trincheiras, deixávamos que os obuses explodissem com um estrondo sobre nossas cabeças, que os fragmentos caíssem ao nosso lado; desejávamos aos feridos com gravidade uma breve libertação das dores atrozes e não desejávamos trazer os mortos de volta à vida.

Sobre como estavam agora os que defendiam e os que atacavam uns diante dos outros, seria possível, de modo geral, dizer o seguinte: os franceses haviam se precavido a tempo do perigo iminente, e construído fortificações menores diante da principal, a fim de manter os sitiantes a certa distância e dificultar o cerco. Todos esses obstáculos tinham agora de ser removidos a fim de se poder abrir, continuar e concluir o terceiro fosso paralelo, como será descrito em detalhes a seguir.

Nós, contudo, com alguns amigos, embora sem ordem ou chamado, nos dirigimos aos postos mais perigosos. Weissenau estava em mãos alemãs, as fortificações rio acima também já haviam sido conquistadas; visitamos o local destruído, recolhemos ossos doentes no ossuário,[25] os melhores dos quais já deviam estar em mãos dos cirurgiões. Enquanto, porém, as balas dos canhões da fortificação de Karl continuavam a cair sobre os tetos e muros restantes, deixamo-nos guiar por um homem do posto de guarda local, em troca de uma gorjeta, a um local conhecido e importante, onde, com algum cuidado, se podiam observar algumas coisas. Caminhávamos com cautela através de ruínas e mais ruínas e, por fim, subimos por uma escada de pedra em caracol que ficara em pé até a janela do balcão de um sótão, que em tempos de paz devia proporcionar uma vista magnífica ao proprietário. Dali se viam a confluência do Meno com o Reno, e também as pontas do Meno e do Reno, o prado de Bley, a Kastel fortificada, a ponte de barcos e, na margem esquerda, a magnífica cidade; picos de torres desabadas, tetos esburacados, pontos fumegantes de uma vista desoladora.

Nosso guia nos aconselhou a termos a prudência de olhar apenas um de cada vez através da janelas, porque logo uma bala poderia vir voando da fortificação de Karl, e ele ficaria muito aborrecido se fosse a causa disso.

Não satisfeitos com isso, nós nos esgueiramos até o convento de freiras, que também oferecia uma vista selvagem e onde, sob as abóbadas do subsolo, se servia vinho a preço irrisório, enquanto de quando em quando as balas avariavam os telhados que estalavam.

Mas nossa curiosidade nos levou ainda mais longe; deslizamos até a última fortificação da ala direita, que fora encravada profundamente no declive logo além das ruínas do palacete de lazer do príncipe e da cartuxa e agora, atrás de um baluarte de gabiões, a uns cem passos de distância, trocavam tiros de canhão; o que importava, de fato, era quem tinha a sorte de silenciar o outro primeiro.

Aqui, sinceramente, a coisa me pareceu perigosa demais, e ninguém ficaria ofendido se houvesse um novo acesso daquela febre de canhão;[26]

---

25 Para seus estudos de osteologia.
26 Cf. p.187.

retrocedemos como havíamos avançado e, contudo, caso houvesse ocasião e motivo, regressaríamos a um perigo semelhante.

Se pensarem que uma tal situação, na qual, para abafar o medo, nos expúnhamos a todo risco de aniquilação, durou três semanas, então nos perdoarão por tentarmos passar por sobre esses dias terríveis como por sobre um solo incandescente.

Em 1º de julho, o terceiro fosso paralelo foi posto em atividade e imediatamente a bateria de Bock foi bombardeada.

Dia 2 de julho. Bombardeio da cidadela e da fortificação de Karl.

Dia 3 de julho. Novo incêndio na capela de São Sebastião; as casas e palácios da vizinhança ardem em chamas.

Dia 6 de julho. A chamada "fortificação dos clubistas", que não permitiu levar a cabo o terceiro fosso paralelo, tinha de ser removida. Mas erraram o alvo, atacaram as fortificações da muralha principal e foram, claro, repelidos.

Dia 7 de julho. Finalmente assegurado esse território; Kostheim é atacada. Os franceses a abandonam.

Dia 13 de julho à noite. A Prefeitura e diversos edifícios públicos ardem em chamas.

Dia 14 de julho. Cessar-fogo em ambos os lados. Dia de alegria e festa; para os franceses, por causa da confederação nacional decidida em Paris; para os alemães, por causa da conquista de Condé; estes festejam com tiros de canhão e de espingarda, aqueles com uma festa da liberdade teatral, da qual muito ouvimos falar.[27]

Noite de 14 para 15 de julho. Os franceses são expulsos de uma bateria diante da fortificação de Karl; terrível bombardeio. Da ponta do Meno por sobre o rio, incendiaram o mosteiro beneditino na cidadela. Do outro lado, a fábrica de munições começa a arder e voa pelos ares. Janelas, lojas e chaminés desse lado da cidade ruem e desmoronam.

Em 15 de julho, visitamos o sr. Gore em Klein-Wintersheim e encontramos o conselheiro Kraus ocupado em pintar um desenho do caro amigo, no

---

27 Em 14 de julho, celebra-se a queda da Bastilha; a conquista de Condé, em Hennegau, foi levada a cabo pelos austríacos em 10 de julho de 1793.

que foi muito bem-sucedido. O sr. Gore havia se vestido com esmero a fim de comparecer à mesa principesca, depois de haver inspecionado mais de uma vez as vizinhanças. Agora ali estava ele, rodeado de diversos utensílios de casa e campo, em uma sala camponesa de uma aldeia alemã, sentado sobre uma caixa, o chapéu pontudo gasto sobre um papel ao seu lado; com uma das mãos ele segurava a xícara de café, com a outra a pena de desenhar em lugar da colherinha; e assim o inglês estava representado de maneira muito decente e satisfeita mesmo em um sofrível alojamento, e ainda hoje o temos assim todos os dias diante dos olhos como uma agradável lembrança.

Uma vez que recordamos aqui desse amigo, não podemos deixar de dizer ainda algumas coisas mais a seu respeito. Ele desenhava com muita habilidade na *camera obscura*[28] e, viajando por mar e terra, reuniu por esse meio as mais belas reminiscências. Agora, estabelecido em Weimar, ele não podia renunciar à costumeira mobilidade, continuou sempre disposto a empreender pequenas viagens, quase sempre acompanhado pelo conselheiro Kraus que, com uma capacidade de apreensão fácil e feliz, traçava no papel, sombreava e coloria as paisagens que tinham diante dos olhos, e assim os dois rivalizavam no trabalho.

O cerco de Mainz, como um caso raro e importante em que a própria desgraça prometia se tornar pitoresca, atraiu os dois amigos para o Reno, onde não se permitiram um momento sequer de ociosidade.

E assim também eles nos acompanhariam em uma perigosa excursão a Weissenau, que agradou sobremaneira o sr. Gore. Visitamos diversas vezes o cemitério em busca de ossos patológicos; uma parte do muro que ficava para o lado de Mainz estava destruída pelos tiros, podíamos ver a cidade para além do campo aberto. Mas assim que os que estavam sobre as muralhas percebiam algo vivente naquele espaço, disparavam tiros de ricochete na direção da lacuna; vimos muitas vezes as balas subirem e caírem levantando poeira, protegendo-nos então atrás do que restava dos muros ou no ossuário e nos divertindo em observar a bola que rolava através do cemitério.

---

28 *Camera obscura* (câmera escura em latim): caixa com um orifício em um dos lados, pelo qual entra a luz. A imagem, reduzida por uma lente e refletida por um espelho, é projetada sobre uma superfície opaca, sobre a qual será então desenhada.

A repetição desse divertimento pareceu temerária ao camareiro, que, preocupado com a vida e os membros de seu velho senhor, apelou para nossa consciência e nos pediu que voltássemos.

O dia 16 de julho foi para mim cheio de receios, oprimido pela perspectiva de uma noite repleta de perigos para meus amigos; mas as coisas transcorreram do seguinte modo: uma das pequenas fortificações inimigas avançadas, situada diante da chamada fortaleza francesa, cumpria plenamente seu dever; ela constituía o principal obstáculo a nosso fosso paralelo avançado, e tinha de ser removida, custasse o que custasse. Quanto a isso não havia dúvidas, mas a situação acabou se revelando melindrosa. Sabendo por informação recebida ou por suposição que os franceses haviam acampado a cavalaria atrás daquela fortificação e sob a proteção da fortaleza, queríamos também empregar a cavalaria para aquela saída e ataque. O que isso significava, lançar a cavalaria imediatamente de fora das trincheiras para a frente dos canhões da fortificação e da fortaleza e, na escuridão da noite, vaguear pelo declive ocupado pelo inimigo, qualquer um poderá compreender; mas para mim era extremamente preocupante saber que o sr. Von Oppen, o amigo mais próximo que eu tinha no regimento, estava escalado para aquele empreendimento.[29] Ao cair da noite, contudo, era preciso se despedir, e eu corri para a fortificação número 4, de onde se podia abarcar com a vista aquele ponto. Que o embate começara e era encarniçado se podia ver de longe, e era de se prever que alguns homens valorosos não regressariam.

Entrementes, a manhã anunciou que a operação fora bem-sucedida, a fortificação foi conquistada, removida, e a posição diante dela tão firmemente ocupada que sua reconstrução pelo inimigo deverá ter se tornado impossível. Meu amigo Oppen regressou ileso; os que não voltaram não me eram tão próximos; lamentávamos pelo príncipe Ludwig, que, como ousado comandante, recebeu um ferimento, se não perigoso, ao menos doloroso e, num momento como aquele, abandonou muito a contragosto o palco da guerra.

---

29 Adam Friedrich von Oppen (1761-1834), capitão da guarda pessoal do duque Carl August.

No dia 17 de julho, ele foi levado de barco para Mannheim; o duque de Weimar ocupou seu alojamento na casa de portagem; não se podia pensar em uma acomodação mais atraente.

De acordo com seu tradicional amor à ordem e à limpeza, mandei varrer e limpar a bela praça diante dela que, por causa da rápida troca de ocupação, estava coberta de palha, serragem e dos demais detritos de um alojamento deixado às pressas.

No dia 18 de julho à tarde, um calor enorme, quase insuportável, temporal, vendaval e aguaceiro; para a gente comum muito refrescante, mas para quem estava metido em um fosso, insuportável.

O comandante faz sugestões de acordo que são rejeitadas.

Dia 19 de julho. O bombardeio continua, os moinhos do Reno são danificados e tornados inutilizáveis.

Dia 20 de julho. O comandante, general d'Oyre, envia um projeto de armistício sobre o qual se negocia.

Noite de 21 para 22 de julho. Forte bombardeio, a igreja dos dominicanos é incendiada; em contrapartida, uma fábrica de munições prussiana voa pelo ares.

Dia 22 de julho. Quando ouvimos que o cessar-fogo de fato fora decidido, corremos para o quartel-general para esperar a chegada do comandante francês, general d'Oyre. Ele chegou; um homem alto, bem proporcionado e esguio de meia-idade, de atitude e conduta muito naturais. Enquanto as negociações eram conduzidas lá dentro, todos nós estávamos atentos e esperançosos; mas quando foi anunciado que se havia chegado a um acordo e a cidade seria entregue no dia seguinte, todos foram tomados pelo sentimento maravilhoso de terem sido subitamente aliviados do peso, da opressão e da angústia que sentiam até aquele momento, e alguns amigos não puderam se conter, montaram em seus cavalos e correram para Mainz. No meio do caminho alcançamos Sömmering,[30] que também se dirigia a Mainz com um companheiro, embora por um motivo mais forte do que o nosso, mas também não se deixando perturbar pelo perigo de tal aventura. De longe avistamos a cancela do primeiro portão, e atrás dela uma grande

---

30 Cf. n.13 de "A campanha na França".

multidão que se juntava e se espremia diante dela. Vimos à nossa frente armadilhas para lobos, mas nossos cavalos já estavam acostumados com aquilo e nos levaram sem perigo através delas. Chegamos bem diante da cancela; perguntaram-nos o que levávamos. Entre a multidão havia poucos soldados, quase toda ela era de cidadãos, homens e mulheres; nossa resposta, que prometia um cessar-fogo e talvez, para o dia seguinte, a liberdade, foi recebida com aplausos calorosos. Trocamos tantas explicações quanto cada um podia dar e, quando já estávamos para voltar carregados de bênçãos, Sömmering entrou em nossa conversação, encontrou rostos conhecidos, falou com eles mais intimamente e, por fim, desapareceu antes que pudéssemos nos dar conta; de nossa parte, consideramos que era hora de regressar.

Os mesmos desejos, os mesmos anseios eram sentidos por um sem-número de emigrados que, carregados de víveres, primeiro penetraram nas obras exteriores,[31] depois na própria fortaleza a fim de abraçar e reconfortar os que haviam ficado para trás. Encontramos vários desses viandantes apaixonados, e essa situação se tornaria tão tumultuosa que, depois de dobrarem os postos de guarda, foi rigorosamente proibido se aproximar das muralhas; de repente a comunicação foi interrompida.

Dia 23 de julho. O dia foi empregado em tomar posse tanto das obras exteriores de Mainz como de Kastel. Fiz um passeio de coche ao redor da cidade, o mais próximo que a guarda permitiu. Visitamos os fossos e observamos as obras de fortificação, inúteis depois que o objetivo foi alcançado.

Quando voltei, um homem de meia-idade me chamou e pediu que levasse comigo o menino de uns 8 anos que segurava pela mão. Era um emigrado de Mainz que deixara com toda pressa e vontade seu refúgio para contemplar triunfante a retirada dos inimigos, e que também jurava levar a morte e a ruína aos clubistas abandonados. Disse-lhe palavras de apaziguamento e argumentei que o fato de voltar a uma situação de paz e de conforto não deveria ser manchado por uma nova guerra civil, pelo ódio e a vingança, pois isso só perpetuaria a desgraça. A punição aos culpados deveria ser deixada a cargo dos nobres aliados e dos legítimos governantes da região. Acrescentei

---

31 Obra exterior: fortificação menor construída fora das muralhas de uma fortaleza, total ou parcialmente destacada delas.

ainda outras palavras em favor da conciliação e da sobriedade; eu tinha todo o direito de fazê-lo, uma vez que acolhi o menino no coche e reconfortei os dois com um bom vinho e *bretzels*. Deixei o menino num local combinado, e logo vimos o pai de longe acenando com o chapéu em sinal de gratidão e bênçãos.

Dia 24 de julho. A manhã transcorreu bastante calma, a retirada foi protelada, ao que se dizia por questões de dinheiro que não podiam se resolver de imediato. Ao meio-dia, finalmente, quando todos estavam ocupados com as mesas e panelas, e um grande silêncio tomava conta do acampamento, assim como da estrada, várias carruagens de três cavalos passaram em grande velocidade, guardando certa distância umas das outras, sem que nos déssemos conta e refletíssemos sobre o assunto; mas logo se espalhou o boato de que muitos clubistas espertos e ousados haviam se safado daquela maneira. Algumas pessoas mais apaixonadas diziam que era preciso ir no encalço deles, outros se limitaram a exprimir seu aborrecimento, outros ainda se mostravam admirados por não haver no caminho nem sinal de guarda, tropa ou sentinela, o que revelava, diziam, que as autoridades superiores faziam vista grossa e pretendiam abandonar ao acaso tudo o que pudesse acontecer.

Essas considerações, contudo, foram interrompidas e modificadas pela verdadeira retirada. Também naquele momento as janelas da casa de portagem, que davam para a estrada, foram proveitosas para mim e meus amigos. Vimos o cortejo passar em toda a sua solenidade. Liderada pela cavalaria prussiana, vinha a guarnição francesa. Não havia nada de mais singular do que o modo pelo qual essa marcha se anunciava; uma coluna de marselheses, pequena, negra, multicor, maltrapilha, vinha marchando, como se o rei Edwin tivesse aberto sua montanha e enviado seu alegre exército de anões.[32] Vinham em seguida tropas regulares, com expressão séria e contrariada, mas não abatida ou envergonhada. A aparição mais notável, porém, que chamou a atenção de todos, foi a dos caçadores a cavalo; tinham vindo em completo silêncio até onde estávamos, e então começaram tocar *A Marselhesa*. Esse *Te Deum* revolucionário tem algo de triste, pressago, mesmo quando

---

32 Possível referência à saga de Siegfried.

"A campanha na França" e outros relatos de viagem

tocado com energia; dessa vez, porém, tocavam em um ritmo muito lento, compatível com o passo arrastado com que avançavam. Era comovente e terrível, um espetáculo impressionante, ver aqueles cavaleiros altos, magros, de uma certa idade, se aproximando, com a expressão do rosto em completo acordo com aqueles sons; individualmente poderíamos compará-los a dom Quixote, e, em conjunto, tinham uma presença altamente venerável.

Notável também era uma tropa isolada, a dos comissários franceses. Merlin de Thionville[33] em trajes de hussardo, destacando-se pela barba e olhar selvagens, tinha outra figura em trajes semelhantes ao seu lado; o povo gritou com raiva o nome de um clubista e fez menção de atacá-lo. Merlin parou, apelou para sua dignidade de representante da França, para a vingança que qualquer ofensa provocaria; aconselhou aquela gente a se moderar, pois aquela não seria a última vez que o veriam ali. A multidão parou, perplexa, ninguém se atreveu a avançar. Ele se dirigiu a alguns de nossos oficiais ali presentes e invocou a palavra do rei, de modo que ninguém mais se atreveu a atacar ou defender, e o cortejo seguiu ileso.

Dia 25 de julho. Na manhã desse dia eu notei que mais uma vez, infelizmente, não se tomavam medidas na estrada ou em suas proximidades para impedir desordens. Hoje elas pareciam ainda mais necessárias, pois os pobres emigrados, cidadãos de Mainz infinitamente infelizes, vindos dos lugares mais distantes, sitiavam a estrada aos magotes, aliviando seu coração torturado e angustiado com palavras de maldição e vingança. A astúcia guerreira dos que haviam se safado no dia anterior não logrou êxito desta vez. Algumas carruagens isoladas correram em direção da estrada, mas em toda parte cidadãos de Mainz se haviam refugiado nos fossos da estrada e, quando os fugitivos escapavam de uma emboscada, caíam em outra.

As carruagens eram paradas. Se nelas se encontrassem franceses ou francesas, deixavam-nos seguir viagem, mas de modo algum o faziam se reconhecessem um clubista. Um belíssimo coche de três cavalos veio se aproximando, uma dama jovem e amável não se furtou a se deixar ver pela janela e saudar

---

33 Antoine Christophe Merlin de Thionville (1762-1833) foi figura proeminente da Revolução Francesa. Atuou como representante em missão (também chamado de comissário político) em Mainz desde o final de 1792 ou início de 1793.

as pessoas de um e outro lado; mas tomaram as rédeas do postilhão, abriram a portinhola e logo se reconheceu um arquiclubista ao lado dela. Não havia como não reconhecê-lo; baixinho, gorducho, rosto largo, bexiguento. Logo o arrancaram da carruagem pelos pés, fecharam a portinhola e desejaram boa viagem à beldade. Ele, porém, foi arrastado para o campo mais próximo, horrivelmente espancado e pisoteado, todos os membros de seu corpo foram esmagados, seu rosto ficou irreconhecível. Finalmente, um guarda vem em seu socorro, leva-o para a casa de um camponês, onde ele, deitado sobre a palha, estava protegido da violência física de seus inimigos na cidade, mas não dos xingamentos, zombarias e ultrajes. Mas mesmo esses acabaram indo tão longe que o oficial não permitiu que ninguém mais entrasse, e mesmo a mim, a quem, como seu conhecido, não teria impedido, ele pediu encarecidamente que renunciasse àquele espetáculo tão triste e asqueroso.

Dia 25 de julho. Na casa de portagem, continuávamos a nos ocupar com a retirada regular dos franceses. Eu estava à janela com o sr. Gore, lá embaixo se reunia uma grande multidão; mas nada do que se passava na grande praça podia escapar ao observador.

Infantaria, tropas de linha bem formadas e animadas, vinham se aproximando; moças de Mainz as seguiam, umas ao lado, outras no interior das fileiras. Seus próprios conhecidos as saudavam com um balançar de cabeça e palavras de escárnio: "Ei, jovem Lisa, também quer ir conhecer um pouco o mundo?", ou: "As solas ainda são novas, logo estarão gastas!", e ainda: "Aprendeu francês nesse meio-tempo? Faça uma boa viagem!". Essas chicotadas verbais não tinham fim; mas as moças pareciam todas alegres e tranquilas, algumas diziam adeus a suas vizinhas, a maioria se mantinha calada e olhava para seus amantes.

O povo, porém, estava muito agitado, ouviam-se xingamentos, muitas vezes acompanhados de sérias ameaças. As mulheres censuravam os homens por deixar partir aqueles sujeitos desprezíveis, que sem dúvida levavam em suas trouxinhas alguns pertences e bens de um genuíno cidadão de Mainz, e apenas a marcha séria dos militares, dos oficiais que acompanhavam as fileiras para manter a ordem, impedia uma explosão; a comoção inflamada era assustadora.

"A campanha na França" e outros relatos de viagem

Justamente nesse momento do maior perigo surgiu uma tropa que sem dúvida desejaria já estar bem longe. Sem nenhuma proteção ostensiva, surgiu um homem a cavalo, bem proporcionado, cujo uniforme não dava a conhecer propriamente um militar. A seu lado cavalgava uma mulher em trajes masculinos, muito bonita e de belas formas; atrás deles vinham algumas carruagens de quatro cavalos transportando caixas e baús; o silêncio era ominoso. De repente, a multidão começa a murmurar e ouve-se um grito: "Detenham-nos! Matem-nos! É o patife do arquiteto que saqueou e depois incendiou o decanato da catedral!". Bastava um único homem decidido, e tudo estaria perdido.

Sem refletir em mais nada senão em que a paz civil não podia ser rompida diante do alojamento do duque, e pensando em um átimo no que o príncipe e general diria ao voltar para casa e não poder chegar à porta diante das ruínas de tamanha arbitrariedade, saltei para fora e, chegando lá embaixo, gritei com voz imperiosa: "Alto!".

O povo já se aproximara; é verdade que ninguém ousava baixar a cancela, mas o caminho em si já estava obstruído pela multidão. Repeti meu "Alto!" e fez-se o mais absoluto silêncio. Continuei a falar com vigor e ímpeto: aquela era a casa do duque de Weimar, a praça defronte dela era sagrada; se queriam cometer barbaridades e levar a cabo sua vingança, não lhes faltaria um lugar onde fazê-lo. O rei havia permitido uma retirada livre, se quisesse condicioná-la e excluir dela qualquer pessoa, teria designado observadores para impedir a saída dos culpados ou mandar prendê-los; mas não havia notícia de tal ordem, não se via uma patrulha. E eles, quem quer que fossem e por qual motivo estivessem ali, não tinham nenhum papel a desempenhar no exército alemão a não ser o de espectadores tranquilos; sua infelicidade e seu ódio não lhes davam nenhum direito, e eu não toleraria de uma vez por todas nenhuma violência naquele lugar.

Então o povo, surpreso, se calou, porém logo depois começou mais uma vez a se agitar, murmurar, xingar; alguns se encolerizaram, dois homens avançaram para tomar as rédeas dos cavaleiros. Por um estranho acaso, um deles era aquele peruqueiro a quem eu no dia anterior já havia advertido, ao lhe demonstrar benevolência. "Como?", gritei-lhe. "Já se esqueceu do que conversamos ontem? Não refletiu em que através da vingança pelas próprias mãos a pessoa se faz culpada, que devemos deixar a punição dos culpados a Deus e as nossas autoridades, assim como devemos deixar a eles pôr um fim a essa miséria?", e acrescentei ainda tudo o mais que me ocorreu naquele momento, em poucas e boas palavras, em alto e bom som. O homem me reconheceu de imediato, recuou, a criança se achegou ao pai e me olhou amigavelmente, o povo já havia retrocedido e liberado a praça, e também o caminho através da cancela estava aberto. As duas pessoas a cavalo não sabiam o que fazer; eu havia avançado até o meio da praça, o homem passou a meu lado e disse que gostaria de saber meu nome, saber a quem devia um tão grande favor. Ele não o esqueceria pelo resto da vida e retribuiria de bom grado. A bela criança também se aproximou de mim e disse palavras de profunda gratidão. Respondi que não fizera mais do que minha obrigação ao preservar a segurança e a sacralidade daquela praça; fiz um aceno e eles partiram. A multidão ficara desconcertada em seu sentimento de vingança e permaneceu imóvel; a trinta passos dali, ninguém os teria impedido. Mas assim é o mundo, quem supera um obstáculo, supera mil. *Chi scampa d'un punto, scampa di mille.*

Quando, depois de minha expedição, voltei para a companhia de meu amigo Gore, ele me exclamou em seu anglo-francês: "Que bicho o mordeu? O senhor se meteu em uma situação que poderia ter acabado mal".

Não senti medo, respondi. E o senhor não acha também mais bonito que eu tenha mantido tão limpa a praça diante de sua casa? Como seria se estivesse agora cheia de destroços que irritariam a todos, provocariam uma exaltação exagerada e não trariam nada de bom para ninguém? Mesmo que aquele sujeito não mereça a posse do que gostosamente levou consigo.

Entrementes, a retirada dos franceses passava tranquilamente sob nossa janela; a multidão perdera o interesse nela; quem podia, buscava um caminho para entrar furtivamente na cidade, reencontrar os seus e aquilo que pudesse ter se salvado de suas posses e se alegrar com o reencontro. Contudo, mais do que isso, movia-os o perdoável furor de punir, de aniquilar, como por vezes gritavam em tom ameaçador, seus odiados inimigos, os clubistas e os membros dos comitês.

Entrementes, meu bom Gore não podia se conformar que eu tivesse me arriscado tanto por um desconhecido, talvez um criminoso. Eu contra-

"A campanha na França" e outros relatos de viagem

-argumentava sempre jocosamente com a praça limpa diante da casa e, por fim, disse, com impaciência: faz parte de minha natureza, eu prefiro cometer uma injustiça a suportar a desordem.

Dias 26 e 27 de julho. No dia 26 conseguimos entrar a cavalo na cidade, em companhia de alguns amigos; lá encontramos a mais lastimável das situações. O que se levara séculos para construir num dos lugares mais belos do mundo, para onde confluíram as riquezas das províncias e onde a religião obrara para fortalecer e multiplicar as posses de seus servos, estava reduzido a entulho e escombros. A perplexidade que tomara conta de nossos espíritos era extremamente dolorosa, muito mais triste do que se houvéssemos entrado numa cidade reduzida a cinzas pelo acaso.

Com a dissolução da ordem policial, vieram se juntar aos tristes escombros que cobriam as ruas todas as espécies de detritos; havia indícios de pilhagens em consequência das inimizades internas. Altos muros ameaçavam ruir, torres se mantinham precariamente em pé, e de que serviriam descrições detalhadas, quando se contavam uns depois dos outros todos os edifícios principais que haviam ardido em chamas? Por uma antiga predileção, corri para o decanato, que ainda me pairava na memória como um pequeno paraíso arquitetônico; a varanda com suas colunas e seu frontão ainda estava em pé, mas passei cedo demais por sobre o entulho dos belos tetos abobadados; meu caminho estava obstruído pelas grades de arame que, como uma rede, protegiam as janelas lá em cima por onde penetrava a luz; aqui e ali ainda havia um resto da antiga graça e suntuosidade, e assim também aquela moradia exemplar estava destruída para sempre. Todos os edifícios ao redor da praça tinham tido o mesmo destino; fora na noite de 27 de junho que a destruição daquelas maravilhas havia iluminado a região.

A seguir, encaminhei-me às vizinhanças do castelo, do qual ninguém ousava se aproximar. Barracos de tábuas erguidos em seu exterior anunciavam a profanação daquela residência principesca; na praça defronte dele havia canhões empilhados, inúteis, alguns destruídos pelo inimigo, alguns pelo uso intenso que se fizera deles.

Assim como alguns edifícios magníficos, com tudo o que continham, haviam sido devastados de fora pela violência inimiga, muitos também o haviam sido de dentro pela brutalidade, pela insolência e pela maldade. O palácio

Ostheim ainda estava integralmente preservado, mas transformado em albergue de alfaiates, alojamento militar e sede da guarda, uma transformação detestável de se ver. Salas cheias de trapos e retalhos, as paredes de gesso e mármore arrebentadas, crivadas de ganchos e grandes pregos; havia espingardas penduradas neles, e mais outras espalhadas ao redor.

O edifício da Academia[34] tinha exteriormente uma aparência ainda animadora, apenas uma bala de canhão havia destruído a moldura de uma janela do alojamento de Sömmering no segundo andar. Reencontrei ali esse amigo, não diria reinstalado, pois os belos aposentos haviam sido muito maltratados pelos hóspedes bárbaros. Eles não haviam se contentado em estragar até onde pudessem alcançar os papéis de parede azuis; deviam ter usado escadas ou mesas e cadeiras empilhadas para emporcalhar os cômodos até o teto com toucinho ou outras coisas gordurosas. Eram os mesmos aposentos onde, um ano antes, havíamos nos encontrado, tão alegres e íntimos, para nos instruir e divertir mutuamente. Contudo, no meio daquela infelicidade ainda se podia fazer uma constatação consoladora. Sömmering encontrara seu depósito fechado, e intocados os preparados anatômicos que escondera ali. Nós os passamos em revista, e eles nos deram ocasião para uma instrutiva conversação.

Uma proclamação do novo governador fora publicada; pareceu-me que ela continha o mesmo sentido, e até quase que as mesmas palavras de minha advertência àquele peruqueiro emigrado; toda justiça pelas próprias mãos estava proibida; apenas o príncipe, ao voltar, teria o direito de julgar quem eram os bons e os maus cidadãos. Era um édito dos mais necessários, pois, devido à momentânea desagregação causada poucos dias antes pelo cessar-fogo, os mais atrevidos emigrados entravam na cidade e promoviam a pilhagem das casas dos clubistas, incitando e inflamando os soldados que haviam participado do cerco. Aquela proclamação fora redigida com as palavras mais suaves, a fim de, corretamente, respeitar a justa ira das pessoas profundamente ofendidas.

Como é difícil voltar a apaziguar uma multidão exasperada! Ainda em nossa presença aconteceram certas irregularidades. Um soldado entrara em uma

---

34 Pertencente à universidade.

loja e pedira tabaco; enquanto o pesavam, ele se apoderou de tudo. Aos gritos raivosos dos cidadãos, nossos oficiais intervieram, e assim superamos uma hora, um dia de desordem e confusão.

Em nossas caminhadas, encontramos uma velha à porta de uma casinha baixa, quase enterrada no solo. Admiramo-nos de que já tivesse voltado, e ficamos sabendo que ela nem sequer emigrara, ainda que quase a tivessem forçado a deixar a cidade. "Também a minha casa vieram aqueles palhaços com seus lenços coloridos, deram-me ordens e me ameaçaram; mas eu lhes disse a verdade sem rebuços: Deus ainda haveria de preservar a mim, pobre mulher, com vida e dignidade, em minha cabana, muito tempo depois de eu vê-los cobertos de injúrias e vergonha. Disse-lhes que fossem embora com sua insensatez. Eles ficaram com medo de que minha gritaria espicaçasse os vizinhos e me deixaram em paz. Assim eu passei todo o tempo, ora no porão, ora ao ar livre, mantendo-me com muito pouco, e ainda vivo, para a glória de Deus, ao passo que aqueles sujeitos terão de passar por maus bocados."

Então ela apontou para uma casa da esquina, a fim de nos mostrar o quão próximo estivera o perigo. Pudemos olhar para o interior de um cômodo no canto do andar térreo de um suntuoso edifício. Que estranha visão! Ali havia, desde muitos anos, uma antiga coleção de curiosidades, figuras de porcelana e pedra-sabão, xícaras, pratos, tigelas e vasos chineses; sem dúvida também não faltavam o marfim e o âmbar, bem como outras peças esculpidas ou torneadas, quadros compostos com musgo, palha e outros materiais. Tudo isso agora se podia deduzir dos escombros, pois uma bomba, passando por todos os andares, viera explodir naquela sala; a violenta deslocação de ar, arrancando com fúria todas a peças de seu lugar, lançara para fora as janelas, e com elas a rede de arame que protegia o interior e agora se abaulava entre as barras da grade de ferro. A boa mulher nos garantiu que na hora daquela explosão pensou estar morrendo.

Almoçamos na grande mesa de uma casa de pasto; no vaivém da conversa, preferimos ficar em silêncio. Mas achamos muito estranho que pedissem aos músicos ali presentes que tocassem *A Marselhesa* e *Ça ira*; todos os comensais pareciam fazer coro, alegres.

Em nosso passeio seguinte, quase não conseguíamos distinguir o lugar onde ficava a praça do palacete de lazer. Em agosto do ano anterior ainda havia ali uma sala suntuosa com vista para o jardim; terraços, estufa e fontes tornavam extremamente agradável esse local de repouso. Aqui verdejavam as aleias nas quais, conforme me disse o jardineiro, sua alteza, o príncipe eleitor, recebia as mais eminentes autoridades com suas comitivas em mesas imensuráveis; e ele não se cansava de falar em toalhas de damasco, baixelas e talheres de prata. Diante dessas recordações, o estado em que tudo se encontrava produzia uma impressão insuportável.

A cartuxa vizinha também como que desaparecera, pois as pedras de seu edifício foram logo utilizadas para a construção da importante fortificação de Weissenau. O pequeno convento de freiras era um monte de ruínas ainda recentes, quase impossíveis de reconstruir.

Acompanhei meus amigos Gore e Kraus até a cidadela. O monumento de Druso ainda estava lá, mais ou menos como eu o desenhara quando ainda era um menino, ainda inabalado, apesar das muitas balas de canhão que teriam passado voando, ou talvez mesmo o atingido.

O sr. Gore logo armou sua câmara escura portátil sobre o muro com o intuito de fazer um desenho de toda a cidade desfigurada pelo cerco, o que também foi realizado de forma cuidadosa e precisa a partir do centro, da catedral e, menos perfeitamente, das laterais, como ainda o temos diante de nossos olhos nas folhas muito bem ordenadas que nos deixou.

Por fim, nossos caminhos também nos levaram a Kastel; na ponte do Reno ainda se podia respirar ar fresco como antes, e por um momento nos iludimos com a volta daqueles tempos. Durante o cerco, trabalhara-se continuamente na construção da fortaleza de Kastel; encontramos uma caçamba de cal fresca, com tijolos ao lado e um trecho de muro inacabado; depois de declarado o armistício e a rendição, tudo fora abandonado e deixado como estava.

Era a um tempo estranho e triste ver o abatis ao redor das fortificações de Kastel; haviam utilizado todas as árvores frutíferas das redondezas para fazê-lo. Haviam-nas cortado rente à raiz, podado os galhos mais altos e finos, entranhado as copas mais fortes e regulares umas nas outras e, assim, edificado um último bastião impenetrável; pareciam árvores plantadas na mesma época, crescidas nas mesmas condições favoráveis, utilizadas para propósitos hostis e por fim abandonadas ao apodrecimento.

"A campanha na França" e outros relatos de viagem

Mas não podíamos nos entregar por mais tempo a tais lamentações, pois nosso anfitrião e nossa anfitriã, e cada um dos cidadãos a quem nos dirigíamos, pareciam esquecer suas próprias aflições para se entregar a longas narrativas da miséria infinita, na qual os cidadãos de Mainz, impelidos à emigração, se viam espremidos entre dois inimigos, os internos e os externos. Pois não fora apenas a guerra, mas também a situação política produzida pela insensatez que preparara e produzira tal infortúnio.

Nosso espírito se restabeleceu em certa medida de todas as adversidades e aflições com a narrativa de alguns feitos heroicos dos valorosos cidadãos. De início o bombardeio fora visto com terror como uma miséria inevitável, a violência destrutiva das bolas de fogo era grande demais, o infortúnio que se aproximava tão definitivo, que ninguém acreditava poder se opor a eles; por fim, porém, mais familiarizados com o perigo, decidiram confrontá-lo. Apagar uma bomba que havia caído em uma casa com a água já deixada à espera dera ocasião a ousados gracejos; contavam-se feitos maravilhosos de heroínas que tinham salvado a si e a outras pessoas. Mas também havia a morte de pessoas valorosas a se lamentar. Nessa operação, pereceram um farmacêutico e seu filho.

Quando então, lamentando o infortúnio, alguém desejava a si e aos outros a sorte de ver o fim dos sofrimentos, a gente também se admirava de que a fortaleza não houvesse resistido por mais tempo. Na nave da catedral, cujas abóbadas se haviam preservado, encontrava-se uma grande massa de sacos de farinha intocados, falava-se de outros suprimentos e de uma quantidade inesgotável de vinho. Daí se supunha que a última revolução em Paris, que levara o partido a que pertenciam os comissários de Mainz a assumir o governo, de fato antecipara a rendição da fortaleza. Merlin von Thionville, Rewbel[35] e outros desejavam estar presentes, uma vez que, depois da vitória sobre os adversários, não havia nada a temer e muito a ganhar. Primeiro era preciso se fortalecer internamente, tomar parte naquelas transformações, alçar-se a posições importantes, apossar-se de grandes bens e então, se a guerra externa continuasse, atuar também nela e, obtida

---

35 Jean-François Reubell our Rewbell (1747-1807), advogado, político, diplomata francês, importante figura da Revolução Francesa.

a esperada vitória, partir de novo, espalhar por outras terras as convicções nacionais, tentar novamente conquistar Mainz e muitos outros lugares.

Não havia mais razão para ninguém permanecer naquela região vazia e devastada. O rei e a guarda partiram primeiro, os regimentos os seguiram. Não se pedia mais a ninguém que tomasse parte nas calamidades da guerra; recebi permissão para voltar à minha casa, mas antes ainda queria visitar Mannheim.

Meu primeiro passo foi visitar Sua Alteza real, o príncipe Louis Ferdinand, que encontrei de muito bom humor estendido sobre um sofá não de todo confortável, pois na verdade seus ferimentos o impediam de se deitar. Ele de fato não podia esconder o desejo de comparecer pessoalmente ao palco da guerra o mais cedo possível.

Depois vivi na hospedaria uma agradável aventura. Na mesa de refeições, comprida e quase de todo ocupada vi em uma das pontas o camareiro do rei, Von Ritz,[36] na outra um homem alto, bem proporcionado, forte, de ombros largos; uma figura bem apropriada a um servidor de Friedrich Wilhelm. Ele e seus vizinhos de mesa falavam muito alto e se levantaram da mesa de muito bom humor; vi o sr. Von Ritz vir em minha direção; ele me cumprimentou com amabilidade, feliz por enfim me conhecer pessoalmente, algo que já desejava havia muito, acrescentou algumas palavras lisonjeiras e então pediu que o perdoasse por expressar ainda um interesse pessoal por me encontrar e observar ali. Haviam-lhe sempre garantido que belos espíritos e pessoas de gênio eram baixas e magras, de aparência enfermiça e bolorenta, e lhe deram muitos exemplos disso. Isso sempre o aborrecera, pois ele acreditava não ser nenhum cabeça de vento, além de ser saudável e forte e de membros vigorosos; agora, porém, ele se alegrava de encontrar também em mim um homem de boa estampa que, nem por isso, se devia deixar de reconhecer como um gênio. Ele estava feliz por isso, e desejava a nós dois que essa satisfação durasse por muito tempo.

Respondi-lhe com palavras de gratidão; ele me apertou a mão e pude consolar-me pensando que, se aquele tenente-coronel bem-intencionado havia recusado minha presença, isso talvez se devesse ao fato de ele tam-

---

36 Johann Friedrich Ritz (1755-1809), influente funcionário da corte prussiana.

"A campanha na França" e outros relatos de viagem

bém esperar encontrar uma pessoa bolorenta, o que afinal era uma honra, embora em sentido contrário.

Em Heidelberg, visitando minha velha e fiel amiga Delph,[37] encontrei meu cunhado e amigo de infância Schlosser. Discutimos alguns assuntos, e ele também teve de suportar uma palestra sobre minha teoria das cores. Ele a ouviu com seriedade e cortesia, embora não pudesse se libertar do modo de pensar que já consolidara para si e, antes de mais nada, queria saber o quanto minha concepção podia ser combinada à teoria de Euler, à qual ele se inclinava.[38] Eu tive de confessar que em meu caminho até aquele ponto não me fizera perguntas a esse respeito, mas que tudo dependia de reduzir ao essencial um sem-número de experiências, ordená-las, tornar compreensível para mim mesmo e para os outros seu lugar diante e ao lado das outras. Mas esse método não lhe parecia suficientemente claro, uma vez que eu só tinha alguns poucos experimentos para demonstrar.

Uma vez que com isso se tornava manifesta a dificuldade do empreendimento, mostrei-lhe um ensaio que escrevera durante o cerco, no qual expunha como uma sociedade de homens dos mais diferentes entre si poderia trabalhar em colaboração e, cada um de sua parte, intervir para possibilitar um empreendimento tão vasto e difícil. Eu apelara ao filósofo, ao físico, ao matemático, ao pintor, ao mecânico, ao tintureiro e Deus sabe a quem mais; ele ouviu tudo com a maior paciência, mas quando eu quis ler para ele meu ensaio em detalhes, recusou-se a ouvir e riu de mim; disse que eu, já nos meus dias de velhice, ainda era uma criança e um principiante que se iludia pensando que alguém tomaria parte naquilo que me interessava, que alguém aprovaria um procedimento estranho e o adotaria para si, que poderia haver na Alemanha alguma ação comum e alguma colaboração!

Da mesma forma que sobre esse assunto, ele se exprimiu sobre outros; é verdade que como ser humano, homem de negócios e escritor ele vivera e sofrera muitas coisas, por isso seu caráter sério se fechava em si mesmo

---

37 Helena Dorothea Delph (*c.* 1728-1808), comerciante em Heidelberg.

38 Leonhard Euler (1707-1783), matemático, físico, astrônomo, geógrafo, lógico e engenheiro suíço, considerado um dos maiores matemáticos do século XVIII; lançou os fundamentos da teoria ondulatória da luz.

e renunciava com amargura a qualquer ilusão alegre, feliz, muitas vezes benfazeja.

A mim, porém, dava a impressão mais desagradável que, voltando da terrível situação da guerra para a tranquila vida privada, eu não pudesse sequer esperar uma participação pacífica em um empreendimento que me ocupava tão intensamente, e que eu me iludia pensando ser interessante e útil para o mundo todo.

Com isso o velho Adão se excitou outra vez;[39] afirmações levianas, frases paradoxais, respostas irônicas e outras coisas parecidas logo provocaram antipatia e descontentamento entre os amigos; Schlosser replicou com veemência, nossa anfitriã não sabia o que fazer de nós dois, e sua intercessão pelo menos fez que a despedida parecesse breve e antecipada, porém não precipitada.

De minha estada em Frankfurt eu teria pouco a dizer, tão pouco quanto do restante de minha viagem de regresso; o fim do ano, o início do novo ano só nos trouxe notícias das atrocidades de uma nação degradada e ao mesmo tempo embriagada com suas vitórias. Mas eu também teria de encarar uma mudança de vida. Depois de terminada a campanha, o duque de Weimar deixou o serviço prussiano; a consternação do regimento foi grande em todos os níveis; de uma só vez eles perdiam comandante, príncipe, conselheiro, benfeitor e pai. Eu também teria de me separar subitamente de homens excelentes aos quais era intimamente ligado, o que não aconteceu sem lágrimas por parte dos melhores entre eles. A veneração pelo homem e guia único nos unira e sustentara, e nos parecia que perdíamos a nós mesmos ao renunciar à sua orientação e a uma relação alegre e compreensiva entre nós. A região ao redor de Aschersleben, o vizinho Harz, tão fácil de percorrer a partir dali, me pareciam perdidos, e eu de fato nunca mais voltei a me embrenhar por eles.

E com isso encerramos, a fim de não cair na meditação sobre os destinos do mundo que ainda nos ameaçaram por doze anos, até nos vermos encobertos, se não engolidos, pela mesma vaga.

---

39 Goethe utiliza a fórmula "o velho Adão" (*der alte Adam*) para se referir à natureza inata do homem.

De uma viagem à Suíça no ano de 1797, com passagens por Frankfurt, Heidelberg, Stuttgart e Tübingen[1]

À guisa de introdução

Excertos de cartas enviadas a Meyer[2] em Florença e Stäfa pouco tempo antes de minha partida

Weimar, 28 de abril de 1797

Até agora, caríssimo amigo, tomei-o como exemplo todas as vezes que me sentia arrebatado pela impaciência: pois, embora se encontre cercado por

---

1 Título original: *Aus einer Reise in die Schweiz über Frankfurt, Heidelberg, Stuttgart und Tübingen im Jahre 1797.* O texto é composto de escritos esparsos de Goethe reunidos por Eckermann. Primeira publicação em 1833 no v.43 (*Obras do espólio*, 3v.) de *Goethes Werke: Vollständige Ausgabe letzter Hand* [Obras de Goethe: Edição integral segundo o texto da última revisão].

2 Johann Heinrich Meyer (1759-1832): pintor e historiador da arte suíço. Goethe o conheceu em 1786, durante sua estada em Roma. Em 1795, foi nomeado professor, e, em 1806, diretor da Escola Livre de Desenho de Weimar, onde vivia desde 1791. Por suas inclinações classicistas, tornou-se o braço direito de Goethe em assuntos relacionados às artes plásticas, razão pela qual passou a ser chamado de Kunschtmeyer [O Meyer das Artes] ou Goethemeyer [O Meyer de Goethe]. Meyer viajara a Roma em 2 de outubro de 1795 a fim de preparar a terceira viagem de Goethe à Itália. Em junho de 1796, partiu para Florença e, em 1797, com a saúde abalada, voltou para Stäfa, sua cidade natal.

magníficas obras de arte,[3] sua situação não lhe permite nenhuma comunicação nem o prazer de frequentar a sociedade, e, sem isso, tudo aquilo que possuímos não chega a adquirir vida; eu, ao contrário, embora impedido de me entregar à contemplação das artes plásticas tão desejada por mim, vivo em um contínuo intercâmbio de ideias, e posso progredir em diversas matérias que me interessam.[4]

Mas agora lhe confesso de bom grado que minha inquietação e meu aborrecimento aumentam de maneira considerável, não apenas porque neste momento todos os caminhos para a Itália estão obstruídos, como também porque as perspectivas para o futuro imediato são as piores possíveis.

Em Viena, todos os estrangeiros foram banidos; o conde Fries, com quem eu antes esperava viajar, só voltará em setembro;[5] a estrada que leva de lá a Trieste também está por agora interditada e, para o futuro, devastada e desconfortável como todas as outras. E que dizer da situação no norte da Itália, onde, além das tropas em combate, dois partidos lutam um contra o outro? Mesmo depois de selada a paz, quanta insegurança e desordem não haverá por muito tempo ainda, em um país onde não há polícia nem haverá! Quem chega de lá passando por Milão não se cansa de contar o quanto em toda parte as pessoas são embaraçadas e atormentadas por causa dos passaportes, o quanto são detidas e arrastadas de um lado para o outro e quantos suplícios têm de suportar para prosseguir viagem e garantir a vida.

O senhor bem pode imaginar que, em tais circunstâncias, todos aqueles que mostram um mínimo de preocupação comigo me desaconselham a viajar; e embora eu saiba muito bem que ao empreender qualquer coisa em alguma medida ousada não devemos dar atenção aos seus aspectos negativos, a situação atual é uma daquelas em que nós mesmos, depois de alguma reflexão, nos convencemos facilmente de que uma expedição dessa natureza seria agora desaconselhável.

---

3 Cercado de magníficas obras: Goethe se refere à estada de Meyer em Roma e Florença.

4 Intercâmbio de ideias: em especial com Friedrich Schiller.

5 Moritz Christian Johann von Fries (1777-1826), banqueiro, colecionador e mecenas austríaco.

"A campanha na França" e outros relatos de viagem

Tudo isso combinado quase me impõe esta decisão: neste verão, e talvez durante o ano inteiro, não mais pensar em tal viagem. Relato-lhe isso desde já, a fim de poder, em todo caso, ainda discutir esse assunto com o senhor por escrito. Pois quanto ao que eu deveria *aconselhá-lo*, sinceramente não sei. Embora sinta sua falta o tempo todo, e por mais que sua ausência me prive de todo do prazer das artes plásticas, não gosto de imaginá-lo afastado prematuramente de tudo aquilo que nutre seu talento e lhe fará tanta falta quando estiver de volta à Alemanha. Se *meus* planos devem fracassar por causa das circunstâncias, eu desejaria pelo menos saber que os *seus* se realização por completo.

Eu mais uma vez criei para mim um mundo particular, e o grande interesse pela poesia épica de que fui tomado ainda me manterá ocupado por algum tempo. Meu poema *Hermann e Doroteia* está pronto; constitui-se de 2 mil hexâmetros e é dividido em nove cantos; nele eu vejo ao menos uma parte de meus desejos satisfeita. Meus amigos daqui e das vizinhanças estão muito contentes com ele, e agora tudo depende apenas de uma coisa: de que o senhor também o aprove. Pois a instância suprema pela qual ele deve ser julgado é aquela diante da qual o pintor da espécie humana deve levar suas composições, e a questão é saber se o senhor reconhecerá, sob as roupagens modernas, as proporções verdadeiras e genuínas da criatura humana e as formas de seus membros.

O assunto em si é dos mais felizes, um tema como não se encontra igual duas vezes na vida; os materiais para as verdadeiras obras de arte, aliás, são mais raramente encontrados do que se pensa, e é por isso que os antigos sempre se movimentaram dentro de um mesmo círculo.

Na situação em que me encontro, jurei a mim mesmo não me interessar por mais nada, a não ser por aquilo que domino, como é o caso de um poema, pelo qual sabemos que só temos de censurar ou louvar a nós mesmos; por uma obra cujo plano, se for bom, não me fará experimentar o destino de Penélope com seu véu. Pois, infelizmente, em todas as outras atividades terrenas as pessoas costumam desfazer aquilo que tecemos com o maior cuidado, e a vida se assemelha àquela penosa forma de peregrinação na qual temos de dar dois passos para a frente e um para trás. Se o senhor voltar, eu gostaria que pudesse se comprometer a exercer sua arte apenas nos limites de uma determinada superfície, eu diria mesmo, dentro de domínios nos quais é soberano e mestre por inteiro. Sem dúvida, uma decisão dessas é, admito, muito iliberal, e apenas o desespero pode levar alguém a tomá-la; contudo, sempre é melhor renunciar de uma vez por todas do que se enfurecer dia após dia.

As linhas anteriores já haviam sido escritas há alguns dias, não no melhor dos humores, quando chegou de Frankfurt a notícia da paz. Ainda esperamos pela confirmação, não sabemos nada das condições e das circunstâncias; mas não quero retardar essa carta, para que o senhor receba enfim notícias minhas, e o anexo, que me encarregaram de fazer chegar às suas mãos, não fique aqui parado. Passe bem, e não deixe de nos fazer receber notícias suas. Em pouco tempo muita coisa deverá ser esclarecida, e espero que o desejo de nos revermos na Itália possa ser finalmente realizado.

Weimar, 8 de maio de 1797

Em 28 de abril, eu lhe escrevi uma carta cheia de mau humor, as notícias da paz que foram acrescentadas a ela retificaram o conteúdo. Desde então decidi, tão certo quanto uma pessoa pode decidir alguma coisa:

Que no início de julho viajarei para Frankfurt, a fim de resolver alguns assuntos com minha mãe e, feito isso, partirei de lá para a Itália a fim de visitá-lo.

Permita-me então lhe pedir que permaneça por mais algum tempo nesse país e, caso não possa desenvolver nenhuma atividade, suporte a passividade. Mas caso queira, por motivos de saúde, regressar à Suíça, escreva-me dizendo onde poderei encontrá-lo. Calculo que deverá receber esta carta no final de maio; envie a resposta aos cuidados da sra. conselheira Goethe em Frankfurt am Main, desse modo estarei seguro de recebê-la, e seguirei suas orientações. Nesse entretempo, iremos nos inteirar da situação no norte da Itália e, seja onde for, teremos a satisfação de nos rever. Torno a repetir de passagem que para mim é indiferente em que direção partirei de Frankfurt, desde que saiba onde poderei encontrá-lo o mais breve possível. Desejo-lhe tudo de bom! Comigo está tudo bem, uma vez que, depois de selada a paz, posso esperar revê-lo em um solo pacificado, ainda que muito devastado.

"A campanha na França" e outros relatos de viagem

Jena, 6 de junho de 1797

Recebi ontem sua carta de 13 de maio, de onde concluí que os correios retomaram seu curso, embora não ainda com a mesma celeridade de antes, e isso me animou a voltar a escrever-lhe sem demora.

Desde que recebi a notícia de que o senhor não se sente bem, estou inquieto como nunca antes; pois conheço sua natureza, ela dificilmente se restabelecerá em outros ares que não os da pátria. Nesse entretempo, o senhor recebeu duas cartas minhas, uma do dia 28 de abril e a outra de 8 de maio; espero que, a respeito da última, o senhor tenha tomado a decisão que mais lhe convém. Sua resposta, que decerto, pelo ritmo atual do correio, deverá me alcançar em Frankfurt, orientará meu caminho. Eu poderia também, e com grande prazer, visitá-lo em sua pátria e passar algum tempo com o senhor junto ao lago de Zurique. E tomara o bem que lhe possa vir de nossas relações de amizade possa em alguma medida compensá-lo pelos sofrimentos que tiver suportado nesse ínterim, e que, à distância, tiveram também sobre mim um efeito dos mais incômodos; pois nunca antes me senti tão dilacerado por uma tal incerteza, nunca antes meus planos e resoluções variaram tanto de semana para semana. Nem mesmo os maiores prazeres da vida entre amigos e pessoas íntimas me alegravam, pois sabia que o senhor estava só e todos os caminhos, um depois do outro, estavam fechados para mim.

Agora sua próxima carta deve decidir e eu quero me submeter e conformar com o que ela disser, seja lá o que for. Onde quer que nos encontremos, será uma alegria infinita. O conhecimento que adquirimos nesse ínterim será compartilhado e se multiplicará da maneira mais bela.

Schiller leva em sua nova casa de campo uma vida verdadeiramente alegre e produtiva;[6] ele fez grandes preparativos para seu *Wallenstein*. Se os poetas antigos representavam em seus dramas mitos muitos conhecidos, e ainda assim apenas de maneira parcial, um poeta moderno, do modo como as coisas estão, tem sempre a desvantagem de precisar fazer preceder os seus pela exposição que, na verdade, não trata apenas dos fatos, mas de toda a vastidão

---

6 Schiller adquirira uma casa de campo em Jena.

da existência e do estado de espírito. Por isso, Schiller teve uma ideia muito boa, e pôs como exposição de *O acampamento de Wallenstein* uma peça breve, onde a massa dos exércitos, como se fosse o coro dos antigos, se apresenta com todo o seu peso e seu poder, porque no final da peça principal tudo depende disto: de que a legião dos soldados não se mantenha ao lado dele assim que ele muda a configuração do serviço. Seu estilo é muito mais relevante e significativo do que o da história de Dumouriez.[7]

Estou muito ansioso também por ouvir suas ideias a respeito do que é representável e o que deve ser representado. Todo o êxito de uma obra de arte reside no tema *expressivo* que ela se propõe a representar. Mas sempre cometemos o eterno erro de nos impormos ora algo significativo, ora algo belo, ou bom, ou sabe Deus o quê, toda vez que queremos ou temos de fazer algo.

Por esses dias também tivemos oportunidade de discutir algumas coisas sobre o que se presta ou não se presta a determinada forma prosódica. É realmente quase mágico o fato de que um tema tratado em um determinado metro seja bom e bem característico e em outro pareça vazio e insuportável. Mas também são mágicas as danças alternadas em um baile, onde a atmosfera, o movimento e tudo o mais é imediatamente abolido pelo que vem a seguir.

Como agora todos os meus atos dependem de sua resposta à minha carta de 8 de maio, não voltarei a escrever antes de recebê-la e lhe responder de imediato dizendo onde e como estou. Se tiver ainda algo a dizer sobre *esta*, escreva para Frankfurt aos cuidados de minha mãe, e lá eu cuidarei do resto.

Weimar, 7 de julho de 1797

Receba minhas melhores saudações sobre o chão e o solo da pátria! Sua carta de 26 de junho, que recebi hoje, tirou-me um grande peso do coração.

---

7 Charles-François du Périer du Mouriez, ou Dumouriez (1739-1823), general francês. Comandante do exército francês, venceu as tropas prussianas da Primeira Coalizão formada pela Prússia, por alguns Estados alemães e pela Áustria a fim de combater a França revolucionária. Posteriormente, tornou-se opositor da Primeira República francesa e se passou para o lado dos austríacos. Publicou um livro de memórias, *La Vie de Général Dumouriez* (1793), que Goethe havia lido em 1795.

Sim, eu poderia estar certo de que depois de minha carta de 8 de maio o senhor voltaria de imediato; mas meu grande amor por sua pessoa, minha preocupação com sua saúde e o sentimento do grande valor que dou à nossa relação especial tornavam o estado das coisas doloroso ao extremo, e meu estado de ânimo, já de qualquer modo afetado pela paralisação de nosso plano, ficou ainda mais transtornado pelas notícias de suas condições. Censurei-me por não ter, apesar das circunstâncias, ido mais cedo ao seu encontro; pintei com as cores mais vivas seu estado de solidão e seus sentimentos, e trabalhei sem ímpeto nem prazer, apenas para me distrair. Mas agora se inicia uma nova época, na qual tudo ganhará uma aparência melhor. Aconteça o que acontecer a nosso projeto, preocupe-se apenas com sua saúde e organize aquilo que reuniu segundo sua vontade e como melhor lhe parecer. Tudo o que o senhor faz é bom, pois tudo se relaciona com um todo.

Sua carta chegou às minhas mãos ainda em Weimar, para onde minha mãe a enviou. O duque está ausente já há alguns meses, e quer discutir comigo alguns assuntos ainda antes de minha partida, e estou à espera dele. Enquanto isso, organizei tudo e estou mais livre e solto do que nunca. Então partirei para Frankfurt com minha família para apresentá-la à minha mãe, e depois de uma breve estada providenciarei o regresso dela e irei encontrá-lo junto ao belo lago. Que sensação boa, saber que até esse feliz instante o senhor estará recuperado e em muito melhores condições!

Quando receber esta carta, escreva para mim em Frankfurt. De mim o senhor receberá notícias uma vez por semana. Como boas-vindas ao chão e ao solo alemão, eu lhe envio pouco mais do que a metade de meu novo poema. Que a atmosfera que ele irradia lhe seja agradável e reconfortante! Mais não digo. Uma vez que, felizmente, estamos outra vez tão próximos, nossos primeiros passos já estão determinados; e quando estivermos de novo juntos nos dedicaremos por completo um ao outro e seguiremos juntos nosso caminho. Minhas mais calorosas saudações!

Weimar, 14 de julho de 1797

Desde que o sei a salvo em sua pátria, meus pensamentos se voltam sobretudo para o seguinte: que nos inteiremos mutuamente de tudo aquilo que cada um de nós fez sozinho até agora. Graças à contemplação e à observação, o senhor tomou conhecimento de um campo infinito, enquanto eu, de minha parte, não deixei passar a oportunidade de ampliar minha formação por meio da reflexão e da conversação sobre teoria e método, de modo que agora ou nós convergiremos de imediato com nossos trabalhos, ou ao menos nos entenderemos e concordaremos com muita facilidade.

Envio-lhe com esta um ensaio no qual, depois de algumas generalidades, trato de Laocoonte. O que deu ensejo a esse ensaio eu lhe direi mais tarde. Schiller está muito satisfeito com o método e a orientação dele; a questão agora é: o senhor está de acordo com a matéria? O senhor acredita que eu compreendi de forma correta a obra de arte e apresentei de fato o verdadeiro ponto vital daquilo que é representado? Em todo caso, podemos combinar para o futuro: abordar em parte essa obra, em parte outra de tal maneira que, segundo nosso velho esquema, tentemos oferecer uma explanação completa desde sua primeira concepção poética até sua última realização mecânica e, com isso, servir de variadas formas tanto a nós mesmos quanto aos outros.

O conselheiro Hirt, que leva em Berlim uma existência segundo seus desejos, está na cidade, e se sente muito bem entre nós.[8] Sua presença nos entreteve de um modo muito agradável, pois, com a profusão de experiências que tem, ele põe em movimento quase tudo que há de interessante nas artes, e com isso estimula um círculo de amigos delas até mesmo pela contradição. Ele compartilhou conosco um breve ensaio sobre o Laocoonte que o senhor talvez já conheça e que tem o mérito de reivindicar como matéria para a obra de arte também aquilo que é característico e passional e, por conta da incompreensão do conceito de beleza e serenidade divina, ficara por demais encoberto. Esse tópico do ensaio em especial agradou muito a Schiller, que também se encontra aqui faz alguns dias, pois ele mesmo está pensando e escrevendo sobre a tragédia, que traz à tona justamente esses temas. A fim de me manifestar de modo mais livre e completo em relação ao assunto e oferecer a possibilidade de novos debates, tendo também em

---

8 Alois Ludwig Hirt (1759-1839): arqueólogo e historiador da arte alemão.

vista sobretudo *nossos* próximos trabalhos em comum, escrevi as páginas que estou lhe enviando para sua apreciação.

Cuide, antes de mais nada, de sua saúde nos ares da pátria e não se fatigue, em particular com a escrita. Faça um esboço geral de seu plano, e organize os tesouros de suas coletâneas e de sua memória; então espere até nos reunirmos outra vez, quando desfrutará da comodidade de poder ditar, pois pretendo levar comigo um escrevente, o que facilitará, ou mesmo abolirá, a parte mecânica do trabalho, que sempre é pesada para alguém que não está em sua saúde perfeita.

Nosso duque parece estar se deleitando com sua viagem, pois nos faz esperar semana após semana. Mas o adiamento de seu regresso, pelo qual tenho de esperar, não me inquieta neste momento, pois sei que o senhor está em segurança. Espero que tenha recebido minha carta do dia 7, com o começo de meu poema, e quero me organizar de modo a poder enviar-lhe alguma coisa toda semana. Escreva-me, ainda que pouco, para o endereço de minha mãe em Frankfurt. Espero poder comunicar-lhe em breve minha partida daqui e minha chegada lá; espero que o senhor se recupere logo e eu possa ter a alegria de reencontrá-lo, se não completamente restabelecido, ao menos em um estado satisfatório. Passe bem, caríssimo amigo! Já me sinto feliz pela hora em que o reencontrarei e em que a convivência nos recompensará por nossa separação até agora!

Schiller e os amigos de nossa casa lhe mandam lembranças, todos se alegrarão com sua presença e sua convalescença.

Daqui a uma semana quero anexar à minha carta diversos poemas. Combinamos publicar no almanaque deste ano algumas baladas e nos instruirmos sobre a matéria e o manejo dessa forma poética; espero que isso nos traga bons resultados.[9]

---

9 Referência ao *Musenalmanach für das Jahr 1798* [Almanaque das musas para o ano de 1798]. Havia várias publicações anuais, em diversas localidades da Alemanha, com o título de *Almanaque das musas*. Goethe se refere aqui ao *Almanaque* editado por Schiller de 1796 a 1800. A edição de 1798 ficou conhecida como *Almanaque das baladas*, e continha algumas das mais famosas peças desse gênero que Goethe e Schiller produziram.

Os Humboldt também vão partir de Dresden para Viena. Gerning, que continua a fazer versos a qualquer pretexto, acaba de partir para lá via Regensburg.[10] Eles planejam estender a viagem de Viena para a Itália. O futuro dirá até onde chegarão.

A duquesa-mãe partiu para Kissingen. Wieland vive em Osmanstedt com o necessário autoengano.[11] A srta. Von Imhoff está desenvolvendo um belíssimo talento poético, e nos encaminhou algumas peças maravilhosas para o almanaque.[12] Esperamos para os próximos dias a chegada do jovem Stein, de Breslau, que se instrui lindamente sobre as coisas do mundo.[13] Com isso, o senhor tem alguma notícia das pessoas que formam uma parte do círculo de Weimar. Agora que está mais próximo de nós, pareceu-me que poderia e deveria lhe dizer algumas coisas a respeito dele. Knebel foi para Bayreuth; ele dá sinais de querer se fixar naquelas bandas, mas temo que não encontre mais nada em seu lugar; Nuremberg, em especial, que ele tanto ama, no momento é um lugar triste de se morar.[14] Mais uma vez, passe bem.

Weimar, 21 de julho de 1797

Eis aqui, meu caro amigo, a terceira remessa semanal, com a qual posso já anunciar: minha mala foi despachada hoje de manhã com o postilhão para Frankfurt e, portanto, uma parte de mim já se movimenta em sua direção; o corpo também deverá seguir em breve o espírito e as roupas.

Desta vez lhe envio, para que o senhor seja recebido de maneira genuinamente nórdica, um par de baladas, das quais nem preciso dizer que a

---

10 Johann Isaak von Gerning (1767-1837), escritor, colecionador e diplomata alemão, era neto de Johann Isaak Moors (1707-1777), um amigo da juventude de Goethe.

11 Christoph Martin Wieland (1733-1813), poeta, escritor, tradutor e editor da época do Iluminismo alemão.

12 Anna Amalie von Imhoff (1776-1831), escritora alemã, sobrinha de Charlotte von Stein.

13 Gottlob Friedrich (Fritz) Konstantin von Stein (1772-1844), filho mais novo de Charlotte von Stein.

14 Karl Ludwig von Knebel (1744-1834), poeta e tradutor alemão. Oficial e preceptor do príncipe Constantin de Sachsen-Weimar-Eisenach.

primeira é de Schiller e a segunda é minha. Por elas o senhor poderá ver que nós, buscando preservar o tom e a atmosfera desse gênero poético, nos preocupamos em escolher a matéria com maior dignidade e variedade; em breve o senhor receberá outros exemplares semelhantes.

A nota de Böttiger sobre as serpentes que se entrelaçam é muito favorável à minha hipótese sobre o Laocoonte; quando a escreveu, ele ainda não havia lido meu ensaio.[15]

Schiller esteve comigo nesta última semana, gozando de excelente saúde, muito animado e ativo; creio poder dizer que em todas as horas o senhor esteve em nossos pensamentos.

Nossa amiga Amalie também se instruiu maravilhosamente na arte da poesia e escreveu algumas peças muito bonitas que, com alguma ajuda, poderão fazer uma bela figura. Suas produções revelam claramente a sólida compreensão de outra arte, e se ela persistir em ambas, poderá alcançar alturas consideráveis.[16]

Por hoje é só. Apenas ainda meu desejo sincero de que sua saúde continue a melhorar! Envie suas cartas apenas ao endereço de minha mãe.

Frankfurt

Frankfurt, 8 de agosto de 1797

Pela primeira vez fiz a viagem da Turíngia para as águas do Meno inteiramente durante o dia, com tranquilidade e consciência, e a imagem nítida das diferentes regiões, o caráter de cada uma delas, a passagem de uma para outra foram para mim uma experiência vívida e agradável. Nas vizinhanças de Erfurt, achei muito curiosa a bacia no fundo da qual se localiza essa cidade. Parece ter se formado na pré-história, quando a montante e a vazante ainda a alcançavam, e o Unstrut chegava até ali através do Gera.

---

15 Karl August Böttiger (1760-1835), escritor, filólogo, arqueólogo e pedagogo alemão, diretor do Liceu de Weimar. No escrito mencionado, Böttiger tenta demonstrar que os filhos de Laocoonte não morreram por causa da picada da serpente, e sim estrangulados por ela.

16 Além de se dedicar à poesia, Anna Amalie von Imhoff também tomava aulas de desenho com Meyer.

O momento era muito significativo, por causa dos frutos do campo em plena maturação. Na Turíngia tudo estava no auge da beleza, na região de Fulda encontramos os feixes de trigo sobre os campos, e entre Hanau e Frankfurt já apenas o restolho; do vinho não esperamos muito, as frutas estavam boas.

De Weimar até aqui, perfizemos quatro dias de viagem e pouco ou nada sofremos com a estação quente. Os temporais refrescavam a atmosfera à noite ou pela manhã, bem cedo nos púnhamos a caminho, nas horas mais quentes do dia fazíamos nossas refeições e, mesmo se algumas léguas do caminho eram percorridas nas horas quentes do dia, nos montes e nos vales em que corre um riacho sempre sopra uma brisa.

Assim, no dia 3 cheguei feliz e saudável a Frankfurt e reflito, em uma casa tranquila e alegre: que significa, em minha idade, sair para o mundo? Em nossa juventude, os objetos nos impressionam e nos confundem mais, pois não podemos julgá-los nem sintetizá-los, mas, no entanto, temos maior facilidade em lidar com eles, pois só apreendemos o que está no meio de nosso caminho, e pouco prestamos atenção ao que está à direita e à esquerda. Mais tarde conhecemos melhor as coisas, interessamo-nos por um maior número delas e não nos sentiríamos mal se, nesses casos, a paz de espírito e o método não viessem em nosso auxílio. Quero, tanto quanto possível, sistematizar tudo quanto vivenciei durante esses dias; experimentar aqui mesmo em Frankfurt, uma cidade multifacetada, meus esquemas, e então me preparar para uma nova viagem.

Chamou-me a atenção de um modo muito incisivo a verdadeira índole do público de uma grande cidade. Ele vive em uma constante vertigem de adquirir e consumir, e aquilo que chamamos de estado de espírito não se deixa nem produzir nem compartilhar; todos os prazeres, mesmo o teatro, devem apenas distrair, e a grande inclinação do público leitor para os jornais e romances surge justamente do fato de aqueles sempre, e estes quase sempre, trazerem distração na distração.

Eu creio mesmo ter notado certa reserva com relação a produções poéticas, ou pelo menos na medida em que elas são poéticas, e justamente por esses motivos isso me parece de todo natural. A poesia pede, ou mesmo exige, concentração, ela isola as pessoas contra a vontade delas, impõe-se a elas repetidamente e no largo (para não dizer no grande) mundo é inconveniente como uma amante fiel.

Estou me acostumando a anotar todas as impressões que me fazem os objetos, e tudo o que penso a respeito deles, sem exigir de mim a observação mais minuciosa e o juízo mais amadurecido, ou mesmo pensar em uma futura utilização. Uma vez que tenhamos percorrido todo o caminho, podemos sempre, com uma visão mais abrangente, tornar a utilizar como matéria aquilo que armazenamos.

Fui ao teatro algumas vezes e também elaborei um plano metódico de como julgá-lo; e apenas quando procuro pouco a pouco levá-lo a cabo é que me dou conta; apenas de uma terra estrangeira, onde não temos relações com pessoa alguma, podemos fazer uma descrição de viagem aproveitável. Sobre o lugar em que se está habituado a permanecer, ninguém ousará escrever nada, só se poderia falar em um mero inventário dos objetos ali existentes; o mesmo ocorre com tudo aquilo que é mais ou menos próximo de nós; sentimos que seria uma falta de civilidade expressar em público nosso juízo, ainda que justíssimo e moderadíssimo, sobre o que quer que seja. Essas observações tiveram um ótimo resultado e me mostram o caminho a ser trilhado. Assim, por exemplo, comparo o teatro daqui com o de Weimar; quando tiver visto também o de Stuttgart, talvez seja possível dizer algo válido para os três que seja importante e que, em todo caso, se possa apresentar em público.

8 de agosto

Em Frankfurt, tudo é atividade e vivacidade, e a enorme calamidade parece ter por efeito apenas uma leviandade generalizada.[17] Os milhões em contribuições de guerra que a cidade teve de pagar aos invasores franceses no ano passado foram esquecidos, assim como as aflições daqueles momentos, e todo mundo acha extremamente incômodo que agora tenha de contribuir com sua parte para os juros e cotas. Não há quem não reclame

---

17 Enorme calamidade: refere-se à ocupação de Frankfurt pelos franceses, que durou de 14 de julho a 8 de setembro de 1796.

da extrema carestia e, contudo, continua a gastar seu dinheiro e aumentar o luxo de que se queixa. No entanto, também já pude constatar algumas estranhas e inesperadas exceções.

Ontem à noite, de repente, espalhou-se um grande boato sobre um acordo de paz; até que ponto ele tem fundamento, deveremos saber em breve.

Nesses poucos dias já andei por todos os cantos, fiz um giro completo pela cidade, de carruagem e a pé; dentro e fora dos muros se ergue um edifício depois do outro, e se pode constatar um maior e melhor gosto, embora também ocorram alguns retrocessos. Ontem estive em casa dos Allesina-Schweitzer, cujos interiores também contêm muita coisa boa, gostei em especial do feitio das janelas;[18] enviarei um pequeno molde delas à comissão encarregada da reconstrução do palácio.[19]

O teatro daqui tem boas peças, mas, de modo geral, o elenco é muito pequeno para uma instituição tão grande; as lacunas que surgiram depois da chegada dos franceses ainda não foram preenchidas. No sábado será representada *Palmira*, que estou muito curioso para ver.[20]

Envio em anexo algumas resenhas de jornais italianos que me interessaram, pois nos proporcionam um olhar para a situação naquelas localidades.

Jornais italianos

Tenho diante dos olhos diversos jornais italianos, sobre cujo caráter e conteúdo pretendo dizer algumas coisas.

Todas as notícias internacionais são traduzidas de jornais estrangeiros, por isso comento apenas as nacionais.

---

18 Casa em estilo italiano pertencente ao casal Franz Maria Schweitzer (1722-1812), comerciante de origem italiana estabelecido em Frankfurt, e Paula Maria Angela Allesina (1725-1791).

19 O palácio de Weimar fora destruído por um incêndio em 1774. Goethe dirigia a comissão encarregada das obras de reconstrução.

20 *Palmira, regina di Persia* [Palmira, rainha da Pérsia], ópera herói-cômica em dois atos de Antonio Salieri (1750-1825), com libreto de Giovanni de Gamerra (1742-1803) e versão alemã (*Palmira, Prinzessin von Persien*) de Johann Jakob Ihlée (1762-1827).

L'Osservatore Triestino nº 18, 21 de julho de 1797. Uma carta muito bem escrita sob a ocupação de Cherso em 10 de julho. Também algumas coisas a respeito de Zara. Os apêndices são como os nossos suplementos e folhas semanais.

Gazzetta Universale nº 58, 22 de julho de 1797. Florença. Uma lei rigorosa sobre a comunicação da chegada, permanência e partida de estrangeiros, publicada em um jornal florentino.

Notizie Universali nº 60, 28 de julho de 1797. Roveredo. Um artigo enviado da Áustria chama a atenção para o grande destacamento armado do imperador.

Il Corriere Milanese nº 59, 24 de julho de 1797. Os assuntos italianos são tratados com uma tendência republicana, mas com grande moderação, finura e atitude retórica; Etienne Luzac, de Leyden, chama nossa atenção.

Da notícia de um livreiro consta o anúncio de uma obra: *Memorie Storiche dei Professore Gio. Battista Rottondo nativo di Monza, nel Milanese, scritte da lui medesimo.*[21] Possivelmente uma composição romanesca com a qual, pelo que sugere a sinopse, se pretende aconselhar moderação aos revolucionários da Itália.

Giornale Degli Uomini Liberi. Bergamo. 18 de julho de 1797, nº 5. Convictamente democrático, muito divertido de ler com seu acento bergamasco. Pois quem não riria ao ler: *Non si dee defraudare il Popolo Sobrano Bergamasco di dargli notizia*[22] etc.

Para o lugar e para as intenções, porém, a folha parece ser muito eficaz, pois se ocupa principalmente com os assuntos da cidade e da comarca.

Nº 6. A abolição de um convento foi aprovada pela maioria dos votos dos monges, o partido aristocrático exige *unanimia*.

Os torneios de frase têm algo de original, e o modo de se expressar como um todo é muito vivo, sincero, ingênuo, de maneira que temos, no melhor sentido, a impressão de estar ouvindo o Arlequim.

---

21 *Memórias históricas do professor Giovanni Battista Rottondo, natural de Monza, no ducado de Milão, escritas por ele mesmo.*

22 Não se deve sonegar a notícia ao soberano povo bergamasco.

Il Patriota Bergamasco nº 17, 18 de julho de 1797. Um cumprimento aos bergamascos por sua guarda nacional ter se destacado extraordinariamente na grande festa da federação: *I Segni da esse manifestati di patriottismo e di giocondità attrassero la comune meraviglia, e loro meritarono il vanto de' piu energici republicani.*[23] Quando traduzimos adequadamente essa passagem, desejaríamos ter visto os bergamascos com sua *giocondità*. Às notícias do Vaticano se procura, por meio de palavras impressas em tipo Schwabacher, dar um torneio cômico.[24]

Uma carta do general Bonaparte ao astrônomo Cagnoli, de Verona, que sofreu e perdeu muito com os tumultos, deve tranquilizar os espíritos, pois lhe promete reparação e segurança.[25]

O nº 18 é muito curioso; o *Patriota* reclama que depois da revolução ainda não houve nenhuma revolução e que tudo deseja seguir na velha toada aristocrática. Claro que, como em toda parte, o velho costume fez novamente valer seus direitos depois dos primeiros movimentos bruscos, e tudo procura se pôr mais uma vez de pé; é disso que o bom *Patriota* se lamenta tanto.

9 de agosto

O tema de todas as conversas e interesses hoje é a festa que deve ser celebrada amanhã em Wetzlar: contam-se maravilhas a respeito. Vinte generais devem estar presentes, foram reunidas tropas de todos os regimentos, serão feitas evoluções militares, arquibancadas foram erguidas e muitas outras coisas semelhantes. Os moradores da cidade, por sua vez, temem que haja cenas atrozes durante o evento; muitos viajaram; dizem que esta noite já foi possível ouvir canhonaços.[26]

---

23 As demonstrações de patriotismo e alegria que deram provocaram a admiração de todos e merecem o louvor dos mais enérgicos republicanos.

24 Schwabacher eram os mais antigos tipos de impressão utilizados na Alemanha, e os mais disseminados até meados do século XVI, quando foram substituídos pelas fontes chamadas de *Fraktur*, mais conhecidas como caracteres góticos.

25 Antonio Cagnoli (1743-1816), astrônomo, matemático e diplomata italiano.

26 No dia 10 de agosto de 1792, o palácio das Tulherias, em Paris, foi tomado e a monarquia constitucional foi abolida. Goethe se refere à comemoração pelas tro-

Com tudo isso, vivemos aqui em total segurança e cada um faz seu trabalho como se nada tivesse acontecido; todos estão certos de que haverá paz e se sentem lisonjeados porque o congresso acontecerá aqui, embora ninguém saiba onde abrigar os emissários. Se tudo permanecer tranquilo, o esplendor da próxima feira deverá exceder todas as medidas; muitas acomodações já foram solicitadas, e os estalajadeiros e outros moradores pedem um preço absurdo por um quarto.

De minha parte, estou cada vez mais convencido de que cada um deve apenas cuidar de fazer seu trabalho com seriedade e tomar todo o resto por seu lado divertido. Alguns versos que penso em escrever me interessam agora mais do que outras coisas de muito maior importância, sobre as quais não me é dado exercer nenhuma influência, e se todos fizerem o mesmo, tudo estará bem na cidade e nos lares. Nesses poucos dias em que estou aqui já me entretive e diverti observando uma série de coisas, e para os dias que estão por vir tenho ainda a expectativa de muitas outras.

Em breve pretendo visitar nosso bom Meyer, que chegou ao lago de Zurique, e fazer com ele uma pequena viagem antes de meu regresso. Não tenho nenhuma vontade de ir à Itália, não gosto de observar as lagartas e crisálidas da liberdade; teria muito mais gosto em ver as borboletas francesas recém-nascidas.

Ontem estive com o sr. Schwarzkopf, que mora com sua jovem esposa em uma propriedade da família Bethmann; fica em um lugar muito aprazível, a uma boa meia légua da cidade, em uma suave elevação defronte ao Portão de Eschenheim, de onde, olhando para a frente, vemos a cidade e o vale inteiro em que ela se localiza, e para trás o Vale do Nita até as montanhas.[27] A propriedade pertenceu antigamente à família Von Riese e é conhecida pela pedreira que fica em seus domínios. A colina inteira se

---

pas francesas instaladas em Wetzlar pelo quinto aniversário dos acontecimentos. Wetzlar era bem conhecida de Goethe. Foi nessa cidade, onde permaneceu de maio a setembro de 1772, que ele conheceu Charlotte Buff e viveu as experiências que deram origem ao romance *Os sofrimentos do jovem Werther* (1774).

27 Joachim von Schwarzkopf (1766-1806), jurista, historiador e diplomata alemão, amigo da mãe de Goethe. Era casado com Anna Sophie Elisabeth von Bethmann--Metzler (1774-1806).

constitui de basalto e em um terreno que se formou a partir da erosão desse tipo de solo montanhoso se pratica a agricultura; no cume é um pouco pedregosa, mas as árvores produzem excelentes frutos. Os Bethmann compraram e lhe anexaram uma grande extensão de terras, e minha mãe lhes deixou um belo trecho de bosque que fazia limite com elas. A fertilidade do maravilhoso vale ao redor de Frankfurt e a variedade do que produz causa espanto, e pelas novas cercas, grades e chalés que se espalham por um largo espaço ao redor da cidade pode se ver quanta gente abastada nos últimos tempos se apossou de trechos maiores ou menores de solo fértil. O grande campo onde só se produzem legumes oferece nesta estação do ano uma visão muito aprazível e variada. O sítio, sobretudo do ponto de observação no alto da torre de onde o tornei a ver em uma bela manhã, é magnífico e dotado de tudo o que é necessário para proporcionar um prazer sereno e sensual, e essa é a razão por que as pessoas desde cedo se estabeleceram e espalharam por aqui. Pareceu-me digna de nota a cultura citadina precoce, pois ontem li que já em 1474 foi dada a ordem de abolir os telhados de ripas, depois de, ainda antes disso, as coberturas de palha também terem sido banidas. Pode-se imaginar a influência que um tal exemplo teve em trezentos anos sobre toda a região.

Frankfurt, 14 de agosto

Ontem assisti à ópera *Palmira*, em uma representação de modo geral muito boa e digna. Mas fiquei particularmente feliz com a grande perfeição dos cenários. São obra de um milanês de nome Fuentes, que no momento se encontra na cidade.[28]

A grande dificuldade da arquitetura teatral é que tem de levar em conta os fundamentos da verdadeira arquitetura e, contudo, afastar-se deles quando necessário. A arquitetura, em sentido mais alto, tem de exprimir uma existência sóbria, elevada, sólida, não pode cair na tentação da graciosi-

---

28 Giorgio Fuentes (1756-1821), pintor e cenógrafo italiano. Trabalhou para o Teatro de Frankfurt, o La Scala de Milão e a Grande Ópera de Paris.

dade sob pena de se enfraquecer; mas no teatro tudo deve ter uma aparência graciosa. A arquitetura teatral tem de ser leve, ornamentada, multifacetada e, ao mesmo tempo, representar o que é suntuoso, elevado, nobre. Os cenários, em especial os panos de fundo, precisam ter o efeito de uma pintura. O cenógrafo tem de dar um passo além dos de um pintor de paisagem, que também sabe modificar a arquitetura segundo suas necessidades.

Os cenários de *Palmira* dão alguns exemplos dos quais se poderia abstrair uma teoria da pintura teatral. São seis cenários que se seguem uns aos outros em dois atos, sem que nenhum deles se repita; foram criados com uma alternância e gradação muito bem pensadas. Por eles podemos ver que o mestre conhece todos os meios da arquitetura séria; mesmo onde ele constrói como não se deve nem se pode construir, tudo, ainda assim, preserva uma aparência de possibilidade, e suas construções se baseiam na ideia daquilo que é exigido na realidade. Seus ornamentos são riquíssimos, mas dispostos e distribuídos com muito bom gosto; por eles podemos reconhecer a grande escola de estucatura que existe em Milão e que podemos conhecer das calcografias de Albertolli.[29] Todas as proporções culminam em esbelteza, todas as figuras, estátuas, baixos-relevos, espectadores pintados também; mas o comprimento desmesurado e os gestos bruscos de certas figuras não são maneirismos, foram a necessidade e o gosto que os quiseram assim. O colorido é impecável, e o modo de pintar, extremamente livre e preciso. Todos os artifícios da perspectiva, todo o encanto das massas que se dirigem a um ponto de fuga se mostra nessas obras; as partes são perfeitamente nítidas e claras sem ser duras, e o todo tem um aspecto dos mais louváveis. Podemos ver os estudos de uma grande escola e as tradições de muitas vidas humanas nos detalhes infinitos, e sem dúvida podemos dizer que essa arte alcançou aqui seu grau mais elevado; a lamentar apenas que o homem seja tão enfermiço a ponto de termos de temer por sua vida. Vou tentar reunir e apresentar melhor aquilo que esbocei aqui apenas de um modo ligeiro.

---

29 Giocondo Albertolli (1742-1839), escultor e arquiteto, professor da Academia de Milão.

Primeiro cenário

Sobre colunas dóricas antigas, baixas, azuis, não muito fortes, e seus capitéis brancos repousa uma cornija branca, simples, cujo centro é a parte mais alta; poderia também passar por uma arquitrave de proporções peculiares. Dela se estende sobre todo o teatro uma abóbada de berço que, por suas enormes altura e largura, produz um efeito magnífico. Uma vez que a abóbada não pode ultrapassar os bastidores, ela aparece encoberta na parte de cima por cortinas azuis, mas contra o pano de fundo se mostra em sua totalidade. Bem onde a abóbada repousa sobre a cornija foram aplicados baixos-relevos. O resto é abobadado com pedras simples. A abóbada de berço se liga a um edifício circular que, à maneira das igrejas modernas, se conecta novamente a ela na cruzaria; mas essa rotunda não vem coroada por uma cúpula, e sim por uma galeria para além da qual se vê um céu estrelado.

Descrição de algumas personalidades do Teatro de Frankfurt

Mulheres

Demoiselle Woralek. Estatura feminina mediana, bem proporcionada, membros um tanto robustos, jovem, movimentos naturais, alguns movimentos de braços que não seriam maus se não fossem tão recorrentes; semblante concentrado, olhos negros muito vivos; uma contração sorridente da boca a desfigura a toda hora; uma voz bela e bem-educada, rápida demais nos diálogos; por isso, ela atropela a maior parte dessas passagens.

Papéis: primeira heroína romântica na ópera: Constanze, Pamina, a Moleira.[30]

Demoiselle Boudet. Silhueta feminina mediana; movimentação boa e viva, gestos rápidos. Desempenha bem certos papéis naturais, contudo, sua

---

30 Constanze: em *O rapto do serralho*; Pamina: na *Flauta mágica*, ambas de Mozart; a Moleira: em *L'amor contrastato o sia La molinarella* [O amor contrariado, ou a pequena moleira], de Giovanni Paisiello (1740-1816).

"A campanha na França" e outros relatos de viagem

expressão facial e seus gestos com muita frequência expressam dureza, frieza, orgulho e desdém, o que a torna desagradável. Fala com clareza e é, em tudo e por tudo, uma natureza enérgica.

Papéis: personagens alegres, ingênuas: Margarete, em *O solteirão*. Um saboiano.[31]

Madame Aschenbrenner. Longe de ter uma alta estatura, mas, de resto, bem proporcionada; uma face amável, olhos negros. Em sua declamação ela faz o tipo da angustiada lacrimosa, que se costuma tomar por patética. Dança bem; mas essa arte não teve nenhum efeito favorável sobre ela, pois é amaneirada nos passos e nos gestos.

Papéis: amantes afetuosas, sentimentais, também canta um pouco. Cora na *Donzela do sol*.[32] Ofélia no *Hamlet*.

Madame Bulla. Estatura mediana, um pouco mais alta do que Madame Aschenbrenner, rosto bem formado; sua atuação é um pouco tranquila demais, o tom de sua voz, um pouco alto e agudo demais.

Papéis: Mãe nobre, mulheres de posição elevada, papéis humorísticos alegres: Elvira em *A morte de Rolla*. A mulher em *O casal da província*. A srta. Von Sachau em *O rapto*.[33]

Madame Bötticher. Estatura um pouco acima de mediana, bem proporcionada, moderadamente robusta, formas agradáveis; tem uma aparência boa demais para seus papéis caricaturescos.

---

31 *Der Hagestolz* [O solteirão]: peça de August Wilhelm Iffland (1759-1814); Um saboiano: da ópera *Les Deux Petits Savoyards* [Os dois pequenos saboianos], de Nicolas-Marie d'Alayrac (1753-1809), com libreto de Benoît-Joseph Marsollier des Vivetières (1750-1817).

32 *Die Sonnenjungfrau* [A donzela do sol], peça de August Friedrich Ferdinand von Kotzebue (1761-1819).

33 *Die Spanier in Peru oder Rolla's Tod. Romantisches Trauerspiel in fünf Akten* [Os espanhóis no Peru ou A morte de Rolla. Tragédia romântica em cinco atos]: peça de Kotzebue; *Das Ehepaar aus der Provinz* [O casal da província]: comédia de Johann Friedrich Jünger (1756-1797); *Die Entführung* [O rapto]: comédia de Johann Friedrich Jünger.

Papéis: caricaturas e outros afins: primeira dama de honra em *Elise von Valberg*. Sra. Schmalheim. Sra. Griesgram.[34]

Homens

Sr. Prandt. Bem proporcionado, formas não muito atraentes, olhos negros vivos que ele faz girar em demasia; voz profunda e sonora, boa movimentação.

Papéis: heróis. Anciãos dignos: Rolla, Czar. Capitão da Marinha em *Conflito entre irmãos*. Molai nos *Templários*.[35]

Sr. Schröder. Estatura mediana, bem proporcionado, rosto juvenil bem formado, movimentação vívida; canta com voz de barítono, nos diálogos voz profunda, um pouco estridente, veemente, rouca.

Papéis: primeiro amante na ópera: *Don Giovanni*. *O Desertor*. Papéis figurativos no teatro. Príncipe em serviço militar obrigatório. Felipe, o Belo, nos *Templários*.[36]

Sr. Lux. Silhueta bem formada, atarracada, bem proporcionado, de estatura mediana; sabe basear seus trajes e gestos segundo o papel que desempenha, tem uma boa voz de baixo que, contudo, não soa de todo plena; recorre com frequência excessiva ao ponto.

Papéis. Primeiro bufão na ópera. No teatro, papéis semelhantes: o criado do Capitão no *Conflito de irmãos*. O bailio no *Dote*.[37]

---

34 *Elisa von Valberg*: peça de August Wilhelm Iffland; Sra. Schmalheim: na peça *Die Austeuer* [O rapto], de Iffland; Sra. Griesgram: na peça *Der Bruderzwist* [Conflito entre irmãos], também conhecida como *Die Versöhnung* [A reconciliação]: peça de Iffland.

35 Rolla: cf. n.33 deste capítulo; Czar: na peça *Die Strelitzen. Ein heroisches Schauspiel in vier Aufsätze* [Os Streltsi. Um drama heroico em quatro atos], de Joseph Marius Franz von Babo (1756-1822); *Conflito entre irmãos*: cf. n.34 deste capítulo; *Die Tempelherren: Ein dramatisches Gedicht in fünf Aufzügen* [Templários. Um poema dramático em cinco atos], de Johann Ritter von Kalchberg (1765-1827).

36 *Don Giovanni*: ópera de Mozart; *Le deserteur* [O desertor]: ópera de Pierre-Alexandre Monsigny (1729-1817), com libreto de Michel-Jean Sedaine (1719-1797).

37 *Conflito entre irmãos; O dote*.

Sr. Schlegel. Bem proporcionado, mas, apesar de toda a sua flexibilidade, tem uma certa rigidez. Pelo movimento de suas pernas pode-se ver que é um dançarino; canta como segundo baixo de maneira satisfatória. Talvez lhe faltem o bom gosto e o sentimento, por isso com frequência exagera.

Papéis. Segundo bufão, também, por exemplo, Knicker; além disso, Sarastro e o Espírito em *Don Giovanni*.[38]

Sr. Demmer. Bem proporcionado, um pouco fornido na parte superior do corpo, rosto pronunciado, loiro de olhos azuis; tem algo de trêmulo na voz e um humor sofrível.

Papéis: Primeiro amante na ópera: Tamino. Infante. Papéis caricatos: Stöpsel em *Pobreza e dignidade*. Posert em *O jogador*.[39]

Sr. Schmidt. Franzino, velho, frágil, exagerado; não se descobrem nele nem naturalidade, nem bom gosto.

Papéis: velhos frágeis, apaixonados, humorísticos: Von Sachau no *Rapto*, Brändchen no *Pilequinho*.[40]

Sr. Düpré. Muito alto. Macilento, mas bem formado, traços faciais fortes; de um modo geral empertigado.

Papéis: personagens espirituosas, semicaricaturas, vilões. O carcereiro no *Desertor*. Noffodei nos *Templários*.

Sr. Stentzsch. Boa constituição juvenil. Postura e conduta não são bem trabalhadas, a fala e os gestos não têm fluidez; de um modo geral, não é desagradável, mas deixa o espectador completamente frio.

---

38 Knicker: na ópera *Hieronymus Knicker*, de Johann Karl Ditters von Dittersdorf (1739-1799), com libreto do próprio compositor; Sarastro: na ópera *A flauta mágica*, de Mozart.

39 Tamino: em *A flauta mágica*; Infante: na peça *Don Carlos*, de Schiller; *Armut und Edelsinn* [Pobreza e dignidade]: peça de Kotzebue; *Der Spieler, ein Schauspiel in fünf Aufzüge* [O jogador. Drama em cinco atos]: peça de Iffland.

40 O rapto: cf. n.33 deste capítulo; *Das Räuschen. Ein Lustspiel in vier Akten* [O pilequinho. Comédia em quatro atos]: peça de Christoph Friedrich Bretzner (1748-1807).

Papéis: primeiro amante, jovens heróis: Ludwig Saltador. Hamlet. Irmão da Jovem de Marienburg.[41]

Sr. Grüner. Fala-se muito de seu trabalho como diretor do Teatro de Königsberg no terceiro fascículo do segundo tomo do *Jornal Teatral* de Hamburgo de 1797; desempenhou aqui alguns papéis como ator convidado. Tem desenvoltura no teatro e uma cultura ligeira, mas não é mais jovem e não tem um rosto muito favorável. Sua pronúncia é acentuadamente prussiana e também sua atuação (eu o vi como Sichel) tem uma certa desenvoltura insolente; sua voz não tem qualquer relevância.[42]

Frankfurt, 15 de agosto de 1797

Sobre a verdadeira condição de um viajante atento, tive minhas próprias experiências e percebi qual é, na maior parte das vezes, o erro das descrições de viagem. Podemos nos colocar como quisermos, quando viajamos vemos as coisas de um único lado, e nos apressamos em emitir um juízo; por outro lado, porém, vemos também as coisas desse lado com vivacidade e o juízo é, em certo sentido, correto. Por isso, providenciei para mim algumas pastas nas quais mando encadernar todo tipo de papéis públicos com que me defronto: jornais, hebdomadários, excertos de sermões, decretos, listas de preços, e então intercalo também tanto o que vejo e noto quanto meu juízo imediato. Depois, falo sobre essas coisas em sociedade e exponho minha opinião, e com isso logo posso constatar o quanto estou bem informado e o quanto meu juízo coincide com o juízo de pessoas bem informadas. Então insiro as novas experiências e ensinamentos nas pastas, e disso resultam materiais que deverão futuramente guardar para mim um grande

---

41 *Ludwig der Springer: Schauspiel in fünf Aufzügen* [Ludwig Saltador. Drama em cinco atos]: peça de Friedrich Gustav Hagemann (1760-1830); *Das Mädchen von Marienburg. Ein fürstliches Familiengemälde in fünf Aufzügen* [A jovem de Marienburg. Retrato da família de um príncipe em cinco atos]: peça de Franz Kratter (1758-1830).

42 Christoph Sigismund Grüner (1757-1808 in Wien), ator e escritor alemão; Sichel, personagem de *Doktor und Apotheker* [Médico e farmacêutico], ópera de Karl Ditters von Dittersdorf com libreto de Johann Gottlieb Stephanie (1741-1800).

interesse como história exterior e interior. Se, com meus conhecimentos prévios e meu pendor para os exercícios intelectuais, eu preservar a vontade de continuar a exercer esse ofício por mais algum tempo, então poderei reunir grande quantidade desses materiais.

Já me dei conta de alguns materiais poéticos, que guardarei em um coração delicado, e jamais poderemos saber em um primeiro momento o que se destacará posteriormente da experiência bruta como conteúdo verdadeiro.

Com tudo isso, não nego que muitas vezes sou acometido de uma saudade do Vale do Saale, e se fosse transportado para lá, eu poderia imediatamente, sem sequer olhar para trás, começar, por exemplo, meu *Fausto*, ou qualquer outra obra poética.[43]

Aqui eu gostaria de me acostumar novamente à vida em uma cidade grande, acostumar-me a não mais viajar, e sim a viver em viagem; espero que isso não me seja de todo negado pelo destino, pois sinto muito bem que minha natureza aspira a concentração e ânimo e não tem nenhum prazer naquilo que a impede de tê-los. Se eu não tivesse um exemplo em meu *Hermann e Doroteia* de que um assunto moderno, tomado em certo sentido, se adéqua ao épico, eu não quereria mais saber de toda essa amplitude empírica.

No teatro, como posso ver aqui, haveria nesse momento algumas coisas a fazer, mas teríamos de tomá-lo com leveza e tratá-lo à maneira de Gozzi; mas isso não vale a pena em nenhum sentido.

Meyer recebeu muito bem nossas baladas. Como lhe escrevi uma vez por semana de Weimar para Stäfa, já recebi aqui várias cartas dele; é uma natureza pura e fiel em desenvolvimento, inestimável em todos os sentidos. Quero me apressar em tê-lo pessoalmente em minha presença outra vez, e então em não mais permitir que se afaste de mim.

Frankfurt, 18 de agosto de 1797

Visitei ontem o pintor do teatro cujas obras tanto me encantaram, e vi-me diante de um homem pequeno, bem proporcionado, tranquilo, inte-

---

43 Vale do Saale: o texto é em parte retirado de uma carta a Schiller, que se estabelecera em Jena, às margens do Rio Saale.

ligente e modesto. Nasceu em Milão, chama-se Fuentes e, quando elogiei seus trabalhos, ele me disse: é da escola de Gonzaga, a quem deve o que sabe fazer. Mostrou-me os desenhos para aqueles cenários que, como era de esperar, são executados com muita segurança e, de modo muito característico, com poucos traços da pena, e nos quais as massas são levemente indicadas com nanquim. Ele me mostrou ainda diversos esboços para cenários que em seguida devem ser pintados, dentre os quais o que representava um quarto comum me pareceu muito bem pensado. Ele também me fez notar as mudanças que ocorreram entre os desenhos e os cenários prontos de *Palmira*. É uma alegria ver um artista tão consciente de sua tarefa, um conhecedor tão minucioso de sua arte e que sabe tão bem o que ela pode realizar e que efeitos pode provocar. Justificou diversos aspectos de seus trabalhos que ele mesmo não aprovava pelas exigências do poeta e do ator, que nem sempre podem ser conciliadas com as leis da boa decoração.

Quanto à pintura, tendo notado que o violeta à noite aparenta ser cinza, ele disse utilizar o violeta para produzir certo cinza brilhante e transparente. E também sobre quanto tudo depende da iluminação dos cenários.

Constatamos como é necessária uma grande prática para empregar as cores com a segurança de obter um estilo estudado, e não foi sem um sorriso que falamos da existência de certas pessoas que têm tão pouca ideia de um estudo pelo qual alcançamos a confiança, a ponto de não dar a menor importância ao método veloz e leve do mestre, e antes valorizam aqueles que, durante o trabalho, refletem, mudam e corrigem. Tomam a liberdade do mestre por arbítrio e trabalho casual.

Frankfurt, 18 de agosto de 1797

Quando percorremos Frankfurt de ponta a ponta e observamos as instituições públicas, um pensamento se nos impõe: o de que a cidade deve ter sido governada em tempos antigos por pessoas que tinham uma ideia nada liberal de administração pública, nenhum desejo de instaurar um maior conforto para a vida dos cidadãos, antes governavam ao sabor do improviso e deixavam as coisas correrem soltas. Mas ao fazer essas considerações, temos todos os motivos para ser condescendentes. Quando pensamos no que significa satisfazer pouco a pouco até as mais imediatas necessidades de uma comunidade que se reúne casualmente em tempos difíceis, até que se lhe dê segurança, até que sua vida, uma vez que se reuniram e se multiplicaram, se torne viável e satisfatória: então vemos que as autoridades tinham muito o que fazer para obter soluções e resultados de um dia para o outro. Problemas como as construções irregulares das casas, o traçado tortuoso das ruas, situações em que cada um só teve em vista seu lugarzinho e sua conveniência, não chamam a atenção em uma situação obscura de intensa atividade, e a condição sombria dos espíritos pode ser mais bem reconhecida nas igrejas sombrias, nos mosteiros escuros e tristes daquela época. O comércio é tão acanhado e agitado que uma pessoa não pode se apertar mais estreitamente junto da outra; o pequeno comerciante adora as ruas estreitas, como se quisesse agarrar o comprador com as mãos. Assim são construídas todas as velhas cidades, com exceção de algumas que foram totalmente remodeladas.

Os grandes edifícios públicos antigos são obras do clero e dão testemunho de sua influência e sentido elevado. A catedral, com sua torre, é uma grande realização; os demais mosteiros, tendo em vista tanto o espaço que ocupam quanto suas edificações, são obras e propriedades significativas. Tudo isso foi disposto e construído pelo espírito de uma obscura espiritualidade e beneficência. Os palácios e antigos castelos da nobreza também ocupam um grande espaço, e pelas adjacências dessas propriedades eclesiásticas e seculares podemos deduzir que elas, de início, eram quase ilhas isoladas, junto das quais os cidadãos foram depois erguendo suas moradias muito precárias.

Os açougues são talvez o que há de mais feio em seu gênero no mundo; não há como melhorá-los, porque os açougueiros, como qualquer outro comerciante, guardam sua mercadoria no porão de suas casas. Essas construções formam um amontoado, e o que separa uma da outra são antes corredores do que vielas.

A praça do mercado é pequena, e este tem de se estender pelas ruas vizinhas até a Römerberg. Na época da feira, tem de ser transferido para o Hirschgrab.

O paço municipal parece ter sido outrora um grande bazar e armazém, e ainda hoje guarda em suas abóbadas um espaço escuro para a feira, apropriado para os vendedores de mercadorias ordinárias.

Nos primeiros tempos, a fim de ganhar espaço, os andares superiores das casas eram construídos ultrapassando os limites do terreno. Apesar disso, as ruas, de modo geral, são bem dispostas, o que, contudo, deve ser obra do acaso, pois elas ou correm paralelas ao rio, ou então são ruas que formam cruzamentos com estas primeiras e se estendem em direção aos campos. O todo era circundado por uma muralha e um fosso em forma de meia-lua que posteriormente foi aterrado; mas também na cidade nova nada é regular e nada condiz com nada. A Rua Zeil se estende tortuosa em direção do velho fosso, e as grandes praças da cidade existem graças tão somente ao pouco valor que se dava aos seus espaços naquele tempo. A fortaleza foi obra da necessidade, e quase seria possível dizer que a ponte sobre o Meno é o único monumento belo e digno de uma cidade tão grande que nos foi legado pelos tempos de outrora; também a Hauptwache foi construída com decoro e em boa localização.[44]

Seria interessante tentar representar as diferentes épocas de esclarecimento, discernimento e operosidade em vista desses edifícios públicos; detalhar mais a história dos aquedutos, cloacas, pavimentação, e prestar atenção à época e aos excelentes homens que os levaram a cabo.

Desde cedo foi estabelecido que quem construísse uma nova casa só poderia ultrapassar os limites do terreno no primeiro andar. Apenas com essa medida já se ganhou muito. Surgiram várias belas casas; pouco a pouco o olho se acostumou à perspectiva vertical e então também muitas casas de madeira foram construídas em sentido vertical. Mas o que constatamos nos edifícios até a época mais recente, e sobretudo em algumas outras, é que a cidade jamais teve qualquer contato com a Itália. Tudo de bom que existe nesse gênero foi buscado na França.

---

44 Hauptwache (sede da Guarda Municipal): edifício em estilo barroco construído na área central da cidade entre os anos de 1729 e 1730 pelo arquiteto e mestre de obras do município Johann Jakob Samhammer (1685-1745).

"A campanha na França" e outros relatos de viagem

Um marco importante é, por fim, a Casa Suíça, na Rua Zeil, que foi construída em um estilo italiano genuíno, sólido, grandioso e talvez permaneça sendo a única durante muito tempo ainda. Pois, embora haja algumas outras construídas nesse feitio, os arquitetos não tinham, contudo, talento suficiente para competir com a primeira; por isso, ao não se contentarem em fazer o mesmo, tomaram uma direção errada e, se as coisas continuarem assim depois de um único edifício ter sido construído segundo os princípios corretos, o gosto já se encontra novamente em declínio.

Os dois templos protestantes modernos, construídos segundo um gosto mediano, não tão grave e severo, mas correto, e sereno, são dignos de louvor, se relevarmos alguns equívocos em detalhes secundários.[45]

A igreja luterana construída em tempos recentes merece, infelizmente, alguns reparos.[46] Como edifício não é, de modo algum, desprezível, embora seja construída segundo um conceito bastante moderno; porém, como não há na cidade nenhum espaço, real ou idealmente falando, em que ela pudesse e devesse ser localizada, cometeram o enorme erro de escolher, para tal localização, tal forma. A igreja deveria poder ser vista por todos os lados, teríamos de poder contorná-la a uma grande distância, mas está entalada entre edifícios que, por sua natureza e valor, são irremovíveis e dificilmente se mandará demolir. Ela demanda um grande espaço ao seu redor e se encontra em um lugar onde o espaço é extremamente caro. No seu entorno há a grande aglomeração e movimento da feira, e não se pode sequer imaginar como se poderia fazer qualquer negócio ali. Isso significa que, ao menos na época da feira, será preciso espremer algumas barracas de madeira junto dela que talvez venham com o tempo a se tornar irremovíveis, como ainda se pode ver na igreja de Santa Catarina[47] e se via outrora ao redor da catedral de Estrasburgo.

---

45 Templos calvinistas construídos entre1792 e 1793.

46 Igreja Luterana: a Paulskirche (igreja de São Paulo), construída entre 1789 e 1833. Entre 18 de maio de 1848 e 31 de maio de 1849, reuniu-se nela a Assembleia Nacional de Frankfurt, que elaborou a constituição do Reich Alemão depois da revolução de 1848. Destruída em 1944 por um bombardeio, foi reconstruída e serve hoje como local de exposições e eventos públicos.

47 Principal igreja luterana de Frankfurt, construída entre 1678 e 1681 em estilo barroco.

Em nenhuma outra parte haveria uma ocasião mais bela para se imitar, de modo extremamente oportuno, os antigos que, quando queriam erigir um templo em um bairro movimentado, isolavam o santuário da comunidade por meio de um muro e dotavam o edifício de um nobre adro, de modo que ele só poderia ser visto por um único lado. Aqui seria possível construir um adro assim, sua área poderia servir para os coches, suas arcadas, para o conforto dos pedestres e, ao mesmo tempo, por ocasião da feira, como o mais belo local para a circulação de pessoas.

Seria um empreendimento filantrópico, que nesse caso já não teria mais serventia, mas talvez pudesse ser útil para futuros projetos, se mesmo agora, *a posteriori*, fossem traçados planos e plantas do que deveria ter sido feito; pois se um edifício público recebe tantas críticas: como não deveria ter sido feito – seria ao menos mais correto procurar-se demonstrar de que outro modo poderia ter sido feito. Mas talvez já não seja mais tempo de se construírem igrejas e palácios; eu ao menos aconselharia em ambos os casos: dividir as comunidades em templos dignos e as grandes famílias em casas confortáveis e arejadas no campo e na cidade, e em certa medida as duas coisas já acontecem por si mesmas em nossa época.

Quanto aos edifícios residenciais, eu recomendaria com veemência: não mais seguir o estilo italiano e proceder economicamente mesmo com construções de pedra. Prédios cujo andar térreo é de pedra e o restante de madeira, como é o caso de várias construções decentes aqui, eu penso ser em todos os sentidos o mais adequado para Frankfurt; são mais protegidos contra a umidade, os cômodos são maiores e mais arejados. Os cidadãos de Frankfurt, como de resto todos os habitantes do Norte, adoram ter muitas janelas e cômodos ventilados, impossíveis de se combinar com uma fachada em estilo elevado. Deve-se também levar em conta que uma casa de pedra cara, semelhante a um palácio, é mais difícil de ser trocada de dono do que outra concebida para mais de *um* morador. O cidadão de Frankfurt, para quem tudo é mercadoria, não deveria jamais considerar sua casa senão como mercadoria. Por isso, eu recomendaria que se prestasse antes muita atenção à disposição dos interiores, e nisso se imitasse o estilo arquitetônico de Leipzig, em cujas casas podem morar várias famílias sem que se estabeleça entre elas nenhuma relação. Mas é muito estranho! Até hoje o proprietário que constrói uma casa com o objetivo específico de alugá-la, procede, quanto à disposição das escadas, dos vestíbulos etc., exatamente como aquele que há tempos projetou sua casa com o objetivo de morar nela sozinho; por isso, quando o inquilino, por exemplo, quer sair, ele tem de se preocupar em fechar meia dúzia de portas. Tão poderoso é o hábito, e tão raro o juízo.

As diferentes épocas nas quais eram construídos espaços públicos aprazíveis, por exemplo as alamedas ao redor da cidade, e em que o espírito público se unia ao privado, que é a única forma de se produzir uma existência urbana genuína, deveriam ser estudadas mais de perto. Poderíamos mencionar a construção do teatro, a pavimentação da praça diante dele, a edificação das cavalariças no mercado de cavalos e, antes de mais nada, a inestimável realização do novo passeio junto da ponte, que deverá servir de glória permanente àqueles que o conceberem, iniciarem, patrocinarem e, Deus queira!, o levarem a cabo em toda a sua extensão.

Sem esquecer a demolição dos antigos portões no passado.

Sobre o beco dos judeus, seria necessário pensar e, de qualquer modo, manifestar algumas ideias a respeito da reconstrução da parte destruída pelo fogo e de sua eventual ampliação para além do fosso.[48]

Algo que pode não saltar à vista, mas não escapará a um observador atento, é que neste momento todas as instituições públicas estão paralisadas, ao passo que os indivíduos dão mostras de uma movimentação incrível e tocam seus negócios para a frente. Esse fato, infelizmente, indica uma situação que não é visível a olho nu, sobre a apreensão e o aperto em que se encontram os administradores da vida da comunidade: como suportar e, com o tempo, minimizar o peso das dívidas que a guerra lhes jogou sobre as costas; o indivíduo, por sua vez, pouco se preocupa com essa calamidade coletiva e emprega todos os seus esforços em ampliar suas vantagens particulares.

---

48 O beco dos judeus, estabelecido desde 1460, foi destruído mais de uma vez pelo fogo. Goethe descreve o incêndio da noite de 28 de maio de 1775 no 16º livro de *Poesia e verdade*. Em 1796, várias casas foram destruídas pela artilharia francesa.

A causa principal da negligência de outrora com as instituições públicas deve talvez ser buscada no desejo de independência das corporações, dos artesãos e, para além disso, nas intermináveis rixas e provocações dos mosteiros, famílias, fundações etc., e mesmo nas resistências sob um certo ponto de vista até louváveis dos cidadãos. Assim, o Conselho, fizesse o que fizesse, estava sempre de mãos atadas e, enquanto se discutiam as competências, não podia se estabelecer uma certa orientação liberal a respeito das vantagens coletivas.

Seria talvez um estudo interessante para os dias de hoje: demonstrar o quanto o povo, desde sempre, tornou penosa a vida e a atividade dos governantes que não exerciam seu poder em um regime absoluto. Não resultaria daí nenhum escrito de caráter aristocrático, pois neste momento todos os administradores das repúblicas sofrem com os mesmos obstáculos.

Tenho pensado, por esses dias, em como seria possível se manifestar mais tarde um sopro de liberalidade e largueza de visão justamente sobre a existência citadina de Frankfurt.

Que benefício não seria para o público uma via que levasse do Libenfrauenberg à Zeil! Algo que, nos tempos de outrora, seria possível de realizar com poucos gastos, e até mesmo com vantagens.

Frankfurt, 19 de agosto de 1797

A Revolução Francesa e seus efeitos podem ser observados aqui de um ponto de vista muito mais próximo e imediato, pois tiveram consequências muito grandes e importantes para esta cidade, e porque aqui estamos ligados à nação das mais variadas formas. Daqui vemos Paris sempre de uma distância muito grande, tanto que ela se parece com uma montanha azul na qual o olho reconhece pouca coisa, mas, por isso mesmo, a imaginação e a paixão podem ter uma influência muito maior. Nisso já discernimos as partes isoladas e as cores locais.

Da grande jogatina que desde aquele tempo acontece aqui, ouve-se falar em toda parte.[49] Essa epidemia faz parte do acompanhamento da guerra, pois

---

49 Refere-se aos jogos de azar.

ela se dissemina com maior violência nas épocas em que uma grande felicidade e uma grande infelicidade dividem os pratos da balança dos destinos coletivos; quando os frutos da felicidade se tornam incertos; quando o andar dos assuntos públicos cria a expectativa de ganhos e perdas rápidos para os indivíduos. Esse jogo é jogado em quase todas as hospedarias, com exceção da Casa Vermelha.[50] Uma banca pagou, apenas por um quarto durante um mês, 70 carolinas. Alguns banqueiros pediram café da manhã e jantar dos melhores para os *pointeurs*.[51] Agora que, pouco a pouco, de parte do Conselho Municipal, se procura controlar esse mal, os amantes do jogo pensam em outras saídas. No Sandhof, em solo e jurisdição alemães, foi construído um edifício dispendioso para um novo negócio, que ontem foi inaugurado com capacidade para 130 lugares.[52] O mobiliário foi arrematado no leilão do ducado de Zweibrücken, e toda a decoração é, segundo dizem, muito elegante. E tudo isso não tem outro fim a não ser o jogo.

O principal interesse dos cidadãos de Frankfurt no presente momento deveria ser, de fato, a restituição de suas dívidas de guerra e o eventual pagamento dos juros; mas agora que o perigo passou, poucos têm vontade de cooperar ativamente. Por isso, o Conselho se encontra em uma situação desconfortável: ele e os cidadãos honestos que entregaram espontaneamente seu dinheiro em espécie, suas baixelas de prata, sua coleção de moedas e o que mais tivessem de metais preciosos, e com isso, e mais o sofrimento pessoal dos reféns que foram levados daqui, não apenas representaram e salvaram a cidade e os cidadãos ricos egoístas que fugiram, como também foram generosos o bastante para contribuir, como as fundações, os mosteiros e a Ordem Teutônica, para aqueles que não tinham nenhuma garantia de proteção da cidade. Como agora deveria haver uma compensação, não existe nenhuma medida referencial pela qual uma soma tão grande como a que será necessária para compor o fundo de amortizações e juros possa

---

50 Casa Vermelha (em alemão, *Rotes Haus*): o hotel mais famoso de Frankfurt naquela época.

51 *Pointeurs* (em francês): comparsa do banqueiro no jogo de azar.

52 Sandhof era uma propriedade localizada a sudoeste de Frankfurt. Por pertencer à Ordem Teutônica, estava fora da jurisdição da cidade.

ser calculada, nem um meio pelo qual ela possa ser conseguida. A alíquota do imposto sobre a propriedade adotada até agora é de todo inadequada até para a situação ordinária, que dirá então para um caso extraordinário; uma nova tarifa de qualquer espécie sempre pesa para alguém, e entre as centenas ou mais de pessoas que têm direito a voz sempre há um ou outro que quer tirar o peso de seus próprios ombros. As propostas do Conselho foram para o colegiado dos cidadãos; mas tenho todos os motivos para temer que não se poderá chegar a um consenso e, caso isso acontecesse, o Conselho Áulico talvez fosse de outra opinião. Enquanto isso, tem-se de mendigar a contribuição de pessoas de boa vontade que no futuro deverão ser ressarcidas, e caso se constate, quando da determinação da cota que cabe a cada um, que alguém pagou em demasia, devem ser eventualmente acrescidas de juros, pois estes têm, de toda forma, de ser pagos. Espero estar enganado, mas temo que esse assunto não será resolvido com tanta facilidade.

Para um viajante, é conveniente manter um realismo cético; o que ainda há de idealista em mim, eu o levo bem trancado em um cofre como aquela ondinazinha pigmeia.[53] No que se refere a isso, portanto, o senhor deverá ter um pouco de paciência comigo.[54] É possível que eu possa, durante o trajeto, reunir por escrito aquelas historiazinhas de viagem. De resto, quero esperar ainda alguns meses. Pois, embora em uma constatação empírica quase tudo tomado isoladamente tenha um efeito desagradável sobre mim, o todo, contudo, faz um grande bem, quando enfim tomamos consciência de nossa própria prudência.

Penso em prosseguir viagem dentro de mais ou menos uma semana e, com o tempo magnífico que logo teremos nas condições amenas do veranico, percorrer a bela rota das montanhas através da bela e bem cultivada Suábia até chegar à Suíça, a fim de rever também uma parte desse país único.

---

53 Ondina, ou Melusina, é uma figura folclórica da Idade Média, um espírito feminino das águas. Goethe escreveu uma nova versão da fábula, *Die neue Melusine* [A nova Melusina], publicada em 1817.

54 O senhor: este trecho foi extraído de uma carta a Schiller.

"A campanha na França" e outros relatos de viagem

Frankfurt, 20 de agosto de 1797[55]

Esta cidade, graças a seu intenso movimento e a seus variadíssimos espetáculos, que se renovam todo dia, bem como sua diversificada sociedade, oferece um entretenimento dos melhores e mais agradáveis; todos aqui têm algo a contar sobre o que lhes aconteceu naqueles dias críticos e perigosos, o que dá ensejo a narrativas divertidas e aventurosas. De minha parte, as que ouço com maior prazer são aquelas pessoas que, em virtude de seus negócios e relações, estiveram próximas a muitas das principais personagens do atual drama de guerra e, principalmente, tiveram de se haver com os franceses, o que lhes permitiu conhecer por mais de um lado o modo de ser desse povo peculiar. Alguns detalhes e conclusões merecem ser registrados.

O francês não fica quieto nem por um minuto: ele anda, fala pelos cotovelos, pula, assobia, canta e faz tanto barulho que em qualquer cidade ou vilarejo sempre se pensa ver uma quantidade maior deles do que de fato há, bem ao contrário dos austríacos, que levam sua vida quietos, tranquilos e sem jamais expressar suas paixões. Quando não entendemos sua língua, ficam irritados, parece que exigem isso do mundo inteiro; por isso, permitem-se às vezes cuidar eles mesmos de suas necessidades; mas se soubermos falar com eles e tratá-los de maneira conveniente, logo mostram ser *bons enfants* e raramente prosseguem com seus maus modos e sua brutalidade. Em contrapartida, contam-se sobre eles várias histórias de extorsão a qualquer pretexto, algumas das quais muito divertidas. Assim, por exemplo, em um lugar em que haviam se estabelecido com sua cavalaria, ao se retirar eles teriam exigido que lhes pagassem pelo esterco. Quando receberam em resposta uma negativa, requisitaram tantas carroças quantas fossem necessárias para levar todo o esterco para a França, com o que então os moradores preferiram satisfazer-lhes a primeira exigência. Em outras localidades se afirmava: o general em retirada permitia a todo momento que o roubassem, a fim de na última hora poder exigir encargos da população

---

55 Carta a Christian Gottlob von Voigt (1743-1819), poeta e colega de ministério de Goethe em Weimar.

Johann Wolfgang von Goethe

como forma de compensar sua perda. Durante as refeições, suas exigências são tão detalhadas e complicadas que nem sequer os palitos de dentes são esquecidos. Em especial o homem comum, ainda que o alimentem, é muito ávido por dinheiro, pois não recebe nenhum e então busca, por sua vez, dar um jeito de arranjar algum através da extorsão ou do achaque. Assim, por exemplo, qualquer sentinela detém os viajantes a caminho dos balneários, examina os passaportes e inventa todas as dificuldades imagináveis, que são resolvidas facilmente com uma pequena gorjeta; mas também se pode resolver sem dinheiro, desde que se queira perder tempo e discutir com eles. Quando se alojaram na cidade, mereceram louvores tanto da primeira quando da segunda vez; em contrapartida, suas requisições eram infindáveis e muitas vezes ridículas, pois, como crianças, ou verdadeiros selvagens, tudo o que viam queriam ter para si.

Nos escritórios de seus generais se enaltecem as grandes organização e atividade, bem como o espírito de comunidade de seus soldados e a vívida orientação de cada um para um objetivo único. Seus generais, embora jovens em sua maioria, são sérios e fechados, imperiosos no trato com seus subordinados e em alguns casos rudes e impulsivos em relação aos compatriotas e aos estrangeiros. Aboliram o duelo, uma prova de coragem dessa espécie é desnecessária para pessoas que têm tantas oportunidades de demonstrá-la. Em Wiesbaden, um oficial de Trier desafiou um general francês, e este mandou imediatamente que o prendessem e o levassem para o outro lado da fronteira.

Por esses pequenos traços, logo se pode ver que em tropas desse tipo atuam uma energia toda própria e uma força incomum, e que uma tal nação é, em mais de um sentido, terrível.

A cidade pode se dar por feliz de não ter voltado a cair nas mãos deles; caso contrário, as requisições, apesar da paz, não teriam mais fim. Os vilarejos em que eles se instalam vão todos à ruína, todas as comunidades estão endividadas e nos jornais semanais há várias que buscam por capitais; por conta disso, a inflação na cidade também é muito alta. Assim que possível, enviarei uma lista dos diversos preços. Um coelho assado, por exemplo, custa dois florins, e nem mesmo por todo esse dinheiro se pode obtê-lo.

"A campanha na França" e outros relatos de viagem

Frankfurt, 21 de agosto de 1797

Três batalhões do Regimento Manfredini estão estacionados aqui, dentre os quais, como se pode constatar por alguns sintomas, se encontram muitos recrutas.[56] Os homens são quase todos da mesma altura, um tipo pequeno, mas robusto e bem proporcionado. A similaridade da altura causa estranheza, mas ainda mais a semelhança dos rostos; até onde sei, são boêmios. Na maior parte, têm olhos pequenos e alongados que, considerando a fisionomia inteira, são um pouco recuados, mas não fundos; testas estreitas, narizes curtos, mas não achatados, com asas largas, bem recortadas; zigomas um pouco pronunciados e laterais, bocas grandes, a linha do meio quase reta, lábios finos; em muitos a boca tem uma expressão de compreensiva tranquilidade; os occipícios parecem pequenos, ou ao menos os capacetes pequenos e estreitos lhes dão essa aparência. Vestem-se bem e com parcimônia, um ramo vivo de variados tipos de folhagens frescas ajeitado todos os dias no capacete oferece uma visão agradável quando eles estão todos juntos. Fazem o movimento de empunhar as armas com rapidez e destreza, tanto quanto os pude observar em desfile; quando se dispersam e marcham, podemos perceber que são recrutas. De resto, tanto individualmente quanto em grupos, são tranquilos e comedidos.

Já os franceses que às vezes aparecem sozinhos na cidade são exatamente o contrário. Se os trajes dos austríacos se compõem apenas do que é necessário e útil, os dos franceses são supérfluos, sim, quase estranhos e extravagantes. Calças compridas azuis terminam bem junto aos pés, mostrando na lateral um sem-número de botões sobre uma faixa vermelha; o colete é diferente; a longa casaca azul tem um gracioso passamane branco; o chapéu alto, ajeitado de través, é ataviado com longas fitas, e adornado, seja com o penacho tricolor ou com um tufo de penas vermelhas; seu andar e postura são seguros e francos, mas muito sérios e contidos, como convém em uma cidade estranha e ainda não de todo amistosa. Entre os que vi, nenhum era de baixa estatura, e sim antes alta do que mediana.

---

56 Regimento austríaco sob o comando do marquês Federico Manfredini (1743-1829).

Johann Wolfgang von Goethe

Frankfurt, 23 de agosto de 1797

Ainda sobre os franceses e seu modo de ser

Quando, durante o ataque de Custine, o general Neuwinger mandou ocupar os portões de Sachsenhausen, as tropas mal tiraram as mochilas das costas e já juntaram seus anzóis para pescar os peixes do fosso da cidade.[57] Nas localidades que eles ainda ocupam, encontram-se pessoas muito sensatas, moderadas e decentes entre os oficiais, mas os soldados comuns não têm um minuto de sossego, e se ocupam especialmente em praticar a esgrima nos celeiros. Em suas companhias e regimentos eles dispõem de mestres de esgrima, e a questão de saber qual seria o melhor deles foi recentemente motivo de grandes desentendimentos. Nas pequenas questões parece acontecer o mesmo que nas grandes: quando o francês desfruta de uma paz exterior, a guerra doméstica é inevitável.

De Frankfurt a Heidelberg

23 de agosto de 1797

Com um tempo nevoento e encoberto, mas agradável, partimos cedo de Frankfurt, logo depois das 7 horas. Passada a torre de vigia, chamou-me a atenção uma pessoa que, com a ajuda de uma corda e dois ferros nos sapatos, trepava nas vultosas e elevadas faias. Na estrada pavimentada que vai de Sprenglingen a Landen, encontra-se muito basalto, que deve surgir com bastante frequência nessa região plana e elevada; mais à frente, terreno arenoso, plano, muita agricultura, mas magra. Vi pela primeira vez desde Nápoles as crianças recolherem em um cestinho o excremento dos cavalos caído na estrada.

---

57 Conde Adam-Philippe de Custine (1742-1793), general de divisão da Revolução Francesa, comandou a ocupação do Reno em 1792 e tomou a cidade de Frankfurt em outubro do mesmo ano. Acusado de alta traição, foi morto na guilhotina; Joseph-Victorin Neuwinger (1736-1808), general do exército revolucionário francês.

"A campanha na França" e outros relatos de viagem

Às 12 horas, chegamos a Darmstadt, de onde fomos despachados em um quarto de hora. Pela estrada se encontram agora as pedras características do embasamento cristalino: sienito, pórfiro, ardósia e outras dessa época. Darmstadt tem uma bela localização diante das montanhas, e provavelmente surgiu da continuação, em tempos remotos, do caminho que ia da estrada velha para Heidelberg até Frankfurt. Nas vizinhanças de Fechenbach há colinas arenosas voltadas para o Reno, quase que antigas dunas e, para trás, voltadas para as montanhas, há uma pequena depressão do terreno, onde se pratica uma bela lavoura. Até Zwingenberg, o Melibokus permanece visível, e o vale, belamente cultivado, continua. Os vinhedos começam a se espalhar pelas colinas acima até as montanhas. Nas vizinhanças de Heppenheim as pessoas devem estar satisfeitas com a colheita. Dois belos bois que vi na casa do chefe dos correios foram comprados por 23 carolinas; hoje seria possível tê-los por 18. O preço das vacas não caiu. Por falta de cavalos, sós às 17h30 partimos de Heppenheim. À luz purpúrea do crepúsculo, as sombras, especialmente sobre a relva, tinham uma inusitada coloração verde-esmeralda. Passamos pela primeira vez por outro rio de alguma importância, o Weschnitz, cujo leito sobe consideravelmente com os temporais. Bela localização de Weinheim. À noite, por volta de 21h30, chegamos a Heidelberg e, como o Lúcio de Ouro estava lotado, nos dirigimos aos Três Reis.

Heidelberg, 26 de agosto de 1797

Vi Heidelberg em uma manhã muito clara, que uma agradável brisa também tornava amena e refrescante. Por sua localização e por todo o seu entorno, podemos dizer que a cidade tem algo de ideal, que só pode compreender com clareza quem estiver familiarizado com a pintura de paisagem e souber o que artistas pensadores tomaram à natureza e acrescentaram à natureza. Mergulhado em recordações de tempos passados, atravessei a bela ponte e caminhei pela margem direita do Neckar. Um pouco acima, quando olhamos para trás, temos diante de nós a cidade e todos os arredores em sua mais bela perspectiva. Ela foi edificada de comprido em um estreito espaço entre as montanhas e o rio, o portão superior limita imediatamente com os rochedos, a cujos pés a estrada para Neckargemünd tem apenas a largura necessária. Acima do portão, ergue-se o velho castelo decaído em suas grandes e austeras semirruínas. O caminho até lá em cima descortina, entre árvores e arbustos, uma rua de casas pequenas, que oferece uma imagem agradável quando temos diante de nós a via de ligação entre o velho castelo e a cidade habitada e animada. Lá embaixo avultam os massivos contornos de uma igreja bem construída e, mais além, a cidade com suas casas e torres, acima da qual se eleva uma montanha toda coberta pela vegetação, mais alta do que aquela sobre a qual se situa o castelo, deixando ver em grandes trechos a rocha vermelha da qual ela se constitui. Se lançarmos o olhar rio acima, veremos a água em uma bela superfície represada em prol de um moinho situado aos pés do portão de baixo, ao passo que o restante da correnteza flui nesta época do ano com pouca profundidade sobre bancos de granito arredondados em direção à ponte que, construída com muito discernimento, confere ao todo uma nobre dignidade, sobretudo aos olhos de quem ainda se recorda da velha ponte de madeira. Gostaríamos de ver a estátua do príncipe eleitor, que se ergue aqui com dobrada razão, assim como a estátua de Minerva do outro lado, dispostas um arco mais adiante em direção ao centro, no fim da rampa, quando a ponte se torna horizontal, onde ofereceria uma visão melhor e mais desimpedida.[58] Mas, observando mais de perto a construção, constatamos que os pilares reforçados sobre os quais as estátuas estão dispostas são necessários naquele ponto para conferir solidez à ponte; ali, portanto, como é justo, a beleza teve de ceder o passo à necessidade.

O granito que se mostra à beira do caminho, com seus cristais de feldspato, proporcionou-me uma agradável impressão. Quando conhecemos esses tipos de pedra em lugares tão distantes e as reencontramos, elas nos oferecem uma feliz evidência das grandes e silenciosas relações que os fundamentos de nosso mundo habitado mantêm entre si. Que o gra-

---

58 Príncipe eleitor: Karl Theodor von Pfalz-Sulzbach (1724-1799), conde do Palatinado desde 1742, príncipe eleitor do Palatinado, duque de Jülich-Berg e, de 1777 a 1799, príncipe eleitor da Baviera. A ponte de pedra conhecida como Ponte Velha (*Alte Brücke*) é sustentada por colunas em arcos.

"A campanha na França" e outros relatos de viagem

nito surja tão próximo de uma planície, tendo atrás de si espécies tardias de montanhas, é um exemplo que ocorre mais vezes; o do Rosstrappe é especialmente notável.[59] Entre o Brocken e aquele gigantesco rochedo de granito, tão distantes, se encontram diversas espécies de pórfiros, radiolaritos etc.[60] Mas volto rapidamente e de bom grado do áspero Harz para essa região amena, e vejo uma bela estrada aberta através desse granito; vejo muros altos erguidos para sustentar o terreno dos vinhedos mais baixos que se espraiam montanha acima, voltados para o sol, à margem direita do rio.

Regressei à cidade para visitar uma amiga, e então saí pelo portão superior.[61] O lugar e os arredores aqui não oferecem uma vista pitoresca, mas bela de um modo muito natural. Defronte avistamos em toda a sua extensão os bem cultivados vinhedos elevados ao longo de cujos muros acabamos de caminhar. As pequenas casas dentro de seus domínios, com seus caramanchões, formam um pormenor muito gracioso, e algumas delas poderiam passar por belíssimos estudos pictóricos. O sol conferia nitidez à luz e à sombra, bem como às cores; poucas nuvens subiam no céu.

Daqui, a ponte se mostra de uma beleza como talvez nenhuma outra no mundo; através de seus arcos, vê-se o Neckar correr em direção às planas regiões do Reno, e acima dela, à distância, as montanhas azuladas do outro lado do Reno. Do lado direito, um rochedo coberto de vegetação, com as laterais avermelhadas, que se liga aos vinhedos, fecha a vista.

À tardinha, fui com Mademoiselle Delph para a planície, primeiro aos vinhedos, depois, descendo a larga estrada, até onde se pode avistar Rohrbach. Aqui a situação de Heidelberg se torna duplamente interessante, pois temos às nossas costas os bem cultivados vinhedos, a magnífica e fértil planície até o Reno, e diante de nós toda a cadeia de montanhas azuladas da Renânia. À noite, visitamos a sra. Von Cathcart e sua filha, duas pessoas muito cultas e dignas, que sofreram muitas perdas na Alsácia e Zweibrücken.[62] Ela me recomendou seu filho, que atualmente estuda em Jena.

---

59 Rosstrappe: rochedo granítico na região do Harz.

60 Brocken: montanha mais alta do Harz.

61 Amiga: Helene Dorothea Delph (1728-1808).

62 Friederike von Cathcart (1744-1808); seu filho: Karl von Cathcart (1776-1836).

Johann Wolfgang von Goethe

Heidelberg, 26 de agosto de 1797

Na *table d'hôte*, pude fazer observações interessantes; um grupo de oficiais austríacos, alguns da frente de combate, outros da comissão de alimentação, hóspedes comuns, conversavam alegremente e, em suas diferentes relações de idade e de grau, com muita polidez.

Eles liam uma carta na qual um camarada galhofeiro, seu subordinado, desejava sorte a um novo chefe de esquadrão em seu novo posto; entre vários *bonmots* bem sofríveis, o que me pareceu mais impressionante: "Oficiais e soldados se congratulam por estarem finalmente livres das garras de Mademoiselle Rosine". Outras traziam à tona eventuais idiossincrasias e impertinências de diversos chefes, conhecidas por experiência própria. Um encontrara xairéis verdes com passamanes vermelhos em seu esquadrão e declarava tais cores absolutamente abomináveis; portanto, como consequência desse veredito, que se providenciassem xairéis vermelhos com passamanes verdes. Ele também ordenava que os oficiais usassem fivelas idênticas no pescoço e nas calças. E que o coronel tratasse de verificar cuidadosamente isso todo mês.

Antes de mais nada, eu observei que todas elas acertavam com muita habilidade e até mesmo com espírito e ousadia, com mais ou menos bom gosto, o lado certo e cômico das coisas; porém o mais estranho, por fim, é que uma única palavra razoável tirava do sério todo o grupo. Um deles, por exemplo, contou sobre a queda de um raio e disse, referindo-se à antiga superstição: uma casa assim sempre queima até os fundamentos. Um dos amigos, que, como pude constatar depois, devia ter remexido um pouco nas Ciências da natureza, replicou de imediato: "sim, quando o fogo não é apagado antes!", no que, aliás, tinha toda razão, mas ao mesmo tempo deu oportunidade para todo tipo de argumento e contra-argumento, o que fez a discussão acabar em completa confusão, tornando-se desagradável até, por fim, se perder em um silêncio geral.

Entre outras coisas, eles esboçaram uma personagem que talvez se pudesse aproveitar em algum lugar: uma pessoa calada ou, em todo caso, de um humorismo seco, que quando narra ou jura alguma coisa, conta uma mentira na qual, contudo, ele próprio acredita.

Histórias do general W. e seus filhos, que começou na Alsácia a saquear e atormentar.[63] Principalmente sobre a estranha constituição das tropas: um desejo do soldado pela guerra, e do oficial pela paz.

De Heidelberg para Stuttgart, passando por Heilbronn e Ludwigsburg

Sinsheim, 27 de agosto de 1797

Partimos de Heidelberg às 6 horas de uma manhã fresca e tranquila. O caminho passa pela margem esquerda do Neckar entre rochedos de granito e nogueiras. Do outro lado, em um local muito gracioso, estão estabelecidos uma abadia e um hospital. Do lado direito do caminho há pequenas casas com seus domínios que se estendem pelas encostas da montanha. Acima do rio, no topo dos vinhedos que se erguem de Heidelberg, está localizada Ziegelhausen. Seguem-se novas montanhas e vales; atravessamos Schlierbach. Acima do rio, vemos rochedos de arenito em posição horizontal; deste lado, à margem esquerda, plantações de frutas e vinhedos. Passamos ao largo dos rochedos de arenito; acima do rio, uma bela ponta de terra com um suave declive, em torno da qual o Neckar descreve uma curva. A vista de Neckargemünd é muito bonita, a região se alarga e é fértil.

Neckargemünd é uma cidade limpa e graciosa. O portão superior é novo e bem construído, uma falsa grade levadiça fecha o meio-arco superior. Aqui deixamos o Neckar; avistamos amoreiras e então, dos dois lados de uma estrada reta que se estende através de um vale suave e não muito largo, campos, pomares e jardins cultivados; as colinas iguais são cobertas por uma floresta dos dois lados; não se avista mais nenhum rio. A floresta termina, as colinas se tornam mais variadas; encontramos apenas o cultivo de frutas; a região se assemelha à paisagem da Turíngia.

Wiesenbach, uma aldeia limpa, toda coberta por telhas de barro. Os homens vestem casacos azuis e coletes brancos com flores bordadas. Aqui corre pouca água. A aveia acabara de ser colhida e os campos estavam quase

---

63 General von W.: o conde Dagobert Sigmund von Wurmser (1724-1797), general austríaco.

vazios. O solo é argiloso, a estrada sobe pela montanha, vemos poucas árvores, as estradas foram sofrivelmente reparadas.

Mauer fica situada em um local amigável; uma graciosa alameda de choupos leva da aldeia para uma quinta. As mulheres têm uma formação católica não desagradável; os homens são corteses, nenhum sinal de rudeza; constatamos antes uma serenidade civilizada. Atrás do lugar, encontramos uma alameda de cerejeiras junto à estrada, que se estende em uma posição elevada entre prados úmidos; está sendo melhorada com um pavimento de calcário.

Meckesheim tem uma localização graciosa, pegada a uma colina de calcário, onde se cultivam vinhedos; tem prados e campos cultivados.

Zutzenhausen se localiza sobre colinas arenosas; cultivo de frutas de boa qualidade do lado direito; do lado esquerdo, prados e colinas aprazíveis recobertas pela floresta.

Hoffenheim; dali parte uma bela e antiga alameda de choupos até Sinsheim, aonde chegamos às 10h15 e nos hospedamos nos Três Reis.

Sinsheim tem a aparência típica de um alegre vilarejo da região. A boa pavimentação não foi reparada depois da guerra. Notei um costume que já vira também na muito limpa Neckargemünd, mas em bem menor grau, a saber, que o esterco e a lama das ruas são mais ou menos empurrados para junto das casas. Assim, o caminho principal no meio, as sarjetas de ambos os lados e o pavimento diante das casas permanecem muito limpos. O cidadão que ocasionalmente deseja levar seu esterco para os campos não é atormentado por uma polícia demasiado mesquinha, e quando deixa acumular seus detritos, tem de aturá-los debaixo de sua janela; mas a população que circula pelas ruas é pouco ou nada incomodada.

Sinsheim tem belos prados e campos, muito cultivo de trevos, e a criação de gado em estábulos é geral. Também sofreu muito com as epidemias que acometeram o gado e ainda grassa nas vizinhanças. A comunidade tem o direito de manter mil cabeças de ovelhas que, com um certo número de pastagens utilizadas para que possam sobreviver ao inverno, é arrendada. As ovelhas são levadas aos campos de restolho e aos não cultivados. Assim que o feno serôdio é colhido dos campos, o gado bovino é o primeiro a ser levado para lá; as ovelhas, não antes que tenha caído a geada.

Há aqui uma administração que cuida das antigas propriedades da igreja, da qual faz parte uma certa proporção de católicos e luteranos.

"A campanha na França" e outros relatos de viagem

Uma braça de lenha, com 6 pés de largura e 6 de altura; cada acha com 4 pés de comprimento custa, para ser entregue em domicílio, 18 florins; a libra de manteiga custa atualmente 30 *kreuzer*, em Heidelberg são 48 *kreutzer*.

Partimos de Sensheim às 14 horas. Fora da cidade, à esquerda, há um gracioso mosteiro; uma bela alameda de choupos antiga ladeia a estrada. À frente e mais ao longe, à direita, veem-se, ao lado de um belo prado, Rohr-bach e Steinfurt, que mais tarde atravessaremos. Os choupos continuam; na colina, onde eles terminam, começam as cerejeiras, que, contudo, têm um aspecto tristonho. Sobre a colina e nos vales mais suaves, a agricultura permanece como antes; a estrada segue subindo. As cerejas aqui têm um aspecto mais bonito. Terreno calcário horizontal, em camadas finas, muito cheias de fissuras. Passada a colina, recomeçam os choupos.

Kirchhard. O caminho continua em sobe e desce. O calcário horizontal continua. Estradas retilíneas e bom cultivo de frutas até:

Fürfeld. Lugar insignificante. Continua o cultivo de frutas. Por todo esse trajeto se vê muito pouca água, ou mesmo nenhuma. Temos agora uma vista para as montanhas do Vale do Neckar.

Kirschhausen fica localizada entre jardins aprazíveis e bosques; atrás deles, tem-se uma bela vista das montanhas do Neckar; atravessando um belo bosquezinho e uma alameda de choupos chegamos a:

Frankenbach. As colinas de saibro ao lado da estrada facilitam muito sua manutenção. Bela alameda de choupos até Heilbronn, que foram danifica-das aqui e ali, provavelmente pelas carruagens durante a guerra, e cuja breve recuperação depois de feita a paz todo viajante deve desejar, para deleite de seus sucessores. Quase todas as estradas de Heidelberg até aqui, aliás, foram restauradas com maior ou menor cuidado.

Às 18 horas, chegamos a Heilbronn e desembarcamos no Sol, uma bela e, quando estiver pronta, confortável hospedaria.

Heilbronn, 28 de agosto de 1797

Quem quiser ter uma ideia favorável de Heilbronn, deve contornar a cidade. Os muros e fossos são um importante monumento dos tempos passados. Os fossos são muito profundos e murados até quase em cima, os muros são altos e bem construídos com blocos de pedra e cuidadosamente argamassados nos tempos modernos. As pedras foram cortadas com a técnica da bossagem, mas as saliências estão agora na maior parte desgastadas pelas intempéries. Podemos constatar claramente a pequena serventia da antiga fortificação. Aqui se contou apenas com a profundidade e a altura, que de fato ninguém será capaz de escalar; mas o muro segue em linhas retas, e as torres nem sequer avançam além dele, de modo que em nenhum ponto o muro é defendido pelos lados. Pode-se ver claramente que, quando da construção dessa grande obra, se considerou impossível uma tomada de assalto, pois cada uma das seteiras só defende na verdade a si mesma. As torres são altas e quadrangulares; embaixo, junto ao muro, corre um caminho murado e coberto. As torres junto aos portões avançam, e ali foram instaladas as obras exteriores necessárias; em parte alguma se vê uma tentativa de fortificação de feitio moderno. Abaixo do caminho coberto e junto dele foram instalados alguns viveiros de mudas de árvores e outras espécies de plantio.

Uma bela alameda margeia a maior parte do fosso. Constitui-se de tílias e castanheiras, podadas e moduladas em forma de abóbada; os jardins, propriedades de maiores ou menores dimensões, limitam imediatamente com ela.

As partes mais aprazíveis da cidade, os recantos mais belos e férteis, são utilizados para o cultivo de hortaliças, frutas e vinhedos, e podemos ver como em uma certa época de tumultos ela se viu forçada a acolher em seus muros toda a população, tanto os comerciantes quanto os agricultores. Como se localiza em terreno predominantemente plano, suas ruas não são dificultosas, mas em sua maioria antigas e com frontões salientes. Dos caminhos laterais, que em sua maior parte têm um pavimento mais alto, saem grandes calhas de madeira que escoam a água das casas. As ruas principais estão quase sempre limpas, mas as menores, em especial nas proximidades do muro, parecem habitadas sobretudo por jardineiros e agricultores. A rua serve para cada modesto proprietário de uma casa como depósito de esterco; estábulos e paióis, há de tudo ali, mas tudo pequeno e atulhado por cada um dos proprietários. Notei um único edifício de pedra para armazenamento dos frutos, que indicava tratar-se de um proprietário rico.

"A campanha na França" e outros relatos de viagem

Não se veem, como em outros lugares, estilos de construção de épocas diferentes, em especial nada da emulação que essas épocas trazem consigo. Um único edifício se destacava, revelando, pela estátua de Esculápio e pelo baixo-relevo de dois unicórnios, tratar-se de uma farmácia. Podem-se ainda ver algumas casas de pedra, mas muito simples; todo o resto é da velha cepa, mas a hospedaria do Sol, quando estiver terminada, se destacará por um avanço. É toda construída em pedra e com bom gosto, embora não com o melhor dos gostos, mais ou menos como a casa de Sarasin na Kornmarkt, em Frankfurt.[64] O térreo tem mezaninos bem habitáveis, além dele há ainda outros dois andares. Os quartos, na medida em que já estão prontos, são adornados com muita graça e bom gosto, com papel de parede francês.

Quanto às instituições públicas, parece que em tempos muito remotos se pensou nelas com moderação. As igrejas antigas não são grandes, têm um exterior simples e desprovido de ornamentos. A praça do mercado é mediana, a Prefeitura não é grande, mas adequada. A casa de carnes, um edifício antiquíssimo, construído sobre colunas, com telhado de madeira. Ela parece, pelo menos, muito mais digna de elogios do que a de Frankfurt, mas parece muito pequena para os dias de hoje, ou, ao menos, por algum motivo, abandonada. Encontrei pouca carne ali; ao contrário, os açougueiros expõem ou penduram sua mercadoria em suas casas espalhadas pela cidade; um costume nocivo e imundo. O pão branco daqui é muito bonito. Os homens e as mulheres andam bem-vestidos, embora não muito dentro da moda. Judeus não são tolerados. Não pude obter uma descrição ou um plano da cidade de Heilbronn.

O que posso concluir do que foi narrado anteriormente e de outros indícios é: que a cidade é abastada antes por causa do terreno e do solo que ela possui do que por qualquer outro motivo; que os bens da fortuna estão divididos com grande equanimidade; que cada um vive tranquilo em sua solidão, sem querer despender muito tempo com sua vizinhança e com o que acontece lá fora; que a cidade, aliás, tem um bom fornecimento para o comércio, mas não um verdadeiro mercado; que ela se baseia em uma igualdade entre os cidadãos; que, em tempos passados, nem o clero

---

64 Johann Georg Sarasin (1762-1847), banqueiro e político de Frankfurt.

nem a nobreza se estabeleceram com firmeza na cidade; que as instituições públicas foram outrora ricas e poderosas, e que até agora ainda não falta uma administração boa e moderada. O fato de que a hospedaria recém-construída avulta em todos os graus da arquitetura pode ser uma prova do quanto a classe burguesa ganhou nessas épocas.

As pessoas são muito corteses e mostram em suas atitudes um modo de pensar burguês bom, natural, tranquilo.

As criadas são em geral jovens bonitas, de constituição robusta e delicada, e dão uma ideia do feitio do povo da terra; em sua maioria, contudo, andam sujas, pois também participam do cultivo das terras das famílias.

Acima e abaixo da cidade, o Neckar é represado por meio de comportas para permitir o funcionamento de diversos moinhos; assim, a navegação de baixo para cima só chega até aqui, onde as embarcações têm de descarregar; acima da cidade elas são novamente carregadas e podem seguir até Cannstadt. No tempo das cheias, esses barcos suportam um peso de mais ou menos 800 quintais; aqui também se desembarcam muitas cargas que depois são transportadas sobre rodas para o interior da região.

Diante do portão há um grande edifício que abrigava outrora um orfanato; agora, porém, os órfãos são, de acordo com o conhecido exemplo, distribuídos entre os vilarejos.

O edifício da hospedaria foi construído por um arquiteto de Zweibrücken que morou em Paris; ele forneceu tanto o plano para o todo quanto para os detalhes. Que os trabalhadores não lhe seguiram todas as orientações, pode-se ver pelos detalhes.

Nos vidros das janelas, encontrei algo de peculiar. São lâminas retangulares, dispostas em posição horizontal e recurvadas na borda inferior, de modo que foi necessário desbastar um pouco a janela e a moldura. O dono da casa me disse que o vidraceiro teve de se orientar pelas lâminas; ele pensa que assim, se ainda forem flexíveis, se ajustarão. Não pude ver nenhuma finalidade nisso. De resto, é vidro de Lohr.

À mesa da hospedaria jantaram, além da família do proprietário, o grão-bailio de Möckmühl e sua família.

Às 18 horas, subi ao Wartberg, acompanhado pelo irmão do estalajadeiro. Como Heilbronn fica em um vale, essa colina é de fato um ponto de observação e faz as vezes de torre de vigia. Mas a instalação essencial no topo é um campanário por meio do qual se anunciam aos lavradores, em especial aos vinhateiros, o fim do dia de trabalho. A torre fica a cerca de meia hora da cidade sobre uma colina recoberta de arbustos, a cujos pés se estendem os vinhedos. Nas proximidades da torre há um gracioso edifício com um grande salão e alguns cômodos anexos, onde se dança a um intervalo de algumas semanas. Alcançamos o topo no momento em que o sol, como um disco sanguíneo, mergulhava em uma verdadeira atmosfera de siroco à direita de Wimpfen. O Neckar serpenteia tranquilo através da região, que se eleva suavemente a partir das duas margens do rio. Heilbronn se localiza junto ao rio e o solo se eleva pouco a pouco em direção das colinas ao norte e nordeste. Toda a área que podemos abarcar com a vista é fértil; as mais próximas são vinhedos e a própria cidade se localiza em meio a uma grande superfície verde cultivada. A vista desperta o sentimento de um prazer tranquilo, intenso, abundante. Diz-se que há ao redor da cidade 12 mil jeiras de vinhedos; os terrenos cultiváveis são muito caros, chegando a custar cerca de 1500 florins a jeira.

Vi belíssimas cabeças de gado e perguntei a respeito delas. Disseram-me que antes da guerra havia 3 mil cabeças na cidade, que, contudo, como precaução contra as epidemias, foram pouco a pouco levadas dali, e só agora vão sendo trazidas de volta; uma vaca pode custar entre 12 e 18 carolinos, e vale o preço; muitos as criam em currais; pouca gente tem a oportunidade de levá-las ao pasto, embora a cidade possua belos prados.

Perguntei pela arquitetura. Antes da guerra, o conselho municipal procurou fomentá-la intensamente; elogiam em especial o prefeito, que possui bons conhecimentos e se dedicou bastante a essa matéria. Antes da guerra, a administração municipal fornecia gratuitamente a pedra àqueles que a utilizavam em suas construções, segundo o prescrito, e lhes concedia um adiantamento a juros baixos. O que resultou dessas medidas, e por que a vontade de construir não se disseminou mais, merecem uma investigação minuciosa.

As autoridades são constituídas por protestantes e acadêmicos. Parecem administrar muito bem as finanças públicas, pois têm honrado as dívidas causadas pela guerra sem recorrer a empréstimos ou novos tributos. Tiveram a sorte de escapar ao pagamento de compensações aos franceses. Estas haviam sido calculadas em 140 mil florins, que já estavam disponíveis. Agora, todos os cavalos de tiro exigidos pelos austríacos são pagos pelo erário, e os cidadãos ganham com isso. O melhor sinal de uma boa administração econômica é que a cidade continua a comprar terrenos, em especial de proprietários estrangeiros das vizinhanças. Se as cidades imperiais tivessem aprendido nos tempos antigos esse grande princípio dos mosteiros, elas teriam podido se expandir muito e em parte se poupar de certos aborrecimentos, quando permitiam que proprietários estrangeiros adquirissem partes de seu território.

A cidade possui uma serraria com o direito exclusivo de venda de madeira para construção e tábuas. A exploração desse comércio foi dada em concessão por um período de trinta anos. O cidadão também pode, aliás, comprar madeira de um transportador que passe por aqui, mas tem de pagar 4 *kreuzer* ao detentor do monopólio, e também o transportador tem de pagar uma tarifa.

Como, porém, o concessionário, comprando a madeira a granel e a transportando ele mesmo, pode vendê-la a preço tão compensador quanto o transportador, ele tira daí uma grande vantagem. Por outro lado, quando pretende subir demasiadamente os preços, ele é contrabalançado pela concorrência dos transportadores. Nessas condições, portanto, tal forma de comércio exclusivo não parece, como pensei a princípio, um empecilho para a construção.

Quanto às tarifas, parecem ser bem leves para a propriedade de terras, e pesadas para o dinheiro em espécie e os capitais.

Ao falar da torre de vigia, eu me esqueci de mencionar um gracioso compartimento antigo. No alto da torre há uma grande esfera oca recoberta de chapas de cobre que, em caso de necessidade, poderia abrigar entre doze e dezesseis pessoas. Antigamente, era possível erguê-la até a altura de um homem e fazê-la novamente descer para cima do teto. Enquanto a esfera estivesse erguida, os trabalhadores tinham de exercer suas funções; assim que era baixada, indicava a pausa para o almoço ou o final do expediente. Por seu tamanho, podia ser reconhecida de qualquer ponto, e esse sinal constante era mais confiável do que o toque dos sinos, que se podia deixar

"A campanha na França" e outros relatos de viagem

de ouvir. Uma pena esse monumento de uma antiga sensibilidade ter caído em desuso.

Na ida, vi também onde fica Weinsberg, o que talvez, como faz Bürger, seja necessário perguntar, pois fica muito escondida entre colinas, aos pés da montanha sobre a qual, agora destruído, está localizado o castelo outrora famoso pela fidelidade feminina, cujas ruínas eu saudei como convém.[65] Aqui também todos estão muito satisfeitos com a colheita.

Ela veio, como em toda parte, muito exuberante logo depois da anterior, de modo que os frutos do inverno amadureceram juntamente com os do verão. O cultivo dos campos aqui também é dividido em três partes durante o ano, embora nenhum deles fique sem uso no terceiro ano, sendo, em lugar disso, semeado com aveia. Além do mais, durante os intervalos, cada um utiliza seu solo da melhor forma possível; por exemplo, para o plantio de nabos, desde que possa torná-lo produtivo por meio de fertilizantes.

Ludwigsburg, 29 de agosto de 1797

Partimos de Heilbronn às 5 horas, antes do nascer do sol. O caminho passa primeiramente através de belas hortas, depois se separa da alameda e chegamos então à velha estrada de Ludwigsburg. Camadas de névoa indicavam o curso do Neckar. Bockingen ficava à direita, envolta na neblina do Vale do Neckar, na planície à esquerda viam-se campos cultivados. Atravessamos Sontheim, que pertence à Ordem Teutônica, e vemos na planície uma constante alternância de cultivos, ora vinhedos, ora lavouras. Atraves-

---

65 Alusão à balada *Die Weiber von Weinsberg* [As mulheres de Weinsberg], de Gottfried August Bürger (1747-1794), baseada em uma lenda segundo a qual, no ano de 1140, o rei Konrad, da dinastia dos Staufer, sitiou a cidade, que se mantinha fiel ao duque da Baviera, contra quem Konrad movia uma guerra. Diante da ameaça de invadir a cidade e matar todos os habitantes, uma bela jovem foi ao encontro do rei pedir-lhe clemência. Impressionado por sua beleza, Konrad permitiu às mulheres deixar a cidade antes de tomá-la, levando os pertences que conseguissem carregar. Ao amanhecer, elas saíram pelos portões levando às costas seus maridos. O rei riu da astúcia delas e manteve a palavra. O castelo passou a se chamar desde então "Weibertreu" [Fidelidade feminina]. A balada se inicia com uma pergunta: "Quem pode me dizer onde fica Weinsberg?".

samos em diagonal a parte superior de um gracioso vale recoberto de relva junto do qual, bem lá embaixo, ficam o castelo e a aldeia de Thalheim. Aqui ressurge o calcário horizontal.

Lauffen tem uma bela localização, parte na colina, parte às margens do rio. Outra vez, os vinhedos são numerosos, e o solo é tão bom que depois da colheita ainda o semearam com milho, que é colhido verde e utilizado como forragem. Seguindo por uma bela alameda ladeada de árvores frutíferas, logo tornamos a avistar o Neckar e atravessamos Kirchheim, a cujo nome se costuma acrescentar "do Neckar". Deixamos para trás, à esquerda, o rio, que corre através de colinas estreitas, mas aqui e ali, nas curvas mais acentuadas, deixa livres belas encostas para o cultivo de frutos e vinhedos.

Às 6h30, chegamos a Besigheim, onde demos de comer aos cavalos. Aqui o Enz e o Neckar se encontram e os rochedos de calcário horizontal, ligados por paredes de alvenaria, de modo a formar graciosos terraços, e recobertos de vinhas, oferecem uma vista cativante. Pontes sobre o Enz. Por trás de Bietigheim, passamos junto de poderosos estratos de calcário, através de uma bela alameda de árvores frutíferas. Nas proximidades e à distância, avistamos bosquezinhos ligados por alamedas, logo tínhamos Asperg diante de nossos olhos e, pouco depois, Ludwigsburg, onde nos detivemos até entardecer, pois o dia estava muito quente.

O conhecido e amplo palácio de Ludwigsburg é muito bom como residência, mas, tanto no que é moderno quanto no que é antigo, decorado e mobiliado com um relativo mau gosto.[66] Do que é moderno, agradou-me o assoalho regular em madeira de carvalho, muito bem conservado. Talvez não se tenha rachado porque o piso dá para o jardim e se eleva apenas um pouco acima dele. Em uma galeria se viam quadros antigos e singelos sobre divertimentos venezianos, dentre eles a famosa batalha da ponte em Pisa. Essas pinturas, embora de todo desprovidas de méritos artísticos, são, contudo, dignas de atenção, em especial esta última, pois nela podemos ver como o divertimento absurdo faz a alegria de toda a gente, que enche os

---

66 O castelo de Ludwigsburg foi construído pelo duque Eberhard Ludwig von Württenberg (1676-1733) entre 1704 e 1733, segundo o modelo de Versalhes. É o maior edifício barroco da Alemanha.

balcões e, com gritinhos de júbilo, acenos com os lenços e outras formas de participação, se deleitam a valer. O quadro não é mau e, embora tenha algo de fabricado, produzido em série, sua execução mantém as características do gênero a que pertence.

O grande teatro de ópera é um edifício notável, construído em madeira e tábuas leves, e dá testemunho do espírito de seu construtor, que desejava entreter muitos espectadores de forma digna e confortável.[67] O teatro tem 18 passos de largura e é muito alto, pois tem quatro fileiras de camarotes. Seu comprimento deve andar pela casa dos 76 passos. O proscênio e a orquestra são bem grandes, a plateia, ao contrário, muito pequena; é provável que de qualquer lugar se possa ver e também ouvir bem. Atualmente, desde que o grão-príncipe se encontra aqui, foi transformado em um salão de dança.[68]

Partimos de Ludwigsburg às 17 horas. Uma magnífica alameda se estende do caminho do palácio até a longa estrada da cidade. Cada uma de suas margens é ladeada por uma dupla fileira de árvores; à esquerda, veem-se as montanhas do Neckar. Chegamos a Kornwestheim; dali em diante, árvores frutíferas ladeiam as margens da estrada, que de início fica em um nível mais baixo, de modo que a vista oferece pouca variedade. Ao longe se vê o Solitude.[69] Magnífico cultivo de frutas. O caminho atravessa algumas colinas; uma mina de calcário, para manutenção da estrada, fica muito perto da via.

Descendo em direção a Zuffenhausen vimos Feuerbach, à direita, em um belo prado. Um camponês que comprara uma flauta na feira a tocava no caminho de volta; quase o único sinal de alegria que encontramos pelo caminho. Depois do pôr do sol, vimos Stuttgart. Sua localização, em um círculo de montanhas suaves, dava naquela hora do dia uma impressão de gravidade.

---

67 O teatro foi mandado construir pelo duque Karl Eugen von Württenberg (1728-1793) entre 1764 e 1765, e demolido em 1801.

68 Grão-príncipe: o futuro czar Alexandre I da Rússia (1777-1825). Era sobrinho do duque regente Friedrich Eugen von Württenberg (1732-1797).

69 Solitude: pavilhão de caça em estilo rococó construído entre 1763 e 1769 por ordem do duque Karl Eugen von Württemberg.

Johann Wolfgang von Goethe

Stuttgart, 30 de agosto de 1797

Saí para meu primeiro *tour* costumeiro sozinho às 6 horas e fiz um reconhecimento da cidade e suas vizinhanças. Um lado tem uma fortificação segundo o modelo de Heilbronn, embora não tão imponente; os fossos também foram transformados em vinhedos e hortas. Logo depois, encontram-se as mais belas alamedas, com diversas fileiras de árvores e trechos inteiramente recobertos pela sombra. Entre elas e uma espécie de subúrbio há um belo prado. Atravessando o subúrbio, chegamos logo à praça diante do castelo, ou melhor, dos castelos. Desde que o grão-príncipe se encontra aqui, a praça foi bem aplainada e as castanheiras plantadas sobre o relvado, parte em grandes grupos regulares, parte em fileiras formando aleias, tiveram uma bela floração. O castelo, em si, foi construído segundo o gosto da metade deste século, mas de modo geral é amplo e desimpedido. O antigo castelo mal serviria hoje como cenário teatral. A cidade velha se iguala a Frankfurt em seus bairros antigos; ela se situa na parte baixa, para os lados do pequeno rio. A cidade nova, em sua maior parte, foi construída segundo uma orientação decididamente retilínea e quadrilateral, sem estreiteza em sua realização. Vemos casas cujos andares superiores ultrapassam em maior ou menor medida os limites do terreno, outras inteiramente perpendiculares, de diferentes estilos e dimensões, e assim nos damos conta de que a construção se orientou por uma lei geral e, contudo, por um certo voluntarismo burguês.

Depois de me trocar, visitei às 10 horas o sr. Rapp, um homem de negócios em quem encontrei um amigo das artes bem informado e compreensivo.[70] Mostrou-me uma bela paisagem de Both;[71] ele próprio, como amador, desenha temas paisagísticos com muito sucesso.

Visitamos o professor Dannecker em seu estúdio no palácio,[72] e encontramos ali um Heitor admoestando Páris, um modelo em gesso em tamanho um pouco maior do que o natural, assim como uma figura feminina nua,

---

70 Gottlob Heinrich Rapp (1761-1832), comerciante em Stuttgart.
71 Jan Both (*c.* 1618-1652), pintor paisagista holandês.
72 Johann Heinrich Dannecker (1758-1841), escultor alemão.

406

caracterizada como uma Safo melancólica, composição já pronta em gesso e começada em mármore; também uma pequena figura sentada, de luto, destinada a monumento de sala. Vi ainda o modelo em gesso de um busto do atual duque, que promete ser muito bem-sucedido, especialmente em mármore, assim como um busto do próprio escultor, cheio de espírito e vivacidade, sem ser exagerado. Mas o que me surpreendeu especialmente foi o molde original do busto de Schiller, de uma veracidade e riqueza de detalhes de fato espantosas. Vi ainda pequenos modelos pensados e realizados de maneira verdadeiramente bela, mas o escultor sofre daquilo que todos nós modernos sofremos, da escolha dos temas. Essa matéria, que discutimos até hoje com tanta frequência, e recentemente voltamos a discutir em nosso ensaio sobre o Laocoonte, sempre me torna a aparecer em sua suma importância. Quando poderemos nós, pobres artistas destes últimos tempos, nos elevar às alturas desse conceito fundamental?

Vi ainda um vaso de alabastro matizado de cinza, obra de Isopi,[73] do qual Wolzogen tanto nos falou.[74] Mas ele ultrapassa qualquer descrição e ninguém pode, sem tê-lo visto, fazer uma ideia da perfeição de tal trabalho. Pela cor, a pedra não é a mais adequada, mas tanto mais o é por sua substância. Por ser mais fácil de manusear do que o mármore, permite realizar coisas para as quais o mármore não serviria. Se, como é plausível, Cellini[75] pensou e executou suas folhas e adereços exatamente em ouro e prata, não podemos levá-lo a mal quando ele próprio fala com encantamento de seu trabalho.

Estão agora mesmo começando a reconstruir a parte do palácio que, mal acabada de construir sob o duque Karl, foi destruída por um incêndio;

---

73 Antonio Aloysius Petrus Isopi (1758-1833), escultor e estucador de origem romana estabelecido na corte de Württemberg.

74 Wilhelm Ernst Friedrich von Wolzogen (1762-1809), arquiteto alemão, cunhado de Friedrich Schiller.

75 Benvenuto Cellini (1500-1571), escultor, ourives e escritor italiano, um dos artistas mais representativos do maneirismo. Deixou uma autobiografia, *Vita di Benvenuto di Maestro Giovanni Cellini fiorentino, scritta, per lui medesimo, in Firenze* [Vida do mestre Giovanni Cellini, florentino, escrita por ele mesmo em Florença, entre 1558 e 1567, e publicada em 1728], traduzida por Goethe com o título de *Leben des Benvenuto Cellini* e publicada em 1803.

neste momento, estão ocupados com as cornijas e tetos. Isopi modela as partes que então são vazadas e montadas por outros estucadores. Seus ornamentos são muito engenhosos e de grande bom gosto; tem uma predileção especial por pássaros, que modela muito bem e combina de maneira muito agradável com outros adereços. A composição do todo tem algo de original e leve.

Na oficina do sr. professor Scheffauer, encontrei uma Vênus adormecida com um Amor que a cobre, em mármore branco, bem concebida e trabalhada;[76] apenas o braço, que ela põe para trás da cabeça, justamente no ponto principal de observação, não tem um bom efeito. Um baixo-relevo de conteúdo antigo, além dos modelos para o monumento que a esposa do atual duque mandou fazer pelo restabelecimento do príncipe graças às preces do povo e da família. O obelisco já se encontra na praça do palácio, ornado com os modelos de gesso.

Na ausência do professor Hetsch, sua esposa nos permitiu visitar seu quarto de trabalho;[77] seu retrato de família, com figuras em tamanho natural, tem muitos méritos, e em especial seu autorretrato tem grande veracidade e naturalidade. Foi pintado em Roma. Seus retratos são muito bons e vívidos, e dizem ser muito fiéis. Ele planeja um quadro histórico, da *Messíada*, no qual Maria conversa com Pórcia, a mulher de Pilatos, sobre a bem-aventurança da vida eterna e a convence dela.[78] Que se pode dizer da escolha de um tal tema? E que pode expressar um belo rosto, no pressentimento do êxtase celestial? Além disso, ele fez dois estudos para a cabeça de Pórcia inspirados pela natureza, um deles tendo por modelo uma romana, uma magnífica morena cheia de espírito e sentimento, e o outro tendo por modelo uma boa alemã loura e suave. A expressão das duas faces é, compreensivelmente, nada menos do que sobrenatural, e se um quadro assim pudesse também ser executado, não deveria aparecer nele nenhum traço individual. Contudo, gostaríamos de ter sempre diante dos olhos a

---

76 Philipp Jakob von Scheffauer (1756-1808), escultor alemão.
77 Philipp Friedrich Hetsch (1758-1838), pintor alemão.
78 O episódio se encontra no Canto VII do poema épico *Messias* (1773), de Friedrich Gottlieb Klopstock (1724-1803).

"A campanha na França" e outros relatos de viagem

cabeça da romana. Uma inspiração tão arquialemã me aborreceu sobremaneira. Por que o bom artista plástico quer competir com o poeta, quando na verdade, por tudo aquilo que só ele pode fazer e teria a fazer, poderia levar o poeta ao desespero!

Encontrei o professor Müller trabalhando no retrato de Graff pintado por ele próprio.[79] A cabeça é excelente, o olho artístico tem o brilho mais sublime; apenas sua posição, apoiado ao espaldar de uma cadeira, não me agradou, tanto menos porque esse espaldar é vazado, de maneira que a parte inferior do quadro parece perfurada. A gravura em bronze, de resto, também parece que vai alcançar a mesma perfeição. Além disso, ele também está ocupado com *Outra morte de um general*, a de um americano, aliás, um jovem que perdeu a vida em Bundershill. O quadro é de um americano, Trumbull, e tem as qualidades de um artista e os erros de um amador.[80] As qualidades são: imagens de rostos muito característicos e excelentemente pontilhados; os erros: desproporção dos corpos entre si e entre suas partes. Em relação ao seu tema, é muito bem combinado, e para um quadro em que devem aparecer tantos uniformes vermelhos, colorido com muita inteligência; mas à primeira vista dá sempre uma impressão muito berrante, até que, por seus méritos, nos reconciliamos com ele. A gravura em cobre tem no todo um efeito muito bom e é muito bem talhada em suas partes. Vi também a admirável gravura do último rei da França, em uma cópia excelente.[81]

À noite, visitamos o sr. conselheiro consistorial Ruoff, que tem uma coleção excelente de desenhos e gravuras, parte das quais, para a alegria e a comodidade do apreciador, estão expostas atrás de vidros.[82] Depois

---

79 Johann Gotthard Müller (1747-1830), calcógrafo; Anton Graff (1736-1813), pintor suíço. O quadro mencionado é o segundo de três autorretratos pintados por Graff.

80 *Outra morte de um general*: *A morte do general Warren na batalha de Bunker Hill*: quadro do pintor norte-americano John Trumbull (1756-1843). "Outra morte" faz alusão ao quadro *A morte do general Wolfe*, do pintor Benjamin West (1738-1820), de quem Trumbull foi discípulo.

81 Calcografia segundo um quadro do pintor francês Joseph-Siffred Duplessis (1725-1802) representando Luís XVI em traje de coroação.

82 Adolf Karl Maximilian Ruoff († 1809), diretor do Consistório; colecionador de arte.

Johann Wolfgang von Goethe

fomos ao jardim de Rapp, e tive mais uma vez o prazer de ouvir os juízos inteligentes e sensíveis daquele homem sobre alguns temas da arte, assim como sobre a vivacidade de Dannecker.

Stuttgart, 31 de agosto de 1797

Sobre o que vi ontem haveria ainda algumas observações a fazer. Especialmente triste para a arquitetura foi a constatação: o que o duque Karl, em seu anseio por uma certa grandeza, poderia ter realizado, se tivesse a compreensão do verdadeiro sentido dessa arte e tivesse tido a sorte de encontrar artistas de valor para suas construções. Mas podemos ver bem: ele tinha apenas uma certa tendência distinta para a pompa desprovida de gosto, e em seus anos de juventude a arquitetura na França, onde foi buscar seus modelos, estava ela própria em decadência. Neste momento, sinto um grande desejo de ver Hohenheim.[83]

Depois de tudo isso, devo ainda dizer: durante a viagem, ocorreu-me um gênero poético no qual futuramente devemos ser mais produtivos. São as *conversações em poemas*. Em uma certa época recuada da Alemanha, tivemos algumas composições semelhantes verdadeiramente boas, e sob essa forma se podem dizer certas coisas, temos apenas de primeiro nos ambientarmos nela e nos apropriar do que é peculiar a esse estilo. Comecei a compor uma conversação entre um rapaz que está apaixonado por uma moleira e o rio, e espero poder enviá-la em breve.[84] A alegoria metafórico-poética se torna viva através dessa forma de expressão, e sobretudo em uma viagem, quando tantos temas nos interpelam, é um gênero verdadeiramente excelente.

Também nessa oportunidade é interessante notar qual tipo de tema se amolda a essa forma particular de tratamento. Não posso lhe dizer, para repetir meu canto de lamento anterior, o quanto me inquieta agora, em especial por causa do escultor, o erro na escolha do tema, pois esses artistas

---

83 Castelo de Hohenheim: construído entre 1772 e 1793 pelo duque Karl Eugen para sua amante e futura segunda esposa Franziska Theresia von Leutrun (1748-1811).

84 Trata-se do poema *Der Edelknabe und die Müllerin* [O jovem nobre e a moleira].

são obviamente os que pagam o preço mais alto pelos erros e pela incompreensão da época. Assim que me encontrar com Meyer e puder aproveitar as reflexões que ele me anunciou, quero me entregar imediatamente ao trabalho e escrever pelo menos os momentos principais.

Sobre a comicidade teatral, também tive diversas vezes a oportunidade de pensar; o resultado é: só podemos apreendê-la em uma grande massa humana, mais ou menos grosseira, e entre nós não dispomos de um capital dessa espécie com o qual pudéssemos especular poeticamente.

De resto, as pessoas aqui sofreram muito com a guerra e continuam a sofrer. Se os franceses levaram 5 milhões da região, as tropas imperiais já consumiram 16 milhões. Por outro lado, como estrangeiros, espantamo-nos com a imensa fertilidade dessa região e compreendemos suas possibilidades de arcar com tais encargos.

Cotta teve a amabilidade de me convidar para hospedar-me em sua casa em Tübingen; aceitei com gratidão, pois até agora, especialmente com o calor, tenho sofrido mais nas hospedarias do que durante os trajetos.[85]

Agora já vi os vasos de Isopi, dos quais Wolzogen também não disse muita coisa. A ideia de representar as alças e os bicos dos jarros com figuras de animais é muito elegante e adequada, especialmente em um jarro em que o grou que bebe do vasilhame forma a alça e a raposa triste, o bico. Mas o trabalho, em vista de sua finura e graça, ultrapassa tudo que se possa imaginar. Ele pede 500 ducados pelos dois grandes e mais três ou quatro menores. Pelo trabalho e também pela pessoa, não podemos deixar de pensar em Cellini. Embora Isopi não tenha nenhum traço da rudeza deste, ele é, contudo, também um italiano terrivelmente passional. O modo como odeia os franceses e como os descreve é único; de resto, é uma natureza extremamente interessante.

Quando os franceses chegaram a Stuttgart, temia-se uma pilhagem. Seus vasos estavam bem embalados e guardados na casa de Dannecker. Ele comprou em segredo duas pistolas pequenas, pólvora, chumbo, anda por toda parte com as armas carregadas e como, na primeira noite, impruden-

---

85 Johann Friedrich Cotta (1764-1832), editor, industrial e político alemão. Futuramente se tornaria o editor das *Obras reunidas* de Goethe.

temente permitiram a entrada de alguns franceses na casa que, segundo os modos costumeiros dos *marodeurs*,[86] pediram bebidas, mas depois se comportaram de modo muito grosseiro, ele permaneceu presente o tempo todo com as mãos nos bolsos, decidido a disparar contra o primeiro que se aproximasse de seu quarto e das caixas, e morrer junto de suas obras.

Stuttgart, 1º de setembro

Ontem à tarde estive em casa do mecânico Tiedemann, um trabalhador inestimável, que se educou a si mesmo.[87] Vários aprendizes trabalham sob suas ordens, e ele só se ocupa de fato em montar suas lunetas; uma lida que, por causa das lentes objetivas, exige muito tempo, uma vez que as lentes que formam de fato um conjunto têm de ser encontradas por meio da experimentação. Uma perspectiva cujo tubo tem o comprimento de 18 polegadas e através da qual se pode ler com clareza uma inscrição de mais ou menos uma polegada à altura de 600 pés, ou mesmo distinguir precisamente pequenos pontos em uma placa branca, ele vende por 7,5 carolinos.

Visitamos o tenente-coronel Weng, que possui alguns quadros muito bons.[88] Vimos um de Frans Floris, várias mulheres ocupadas com crianças de peito, um quadro excelente, em especial por algumas partes em particular.[89] Um outro de Hetsch, Aquiles vendo levarem sua Briseida, seria excelente se a figura de Aquiles não estivesse por demais isolada em um canto. Os quadros de Hetsch, aliás, pelo menos aqueles que pude ver, sempre têm, ao lado de seus méritos e ideias felizes, algo que desejaríamos ver mais bem trabalhado. Também vi uma paisagem com ladrões que passa por ser de Rubens, mas que eu não atribuiria a ele, embora seja esplêndida em sua maneira natural de tratar o tema. Vi ainda alguns outros quadros maiores ou menores executados por Rubens.

---

86 *Marodeur* (do francês *marauder*) são pessoas que, à margem das batalhas, praticam saques, furtos e outros delitos.
87 Johann Heinrich Tiedemann (1742-1811), fabricante de lentes e aparelhos ópticos.
88 Johann Daniel Weng († 1808), colecionador de arte.
89 Frans Floris de Vriendt (*c.* 1516-1570), pintor flamengo.

"A campanha na França" e outros relatos de viagem

Depois visitamos o sr. professor Harper, um paisagista nato.[90] Ele tem muito presentes os acontecimentos e movimentos da natureza e a maneira como moldam os ambientes, o que lhe permite produzir quadros paisagísticos de muito bom gosto. É verdade que são quadros apenas imaginados, e suas cores são duras e rudes; mas ele pinta assim por princípio, afirmando que com o tempo seu colorido ganhará tom e harmonia, como, de fato, parecem comprovar alguns de seus quadros pintados há trinta ou quarenta anos. É um homem muito bom, amado por todos, bem conservado nos seus 60 anos, e em breve deve se mudar daqui para Berlim.

Vimos em seu jardim senhorial o aloé que há três meses se aproxima da florescência. O caule tem agora 23 pés de altura, os botões ainda estão fechados e precisam, em todo caso, de mais duas semanas para seu pleno desenvolvimento. Ele também foi forçado casualmente a essa florescência, por ter sido disposto em um vaso estreito.

Depois fizemos um breve passeio e então fomos ao teatro. Representava-se o *Don Carlos*, de Schiller. Poucas vezes vi um conjunto que se assemelhasse tanto a um teatro de marionetes quanto esse. Uma rigidez, uma frieza, uma falta de gosto, uma inabilidade em dispor os móveis em cena, uma falta de correção na pronúncia e na declamação em qualquer espécie de expressão de um sentimento ou de um pensamento elevado, que nos fez sentir retroceder vinte anos ou mais no tempo. E o mais digno de nota é que não havia um único entre os atores que de algum modo se destacasse em um sentido positivo; estavam todos em perfeita harmonia uns com os outros. Havia alguns jovens de boa figura que não falam nem atuam mal, mas eu não saberia dizer se de algum deles se pode esperar algo para o futuro. O empresário Miholé[91] vai embora e um novo deve assumir seu posto, mas terá a obrigação de manter alguns atores e dançarinos provenientes do antigo teatro do duque Karl que possuem contratos vitalícios. Uma vez que ele também está interessado em seu ganho e não tem como buscar uma renovação se livrando de alguns elementos ineptos, não se pode

---

90 Adolf Friedrich Harper (1725-1806), pintor paisagista alemão.

91 Wenzeslaus Miholé, empresário teatral de Nuremberg, atuou em Stuttgart em 1796-1797.

413

Johann Wolfgang von Goethe

imaginar que esse teatro possa ser melhorado facilmente. No entanto, ele é frequentado, criticado, elogiado e suportado.

Stuttgart, 2 de setembro de 1797

Ontem estive com o professor Dannecker em Hohenheim. Logo em frente ao portão, encontramos austríacos que se dirigiam ao acampamento. Gaisburg fica à direita da estrada, em um vale belamente cultivado e com trechos recobertos por florestas. Quando chegamos a um ponto mais elevado, vemos Stuttgart de um ângulo muito favorável.

Em Hohenheim, tanto o palácio quanto o jardim oferecem um espetáculo digno de ser visto. O jardim inteiro é salpicado de edifícios grandes e pequenos que, em maior ou menor medida, revelam um espírito em parte estreito, em parte cioso de sua representatividade. Muito poucos dentre esses edifícios podem ser considerados confortáveis ou adequados para uma permanência, por mais breve que seja. Estão enfiados na terra, pois cometeram com eles o mesmo erro frequente daqueles que constroem na encosta de uma montanha, ou seja, o de primeiro determinar o alicerce posterior ou inferior e então encravar a parte de trás do edifício na montanha, em vez de, se não se puder ou quiser aplainar o terreno, primeiro determinar o alicerce anterior, e depois construir o posterior tão alto quanto for necessário.

Como todas essas construções já foram descritas em parte em um almanaque dos jardins, em parte em uma obra dedicada propriamente a elas, não há por que comentá-las;[92] mas, em um futuro ensaio sobre os jardins em geral, se poderia mencioná-las como exemplos em seu gênero. O mais estranho nesses pequenos edifícios é que quase não há entre eles nenhum que não pudesse ser tão ou mais bem ocupado do que agora por algum proprietário particular. Mas, infelizmente, a reunião de várias coisas pequenas não faz uma grande. A falta de água, que se tentou solu-

---

92 *Taschenkalendar auf das Jahr 1795 für Natur- und Gartenfreunde* [Almanaque dos amigos da natureza e dos jardins para o ano de 1795], Tübingen, 1794; *Ansichten des Herzoglichen Landisitz Hohenheim mit Beschreibung* [Vistas e descrições do castelo ducal de Hohenheim], Nuremberg, 1795.

cionar por meio da canalização do leito de alguns riachos e com algumas bacias e tanques, dá ao todo um aspecto tristonho, sobretudo porque os álamos também têm ali uma presença acanhada. Belos vitrais pintados em alguns lugares, assim como uma expressiva coleção de maiólica, são interessantes para os amantes desse tipo de arte. Ao vê-los, lembrei-me de diversas observações que fiz sobre a pintura em vidro e decidi reuni-las e completá-las aos poucos, pois, uma vez que podemos produzir qualquer frita de vidro melhor do que os antigos, se observarmos bem os demais mecanismos, só dependeria de nós fazermos, a sério ou por brincadeira, imagens semelhantes.

Além de algumas observações a respeito dessa matéria, não encontrei nada digno de conhecimento e imitação nesses jardins. Uma única capela construída em estilo gótico antigo, mas também pequena e encravada no solo, está sendo reformada com muito bom gosto, por Thouret, que passou uma longa temporada em Paris e Roma e estudou a arte da decoração;[93] de se lamentar apenas que logo tudo estará novamente mofado e deteriorado, e ela se tornará um lugar úmido e insuportável de se ficar.

O palácio, que com seus anexos representa um conjunto muito amplo, oferece a vista mais indiferente desse mundo, com todos os seus edifícios pintados de branco. Podemos dizer, a respeito do exterior dos edifícios, que não foram construídos segundo nenhum gosto reconhecível, pois não despertam o menor sentimento, seja de simpatia, seja de repulsa. O que chama a atenção é, antes, o produto totalmente desprovido de caráter de um estilo de construção quase meramente utilitário.

A entrada principal é muito larga para sua altura e, de resto, todo o térreo é demasiado baixo. As escadarias são bem dispostas, mas os degraus, muito estreitos para sua pouca altura. O salão principal, infelizmente decorado com mármore, é exemplo de uma arquitetura inepta até o absurdo. Nos quartos há eventualmente alguns ornamentos agradáveis que, contudo, traem um gosto inseguro e dispersivo. Alguns são cópias de modelos enviados de Paris,

---

93 Nikolaus Friedrich Thouret (1767-1845), arquiteto e pintor alemão. Entre 1798 e 1800, por recomendação de Goethe, foi chamado a Weimar para dirigir a reconstrução do palácio e a reforma do teatro de Weimar.

nos quais há uma maior harmonia. Um gracioso arranjo de pequenas cortinas de seda guarnecidas de franjas e suspensas em partes desiguais diante das sacadas merece ser imitado com bom gosto. A qualidade da estucatura é, na maior parte, péssima.

Como parte do palácio ainda não foi terminada, pode-se esperar que, graças a algumas pessoas hábeis atualmente em atividade aqui, a decoração ganhe muito em qualidade. Um salão que já estava em vias de ser ornamentado com mau gosto foi novamente desfeito e será decorado por Isopi segundo um desenho de Thouret.

É extremamente interessante observar o trabalho de Isopi e seus subordinados com o gesso, em especial como as folhas soltas das rosas e as corolas ocas são elaboradas e montadas por partes, e com isso se obtêm algumas cavidades muito bonitas que produzem um bom efeito de sombra. Também me pareceu muito interessante o modo pelo qual ele mandou um rapazinho cinzelar com grande habilidade algumas coisas que não é possível modelar em formas como os ornamentos de uma guarnição oval cujas linhas deveriam todas convergir para um ponto central. Além de pequenos canivetes, formões e goivas, os homens trabalham também com grandes punções que eles mesmos afinam na extremidade inferior e enrolam em um trapo na outra ponta, a fim de poder segurá-los com mais comodidade. Das rosas grandes, um trabalhador hábil consegue finalizar apenas uma por dia. Eles trabalham com grande satisfação sob a direção de Isopi, pois veem o quanto sua habilidade se desenvolve. Isopi faz, desnecessário dizer, os modelos que então são transformados em forma e moldados. O que caracteriza o trabalho de Isopi, me parece, é que ele, como dito anteriormente, pensa sobretudo nas cavidades. Assim, por exemplo, os ovos dos conhecidos adornos arquitetônicos são especialmente moldados e colocados nas cavidades.

Um erro capital da antiga decoração de tetos é que ela existe quase para si mesma e simplesmente não corresponde ao que está abaixo dela, o que pode se dever ao fato de tudo ter sido feito muito rápido e ao acaso, algo que agora, com Isopi e Thouret, não mais pode acontecer. Aqui também vi confirmada, pela execução de seu trabalho, minha ideia de que, na decoração das colunas que devem ser dispostas em uma sala, só deve ser colocada a arquitrave, e não todo o vigamento. Assim, o arranjo se torna mais elevado, e o todo, mais leve e em conformidade com o conceito da construção.

Isopi não admite jamais uma cornija imediatamente colada ao teto; ela sempre deve ser precedida por uma leve curvatura que o gosto do arquiteto deve determinar, tomando como referência para a proporção em que ela deve ser vista a largura e o comprimento do cômodo.

Não vi a cor vermelha do damasco em parte alguma, a não ser em pequenos gabinetes, nos quais ela só aparecia em painéis estreitos ou de forma intercalada. Os cômodos maiores foram todos decorados com cores mais suaves, e de um modo tal que a seda tinha folhagens de uma coloração mais clara do que o fundo. Os assoalhos são todos em madeira de carvalho, sem variações, como os de Ludwigsburg, mas trabalhados de um modo excelente.

Sobre o edifício há uma cúpula que, contudo, só contém uma escada que leva até o balcão superior.

No jardim há uma casinha chamada das três cúpulas, também interessante, que em seu interior só tem tetos planos, de modo que as cúpulas são na verdade apenas uma decoração exterior.

Vi a amarílis beladona em flor, bem como, na Casa de Ferro, algumas belas plantas estrangeiras.[94]

Também fazia um belo efeito a flanela colorida utilizada como cobertura para o piso de pequenos gabinetes.

Nos cômodos inferiores do palácio há uma coleção de pinturas, dentre as quais se encontram algumas de boa qualidade, como um retrato de mulher de Holbein,[95] mas é especialmente bem pensado, composto e pintado um quadro representando uma velha mãe ocupada em passar a linha na agulha enquanto a filha costura com afinco e o amante ao lado dela parece lhe revelar seu desejo. O quadro tem figuras de meio corpo em tamanho quase natural.

---

94 Casa de Ferro: estufa em ferro e vidro com piso aquecido, construída em 1789, que representava uma novidade técnica na época.

95 Há dois pintores alemães com esse nome: Hans Holbein, o Velho (*c.* 1460-1524), e Hans Holbein, o Jovem (1497 ou 1498-1543).

Johann Wolfgang von Goethe

Algumas observações sobre a produção de vitrais

Na produção de vitrais, devem-se observar sobretudo o claro-escuro e a distribuição das cores.

O claro-escuro no lado da frente, ou seja, aquele voltado para o edifício, é feito em esmalte; os contornos podem, então, ser adicionados com o pincel ou, sobre as grandes superfícies, luz e sombra podem ser aplicadas. No segundo caso, o procedimento foi recobrir toda a lâmina com a base química, e se extrair a luz por meio de uma agulha; trata-se, pois, se assim se quiser, de uma espécie de gravura, ou melhor: trabalha-se como se, sobre um fundo escuro, se ressaltassem as luzes. Isso foi feito com a maior delicadeza e precisão. Se primeiro esmaltaram esse fundo para depois aplicar as cores do outro lado e novamente esmaltar, ou se tudo foi feito ao mesmo tempo, ainda não sei.

Com vistas ao colorido, há figuras pintadas sobre a superfície do vidro e outras montadas em vidro.

As primeiras têm apenas determinadas cores: podem aparecer de amarelo a vermelho-amarelado, azul, violeta e verde, mas jamais o púrpura. Provavelmente o ouro rubi precisa de um fogo mais forte do que os demais para se liquefazer e, portanto, não poderia ser aplicado ao mesmo tempo que aquelas outras cores.

Assim, se o desenho e o claro-escuro de uma imagem estivessem prontos, o outro lado recebia então as cores e o esmalte. Notável é a cor amarela que eles produziram, segundo a conhecida lei da ótica, através de um meio turvo; a parte da lâmina que no lado de dentro exibe um magnífico amarelo, parece, vista de fora, de um azul-claro sujo que limita com o esverdeado ou o violeta.

Quando queriam produzir o preto, deixavam a base química sobre o vidro intocada. Mas, como ainda assim ele seria transparente e marrom, eles a cobriam no lado de trás com um esmalte opaco, e assim o preto ficava completo.

Dada a grande infusibilidade do vidro vermelho ele foi, como mostram diversos exemplos, empregado apenas em peças isoladas. Na bela ocasião em que um bode branco deveria aparecer sobre fundo vermelho, procedeu-se da

"A campanha na França" e outros relatos de viagem

seguinte forma: primeiro se aplicou uma camada de esmalte púrpura sobre vidro branco, de modo que a lâmina toda apresentava uma bela coloração púrpura. Então se queimou a figura, segundo o desenho e o sombreado, do lado branco e, por fim, se raspou do lado de trás a cobertura vermelha do vidro em toda a superfície em que ela cobria a figura do bode, de modo que este apareceu em uma cor branca brilhante sobre o fundo colorido.

Assim que eu tornar a me deparar com certo número de peças dessas, completarei e organizarei meus comentários.

Stuttgart, 3 de setembro de 1797

Ontem visitei a biblioteca, que ocupa um enorme edifício de madeira no qual antigamente funcionava uma casa de comércio. Localiza-se na parte mais rica em comércio da cidade, tem o espaço ao seu redor livre, é verdade, mas não de modo a torná-la segura contra qualquer perigo de incêndio. A coleção de obras sobre arte, antiguidades e natureza é especialmente bela, assim como as coleções de poetas e do Direito positivo da Alemanha. Os bibliotecários são Petersen[96] e o conselheiro áulico Schott.[97]

Antes visitamos o professor Thouret, em casa de quem eu vi diversas coisas boas. Saiu-lhe especialmente bem-sucedida uma alegoria sobre a convalescença do duque. Tanto esta quanto uma alegoria da República Francesa, e uma Electra com Orestes e Pílades, demonstram seu domínio das composições simples simétricas e contrastantes; como também os esboços para um túmulo principesco e para o portal de uma cidade comprovam seus sólidos estudos de arquitetura. Por tudo isso, e pelos desenhos dele que vi em Hohenheim, vou recomendar que solicitem dele também um parecer para a decoração de nosso palácio.

Depois da refeição, fui à casa do embaixador da Prússia, Von Madeweiss, que, ao lado de sua esposa, me recebeu com muita amabilidade.[98] Encon-

---

96 Johann Wilhelm Petersen (1758-1815), bibliotecário, foi colega de escola de Schiller.
97 Johann Gottlieb Schott (1751-1813), bibliotecário, foi professor de História de Schiller.
98 Johann Georg von Madeweiss, embaixador da Prússia em Stuttgart de 1784 a 1806.

trei ali a condessa Königseck, o sr. e a sra. Von Varchimont e um sr. Von Wimpfen. Mostraram-me alguns quadros excelentes, que pertencem a Abel, o conselheiro de embaixada.[99] Primeiro, uma batalha de Wouwerman.[100] A cavalaria já ultrapassou uma parte da infantaria e está prestes a atacar um segundo membro, que atira naquele exato momento. Um corneteiro montado em um cavalo branco magro galopa em retirada, chamando por reforços.

O outro quadro é um Claude Lorrain de tamanho médio e de uma beleza extraordinária: um pôr do sol, também gravado em cobre por ele mesmo. Quase não há vegetação na imagem, apenas arquitetura, navios, mar e céu.[101]

À noite, em casa do sr. mestre de capela Zumsteeg, onde ouvi algumas belas peças musicais. Ele pôs em música, sob a forma de cantata, mas apenas com acompanhamento de piano, a *Colma*, servindo-se de minha tradução. Tem um efeito excelente e talvez possa ser arranjada para o teatro, algo em que terei de pensar depois de minha volta. Se pudermos reunir Fingal e seus heróis no salão, e imaginarmos Minona cantando, Ossian com a harpa a acompanhando, e escondermos o piano no teatro, a representação certamente não poderá deixar de ter efeito.[102]

Hoje fomos ao acampamento imperial.[103] Chegamos lá pelo caminho de Berg, contra a qual se dirigiu o principal ataque de Moreau,[104] depois Cannstadt; vimos Münster no fundo do vale. Atravessamos Schimiedheim

---

99 Konradin Christoph Abel (1750-1823), diplomata a serviço da Liga Hanseática.

100 Philips Wouwerman (1619-1668), pintor holandês do período barroco.

101 Claude Gellée (*c.* 1600-1682), conhecido como Claude Lorrain, pintor, desenhista e gravador francês.

102 Johann Rudolf Zumsteeg (1760-1802), maestro e compositor alemão, diretor da Ópera em Stuttgart; *Colma*: Goethe havia traduzido os "Cantos de Selma" do poeta Ossian, filho do rei Fingal, na verdade uma criação do escocês James Macpherson (1736-1796) que a fez passar por cantos épicos gaélicos coletados e traduzidos por ele. Essa tradução seria depois incluída no romance *Os sofrimentos do jovem Werther*. O lamento de Minona por Colma é um desses cantos.

103 O acampamento das tropas austríacas sob o comando do arquiduque Carl Ludwig Johann Joseph Laurentius von Österreich-Teschen (1771-1847), irmão do imperador austríaco Francisco I.

104 Jean Victor Marie Moreau (1763-1813), general francês, comandante do exército francês do Reno.

e começamos a avistar o acampamento. A ala esquerda limita com Mühlhausen, dali se estende sobre Aldingen até Hochberg. Em Neckar-Rems, fomos bem recebidos pelo capitão Jakardowsky, do Estado-maior, que só pela manhã nos mostrou o acampamento em si, da montanha de Hochberg, e pelo fim da tarde nos conduziu por toda a frente até Mülhhausen. Tomamos o caminho de Kornwestheim, pelo qual chegamos à estrada de Ludwigsburg, e dali regressamos à cidade.

No acampamento deve haver cerca de 25 mil homens, o quartel-general do arquiduque fica localizado em Hochberg.

O pároco de Neckar-Rems se chama Zeller,[105] o grão-bailio de Cansstadt é Seyffer, um irmão do professor em Göttingen.[106]

Stuttgart, 4 de setembro de 1797

Depois de, pela manhã, ter posto em papel diversos assuntos e despachado algumas cartas, fiz um passeio com o professor Dannecker e discuti com ele sobretudo meu propósito de encontrar um meio de empregar Isopi e Thouret também para nossos projetos em Weimar. Ao meio-dia, almocei na *table d'hôte*, onde um sr. Von Lieven, que se encontra aqui servindo na embaixada russa, se apresentou a mim como filho de um velho amigo de meus tempos de estudante.[107]

Em seguida visitei o sr. Beiling, cuja esposa tocou ao piano algumas coisas muito belas. Ele é um amante apaixonado da música, em especial do canto.

Dos tempos brilhantes do duque Karl, quando Jomelli dirigia a Ópera,[108] ainda está muito viva a impressão e o amor pela música italiana entre as pessoas mais velhas daqui. Pode-se ver o quanto algo que foi plantado com solidez um dia se preserva na memória do público. Infelizmente, a situação

---

105 Maximiliam Friedrich Zeller (1739-1809).

106 Johann Friedrich Seyffer (1746-1815), na grafia de Goethe Seyfarth: irmão de Karl Felix von Seyffer (1762-1822), professor de Astronomia em Göttingen.

107 Trata-se do barão Karl Georg von Lieven (1778-1826), filho do barão Friedrich Georg von Lieven (1748-1800), colega de estudos de Goethe em Leipzig.

108 Niccolò Jommelli (1714-1774), compositor italiano, um dos principais representantes da escola napolitana. Entre 1753 e 1768, dirigiu a Ópera de Stuttgart.

atual serve às autoridades como uma espécie de justificativa para que deixem pouco a pouco declinar e perecer as artes, que com poucos recursos se poderiam manter e vivificar aqui.

Dali fomos ao encontro da esposa de Abel, conselheiro de embaixada, onde reencontrei os dois quadros que havia visto em casa do sr. De Madeweiss. Além deles, mostraram-me também uma paisagem de Nicolas Poussin excelente e bem conservada,[109] e também outro Claude Lorrain dos primeiros tempos, infinitamente gracioso.

Fizemos depois um passeio pelas colinas de Weinberg, de onde se pode ver Stuttgart em toda a sua extensão e em suas diversas partes.

Stuttgart tem, de fato, três regiões e características; na parte de baixo parece um vilarejo, no centro uma cidade comercial e na parte de cima uma cidade da corte e de proprietários particulares.

Fomos ao teatro, onde representavam Ludwig Saltador.[110]

O balé, dessa vez um mero divertimento, estava muito alegre e bonito. Madame Pauli, recém-casada, mostrou-se uma dançarina muito bela e graciosa.

Os cidadãos de Stuttgart não estão nada insatisfeitos com seu teatro, embora aqui e ali se possa ouvir uma crítica.

Também me pareceu interessante hoje que o público, quando está reunido, seja como for, sempre revela um sentimento certeiro com seu silêncio ou seu aplauso. Tanto na peça de hoje como há poucos dias em *Don Carlos*, os atores quase nunca foram aplaudidos, mas a peça sim, algumas vezes; esta noite, porém, assim que a dançarina entrou, com seus movimentos de fato encantadores, o aplauso não se fez esperar.

Stuttgart, 5 de setembro de 1797

De manhã cedo no grande teatro. Vi lá diversos cenários que vêm ainda dos tempos de Colomba.[111] Devem ter uma presença muito boa no teatro, pois tudo é muito assimilável, dividido e pintado em grandes seções. Os

---

109 Nicolas Poussin (1594-1665), pintor francês.

110 Cf. n.41 deste capítulo.

111 Giovanni Battista Innocenzo Colomba (ou Colombo, 1717-1801), arquiteto, pintor e cenógrafo suíço.

"A campanha na França" e outros relatos de viagem

cenários de Frankfurt têm, contudo, a vantagem de uma arquitetura mais sólida lhes servir de base e de ser mais ricos, sem ser sobrecarregados; os daqui, por outro lado, podem em certo sentido ser chamados de vazios, embora devam provocar um efeito excelente, dado o tamanho do teatro e sua própria grandiosidade.

Depois estivemos em casa do sr. Meyer, dono de vários bons quadros. Ele me mostrou algumas peças com flores e frutas de um certo Wolfermann, que começou com trabalhos de História Natural, mas em seguida se formou na escola de Heem[112] e Huysum[113] e pinta extraordinariamente bem frutas e insetos, tanto em aquarela quanto em óleo. Como é pobre e mal pode se sustentar aqui, deveria ser fácil contratá-lo, e ele poderia prestar um excelente serviço futuramente na confecção de cenários, pintando as frutas, os insetos, as vasilhas e o que mais no gênero aparecesse, bem como mostrando o caminho certo para os outros. Também poderia ser aproveitado para a nova pintura em mármore, caso o professor Thouret quisesse antes instruí-lo.

Vi no tapeceiro da corte cadeiras de mogno; eram forradas com uma seda preta listrada, chamada *pékin satiné*, que produz um efeito excelente. De um modo especialmente belo se destacam nelas alguns passamanes vermelho-vivos de seda, com os quais são adornados os cantos das almofadas.

À tarde, estive em casa de Frommann, conselheiro de Estado, que me mostrou alguns belos quadros de sua propriedade, bem como outros pertencentes a Abel, o conselheiro de embaixada.[114] Dentre os últimos, destacava-se especialmente um fauno que chicoteia uma ninfa amarrada a uma árvore. A mesma ideia aparece nos *Scherzi d'amore* de Carracci,[115] e este quadro, excelentemente pintado, talvez seja de Ludovico.[116] Também esse

---

112 Jan Davidszoon de Heem (1606-1683/4), pintor holandês, especialmente de naturezas-mortas.

113 Jan van Huysum (1682-1749), pintor paisagista holandês que também se dedicou à pintura de flores e frutas.

114 Karl Heinrich Fromann (1736-1815), conselheiro de Estado e colecionador de arte.

115 Agostino Carracci (1557-1602), pintor e gravador italiano. Os *Scherzi d'amore* [Brincadeiras de amor] são uma série de treze calcografias.

116 Ludovico Carracci (1555-1619), pintor italiano, primo de Agostino Carracci.

apreciador adquiriu algumas coisas nos leilões franceses por um preço bem módico.

À noite, em casa de Rapp. Li um trecho de *Hermann e Doroteia*.

Stuttgart, 6 de setembro de 1797

De manhã cedo, recebi a visita do sr. professor Thouret, com quem conversei sobre as decorações arquitetônicas. Também vieram com ele o professor Heideloff, que infelizmente sofre muito da vista;[117] também um certo tenente-coronel Von Koudelka, dos austríacos, um jovem bem--apessoado, grande amante da música.[118] Depois fui com Thouret ver seu modelo para a sala oval em Stuttgart, que no todo é bem pensado; mas seria de se perguntar: se não se poderia tornar mais rica e graciosa a troca das longas fitas perpendiculares, que me parece tão pobre. Fui então com ele, Scheffauer[119] e um oficial de Württemberg que pinta muito bem visitar o castelo, onde não achei nada digno de imitação, antes diversos exemplos daquilo que deve ser evitado. Os mármores, mas em especial os alabastros (calcitas) da terra, se destacam muito bem, mas não foram utilizadas de modo feliz para a decoração. De resto, os cômodos são, poderíamos dizer, de uma distinção comum; assim, por exemplo, vemos muita arquitetura dourada sobre um fundo comum de gesso pintado de branco, as portas com seus dourados em forma de arabesco pintadas com têmpera, os tetos de Guibal segundo a maneira conhecida.[120]

Na sala de estar do atual duque, vi uma meia figura que faz pensar em Guercino;[121] uma paisagem dos primeiros tempos de Birmann;[122] um bom

---

117 Viktor Wilhelm Peter Heideloff (1757-1817), pintor alemão. Na corte do duque Karl Eugen, notabilizou-se como cenógrafo e pintor de decorações para as festividades da corte e para as paredes e tetos dos palácios.

118 Barão Joseph von Koudelka (1773-1850), oficial austríaco.

119 Cf. n.76 deste capítulo.

120 Nicolas Guibal (1725-1784), pintor da corte de Württemberg de origem francesa. Diretor da pinacoteca de Sttutgarg.

121 Giovanni Francesco Barbieri, chamado il Guercino (1591-1666), pintor italiano.

122 Peter Birmann (1758-1844), pintor suíço.

quadro de Hetsch, representando a mãe dos Graco como antípoda da vaidosa romana.

Percorri com o professor Thouret as diversas decorações que podem ser utilizadas nos ornamentos de um castelo, e observei o que segue.

A primeira coisa em que concordamos foi que, para decorar uma série de cômodos, é necessário antes de mais nada se tomar uma decisão quanto ao todo, seja quando confiamos o trabalho a um único artista, seja quando fazemos uma escolha para os diferentes cômodos dentre as sugestões de vários deles. Como, de todo modo, um empreendimento dessa natureza sempre custa uma grande soma de dinheiro, o mais importante é proceder por etapas, não desperdiçar o que é valioso no lugar errado e não se obrigar a fazer mais do que aquilo a que nos propusemos.

Assim, por exemplo, para os aposentos de nossa duquesa, cuja situação eu lhe descrevi, o principal a fazer é passar da distinção de uma antessala para a nobreza de uma antecâmara e para a pompa de uma sala de audiência; transformar a sala de cantos arredondados e o cômodo contíguo em uma passagem interna alegre, mas suntuosa; dali para o silêncio e o conforto da sala de estar e do quarto de dormir, e tornar o gabinete e a biblioteca adjacentes diversificados, elegantes e aprazíveis com decoro.

Falamos sobre a possibilidade de, por meio dos materiais empregados e das formas a ser definidas, dar a cada um desses cômodos um caráter próprio, e ao todo uma continuidade através de passagens e contrastes. Ele se ofereceu para fazer uma primeira proposta nesse gênero, que poderia ser utilizada como base para o trabalho futuro, desde que para isso lhe enviássemos a planta e as medidas dos cômodos.

Os tetos e as cornijas são as primeiras coisas com cuja definição e execução temos de nos ocupar, mas isso depende da decoração do cômodo, tanto nas proporções como em seu caráter ornamental.

As cornijas ou a passagem da parede para o teto podem ser feitas de duas maneiras: pode-se instalar uma cornija mais ou menos saliente no canto e assentar o teto imediatamente em cima dela, ou, então, ligar de modo suave a parede e o teto por meio de um friso côncavo maior ou menor. Qualquer uma dessas opções, por sua grande simplicidade, poderia servir para a antecâmara e, se combinássemos os elementos e as partes mais estreitamente, também seriam adequadas para os cômodos mais suntuosos. Mas os frisos côncavos sempre têm algo de alegre, e são adequados para ornamentações variadas. Isopi quer sempre ter um friso côncavo, mesmo sobre as cornijas arquitetônicas, a fim de conferir maior liberdade e relevo. Uma opinião que ainda precisa ser provada.

Cornijas e tetos estão em constante correlação; a simplicidade de uma determina a simplicidade do outro, e assim eles compartilham também suas variadas características. Estuque, dourados e pintura podem aqui competir uns com os outros e se sobressair. Já temos belíssimos exemplos disso nas casas romanas.

Quanto às paredes em si, elas estão passando pelas mais variadas transformações. Uma parede pintada de um branco impecável, da qual a estucatura se distingue por um tom leve, oferece o ornamento mais agradável e alegre para antessalas.

Muito importante para a decoração, porém, é o conhecimento: imitar o granito, o pórfiro e o mármore de diversas maneiras.

O conhecido tipo do assim chamado mármore de gesso produz o mais belo e maravilhoso efeito depois da pedra natural, porém é muito dispendioso e o trabalho avança muito lento; já na Itália, além dele, são utilizadas três outras espécies, que podem ser empregadas de acordo com os diferentes usos e dignidades dos cômodos, e todas as três produzem um efeito muito bom.

A primeira é pintada sobre cal úmida, em seguida é aplainada pelo pedreiro e recebe nova demão do pintor, de modo que ambos trabalham juntos; assim, podem deixar prontos 6 pés quadrados por dia. O novo salão de Hohenheim está sendo decorado dessa maneira, e provavelmente na primavera já será possível ver os resultados.

A segunda é o que os italianos chamam de *scagliola*, um tipo de mosaico úmido. As pilastras e os nichos trabalhados dessa maneira são revestidos com uma base de gesso de uma única cor. Quando essa base está seca, o artista, que para isso deve ter prática no procedimento, grava com uma ferramenta os veios ou qualquer desenho que se queira eventualmente fazer, depois preenche e pinta as cavidades com outra cor, servindo-se de uma pequena espátula. Após deixar secar, ele dá outra demão, e tantas quantas forem necessárias para obter o efeito desejado, e depois disso o todo é polido. Desse modo se pode, muito mais do que com a combinação de mármores, se aproximar da natureza e, com uma prática adequada, grande parte do trabalho deve se desenvolver com maior rapidez.

O terceiro é indicado para antessalas e cômodos que se quer tratar de maneira mais leve, mas deve também dar um ótimo resultado. O mármore é pintado com têmpera sobre a parede caiada e recoberto por uma camada de verniz à base de álcool.

O sr. Thouret se ofereceu para nos comunicar esses três tipos através da descrição, mas de preferência através da instrução pessoal. Ele desaconselha a pintura do mármore com óleo sobre a parede caiada, porque a obra adquire pouco a pouco uma coloração de bronze desagradável e contrária à natureza.

O uso da seda para ornamentar as paredes também deve ser levado em consideração. Recobrir uma parede inteira sempre tem algo de monótono; seria necessário então, de acordo com as dimensões e proporções do cômodo, adicionar volumosas fímbrias e, nos cômodos maiores, pelo menos pendurar algumas pinturas condignas.

De resto, os pequenos compartimentos forrados de seda, com estuque e mármore combinados, são sempre os mais agradáveis e ricos, como podemos ver pelo exemplo da Casa Romana.[123]

Uma vez que os espelhos também sempre foram vistos como parte da arquitetura e são embutidos na parede, jamais pendurados em molduras mais ou menos bárbaras, as molduras quase sempre ficam a cargo do estucador, e pelo menos o entalhador não tem muito a fazer nela. Por outro lado, é de se desejar que o trabalho de entalhe das portas, que no todo podem ter a mesma forma, seja realizado dentro das proporções; elas também devem sempre ser da cor da madeira, sobretudo porque com o folheado de madeiras diversas, entalhe, bronzeado e dourado se pode obter uma enorme variedade; uma porta branca, por sua vez, sempre tem algo de tolo.

Em lugar das dispendiosas ripas entalhadas, também é possível utilizar nos arremates do papel de parede, com um ótimo resultado, os ornamentos dourados impressos em papelão.

---

123 Casa Romana: um edifício do parque de Weimar, construído entre 1791 e 1798 para ser usado como casa de campo pelo duque Carl August.

Por causa dos lambris, considerou-se que, nos cômodos elevados, a altura dos peitoris das janelas devia ser de todo modo preservada, caso contrário, um lambri baixo sempre tem um efeito melhor, porque não deixa a parede parecer sobrecarregada.

Sobre o assoalho também foram feitas excelentes sugestões, que mais tarde serão dispostas no papel de maneira mais circunstanciada.

Um dos principais erros na decoração dos cômodos, que também foi cometido na primeira construção do edifício, foi que as grandes massas que se poderiam obter ou se obtiveram são separadas e divididas, o que faz parecer mesquinho mesmo o que é grande.

Isso ocorre, por exemplo, quando se dispõem em um salão colunas que têm apenas uma parte da altura das paredes, e logo acima delas se instala um ático até o teto. Um exemplo disso ainda pode ser visto no castelo incendiado de Stuttgart. Ou então quando se fazem os lambris despro-porcionalmente altos, ou as cornijas e frisos muito largos. Com esses procedimentos, é possível fazer tanto uma sala alta parecer baixa, como também, com o procedimento contrário, fazer corretamente uma sala baixa parecer alta. Estão sujeitos a esse erro todos aqueles que sempre pensam apenas em ornamentações variadas, sem ter em vista o conceito principal das massas, da unidade e das proporções.

6 de setembro

Depois do almoço, fui com Dannecker à casa de Rapp, onde encontrei um preparado osteológico muito singular.

Uma mulher cujos irmãos já haviam sofrido de uma enfermidade dos ossos sentia na primeira juventude uma dor atroz quando o maxilar supe-rior era tocado sob o olho esquerdo. Essa dor se estendia pouco a pouco para baixo até a metade do palato; surgiu aí um abcesso no qual se podia sentir algo de duro. Ela viveu dezenove anos e morreu de consumpção. A parte do crânio que se conservou depois que ela foi dissecada mostra as seguintes singularidades: a metade esquerda do *ossis intermaxillaris* contém dois bons dentes incisivos; o canino está faltando, e pelo pequeno alvéolo pode-se ver que ele deve ter caído logo depois da segunda dentição; em seguida vem um molar, então uma pequena lacuna, mas sem alvéolo, e sim com a borda aguçada; então um forte molar, seguido de um chamado dente do siso não de todo formado. Se observamos as narinas do preparado, encontramos a grande singularidade: sob a borda inferior do olho há um dente com a raiz em uma pequena massa óssea franzida; ele se estende obliquamente para trás e quase perfurou a parte do palato do maxilar superior logo atrás do *canalibus incisivis*, ou antes, a parte do palato está cariada por causa do contato antinatural, e uma abertura, maior do que sua coroa, está carcomida. A coroa avança apenas um pouco adiante da superfície do palato.

O dente não está completamente formado como os demais molares, sua raiz é simples e comprida e sua coroa não é completamente plana. Por tudo isso ele parece ser um dente sadio com um crescimento vigoroso, cujo caminho para seu devido lugar foi, contudo, obstruído por um crescimento rápido e desigual dos dentes vizinhos, de modo que ele se desenvolveu para trás, causando aquele transtorno. Talvez seja o molar faltante, de cujo alvéolo não se encontra nenhum sinal. De início, quase acreditei tratar-se do canino.

Se tivessem podido diagnosticar o caso, tenho certeza de que se conseguiria facilmente operar a pessoa, e o dente poderia ter sido extraído; se, porém, teria sido possível prolongar-lhe a vida, é quase de se duvidar, dada sua constituição frágil.

Pena que seccionaram apenas esse fragmento interessante e não conservaram a outra metade do maxilar, ou mesmo o crânio todo, de modo que pudéssemos observar a estrutura óssea também nas partes que não deixam ver nenhuma irregularidade evidente.

6 de setembro

À noite fui ao teatro, onde representavam os *Due litigante* de Sarti.[124] A atuação era muito fraca e insignificante.

---

124 *Fra i due litiganti il terzo gode* [Enquanto dois brigam, o terceiro leva a melhor]: *dramma giocoso* em três atos de Giuseppe Sarti (1729-1802) com libreto baseado na peça *Le nozze* [As bodas] de Carlo Goldoni (1707-1793).

O sr. Brand não é nada. Mademoiselle Bambus, uma desagradável nulidade. Madame Kaufmann, uma figurinha magra, de movimentos rígidos, voz agradável, cultivada, mas fraca. Mademoiselle Ferber não é nada. O sr. Krebs, um tenor agradável, sem expressão nem ação. O sr. Reuter, insignificante. O sr. Weberling, um certo tipo de humor divertido que se pode suportar, mas nada além disso.

Ouvi muitas pessoas que frequentam assiduamente o teatro falarem a respeito dele, e tudo quase sempre acaba em uma certa tolerância, fruto da necessidade de ver essas pessoas que sabem, enfim, angariar para si o favor do público, cada uma em um determinado papel.

O teatro, de resto, tem uma constituição tal que torna impossível qualquer melhoria.

De Stuttgart a Tübingen

Tübingen, 7 de setembro de 1797

Parti de Stuttgart às 5h30. Do alto da colina atrás de Hohenheim, o caminho seguia por uma bela alameda de árvores frutíferas, de onde podemos nos deleitar com uma vista ampla das montanhas do Neckar. Em seguida atravessamos Echterdingen, uma alegre aldeia bem construída, e então a estrada prossegue por subidas e descidas, cruzando os vales que enviam suas águas para o Neckar.

Acima de Waldenbuch, que se situa no vale e onde chegamos às 8h30, temos a bela vista de uma região fértil, mas acidentada e áspera, com diversos vilarejos, campos cultivados, prados e floresta. Waldenbuch é, em si, uma localidade bonita, situada entre colinas com prados, campos, vinhedos e floresta, e um castelo senhorial, morada do diretor da guarda florestal.

Um cultivo semelhante perdura até Dettenhausen, mas a região é mais áspera e sem vinhedos. Vimos mulheres e crianças espadelando o linho. Seguindo em frente, o terreno se torna um pouco mais plano. Carvalhos isolados crescem aqui e ali pela trilha do gado, e desfrutamos da bela vista das montanhas do Neckar, agora mais próximas, bem como de um panorama do variegado Vale do Neckar. Logo avistamos o castelo de Tübingen e seguimos através de uma graciosa mata ciliar até entrar na cidade, onde nos hospedamos em casa de Cotta.

Cotta apresentou-me ao sr. dr. Gmelin, e ao cair da tarde saí com ambos para observar a vizinhança.[125] Do jardim do dr. Gmelin abre-se para nós, ao mesmo tempo, o panorama dos vales do Ammer e do Neckar. As encostas de uma montanha de arenito bem cultivadas separam os dois vales, e Tübingen se situa em uma pequena saliência dessa encosta, como que sobre uma sela, de frente para ambos os vales. Acima fica o castelo, abaixo a montanha foi escavada a fim de desviar o Ammer para os moinhos e fazê-lo atravessar um pedaço da cidade. Para além da cidade, a maior parte da água é coletada em um fosso; o restante dela corre no leito normal ainda por um longo trecho, assim como a água das chuvas, até se encontrar com as do Neckar.

A existência da cidade está baseada na Academia e nos grandes seminários; o solo ao redor provê a menor parte de suas necessidades.

A cidade em si tem três características distintas: a encosta voltada para o leste, para o lado do Neckar, exibe os grandes edifícios da escola, do mosteiro e do seminário; o centro se assemelha a uma velha cidade comercial construída ao acaso; a encosta voltada para o oeste, para o lado do Ammer, assim como a parte baixa e plana, é habitada por hortelões e agricultores; é extremamente mal construída, de modo bastante precário, e as ruas estão sempre sujíssimas de tanto esterco.

Tübingen, 8 de setembro de 1797

Na hora do almoço fui apresentado ao sr. Plouquet,[126] aos irmãos Gmelin[127] e ao sr. Schott.[128] No jardim de Plouquet, situado na colina que começa a se elevar de novo abaixo da cidade, a vista é muito agradável; podemos ver os dois vales, e ao mesmo tempo a cidade diante de nós. No

---

125 Christian Gottlob Gmelin (1749-1809), médico e farmacêutico em Tübingen.
126 Wilhelm Gottfried Plouquet (1744-1814), professor de Medicina.
127 Christian Gmelin (1749-1818) e Christian Gottlieb Gmelin (1750-1823), professores de Direito.
128 Andreas Heinrich Schott (1751-1831), professor de Filosofia e bibliotecário.

lado oposto ao Vale do Neckar, mostram-se as montanhas mais altas para as bandas do Danúbio, em uma cadeia austera.

9 de setembro de 1797

Ao cair da tarde, fui com Cotta ao castelo.[129] Nas salas se encontram, tanto no teto quanto nas paredes e janelas, belos exemplos do antigo estilo de ornamentação, ou antes, daquela maneira de determinar as partes da construção interna segundo certas necessidades ou conceitos. Considerando que vez por outra exigimos tais informações de um arquiteto, aqui ele poderia fazer diversos estudos que, empregados com bom gosto, produziriam um belo efeito.

À noite, li e folheei o breve ensaio de Kant contra Schlosser,[130] o almanaque dos jardins[131] e a pequena geografia de Württemberg.[132]

10 de setembro de 1797

Hoje cedo discuti com o professor Kielmeyer, que me fez uma visita, diversos aspectos da anatomia e fisiologia das naturezas orgânicas.[133] Seu programa, que serve de base para suas aulas, será publicado em breve. Ele me expôs suas ideias, dizendo como tem a tendência de ligar as leis da natureza orgânica às leis gerais da Física, por exemplo a da polaridade, a da

---

129 Castelo Hohentübingen, construído no século XI e ampliado nos séculos XVI e XVII.

130 *Verkündung des nahen Abschlusses eines Traktats zum ewigen Frieden in der Philosophie* [Anúncio da conclusão iminente de um tratado para a paz eterna na Filosofia] (1796), de Immanuel Kant (1724-1804), escrito em resposta ao ensaio *Schreiben an einen jungen Mann, der die kritische Philosophie studieren wollte* [Escrito a um jovem que queria estudar a filosofia crítica], de Johann Georg Schlosser (1739-1799), cunhado de Goethe, no qual Schlosser acusava a filosofia de Kant de ser contrária à razão e eticamente duvidosa.

131 *Gartenkalendar*, publicado de 1795 a 1806.

132 *Kleine Geographie von Wirtemberg* [Pequena geografia de Wirtemberg] (1796), de Friedrich Christian Franz (1751-1828).

133 Karl Friedrich Kielmeyer (1765-1844), professor de Medicina e Química.

"A campanha na França" e outros relatos de viagem

correlação e disposição mútua dos extremos, da energia de expansão dos líquidos expansíveis.

Ele me mostrou alguns desenhos magistrais de História Natural e Anatomia, que haviam sido incluídos em cartas apenas para facilitar a compreensão, feitos por George Cuvier, de Montbéliard, atualmente professor de Anatomia Comparada no Instituto Nacional de Paris.[134] Conversamos sobre diversos aspectos de seus estudos, seu modo de vida, seus trabalhos. Por sua índole e situação, ele parece não desfrutar de toda a liberdade que seria de desejar para um homem com seu talento.

Sobre a ideia de que as naturezas orgânicas superiores avançam alguns estágios em seu desenvolvimento além daqueles nos quais permanecem as que lhes ficam atrás. Sobre a importante observação da ecdise, das anastomoses, do sistema do ceco, das evoluções simultâneas e sucessivas.

11 de setembro

Ditado de diversos escritos destinados a Weimar. Na igreja, visita aos vitrais coloridos do coro.[135] Um escrito sobre esse tema. Almoço com o professor Schnurrer,[136] depois visita aos senhores a quem fui apresentado aqui na casa, e também ao professor Majer.[137] À noite, recebi a notícia da declaração de guerra do Diretório ao Conselho dos Quinhentos.[138] Dia chuvoso.

---

134 Georges Léopold Chrétien Frédéric Dagobert, barão de Cuvier (1769-1832), naturalista francês, criador da Anatomia Comparada.

135 A igreja colegiada de São Jorge em Tübingen, construída entre 1470 e 1490.

136 Christian Friedrich Schnurrer (1742-1822), teólogo, orientalista e filólogo.

137 Johann Christian Majer (1741-1821), jurista, professor de Direito em Kiel e Tübingen.

138 No dia 4 de setembro de 1797 (18 Frutidor ano V), três dos cinco membros do Diretório, Paul Barras (1755-1829), Jean-François Reubell (1747-1807) e Louis Marie de la Révellière-Lépeaux (1753-1824), com o apoio de militares republicanos, afastaram e baniram os dois outros membros, François Barthélemy (1747-1830) e Lazare Carnot (1753-1823), e deram um golpe de Estado contra a maioria monarquista nas duas Câmaras do Parlamento (o "Conselho dos Quinhentos" e o "Conselho dos Anciões"). Como consequência, o clima de terror voltou a reinar, embora dessa vez os acusados não fossem mais guilhotinados, e sim deportados para outros territórios fora da Europa, muitas vezes sob pena de trabalhos forçados.

Johann Wolfgang von Goethe

Ao duque de Weimar

Tübingen, 11 de setembro de 1797

Desde 25 de agosto, dia em que parti de Frankfurt, trilhei lentamente meu caminho até aqui. Viajei sempre durante o dia e agora, graças ao bom tempo, tenho uma ideia clara das regiões que percorri, de sua situação, condições, fisionomia e produtividade. Em virtude da tranquilidade com que sigo meu caminho, eu aprendo, embora um pouco tarde, a viajar. Existe um método pelo qual podemos afinal nos dar conta, em um certo tempo, das condições de uma localidade e de uma região, e da existência de algumas pessoas excelentes em particular. Eu digo *nos dar conta* porque o viajante não pode exigir de si quase nada além disso; já é bastante que ele aprenda a traçar um contorno fiel à natureza e, em todo caso, que saiba distribuir as grandes partes de luz e sombra; no acabamento ele não precisa pensar.

O prazer das belas horas que me levaram através das estradas das montanhas foi em certa medida prejudicado pelos caminhos avariados. Em dois dias muito bonitos, pude contemplar Heidelberg e suas vizinhanças com admiração e, creio que posso também dizer, com espanto. De diferentes ângulos, as paisagens se aproximam do ideal que o pintor, a partir de diversas condições naturais felizes, reúne plasticamente em sua fantasia criadora. O caminho de lá até Heilbronn é em parte muito estimulante para os olhos, e em parte, graças à visão de sua fertilidade, deleitoso.

Heilbronn interessou-me bastante, tanto por sua situação, visivelmente fértil, bem cultivada, como também pela prosperidade de seus cidadãos e pela boa administração de suas autoridades. Gostaria de ter conhecido esse pequeno círculo mais de perto.

De lá até Stuttgart, ficamos quase ébrios e fatigados pela uniformidade de uma cultura exitosa. Em Ludwigsburg, visitei o único castelo e admirei as maravilhosas arborizações em forma de alamedas que se estendem ao longo das principais vias de toda a localidade.

Permaneci nove dias em Stuttgart. A cidade ocupa seu lugar com muita graça no vale austero e bem cultivado, e os arredores, tanto para o lado das colinas quanto para o lado do Neckar, são muito singulares, de modo bem variado.

"A campanha na França" e outros relatos de viagem

É muito interessante observar em que ponto se encontram as artes atualmente em Stuttgart. O duque Carl, a quem, por seus empreendimentos, não se pode negar uma certa grandeza, agia, contudo, apenas no sentido de satisfazer suas paixões momentâneas, no da realização de fantasias variáveis. Mas, uma vez que trabalhava tendo em vista a aparência, a representação e o efeito, ele dependia especialmente dos artistas e, embora tivesse em vista apenas o objetivo mais comezinho, não podia, contudo, deixar de promover os mais altos.

Em tempos passados, ele favorecia o teatro lírico e as grandes festas; procurava contratar os mestres, a fim de apresentar esses espetáculos com a maior perfeição. Essa época ficou para trás, mas restou um grande número de apreciadores, e da totalidade de sua academia fazia parte também o ensino da música, do canto, da arte dramática e da dança. Tudo isso ainda se mantém, mas não mais como uma instituição viva, florescente, e sim estagnada e minguante.

A música pode se preservar ao máximo. Com sorte, esse talento pode ser exercido até uma idade avançada; também é, no que se refere aos instrumentos em particular, mais universal, e acessível aos jovens. O teatro, ao contrário, está sujeito a mudanças muito mais rápidas e, em certa medida, é uma infelicidade quando o pessoal de um palco em especial se mantém junto por um longo espaço de tempo; um certo tom e um certo ramerrão se reproduzem com facilidade; assim, por exemplo, é que se pode facilmente perceber no teatro de Stuttgart, por certa rigidez e secura, suas origens acadêmicas. Se, como dissemos, um teatro não for renovado com a devida frequência por novos atores, ele não poderá deixar de perder todo o seu encanto. Vozes de cantores duram apenas por um tempo determinado; a juventude exigida por certos papéis passa, e assim uma plateia tem apenas aquela espécie de alegria minguada propiciada pelo costume e pela indulgência arraigada. É o que ocorre atualmente em Stuttgart, e permanecerá assim por muito tempo ainda, pois uma estranha constituição da direção do teatro torna difícil qualquer melhora.

Miholé foi embora, em seu lugar foi contratado outro empresário que recolhe as contribuições da corte e do público e presta contas delas, bem como das despesas. Se houver algum prejuízo, tem de arcar sozinho com ele; seu ganho, ao contrário, só pode subir até determinada soma, o que lucrar além dela ele tem de dividir com a direção do teatro ducal. Pode-se ver como, com um arranjo desses, se paralisa tudo que poderia ser feito para a melhora do teatro. Uma parte dos velhos atores não pode ser dispensada.

Com o balé, ocorre mais ou menos o mesmo do que se passa com a música. Figurantes duram bastante tempo, assim como os instrumentistas, e não são difíceis de substituir; assim, dançarinas e dançarinos podem continuar a ser encantadores mesmo em uma idade avançada; nesse entretempo, sempre se encontram jovens sucessores. É também o que ocorre em Stuttgart. O balé segue em seu passo de sempre, e eles têm uma jovem dançarina muito encantadora, à qual, para ser muito interessante, faltam apenas certa variedade de movimentos e um pouco mais de personalidade em sua performance. Vi apenas alguns divertimentos.

Dentre os proprietários, conservou-se muito amor pela música, e há algumas famílias que discretamente se entretêm muito bem com o piano e o canto. Todos falam com entusiasmo daqueles tempos brilhantes em que seu gosto começou a se formar, e abominam a música e o canto alemães.

Escultores e pintores, assim que estivessem em certa medida preparados, o duque os enviava a Paris e Roma. Formaram-se alguns homens excelentes, que em parte estão aqui, em parte ainda no estrangeiro. Também entre amadores se disseminou o gosto pelo desenho, pela pintura e pelo modelamento; surgiram coleções mais ou menos interessantes de quadros e gravuras que proporcionam aos seus possuidores um agradável entretenimento, bem como uma comunicação espirituosa com outros amigos.

Chama muito a atenção que o duque não tenha promovido do mesmo modo, entre os jovens, justo a arte de que ele mais precisava, a arquitetura, e não tenha formado as instituições tão necessárias para ela; pois não conheço nenhum que tenha viajado para estudar Arquitetura. É possível que ele se contentasse com pessoas que tinha ao redor de si, com as quais estava acostumado, e quisesse ver suas próprias ideias postas mais ou menos em prática por essas pessoas. O resultado é que, diante de tudo o que aconteceu em Ludwigsburg, Stuttgart e Hohenheim, só nos resta lamentar o material, o dinheiro, o tempo e também o desperdício de energia e da oportunidade de fazer algo de bom. Uma sala na qual estão trabalhando neste momento promete, enfim, ser decorada com bom gosto. Isopi, um excelente decorador que o duque mandou vir de Roma pouco tempo antes de sua morte,

"A campanha na França" e outros relatos de viagem

realiza os trabalhos segundo os desenhos de Thouret. Este é um jovem pintor cheio de vivacidade que se entregou com muita vontade à arquitetura.

A calcografia se encontra aqui, de fato, em um ponto alto; o professor Müller é um dos primeiros artistas nessa especialidade e tem uma escola muito ampla que, enquanto ele se ocupa apenas dos trabalhos grandes, atende, sob sua supervisão, a necessidades menores do mercado editorial.[139] O professor Leybold, discípulo dele, também trabalhava apenas com chapas maiores e, se se transferisse para outro lugar, logo iria realizar o mesmo que o professor Müller aqui no tocante à criação de uma escola.[140]

Quando abarcamos com um só olhar todos esses ramos da arte que mencionei e outros que ainda se difundem ainda mais longe, facilmente nos convencemos de que apenas durante um governo tão longo, sob a direção própria de um príncipe, uma tal safra pode ser plantada e colhida; podemos mesmo dizer: que os frutos tardios e melhores só agora começam a amadurecer. Diante disso, é uma pena não se reconhecer hoje o grande capital que se tem ali, e como seriam moderados os custos necessários para preservá-lo e fazê-lo alcançar alturas muito maiores ainda. Mas ninguém parece ver o grande grau de influência que as artes, associadas às ciências, ao trabalho e ao comércio, podem exercer em um estado. As restrições que o atual momento impõe começaram por elas e, com isso, aborreceram muita gente boa e despertaram nela o desejo de ir embora.

Talvez em outros lugares essa época venha a ser aproveitada e, por um preço razoável, se venha a adquirir parte da cultura que se desenvolveu aqui graças ao tempo, às circunstâncias e às grandes despesas.

De orientações científicas, de fato, pouco se vê em Stuttgart; com a Hohe Karlschule elas parecem ter, se não desaparecido, se tornado muito isoladas.[141]

Visitei o embaixador prussiano Madeweiss e vi em sua casa alguns quadros muito belos, pertencentes a Abel, o conselheiro de embaixada, que se encontra atualmente em Paris. A coleção desse senhor, que soube salvar do

---

139 Müller: cf. n.79 deste capítulo.

140 Johann Friedrich Leybold (1755-1838), pintor miniaturista e calcógrafo.

141 A Karlschule funcionou entre 1770 e 1775 no castelo Solitude e posteriormente em Stuttgart, como academia militar e escola de arte. De 1781, quando foi elevada à categoria de universidade, até sua dissolução, em 1794, recebeu o nome de Hohe Karlschule.

naufrágio francês, para si e para seus amigos, quadros muito estimáveis, foi, por medo dos franceses, distribuída pelas casas de seus amigos, onde pouco a pouco pude rastreá-la.

Vi na comédia a figura muito corpulenta do príncipe herdeiro; uma tipoia preta na qual ele trazia o braço recentemente quebrado durante uma caçada aumentava ainda mais seu volume.[142] A princesa herdeira tem uma bela constituição e uma aparência agradável e inteligente; até onde pude observar por seus efeitos, sua conduta, tanto no íntimo quanto no exterior, é extremamente sensata e adequada às circunstâncias.[143] O duque regente parece, depois do ataque de apoplexia que o abateu em junho do ano passado, ir levando a vida de modo apenas sofrível. As ondas do Parlamento amainaram e agora se espera para ver o que se decantará depois da purificação.[144]

Fiz em boa companhia o caminho para Cannstadt e Neckar-Rems a fim de ver o acampamento das tropas austríacas de mais ou menos 25 mil homens, que se localiza entre Hochberg e Mühlhausen e tem atrás de si o Neckar; ali, como é natural, tudo é muito limpo e ordeiro.

Depois observei também Hohenheim com atenção, empregando para isso um dia inteiro. O castelo muito amplo — com seus edifícios anexos e o jardim salpicado de aberrações de uma fantasia inquieta e mesquinha — oferece, mesmo de maneira isolada, pouca coisa satisfatória; apenas aqui e ali encontramos algo que, mais bem tratado, teria produzido um bom efeito.

Encontrei em Stuttgart um comerciante operoso, anfitrião agradável e bem informado amigo das artes, que mostra muito talento em seus próprios trabalhos e atende pelo nome de Rapp;[145] a ele devo alguns momentos de prazer e de instrução. O professor Dannecker[146] é, como artista e

---

142 Príncipe herdeiro: Friedrich Wilhelm Karl von Württemberg (1754-1816). De 1797 a 1803, duque de Württemberg; de 1803 a 1806, príncipe eleitor; e de 1806 até sua morte em 1816, com o nome de Friedrich I, primeiro rei de Württemberg. Sua proverbial corpulência lhe valeu o epíteto de *Der dicke Friedrich* [O gordo Friedrich].

143 Charlotte Augusta Matilda: princesa real da Grã-Bretanha, Irlanda e Hanover (1766-1828), segunda esposa de Friedrich Wilhelm, e futura rainha de Württemberg.

144 Em 1797, o Parlamento de Württemberg havia sido convocado pela primeira vez desde 1770, e protestou contra a arbitrariedade absolutista do ducado.

145 Cf. n.70 deste capítulo.

146 Cf. n.72 deste capítulo.

"A campanha na França" e outros relatos de viagem

como pessoa, uma natureza magnífica e, em uma atmosfera artística mais rica, produziria ainda mais do que aqui, onde tem de tirar muita coisa de si mesmo.

Assim, finalmente parti de Stuttgart, viajando através de uma região sem dúvida ainda fértil, mas em muitos aspectos áspera, e cheguei então aos pés das montanhas elevadas que já anunciam o que nos espera mais adiante.[147] Já travei conhecimento aqui com grande parte dos professores, e também já observei os belos arredores, que têm um caráter duplo, pois Tübingen está situada na encosta de uma montanha entre dois vales, em um dos quais corre o Neckar, e no outro o Ammer.

Posso constatar com espanto o quanto são fugazes os rastros das coisas na memória, pois não me ficou nenhum traço da imagem de Tübingen com os quais entramos em contato há tantos anos, naquela estranha e agradável expedição cavalheiresca.[148]

A academia daqui é muito fraca, embora conte com pessoas de grandes méritos e empregue uma grande soma de dinheiro nos vários institutos; mas a velha forma contradiz qualquer vida progressiva, os resultados não se engrenam uns aos outros e, com a preocupação voltada a manter as diferentes instituições nos velhos trilhos, não se pode dar atenção ao que se fez desde sempre e agora, de outra maneira, se poderia e deveria fazer. O sentido principal de uma constituição como a de Württemberg continua a ser: manter firmes e seguros os meios para se atingir os fins, e justamente por isso os fins, que são eles mesmos mutáveis, não podem ser atingidos.

Tübingen, 11 de setembro de 1797

Sobre a produção de vitrais (continuação)

No coro da igreja de Tübingen se encontram vitrais coloridos, os quais eu examinei e fiz as seguintes observações:[149]

---

147 Montanhas: os Alpes Suábios.

148 Referência à segunda viagem de Goethe à Suíça, no ano de 1779, em companhia do duque Carl August von Sachsen-Weimar-Eisenach (1757-1828).

149 Igreja: cf. n.135 deste capítulo.

Com referência ao fundo

Este é amarronzado, parece ter sido logo aplicado e, quando seco, tracejado com agulhas. Com as luzes altas, o fundo é drasticamente anulado; o restante do ordenamento, contudo, é evidenciado com pequenas pinceladas, da mesma forma como obtemos com giz um realce sobre fundo escuro. Dessa forma se produz o ordenamento, e a imagem se encontra na face voltada para dentro. O fundo é rústico e infusível, tendo de ser queimado no vidro com um fogo intenso; os mais finos traços de agulha estão lá com toda a sua nitidez; com isso, seria possível operar sobre vidros brancos e sobre qualquer outro. Aqui se encontram pássaros e outras espécies de animais gravados com uma incrível habilidade sobre fundo amarelo; tanto os contornos quanto as sombras mais profundas parecem feitos com o pincel, de modo que o primeiro fundo já deve ser visto como uma forte tinta intermediária.

Com referência ao colorido

A esse respeito, pouco se pode aprender com os vitrais de Tübingen, pois são extremamente compostos. É verdade que sofreram bastante e, além disso, montados com enorme inabilidade, mas podemos ver que desde o início foram montados com peças pequenas, como, por exemplo, as partes isoladas de uma armadura, que, afinal, é toda ela de uma única cor.

Quando aqui, em um único vitral, são utilizadas duas, ou mesmo três cores, isso é feito por meio da raspagem. Dá um ótimo resultado quando um bordado branco é aplicado por raspagem sobre uma roupa colorida. Essa raspagem é utilizada sobretudo em brasões. Desenhar as roupas brancas com as demais peças do vestuário por meio da raspagem daria um ótimo efeito. Assim se poderia, por exemplo, representar de uma vez só uma infinidade de cores. Aplica-se uma camada de púrpura derretida sobre um vidro branco, a cor negra é pintada sobre a púrpura, as demais são extraídas por meio de raspagem, e no lado de trás do branco podem ser aplicadas as outras cores que se desejar. Uma púrpura finíssima produz um efeito magnífico, e ocuparia adequadamente seu lugar em um colorido do maior bom gosto. Do mesmo modo seria possível aplicar o amarelo sobre a púrpura e obter uma cor por meio da raspagem.

"A campanha na França" e outros relatos de viagem

Vi aqui o preto aplicado no lado interno em uma camada bem espessa. Desse modo são produzidos sobre vidros coloridos tanto as partes pretas dos brasões quanto os grandes adereços.

Para a madeira, a pedra e outros materiais secundários há tons muito graciosos que são formados a partir do uso das cores verde, vermelha, amarela e violeta sobre o marrom. Com isso, em pinturas de maior bom gosto, os fundos deveriam ser executados com a maior suavidade.

A cor da carne não é, de fato, nem de longe tão boa, ela se eleva do amarelo ao amarelo-avermelhado; em figuras secundárias, pude observar até mesmo um marrom violáceo. Mas se quisermos mesmo tentar algo desse tipo, devemos fazer um estilete e realizar os trabalhos segundo as possibilidades mecânicas.

As cores principais estão todas ali, e em toda a sua energia e abundância.

Um azul-escuro é excelente. Um azul-claro parece mais novo. Uma espécie de azul-aço, talvez produzido por detrás com o uso de um esmalte cinzento. O amarelo, desde o mais claro até o laranja, e até mesmo o vermelho-cerâmica, verde-esmeralda, amarelo-esverdeado, violeta, tanto um azulado quanto um avermelhado, ambos muito belos. Púrpura em todas as tonalidades, claras e escuras, do maior esplendor.

Como já foi dito antes, se quisermos, podemos matar essas cores principais, e deveríamos produzir não apenas essa harmonia vivaz e violenta, mas também uma agradável.

A Schiller

Tübingen, 14 de setembro de 1797

Desde o dia 4 de setembro, quando enviei minha última carta, tudo correu da melhor forma comigo. Permaneci em Stuttgart ainda três dias, durante os quais conheci algumas pessoas e observei várias coisas interessantes. Quando pude perceber que minha relação com Rapp e Dannecker se intensificava, e que ambos não eram avessos a compreender certos princípios muito importantes para mim do ponto de vista teórico, e que eles, por sua vez, também me transmitiam algumas coisas boas, agradáveis e úteis, decidi-me a ler-lhes meu *Hermann*, o que pude fazer em uma noite. Tinha todos os motivos para alegrar-me com o efeito que ele causou, e essas horas se tornaram produtivas para todos nós.

Agora, desde o dia 7, estou em Tübingen, cujos arredores contemplei com prazer nos primeiros dias com tempo bom, e que agora um triste período de chuvas, com companhias amáveis, os priva de sua influência. Tenho um quarto acolhedor na casa de Cotta e, entre a igreja velha e o edifício da Academia, uma vista agradável, embora estreita, para o Vale do Neckar. Entrementes, preparo-me para a partida, e a próxima carta que o senhor receber de mim será enviada de Stäfa. Meyer está muito bem e espera por mim com ansiedade. Não é possível calcular minimamente o que nosso encontro poderá significar para cada um de nós.

Quanto mais de perto conheço Cotta, mais gosto dele. Para um homem que tem um modo de pensar ambicioso e uma maneira de agir arrojada, há nele tanta moderação, suavidade, serenidade, tanta clareza e perseverança, que para mim ele é um fenômeno raro. Conheci vários professores daqui, homens de grande valor em suas especialidades, modos de pensar e formas de vida, que parecem estar bem em sua situação, sem que tenham necessidade de uma circulação acadêmica muito movimentada. As grandes instituições se parecem com os grandes edifícios nas quais estão encerradas; erguem-se como colossos tranquilos fundados sobre si mesmos e não produzem nenhuma atividade intensa, de que não precisam para sua conservação.

Causou-me uma estranha surpresa aqui um pequeno escrito de Kant que o senhor decerto também conhece: "Anúncio da conclusão iminente de um tratado para a paz eterna na Filosofia"; um produto muito apreciável de sua conhecida forma de pensar que, como tudo que vem dele, contém passagens magníficas, mas, também, quanto à composição e ao estilo, é mais kantiana do que kantiana. Causa-me um grande prazer que os filósofos distintos e os pregadores do preconceito o irritem tanto a ponto de levá-lo a se contrapor a eles com toda a violência. Contudo, segundo me parece, ele comete uma injustiça contra Schlosser ao acusá-lo, ao menos de forma indireta, de desonestidade. Se Schlosser erra, provavelmente é ao atribuir à sua convicção íntima uma realidade voltada para o exterior, e por força de seu caráter e de seu modo de pensar ele não pode deixar de fazê-lo; ademais, quem é que, na teoria e na prática, é livre de tal pretensão? Para concluir, envio-lhe aqui a cópia de um pequeno divertimento; mas não faça por ora nenhum uso dele. Seguem-se a essa introdução três canções à maneira alemã, francesa e espanhola que compõem, juntas, um pequeno romance.[150]

O jovem nobre e a moleira

À antiga maneira inglesa

Jovem nobre
Para onde? Para onde?
Bela moleira!
Como te chamas?

Moleira
Liese.

Jovem nobre
E para onde? Para onde,
Com o ancinho na mão?

Moleira
Para a terra de meu pai,
Para o prado de meu pai!

Jovem nobre
E vais assim sozinha?

---

150 Três canções: *Der Junggeselle und der Mühlbach* [O jovem aprendiz e o riacho do moinho], com a designação "alemão antigo"; *Der Müllerin Reue* [O arrependimento da moleira], com a designação "espanhola"; e uma primeira versão de *Der Müllerin Verrat* [A traição da moleira], que remete a uma fonte francesa.

Moleira
O feno deve ser recolhido,
Por isso o ancinho;
E no pomar ao seu lado,
As peras amadurecem,
Quero colhê-las.

Jovem nobre
Não há um caramanchão tranquilo também?

Moleira
Há até dois,
Um em cada canto.

Jovem nobre
Eu te acompanho,
E no quente meio-dia
Iremos nos esconder ali.
Não é mesmo? Na aconchegante casa verde...

Moleira
Ia dar o que falar.

Jovem nobre
Repousarias em meus braços?

Moleira
De modo algum!
Pois quem beija a bela moleira
É traído na mesma hora.
Seria uma pena
Manchar de branco
Tua bela roupa escura.

"A campanha na França" e outros relatos de viagem

Cada qual com seu igual! Só assim é que é certo!

E por isso quero viver e morrer.

Eu amo o servo do moleiro,

E a ele não posso arruinar.[151]

De Tübingen a Schaffhausen

16 de setembro de 1797

Às 4 horas, partimos de Tübingen. Assim que saímos de Württemberg, o caminho se torna ruim. À esquerda temos as montanhas, a cujos pés se forma um vale no qual corre o Steinlach.

Chegamos a Hechingen às 7h30; situa-se parte no vale, parte na colina com o castelo, e uma belíssima vista nos recebe na entrada. Lá embaixo, entre os prados e os campos cultivados, há um mosteiro[152] e, atrás dele, sobre a montanha, o Castelo Hohenzollern.[153] Sobre a ponte, encontrei depois de muito tempo o primeiro São Nepomuceno, que também era

---

151 Der Edelknabe und die Müllerin: *Edelknabe:* Wohin, wohin?/ Schöne Müllerin!/ Wie heißt du?// *Müllerin:* Liese.// *Edelknabe:* Wohin denn? Wohin,/ Mir dem Rechen in der Hand?// *Müllerin:* Auf des Vaters Land, Auf des Vaters Wiese.// *Edelknabe:* Und gehst so allein? // *Müllerin:* Das Heu soll herein,/ Das bedeutet der Rechen;/ Und im Garten daran/ Fangen die Birn' zu reifen an;/ Die will ich brechen.// *Edelknabe:* Ist nicht eine stille Laube dabei?// *Müllerin:* Sogar ihrer zwei,/ An beiden Ecken.// *Edelknabe:* Ich komme dir nach,/ Und am heißen Mittag/ Wollen wir uns drein verstecken./ Nicht wahr? im grünen vertraulichen Haus – // *Müllerin:* Das gäbe Geschichten!// *Edelknabe:* Ruhst du in meinen Armen aus?// *Müllerin:* Mit nichten!/ Denn wer die artige Müllerin küßt,/ Auf der Stelle verraten ist./ Euer schönes dunkles Kleid/ Tät' mir leid/ So weiß zu färben./ Gleich und gleich! so allein ist's recht!/ Darauf will ich leben und sterben./ Ich liebe mir den Müller- -Knecht;/ An dem ist nichts zu verderben.

152 O mosteiro de Stetten, fundado em 1276. A princípio um mosteiro agostiniano, já a partir de 1278 tornou-se dominicano. Destruído por um incêndio em 1898.

153 O Castelo Hohenzollern era a residência da família imperial alemã dos Hohenzollern. A primeira construção data do século XI. Destruído no século XV. Um segundo castelo foi construído ainda na mesma época. No século XVIII, foi pouco a pouco abandonado, depois de ter passado um período sob o domínio dos Habsburgo. Reconstruído no século XIX.

necessário por causa do caminho ruim.[154] Belíssimas igrejas. Reflexão a respeito da clareza dos padres em seus próprios assuntos e da obtusidade que propagam. Dos filósofos, quase poderíamos dizer o contrário.

Atrás de Hechingen, belos jardins e árvores, belos bosquezinhos de choupos, prados em declive e um vale ameno. Depois do Castelo Hohenzollern, alcançamos uma ampla e bela vista. As montanhas à esquerda se estendem ao longe, assim como o vale aos pés delas.

Wessingen. No leito da estrada, como já em um trecho anterior, calcário muito denso, de um azul profundo com fratura concoide estilhaçante, quase como o sílex.

Steinhofen. Uma bela igreja no alto da colina.[155] Aqui e em algumas aldeias pelas quais passamos antes desta foi instalada sobre a fonte uma espécie de forno, no qual a água para lavar é aquecida na hora. O cultivo do campo é o de uma região áspera, vimos prados e pastagens e, também, muita batata e cânhamo.

Englslatt, no vale, entre colinas aprazíveis e montanhas ao lado.

Balingen, também uma bela localidade; à esquerda, a alguma distância, altas montanhas recobertas de floresta, até cujos sopés íngremes se estendem colinas férteis. Chegamos às 10 horas. O lugar fica entre colinas férteis, mais ou menos íngremes, em parte recobertas por bosques, e tem a alguma distância em direção sudoeste altas montanhas recobertas por florestas. O Eyach corre através de belos prados. Vi essa região, primeiramente descrita, em um passeio para além de Balingen. Hohenzollern, às nossas costas, ainda é visível. O Eyach corre sobre rocha calcária, sob as quais se encontram grandes estratos diagenéticos. O lugar em si não seria

---

154 São João Nepomuceno (c. 1350-1393), sacerdote da Boêmia, vigário-geral de Praga. Foi martirizado por ordem do rei Venceslau IV, segundo a lenda, em virtude de ter se recusado a revelar-lhe os segredos de confissão da rainha, suspeita de infidelidade. O rei teria, então, mandado torturá-lo e atirá-lo da Ponte Carlos no Rio Moldava. Por esse motivo, é considerado um santo das pontes, e é comum se encontrar sua imagem adornando pontes. Foi canonizado em 1729.

155 A igreja católica colegiada de St. Jakob. Construída entre 1780 e 1783 pelo arquiteto francês Pierre Michel d'Ixnard (1723-1795) no estilo do primeiro classicismo em substituição a uma antiga igreja em estilo gótico tardio.

mau, é quase apenas uma estrada longa e larga, a água flui e aqui e ali há algumas boas fontes; mas os vizinhos têm seus montes de esterco no meio da estrada junto ao riacho, cuja água também se usa para lavar roupa e é colhida imediatamente para determinadas necessidades. Dos dois lados, junto às casas, resta um espaço precário para se passar com as carroças ou a pé. Quando chove, deve ser horrível. Além disso, por falta de espaço atrás das casas, as pessoas também põem seu estoque de lenha sobre a estrada, e o pior é que, devido às circunstâncias, o mal não pode ser remediado por quase nenhuma providência.

Endingen. Continuamos a ter as montanhas à nossa esquerda.

Dotternhausen. Até ali, belos campos negros, que, contudo, parecem úmidos e brejosos.

Schömberg é uma subida íngreme, da qual há alguns anos um postilhão deslizou para baixo. O lugar é sujo e cheio de esterco; é, como Balingen, uma cidadezinha de construção estreita e espremida entre muros, habitada por proprietários de terras que, porém, não têm instalações no campo. No topo, encontramos um terreno bastante plano, onde há lavoura e pastagens; a aveia era trazida para cá. O caminho sobe sempre mais, podem-se ver pinheiros, grandes extensões de pastagens planas, entre elas agricultura. No alto, propriedades isoladas. O terreno desce para o sul, mas os riachos continuam correndo para o Neckar; mais além, novos bosquezinhos de pinheiros.

Às 15 horas, paramos em Wellendingen. Rumo a Frittlingen, seguimos através de montanhas íngremes. O solo e o cultivo se tornam um pouco melhores. À esquerda, situa-se Aldingen. Até as encostas mais ingratas e as antigas pastagens são cultivadas. Chegamos a uma bela planura e sentimos que estamos no alto. A estrada serpenteia através de Aldingen, uma localidade alegre e espaçosamente construída; à esquerda, montanhas. Um cume sobre o qual há um castelinho.

Hofen, Spaichingen, Balgheim, onde se alcançam as alturas mais elevadas. De Riedheim, as águas descem em direção ao Danúbio. Wurmlingen. Descemos através de um vale estreito até Tuttlingen, onde chegamos às 21 horas.

Johann Wolfgang von Goethe

17 de setembro de 1797

Partimos de Tuttlingen às 7 horas. O nevoeiro estava muito forte; antes ainda, fui ver o Danúbio. Ele já parece muito largo, pois é represado por um dique. A ponte é de madeira e sem cobertura, construída de modo inteligente quanto à durabilidade; as estruturas de sustentação se apoiam nas ribanceiras, que são protegidas por tábuas e recobertas por ripas. Depois de Tuttlingen, o caminho segue continuamente montanha acima; encontramos de novo calcário e estratos diagenéticos. Notei uma espécie de parapeito bom e barato no caminho: em grandes toras de madeira, foram feitos furos retangulares através dos quais se introduziram troncos longos e finos serrados ao meio. Onde dois deles se tocavam com as pontas superior e inferior, estas eram cortadas em forma de cunha.

Decididamente, não podemos deixar de elogiar todas as construções de estradas e pontes em Württemberg.

A névoa caía no Vale do Danúbio, que parecia um grande lago, como uma superfície coberta de neve, uma vez que toda a massa de névoa baixava em uma disposição horizontal, com apenas algumas elevações quase imperceptíveis. O céu acima estava completamente limpo.

Subimos tão alto que parecemos estar quase na mesma altura das encostas das montanhas calcárias entre as quais viemos passando até aqui. O Danúbio vem do oeste, podemos ver bem longe vale acima e, como ele é fechado de ambos os lados, compreendemos por que suas águas não podem desaguar nem ao sul, no Reno, nem ao norte, no Neckar. Vemos também lá longe, no fundo do Vale do Danúbio, como as montanhas que se estendem à margem direita do Reno até Freiburg se erguem de través diante dele, para impedir a queda das águas a oeste em direção ao Reno.

O novo plantio da espelta já estava muito bonito; aqui se semeia cedo, pois nas alturas o inverno chega mais cedo.

A vista se abre à esquerda para o Lago de Constança e para as montanhas dos Grisões, à frente para Hohentwiel, Thayngen e para o Fürstenberg. Temos agora o Vale do Danúbio à direita e, para além dele, vemos o desfiladeiro através do qual descemos até aqui; nós o reconhecemos facilmente pelo castelinho que se situa além de Aldingen.

"A campanha na França" e outros relatos de viagem

A estrada se volta para o oeste. Depois de muito tempo sem ver nenhuma aldeia, em um vale largo e fértil, cujas águas desaguam no menor dos lagos de Constança, surge diante de nossos olhos Haltingen, uma localidade para a qual também nos voltamos mais abaixo ao sul. A vista é muito interessante e pré-suíça. Ao fundo, montanhas caracteristicamente recobertas de florestas, em cujas encostas mais suaves se mostra o cultivo de frutas; então, no meio do cenário, longas florestas que se estendem sobre as colinas e vales e, em primeiro plano, de novo campos bem cultivados.

Aqui, também como do outro lado do Danúbio, se veem muitas moreias arredondadas, mas tudo calcário, como os próprios rochedos. Ficamos a imaginar como os pedaços das montanhas arrancados pelas ressacas, correntes marinhas e turbilhões de tempos remotos foram arredondados pela erosão aos pés delas.

Depois de Haltingen um bom solo, de início muito misturado com pedras, depois menos e, por fim, quase sempre puro. Alguns trechos pareciam arroteias, e o eram de fato, pois as terras permanecem nove anos como prados e são depois cultivados por outros nove anos. Algumas pedreiras que abastecem a estrada mostram que os rochedos calcários não ficam muito abaixo da superfície fértil do solo.

Atravessamos bosques mistos sobre colinas e vales, depois descemos por um declive acentuado e continuam os agradáveis vales cobertos de floresta.

Encontramos uma planta notável, não apenas por sua forma, como também porque muitos insetos de diversas espécies se alimentam de seu ovário. Também se mostravam ébulos com frutos maduros. Um local de extração de madeira. Uma carvoaria. Gencianas. O vale coberto de floresta continua agradavelmente ao lado de uma depressão relvosa; serrarias, alguma produção de frutas. Astrantia. Epilóbio. Gencianas em grandes quantidades. Campânula entre elas. Boca-de-leão. Pergunta: não terão as gencianas e outras flores já florescido na primavera?

Pequeno anfiteatro da floresta, antigo, muito íngreme, no qual ainda se veem os tocos das árvores derrubadas, penosamente transformado em plantação de batatas. O vale se alarga e todos os terrenos baldios foram, sempre que possível, transformados em campos cultivados.

Aproximamo-nos de Engen. À direita, mostra-se uma montanha característica, embora toda coberta de vegetação, com um castelo antigo; uma pequena povoação localizada às portas de Engen foi em parte incendiada pelos franceses em 8 de outubro de 1796. A cidadezinha mesma está situada sobre uma colina diante da montanha de que falamos antes. Chegamos às 11 horas e descansamos.

Vista do leste, Engen oferece uma bela imagem topográfica sobre a colina, perdendo-se no vale sob a imponente montanha. Durante a retirada, os cidadãos da localidade, em colaboração com as tropas imperiais, causaram danos aos franceses;[156] estes, quando ainda estavam em vantagem, incendiaram várias casas diante da cidade e ameaçaram-na com um destino semelhante. Vi ali uma guarnição imperial muito bem arrumada, nas proximidades um comboio para transporte de provisões já desgastado pelo uso e doentes miseravelmente vestidos.

Às 12 horas, partimos. Fora da cidade, voltamos a ver vinhedos. Já lá em cima, junto da cidade, eu encontrara as primeiras moreias de pedras de quartzo e horneblenda. Tornam a aparecer as nogueiras, belos prados e árvores. À esquerda, uma bela aldeia em uma elevação atrás de um prado plano. Abre-se uma bela planura fértil no vale, os rochedos mais elevados, ao redor dos quais se espalha o calcário, parecem ser agora de uma outra espécie de pedra. Planta-se muito nabo. Chegamos a Welschingen, uma localidade sofrível. Nova subida íngreme em direção a Weiterdingen. Encontram-se aqui muitas moreias de quartzo colorido com muitos veios; jaspe vermelho, horneblenda em quartzo.

Agora, de Engen, tem-se uma vista geral do belo vale que deixamos para trás. Nos campos férteis há aldeias amplas, e aquela montanha íngreme se mostra agora do lado esquerdo em toda a sua dignidade.

À frente, fica Hohentwiel; atrás, as montanhas dos Grisões quase invisíveis no horizonte por entre a névoa.

Atravessamos Weiterdingen. À esquerda, um belo vale relvoso; para além dele, vinhedos. Bem ao lado fica Hohentwiel; estamos agora na mesma linha que essa fortaleza e vemos a grande cadeia de montanhas suíças diante de nós.

---

156 Retirada: as tropas do general francês Moreau (cf. n.104 deste capítulo.) se retiram no outono de 1796, pela Floresta Negra, para Freiburg e Neu-Breisach.

Holzingen fica em um grande vale, entre colinas férteis, campos cultivados, pradarias e vinhedos.

Os passaportes são assinados ali mesmo por um oficial austríaco, e o amanuense redige um certificado de caução, garantindo que os cavalos voltarão.

Subimos longamente, sempre vendo o Vale de Holzingen atrás e ao lado de nós, e assim também Hohentwiel.

Aqui na região, chamam ao travão das carruagens, de modo nada inadequado, de *schleiftrog*.[157]

Eberingen. Mais uma vez, atravessamos diversas colinas férteis; as altas montanhas são cobertas por bosques e matas. Muitos vinhedos aos pés de um rochedo calcário, quase sempre uvas roxas, cachos muito cheios.

Thayngen, a primeira localidade suíça, bom vinho. Müller, proprietário da hospedaria Zum Adler.

Herblingen, forte cultivo de vinhedos. Campos de frutas. Floresta à esquerda. Calcário com uma fratura concoide, quase como o sílex.

Diante de Schaffhausen tudo é cercado, as propriedades são sempre separadas e asseguradas, todos parecem ter direito ao jardim e de fato o têm. A cidade mesma fica no fundo do vale, um agradável relvado se estende para cima, seguimos à direita e temos desse mesmo lado casas com jardins e vinhedos. À esquerda, a encosta é mais ou menos íngreme. Em uma casa grande que fica lá embaixo, entra-se no sótão por uma ponte. Graciosíssima alternância de jardins e sítios grandes e pequenos. Diante de nós, vemos o castelo.[158] As casas com jardins se multiplicam e se tornam mais distintas. Para além da cidade, os vinhedos sobem bem alto; à esquerda, a encosta que desce para o vale se torna mais suave.

Schaffhausen e as cataratas do Reno

Na natureza humana reside uma necessidade premente de encontrar nomes para tudo o que vemos, e quase ainda mais vívido é o desejo de ver

---

157 *Schleiftrog*: recipiente semicircular dentro do qual gira a pedra do esmeril, em que se põe água para resfriá-la.

158 Castelo Munot, fortaleza circular construída no século XVI.

com os próprios olhos o que ouvimos descrever. Em especial os ingleses e os alemães, nos tempos modernos, têm um grande impulso para isso. Qualquer artista plástico que nos ponha diante dos olhos uma paisagem descrita, que nos torne visível, tão bem ou tão mal quando ele for capaz, as ações das personagens de um romance ou de um poema, nos é bem-vindo. Também nos é bem-vindo, na mesma medida, um poeta ou um orador que nos transporte para algum lugar por meio da descrição, seja reavivando nossa memória, seja excitando nossa fantasia; sim, nós nos alegramos até em percorrer, com o livro nas mãos, uma região bem descrita; nossa comodidade é favorecida, nossa atenção é despertada e fazemos a viagem em companhia de um parceiro que nos entretém e nos ensina.

Não surpreende, portanto, que em uma época na qual tanto se escreve, também se publiquem obras dessa natureza, não surpreende que artistas e diletantes se exercitem em uma matéria para a qual o público se sente atraído.

Como um desses exercícios, empreendemos aqui a descrição das cataratas de Schaffhausen, embora apenas em forma de esboço e sem separá-la das pequenas anotações de um diário. Aquele fenômeno natural será ainda pintado e descrito com bastante frequência, provocará espanto em todos os espectadores, estimulará alguns deles a tentar comunicar sua opinião, seus sentimentos, e não será fixado, nem muito menos esgotado, por nenhum deles.

Schaffhausen, 17 de setembro à noite

Desembarcamos na hospedaria Zur Krone. Meu quarto era adornado com gravuras em cobre, que representavam a triste época de Luís XVI.[159] Fiz algumas observações que decidi desenvolver melhor.

À noite, na *table d'hôte*, diversos emigrados. Uma condessa, oficiais de Condé,[160] padres, o coronel Landolt.[161]

---

159 Triste época: por se encerrar com a execução do rei em 21 de janeiro de 1793.

160 Oficiais do exército de emigrantes franceses organizado em Koblenz em 1792 por Louis Joseph de Bourbon, príncipe de Condé (1736-1818).

161 Salomon Landolt (1741-1818), político suíço, administrador distrital (*Landvogt*) de Greifensee. Landolt inspirou a Gottfried Keller (1819-1890) a novela *Der Landvogt von Greifensee* [O administrador distrital de Greifensee], a terceira do ciclo das *Züricher Novellen* [Novelas zuriquenses].

"A campanha na França" e outros relatos de viagem

18 de setembro

Partimos às 6h30 para ver as cataratas do Reno. Águas de coloração verde; os motivos para isso.

As colinas estavam cobertas pela névoa, o vale estava claro, e via-se o castelo de Laufen em parte escondido na névoa. O vapor das cataratas do Reno, que se podia distinguir perfeitamente, misturava-se à névoa e subia com ela.

Lembranças de Ossian. Amor pela névoa combinado a violentos sentimentos íntimos.

Passamos por Uhwiesen, uma aldeia que tem vinhedos no alto e, embaixo, campos cultivados.

O céu pouco a pouco foi se clareando, a névoa ainda permanecia nas colinas.

Laufen. Descemos e nos encontramos sobre rochedos calcários.

Partes da manifestação sensorial das cataratas do Reno, vistas da barreira de madeira. Rochedos, situados no meio da correnteza, polidos pelas cheias, contra as quais as águas se precipitam. Sua resistência; um acima, outro mais abaixo, ambos são inteiramente encobertos pelas águas. Ondas rápidas, lençol de espuma na queda, espuma embaixo, na bacia, remoinho fervilhante na bacia.

Justifica-se o verso: "Borbulha e fervilha e ruge e sibila etc.".[162]

Se os pontos de água corrente parecem verdes, a próxima espuma parece levemente tingida de púrpura.

Abaixo, as ondas fluem espumejando, batem nas margens de lá e de cá, o movimento emudece longe lá embaixo e a água que continua a correr torna a mostrar sua cor verde.

Ideias despertadas sobre a violência da precipitação. Inesgotabilidade como uma não cessação da energia. Destruição, permanência, duração, paz imediata depois da queda.

Limitação por um moinho do lado de lá, por uma barreira avançada do lado de cá. Sim, foi possível de fato circundar a mais bela vista desse fenômeno natural.

---

162 Da balada "Der Taucher" [O mergulhador], de Schiller.

Redondezas. Vinhedos, lavoura, bosquezinhos.

Até agora havia névoa, para nossa especial felicidade e para a observação do detalhe; o sol surgiu oblíquo e iluminou lindamente o todo por trás. A luz solar então dividiu as massas, assinalou tudo o que estava à frente e ao fundo, e encarnou o movimento descomunal. A busca ansiosa de uma correnteza pela outra parecia tornar-se violenta, pois podíamos ver com mais nitidez as direções e divisões delas. Massas que borrifavam intensamente do fundo se destacavam iluminadas do vapor mais fino, um meio arco-íris apareceu no vapor.

Observando mais longamente, o movimento parece aumentar. O portento duradouro nos parece sempre crescente; a perfeição tem sempre primeiro de nos predispor e então, pouco a pouco, nos elevar a si. Assim, as pessoas belas nos parecem cada vez mais belas; as inteligentes, cada vez mais inteligentes.

O mar gera o mar. Se quiséssemos cantar as fontes do oceano, teríamos de representá-las assim.

Depois de uma pacificação da alma, seguimos a correnteza em pensamentos até sua origem, e a acompanhamos novamente em sua descida.

Ao subir para as margens mais planas, pensamentos sobre essa nova moda, a mania dos parques.

Ir em auxílio da natureza quando temos belos motivos é louvável em toda parte, mas é preocupante querer realizar certas fantasias quando os grandes fenômenos da natureza são eles mesmos ultrapassados pela ideia.

Transpusemos as cataratas do Reno pela frente, onde elas são mais abarcáveis, ainda são magníficas, podemos também chamá-las belas. Vemos melhor a queda gradual e a variedade em sua largura; podemos comparar os diversos efeitos, dos indomáveis à direita até os utilizáveis à esquerda.

Além da queda, vê-se o belo paredão rochoso, sobre o qual podemos intuir o fluxo da correnteza; à direita, o castelo de Laufen. Eu estava em uma posição tal que o castelinho de Wörth e o dique formavam o pano de fundo à esquerda. Também desse lado há rochedos calcários, e possivelmente os rochedos no meio da catarata sejam calcários.

O castelinho de Wörth

Entrei para tomar uma taça de vinho.

Velha impressão ao avistar o homem.

Vi o retrato de Trippel na parede e perguntei se ele fazia parte da parentela.[163] O dono da casa, chamado Gelzer, era parente de Trippel pelo lado de um sobrinho da mãe. Ele herdara a posse do castelinho com a pesca do salmão, taxas, vinhedo, extração de lenha etc. de seus avós, mas sob a forma de *feudum mobile*, como se diz. Pois ele tem de creditar ao mosteiro, ou aos seus atuais sucessores, os rendimentos da aduana, entregar dois terços dos salmões pescados, fiscalizar a floresta e só retirar dela o que for de sua estrita necessidade; ele tem o usufruto do vinhedo e dos campos, e despende por ano apenas 30 táleres. E assim ele é uma espécie de vassalo e, ao mesmo tempo, administrador. O feudo se chama *feudum mobile* porque, quando ele não cumprir com seus deveres, pode-se expulsá-lo ou botá-lo para fora.

Ele me mostrou sua carta de arrendamento do ano de 1762, que contém todas as condições com grande simplicidade e clareza. Um feudo assim passa para os filhos, por isso o atual proprietário ainda preserva as antigas cartas. Na própria carta, contudo, não há nada a respeito, embora se fale nela de um retorno aos herdeiros.

Às 10 horas, com um belo sol, voltei para cá. As cataratas do Reno continuavam iluminadas por trás e pelo lado, belas massas de luz e sombras se mostravam tanto dos rochedos de Laufen como dos do meio da correnteza.

Voltei para a plataforma avançada junto à queda e senti que a impressão de há pouco já se dissipara; pois a correnteza parecia mais violenta do que antes, o que me fez observar com que rapidez os nervos voltam à sua situação anterior. O arco-íris se exibia no auge de sua beleza, tinha os pés tranquilamente plantados nas portentosas espumas fervilhantes que, ao mesmo tempo que ameaçam destruí-lo com violência, não podem deixar de voltar a produzi-lo.

Considerações sobre a segurança ao lado do terrível poder.

---

163 Alexander Trippel (1744-1793), escultor suíço. Esculpiu dois bustos de Goethe em mármore.

Com o movimento do sol, surgiram massas ainda maiores de luz e sombras, e como agora não havia névoa, o turbilhão parecia mais poderoso ao se elevar sobre a terra pura em direção ao puro céu. A cor verde-escura do rio em movimento parecia ainda mais notável.

Na volta, quando vemos o rio descer para as cataratas, ele é tranquilo, pouco profundo e insignificante. Todas as forças que se aproximam calma e sucessivamente de um efeito tremendo podem ser vistas dessa maneira. Lembrei-me das tropas quando estão em marcha.

Prosseguimos então à esquerda através da área cultivada e de colinas cobertas por vinhedos, animadas por aldeias e sítios e como que semeadas de casas. Um pouco mais adiante se veem Hohentwiel e, se não me engano, os rochedos proeminentes junto de Engen e de lá para cá. À direita as altas montanhas da Suíça, bem longe, atrás do plano central da cena. Também podemos perceber com nitidez, mais para trás, pela configuração das montanhas, o caminho percorrido pelo Reno.

Na aldeia Uhwiesen encontrei, no trabalho dos marceneiros, a imitação do trabalho dos pedreiros. Que podemos dizer desse fenômeno, que é o contrário do fundamento de toda a beleza de nossa arquitetura?

Tornei a ver também acelgas, e pensei em levar sementes comigo para presentear com elas nosso Wieland no próximo verão.

Fui mais uma vez lembrado de como uma disposição sentimental aplica o ideal a um único caso, e na maior parte das vezes está equivocado.

Schaffhausen, com sua massa de telhados, ficava à esquerda do vale.

A Ponte de Schaffhausen é belamente construída em madeira e a conservam extremamente limpa.[164] No meio, foram dispostos alguns assentos, por trás dos quais as aberturas são protegidas com vidro, para que a gente não se sente na corrente de ar.

Sob a porta da hospedaria, reencontrei alguns franceses que já vira nas cataratas do Reno. Um deles parecia bastante satisfeito com elas, mas o

---

164 A ponte foi construída em 1756 por Hans Ulrich Grubenmann (1709-1783), mestre carpinteiro suíço, construtor de pontes e igrejas. Era uma obra famosa em seu gênero. Destruída pelo fogo em 1799.

outro dizia: *C'est assez joli, mais pas si joli que l'on me l'avait dit.*[165] Gostaria de conhecer as ideias e os parâmetros do homem.

À mesa, sentei-me ao lado de um homem que veio da Itália e que levava de volta à Inglaterra uma menina de uns 14 anos, uma inglesa chamada Dillon, cuja mãe, nascida D'Alston, morrera em Pádua. Ele não tinha palavras para descrever a inflação na Itália. Uma libra de pão custa 20 *sous* franceses, e um par de pombos, 1 pequeno táler.

Uniformes espalhafatosos de nobres franceses da cavalaria. O terrível emblema dos três lírios negros na faixa branca do braço.[166]

Às 15 horas, voltei às cataratas do Reno. Chamou-me novamente a atenção a singularidade de haver sacadas e janelinhas nas casas. Eles têm inclusive uma habilidade especial de abrir essas fendas de espionagem através das paredes e, desse modo, providenciar um posto de observação que ninguém espera. Assim como isso revela a vontade de ver e observar sem ser notado, também, por outro lado, os muitos bancos diante das casas, os quais, nas mais distintas, são entalhados, abertos e fechados, dão testemunho de um modo íntimo de convivência entre os vizinhos, pelo menos nos tempos passados.

Muitas casas têm inscrições características; algumas têm até mesmo um emblema, sem, contudo, ser uma hospedaria.

Percorri em carruagem a margem direita do Reno; à direita há belos vinhedos e jardins, o rio corre sobre bancos rochosos com maior ou menor rumorejo.

Percorre-se um longo caminho ascendente. Temos então Schaffhausen lá embaixo, e vemos os moinhos que ficam diante da cidade, descendo o rio. A cidade em si se situa como uma ponte entre a Alemanha e a Suíça. Ela provavelmente surgiu nessa região por causa do impedimento da navegação pelas cataratas. Não notei nela nada de bom ou de mau gosto, nem nas casas, nos jardins, nas pessoas, nem no comportamento delas.

---

165 É bem bonito, mas não tanto quanto me haviam dito.

166 Os três lírios negros eram um sinal de luto, no lugar dos três lírios dourados no brasão dos Bourbon depostos.

O calcário ao lado do qual passamos é muito gretado, assim como o de Laufen. Por isso, para mim, o fenômeno mais maravilhoso nas cataratas são os rochedos que perduraram durante tanto tempo no meio delas, embora sejam provavelmente da mesma espécie de rocha.

Uma vez que o rio faz uma curva, encontramos agora os vinhedos na margem oposta, e desse lado prosseguimos entre prados e arvoredos. Então aparecem, do lado de lá, rochedos íngremes, e do lado de cá, a mais bela lavoura.

Ao sol da tarde, vi ainda as cataratas de cima e de trás, os moinhos à direita, sob mim o castelo de Laufen, defronte uma grande cena natural, magnífica, mas abarcável com os olhos, interessante em todas as suas partes, mas compreensível: vemos o rio correr e rumorejar em nossa direção, e o vemos despencar.

Passamos através dos moinhos na pequena enseada. Junto a alguns edifícios que se elevam no topo, mesmo a pequena queda da água de um moinho se torna interessante, e as últimas correntes deste lado das cataratas jorram de arbustos verdejantes.

Continuamos contornando o castelinho de Wörth: a queda d'água era iluminada pelo sol do entardecer, para proveito e prejuízo dela; o verde das correntes mais fundas era vívido, como hoje de manhã, mas o púrpura da espuma e do chuvisco era muito mais vivo.

Aproximamo-nos mais; é uma visão magnífica, mas sentimos nitidamente que não poderíamos resistir a uma luta com esse portento.

Tornamos a subir no pequeno estrado, e de novo foi como se víssemos o espetáculo pela primeira vez. No formidável torvelinho, o espetáculo das cores era magnífico. Dos grandes rochedos batidos pela torrente, o arco-íris parecia precipitar-se continuamente, pois surgia no vapor da espuma que se despenhava. O sol poente tingia de amarelo uma parte das massas em movimento, as correntezas profundas tinham uma cor verde e toda a espuma e o vapor eram de um púrpura luminoso; de todas as profundezas e alturas esperávamos pelo desfraldar de um novo arco-íris.

Mais esplendoroso ainda era o espetáculo das cores no momento em que o sol se punha, mas todo o movimento parecia se tornar mais rápido, feroz, efervescente. Leves lufadas de vento encrespavam mais vividamente as franjas da espuma que se precipitava. Vapores pareciam lutar com mais violência com vapores e, enquanto o portentoso espetáculo permanecia sempre igual a si mesmo, o espectador temia sucumbir à desmedida e, como ser humano, esperava a todo momento uma catástrofe.

De Schaffhausen a Stäfa

19 de setembro de 1797

Às 6h30, partimos de Schaffhausen. Montanha e vales estavam claros, o céu matinal levemente nublado, ao entardecer surgiram nuvens mais densas.

Seguimos por uma parte do caminho de ontem. Uma macieira recoberta de hera deu ocasião à elegia *Amintas*.[167]

Via-se toda a cadeia de montanhas da Suíça com seus topos cobertos de neve: belos campos de cultivo de frutas, montanhas cobertas de vegetação à direita e à esquerda.

Jestetten com suas férteis redondezas. Cânhamo, trevo e videiras ainda dão vivacidade ao campo. Depois de diversas colinas e vales, chegamos a uma bela planura fértil para os lados do Reno, com magníficos promontórios ao fundo.

Em Rafz deram comida aos cavalos, e seguimos em descida até Eglisau através da graciosa ponte, que é mantida muito limpa. Duas meninas entre 12 e 14 anos estavam sentadas na alfândega em um belo gabinete e recolhiam o pedágio. A mais nova pegava o dinheiro e entregava o bilhete, enquanto a outra fazia a contabilidade. Belas superfícies férteis entre as montanhas cobertas de floresta. Mais adiante, planura e um bosque de carvalhos através do qual a estrada seguia em linha reta.

Às 11 horas, chegamos a Bülach, onde nos detivemos algum tempo, durante as horas mais quentes do dia. Tive a alegria de tornar a encontrar vitrais pintados, onde pude ver a raspagem utilizada em outras cores que

---

167 *Amintas*: veja mais adiante, p.465.

não o púrpura. Vi uma cor púrpura clara genuína que terminava em tons de violeta. Também encontrei o vidro colorido por trás de uma outra cor levado a uma mistura, como amarelo e azul, com o que se origina um tom de verde; o amarelo se destaca de um modo especialmente belo sobre o púrpura claro já mencionado. De resto, as lâminas de vidro são combinadas de um modo maravilhoso e desnecessariamente brilhante; mas, observando mais de perto, encontramos o motivo. Elas também são reparadas com frequência, e muito mal. São todas de 1570, mas na postura vigorosa dos homens arnesados, na violência dos animais heráldicos, nos corpos pujantes dos adornos, na vivacidade das cores, vemos a firmeza de espírito da época, como aqueles artistas eram valorosos e como pensavam em si mesmos, em seus contemporâneos e no mundo de um modo enérgico e vigoroso, burguês e distinto. Uma lâmina com o duplo brasão da cidade Schaffhausen, no qual a águia imperial está pousada sobre um escudo, foi executada de modo excelente, e na coroa os magníficos adornos não têm fim.

Às 15h30, partimos de Bülach, onde o tempo estava frio e agradável, e seguimos viagem.

Observação: o ser humano considera de fato o discurso como a ação suprema; do mesmo modo, também, pode-se fazer muita coisa que não se deve dizer.

A região em si não tem nada de especialmente característico; à esquerda, planuras férteis; à frente, as montanhas; o solo é fértil e bem trabalhado, em diversos lugares muito saibroso e salpicado de um sem-número de moreias.

Lá pelas 18 horas, chegamos a Zurique, com um tempo muito bom, e nos dirigimos à hospedaria Zum Schwert, do sr. capitão Ott.[168] Enviei uma carta a Meyer aos cuidados da sra. Schulthess.[169] À noite, na *table d'hôte* com

---

168 Anton Ott (1748-1800), oficial de cavalaria, proprietário da renomada hospedaria Zum Schwert.

169 Barbara (também chamada de Bäbe) Schulthess (1745-1818), amiga e correspondente de Goethe por longos anos. A ela se deve a única cópia conhecida de *Wilhelm Meisters theatralische Sendung* [A missão teatral de Wilhelm Meister], a primeira versão do romance *Os anos de aprendizado de Wilhelm Meister*, que seu tataraneto, o filólogo e professor do liceu Gustav Billeter (1873-1929), encontrou em seu espólio em 1909.

"A campanha na França" e outros relatos de viagem

o sr. bailio Imthurn de Schaffhausen,[170] que voltava do encontro anual de administradores de Lugano, e um outro senhor de Zurique, que também vinha da Itália. Ambos tinham pouca coisa boa a contar da situação atual lá.

20 de setembro

Cedo, com tempo bom, fomos ao lago acima da cidade. No caminho de volta, vi os sacerdotes indo e vindo de uma visita a um criminoso. Então passei a manhã sob as altas tílias na antiga praça do castelo.

Quando, depois do julgamento de um crime de sangue, os costumeiros sinos das 11 horas são tocados, é um sinal de que o criminoso foi indultado; mas se o sino permanece mudo, foi proferida a sentença de morte, e às 12 horas o sino dá o sinal de que ele foi levado para a execução. Desta vez ele foi indultado. O criminoso era um falsificador de moedas que já uma vez fora marcado a ferro por roubo.

À mesa do almoço, conheci o sr. capitão Bürkli.[171] O tempo estava muito nublado; não obstante, depois da refeição, fui passear um pouco no novo parque em Schonehof.

Meyer chegou, lá pelas 16 horas; caiu uma chuvarada. À mesa do jantar, encontrei o sr. conselheiro áulico Müller, de Viena.[172]

21 de setembro

Às 8 horas, subimos de barco pelo lago com um tempo tranquilo. Ao meio-dia, fomos recebidos amigavelmente pelo sr. Escher em sua proprie-dade em Herliberg, junto ao lago, e à noite chegamos a Stäfa.[173]

---

170 Georg Friedrich Imthurn (1747-1799).

171 Johann Heinrich Bürkli (1760-1821), jornalista suíço, proprietário do *Züricher Freitaszeitung*.

172 Johannes von Müller (1752-1809), historiador e político suíço. Autor de uma *Geschichte der Schweizerischer Eidgenossenschaft* [História da Confederação suíça] (1786). Em 1792, tornou-se conselheiro áulico da chancelaria secreta em Viena, em 1807 foi nomeado por Napoleão ministro de Estado e, em 1808, secretário de Educação Pública da Vestfália.

173 Johannes Caspar Escher (1754-1819), fabricante de seda e crepe.

Johann Wolfgang von Goethe

Stäfa, 22 de setembro

Passamos um dia nublado entregues à contemplação das obras de arte produzidas e adquiridas por Meyer, e também compartilhamos diversas ideias e escritos. À noite, ainda fizemos um grande passeio pela localidade mencionada, que oferece uma imagem encantadora e ideal da mais bela e elevada cultura. Os edifícios ficam distantes uns dos outros, vinhedos, campos cultivados, jardins, pomares se espalham entre eles, e assim a localidade se estende por bem 1 légua em direção ao lago, e por meia légua até a colina a oeste, do qual o cultivo já ocupou um lado inteiro.

Stäfa, 23 de setembro

Pela manhã, examinamos de novo os trabalhos trazidos por Meyer. Conheci o pintor Diogg[174] e o alferes Zwicki, de Glarus.[175] À noite, subimos a montanha até a casa do assim chamado Filósofo, para ver as áreas plantadas de seu cultivo.[176]

Stäfa, domingo, 24 de setembro

Conversa com Meyer sobre a pretendida descrição retórica da viagem. Interesse mútuo. Sobre a necessidade: primeiro de tudo, fixar a terminologia segundo a qual se quer descrever e julgar as obras de arte. Ao meio-dia, chegaram os srs. Horner[177] e Escher, o filho, de Zurique.[178] À tarde, fomos à pequena ilha Ufenau e voltamos ao cair da noite.

---

174 Felix Maria Diogg (1762-1834), pintor de retratos suíço.

175 Johann Peter Zwicki (1762-1820).

176 Rudolf Rebmann (1759-1837), agricultor e político suíço. Foi um dos fundadores, em 1819, da Sociedade de Leitura de Stäfa, que existe até hoje. Era chamado pelos camponeses de "filósofo da montanha", por seus pendores intelectuais.

177 Johann Jakob Horner (1772-1831), professor de Filosofia e Estética; bibliotecário em Zurique.

178 Johann Caspar Escher (1775-1859), filho de Johannes Caspar Escher, que era arquiteto e fundador de uma tecelagem em Zurique.

"A campanha na França" e outros relatos de viagem

Segunda-feira, 25 de setembro

De manhã cedo, carta para casa.

Stäfa, 25 de setembro de 1797

Ao conselheiro privado Voigt[179]

Por meio desta, caríssimo amigo, o senhor recebe uma breve notícia de como as coisas se passaram comigo desde Tübingen, que eu lhe peço comunicar ao duque com minhas melhores recomendações.

Penso em empreender, talvez depois de amanhã, uma pequena viagem pelas montanhas com o professor Meyer. Uma vez que estamos tão perto, não podemos nos privar de nos embrenharmos por entre esses portentosos fenômenos naturais. O estudo amador da Mineralogia e da Geognosia também foi favorecido desde que alguns suíços se ocuparam com ele e, através das viagens que eles podem repetir com tanta facilidade, proporcionaram ao estrangeiro a vantagem de se orientar com mais facilidade. Os escritos de um sr. Escher, de Zurique, deram-me uma rápida visão geral do que posso esperar do pequeno giro que empreendi. A última novidade nessa matéria é uma pedra flexível, semelhante, pela descrição, àquela de Danz, da qual espero levar comigo alguma amostra.[180]

Os assuntos públicos neste país têm um aspecto estranho. Como uma parte do todo já é governada de modo inteiramente democrático, os súditos dos cantões mais ou menos aristocráticos têm em seus vizinhos um exemplo daquilo que agora é o desejo geral do povo; em muitos lugares reina a insatisfação, que se manifesta aqui e ali em pequenas agitações. A tudo isso, vêm se juntar no presente momento uma preocupação e um temor com

---

179 Christian Gottlob von Voigt (1743-1819), um colega ministerial de Goethe em Weimar.

180 Em 1784, o comerciante de minérios Danz, de Nuremberg, vendeu a um certo barão Von Dietrich um quartzo flexível proveniente de Vila Rica (Brasil) que causou grande sensação.

Johann Wolfgang von Goethe

relação aos franceses. Afirma-se que muitos suíços tomaram partido nas últimas campanhas contra a república e se envolveram na assim chamada conspiração, e agora se espera que os franceses talvez se voltem contra os indivíduos, talvez contra o todo. A situação é extremamente perigosa e ninguém consegue prever tudo o que pode vir daí.

Com essas perspectivas, tão assombrosas até para os serenos suíços, vou tomar meu caminho de volta o mais breve possível, e regressar mais rápido do que vim para aquelas regiões onde posso contar com um tempo mais tranquilo entre amigos comprovados.

Mais tarde

Acabo de receber sua preciosa carta de 11 de setembro e com ela, mais uma vez, fico-lhe, tanto em sua presença quanto em sua ausência, infinitamente devedor. Poder pensar que meu August[181] está novamente alegre e saudável em sua casa, que o senhor tem a bondade de manter vivas suas memórias de viagem e, assim, auxiliá-lo na busca de uma formação mais ampla, é para mim algo que não tem preço, e essa ideia me acompanhará em minha pequena viagem às ásperas montanhas.

Ainda de Frankfurt, depois de receber uma carta de Böckmann,[182] eu lhe escrevi algumas linhas nas quais pedia que entregasse a referida caixinha à portadora, que deveria ser a srta. Staff,[183] e em que também invalidava aquele documento de arquivo guardado em minha casa, e me esqueci, embora lhe escrevesse com frequência, de lhe dar a devida notícia. Penso que o senhor me dirá uma palavra a respeito; talvez esse depósito já tenha chegado sem problemas a Karlsruhe. Transmita ao duque minhas palavras de conforto e, também, minhas felicitações por não ter o acidente sido de maior gravidade.[184] Muita sorte em todos os seus empreendimentos e paciência com a

---

181 O filho de Goethe, August von Goethe (1789-1830).

182 Johann Lorenz Böckmann (1741-1802), físico e matemático alemão, professor em Karlsruhe. Em 1793, ele enviara a Goethe uma caixinha contendo amostras de minérios, e pedia agora sua devolução.

183 Albertine Auguste von Staff, dama de companhia em Karlsruhe.

184 O duque havia sofrido um acidente de carruagem.

mineração, como convém ter com o filho mais malcriado entre os negócios da família.[185]

Amintas

Elegia

Ó Nícias, homem excelente, médico do corpo e da alma!
Doente! Sim, de fato o estou; mas ter remédio é duro.
Ai! Já me faltam as forças para seguir o conselho,
Sim, e o amigo já me parece ser um antagonista.
Refutar-te não posso, eu me digo tudo,
Digo, uma vez que te calas, a mim mesmo a palavra mais dura.
Mas, ai! A água se precipita pela escarpa do rochedo,
Rápida, e os cantos não podem deter as ondas de um rio.
Não ruge incessante a tempestade? E o sol não se despende
Do cume do dia para a profundeza das ondas?
E assim fala para mim a Natureza ao redor: também tu, Amintas,
Te curvas sob a lei rigorosa de brônzeos poderes.
Não franzas a testa assim, meu amigo! e ouve de boa vontade
O que ontem uma árvore me ensinou junto ao riacho.
Poucas maçãs ela me traz, embora sempre tão carregada;
Vê, a culpa é da hera que a enreda em seu poder,
E eu tomei da faca, da faca recurva, afiada,
Abri caminho, pus abaixo as gavinhas, uma a uma;
Mas tremi quando, com um fundo suspiro lamentoso,
Despejou-se sobre mim o lamento sussurrado da fronde:
Oh, não me firas a fiel companheira de jardim,
A quem tu, desde menino, deves tantos prazeres!
Oh, não a firas! Com esse trançado que destróis
Com violência, arrancas-me cruelmente a vida:
Não a alimentei eu mesma e, suavemente, não a elevei até mim?

---

185 Goethe se refere às minas de Ilmenau, que ele dirigia com Voigt.

Johann Wolfgang von Goethe

Não é sua folhagem ligada a mim, tanto quanto a minha própria?

Não devo amar a planta? Ela que, só de mim dependente,

Se enlaça, tranquila, com ávida força, ao meu lado?

Milhares de gavinhas se enraízam, com milhares e milhares

De fibras ela se entranha firmemente em minha vida.

Alimento ela retira de mim, daquilo de que eu preciso, ela desfruta,

E assim ela sorve-me a seiva, sorve-me a alma.

É em vão que me alimento ainda; a poderosa raiz

Me instila, ai!, apenas pela metade o sumo da vida.

Pois a hóspede perigosa, amada, se apossa rápida

A meio caminho, da força dos frutos outonais.

Nada chega ao cume; os ramos mais altos

Secam, já seca a haste que se inclina para o riacho.

Sim, traidora é ela! Despeja lisonjas sobre minha vida e meus bens,

Lisonjas sobre a força que aspira, com lisonjas me leva a esperança.

Apenas a ela sinto, só a ela, que me cinge, me alegram os grilhões,

Me alegra apenas o adorno mortal, a folhagem estranha.

Afasta a faca! Ó Nícias, poupa a pobre,

Que em amorosa luxúria consome com gosto, de boa vontade obrigada!

Doce é todo desperdício: oh, deixa-me gozar do mais belo!

Quem se confia ao amor entrega a vida em parcelas?[186]

---

186 AMYNTAS/ *Elegie*/ Nikias, trefflicher Mann, du Arzt des Leibs und der Seele!/ Krank, ich bin es fürwahr; aber dein Mittel ist hart./ Ach, mir schwanden die Kräfte dahin, dem Rate zu folgen;/ Ja, und es scheinet der Freund schon mir ein Gegner zu sein./ Widerlegen kann ich dich nicht; ich sage mir alles,/ Sage das härtere Wort, das du verschweigest, mir auch./ Aber, ach! das Wasser entstürzt der Steile des Felsens/ Rasch, und die Welle des Bachs halten Gesänge nicht auf./ Ras't nicht unaufhaltsam der Sturm? und wälzet die Sonne/ Sich, von dem Gipfel des Tags, nicht in die Wellen hinab?/ Und so spricht mir rings die Natur: "Auch du bist, Amyntas,/ Unter das strenge Gesetz ehrner Gewalten gebeugt."/ Runzle die Stirne nicht tiefer, mein Freund, und höre gefällig,/ Was mich gestern ein Baum dort an dem Bache gelehrt./ Wenig Äpfel trägt er mir nur, der sonst so beladne;/ Sieh, der Efeu ist schuld, der ihn gewaltig umgibt./ Und ich faßte das Messer, das krummgebogene, scharfe,/ Trennte schneidend und riß Ranke nach Ranken herab;/ Aber ich schauderte gleich, als tief erseufzend und kläglich/ Aus den Wipfeln zu

A Schiller

Stäfa, 25 de setembro de 1797

Anteontem recebi sua agradável carta de 7 de setembro. Como demorou mais a chegar do que eu esperava, temi que sua enfermidade tivesse se agravado, como agora, infelizmente, fico sabendo por ela. Quem dera o senhor pudesse, em seu repouso, gozar de tão boa saúde quanto eu em meu movimento! Uma folha que segue em anexo lhe diz como foi minha estada em Tübingen. Meyer, a quem, para alegria de nós ambos, eu reencontrei, está melhor do que nunca, e já tivemos alguns momentos de honrada tagarelice; ele veio com excelentes tesouros artísticos e regressa com tesouros de observação muito minuciosa. Vamos pensar em formas de utilizar uma parte, e para que propósitos vamos guardar a outra.[187]

Em alguns dias devemos ir ao Lago dos Quatro Cantões. Uma vez que estamos tão perto dele, não posso deixar de rever as grandes cenas da na-

---

mir lispelnde Klage sich goß:/ "O verletze mich nicht! den treuen Gartengenossen,/ Dem du, als Knabe, so früh, manche Genüsse verdankt./ O verletze mich nicht! du reißest mit diesem Geflechte,/ Das du gewaltig zerstörst, grausam das Leben mir aus./ Hab ich nicht selbst sie genährt und sanft sie herauf mir erzogen?/ Ist wie mein eigenes Laub nicht mir das ihre verwandt?/ Soll ich nicht lieben die Pflanze, die, meiner einzig bedürftig,/ Still mit begieriger Kraft mir um die Seite sich schlingt?/ Tausend Ranken wurzelten an, mit tausend und tausend/ Fasern senket sie fest mir in das Leben sich ein./ Nahrung nimmt sie von mir; was ich bedürftig, genießt sie,/ Und so saug sie das Mark, sauget die Seele mir aus./ Nur vergebens nähr' ich mich noch; die gewaltige Wurzel/ Sendet lebendigen Safts, ach! nur die Hälfte hinauf./ Denn der gefährliche Gast, der geliebteste, maßet behende/ Unterweges die Kraft herbstlicher Früchte sich an./ Nichts gelangt zur Krone hinauf, die äußersten Wipfel/ Dorren, es dorret der Ast über dem Bache schon hin./ Ja, die Verräterin ist's! sie schmeichelt mir Leben und Güter,/ Schmeichelt die strebende Kraft, schmeichelt die Hoffnung mir ab./ Sie nur fühl ich, nur sie, die umschlingende, freue der Fesseln,/ Freue des tötenden Schmucks, fremder Umlaubung mich nur."/ Halte das Messer zurück! o Nikias, schone den Armen,/ Der sich in liebender Lust, willig gezwungen, verzehrt!/ Süß ist jede Verschwendung; o laß mich der schönsten genießen!/ Wer sich der Liebe vertraut, hält er sein Leben zu Rat?

187 Goethe e Meyer planejavam escrever uma grande obra enciclopédica sobre a Itália, que não foi realizada, mas deu origem à revista *Propyläen*.

tureza que o rodeiam, pois a rubrica desses rochedos portentosos não pode faltar em meus capítulos de viagem. Já reuni algumas pastas muito úteis, nas quais está escrito e encadernado tudo o que vivi ou que me aconteceu; até agora ainda é o material mais misturado do mundo, do qual nem mesmo, como eu esperava, pude retirar algo para as *Horas*.

Espero ainda acrescentar muita coisa a essa coletânea de viagens, e posso, com isso, experimentar-me em alguns assuntos. Afinal, gozamos de algo quando sentimos que podemos subsumir algumas coisas, os frutos dos grandes e, de início aparentemente infrutíferos trabalhos, com os quais nos atormentamos em nossa vida.

Uma vez que a Itália, por causa de suas antigas agitações, e a França, por conta de suas novíssimas, estão mais ou menos fechadas para o estrangeiro, creio que seguiremos do cume dos Alpes de volta para a queda das águas e nos deslocaremos Reno abaixo em direção ao norte antes que caia o mau tempo. É possível que neste inverno nos instalemos juntos agradavelmente aos pés da Fuchsturm;[188] sim, imagino até que Humboldt nos fará companhia. Toda a caravana, segundo me informou uma carta dele que recebi em Zurique, também desistiu da viagem à Itália; virão todos para a Suíça.[189] O mais novo tem a intenção de viajar por este país que sob muitos aspectos é tão interessante para ele, e o mais velho provavelmente, nas atuais circunstâncias, terá de desistir de uma viagem à França que havia projetado. Eles partem de Viena em 1º de outubro; talvez eu ainda os espere por estas paragens.

Por minhas cartas anteriores, o senhor talvez tenha visto que tive uma estada muito boa e prazerosa em Stuttgart. O senhor foi muito lembrado por muita gente, e sempre da melhor maneira possível. Para nós dois, penso eu, foi uma vantagem termos nos conhecido já mais tarde e quando mais bem formados.

---

188 Ruínas do castelo Kirchberg sobre o Hausberg, em Jena.

189 O grupo que planejava uma viagem à Itália com Wilhelm von Humboldt incluía sua própria família, seu irmão Alexander von Humboldt, o escultor Christian Friedrich Tieck, o proprietário de terras Wilhelm Theodor Joachim Burgsdorff, Franz Reinhard Samuel Christian von Haeften e sua esposa Christine Elise Sabine.

"A campanha na França" e outros relatos de viagem

Diga-me em sua próxima carta como pretende passar o próximo inverno. Se seus planos estão voltados para a casa de campo,[190] para a de Griesbach[191] ou para Weimar. Desejo-lhe o lugar mais aprazível, para que não tenha que, a par de seus outros males, lutar com o mau tempo.

Se me escrever logo depois do recebimento desta carta, tenha a bondade de endereçar sua carta imediatamente para Zurique, apenas com o adendo *aos cuidados do sr. capitão da cavalaria Ott, Zum Schwert*. Posso contar que esta levará uma semana para chegar, e uma resposta mais ou menos o mesmo tempo, e devo voltar lá pela metade de outubro de minha viagem às montanhas de Zurique.

Pela notícia de que meu pequeno está restabelecido eu lhe agradeço muito, tanto mais porque há algum tempo já que não recebo nenhuma notícia direta, e as cartas enviadas de minha casa devem ter parado em algum lugar.[192] Só essa preocupação já me rendeu alguns momentos de tristeza, enquanto todo o resto corria bem e sem percalços. Passe muito bem! Transmita minhas saudações à sua prezada esposa e desfrute dos últimos belos dias de outono em companhia dos seus; enquanto isso, iniciarei minha peregrinação pelas altas montanhas; minha correspondência sofrerá agora uma pequena pausa, até eu voltar para cá.

Quase ia me esquecendo de lhe dizer que o verso "Borbulha e fervilha e ruge e sibila etc." se legitimou perfeitamente diante das cataratas do Reno. Achei altamente digno de nota como ele contém em si os momentos principais desse fenômeno portentoso. Procurei de imediato compreendê-lo em suas partes e como um todo, como ele se oferece à nossa vista, e tomei nota à parte das considerações que fazemos diante dele, assim como as ideias que ele nos inspira. O senhor verá no futuro como aquelas poucas linhas poéticas serpenteiam feito uma linha através desse labirinto.

Acabo de receber também, por intermédio de Cotta, as provas J e K do *Almanaque*[193] e espero agora, quando voltar das montanhas e lagos, outras

---

190 Cf. n.6 deste capítulo.

191 Casa de Schiller em Jena de 1795 até sua mudança para Weimar.

192 August, o filho de Goethe, adoecera logo depois de regressar de sua viagem a Frankfurt.

193 *Almanaque das musas* para o ano de 1798.

cartas suas. Meyer também deverá escrever algumas palavras; é para mim a maior alegria vê-lo tão bem e animado; tomara também sinta o mesmc em relação ao senhor!

Já voltei a encontrar magníficos temas para idílios, elegias e sejam lá que gêneros aparentados de poesia, e também já escrevi de fato algumas; jamais antes assimilei os objetos estrangeiros e logo a seguir produzi algo com tanta comodidade. Passe muito bem, e que continuemos assim, tanto em teoria quanto na prática.

O jovem aprendiz e o riacho do moinho

Aprendiz
Para onde vais, claro riachinho,
Assim tão alegre?
Corres para baixo com ânimo
Alegre e leve;
Que buscas com tanta pressa no vale?
Ouve-me, pois, e dize de uma vez!

Riacho
Eu era um riachinho, jovem aprendiz,
Canalizaram-me
Assim para que eu corra
Neste leito
Para o moinho lá embaixo,
E sempre estou lépido e cheio.

Aprendiz
Corres de ânimo alegre
Para o moinho,
E não sabes o que meu sangue jovem
Sente aqui.
A bela moleira não olha
Amigavelmente às vezes para ti?

Riacho
Ela abre as janelas bem cedo
Ao romper da aurora,
E vem aqui lavar
Seu belo rostinho;
Seu seio é tão cheio e branco,
Eu me sinto aquecer quase até evaporar.

Aprendiz
Se ela pode acender o calor da paixão
Na água;
Como poderei encontrar a tranquilidade
Da carne e do sangue?
Basta que a tenhamos visto uma vez,
Ai, para sempre termos de correr atrás dela.

Riacho
Então eu me precipito para as rodas
Com fragor,
E todas as pás giram,
Com rumor.
Desde que a bela mocinha trabalha,
Tem a água também mais energia.

Aprendiz
Pobre de ti, não sentes também a dor
Como os outros?
Ela ri de ti e diz, fazendo troça:
Vai, anda!
Ela talvez te tenha retido para trás
Com um doce olhar amoroso.

Johann Wolfgang von Goethe

Riacho

É tão difícil, tão difícil para mim

Fugir daqui;

Eu serpenteio então suavemente

Através dos prados;

E se dependesse apenas de mim,

Logo tomaria o caminho de volta.

Aprendiz

Companheiro de minha dor,

Eu parto;

Quem sabe um dia murmures

Para minha alegria.

Vai, diga a ela logo, e diga sempre,

O que em silêncio o menino deseja e espera.[194]

---

194 "Der Junggesell und der Mühlbac": Gesell: Wo willst du klares Bächlein hin,/ So munter?/ Du eilst mit frohem, leichtem Sinn/ Hinunter./ Was suchst du eilig in dem Tal?/ So höre doch und sprich einmal!// Bach: Ich war ein Bächlein, Junggesell;/ Sie haben/ Mich so gefaßt, damit ich schnell/ Im Graben,/ Zur Mühle dort hinunter soll,/ Und immer bin ich rasch und voll.// Gesell: Du eilest mit gelaßnem Mut/ Zur Mühle,/ Und weißt nicht, was ich junges Blut/ Hier fühle./ Es blickt die schöne Müllerin/ Wohl freundlich manchmal nach dir hin?// Bach: Sie öffnet früh beim Morgenlicht/ Den Laden,/ Und kommt, ihr liebes Angesicht/ Zu baden./ Ihr Busen ist so voll und weiß;/ Es wird mir gleich zum Dampfen heiß.// Gesell: Kann sie im Wasser Liebesglut/ Entzünden,/ Wie soll man Ruh'/ mit Fleisch und Blut/ Wohl finden?/ Wenn man sie einmal nur gesehn,/ Ach! immer muß man nach ihr gehn.// Bach: Dann stürz' ich auf die Räder mich/ Mit Brausen,/ Und alle Schaufeln drehen sich/ Im Sausen./ Seitdem das schöne Mädchen schafft,/ Hat auch das Wasser beßre Kraft.// Gesell: Du Armer, fühlst du nicht den Schmerz/ Wie andre?/ Sie lacht dich an und sagt im Scherz:/ "Nun wandre!"/ Sie hielte dich wohl selbst zurück/ Mit einem süßen Liebesblick?// Bach: Mir wird so schwer, so schwer, vom Ort/ Zu fließen:/ Ich krümme mich nur sachte fort/ Durch Wiesen;/ Und käm es erst auf mich nur an,/ Der Weg wär bald zurückgetan.// Gesell: Geselle meiner Liebesqual,/ Ich scheide/ Du murmelst mir vielleicht einmal/ Zur Freude./ Geh', sag' ihr gleich, und sag ihr oft,/ Was still der Knabe wünscht und hofft.

"A campanha na França" e outros relatos de viagem

Ida e volta de Stäfa ao São Gotardo

Quinta-feira, 28 de setembro de 1797

Partimos de barco às 8 horas de Stäfa para Richterswil. O brilho das nuvens sobre a extremidade do lago, bem como uma vista ensolarada de Richterswil e dos montes mais próximos, ofereciam um agradável espetáculo. Névoas e nuvens pairavam sobre a parte inferior do lago na direção de Zurique. Olhando para cima, para o meio do lago, tínhamos Stäfa, Rapperswil e as montanhas de Glarus diante de nós, assim como os contrafortes que se sobrepõem uns aos outros, por trás ou entre os quais se encontra o Lago Walen. Sobre a superfície da água, a pequena ilha de Ufenau.

Richterswil tem uma linda localização junto ao lago. Logo atrás da cidade, elevam-se colinas férteis e, por trás delas, algumas montanhas do Cantão de Schwyz.

Em três quartos de hora, chegamos lá em cima. Antes de desembarcar, o lado superior do lago parece muito largo e grande.

A localidade é bem construída, tem hospedarias muito grandes, entre elas uma nova com banhos. O ancoradouro é amigável, a viagem de barco animada, pois a maior parte dos produtos do Cantão de Schwyz é trazida para cá e embarcada para outros lugares, uma vez que Schwyz mesmo não tem porto e Zurique o impede de construir um.

Richterswil tem também uma grande afluência por causa dos peregrinos que fazem romaria para Einsideln. Neste verão, um grande número deles passou por aqui; muitos da Suábia, provavelmente por causa de promessas feitas diante dos perigos da guerra.

Continuando nossa peregrinação, subimos por Richterswil e vimos muitas casas novas. Pelo caminho, encontramos as placas cinzas e vermelhas e inconfundíveis brechas trazidas para cá para ser usadas.[195] As placas verdes, em sua variedade, têm muita semelhança com a grauvaca do Harz, aparecendo ora com o aspecto do pórfiro, ora com o da brecha.

---

195 Brecha (do italiano *breccia*): rocha que consiste em fragmentos de rocha angular cimentados por uma massa de materiais mais finos.

Continuamos a subir. Bela vista do lago. Continuam os campos lavrados e o cultivo de frutas; novos prados surgem. No alto da colina, em uma depressão plana que outrora pode ter estado cheia de água, encontramos boa turfa. Belas casas asseadas se erguiam entre as propriedades. Agora, ao sul, vemos um vale alegre, também fértil. Falou-se em vendavais que batem desse lado e rebatem em Stäfa.

Deixamos a estrada pavimentada. A trilha passa por uma fileira de dez carvalhos; chegamos a uma pastagem e ganhamos uma vista magnífica para o lago e para o vale fértil ao redor.

A região se torna um pouco mais áspera; encontramos juncos, fetos, mas também belas cerejeiras. A grauvaca parece formar a colina. Chegamos a um campo de turfas todo esburacado, que, graças aos juncos, às urzes e outras plantas semelhantes, pouco a pouco volta a se preencher e se cobrir de vegetação.

O caminho que se deixou pela metade dá provas da boa qualidade da turfa de outrora. Encontramos uma bela amigdaloide como degrau.

À nossa direita fica o Hüttnersee, que tem bons peixes e caranguejos. Se nos colocarmos acima dele, a montanha que subimos se parece com um istmo entre ele e o Lago de Zurique.

Às 10h30, chegamos a Hütten. Falou-se da exportação anual de vacas para a Itália; foram exportadas cerca de 3 mil, com no máximo 5 anos de idade, por um preço entre 10 e 16 *louis d'or* cada uma. Atualmente se teme uma proibição, pois dizem que há uma epidemia na Itália. Também se falou da exportação de vinho, cujo maior comprador hoje é a Suábia; já há compradores para o vinho deste ano, que ainda está nas videiras.

Às 12 horas, partimos de Hütten e seguimos viagem. Ver o lago de Hütten e o de Zurique do alto, com a margem oposta deste último, e em sua vizinhança imediata as colinas e os vales diversificados, adornados por florestas, pelo cultivo de frutas e por prados nos proporciona um belo momento. Até se chegar à cidade tudo era claro, como quando subimos em direção a Stäfa, Rapperswil, até as montanhas de Toggenburg.

O sr. vigário Beyel de Hütten nos acompanhou.[196] Quando nos deparamos com belos ílices, ele disse ter encontrado na montanha à direita um

---

196 Hans Jakob Beyel (1769-1858).

"A campanha na França" e outros relatos de viagem

vigoroso tronco, da grossura da coxa de um homem, com cerca de 12 pés de altura.

Chegamos ao marco miliário entre Schwyz e Zurique. Disseram-nos: a gente de Schwyz tem a superstição de que, se baterem com a bengala ao lado do brasão de Zurique, todo o Cantão de Zurique se sentirá mal.[197]

Atrás de nós vimos toda a cadeia de Albis, assim como, para o lado dos Freie Ämter, as cadeias de montanhas baixas, para onde corre o Reuss; a vista é muito favorável àquela região.

Pelo caminho, as montanhas parecem ser brechas brutas, e os rochedos calcários, que aqui e ali se levantam no meio da grama, dão a impressão de terem despencado lá de cima. Vemos Uznach e a vista para a parte superior do lago se torna cada vez mais bela. À direita da trilha do rio há uma espécie de paredão natural, atrás do qual corre o Sihl. À primeira vista, não deveria custar muito esforço atravessar a colina em alguns pontos com galerias, a fim de conduzir tanta água quanto se quisesse para a irrigação e as obras da região que fica logo abaixo; um empreendimento que, contudo, não é imaginável em um cantão democrático, diante da complicação das propriedades que iria afetar.

O caminho se volta para Schindeleggi; a vista se esconde, atravessamos o Sihl por meio de uma ponte de madeira; a seguir, chegamos a um vale agreste, cujos lados são cobertos por abetos; o caudaloso e pedregoso Sihl permanece à esquerda.

Os rochedos são de um fino arenito, que pouco a pouco se torna em brecha mais bruta. Logo estamos em outro mundo. À direita, sobre pastagens ralas, nos elevamos sobre o Vale do Sihl e passamos ao lado de uma fonte famosa por seu frescor. Pastagens, ao longe cabanas alpinas em colinas muito suaves.

Chegamos a uma estrada, que se eleva a partir de Wollerau, através da qual as mercadorias de Schwyz são levadas para Steinen e para a alfândega, e dali para Bach; nesse ponto, ela é plana e boa.

---

197 Alusão à rivalidade entre os cantões rurais, mais pobres, e os cantões urbanos, mais ricos, entre católicos e protestantes, entre constituições democráticas e aristocráticas.

Tornamos a nos aproximar do Sihl. Na elevação à margem da estrada, viam-se moreias fluviais de grande altura; à esquerda havia um rochedo de quartzo negro da maior solidez, pintalgado de pirita, em grandes fragmentos. Deixamos a estrada e nos voltamos para a esquerda; uma ponte atravessa o Biber. Subida íngreme; a região permanece semelhante a si mesma. Às 17 horas vimos Einsiedeln, chegamos às 18 horas e nos instalamos na hospedaria Zum Pfauen, de frente para a igreja.

Sexta-feira, 19 de setembro, dia de São Miguel

Pela manhã visitamos a igreja, cujo coro é absurdamente enfeitado.[198] O tesouro só é exposto em parte, sob o pretexto de se terem recolhido as melhores peças depois de um roubo.

Na biblioteca há belos vitrais coloridos em molduras ao redor das janelas, nas quais pude notar que o vidro colorido, nos casos de vidro duplo, não era desbastado, e sim escavado com um diamante.

No gabinete de História Natural há uma pequena cabeça de porco selvagem e algumas outras partes do animal, encontrado no arenito próximo a Uznach; interessante. Do mesmo modo, belas adulárias, uma granada de tamanho médio com facetas naturais.

No gabinete de gravuras, embaixo da biblioteca, estão penduradas algumas das mais belas gravuras de Martin Schön.[199]

O bibliotecário em pessoa nos guiou. Seu nome de frade era Michael e, portanto, ele tinha o direito de, no dia de seu patrono, celebrar um ofício solene.[200] Assistimos a uma parte dele, não muito edificados pela música.

Às 11 horas, partimos de Einsiedeln. Uma neblina cobria o céu e os picos das montanhas; só uns poucos pontos de céu azul se entremostravam através dela. Uma vez que não dispúnhamos de um cianômetro, avaliamos a manifestação da cor como ultramarino. A de agora foi considerada apenas

---

198 A igreja colegiada do mosteiro de Einsiedeln, construída em estilo barroco entre os anos de 1704-1724 pelo arquiteto Caspar Moosbruger (1656-1723).
199 Martin Schön: Martin Schongauer (*c.* 1445/1450-1491), gravador e pintor alemão.
200 Michael Dombach (1760-1830).

"A campanha na França" e outros relatos de viagem

como cinza-ultramarino. Subimos pela aldeia e pelo vale pantanoso; uma trilha de saibro não era ruim em alguns trechos, era até, nas proximidades de serrarias, coberta de serragem. O convento de freiras à direita parecia uma propriedade privada;[201] o edifício não tinha muros. Lembramo-nos de Le Murate em Florença.[202]

Assim, seguimos pelo Vale do Alp à margem direita por uma trilha sofrível e atravessamos o leito do rio, que é formado sobretudo de calcário, pouco arenito e algumas partes de rocha serpentinosa muito dura. O Vale do Alp tinha uma aparência triste, em especial porque não havia gado à vista, pois este ainda pastava na região mais alta dos Alpes.

Vimos uma serraria com um belo estoque de tábuas e pranchas; uma igreja e uma hospedaria pareciam ter se cristalizado ali. Esse pequeno grupo de edifícios se chama ele mesmo Alpthal.

Alcança-se o cume por um caminho íngreme à direita, entre fragmentos de rochas calcárias, placas e troncos de bétula, e se chega ao primeiro Giessbach, de onde se sobe por uma escada rústica de madeira. Velhos troncos de árvores se erguem aqui, nus, descascados e expostos às intempéries, como sinal de que não se dá nenhum valor à lenha. Chegamos a um lugar de descanso junto da capelinha, o que nos pareceu um mau presságio, pois ainda tínhamos uma penosa subida diante de nós. Entramos então de fato dentro da névoa. Um árido desfiladeiro e Giessbach, ao lado de algumas pastagens e trilhas sofríveis. Argilitos avermelhados. Argilitos cinza xistosos com finíssimas impressões de plantas.

Havíamos alcançado o alto do Haggen, mas qualquer vista estava encoberta pelas névoas próximas e distantes. Elas se deslocavam da maneira mais estranha tanto no vale quanto nos cumes. Lá embaixo, sobre o Vale de Schwyz, pairava uma névoa branca, parecida com nuvens; uma névoa cinzenta deixava entrever as montanhas defronte de nós, outra vinha do lado esquerdo, dos Mythen, e os encobria por completo.

---

201 O mosteiro beneditino In der Au.

202 O Monastero delle Murate [mosteiro das Emparedadas], construído no século XV em Florença, no qual as freiras viviam em rigorosa clausura. Desativado no século XIX, serviu, de 1883 a 1985, como prisão masculina.

Entramos em uma casa solitária. Quando perguntamos pela extensão do caminho, disseram-nos que precisaríamos de mais ou menos uma hora e meia. "Mas nós", continuou o homem, "podemos vencê-lo em mais ou menos uma hora." Tivemos motivos para nos lembrar dessa expressão, pois a subida era horrível, sobre uma relva escorregadia, úmida. Depois de atravessar uma ponte, chega-se a um lugar de descanso coberto. Dali em diante o caminho é pavimentado, mas não preservado.

Tornamos a sair da região de névoa, vimos o Lago de Lauerz, as montanhas que o encerram, o belo espaço onde ficam as casas de Schwyz e o agradável vale para os lados de Brunnen.

Os picos das montanhas estavam todos envoltos pelas nuvens e névoas, de modo que o vulto deles raramente se entremostrava, e na maior parte do tempo tinha de ser intuído. Um estranho brilho nas nuvens e névoas indicava o pôr do sol. Essas camadas se amontoavam tanto umas sobre as outras que, ao cair da noite, não dava para acreditar que o dia voltaria a raiar.

Sábado, 30 de setembro

Pernoitamos em Schwyz e pela manhã tivemos uma bela vista da região toda verde, salpicada de altas árvores frutíferas espalhadas e de casas brancas, assim como dos escuros rochedos íngremes ao fundo, sobre os quais pairavam as nuvens que iam baixando. Os Mythen e as demais montanhas estavam claros, o céu se entremostrava em diversos pontos; algumas nuvens brilhavam, iluminadas pelo sol. Vê-se uma nesga do Lago dos Quatro Cantões, e para além dele montanhas cobertas de neve; a entrada do Vale de Schwyz para o de Muota aparece à esquerda. A serenidade da névoa era um prenúncio do sol. Uma graça indizível se desvelava, assim que um único raio de sol roçava aqui ou ali. Nenhuma propriedade é cercada de muros; tem-se uma vista geral de todos os prados e de cada árvore. As nogueiras são especialmente vigorosas.

Consideração sobre a situação de todo o cantão relacionada às condições políticas.

Faltando um quarto de hora para as 9 horas, partimos de Schwyz sob um sol suave, e desfrutamos de uma vista magnífica dos severos Mythen que deixávamos para trás. As faldas mergulhavam na névoa ligeira e nos vapores do lugar, ao redor dos cumes passavam nuvens leves.

Primeiro tivemos um caminho pavimentado, depois uma bela trilha regular. Uma ponte de madeira passa por sobre o prado, uma pastagem grande e plana com nogueiras se estendia diante de nós; à direita, no campo, vimos lindas meninas com suas mães, ajoelhadas, ocupadas com a colheita das batatas. A bela planura cercada pelas montanhas continua, e para os lados do lago o vale é fechado por uma pequena colina, de cuja lateral uma encosta fértil desce para o prado. O vale se alarga à direita. Os prados, por causa da profundidade, já são mais úmidos. Vimos vacas sendo conduzidas em sua viagem sobre o São Gotardo. Junto de uma serraria, tivemos uma bela vista do que ficara para trás.

Chegamos a Brunnen e ao lago em uma hora alegre, e embarcamos. Veem-se jazidas de cal nuas que descem em direção ao sul e ao norte e, por assim dizer, se estendem sobre um núcleo, onde repousam. As jazidas grandes se dividem em pequenas, muito alcantiladas, de modo que os rochedos, em alguns pontos, parecem paredes construídas. A parte do lago que se volta para Stans desaparece. O Grütli da liberdade.[203] Verdura do lago, margens íngremes, a pequenez dos barcos em comparação com as portentosas massas de rochedos. Um barco com uma pesada carga de queijos passa diante de nós. Veem-se as encostas cobertas de vegetação; os picos envoltos em nuvens. Raios de sol roçavam a região; sentia-se a grandeza informe da natureza. Novas jazidas que descem para o norte e o sul, em direção ao Grütli. À esquerda, rochedos íngremes. Confusão das jazidas do lado de lá e de cá, que mesmo em suas diferenças coincidem. Pequena igreja, à esquerda. Para o interior do vale, prados de início em suave aclive, depois muito íngremes. Agradável vista da aproveitabilidade em meio ao que há de mais bruto; a linha do lago tornava tudo tão tranquilo, o reflexo das montanhas dançava no lago. Para o lado da Laje de Tell, há um lugar

---

203 Referência ao "Juramento do Rütli", mito fundador da Suíça, segundo o qual, no ano de 1307, os "homens livres" representados por Walter Fürst, de Uri, Werner Stauffacher, de Schwyz, e Arnold von Melchtal, de Unterwalden, teriam renovado a "eterna aliança" celebrada por aquelas comunas em 1291.

muito bonito, primeiro um rochedo nu e um declive de pedra, depois um prado gracioso, não muito íngreme, rodeado de belas flores e arbustos.[204] Os rochedos são cobertos de vegetação até seu ponto mais alto.

Barcos que haviam transportado gado vinham ao nosso encontro; desembarcamos e entramos na capela de Tell.[205] Se olharmos dali para os rochedos defronte dela como um quadro fechado, eles nos proporcionam outra vista. Na sexta-feira depois da Ascensão é feito um sermão aqui, e os ouvintes se acomodam em barcos.

Prosseguimos ao largo de um cotovelo rochoso e avistamos então o Vale do Uri. Depois de um portentoso rochedo escarpado, surgem prados baixos. Vê-se Flüelen, a mais bela pastagem de lá para cá; atrás de nós, via-se o vale plano rodeado de montanhas.

Tomamos o rumo de Altdorf. Depois de Flüelen, encontramos belas pastagens, vacas em repouso, caminho lajeado, brechas de silício com buracos, e outra em melhor estado; vemos que uma dá continuidade à outra. Reunião de andorinhas sobre o pasto.

Chegando a Altdorf, hospedamo-nos no Leão Negro, do sr. Franz Maria Arnold.[206] Nos quartos havia práticas fechaduras nas portas, que se puxam para fechar por fora e se abrem por dentro.

Ritmos de castanhola das crianças com tamancos de madeira.

A localidade, em si, com seus arredores, constitui um contraponto a Schwyz, já tem um aspecto citadino, e todos os jardins são cercados de muros. Um feitio italiano se entremostra, inclusive no estilo arquitetônico. Assim, as janelas de baixo também são gradeadas, um cuidado que a grande abertura parece tornar necessária. Notei uma bela maneira de enfardar o feno de segunda ceifa em redes.

Som do grande sino das vacas que ressoa. Guizos das mulas.

---

204 A Laje de Tell, localizada junto do Lago de Lucerna, é o lugar em que, segundo a lenda, Guilherme Tell saltou do barco de Albrecht Gessler, contra cujo governo brutal se rebelara.

205 Capela na Laje de Tell. A primeira construção data de 1388. Uma nova edificação aconteceu no ano de 1590. O atual edifício é de 1879-1880.

206 Franz Maria Arnold (1754-1811).

"A campanha na França" e outros relatos de viagem

Domingo, 1º de outubro

Altdorf. De manhã cedo, nuvens de chuva, névoa, neve sobre os picos mais próximos. Vacas eram conduzidas. As pessoas traziam pequenas vasilhas de madeira, os animais carregavam alguns banquinhos de ordenhar; pois essas pessoas se alimentam de leite pelo caminho.

Despedida cordial do hospedeiro, sinais de contentamento mútuo. Metáfora do mundo.

Partimos às 8h30. Belos prados à direita e à esquerda. Névoas. Não se sabe se sobem, descem, se formam ou se consomem, se vão ou se precipitam. Magnífica parede rochosa. Calcário.

Grande fonte clara, sol, céu azul se entremostrando; nas montanhas, formações de nuvens. Gritos de crianças na gruta. Íngremes rochedos calcários à esquerda até o prado lá embaixo, como antes até a superfície do lago. Atrás de nós, baixo, surgiu o pedaço quase horizontal de um arco-íris muito grande. O zigue-zague das camadas rochosas reaparece. Chegamos ao Reuss. Moreias de granito. Igreja graciosamente pintada e limpa com a representação de um milagre de caça,[207] mais ou menos como o de Santo Huberto.[208]

Vacas em repouso sobre o pasto. Dezesseis cabeças custam em torno de 1 *louis d'or* do dia.

Encontramos massas de gnaisse desmoronadas. Saindo da estrada, chega-se a uma trilha que leva a Amsteg, quase sempre agradável.

Até aqui, o vale tinha quase sempre a mesma largura; agora, um massivo rochoso fecha toda uma metade; constitui-se de mica com grande teor de quartzo.

À tarde, o tempo estava muito bom. Logo atrás de Amsteg vêm as águas do Maderanertal; vê-se uma escada para peregrinos e mineralogistas que sobem a montanha.

---

207 Capela em Erstfeld, chamada Jagdmattkapelle, cuja primeira construção data de pelo menos 1339. O atual edifício, em estilo barroco, foi construído em 1637-1638.

208 Segundo a lenda, Santo Huberto se converteu durante uma caçada na Sexta-Feira Santa, ao avistar um belo cervo com um crucifixo na galhada. A mesma lenda fora anteriormente atribuída a Santo Eustáquio.

Tomamos nosso caminho rumo ao São Gotardo. Encontramos esteatitas laminadas. Um pouco mais acima, tem-se uma bela vista de Amsteg. A região tem um caráter peculiar; a vista para cima anuncia o portento. Às 15h30, o sol já se escondia por trás das montanhas.

Chegamos a uma catarata e, logo a seguir, a uma segunda, mais bela. Pedras esverdeadas com muita mica, granito. Mais uma bela catarata, algumas árvores secas. Magnífica vista para o Reuss, ao largo de uma velha bétula e um grande rochedo. Sempre granito, esteatita misturada com quartzo. Esplêndida vista retrospectiva para o Reuss que se precipita. Os massivos rochosos se tornam cada vez mais compactos, portentosos. Eco. Caminho muito ruim, leito mais plano do Reuss. Ponte. Segunda ponte. Anoitece. Vista retrospectiva do alto para o vale, as luzes nas casas e serrarias se destacavam maravilhosamente nas portentosas gargantas noturnas. A magnificência do Senhor, segundo a exegese mais moderna.[209] Chegamos a Wassen, onde pernoitamos.

Velha hospedeira, sua história familiar, e também sua doutrina da paciência.

Segunda-feira, 2 de outubro

Às 6 horas, já era dia claro nas vizinhanças, névoas envolviam os picos, logo se ampliaram os sinais de céu azul e do sol penetrante.

Às 7 horas, partimos de Wassen, a neblina se dissipava, via-se a sombra dos picos nas nuvens. Vegetação rala, bastidor horizontal de nuvens; lá embaixo, Wassen, prados verdes com blocos de granito e poucos grupos de abetos. Chegamos diante de uma bela e variegada catarata, que primeiro cai em pequenos degraus, depois faz um grande salto. Mais à frente, as águas se dividem na superfície mais larga, voltam a se reunir no meio e novamente se separam, até que por fim se precipitam no Reuss. Ponte; catarata

---

209 Cf. Êxodo 13,21: "E Iaweh ia adiante deles, de dia em uma coluna de nuvem, para lhes mostrar o caminho, e de noite em uma coluna de fogo para os alumiar, a fim de que pudessem caminhar de dia e de noite". (Segundo a tradução da *Bíblia de Jerusalém*.)

sobre rochedos que ainda têm arestas agudas; bela divisão das águas sobre eles. Estamos de fato na região das cataratas. Consideração de que o Lago dos Quatro Cantões dá uma impressão de grande tranquilidade porque nenhum rio deságua nele.

Quase tudo ao redor tem uma coloração cinza, por causa do granito espalhado, da madeira devastada pelas intempéries e pelas casas que tomaram essa cor; vê-se ainda algum cultivo de batata e pequenas hortas. Paredes de granito com aparência indestrutível. Granito devastado pelas intempéries. Ponte. Suas pedras, os rochedos, sobretudo aqueles banhados pelas águas das cheias, são cinza-claros; nuvens passavam como se fossem grinaldas sobre o vale e o sol, roçando os picos, iluminava as montanhas à direita através da névoa ligeira que pairava sobre elas. A vegetação se torna cada vez mais pobre; passa-se ainda por uma bonita catarata, onde se via entre a névoa longos filetes de água correrem para baixo. Rochedos de granito como pirâmides construídas, paredes muito lisas dos rochedos isolados, formas de obelisco. À frente, um íngreme anfiteatro das montanhas nevadas à luz do sol.

Depois das 8 horas, chegamos a Göschenen, de onde novamente se inicia uma subida íngreme. Uma fileira de mulas veio em nossa direção; o caminho fora interrompido por um grande deslizamento de blocos de granito, e mal haviam acabado de liberá-lo por meio de explosões e remoções dos blocos. Mulheres carregando lenha vieram em nossa direção. Elas recebem lá em cima, no Vale do Uri, 6 *groschen* pela carga que compram em Göschenen por 3 *groschen*; a outra metade é a remuneração pelo transporte. Precipitação do Reuss em grandes jorros. Ponte. Ao lado, em granito, estava gravado o nome Schricker, possivelmente o chefe durante a construção da ponte.[210] O Vale do Uri constitui o caminho quase até Göschenen. Singulares vistas retrospectivas para as profundezas; vacas e carregadoras de lenha subiam, e a névoa ao mesmo tempo que elas. Ao nosso lado, paredes de granito, cujos pontos secos tinham uma coloração cinza, e os úmidos, violeta. Pela primeira vez hoje o sol iluminou nosso caminho, assim como o Reuss,

---

210 Schricker: Jacobus Stricker, capitão a serviço dos franceses. Em 1617, tesoureiro e possivelmente supervisor da construção de estradas e pontes.

que espumejava entre portentosos blocos de granito. Chegamos de novo a uma estrada liberada depois de ter sido recentemente interrompida por um deslizamento. A neblina subia com rapidez pelo desfiladeiro e escondia o sol. Subida dura, tramazeira com os mais belos frutos. Deixamos as vacas passar por nós. As bétulas desaparecem quase por completo, chegamos à Ponte do Diabo.[211] À direita, portentosas paredes, precipitação da água. O sol surgiu da névoa. Subida forte. Inclinação das paredes dos rochedos portentosos, estreiteza do desfiladeiro. Três grandes corvos vieram voando, a névoa baixou, o sol estava claro. O Vale de Urseren, muito alegre; o prado plano e verde era banhado pelo sol. A igreja de Urseren, Hospental com suas velhas torres, ainda era exatamente como em tempos passados. A neve não chegava de todo até o prado. Gado pastando; as montanhas para lá de Realp estavam todas cobertas pela neve, limitada embaixo por proeminentes encostas verdejantes, acima pelo céu azul. Todo o esforço já fora esquecido, a fome chegara. Um trenó carregado de queijos passou por nós. Arroios para a irrigação dos prados. Granito com muito feldspato, mas ainda tendendo à folhabilidade. Ponte sobre o Reuss. Chegamos a Hospental, onde nos hospedamos no Leão Dourado, ou Correios.[212]

Terça-feira, 3 de outubro

Às 8h30, partimos de Hospental montanha acima. Vimos ao nosso lado mica com grande quantidade de um belo quartzo e a primeira neve. Uma bela catarata larga e uniforme corria sobre placas de mica que haviam deslizado para os lados da montanha. Belo sol. Vale nu e vazio, laterais em declive gastas pelas intempéries. Avaliamos o azul do céu claro como de

---

211 Há diversas pontes conhecidas como Ponte do Diabo. Em geral, devido às dificuldades encontradas para sua construção, surgem lendas segundo as quais essas pontes teriam sido construídas pelo diabo, ou pelo menos com seu auxílio. A primeira ponte sobre o Reuss foi construída em madeira e data de 1230. Foi substituída em 1550 por outra de pedra, que foi utilizada até 1830, quando uma terceira ponte foi construída. Abandonada desde então, ruiu em 1888.

212 A hospedaria Leão Dourado era também uma estação de parada e troca de cavalos das diligências dos correios.

30 graus em uma escala de ultramarino. Portentosas paredes muito lisas de granito foliado. Sobre grandes massas, placas e blocos da mesma rocha se precipitava outra catarata. Aproximávamo-nos agora pouco a pouco do cume. Charco, areia de mica, neve, tudo brota ao nosso redor. Lagos.

Encontrei o padre Lorenzo ainda tão alegre e animado quanto há vinte anos,[213] e fiquei feliz com seus juízos inteligentes e moderados sobre a atual situação em Milão.[214] Há alguns anos, foi criado um livro de registro de visitantes. Um jovem, Jost Has, de Lucerna, destinado a se tornar um mensageiro, mora há oito meses com o padre. Comércio de minerais da cozinheira. Ela nos mostrou grande quantidade de adulárias. Relato de onde as obtém. Moda mineralógica instável: antes a demanda era por cristais de quartzo, depois por feldspato, em seguida por adulárias e agora por turmalina vermelha (titanita).

Segundo a observação de um certo Johnston, inscrita no livro dos capuchinhos, o mosteiro deve estar localizado a 46°33'45" de latitude norte.

Depois da refeição, voltamos a descer e chegamos com tanta facilidade e brevidade a Hospental que nos admiramos e atribuímos isso à ação do ar da montanha.

Na descida, notamos alguns picos denteados por trás de Realp, que surgem quando as extremidades superiores de algumas paredes de granito são erodidas, enquanto as outras se mantêm. O tempo estava muito limpo. Do desfiladeiro do Reuss, da Ponte do Diabo, subia uma névoa densa, que, contudo, logo se estagnava na montanha.

Quarta-feira, 4 de outubro

Às 8h30, partimos de Hospental de volta a Stäfa. Céu inteiramente claro, sem um sinal de nuvens; o ar estava fresco, caíra um pouco de geada. Sobre Urseren, onde o sol brilhava, pairava um leve vapor horizontal.

---

213 Lorenzo Fantoni, desde 1768 no albergue para peregrinos de São Gotardo.

214 Em 14 de maio de 1796, Milão foi ocupada pelas tropas de Napoleão. Em julho de 1797, é fundada a República Cisalpina (Lombardia, Modena, Emilia Romagna). Milão é também a sede do mosteiro dos capuchinhos em São Gotardo.

Em Urseren, visitamos o gabinete do bailio Nager[215] e do dr. Halter.[216] Há ali também um comerciante de especiarias, Carl Andreas Christen, que negocia com minerais; se quisermos escrever a eles, não podemos nos esquecer de escrever Unseren an der Matt no destinatário. Hospedamo-nos nos Três Reis e almoçamos.

Quando chegamos perto da Ponte do Diabo, subiu em nossa direção uma névoa úmida, que se misturava ao chuvisco, de modo que não sabíamos de onde vinha e para onde ia. O tipo de pedra é uniforme; pois o portentoso não permite nenhuma variedade. Neve que impele os pássaros para a armadilha, de modo que um sem-número deles é capturado aqui. Uma fileira de mulas veio em nossa direção, e o som da trompa dos vaqueiros veio até nós do fundo do vale.

Em Göschenen, um belo raio de sol vivificava o vale lateral, névoa e nuvens se multiplicavam nos picos, sob Wassen elas já pairavam à maneira de um bastidor. Chegando lá, hospedamo-nos de novo na Zoll, onde também pernoitaram cinco franceses.

Quinta-feira, 5 de outubro

Partimos de Wassen às 7 horas. Lá em cima, no pico das montanhas a névoa já havia se espalhado, mas, à medida que íamos descendo, íamos sendo envolvidos por ela. Na névoa, as montanhas pareciam massas planas. Conversei com Meyer sobre a ideia de descrever uma viagem como um meio romance, e gracejamos sobre tantos meios gêneros. Voltamos à região das nogueiras e, depois de nos restabelecermos um pouco na hospedaria de Amsteg, tomamos o caminho a pé para Altdorf. Votos de pão e água da avarenta hospedeira.

Observei a cor verde da água em comparação com o verde da esteatita translúcida, assim como a cor laranja dos talos cortados dos amieiros.

Região agradável junto ao Reuss. É um erro em viagens a pé não olhar sempre para trás, pois com isso se perdem as mais belas vistas.

---

215 Franz Dominik Nagger (1745-1816), bailio em Andermatt. Naturalista.
216 Felix Anton Halter, médico em Andermatt.

"A campanha na França" e outros relatos de viagem

Chegamos novamente à igreja pintada no Jagdmatt, na qual caçadores e cães se ajoelham diante do cervo que tem uma verônica na galhada. A igreja estava aberta e bem ornamentada, mas não havia vivalma que prestasse atenção a ela. Ideia de uma polícia clerical e leiga!

A mica desce ainda longe pelo vale de ambos os lados. O caráter da montanha mostra, ao mesmo tempo, onde começa o calcário. Altas montanhas nevadas nas proximidades suscitava a pergunta: seria o nível da neve dessas montanhas o mesmo do das de Urseren? Falamos sobre a abreviação do caminho e do alargamento das praças em pensamentos.

À margem do caminho havia uma camurça abatida, o que deu ensejo a que nos contassem a história daquele caçador que atirou em um homem em vez de em uma camurça, e ao qual, como pena, foi proibido portar uma espingarda por dez anos. As camurças aparecem com frequência aqui, assim como as marmotas, das quais vimos uma grande quantidade em Hospental, secando ao ar ainda dentro das peles.

À noite, em Altdorf, comemos uma boa e bem preparada perdiz.

Sexta-feira, 6 de outubro

Em meio a diversas conversações teóricas, partimos cedo de Altdorf e chegamos, depois de Flüelen, ao Lago dos Quatro Cantões, a fim de descer para Beckenried. Os barcos são de construção muito leve, de modo que só duram três anos. O leme é, como os outros, preso apenas por um anel leve de madeira entrelaçada. A bagagem dos passageiros é disposta na proa do barco, e a gente, aliás, também se senta na maioria das vezes à frente. Falava-se sobre camurças, avalanches e tempestades. As maiores tempestades são causadas pelo *Föhnwind*, que na primavera, mas sobremaneira no inverno, vem do sul sobre as montanhas e provoca grandes ondas e redemoinhos.[217] Chegamos mais perto da Axenberg; portentosas paredes rochosas avultavam, chegamos a uma semienseada, em seguida há uma segunda, um pouco mais profunda, e então a Laje de Tell. A iluminação estava muito bonita, a

---

217 *Föhnwind*: vento seco, quente e descendente que ocorre a sotavento de uma cadeia de montanhas.

487

capela estava envolta em sombras, o Kronalp, assim chamado por causa da coroa de sedimentos sobre seu cume, estava envolto na luz do sol.[218] Todas as obras humanas, como também toda vegetação, parece pequena diante dos portentosos picos e massas rochosas.

Atravessamos a seguir o lago em diagonal para a ponta de terra à direita, onde então, a noroeste, logo voltam a aparecer as montanhas Mythen de Schwyz. Uma garça-real levantou voo. Passamos ao lado de Grütli, onde pouco antes do canto se veem jazidas, bem como muros e torres, e também Brunnen do outro lado; no canto, graciosas árvores pendentes. Os Mythen se erguiam agora em toda a sua largueza diante de nós; também se via uma parte da baía e os belos prados não muito íngremes de Schwyz à direita, junto do lago. Mantivemo-nos ao lado esquerdo e passamos por uma hospedaria junto ao rochedo e ao bosque às margens do lago, onde vimos soldados piemonteses e mulheres de Lucerna. Desta margem via-se, à distância, Beckenried, e na mesma direção o Monte Pilatus a oeste coberto de nuvens. Levantou-se um vento contrário, e passamos a fronteira de Uri com Unterwalden, que é ligeiramente assinalada.

Aqui, a vista lago abaixo se torna variadamente grandiosa e interessante: a margem esquerda é coberta de floresta e de uma vegetação espessa; vê-se Beckenried situada na encosta fértil de uma montanha, cujo pico íngreme pouco a pouco desliza para o meio do quadro; por trás desse trecho bem coberto pela vegetação, adivinhamos a superfície de Stanz. O Monte Pilatus, coberto pelas nuvens, se entremostra ao fundo; mais próximo, na mesma direção, vê-se, coberta de árvores, a encosta da montanha que constitui ao norte o limite entre Unterwalden e o Lago de Lucerna. À direita, nas proximidades, fica Gersau, e ao prosseguir viagem vê-se logo o estreito através do qual o lago se volta para o norte.

Uma espécie muito apreciada de maçã é chamada nessa região de *breitacher*; os italianos a chamam de *mela ruzza*.

Nas proximidades de Beckenried, vimos o pico do Rigi, que estava envolto em nuvens até muito embaixo. Olhando para o lago em direção noroeste, divisamos ao longe Weggis, uma povoação que por causa de seu

---

218 Kronalp é um nome popular para o Fronalpstock.

solo de cascalho lentamente movediço foi há pouco tempo deslocada de seu lugar. O deslocamento do solo, com o qual tudo que havia na superfície ficou arruinado, durou catorze dias, de modo que as pessoas puderam demolir suas casas e levar a madeira. Uma casa fez um giro tão grande que, segundo nos disseram, agora está voltada para o lado oposto.

Às 13 horas, chegamos a Beckenried, onde desembarcamos, e logo seguimos a pé pela trilha que leva a Stanz, o caminho mais agradável que se possa imaginar. Ele segue estreitamente junto ao lago, sobe suavemente através de prados verdejantes sob nogueiras e outras árvores frutíferas, e passa ao lado de casas asseadas que se localizam na suave encosta. Passamos por um declive rochoso largo e íngreme socavado por uma torrente, fenômeno natural que já levou embora muito bom terreno e ainda levará mais. A gente do lugar tem um aspecto estranho; é bem proporcionada, mas pálida; a umidade do solo as expõe à escrofulose e doenças de pele. O lago constitui aqui uma enseada para o interior de um terreno baixo, limitado ao norte pelo lado sul de uma montanha de encosta suave muito bem cultivada. As árvores estão carregadas de frutos; as nozes foram colhidas; a enseada termina em um prado plano e pantanoso. Atravessamos Buochs, onde há um ancoradouro para esta margem, e vimos gente do lugar ocupada com cânhamo. Um belo caminho pavimentado leva através de uma colina, entre prados sobre os quais as vacas se deleitavam. Esses prados são exterminados na primavera, e quando o feno está pronto, voltam a crescer com todo o vigor, de modo que as vacas encontram alimento suficiente até chegar o inverno. Atravessamos um vale estreito entre prados cercados e, por fim, chegamos à bela área inteiramente plana onde fica Stanz, rodeada de montanhas não muito próximas. Instalamo-nos na estalagem da Coroa, de onde se tem uma vista para a bela praça da igreja do lado oposto. No meio dela há uma fonte sobre a qual está postado o velho Winkelried com as lanças nos braços.[219]

---

219 Arnold Struth von Winkelried: herói nacional suíço. Segundo a lenda, na batalha de Sempach (9 de julho de 1387), entre os confederados suíços e os austríacos, ele teria abraçado um feixe de espadas dos adversários e assim, com o sacrifício da própria vida, teria aberto uma brecha para os confederados vencerem os austríacos.

No vestíbulo, pendia o retrato de Nikolaus von der Flüe.[220] Em vitrais pintados havia, sobre vários brasões, representações dos principais episódios da crônica suíça. Lemos em um livro: "Pequena tentativa de uma história do Estado Livre de Unterwalden. Lucerna, 1789".[221] Na dedicatória, encontrava-se o singular título: Helveticamente poderosos.

Santos, heróis, estadistas e mulheres da história da terra.

Sábado, 7 de outubro

Pela manhã cedo, névoa; mas aqui e ali raios do sol matinal sobre os picos das montanhas. Às 8 horas, partimos de Stanz e tomamos o caminho de Stanzstade. Atravessamos prados planos entre montanhas e pensamos notar como o lago outrora alto agiu aqui e preparou o terreno. Perto de Stanzstade, ele se torna mais pantanoso.

Moças que vinham na direção contrária tinham quatro faixas alternadamente vermelhas e verdes nos chapéus de palha. Não nos detivemos em Stanzstade e logo chegamos ao ancoradouro do lago, de onde partimos de barco para Küssnacht. Havia belos bancos de areia e de grauvaca na margem, trazidos do Lago de Lucerna para cá. Aqui a vista da região ao redor é muito agradável, graças à variedade das montanhas, enseadas e braços do lago, que se podem ver claramente ou adivinhar. Partimos com alguma névoa.

No meio da cruz formada pelo lago, temos vistas muito interessantes, pois a fisionomia das margens varia de todos os lados. Lucerna fica à es-

---

220 Nicolau de Flüe (1417-1487), agricultor, soldado, eremita, asceta e místico suíço. Canonizado em 1947, é considerado um dos santos padroeiros dos suíços. Em 1481, quando um conflito entre os cantões suíços ameaçava dissolver a confederação, e as negociações dos emissários dos cantões reunidos em Stanz pareciam ter chegado a um ponto de esgotamento, o pastor da cidade, Heimo Amgrund, foi buscar o conselho de Nicolau, e transmitiu então uma mensagem secreta dele aos emissários que solucionou o conflito, levando ao chamado Acordo de Stanz. O conteúdo da mensagem, porém, permaneceu em segredo por vontade expressa de Nicolau.

221 Joseph Maria Businger e Franz Nikolaus Zelger, *Kleiner Versuch einer besonderer Geschichte des Freistaats Unterwalden ob und nid vom Kernwald* [Pequena tentativa de uma história particular do Estado livre de Unterwalden, formado pelos semicantões Obwald e Nidwald], Luzern, 1789.

querda, a leste, em sua enseada, rodeada de suaves colinas férteis que se estendem à direita às margens do braço que chega até Küssnacht. Se olharmos para o norte na direção de Küssnacht, há à direita um belo contraforte de formas variadas, bem coberto de vegetação e cultivado. A leste, a água fica encerrada entre paredões íngremes e escurecidos pela vegetação, e a ponta de Gersau parece deixar apenas uma estreita passagem no lado superior do lago. De volta ao sul, vê-se a famosa torre de vigia de Stanzstade e a pequena localidade sobre sua superfície, rodeada pelas mais variadas montanhas e contrafortes, atrás dos quais, a sudoeste, se eleva o Pilatus.

Procuramos por toda parte o monumento de Raynal, mas em vão; mostraram-nos o rochedo sobre o qual ficava disposto. Por força da atração da esfera dourada na ponta, ele foi atingido por um raio, danificado e demolido.[222]

Passamos pelo belo contraforte, que é constituído por sedimentos de calcário e argila muito novos. Em Stanz, assim como em Uri, as peras crescem junto às casas; e algumas das que levamos conosco estavam dilatadas pela incrível pressão do suco, de modo que a epiderme formara protuberâncias, e mesmo a haste tinha exantemas de seiva.

Em Küssnacht, fomos à taberna Zum Engel, onde almoçamos, e logo depois prosseguimos viagem rumo a Immensee. Tomamos um caminho agradável, que subia suavemente a colina; às margens havia blocos de granito fragmentados, que foram trazidos de um prado onde eles provavelmente se encontravam como enormes moreias e dispostos ao lado da estrada. A pedra é da mesma espécie que a do São Gotardo, apenas um pouco menos foliada.

Alcançamos o alto da pequena língua de terra que separa o Lago dos Quatro Cantões do de Zug, onde há uma capela em memória da morte de Gessler.[223] Olhando para trás, vê-se de cima a baixo uma graciosa enseada cultivada que sobe do Lago de Lucerna até aqui. Encontramos algumas

---

222 Abbé Guillaume-Thomas Raynal (1713-1796), sacerdote, escritor, historiador, pensador e político francês. Em 1783, ele mandou erigir um obelisco para homenagear os heróis suíços Walter Fürst, Werner Stauffacher e Arnold von Melchtal (cf. n.203 deste capítulo.). O obelisco foi atingido por um raio em 1796.

223 Capela de Guilherme Tell na Hohle Gasse, onde, segundo a lenda, Guilherme Tell matou o governador Gessler.

castanheiras, belos prados cobertos de vegetação e árvores, cuja grama alta e ervas eram antes pisoteadas do que comidas pelas vacas. Um pouco mais longe avistamos também o Lago de Zug, rodeado por montanhas de encostas suaves, em cujo canto a sudeste podia-se ver Arth.

Em Immensee, partimos de barco e seguimos em direção norte para Zug. Os barcos são pequenos, constituindo-se apenas de duas peças, e por isso se parecem muito com um grande tronco de árvore escavado; os bancos ficam de través e se adaptam sem problemas às junções; nos lados, ainda foram dispostas tábuas nas quais são presos os pequenos remos, e com isso, em um compasso acelerado, eles deslizam muito rápido. À direita havia um bloco de arenito partido. Assim que se contorna a ponta proeminente, o lago assume, na direção norte, uma fisionomia muito alegre, pois, rodeado apenas por colinas, mostra as montanhas da região inferior ao longe. No vale, junto da foz, vê-se Cham, acima da qual se eleva ao longe uma montanha baixa. À direita, a margem se constitui de sedimentos de argila, sobre os quais se vê elevar uma montanha coberta de belos grupos de vegetação. Então aparece uma agradável planície junto ao lago limitada por colinas férteis, com a vasta aldeia de Oberwil. Vemos novamente vinhedos.

Desembarcando em Zug, procuramos a estalagem Zum Ochsen. A localidade é antiga, mas limpa e bem construída, e fica situada sobre um outeiro. É um lugar de traslado das mercadorias que vão para Zurique e chegam de lá, e fornece objetos de argila aos pequenos cantões, aos quais falta argila para fabricá-los. Há também diversas ferrarias em franco crescimento.

Nos belos vidros de fato *pintados* da hospedaria, notei uma cor que se aproxima do púrpura, mas que na verdade era apenas uma cor de granada ou jacinto. Por aí se podia ver que haviam tentado de tudo para substituir o púrpura nesses casos.

Domingo, 8 de outubro

Às 8 horas, partimos de Zug e tomamos a estrada na direção de Baar até Horgen, junto ao Lago de Zurique. Logo se atravessa um vale agradável em cujas colinas, aqui e ali, se vê algum cultivo de frutos. Nas partes baixas e nas planícies, o terreno é pantanoso.

"A campanha na França" e outros relatos de viagem

As planícies ao redor de Baar se mostravam muito variadas. Belos prados se alternam com árvores, prados úmidos, pastagens e amieiros. Nos melhores prados há uma grande quantidade de dentes-de-leão. A localidade é bem construída, vê-se uma rua espaçosa, assim como casas espalhadas entre os prados e as hortas. Logo atrás da localidade, estende-se um grande prado de uso comum com árvores frutíferas. Chega-se a um riacho e a uma subida, onde encontrei *ilex aquifolium*. O caminho segue então por uma escada feita de troncos através de um belo bosque de arbustos, atrás do qual, sobre as colinas livres, encontramos de novo um cultivo de frutas em um solo pobre, mas misto. Olhando para trás, vê-se apenas uma parte do Lago de Zug. Mais à frente, o terreno se torna pantanoso e não se encontra mais nenhuma casa. A estrada é horrível. *Carex acuta* e caniços baixos são ceifados para forrar os estábulos.

Atravessamos a Ponte do Sihl. A subida em direção à região de Zurique é íngreme, mas o caminho é bom. Por fim, chega-se novamente a um ponto em que se tem uma vista para o Lago de Zurique, que fica à nossa direita, assim como à esquerda a extremidade norte do Lago de Zug. Inicia-se a descida: uma grande variedade se desenrola aos nossos olhos em direção ao lago, e fazemos o último trecho do caminho sobre um pavimento pessimamente conservado até chegar a Horgen, o local de traslado das mercadorias que chegam de Zurique e Zug.

Almoçamos no Löwen, de onde também desfrutamos de uma bela vista, e no final da tarde fizemos, com um tempo agradável, o trajeto de duas horas de barco até Stäfa.

Stäfa, segunda-feira, 9 de outubro de 1797

Pela manhã, ditei meu diário. Depois consultei a *Crônica suíça* sobre a história de Guilherme Tell e discuti com Meyer o tratamento a ser dado a ela, assim como o tratamento em geral, por ocasião do recebimento das cartas de Schiller.[224]

---

224 *Crônica suíça*: Trata-se de uma obra do hitoriador Aegidius Tschudi (1505-1572): *Chronicon Helveticum, oder gründliche Beschreibung der sowohl in dem heiligen Römischen Reich als besonders in einer löblichen Eidgenossenschaft und angrenzenden Orten vorgeloffenen*

Johann Wolfgang von Goethe

Terça-feira, 10 de outubro de 1797

Cópia do diário. Classificação e empacotamento dos minerais; em seguida, continuei a ler a crônica de Tschudi. Desenho de Tell com o garoto. Níobe, leitura em voz alta.[225]

Quarta-feira, 11 de outubro de 1797

Continuei a cópia do diário. Frisos de Giulio Romano.[226] Andrea del Sarto.[227] Preleção sobre a história da arte florentina.[228] Continuei a empacotar as pedras.

A Schiller

Stäfa, 14 de outubro de 1797

Em uma manhã muito chuvosa, caro amigo, permaneço na cama para conversar com o senhor e lhe dar notícias de nossa situação, a fim de que, como até agora, o senhor possa nos acompanhar com seu espírito e, de tempos em tempos, nos felicitar com suas cartas.

Voltamos bem das montanhas. O instinto, que me levou a empreender essa excursão, era muito heterogêneo e vago. Lembro-me do efeito que esses objetos tiveram sobre mim há vinte anos; a impressão como um todo permanecera, as partes haviam se apagado, e eu senti um estranho desejo de repetir e retificar aquelas experiências. Eu me tornara outra pessoa e também assim

---

merkwürdigsten Begegnussen [Cronicon Helveticum, ou descrição detalhada dos fatos mais notáveis ocorridos tanto no Sacro Império Romano quanto, em especial, em uma louvável Confederação e nos lugares vizinhos]. Editada por Johann Rudolf Iselin, Basileia, 1734-1736.

225 Trata-se de um ensaio de Meyer: *Niobe mit ihren Kindern* [Níobe e seus filhos], publicado em 1799 na revista *Propyläen*.

226 Obra do pintor e arquiteto italiano Giulio Romano (*c.* 1499-1546) no Palazzo di Tè, com representações de cenas históricas e mitológicas.

227 Andrea del Sarto, pseudônimo do pintor italiano Andrea d'Agnolo di Francesco di Luca di Paolo del Migliore Vannucchi (1486-1530).

228 Preleção de Heinrich Meyer de 10 a 15 de outubro de 1797.

os objetos deveriam me parecer mudados. O bom estado de saúde de Meyer e a convicção de que pequenas aventuras compartilhadas, além de soldarem novas relações, também são favoráveis às antigas, quando renovadas depois de um espaço de tempo, nos fizeram tomar a decisão sem reservas, e assim partimos com um tempo como não podia haver melhor e que nos acompanhou e favoreceu extremamente durante onze dias. No anexo, descrevo pelo menos o caminho que fizemos; compartilharei futuramente um diário completo, embora aforístico, ao qual sua prezada esposa, que conhece parte da região, talvez possa acrescentar algo de memória.

Quando voltamos, encontrei suas duas preciosas cartas com os anexos, que no mesmo instante foram inseridos na intensa conversação que mantivemos durante a viagem, na qual examinamos muitas vezes em horas tranquilas a matéria dos objetos a ser representados, o tratamento dado a eles nas diversas artes. Talvez um pequeno ensaio lhe mostre em breve que estamos de pleno acordo com sua opinião;[229] mas o que mais me trará alegria será o senhor ouvir e ler as descrições e juízos de Meyer de tantas obras de arte. Mais uma vez, verificamos nessa ocasião que uma experiência completa tem de conter em si a teoria. Tanto mais seguros nos sentimos por nos encontrarmos em uma posição intermediária, pois assim se pode abordar o assunto de vários lados.

Se tiver de lhe falar de minha situação, posso dizer que até aqui tenho todos os motivos para estar satisfeito com minha viagem. Com a facilidade de apreender os objetos, tornei-me rico sem estar sobrecarregado; a matéria não me incomoda, porque sei ordená-la ou elaborá-la imediatamente, e sinto como nunca a liberdade de escolher formas variadas para representar para mim ou para outras pessoas a matéria elaborada. Um caminho labiríntico nos leva a um passeio dos picos estéreis do São Gotardo até as magníficas obras de arte trazidas por Meyer através de uma intrincada série de objetos interessantes que esta terra extraordinária contém em si. Esclarecer para nós mesmos, através da observação imediata, as relações da

---

229 Ensaio: *Über die Gegenstände der bildenden Kunst* [Sobre os objetos da arte figurativa], de 1797, de Goethe e outro homônimo de Meyer, bem como o de Goethe *Bemerkungen zu Meyrs Aufsatz Über die Gegenstände der Bildenden Kunst* [Considerações sobre o ensaio de Meyer sobre os objetos da arte figurativa], de 1797.

História Natural, da geografia, economia e política, e depois trazer para perto de nós, através de um antiga crônica, os tempos passados, e de resto nos servirmos de alguns estudos dos operosos suíços, nos fornece, em especial pela limitação da existência helvética, um entretenimento muito agradável; e tanto a visão geral do todo quanto a observação do detalhe é especialmente acelerada pelo fato de Meyer estar em casa aqui, conhecer já há tanto tempo as condições com seu olhar certeiro e agudo e guardá-las em sua fiel memória. Assim, em um curto espaço de tempo reunimos mais coisas do que eu poderia imaginar, e é uma pena que já estejamos a apenas um mês do inverno; um passeio de mais quatro semanas deveria nos tornar ainda mais familiarizados com essa terra extraordinária.

Mas o que dirá o senhor se eu lhe confidenciar que, no meio de tanta matéria prosaica, também se evidenciou uma poética, que me inspira muita confiança? Estou convencido de que a fábula de Guilherme Tell poderá receber um tratamento épico e se, tal como a projeto, a empresa for bem--sucedida, então se daria o caso excepcional de que a lenda só alcançaria sua verdade plena através da poesia e não teríamos, como normalmente acontece, de transformar a história em fábula para realizar alguma coisa.[230] Mas sobre isso se falará mais no futuro. Observei novamente com muita precisão o local limitado, muito significativo, em que as coisas se passam, assim como estudei, tanto quanto possível em um curto espaço de tempo, o caráter, os costumes e os usos das pessoas dessa região, e agora depende da boa sorte se algo pode surgir dessa empresa.

Mas eis que surge uma questão, pois para nós de tempos em tempos vem a dúvida sobre para onde devemos nos voltar a fim de elaborar tanto as coletâneas de Meyer quanto as minhas próprias da maneira mais cômoda e mais rápida. Infelizmente, neste lugar os alojamentos não são preparados para o inverno, do contrário, não nego que estaria muito inclinado a permanecer aqui, pois a total solidão tem nos proporcionado não pouco estímulo. Junta-se a isso que seria o lugar mais adequado onde esperar para ver se a Itália ou a França voltariam a atrair ou admitir o viajante na

---

230 Goethe planejava escrever uma epopeia em hexâmetros sobre Guilherme Tell, projeto que não levou a cabo. O tema seria trabalhado por Schiller em sua última peça, *Guilherme Tell*, encenada pela primeira vez no teatro de Weimar em 1804.

próxima primavera. Em Zurique mesmo não consigo imaginar nenhuma existência; assim, deveremos pouco a pouco voltar a Frankfurt.

Mas me ocupa especialmente uma ideia para cuja realização tudo o que ainda me falta é um pouco de hábito, e não seria difícil me organizar de modo tal que mesmo em viagem eu pudesse trabalhar com concentração e satisfação. Pois se em certos momentos ela distrai, por outro lado também nos conduz tanto mais rápido de volta a nós mesmos; a falta de relações e ligações exteriores, e até mesmo o tédio são propícios àquele que tem algo a elaborar. A viagem se parece com um jogo, nela sempre há ganhos e perdas, e muitas vezes na direção inesperada; recebe-se mais ou menos do que se espera; podemos vadiar impunemente por um tempo para logo depois nos vermos obrigados a nos concentrar. Para naturezas como a minha, que de bom grado se firmam e retêm as coisas, uma viagem é inestimável; ela vivifica, corrige, instrui e forma.

Estou ainda agora convencido de que se poderia muito bem ir à Itália: porque depois de um terremoto, um incêndio ou uma inundação, tudo no mundo se acomoda tão rápido quanto possível em sua antiga situação, e eu pessoalmente faria a viagem sem preocupação, se outras considerações não me impedissem. Portanto, talvez nos vejamos de novo muito em breve, e a esperança de compartilhar com o senhor o butim e alcançar uma concordância teórica e prática cada vez maior é uma das mais belas a me chamar de volta. Veremos o que mais ainda poderemos levar conosco no trajeto. Basileia, por exemplo, por sua proximidade com a França, tem um encanto especial para mim; também se encontram lá belas obras de arte, tanto antigas quanto recém-imigradas.

Ao sr. conselheiro privado Voigt

Stäfa, 17 de outubro de 1797

Regressamos bem de nossa viagem ao São Gotardo; o tempo nos favoreceu muito, e um diário muito minucioso nos dará ocasião para algumas conversas futuras. Aqui, agora, junto ao lago, as pessoas estão ocupadas com a colheita das uvas, que as deixa tanto mais felizes porque o vinho tem neste momento preços elevados e a produção é intensa.

Desde alguns dias, as notícias que nos chegam do Reno são inquietantes,[231] e os franceses parecem querer criar caso até com os suíços; se a guerra recomeçar, é de se temer uma grande desgraça.[232]

Entrementes, desejo-lhe apenas um olhar da pequena sacada de meu quarto para as propriedades extremamente cultivadas deste lugar, para o lago que limita com ela e as margens opostas, com as alegres localidades que se estendem a partir dela. Quando percorremos as superfícies com a luneta, é um mundo infinito que vemos. Ao sul, mostram-se os picos das montanhas de Ensideln e Schwyz, a essa altura já muito encobertas pela neve, enquanto toda a paisagem abaixo delas ainda está verdejante e quase nenhuma árvore anuncia a idade do ano com a cor vermelha e marrom. O que em geral ouvimos os administradores desejar, o mais alto grau de cultura com uma certa abastança moderada, temos aqui diante dos olhos.

Em uma semana, serão decididas as providências que teremos de tomar para nossa viagem de volta, uma vez que o mundo inteiro ao nosso redor ameaça sair novamente dos eixos. Por fim, não nos restará senão o caminho que Wieland tomou há um ano.[233] Quem iria imaginar que, na Suíça, correríamos outra vez o risco de ter o caminho para a Alemanha obstruído?

Que em nossa viagem martelamos pedra a valer, o senhor poderá facilmente imaginar, e eu embalei uma quantidade maior delas do que seria aceitável. Mas como poderíamos nos conter quando nos vemos no meio de várias centenas de quilos de adulárias? Entre várias coisas conhecidas, estou levando também alguns exemplares raros e especialmente belos. Gostaria que já estivessem há muito desempacotadas diante do senhor e que eu já desfrutasse de novo de sua conversação. Mas o tempo haverá de chegar e caminharemos tranquilos ao encontro dele. Meus melhores cumprimentos ao senhor e aos seus entes queridos, aos quais me recomendo. Meyer lhe envia seus melhores cumprimentos.

---

231 Havia o temor de um novo ataque das tropas francesas no Reno, que não ocorreu, devido ao Tratado de Campoformio (17 e 18 de outubro de 1797).

232 A guerra começou em janeiro de 1798 e deu origem à República Helvética, um estado que durou de 1798 a 1803.

233 Wieland estivera na Suíça no verão de 1796 e em seu regresso passara por Stuttgart, Heilbronn, Nuremberg e Coburgo.

"A campanha na França" e outros relatos de viagem

Ao duque de Weimar

Stäfa, 17 de outubro de 1797

Mal havíamos voltado da incrível tranquilidade na qual os pequenos cantões vivem mergulhados por trás de seus rochedos, e já ressoava ao nosso encontro o grito de guerra do Reno e da Itália. Até que esta carta chegue a suas mãos, algumas coisas já deverão estar decididas; direi apenas uma palavra sobre o que há de mais imediato neste momento.

Os franceses enviaram um embaixador a Berna com a exigência de que expulsassem de imediato o emissário inglês. Justificam-na dizendo que "não se compreende o que ele tem atualmente a fazer na Suíça, senão criar e incitar inimigos internos e externos da República". Os bernenses responderam: "Não depende deles, pois os emissários são credenciados junto a todos os cantões em conjunto". Por isso, o deputado francês foi a Berna. As consequências ainda se fazem esperar. A mim quer me parecer que os franceses buscam uma negociação com os suíços. Os que permaneceram no Diretório não são seus amigos; com Barthelemy, seu protetor foi banido.[234] Um homem inteligente, que chegou de Paris e presenciou as últimas cenas afirma que isso não valeu tanto para o partido realista quanto para o partido amante da paz.[235]

Nossa viagem de onze dias, durante a qual percorremos os cantões de Schwyz, Uri, Unterwalden e Zug, foi muito favorecida pelo bom tempo. O padre Lorenzo está ainda mais animado do que quando o vimos há tantos anos. Milhares de vezes, sim, o tempo todo, eu me lembrei da época em que fizemos este caminho juntos.[236] Tive muitas alegrias ao rever esses objetos e de me provar neles em mais de um sentido. Meu conhecimento maior de Mineralogia foi um auxílio muito agradável à conversação. A cultura dessas paragens, a utilização dos produtos, proporciona uma visão muito agradável. Era a época do mercado de Bellinzona e as estradas do São Gotardo estavam muito animadas com os rebanhos de um belíssimo gado. Dessa vez devem ter sido levados para lá mais de 4 mil cabeças, cada

---

234 Cf. n.138 deste capítulo.

235 O conde Wenzel Johannes Gottfried von Purgstall (1773-1812), político austríaco.

236 No outono de 1779.

uma das quais vale aqui entre 10 e 15 *louis d'or*. Os custos do transporte de cada uma perfazem em torno de 5 escudos; se tudo correr bem, ganha-se por cabeça 2 *louis d'or* contra o preço de compra e, portanto, descontados os custos, 3 escudos. Daí se pode ver que enorme soma entra no país durante esses dias. Também o vinho tem um grande fluxo para a Suábia e os queijos são muito procurados, de modo que corre um dinheiro inimaginável.

Anexo a esta uma pequena descrição, uma vista de minha sacada. A cultura ao redor do Lago de Zurique se encontra de fato no ponto mais alto, e o momento da colheita da uva dá grande vivacidade a tudo.

Meyer manda humildes lembranças; ele trabalhou com afinco no campo com o pincel e a pena. A última caixa de Roma, contendo as Bodas Aldobrandinas, acaba de chegar, tendo passado por Trieste, Villach e Constança.[237] Agora todos os nossos tesouros estão reunidos, e também quanto a isso podemos seguir tranquila e alegremente nosso caminho e esperar que a deusa da guerra ou da paz nos mostre um caminho para casa, onde desejamos encontrá-lo com saúde e alegria. Recomende-me à senhora sua esposa e mantenha sua boa consideração por mim.

Ao sr. Cotta em Tübingen

Stäfa, 17 de outubro de 1797

Depois de uma viagem a pé e pela água, chegamos em boas condições de volta a Stäfa e em poucos dias iremos a Zurique. Posso pedir-lhe que guarde consigo tudo que chegar à sua casa a partir de agora, até que eu mesmo vá apanhá-lo ou possa indicar um local para onde deve ser enviado? O fogo da guerra, que parece se acender de novo em toda parte, deixa o viajante em uma situação muito duvidosa. Empreguei, entrementes, o melhor que pude o curto espaço de tempo. Das cenas invernais do São Gotardo, que só podem ser vivificadas pela Mineralogia, passando pelas regiões de Unterwalden,

---

237 As Bodas Aldobrandinas, assim chamadas segundo o nome de seu primeiro proprietário, o cardeal Cinzio Passeri Aldobrandini (1551-1610), são um afresco romano do período de Augusto encontrado em 1605 ou 1606 perto da igreja de Santa Maria Maggiore em Roma, e se encontram hoje no Museu Vaticano. Goethe se refere aqui a uma cópia em aquarela feita por Meyer.

Zug e Zurique, férteis de muitas e variadas formas, bem aproveitadas e povoadas por uma gente operosa, nas quais nos vemos especialmente rodeados pela colheita de uvas, voltamos a um museu formado pelos trabalhos próprios e outras aquisições trazidas por Meyer da Itália, e assim passamos do mais informe para o mais completamente formado; especialmente importante é a cópia da antiga pintura das chamadas Bodas Aldobrandinas que foi feita com crítica no mais verdadeiro sentido, a fim de representar o que o quadro pode ter sido em sua época e o que restou no atual, depois de conhecer tantos destinos. Ele escreveu um minucioso comentário a respeito disso, que contém tudo quanto se pode dizer sobre a comparação do quadro antigo, infelizmente tantas vezes restaurado, com sua cópia atual, e uma mais antiga de Poussin, a partir da qual foram feitas as calcografias.[238] Ver diante de si o quadro mesmo, que foi pintado na parede com leveza e leviandade por um mestre hábil da época de Tito e agora, tanto quanto possível, copiado e restaurado, alegrar-se com ele e poder discutir sobre suas virtudes e defeitos, é um entretenimento muito excitante e instrutivo. O quadro tem 8 pés de largura, 3,5 pés de altura e as figuras não têm sequer 2 pés, segundo a medida de Leipzig; a cópia se manteve em tudo, tanto nas dimensões quanto nas cores, virtudes e defeitos, o mais próximo possível do original. Espero que, depois de ele ter sido instalado em minha casa, o senhor venha um dia a compartilhar conosco o prazer de contemplá-lo. Passe muito bem e lembre-se de mim.

Eufrosina[239]

Também dos picos nevados e denteados das mais altas montanhas
Desaparece a púrpura e o brilho do sol poente.

---

238 Nicolas Poussin (1594-1665), pintor francês do Classicismo.

239 Publicada originalmente no *Almanaque das musas* para o ano de 1799 com uma dedicatória: "Em memória de uma jovem e talentosa atriz de Weimar, prematuramente morta para o teatro, madame Becker, em solteira Neumann". Christiane Amalie Luise Becker-Neumann (1778-1797) era filha de atores e seu talento fora descoberto por Goethe e Corona Schröter, que a orientaram em sua formação como atriz. Goethe recebeu na Suíça a notícia de sua morte, causada por uma doença dos pulmões.

Johann Wolfgang von Goethe

Há muito já a noite encobre o vale e a trilha do caminhante
Que junto ao rio ruidoso anela pela cabana,
Pelo destino do dia, a tranquila morada do pastor;
E o sono divino, esse doce companheiro do viajante,
Se antecipa deleitoso. Que hoje também, em uma bênção,
Ele me coroe a cabeça com a sagrada papoula!
Mas o que envia seu brilho para mim lá do rochedo,
E ilumina docemente o vapor das torrentes espumantes?
Será que o sol fulge através de fendas secretas e brechas?
Pois aquele lá, cambiante, não é nenhum brilho terreno.
A nuvem se aproxima, incandesce. Miro com espanto o prodígio!
O brilho róseo não se transforma em imagem animada?
Que deusa se aproxima de mim? E qual das musas
Busca o amigo fiel, mesmo nos pavorosos abismos?
Bela deusa! Revela-te a mim e não iludas, desaparecendo,
A mente entusiasmada, nem a alma comovida.
Profere, se podes, diante de um mortal, teu
Nome divino, e se não: arrebata-me,
Faz-me sentir quem tu és entre as filhas eternas
De Zeus, e que o poeta de imediato te preste honras dignamente no canto.
"Não me conheces mais, meu caro? Será que esta imagem
Que tanto amaste outrora já aparece a ti como uma figura estranha?
De fato, não pertenço mais à terra e meu espírito trêmulo
Despediu-se enlutado dos alegres prazeres juvenis;
Mas eu esperava ter inscrito minha imagem para sempre
Na memória do amigo, e tê-la transfigurado pelo amor.
Sim, já me diz comovido teu olhar, já me dizem as lágrimas:
Eufrosina:[240] ela ainda é reconhecida pelo amigo.
Vê, a que parte flutua através da floresta e das terríveis montanhas,
Busca ainda, ai! ao longe o homem errante;
Busca o mestre, o amigo, o pai, olha ainda uma vez

---

240 Eufrosina (a alegria), uma das três Graças, juntamente com Tália (a florescência)
e Aglaia (a claridade).

"A campanha na França" e outros relatos de viagem

Para a armação frágil das alegrias terrestres atrás de si.
Deixa-me recordar os dias em que me iniciastes a mim, a criança,
Nos jogos daquela arte ilusória das musas encantadoras.
Deixa-me recordar as horas e cada ínfimo incidente.
Ah, quem não evoca com tanto prazer o irrecuperável?[241]
Aquela doce tribulação dos dias mais leves da vida terrena,
Ah, quem sabe apreciá-lo devidamente, esse tesouro fugidio?
Parece pequeno agora, mas, ai, não mesquinho ao coração;
Pois o amor, a arte, tornam grande qualquer pequenez!
Pensas, talvez, ainda naquela hora em que, sobre o tablado
Me conduziste pelos degraus mais severos da arte mais elevada?
Eu parecia um garoto, uma criança tocante, chamaste-me Artur,[242]
E vivificaste em mim uma imagem de poeta britânico,
Ameaçaste com o fulgor irado o pobre olho e desviaste
Teu próprio olhar em lágrimas de íntima ilusão.[243]
Ah, foste tão bom e protegeste uma vida triste,
Que uma ousada fuga enfim arrebatou ao menino.[244]
Cingiste-me, amigo, a mim, a esmagada, levaste-me dali,
E por muito tempo fingi, junto ao teu seio, estar morta.
Por fim abri os olhos, e te vi, imerso
Em muda e severa contemplação, inclinado sobre tua predileta.
Como criança me levantei, e beijei tuas mãos, agradecida,
Ofereci-te a boca de bom grado para um puro beijo.
Perguntei: por que, meu pai, tão sério? Se por acaso errei,
Oh, mostra-me como posso fazer o melhor.
Não me aborrece a fadiga junto a ti, e tudo, cada uma das partes
Eu repito com prazer, quando me diriges e ensinas.

---

241 Recordação da época de formação de Christiane como atriz, sob a orientação de Goethe.

242 Personagem da peça *Rei João*, de Shakespeare.

243 Durante os ensaios para a peça em 1791, Goethe representou o papel do camareiro Hubert de Burgh, que deveria cegar o menino Artur, mas desiste de fazê-lo diante das exortações deste.

244 Artur morre ao saltar por uma janela.

Johann Wolfgang von Goethe

Mas me abraçaste forte e me apertaste ainda mais em teus braços,
E no fundo do peito meu coração tremeu.
Não, querida filha, exclamaste, tudo e cada parte
Como hoje os mostraste, mostra-os amanhã à cidade.
Comove a todos, como me comoveste, e o mais seco dos olhos
Derramará lágrimas maravilhosas para te aplaudir.
Mas no mais fundo me atingiste, ao amigo, que te aperta
Em seus braços, e a quem apenas a mera aparência
de um cadáver precoce assustou
Ah, natureza, quão segura e grande em tudo pareces!
O céu e a terra obedecem a uma lei eterna e imutável;
Anos sucedem a anos, o verão estende a mão à primavera,
E o inverno, confiante, ao rico outono.
Rochedos se erguem sobre suas bases, a água eterna se precipita
Da fenda rochosa envolta em nuvens, espumando e rugindo.
O abeto verdeja sempre, e até os arbustos nus,
Alimentam, mesmo no inverno, brotos secretos nos ramos.
Tudo nasce e morre segundo a lei; mas sobre a vida humana,
O mais precioso dos tesouros, reina um destino instável.
Nem sempre é o pai que acena em despedida amigável ao florescente,
Ao filho excelente, da beira da sepultura;
Nem sempre é o mais jovem que fecha os olhos do mais velho,
Que se inclina, de boa vontade, vigoroso, ao mais frágil.
Muitas vezes, ai! o destino inverte a ordem dos dias;
Desamparado, um velho se lamenta, em vão, pelos filhos e netos,
Um tronco mutilado se ergue, ao lado do qual a tempestade
Amontoou uma pilha de galhos destroçados.
Assim, doce criança, se impôs a mim a profunda consideração,
Quando fingiste estar morta presa aos meus braços;
Mas vejo-te, com alegria, no esplendor da juventude,
Muito amada criatura, com teu coração novamente pulsando.
Salta alegre para lá, falso menino! A menina cresce
Para a alegria do mundo, para meu encanto.
Continua a buscar sempre, que a arte eduque
Teus dons naturais a cada passo da vida ascendente.

"A campanha na França" e outros relatos de viagem

Sejas por muito tempo minha felicidade, e antes que meus olhos se fechem,

Quero ver teu belo talento, feliz, alcançar a plenitude.

Assim falaste, e jamais me esqueci daquela hora decisiva!

Cresci interpretando a palavra sublime.

Oh, como recitei de bom grado ao povo o discurso comovente

Que tu, cheio de significado, confiaste a lábios infantis!

Oh, como me eduquei aos teus olhos, e te busquei

No fundo da multidão de espectadores admirados!

Mas então estarás lá, e te colocarás em pé, e jamais

Eufrosina se moverá à frente para alegrar teu olhar.

Não ouvirás mais os sons da pupila em crescimento,

Que formaste para a dor amorosa, cedo, tão cedo![245]

Outros vêm e vão; outros te agradarão,

Mesmo ao grande talento vem tomar o lugar outro ainda maior.

Mas tu, não me esqueças! Quando alguém algum dia

Se mover alegre em tua direção em meio a uma atividade confusa,[246]

Se adequar ao teu aceno, se alegrar com teu sorriso,

E só aceitar o lugar que determinares;

Se ela não poupar esforços nem afinco, quando atuando

Sacrificar às forças alegremente até as portas da tumba;

Meu bom amigo! Lembra-te então de mim, e exclama mesmo que já tarde:

Eufrosina, ela renasceu diante de mim!

Mais eu falaria de bom grado; mas, ai!, a que se despede não se detém

Como gostaria; um deus imperioso me conduz com rigor.

Adeus! Já me sinto arrebatada para lá em uma pressa instável;

Ouve apenas um desejo, e o concede a mim amigavelmente:

Não me deixes descer às sombras sem glórias,

Apenas a musa concede alguma vida à morte.

Pois informes pairam ao léu no reino de Perséfone[247]

---

245 Entre os papéis representados por Christiane Becker-Neumann em Weimar estavam Ofélia no *Hamlet*, Emilia Galotti, da peça homônima de Lessing, e Klärchen (Clarinha), em *Egmont* de Goethe.

246 O trabalho no teatro.

247 Reino de Perséfone: o Hades, o mundo dos mortos.

Johann Wolfgang von Goethe

Multidões de sombras, separadas de seus nomes;

Mas quem o poeta celebra, caminha provido de forma,

Como indivíduo, e se associa ao coro de todos os heróis.

Com alegria eu entro nele, anunciada por teu canto

E o olhar da deusa pousa propício sobre mim.

Ela me recebe então com suavidade, e me chama pelo nome, as sublimes

Mulheres divinas acenam para mim, sempre a mais próxima ao trono.

Penélope se dirige a mim, a mais fiel das mulheres,[248]

Também Evadne, apoiada ao seu amado esposo.[249]

Outras mais jovens se aproximam, enviadas cedo demais para os ínferos,

E lamentam comigo nosso destino comum.

Quando chega Antígona, a mais fraterna das almas,[250]

E Polixena, triste ainda pela morte quando noiva,[251]

Eu as olho como a irmãs e caminho com dignidade ao seu encontro;

Pois são as sagradas criaturas da arte trágica.

Se um poeta, e seus cantos, dessem forma também a mim,

Sim, eles realizariam em mim o que a vida me negou."

Assim falou ela, e a doce boca ainda se movimentava

Para continuar a falar; mas o som, sibilante, falhou.[252]

Pois da nuvem de púrpura, que pairava, sempre em movimento,

Avançou sereno o glorioso deus Hermes,

Ergueu magnânimo o cajado e o apontou;[253] *nuvens ondeantes*

E crescentes engoliram, em um átimo, as duas figuras diante de mim.

---

248 Penélope: na *Odisseia*, a esposa de Odisseu (Ulisses).

249 Evadne era esposa de Capaneu, morto no ataque dos Sete contra Tebas. Quando o corpo do marido estava sendo cremado, ela se atirou sobre a pira e foi queimada juntamente com ele.

250 Antígona sepultou seu irmão Polinices contra as ordens de Creonte, que a condenou à morte.

251 Polixena era uma princesa troiana, filha de Príamo e Hécuba, por quem Aquiles se apaixonou. O noivado de Aquiles com Polixena serviu de emboscada para que o herói fosse morto por Páris. Neoptólemo, filho de Aquiles, sacrificou a princesa sobre o túmulo do pai.

252 Alusão ao canto XXIV da *Odisseia*: os mortos, em que os mortos seguem, sibilando, o deus Hermes para o Hades.

253 O cajado é um dos atributos de Hermes.

A campanha na França" e outros relatos de viagem

A noite profunda me envolve; as águas que jorram

Rugem com mais força agora ao lado da trilha escorregadia.

Uma tristeza invencível me acomete, uma miséria extenuante,

E um rochedo musgoso apenas apoia aquele que cai.

A melancolia toca as cordas do peito; as lágrimas noturnas

Correm, e sobre a floresta a manhã se anuncia.[254]

---

254 Euphrosyne// Auch von des höchsten Gebirgs beeisten, zackigen Gipfeln/ Schwindet Purpur und Glanz scheidender Sonne hinweg./ Lange verhüllt schon Nacht das Tal und die Pfade des Wandrers/ Der am tosenden Strom auf zu der Hütte sich sehnt,/ Zu dem Ziele des Tags, der stillen hirtlichen Wohnung;/ Und der göttliche Schlaf eilet gefällig voraus,/ Dieser holde Geselle des Reisenden. Daß er auch heute/ Segnend kränze das Haupt mir mit dem heiligen Mohn!/ Aber was leuchtet mir dort vom Felsen glänzend herüber/ Und erhellet den Duft schäumender Ströme so hold?/ Strahlt die Sonne vielleicht durch heimliche Spalten und Klüfte./ Denn kein irdischer Glanz ist es, der wandelnde, dort./ Näher wälzt sich die Wolke, sie glüht. Ich staune dem Wunder!/ Wird der rosige Strahl nicht ein bewegtes Gebild?/ Welche Göttin nahet sich mir? und welche der Musen/ Suchet den treuen Freund selbst in dem grausen Geklüft?/ Schöne Göttin, enthülle dich mir, und täusche, verschwindend,/ Nicht den begeisterten Sinn, nicht das gerührte Gemüt./ Nenne, wenn du es darfst vor einem Sterblichen, deinen/ Göttlichen Namen, wo nicht: rege bedeutend mich auf,/ Daß ich fühle, welche du seist von den ewigen Töchtern/ Zeus', und der Dichter sogleich preise dich würdig im Lied./ "Kennst du mich, Guter, nicht mehr? und käme diese Gestalt dir,/ Die du doch sonst geliebt, schon als ein fremdes Gebild?/ Zwar der Erde gehör ich nicht mehr, und trauernd entschwang sich/ Schon der schaudernde Geist jugendlich frohem Genuß;/ Aber ich hoffte mein Bild noch fest in des Freundes Erinnrung/ Eingeschrieben und noch schön durch die Liebe verklärt./ Ja, schon sagt mir gerührt dein Blick, mir sagt es die Träne:/ Euphrosyne, sie ist noch von dem Freunde gekannt./ Sieh, die Scheidende zieht durch Wald und grauses Gebirge,/ Sucht den wandernden Mann, ach! in der Ferne noch auf;/ Sucht den Lehrer, den Freund, den Vater, blicket noch einmal/ Nach dem leichten Gerüst irdischer Freuden zurück./ Laß mich der Tage gedenken, da mich, das Kind, du dem Spiele/ Jener täuschenden Kunst reizender Musen geweiht./ Laß mich der Stunde gedenken und jedes kleineren Umstands./ Ach, wer ruft nicht so gern Unwiederbringliches an!/ Jenes süße Gedränge der leichtesten irdischen Tage,/ Ach, wer schätzt ihn genug, diesen vereilenden Wert!/ Klein erscheinet es nun, doch ach! nicht kleinlich dem Herzen;/ Macht die Liebe, die Kunst jegliches Kleine doch groß./ Denkst du der Stunde noch wohl, wie auf dem Brettergerüste/ Du mich der höheren Kunst ernstere Stufen geführt?/ Knabe schien ich, ein rührendes Kind, du nanntest mich Arthur/ Und belebtest in mir britisches Dichtergebild,/ Drohtest mit

Johann Wolfgang von Goethe

Stäfa, 18 de outubro de 1797

Empacotando; ao meio-dia, veio o jovem Escher. Saímos para um passeio e ainda nos ocupamos com a cultura da localidade. À noite, continuei a ler a crônica de Tschudi.

---

grimmiger Glut den armen Augen und wandtest/ Selbst den tränenden Blick, innig getäuschet, hinweg./ Ach! da warst du so hold und schütztest ein trauriges Leben,/ Das die verwegene Flucht endlich dem Knaben entriß./ Freundlich faßtest du mich, den Zerschmetterten, trugst mich von dannen,/ Und ich heuchelte lang, dir an dem Busen, den Tod./ Endlich schlug die Augen ich auf und sah dich, in ernste,/ Stille Betrachtung versenkt, über den Liebling geneigt./ Kindlich strebt ich empor und küßte die Hände dir dankbar,/ Reichte zum reinen Kuß dir den gefälligen Mund./ Fragte: 'Warum, mein Vater, so ernst? Und hab ich gefehlet,/ Oh! so zeige mir an, wie mir das Beßre gelingt./ Keine Mühe verdrießt mich bei dir, und alles und jedes/ Wiederhol ich so gern, wenn du mich leitest und lehrst.'/ Aber du faßtest mich stark und drücktest mich fester im Arme,/ Und es schauderte mir tief in dem Busen das Herz./ 'Nein! mein liebliches Kind', so riefst du, 'alles und jedes,/ Wie du es heute gezeigt, zeig es auch morgen der Stadt./ Rühre sie alle, wie mich du gerührt, und es fließen zum Beifall/ Dir von dem trockensten Aug herrliche Tränen herab./ Aber am tiefsten trafst du doch mich, den Freund, der im Arm dich/ Hält, den selber der Schein früherer Leiche geschreckt./ Ach, Natur, wie sicher und groß in allem erscheinst du!/ Himmel und Erde befolgt ewiges, festes Gesetz,/ Jahre folgen auf Jahre, dem Frühlinge reichet der Sommer,/ Und dem reichlichen Herbst traulich der Winter die Hand./ Felsen stehen gegründet, es stürzt sich das ewige Wasser/ Aus der bewölkten Kluft schäumend und brausend hinab./ Fichten grünen so fort, und selbst die entlaubten Gebüsche/ Hegen, im Winter schon, heimliche Knospen am Zweig./ Alles entsteht und vergeht nach Gesetz; doch über des Menschen/ Leben, dem köstlichen Schatz, herrschet ein schwankendes Los./ Nicht dem blühenden nickt der willig scheidende Vater,/ Seinem trefflichen Sohn, freundlich vom Rande der Gruft;/ Nicht der Jüngere schließt dem Älteren immer das Auge,/ Das sich willig gesenkt, kräftig dem Schwächeren zu./ Öfter, ach verkehrt das Geschick die Ordnung der Tage;/ Hülflos klaget ein Greis Kinder und Enkel umsonst,/ Steht, ein beschädigter Stamm, dem rings zerschmetterte Zweige/ Um die Seiten umher strömende Schloßen gestreckt./ Und so, liebliches Kind, durchdrang mich die tiefe Betrachtung,/ Als du, zur Leiche verstellt, über die Arme mir hingst;/ Aber freudig seh ich dich mir in dem Glanze der Jugend,/ Vielgeliebtes Geschöpf, wieder am Herzen belebt./ Springe fröhlich dahin, verstellter Knabe! Das Mädchen/ Wächst zur Freude der Welt, mir zum Entzücken heran./ Immer strebe so fort, und deine natürlichen Gaben/ Bilde, bei jeglichem Schritt steigenden Lebens, die Kunst./

Sei mir lange zur Lust, und eh mein Auge sich schließet,/ Wünsch ich dein schönes Talent glücklich vollendet zu sehn.' –/ Also sprachst du, und nie vergaß ich der wichtigen Stunde!/ Deutend entwickelt ich mich an dem erhabenen Wort./ O wie sprach ich so gerne zum Volk die rührenden Reden,/ Die du, voller Gehalt, kindlichen Lippen vertraut!/ O wie bildet ich mich an deinen Augen und suchte/ Dich im tiefen Gedräng staunender Hörer heraus!/ Doch dort wirst du nun sein und stehn, und nimmer bewegt sich/ Euphrosyne hervor, dir zu erheitern den Blick./ Du vernimmst sie nicht mehr, die Töne des wachsenden Zöglings,/ Die du zu liebendem Schmerz frühe, so frühe! gestimmt./ Andere kommen und gehn; es werden dir andre gefallen,/ Selbst dem großen Talent drängt sich ein größeres nach./ Aber du, vergesse mich nicht! Wenn eine dir jemals/ Sich im verworrnen Geschäft heiter entgegenbewegt,/ Deinem Winke sich fügt, an deinem Lächeln sich freuet/ Und am Platze sich nur, den du bestimmtest, gefällt,/ Wenn sie Mühe nicht spart noch Fleiß, wenn tätig der Kräfte,/ Selbst bis zur Pforte des Grabs, freudiges Opfer sie bringt –/ Guter! dann gedenkest du mein und rufest auch spät noch:/ 'Euphrosyne, sie ist wieder erstanden vor mir!'/ Vieles sagt ich noch gern; doch ach! die Scheidende weilt nicht,/ Wie sie wollte; mich führt streng ein gebietender Gott./ Lebe wohl schon zieht mich's dahin in schwankendem Eilen./ Einen Wunsch nur vernimm, freundlich gewähre mir ihn:/ Laß nicht ungerühmt mich zu den Schatten hinabgehn!/ Nur die Muse gewährt einiges Leben dem Tod./ Denn gestaltlos schweben umher in Persephoneias/ Reiche, massenweis, Schatten, vom Namen getrennt;/ Wen der Dichter aber gerühmt, der wandelt, gestaltet,/ Einzeln, gesellet dem Chor aller Heroen sich zu./ Freudig tret ich einher, von deinem Liede verkündet,/ Und der Göttin Blick weilet gefällig auf mir./ Mild empfängt sie mich dann und nennt mich; es winken die hohen/ Göttlichen Frauen mich an, immer die nächsten am Thron./ Penelopeia redet zu mir, die treuste der Weiber,/ Auch Euadne, gelehnt auf den geliebten Gemahl./ Jüngere nahen sich dann, zu früh Heruntergesandte,/ Und beklagen mit mir unser gemeines Geschick./ Wenn Antigone kommt, die schwesterlichste der Seelen,/ Und Polyxena, trüb noch von dem bräutlichen Tod,/ Seh ich als Schwestern sie an und trete würdig zu ihnen;/ Denn der tragischen Kunst holde Geschöpfe sind sie./ Bildete doch ein Dichter auch mich; und seine Gesänge,/ Ja, sie vollenden an mir, was mir das Leben versagt."/ Also sprach sie, und noch bewegte der liebliche Mund sich,/ Weiter zu reden; allein schwirrend versagte der Ton./ Denn aus dem Purpurgewölk, dem schwebenden, immer bewegten,/ Trat der herrliche Gott Hermes gelassen hervor,/ Mild erhob er den Stab und deutete; wallend verschlangen/ Wachsende Wolken im Zug beide Gestalten vor mir./ Tiefer liegt die Nacht um mich her; die stürzenden Wasser/ Brausen gewaltiger nun neben dem schlüpfrigen Pfad./ Unbezwingliche Trauer befällt mich, entkräftender Jammer,/ Und ein moosiger Fels stützet den Sinkenden nur./ Wehmut reißt durch die Saiten der Brust; die nächtlichen Tränen/ Fließen, und über dem Wald kündet der Morgen sich an.

Johann Wolfgang von Goethe

Quinta-feira, 19

Ocupado em empacotar. Diversos passeios.

Sexta-feira, 20

O plano de partir impedido pelo vento contrário.

Sábado, 21

Partimos de Stäfa às 10 horas. Ao meio-dia, em Herrliberg, na casa do sr. capitão Escher.

Domingo, 22

Pela manhã, visita ao gabinete do sr. Escher, que contém belas coleções da montanha suíça.

Segunda-feira, 23 de outubro

Visita ao professor Fäsi[255] e ao capitão Bürkli;[256] depois ao cônego Rahn,[257] cujo gabinete contém preciosas peças de minerais suíços. Depois do almoço, em casa do cônego Hottinger[258] e do dr. Lavater.[259] À noite, em casa da sra. Schulthess.

---

255 Johann Casper Fäsi (1769-1849), professor de História, Geografia e Ética na Escola de Arte de Zurique. Autor de uma *Versuch einer Handbuch der Schweizerischen Staatskunde* [Tentativa de manual da ciência política suíça], Zurique, 1796.

256 Cf. n.171 deste capítulo.

257 Johann Heinrich Rahn (1749-1812), médico, professor de Medicina e cônego de Zurique.

258 Johann Jakob Hottinger (1750-1819), professor de Retórica no Collegium Carolinum de Zurique.

259 Diethelm Lavater (1743-1826), farmacêutico, médico e naturalista, irmão de Johann Kaspar Lavater.

"A campanha na França" e outros relatos de viagem

Terça-feira, 24

Pela manhã, cartas. Depois fui ver o quadro de Füssli na Prefeitura;[260] mais tarde, à galeria de arte. Depois do almoço, na casa de Mako,[261] em seguida na do sr. antístite Hess.[262]

Ao sr. conselheiro privado Voigt

Zurique, 25 de outubro de 1797

Suas prezadas cartas de 22 de setembro a 6 de outubro receberam-me em Zurique da maneira mais amigável quando chegamos à cidade, vindos das regiões superiores do Lago de Zurique. A alegria com a qual o senhor me informa de algumas situações e acontecimentos ao seu redor aumenta a coragem e a vontade de também estar de volta em breve. Pensamos ainda em visitar Basileia e depois iniciar nossa viagem de volta por Schaffhausen, Tübingen e provavelmente Anspach e Nuremberg. Os dias de outono ainda têm aqui muitas horas agradáveis e esperamos que também pelo caminho a estação nos será propícia.

Apenas algumas observações breves sobre o conteúdo de suas amáveis cartas.

Dauthe é um homem de méritos;[263] como ele se sairá com a decoração do castelo, vamos esperar para ver; duvido que ele disponha da variedade de motivos necessários para a decoração bem-sucedida de um espaço tão grande. Para isso eu preferiria escolher, sob a necessária supervisão e ação reguladora, pessoas que, em primeiro lugar, tenham visto Roma e Paris há bem pouco tempo e tenham adquirido ali uma riqueza de meios e um gosto pela composição. Entretanto, eu, de minha parte, ficarei satisfeito se alguém determinar a coisa por partes e dirigir o todo; pois, sem tirar

---

260 Johann Heinrich Füssli (1741-1825), pintor anglo-suíço. O quadro a que Goethe se refere é *Os três confederados durante o juramento no Rütli*.

261 Friedrich Alexander Mako (1767-1849), pintor suíço.

262 Johann Jakob Hess (1741-1828), teólogo suíço.

263 Johann Fridedrich Karl Dauthe (1749-1816), gravador e arquiteto de Leipzig.

511

nem pôr, faça-se o que se fizer, no fim dá tudo na mesma. Quem quer ver um parque de verdade só precisa perambular por quatro semanas na Suíça, e quem ama construções precisa ir a Roma. O que nós na Alemanha, e em todo lugar, queremos impor à natureza e retirar da arte, são em seu todo esforços inúteis.

Desculpe-me por essas reflexões quase hipocondríacas; alegra-me o bom humor que irradia de suas amigáveis cartas, tanto mais por ser eu mesmo muito inclinado à seriedade.

Quanto ao farmacêutico,[264] vou me informar em Tübingen, onde conheci um homem excelente nessa arte.[265] Hoje nos chegam de Basileia novas esperanças de paz; a nós, não resta senão esperar.[266]

Permita-me recomendar-lhe em alguma medida nosso teatro. Fico feliz se o *Almanaque* lhe deu algum contentamento.[267] Tanto este quanto o volume de Vieweg já deveriam ter chegado, se minhas encomendas todas tiverem sido corretamente despachadas.[268] Passe muito bem! Uma das mais agradáveis esperanças que tenho é poder abraçá-lo ainda antes do mês que vem.

Ao sr. conselheiro-chefe do consistório Böttiger[269]

Zurique, 25 de outubro de 1797

Para nosso Meyer e para mim foi uma agradável recepção em Zurique encontrar também uma carta sua; pois especialmente desde que as Bodas Aldobrandinas escaparam do em tudo e por tudo violento Bonaparte e

---

264 Em sua carta, Voigt pede a Goethe que encontre um jovem farmacêutico que se interessasse em instalar uma farmácia em uma "agência industrial" de Weimar, que Friedrich Johann Justin Bertuch (1747-1822) planejava para promover a indústria regional, treinar trabalhadores qualificados e aumentar a prosperidade da região.

265 Christian Gottlob Gmelin (cf. n.125 deste capítulo).

266 Cf. n.231 deste capítulo.

267 *Almanaque das musas* para o ano de 1798.

268 No *Almanaque* para 1798, do editor Johann Friedrich Vieweg (1761-1835), havia sido publicado o poema *Hermann e Doroteia* de Goethe.

269 Cf. n.15 deste capítulo.

chegaram há poucos dias em Stäfa, não poderia faltar o desejo de ver esse quadro arrancado ao mofo e aos franceses já exposto em Weimar e iluminado também pelo senhor. Cuidadosamente empacotado, seguirá viagem conosco, pois não gostaríamos de entregar esse tesouro às mãos de estranhos e de novos acasos.

Desde que estou mais uma vez com Meyer, ocupamo-nos bastante com teoria e prática, e se neste inverno conseguirmos realizar nosso propósito de escrever a quatro mãos uma epítome de nossas viagens e não viagens, vamos esperar para ver que valor nossos parentes editores darão a esse trabalho; nenhum deles deverá ser excluído da concorrência. Nossa intenção é produzir dois volumes in-oitavo legíveis e, no terceiro, acrescentar como notas e anexos o que talvez pudesse despertar apenas um interesse especial. Sobre isso, continuaremos a tratar depois de nosso regresso em breve, e tanto mais em detalhes porque pretendemos pedir-lhe que nos auxilie.

O testemunho favorável que o senhor nos dá sobre nosso teatro me tranquilizou muito, pois não nego que a morte de Becker foi muito dolorosa para mim. Ela me era cara em mais de um sentido. Quando vez por outra a extinta vontade de trabalhar para o teatro revivia em mim, eu a tinha com certeza diante dos olhos, e minhas moças e mulheres se formavam tendo em vista a ela e suas qualidades. Pode haver talentos maiores do que os dela, mas para mim não há outro tão gracioso. Há muito já que eu esperava a notícia de sua morte; ela me surpreendeu nas montanhas informes. Os amantes têm lágrimas; os poetas, ritmo para honrar os mortos; espero ter sido bem-sucedido ao produzir algo em memória dela.[270]

A precisão com que Meyer resenhou os tesouros artísticos dos tempos antigos e médio o surpreenderá, e o alegrará ver como uma história da arte se levanta dessas ruínas quase como uma Fênix de seu monte de cinzas.[271] O quanto é importante um novo Pausânias como esse só salta aos olhos

---

270 A elegia *Eufrosina*.

271 A obra em três partes de Meyer, *Geschichte der bildenden Künste bei der Griechen von ihrem Ursprung bis zum höchsten Flor* [História das artes figurativas dos gregos de suas origens até o auge de seu florescimento], completada por Friedrich Wilhelm Riemer (1774-1845), foi publicada em Dresden entre 1824 e 1836.

quando vemos com muita clareza como as obras de arte são dispersadas e destruídas pelo tempo ou por acontecimentos visíveis ou secretos.[272] Quantas conversas não nos renderão esses assuntos e tudo o que se relaciona com eles durante este inverno! Por agora queremos ainda lançar um olhar de Basileia para a terra não *prometida* e então,[273] provavelmente, tomar o caminho de volta por Schaffhausen e através da Suábia.

O exemplar do opúsculo sobre os vasos gregos deve voltar de Frankfurt.[274] Ainda não vi o novo *Almanaque das musas*; como lhe falta o tempero da maldade e da ousadia, temo que não poderá se medir com seu irmão do ano passado.[275]

Mais uma vez, passe bem, e meus melhores cumprimentos ao amigo Wieland, cuja filha amável e benfazeja vi ontem com alegria; o netinho dormia, senão eu poderia também dar alguma notícia dele.

A Schiller

Zurique, 25 de outubro de 1797

Apenas algumas palavras, antes de partir de Zurique! Pois estou muito distraído e talvez continue assim por algum tempo. Pensamos em seguir para Basileia, dali para Schaffhausen, Tübingen etc.; talvez nesta última eu encontre alguma coisa que o senhor me enviou. Não vi ainda nenhum *Almanaque das musas*, nenhum exemplar do *Hermann*, tudo isso e ainda mais talvez venha ao meu encontro na Alemanha.

---

272 Pausânias (*c.* 115-180), geógrafo e viajante grego. Sua obra em dez volumes *Descrição da Grécia*, em que ele descreve em detalhes localidades e monumentos artísticos da Grécia de seu tempo, é uma importante fonte de conhecimentos da Grécia Antiga.

273 A França.

274 O primeiro fascículo da obra de Böttiger *Griechiesche Vasengemälde. Mit archäologischen Erläuterungen der Originalkupfer* [Pintura em vasos grega. Com comentários arqueológicos e artísticos das gravuras originais], 1797.

275 No *Almanaque das musas* do ano anterior foram publicadas as mordazes *Xênias*, em que Goethe e Schiller polemizavam com os escritores da época.

"A campanha na França" e outros relatos de viagem

Se a estação não estivesse tão adiantada, eu talvez ainda perambulasse por mais um mês na Suíça, a fim de me instruir sobre as situações como um todo. É maravilhoso como constituições que se fundam apenas sobre *ser* e *preservar* se destacam em épocas nas quais tudo anseia pelo *tornar-se* e *transformar*. Hoje não digo nada além de um cordial adeus. De Tübingen, o senhor ouvirá mais a meu respeito.

Mal tínhamos, nestes dias, esboçado nosso esquema sobre os objetos admissíveis para as artes plásticas depois de uma grande reflexão, quando uma experiência muito especial nos atravessou o caminho. O senhor conhece o assédio de Vulcano a Minerva, do qual se produziu Erictônio.[276] Se tiver oportunidade, leia essa fábula na edição mais antiga de Hederich,[277] e pense nisto: que Rafael tirou dela a oportunidade para uma de suas composições mais agradáveis.[278] O que se deve, então aconselhar ou ordenar ao gênio feliz?

Mais tarde

Eu havia antes gracejado com um caso que nos surpreendeu e alegrou de modo inesperado; parecia deitar por terra nossos esforços teóricos e os tornou a fortalecer ao nos obrigar a inverter a dedução de nossos princípios. Sobre isso, eu me expresso, portanto, novamente assim:

Podemos considerar qualquer objeto da experiência como matéria da qual a arte pode se apropriar e, no que se refere a ela, tudo depende do tratamento; podemos, então, considerar a matéria quase como indiferente;

---

276 Segundo a lenda, Júpiter concedeu a Vulcano a satisfação de um desejo. Vulcano pediu então que Júpiter lhe desse Minerva por esposa, no que foi atendido, com a condição de que ela poderia se recusar a ele. Quando ela resiste às investidas de Vulcano, o sêmen dele cai sobre a terra, dando origem a Erictônio, o lendário primeiro rei de Atenas.

277 Benjamin Hederich (1675-1748), helenista, latinista e lexicógrafo alemão. Goethe se refere ao seu *Gründliches mythologisches Lexikon* [Dicionário mitológico completo], de 1724.

278 Refere-se ao afresco *Nascimento de Erictônio* pintado por Gianfrancesco Penni (1488-1528) e Giulio Romano (*c.* 1499-1546), segundo orientações de Rafael Sanzio (1483-1520).

contudo, olhando a coisa mais de perto, não se pode negar que umas se mostram mais cômodas ao tratamento do que outras e, ao passo que alguns objetos são mais fáceis de dominar pela arte, outros, ao contrário, são impossíveis. Se para o gênio existe mesmo alguma matéria impossível de dominar, é algo que não se pode decidir: mas a experiência nos ensina que nesses casos os maiores mestres podem ter produzido quadros agradáveis e dignos de louvor, embora de modo algum perfeitos no mesmo sentido que aqueles cuja matéria os favorecia. Pois a arte tem quase que se esgotar para dar a um objeto desfavorável aquilo que um objeto favorável já traz consigo. Nos verdadeiros mestres notamos sempre que, quando tiveram total liberdade, escolheram objetos favoráveis e os realizaram com espírito feliz. Quando as relações religiosas ou outras quaisquer lhes deram tarefas diferentes, eles procuraram se haver com elas da melhor forma possível, mas sempre faltarão a tais obras algo da perfeição plena, ou seja, de determinação e autonomia interna. É maravilhoso que os artistas modernos, e sobretudo os mais modernos, sempre procurem as matérias impossíveis de dominar e nem sequer façam ideia das dificuldades com que terão de lutar; por isso eu acredito que seria uma grande contribuição para a arte se pudéssemos determinar concreta e geralmente o conceito dos objetos que se oferecem por si mesmos e os outros que resistem à representação.

Para mim, é muito interessante nessa circunstância que também aqui tudo depende do esclarecimento da questão que tanto ocupa os filósofos,[279] a saber: em que medida podemos considerar um objeto que nos foi dado pela experiência como um *objeto* em si, ou quanto devemos considerá-lo como *nossa* obra e propriedade. Pois, se examinarmos bem de perto o problema, veremos que não apenas os objetos da arte, como também os objetos *para* a arte têm em si uma certa idealidade, porque, quando considerados em relação à arte, são imediatamente transformados pelo espírito humano. Se não estou enganado, o idealismo crítico[280] afirma algo semelhante a respeito de qualquer empiria, e a questão é apenas saber como, em nosso caso, quando empreendemos não a criação, mas a metamorfose dos objetos,

---

279 Alusão à *Crítica da razão pura* de Immanuel Kant.
280 Ou seja, a filosofia de Kant.

"A campanha na França" e outros relatos de viagem

nos expressaremos de modo tão claro para que sejamos universalmente compreensíveis e possamos demarcar de maneira apropriada a diferença entre objeto e tratamento, uma vez que ambos são confluentes.

Quinta-feira, 26 de outubro de 1797

Depois de uma estada de três dias, às 8 horas tomamos a estrada que leva de Zurique a Schaffhausen. Nas vizinhanças de Bulach, encontramos as vinhas ceifadas, o que não acontece na região do Lago de Zurique.

Às 12 horas chegamos a Eglisau, almoçamos na estalagem Zum Hirsch, às margens do Reno, e às 13h30 seguimos viagem.

Fiapo escuro de nuvem bem visível através do arco-íris. Nas proximidades das cataratas do Reno, desembarcamos e subimos o caminho a pé. Caiu o crepúsculo e tivemos uma terrível caminhada até Schaffhausen.

Sexta-feira, 27 de outubro

Partimos cedo de Schaffhausen pela estrada de Tübingen. À margem do caminho, veem-se os três rochedos de basalto: Hohentwiel, Hohenkrähen e Hohenhöwen. Pelo meio-dia, chegamos a Engen. História do camponês que mandava pintar sua péssima casinha e por isso sempre recebia hóspedes. À noite, em Tuttlingen.

Sábado, 18 de outubro

Para Bahlingen:

Manifestações da galhofa
Para perguntas, respostas enviesadas.
Nunca elogiar.
A tudo, quando não censurar, pelo menos não achar direito, e desejar o contrário.
Ser surdo.
Calar.
Temporariamente, ao contrário da loquacidade do homem.

Perpetuamente.
Desmaiar enquanto se ouve bem.
Negativa através de uma atividade mal colocada.

Domingo, 29 de outubro

Para Tübingen, onde permanecemos por dois dias.

A Schiller

Desistimos da viagem a Basileia e fomos direto para Tübingen. A estação, o tempo e o caminho não são neste momento convidativos, e como não pretendemos permanecer na distância, podemos agora nos voltar para casa; que caminho tomaremos, ainda não está decidido.

Boa sorte com o Wallenstein! Espero que, quando chegarmos, uma parte já seja visível. Meyer manda seus melhores cumprimentos. Desejamos encontrá-lo, e aos seus, gozando de boa saúde. Da metade do caminho, Frankfurt ou Nuremberg, o senhor voltará a ter notícias nossas.

Humboldt escreveu de Munique: ele vai para Basileia. Mais uma vez, tudo de bom e esperança de um reencontro em breve.

Quarta-feira, 1º de novembro

Às 6 horas, partimos de Tübingen para Echterdingen, onde fizemos uma parada para o almoço na hospedaria Zum Hirsch. À noite, em Stuttgart, hospedamo-nos no Schwarzer Adler.

Quinta-feira, 2 de novembro

Às 5 horas, partimos de Stuttgart e tomamos a estrada de Nuremberg. Em Kannstadt, onde chegamos pelo Neckar, e mais tarde em Waiblingen, encontramos um grande número de carruagens e barris de farinha.[281] Durante todo o dia, seguimos por um caminho muito agradável entre colinas

---

281 Provisões do exército austríaco.

"A campanha na França" e outros relatos de viagem

e através de planícies com prados, frutas e vinhedos. Passamos por algumas povoações belamente situadas e à noite chegamos a Gmünd, a cidade imperial livre às margens de Rems, rodeada de prados verdejantes e hortas. A cidade tem duas muralhas e algumas casas muito antigas. Hospedamo-nos no Post.

Sexta-feira, 3 de novembro

Partimos de Gmünd às 6 horas. Diante da cidade, um grande forte de carruagens e canhões.[282] Ao meio-dia em Aalen, onde vimos belas moças. Depois de Buch, o caminho sobe em direção a Schwabsberg, onde temos diante de nós, no alto da colina, Ellwangen, e o Jagst corre no fundo do vale. À noite, em Ellwangen.

Sábado, 4 de novembro

Partimos cedo de Ellwangen. Toma-se o caminho para cima, em direção ao castelo, e depois, através da colina fértil, defronte da qual se ergue uma bela montanha. Mais tarde, o caminho leva para um vale através de um bosque de pinheiros, sobre um solo arenoso avermelhado. Veem-se alguns tanques de peixes rodeados pela floresta.

Ao meio-dia, em Dinkelsbühl. A cidade fica localizada em uma região fértil, é velha, mas limpa e tem duas muralhas. À noite, em Grossenried.

Domingo, 5 de novembro

Às 6 horas, partimos de Grossenried. Atravessamos pequenas matas e bosques de pinheiros, campos férteis e um vale com muitas plantações de lúpulo e alguns moinhos.

Ao cair da tarde, em Schwabach. A cidade fica localizada em um vale plano muito fértil. O centro da cidade é velho, mas aqui e ali há algumas

---

282 Acampamento do exército austríaco.

519

belas casas novas. Há muitas delas especialmente diante dos portões, quase sempre construídas em pedra. Hospedamo-nos no Lamm.

No calmo arvoredo descendo o riacho,
O amor joga seus jogos.
E sempre de leve: dip, dip, dap,
Ele se esgueira até o moinho.
O moinho faz: clap, rap, rap;
E assim vai, de leve: dip, dip, dap
Como em meu coração o sinto.

Lá estava ela como uma pombinha
E empurrava a touquinha para trás
E não se voltava;
Acho até que ela riu.
E minhas roupas a velha
Logo atou em uma trouxa.
Quantos criados de uma vez
Se escondiam na casa!
Os parentes faziam barulho,
E duas malditas tias
O faziam infernalmente.[283]

Segunda-feira, 6 de novembro

Partimos cedo de Schwabach por um bom caminho através de Reichels-dorf, Eubach e Schweinau, onde chegamos às 10 horas e nos hospedamos no Roter Hahn.

---

283 Im stillen Busch den Bach hinab/ Treibt Amor seine Spiele./ Und immer leise: dip, dip, dap,/ So schleicht er nach der Mühle./ Es macht die mühle klap, rap, rap;/ So geht es stille dip, dip, dap/ Was ich im Herzen fühle.// Da sass sie wie ein Täubschen/ Und rückte sich am Häubchen/ Und wendete sich ab;/ Ich glaube gar sie lachte./ Und meine Kleider machte/ Die Alte gleich zum Bündel./ Wie nur so viel Gesindel/ Im Hause sich verbarg!/ Es lärmten die Verwandten,/ Und zwei verfluchte Tanten/ Die machten's teuflisch arg.

"A campanha na França" e outros relatos de viagem

Nuremberg, 10 de novembro de 1797

A Schiller

Para nossa grande alegria, encontramos Knebel[284] aqui, e talvez fiquemos um pouco mais de tempo do que pensávamos. A cidade oferece algumas coisas interessantes: antigas obras de arte, trabalhos mecânicos, e além disso é possível fazer algumas observações sobre a situação política. Por isso, digo-lhe apenas uma palavra de saudação e envio um poema. É o quarto em honra da bela moleira. O terceiro ainda não está pronto; terá o título "Traição", e contará a história de como o jovem é mal recebido no moinho.

Tivemos alguns dias alegres no grupo dos embaixadores dos círculos imperiais, e pensamos em partir apenas no dia 15. Tomaremos o caminho reto por Erlangen, Bamberg e Cronach, e assim, esperamos em poucos dias ter o prazer de voltar a abraçá-lo e de indagar seus pensamentos sobre centenas de coisas.

---

284 Cf. n.14 deste capítulo.

Sobre arte e Antiguidade
nas regiões do Reno e do Meno[1]

Colônia

Depois de uma feliz viagem pelo Reno, fomos surpreendidos em Colônia por amigos e conhecidos, e mesmo por desconhecidos, com a alegre saudação: o de que aquele quadro pintado por Rubens para sua terra natal, representando a crucificação de Pedro, dedicado à igreja desse patrono da cidade, fora trazido de volta de Paris, e logo deveria voltar em triunfo para seu pio lugar de outrora.[2] Alegramo-nos por ter sido dado a uma numerosa comunidade, mediante uma simples grande ação, o maravilhoso sentimento de pertencer a um príncipe poderoso o suficiente para lhe proporcionar justiça em um sentido tão elevado,[3] e recuperar para ela uma propriedade perdida de modo tão ultrajante. Por isso, seria possível visitar com uma

---

1 Título original: *Über Kunst und Altertum in den Rhein und Main Gegenden*. Publicado pela primeira vez em 1816, no primeiro volume da revista *Kunst und Altertum* [Arte e Antiguidade].

2 *A crucificação de Pedro*, do pintor flamengo Peter Paul Rubens (1577-1640), foi pintada entre 1638 e 1640 para o altar da igreja de São Pedro em Colônia. À época de Goethe, pensava-se que Rubens, nascido em Siegen, era natural de Colônia, onde passou a infância.

3 Príncipe: o rei da Prússia Frederico Guilherme III (1770-1840). Depois do Congresso de Viena (1815), a Renânia se tornara província da Prússia.

empatia tanto mais alegre os amantes da arte que se sentem duplamente consolados e aliviados pela reaparição de seu santo, e considerar a conquista coletiva como penhor de que estão garantidos a segurança e o incentivo de suas inclinações mais próprias.

Quando, no século XIII, a arte figurativa começou a despertar na Baixa Renânia, ela adornava de preferência igrejas, mosteiros e edifícios públicos em suas paredes e muros, e também em grandes painéis, com temas piedosos e sagrados; a arte mais moderna, por sua vez, fornecia ao cidadão pequenos quadros adequados ao interior das casas e aos sentimentos domésticos. Com brilhante sensibilidade, ela tratava de temas naturais apreciados, e qualquer um poderia sentir em sua própria casa um silencioso deleite proporcionado por obras magníficas.

Tais ambientes ricos em arte faziam parte das necessidades dos abastados, da distinção dos opulentos. Artistas locais eram contratados. Um vivo comércio com Brabante e com a Holanda pôs em circulação um sem-número dessas obras de arte. Gosto e ganho podiam ser combinados, e o ganho vivificava o interesse. Comerciantes se destacaram por, atuando em regiões remotas do estrangeiro, patrocinar a arte e os artistas. Dentre estes, cita-se com reverência o nome de Jabach.[4] Esse homem excelente, rodeado por sua família culta e abastada, ainda hoje nos é mostrado, em tamanho natural, por um quadro de Le Brun.[5] Está ainda inteiramente preservado em Colônia, e merece ser disposto como um dos primeiros ornamentos de uma instituição pública cuja criação esperamos que se dê em breve.

Contudo, precisamos também pensar naquela importante orientação que tomou, em nossos dias, o amor pela arte. Uma paixão que se preparou no final do século passado, mas se desenvolveu ainda mais no atual, pelos restos da arte antiga que pouco a pouco ressurgiu das sombras da Idade Média, foi fartamente alimentada quando igrejas e mosteiros foram dissolvidos, e se puseram à venda quadros e objetos sacros.[6] Agora os objetos

---

4 Eberhard Jabach (1618-1695), banqueiro alemão. Posteriormente, naturalizou-se francês. Foi diretor da Companhia Francesa das Índias Orientais e celebrizou-se como colecionador de obras de arte.

5 Charles Le Brun (1619-1690), pintor e arquiteto francês.

6 A Resolução Principal da Dieta do Império de 25 de fevereiro de 1803 decidiu pela secularização dos bens eclesiásticos.

mais preciosos, que até então pertenciam às comunidades, puderam passar para as mãos de particulares. Por isso, muitas pessoas em Colônia se sentiram levadas a tentar salvá-las e mantê-las reunidas. Bertram e os irmãos Boisserée reuniram, com vocação, conhecimento, perseverança, labor e sorte, uma série desses quadros como tesouros artísticos instrutivos, que hoje se encontram em Heidelberg e cuja falta é sentida com pesar em Colônia.[7] Aqui, porém, os srs. Walraff, Lyversberg, Fochem, e algumas outras pessoas, possuem obras altamente valiosas dessa espécie.[8]

Como, porém, era preciso limpar com atenção a fuligem e a poeira de quase todos esses quadros, restaurar diligentemente algumas partes danificadas e recuperar com escrúpulo o fundo dourado, formaram-se então restauradores, pessoas indispensáveis em qualquer lugar onde se tenha desenvolvido um vivo comércio de arte. Um magnífico documento desses esforços, nos quais amadores e artistas colaboraram patrioticamente com inteligência artística, é o grande retábulo transferido da capela da municipalidade para a catedral. O painel do meio representa a adoração dos três reis magos, enquanto os laterais mostram os demais patronos da cidade, cavalheirescos e virginais, ousados e humildes, todos piedosamente reunidos. O artista viveu no início do século XV.[9]

Entretanto, todos aqueles ornamentos e representações dedicados ao ofício divino, que ao longo dos tempos inquietos e destrutivos foram afastados de seus locais consagrados, pareciam não estar inteiramente em seu lugar nas residências privadas; daí que o espírito jovial, inventivo, dos proprietários e artistas pensou em criar entornos adequados para restituir ao gosto o que fora arrancado à piedade. Imaginaram-se falsas capelas

---

7 Johann Sulpiz Melchior Dominikus Boisserée (1783-1854), Melchior Hermann Joseph Georg Boisserée (1786-1851) e Johann Baptist Bertram (1776-1841), colecionadores e historiadores da arte alemães.

8 Ferdinand Franz Wallraf (1748-1824), botânico, matemático, teólogo, sacerdote e colecionador de arte alemão; Jacob Joannes Nepomuk Lyversberg (1761-1834), comerciante e colecionador de arte alemão; Gerhard Kunibert Fochem (1771-1847), padre católico e colecionador de arte alemão.

9 O retábulo é obra de Stefan (ou Stephan) Lochner (*c.* 1400/1410-1451), o mais célebre representante da escola de pintura de Colônia.

domésticas a fim de preservar imagens e objetos eclesiásticos em seu antigo contexto e dignidade. Imitavam-se ilusoriamente em telas os vitrais coloridos; sabia-se reproduzir, como se fossem verdadeiros, elementos monásticos nas paredes, parte em perspectiva, parte em meio-relevo.

Essa graciosa arte de decoração não permaneceu, contudo, por muito tempo na obscuridade; o espírito alegre dos moradores logo a levou para a clara luz do dia, onde então o artista soube também atender satisfatoriamente a tais exigências, conseguindo com êxito ampliar até o infinito, por meio de quadros em perspectiva bem logrados, o fundo de pátios estreitos cujas laterais eram ocupadas por plantas e flores. Tudo isso, e mais algumas coisas que causam ao estrangeiro uma impressão agradavelmente nova e marcante, dá testemunho de uma sensibilidade alegre, piedosa, ansiosa por prazer e elevação que, se em épocas de opressão e miséria se mostrou tão ativa e jovial, em épocas de segurança e tranquilidade, reanimada pela crescente abastança, em pouquíssimo tempo haverá de se tornar significativa.

Se observarmos com atenção, portanto, o muito que permaneceu, preservou-se e revivificou em Colônia, constataremos com quanta facilidade um governo poderá exercer sua influência aqui se as autoridades e os dirigentes primeiro reconhecerem de forma amigável o que fizeram até o presente momento alguns indivíduos por livre inclinação e gosto, e então favorecerem de todas as formas uma vontade tão alegre. Com isso, não permanecerão ignoradas aos administradores, como conhecedores e apreciadores, as obras de arte que existem no local, o que chega e o que se vai ou troca de dono. Ao mesmo tempo, patrocinando a atividade do indivíduo, atentarão ao caso em que o esforço da vida inteira de um indivíduo de repente beneficia a comunidade: pois não raro uma coleção se torna um peso para o apreciador que de um modo ou de outro se sente limitado. Falta de espaço, troca de residência, interesse mudado ou embotado muitas vezes diminuem o valor artístico aos olhos do proprietário; e é aqui que as autoridades podem se mostrar ativas para o bem de ambas as partes. Uma atenção honrosa lisonjeia de tal modo uma pessoa abastada que ela, estimulada patrioticamente, cede sua propriedade, quando não por doação, ao menos mediante condições moderadas, a uma instituição pública e a incorpora ao seu acervo. Se em sua morada ele só encontra indiferença, irá

"A campanha na França" e outros relatos de viagem

buscar gratidão no exterior dela. Assim, por exemplo, a enorme coleção do barão Von Hüpsch, que dentre algumas quinquilharias continha algumas das mais valiosas obras de arte e da Antiguidade, não teria sido levada de Colônia para Darmstadt, e o importantíssimo acervo do sr. Nose não teria migrado de Godesberg para Berlim, se esses homens tivessem vivido em épocas semelhantes àquelas para as quais voltamos nossos olhos.[10]

Se procurarmos, então, tesouros como esses hoje em Colônia, teremos de verificar a coleção do sr. professor e cônego Wallraff, que, totalmente devotado à sua cidade natal, empregou toda a sua vida, suas posses e seus bens — chegando mesmo frequentemente a renunciar a suas primeiras necessidades — para manter na terra em que nasceu qualquer coisa digna de admiração que estivesse ao seu alcance. Dando atenção especial a antiguidades romanas, quadros, moedas, pedras esculpidas e inscrições, ele adquiriu também obras da arte mais recente de toda espécie: pinturas, desenhos e gravuras, livros, manuscritos e mesmo minerais interessantes. Esse acervo, difícil de abarcar com a vista em virtude de sua variedade e complexidade, jamais pôde ser organizado, nem para seu próprio prazer nem para a instrução de outras pessoas, pois a residência livre posta mais tarde à disposição do colecionador não tinha sequer espaço suficiente para abrigar um acervo tão grande, quanto mais para expô-lo separado por seções. Por isso, seria desejável que esse tesouro fosse incorporado o mais cedo possível aos bens da comunidade, a fim de que os anos que ainda serão concedidos ao seu digno proprietário sejam aproveitados para que se possa, com meticulosidade, assumir a posse dessas preciosidades, ordená-las e torná-las úteis e apreciáveis.

Isso pressupõe um lugar com espaço suficiente, o que nesta grande cidade deve ser possível de se encontrar. Tendo se decidido por um local, as salas devem ser bem examinadas, a fim de se separar de modo conveniente as diversas seções da coleção. Se também não se perder de vista o futuro, as salas deveriam ser construídas com as dimensões suficientes para uma esperada

---

10 Wilhelm Carl Adolf von Hüpsch (1730-1805), cujo nome verdadeiro era Jean Guillaume Adolphe Fiacre Honvlez: colecionador de arte alemão nascido em Luxemburgo; Karl Wilhelm Nose (1753-1835), médico e mineralogista alemão.

ampliação do acervo. A orientação para isso seria dada pela própria coleção que, possuindo objetos de toda espécie, e apontando para todas as direções, permite uma grande variedade de rubricas que mais tarde se ampliam e se expandem internamente. Pois essa coleção é também muito preciosa na medida em que obriga os futuros curadores a honrar, de acordo com sua espécie, tudo o que se possa acrescentar a ele no futuro, e a considerar até a mais ínfima peça como parte integrante do todo. Que agradável surpresa não seria, então, se as localidades fossem adornadas com gosto e de forma análoga aos objetos cujos exemplares isolados admiramos em diferentes cidades, sem conhecer, contudo, um museu geral disposto nesse sentido! É tão agradavelmente instrutivo quando sarcófagos, urnas e todos os aparatos relacionados ao corpo e ao túmulo são expostos em columbários; quando lápide, altar e cipo são emoldurados por uma decoração que lembra a Via Ápia; quando os resquícios da Alta Idade Média são cercados por adornos de sua espécie; quando os da Baixa Idade Média também são guarnecidos de modo correspondente; quando mesmo os reinos da natureza são completados por reproduções daquilo de que não se dispõe. Pondo-se em prática essa ideia, obter-se-iam resultados que poderia parecer apenas presunção antecipar. Em uma região na qual o conhecimento só pode ser apreciado na medida em que ele entra na vida, um arranjo desse tipo se torna imperioso. Aqui a mera curiosidade indiferente é entretida, estimulada e, faça o que fizer, instruída; mas o conhecedor se deixa desorientar tão pouco por uma ilusão acrescentada a tal ordem quanto pela confusão da loja atulhada de um negociante de raridades. Em Colônia, seria possível contar, para isso, com o talento de um artista excelente, o sr. Fuchs, que em casos semelhantes já deu provas de inventividade, gosto e habilidade.[11] Mas, ao mesmo tempo, sentir-se-á falta de Joseph Hofmann, que já na juventude realizou muitas coisas e mereceria ter vivido tempos melhores.[12]

Todo aquele que levar em consideração o que foi dito até aqui se convencerá de que, com um estímulo inteligente e vigoroso de cima, uma competente fundação e a organização clara de um museu em Colônia, a

---

11 Maximilian Heinrich Fuchs (*c.* 1767-1846), pintor, arquiteto e restaurador alemão.
12 Joseph Hoffmann (1764-1812), pintor alemão.

arte, o espírito e a dedicação logo irão se unir a fim de embelezá-lo, pois então não faltará também a atividade patriótica para ampliá-lo e provê-lo. Assim é que já hoje, quando apenas se alimenta a esperança de se chegar a um ponto de concordância geral, vemos o louvável exemplo do sr. general Von Rauch de reunir em sua casa tudo o que é desenterrado nas obras de construção da nova fortaleza, a fim de confiá-lo no futuro à custódia pública.[13] As importantes descobertas já feitas despertam as mais belas esperanças, e garantem a esse excelente profissional da guerra também por isso a gratidão eterna de uma cidade que renasce.

Pensar em uma academia de artes formal em Colônia, contudo, talvez não fosse nem necessário nem aconselhável. Formas republicanas, gravadas nas mentes desde os tempos antigos, são as mais adequadas nessas paragens, pelo menos para as artes livres. Amor lúcido pelas artes e mecenato se dispõem em toda parte no lugar da direção; cada artista atrai para sua especialidade seus próprios discípulos, assim como cada discípulo busca livremente seu mestre. Aqui cada um pode, sem ser limitado por seus pares, situar-se, por seus próprios trabalhos, por restauração e comércio artístico, em uma posição que deve se tornar muito confortável se o governo também utilizar seu talento para seus propósitos, dispensar suas habilidades, mediante pensões convenientes, das primeiras necessidades alimentícias e, além disso, recompensar seus trabalhos extraordinários com um honorário digno.

Se nas regiões do Reno e do Meno se estabelecer um comércio artístico interligado, segundo os desejos e esperanças de todos, não faltará também a participação do viajante. O amigo das artes não exige sempre originais; se um quadro cuja posse não se pode alcançar o toca e comove, ele ficará feliz com uma cópia. O gosto pela arte alemã antiga já demonstra hoje que há uma demanda e um apreço pelas cópias de quadros dessa espécie. O sr. tenente Raabe fez cópias em miniatura extremamente satisfatórias do grupo central daqueles painéis da catedral.[14] O sr. Bekenkamp se ocupa

---

13 Johann Justus Georg Gustav von Rauch (1774-1841), general da infantaria, engenheiro diretor das obras de construção da fortaleza no Reno, posteriormente ministro da Guerra prussiano.

14 Karl Joseph Raabe (1780-1849), pintor de retratos, oficial engenheiro e mestre de obras.

continuamente com cópias dos mesmos, que de imediato encontram seus apreciadores.[15] Quantas circunstâncias não confluem para nos prometer que uma vida de artista autônoma, ilimitada, se desenvolverá alegremente nessas paragens a partir de um passado que jamais morreu de todo!

Antes, porém, que o estrangeiro possa desfrutar com tranquilidade de tão variadas preciosidades, ele se sentirá, primeiro de tudo, irresistivelmente atraído para a catedral. Se contemplar por fora e por dentro a incompletude dessa maravilha do mundo, infelizmente apenas projetada, ele se sentirá acometido de um sentimento doloroso que só se pode dissolver em algum contentamento se ele alimentar o desejo, sim, a esperança de ver a construção do edifício concluída. Pois só quando está completa é que uma obra-prima concebida com grandeza produz o efeito pretendido pelo espírito extraordinário: tornar compreensível o portento. Porém, se uma tal obra permanece inacabada, nem a fantasia tem a força, nem a razão a capacidade suficiente para produzir sua imagem ou sua ideia.

Com esse doloroso sentimento, que oprime a todos, lutaram em nossa época em Colônia alguns jovens nativos que felizmente tiveram a coragem de realizar, ao menos sob a forma de desenhos e plantas, uma finalização da catedral segundo os propósitos originais do mestre. Ainda que um empreendimento artístico possa parecer insignificante perto do que seria a conclusão de fato do edifício, só para isso já foram necessários tanta inteligência quanto espírito empreendedor, tanta atividade quanto perseverança, tanta independência quanto influência sobre outras pessoas quando os irmãos Boisserée, em uma época das mais desfavoráveis, quiseram levar a cabo uma obra de arte esplêndida que de agora em diante deverá ser publicada em fascículos.[16] A planta, felizmente, foi encontrada em seu desenho original, assim como a elevação e o perfil, mais tarde descobertos, vieram auxiliar decisivamente nos esforços, mensuração e dedução realizados até aqui. Na medida adequada, portanto, serão publicados, pouco a pouco, a planta, a

---

15 Kaspar Benedikt Bekenkamp (1747-1828), pintor alemão.

16 A obra *Ansichten, Risse und einzelne Teile des Doms zu Köln* [Vistas, plantas e partes isoladas da catedral de Colônia], de Sulpiz Boisserée, foi publicada entre os anos de 1821 e 1833 em Stuttgart.

elevação, o perfil, o corte longitudinal e os desenhos em perspectiva, com o que se constituirá uma obra que, graças ao seu conteúdo, como também aos artistas que trabalharam nela, merecerá o interesse mais vivo. Pois para que os desenhos de tantos alemães admiráveis como Moller, Fuchs, Quaglio[17] pudessem ser gravados também na Alemanha, foi indispensável, por parte de seus realizadores, aquele silencioso e indestrutível amor pela pátria que, nas piores épocas, sabe preservar e promover aquilo que é indispensável em dias felizes; e assim foram chamados a participar desse importante trabalho os excelentes gravadores que são o sr. Duttenhofer, de Stuttgart, e o sr. Darnstedt, de Dresden.[18]

Se, portanto, graças aos esforços de particulares, logramos fazer uma ideia precisa daquele edifício inestimável, de modo a podermos apreendê-lo em nossa imaginação como uma obra prodigiosa, fundada nas supremas necessidades cristãs e eclesiásticas, concebida tanto com genialidade quanto com entendimento, realizada com arte e ofícios perfeitos, e apreciar de maneira compreensiva as partes de fato existentes dela, não nos furtaremos a fazer mais uma vez aquela ousada pergunta sobre se não seria agora o momento propício para se pensar na continuidade da construção de tal obra.

Olhando as coisas mais de perto, porém, fazemos a triste descoberta de que há vinte anos a catedral está privada de quaisquer recursos até mesmo para ser mantida em bom estado.[19] Como uma instituição imperial, e porque os fundos para a manutenção do edifício foram juntados de cambulhada com os fundos de prebenda, a igreja, justamente a mais necessitada de todas, teve o destino próprio e único de se tornar a mais pobre dentre elas, ao passo que outras igrejas mantiveram ou tiveram restituídos seus fundos de construção.

A primeira coisa a fazer seria, portanto, pensar em uma fundação para a plena manutenção do edifício. Mas não é possível promover a manu-

---

17 Georg Moller (1784-1852), arquiteto e urbanista alemão; Fuchs: cf. n.11 deste capítulo; Angelo Quaglio (1778-1815), desenhista, pintor e gravador alemão.

18 Christian Dietrich Duttenhofer (1780-1846), gravador alemão; Johann Heinrich Darnstedt (1786-1844), gravador alemão, professor na Academia de Dresden.

19 Vinte anos, isto é: desde a invasão francesa em 6 de outubro de 1794.

tenção se renunciarmos de todo ao propósito de concluir a construção; pois apenas o dinheiro não é suficiente para essas necessidades, é preciso também que, com a plena compreensão atual dos desejos do mestre, a arte e os ofícios sejam mais uma vez estimulados e vivificados. Porém, aconteça o que acontecer, um bem como esse tem de ser tratado com grandeza, à qual só se chega quando não escondemos nem negamos para nós mesmos as dificuldades.

De todo modo, a catedral já ocupa agora firmemente o centro das atenções; ela e os muitos outros edifícios da cidade e da região constituem, em um círculo estreito, toda uma história da arte. E também essa história está preparada nos moldes literários e artísticos, uma vez que aqueles amantes da arte, trabalhando com tanta paixão e meticulosidade, a par do afinco com que se dedicam à catedral de Colônia, também voltam, ao mesmo tempo, sua atenção para a arte anterior e posterior a ela. Por isso, colecionaram-se antigos esboços, produziram-se cópias, adquiriram-se gravuras e desenhos das mais esplêndidas dentre as assim chamadas construções góticas de todas as regiões, em especial de todas as antigas obras de arquitetura importantes da Baixa Renânia inteira, do Mosela para baixo. Daqui poderia surgir uma obra que, em dimensões moderadas, proporcionasse de forma instrutiva uma visão das épocas da antiga arquitetura alemã desde os primeiros tempos do cristianismo até o aparecimento do assim chamado gosto gótico no século XIII.

O tempo dado ao viajante era demasiado curto para que se pudesse tomar conhecimento de tudo o que era importante; contudo, não se perdeu a oportunidade de visitar o sr. vigário da catedral, Hardy, um ancião octogenário notável e alegre que, com talento e instinto artístico natos e decididos, educou-se a si mesmo desde a infância, desenvolveu com habilidade instrumentos físicos, ocupou-se com a gravação em vidro mas, atraído em especial pelas artes figurativas, dedicou-se à pintura em esmalte, na qual foi muito bem-sucedido.[20] Contudo, ocupou-se sobretudo com a modelagem em cera, técnica com a qual já na mais tenra juventude

---

20 Bernhard Kaspar Hardy (1726-1819), vigário da catedral de Colônia.

produziu os pequenos e finíssimos trabalhos perspectivo-paisagísticos arquitetônico-históricos, daquela espécie que, experimentada por diversos artistas, admiramos até em tempos recentes, inclusive em associações. Mais tarde, ele se ocupou com um ramo extremamente aprazível: modelava meias figuras em cera, quase redondas, para as quais escolhia as estações do ano e outros temas característicos e agradáveis, desde a jardineira cheia de vida com um cesto de frutas e legumes até o velho camponês que reza diante de uma mesa frugal, não faltando nem mesmo o moribundo devoto. Esses objetos, preservados em caixinhas de vidro de mais ou menos 1 pé de altura, são harmoniosamente coloridos, de acordo com seu caráter, com cera de diversas tonalidades. Merecem ser um dia conservados com zelo em um museu em Colônia; pois nos trazem à memória de forma bastante clara que nos encontramos na cidade natal de Rubens, na Baixa Renânia, onde a cor desde sempre dominou e glorificou as obras de arte. A influência silenciosa de um homem como esse em seu círculo é digna de ser descrita em todas as minúcias, uma tarefa que o sr. cônego Wallraff assumirá com prazer, uma vez que, sendo mais jovem, deve sem dúvida a esse admirável ancião alguns estímulos no caminho da vida e da arte.

Um discípulo desse homem admirável, o sr. Hagbol, se ocupa com trabalhos semelhantes; até agora, contudo, só produziu retratos de perfil, aos quais não se pode negar certa veracidade bem conseguida.[21] A pureza e a finura das peças de vestuário e adereços nessas imagens é altamente louvável, e se ele no futuro as executar tanto de frente, por inteiro, redondas, quanto de lado, em apenas meio-relevo, não deverão lhe faltar nem aplausos nem clientes.

Deve-se mencionar ainda um hábil pintor de miniaturas, o sr. Lützenkirchen, que, além de possuir um belo talento, se revela um artista pensador, e já conquistou a confiança de pessoas influentes em ocasiões importantes.[22]

Ao falarmos tanto das coisas passadas quanto presentes que fazem de Colônia notável, venerável e agradável, e ao nos perguntarmos o que mais

---

21 Jacob Hagbol (1775-1849), pintor alemão.
22 Peter Joseph Lützenkirchen (1775-1820), pintor e gravador alemão.

Johann Wolfgang von Goethe

seria de desejar para que pessoas cultas de toda espécie decidissem de bom grado se estabelecer aqui, teremos como resposta que a ciência e a cultura que se origina do estudo das línguas antigas, a par de tudo quanto mereça ser chamado de histórico, devem ser de novo estimuladas e favorecidas; digo de novo porque também essas vantagens não se perderam de todo aqui. Basta considerar o estilo lapidar de inscrições bem elaboradas, nas quais o sr. cônego Wallraff se destaca de modo especial, bem como suas poesias latinas de ocasião, alegres e ricas em conteúdo; podemos ainda observar mais de perto os trabalhos históricos que ele – além de outras pessoas – dedica aos acontecimentos eclesiásticos da pátria, e encontraremos bastantes conexões que parecem apenas esperar por uma nova atividade construtiva.

E então somos no mesmo instante lembrados daquela renomada universidade que teve outrora sua sede aqui. Sua situação era vantajosa, no centro das regiões, entre o Mosela, o Mosa e o Lippe, e também para a ligação com as regiões vizinhas aparentadas, de onde até a Revolução Francesa os estudantes, em sua maioria católicos, vinham para essa universidade, em um número tão grande que constituíam uma chamada nação entre os estudantes. Até o fim do século passado, a Faculdade de Medicina atraía estudantes holandeses para Colônia por causa de seus excelentes professores, e ainda hoje a cidade goza, nas províncias vizinhas, de sua antiga fama. Sim, nos primeiros tempos da dominação francesa nasceu a esperança de revivificação da velha universidade e, não de todo abandonada até os últimos tempos, essa esperança se preservou na atenção de que gozava a escola central, depois transformada em uma escola secundária superior. Permaneceram com ela importantes bens, instalações e coleções, que em parte ainda se ampliaram, assim como também foi criado um gabinete de Física bem organizado, e se construiu um jardim botânico inteiramente novo. Se, então, as coleções de arte encontrassem seu lugar no espaço utilizado outrora pelos jesuítas, seria possível reunir nele tudo o que fosse digno de ser conhecido. É nessa possibilidade, como em algumas outras coisas, que os cidadãos de Colônia baseiam sua esperança de ver a velha universidade mais uma vez renovada dentro de seus muros.

Tudo quanto até agora louvamos nesta cidade parecia favorecer essa esperança, uma vez que não cabe mais perguntar se em grandes cidades não poderia também florescer uma universidade. Sim, pretendia-se até afirmar que aqui, onde se encontram os tesouros mais ricos da grande época histórica, onde edifícios eclesiásticos e profanos, muros e torres e coleções de arte tão variadas fornecem uma história viva do passado, onde a navegação e o comércio representam a vida atual, tudo poderia ser útil e propício aos que ensinam e aos que aprendem, uma vez que em nossos dias não se fala mais em conhecimento escolar e partidário, e sim em visões universais de mundo, baseadas em conhecimentos verdadeiros.

Não se quer discutir certas vantagens das universidades estabelecidas em cidades pequenas, mas não se pode, contudo, negar que elas se originaram naqueles tempos em que se concedia à juventude, que deveria ser formada saindo de uma obtusa coerção escolar para uma temerosa coerção comercial, certo espaço intermediário, no qual ela, além de aprender, podia também promover arruaças e guardar com isso uma alegre recordação das loucuras cometidas. Mas hoje em dia isso seria inaceitável, prejudicial e perigoso: pois o jovem alemão quase sempre se provou no campo de batalha, tomou parte em grandes feitos, e mesmo a nova geração já tem uma atitude mais séria, e não se deseja mais uma liberdade aventurosa, vazia, e sim uma limitação formadora, rica. Onde se encontraria outra mais bela senão em uma cidade que contém em si um mundo, onde atividades de toda espécie se movimentam exemplarmente diante do espírito do jovem, e onde a gente jovem não encontra entretenimento no egoísmo de camaradas, e sim em visões de mundo mais elevadas e em um sem-número de atividades econômicas e artísticas, onde o estudante só precisa atravessar o rio para passar suas férias de modo proveitoso nas mais ricas regiões de minas, metalurgia e fábricas?

Os cidadãos de Colônia afirmam, ainda, que em nenhuma outra parte o estudante pode respeitar mais a si mesmo e ser mais respeitado do que entre eles, uma vez que deve ser visto como um colaborador na edificação de uma existência grandiosa, antiga, que regressou por força do tempo e do destino.

Johann Wolfgang von Goethe

Bonn

Depois da contemplação atenta de algumas igrejas e do monumento antigo exposto em praça pública,[23] o viajante em trânsito teve sua atenção ocupada por uma coleção do sr. cônego Pick.[24] Esse homem alegre, espirituoso, reuniu conscienciosamente todo e qualquer objeto antigo que lhe caiu nas mãos, o que por si só já seria um grande mérito; mas ele conquistou outro ainda maior por ter, com seriedade e diversão, de um modo sentimental e espirituoso, alegre e trocista, ordenado, vivificado e tornado útil e apreciável um amontoado de ruínas caóticas. Sem percorrer sua casa, com a qual esses tesouros cresceram em simbiose, não se pode fazer uma ideia daquilo de que se fala aqui.

A escadaria exibe grande quantidade de retratos de valor artístico muito variado, tudo reunido, porém, com o fito de pôr diante de nossos olhos as indumentárias de diversos países e épocas. As salas são decoradas com gravuras e pinturas que relembram, de modo significativo, acontecimentos tristes e alegres da história pátria, e aludem aos sucessos e malogros de um inimigo arrogante. Sobre as portas, algumas placas com inscrições provocam um sorriso pensativo. Então, porém, abre-se a coleção propriamente dita; nós a percorremos com um interesse sempre variado, que a cada momento se vê compelido a tomar uma direção histórica. Gravuras e medalhas, ordenadas pelos anos e países, instrumentos de toda espécie, tudo graciosamente reunido.

Pensemos, por exemplo, em uma parede inteira com quadros que parecem pintados, notáveis pelo material com o qual foram produzidos: mosaico e incrustação, combinação de palha ou musgo, arranjos de algodão desfiado, tecidos aveludados, bordados ou pequenos retalhos combinados. Por meio de tais aproximações, centenas de coisas cuja conservação poderia desnortear o experiente administrador de uma coleção de arte se tornam

---

23 Monumento antigo: o Altar da deusa Vitória, de origem romana. Esculpido no século III nas proximidades de Colônia, estava desde 1809 exposto na Remigiusplatz, e hoje faz parte do acervo do Rheinisches Landesmuseum de Bonn.

24 Franz Pick (1751-1819), colecionador de arte em Bonn.

interessantes ao olhar, fornecem alimento ao espírito e, mesmo, algum estímulo ao juízo estético. Aqui se deve também observar que um jovem primo, instruído em ciências naturais, ordenou sistematicamente uma bela coleção de minerais, bem-vinda tanto ao conhecedor quanto ao amador.

E assim, depois da contemplação prazerosa de uma quantidade imensurável de antigos instrumentos de limpeza e brinquedos, dedicamos um interesse mais sério a uma falsa capela construída de modo bastante digno. Antigos vitrais coloridos reunidos com gosto em uma mesma moldura espalham uma luz soturna sobre o espaço limitado; mas, se o iluminarmos devidamente, vemos utensílios sacros de toda espécie salvos de igrejas abolidas e dispostos em um lugar adequado. Genuflexórios e púlpitos entalhados, um altar totalmente restaurado, e sobre ele um relicário com figurinhas de prata incrustadas, ricamente coberto de esmalte; além disso, crucifixos e castiçais, todos de origem antiga, lembrando, pela forma e pelo material, aquela suntuosa arca sagrada que guarda, na catedral de Colônia, os ossos dos três reis magos. Não faltam nas paredes quadros antigos que aqui desfrutam de uma vizinhança costumeira, como se não tivessem sido mudados de lugar.

Depois disso, chega-se a uma sala em que estão preservados velhos impressos e manuscritos, na qual, provisoriamente, também estão depositados outros objetos importantes, e assim lamentamos que as agitações dos tempos tenham impedido esse homem digno de fazer uso de sua casa inteira, a fim de ordenar e conservar tudo de acordo com a mesma concepção.

Mas é com o maior prazer que pisamos o terraço do jardim, onde o talento de um curador arguto se mostra por inteiro. Aqui se veem, sob o céu aberto, diversos elementos e componentes arquitetônicos, colunas e fragmentos de cornijas, assim como alguns restos de ornamentos agrupados em ruínas, inscrições graciosamente engastadas nos muros, trabalhos em meio-relevo bem distribuídos, grandes vasilhas em cerâmica expostas como monumentos e, aqui e ali, com poucas palavras, ideias patrióticas, vívidas, verazes, expressas de um modo marcante.

Uma descrição minuciosa desse feliz empreendimento já daria um agradável entretenimento à imaginação e à mente. Acrescento apenas que um pequeno baixo-relevo bem conservado, representando as más consequências da embriaguez, foi visto sob um ramo de videira que, naquele momento, estava cheio de uvas.

Se pensarmos em Bonn como Residência,[25] e nesse tesouro fixado como um museu de arte, então a corte possui uma coleção de modo geral tão estimulante e encantadora quanto se poderia desejar. Se lhe dessem continuidade com a mesma orientação, o proprietário e o curador se esforçariam para proporcionar prazer a si e aos outros.

Enquanto, durante esse tempo, relacionávamo-nos com pessoas esclarecidas e que pensam de modo livre, no verdadeiro sentido da palavra, havia chegado a ocasião de se falar sobre a universidade que existiu aqui outrora.[26] Como há muito já se duvida do restabelecimento da envelhecida escola superior de Colônia, fez-se a tentativa de fundar uma nova em Bonn. O empreendimento malogrou porque se procedeu, sobretudo em assuntos intelectuais, de modo polêmico e não conciliador. O temor e o espírito de partido que se interpunham entre os diferentes irmãos na fé teriam sido entrementes apaziguados, e hoje a única aliança possível e realizável de um modo razoável de católicos e protestantes não poderia ser encontrada pelas vias dogmáticas e filosóficas, apenas pelas da história, na educação geral, através de uma sólida erudição. Seria extremamente desejável que houvesse uma universidade importante na Baixa Renânia, pois faz falta ao clero católico e, com isso, também à maior parte da comunidade, uma formação espiritual multifacetada. A repulsa, e mesmo o temor da erudição, surgiu outrora porque a divisão da cristandade ocorreu por meio da filologia e da crítica, e isso aterrorizou a antiga Igreja, provocando o distanciamento e a paralisia. Com as condições e convicções mudadas, contudo, aquilo que dividiu a Igreja poderia então reunificá-la, e uma tarefa que aparenta ser tão difícil talvez pudesse, com toda a segurança, ser resolvida no sentido mencionado.

---

25 Residência (*Residenz*) era o nome que se dava a uma cidade na qual residia um governante soberano, portanto, uma sede de governo ou capital. Bonn foi a Residência do príncipe eleitor de Colônia até 1794. Desde 1818, o castelo é ocupado pela universidade.

26 Uma universidade fora fundada em 177 pelo príncipe eleitor de Colônia, começara a funcionar em 1786, mas já em 1798 já havia sido abolida por Napoleão.

Se os habitantes de Bonn recomendam sua cidade como sede de uma universidade, não podemos levá-los a mal.[27] Eles se gabam da limitação de sua localidade, sua tranquilidade. Asseguram que aqui seria dada toda a atenção aos estudantes como concidadãos necessários e úteis; descrevem a liberdade de que o jovem desfrutaria na magnífica região, tanto em direção ao interior quanto na direção do Reno e para além do Reno. O motivo de ter malogrado a primeira tentativa já é conhecido, e seria necessário apenas evitar cometer os mesmos erros, para se ter a plena certeza de que dessa vez o objetivo seria alcançado.

Conversas desse teor e outras semelhantes foram mantidas no terraço do jardim do castelo, e é preciso confessar que a vista dali é encantadora. O Reno e as Sete Colinas à esquerda, uma região ricamente cultivada e agradavelmente povoada à direita. Encontramos um prazer tão grande nessa vista que mal podemos nos privar da tentativa de descrevê-la em palavras.

Neuwied

Mas nosso verdadeiro objetivo nos chama a subir o rio, a fim de nos recordarmos de Neuwied. Essa amigável cidade, edificada sobre um espaço cercado de montanhas, é notável para nós por causa das antiguidades que se encontraram e se encontram nela.[28] A oportunidade recentemente aproveitada por inimigos da Alemanha para daqui atravessar o Reno já havia sido utilizada pelos romanos, mas então o espaço seguro e agradável foi tomado por castelos e residências.[29] Os vestígios de uma fortaleza antiga e simples foram encontrados para além de Biber, a cerca de meia légua de Neuwied, ocasião em que também se descobriram os restos de um banho público. As ruínas soterradas de moradias citadinas, algumas das quais

---

27 Uma nova universidade, que levou o nome de Friedrich-Wilhelm-Universität, foi fundada em 1818.

28 Desde meados do século XVIII se faziam escavações em Neuwied em busca de antiguidades romanas. Havia ali, entre 89 e 200 d.C., uma fortaleza romana.

29 Tropas francesas sob o comando do general Jourdan atravessaram o Reno na altura de Neuwied em 15 de setembro de 1795 e em 2 de julho de 1796. No ano de 55 a.C., César já mandara construir ali uma ponte sobre o rio.

Johann Wolfgang von Goethe

já foram trazidas à luz do dia, se localizam junto de Hettesdorf. Que a pacífica tranquilidade da qual esperamos desfrutar possa propiciar novas escavações! O museu criteriosamente instalado no castelo de Neuwied seria enriquecido, assim como se esclareceriam cada vez mais os usos e costumes dos mais antigos inimigos da Alemanha.[30] Vários escritores trataram dos antigos caminhos e muralhas que se estendem ao longo do Meno e do Reno, e pouco a pouco, com os contínuos esforços que são desenvolvidos, todo o contexto será finalmente deslindado por completo.

Koblenz

É com desgosto que deixamos essas paragens e nos apressamos, com nosso objetivo em mente, em direção a Koblenz. Aqui também se constituiria por si um centro para a preservação das antiguidades e a promoção das artes. A maravilhosa localização do lugar, as belas ruas e edifícios, as moradias propícias são agradáveis para os nativos e convidativas para o estrangeiro. Como essa cidade foi destinada a ser sede fixa de um governo,[31] jamais poderão faltar aqui homens excelentes, cuja atenção decerto descobrirá e reunirá algumas coisas; assim como, de início, os poucos mas significativos restos da abadia de Laach poderiam aqui ser salvos com cuidado e diligência.[32]

A escola de Direito de Koblenz[33] é uma instituição nova, que deveria ser difícil de manter, isolada como é, ao passo que os bens da escola secundária local talvez bastassem para um liceu superior, que poderia preparar aquela universidade pensada para a Baixa Renânia; e sem dúvida os membros de tais instituições se associariam de bom grado e com energia a uma liga pensada para a promoção da arte da Antiguidade.

---

30 Os mais antigos inimigos da Alemanha: os romanos.

31 Em 1822, Koblenz se tornou sede de governo da província prussiana do Reno. Antes disso, havia sido a capital de um dos cinco distritos governamentais dessa província.

32 A abadia beneditina Maria Laach, localizada nas proximidades do Lago de Laach, foi fundada em 1093 e abolida pelos franceses em 1802.

33 Fundada pelos franceses, a École de Droit foi dissolvida pelos prussianos.

"A campanha na França" e outros relatos de viagem

Se da Karthause[34] percorrermos com os olhos a deliciosa localização da cidade e de seus ricos arredores, lamentamos as irrecuperáveis ruínas da fortaleza Ehrenbreitstein, que agora, segundo a orientação da mais moderna arte da guerra, passam por novas melhorias.[35] Por outro lado, temos a satisfação de ver o belo e amplo castelo que se liga à cidade intacto, ao menos pelo lado de fora. A questão de saber a que ponto ele poderia ser novamente arranjado para servir de residência está fora de nossa competência, mas não podemos deixar de recordar o triste destino que de modo geral atingiu a Baixa Renânia e que, por uma estranha fatalidade, deixou as residências principescas dos quatro cantos da região devastadas, ao passo que na Alta Renânia a maior parte ainda se mantém. Que belas instalações para o verão não encontrariam as altas autoridades se os grandes castelos de Poppelsdorf, Brühl, Bensberg, Benrad, ainda bastante bem conservados, fossem preparados de novo para servir a esse fim, e elementos vitais inéditos fossem disseminados a partir deles para todas as cercanias. Para o objetivo que temos em vista, daí poderia vir a influência mais benéfica.

Mainz

O habitante de Mainz não pode esconder de si mesmo que vive eternamente em uma praça de guerra: antigas e novas ruínas o relembram do fato. Mas até isso o pesquisador dedicado utilizará para a ampliação de seus conhecimentos, para a formação do espírito, e assim devemos ser muito gratos a um homem operoso e diligente, o sr. professor Lehné, por ter não apenas desenhado e identificado algumas antiguidades, mas também encontrado, reunido e organizado outras.[36] Seu mapa, no qual a localização da Mainz romana e dos castelos a ela relacionados está representada em

---

34 Karthause (Cartuxa) é uma colina sobre a qual se localiza o maior bairro de Koblenz. Deve seu nome a um mosteiro da Ordem dos Cartuxos que havia ali.

35 A fortaleza de Ehrenbreitstein, construída no século XVI, foi destruída pelos franceses em 1801 e reconstruída entre 1816 e 1826.

36 Friedrich Lehné (1771-1836), bibliotecário, foi membro do Clube dos Jacobinos de Mainz.

comparação com a cidade atual e suas fortalezas, proporciona um olhar livre sobre o passado que, quase engolido pelo presente, é negado aos nossos sentidos. Os muros da antiquíssima praça de guerra, bem como os templos e edifícios que se encontraram desde sempre entre eles, se tornam mais uma vez presentes para nós, assim como, fora deles, o monumento de Druso, o aqueduto, o lago artificial, as tumbas voltam a seus lugares, e logo o viajante compreende as relações mútuas existentes entre essas construções que, de outro modo, permaneceriam um mistério para ele.[37]

O edifício da biblioteca abriga, em suas salas inferiores, antiguidades bem organizadas. Em uma disposição extremamente coerente estão expostas as lápides de soldados romanos que, convocados de todas as nações, encontraram sua morte na guarnição local. Nome, local de nascimento, número da legião estão indicados em cada uma delas. Foram encontradas enfileiradas junto da colina, e atrás de cada uma, as urnas contendo os ossos, como prova do quanto se valorizava naquela época o indivíduo.

Na mesma sala se encontram monumentos de outra espécie que, assim como os antigos vasos e utensílios guardados em separado, gravados em cobre e acompanhados de uma explicação, constituem uma obra que, esperamos, em breve satisfará os desejos dos apreciadores e instituirá entre eles um novo ponto de união.

Além da coleção de livros, o edifício contém alguns objetos utilizáveis cientificamente. O que havia de instrumentos de Física, de materiais de Mineralogia e outros objetos pertencentes à antiga universidade está conservado aqui, e poderá servir de base para uma futura instituição de ensino.[38]

Um grande número de quadros valiosos trazidos de Paris também está exposto de modo bem dimensionado e agradável, e assim deverá contribuir sempre para vivificar o amor pela arte na cidade e nas vizinhanças.

---

37 O Monumento de Druso, chamado Drususstein [pedra de Druso]: construção romana do século I a.C., tida como um cenotáfio dedicado a Nero Cláudio Druso Germânico (38 a.C.-9 a.C.), político e general romano, enteado de Augusto; aqueduto, ou Römersteine (pedras romanas): construído entre 69 e 79; lago artificial: reservatório para o aqueduto; tumbas: sepulturas de soldados.

38 Antiga universidade: fundada em 1477 e dissolvida em 1798.

O sr. conde Kesselstadt, amigo e mantenedor de quadros e antiguidades, não perde nenhuma oportunidade de enriquecer sua importante coleção.[39] Os quadros do paisagista Caspar Schneider agradam com razão o apreciador.[40] Um artista e negociante de quadros de nome Arbeiter possui algumas coisas muito belas que podem ser adquiridas por um preço módico.[41] Muita coisa está reunida aqui, e não resta dúvida de que Mainz se mostrará ativa e profícua na Associação Renana de Artes.

Para terminar, seja-nos permitido exprimir um desejo em tudo e por tudo proporcional à situação atual e futura de Mainz. Que o gênio militar que rege este lugar estabeleça e funde aqui uma escola de guerra; aqui onde, em meio à paz, qualquer um que abra os olhos é lembrado da guerra. Apenas a atividade espanta o medo e a preocupação, e que exposição das artes da fortificação e do cerco já não se abriu aqui tantas vezes! Cada trincheira, cada colina seria instrutiva para o jovem guerreiro e consolidaria nele diariamente, em todas as horas, o sentimento de que este seria talvez o ponto mais importante em que o amor alemão pela pátria se fortaleceria como um dos propósitos mais firmes.

Biberich

Depois de tantas ruínas dos tempos antigos e modernos, que deixaram o viajante na Baixa Renânia pensativo, e até mesmo triste, é novamente uma sensação muito agradável ver um castelo bem conservado que, apesar da vizinhança perigosíssima, é habitado por seu príncipe com todo o seu séquito, vivificado por uma corte, e permite ao estrangeiro gozar da recepção mais liberal.[42] A biblioteca e as coleções de História Natural, cuja organização sofreu com o flagelo de longos anos de guerra, serão em breve

---

39 Conde Franz Ludwig Hyazinth Xaver Willibald Maria von Kesselstatt (1753-1841), pintor alemão e membro do cabido da catedral de Mainz.

40 Johann Caspar Schneider (1753-1839), pintor alemão de paisagens.

41 Arbeiter era um conhecido negociante de quadros em Mainz.

42 O castelo, uma *maison de plaisance*, foi construído entre 1701 e 1744, e era residência dos duques de Nassau.

expostas para o proveito e o prazer dos nativos e dos passantes; assim, também, o sr. camareiro-mor Von Nauendorf exibe de maneira instrutiva sua notável e bem organizada coleção de minerais ao apreciador.[43]

Wiesbaden

No sentido do que foi dito antes, muito já se fez aqui, e muitos livros conquistados de mosteiros foram expostos em boa organização. Um antigo manuscrito, contendo as visões de Santa Hildegarda, é notável.[44] O objetivo principal das aquisições que têm sido feitas para essa instituição é propiciar aos servidores do Estado o conhecimento do que ocorre no mundo literário e político. Todos os periódicos e jornais, portanto, são mantidos inteiros e organizados da melhor forma possível. Isso ocorre sob a supervisão do sr. bibliotecário Hundeshagen, que já goza de boa reputação junto ao público por seus trabalhos referentes ao palácio de Frederico I em Gelnhausen.[45] Infelizmente, a tiragem inteira desse livro foi queimada durante os bombardeios da cidade de Hanau, tendo se salvado, por sorte, as gravuras em cobre, e por isso podemos alimentar a esperança de que esta época mais propícia também colabore para o amadurecimento dessa obra. A planta da fortaleza de Mainz, editada por aquele homem talentoso, não dá menos

---

43 Ludwig Christian Wilhelm von Nuendorf (1784-1820), camareiro-mor em Biberich.

44 Hildegarda de Bingen, em alemão Hildegard von Bingen (1098-1179), monja beneditina, abadessa, poetisa e compositora alemã. Venerada na Igreja católica como doutora e Santa Hildegarda. Fundadora do mosteiro de Rupertsberg (1148, transferido em 1631 para Eibingen), foi a primeira mística alemã. O manuscrito referido por Goethe tem o título de *Sci vias seu visionum et revelationum libri tres* [Conhece o caminho, ou três livros das visões e revelações] e foi impresso pela primeira vez em 1698.

45 Helfrich Bernard Hundeshagen (1784-1849), bibliotecário, germanista e historiador da arte e da arquitetura alemão. A obra de Hundeshagen referida por Goethe, *Kaiser Friedrichs I Barbarossa Palast in der Burg zu Gelnhausen* [O palácio do imperador Frederico I Barba-Ruiva no burgo de Gelnhausen], de 1810, foi publicada em Hanau, e sua primeira edição foi destruída em 1813 quando Napoleão Bonaparte bombardeou a cidade. Uma nova edição foi publicada em 1819.

"A campanha na França" e outros relatos de viagem

testemunho de sua dedicação e habilidade. Sob sua supervisão, vários jovens trabalham com perseverança em projetos semelhantes.

O gabinete do sr. conselheiro da Administração Superior de Minas, Cramer, é um esplêndido ornamento dessa localidade.[46] Contém uma série sistemática completa de minerais, e também ricos exemplares instrutivos das importantes minas do Westerwald. O proprietário, homem agradável, de boa cultura teórica e prática, também apreciado como escritor em sua especialidade, dedica cada uma de suas horas livres para a conversação e a informação dos banhistas e viajantes de passagem.

As grandes termas, assim como as ruas recém-abertas, proporcionarão prazer e modelos ao amigo da arquitetura. Essas construções, bastante favorecidas pelas instâncias superiores por meio de dotações e verbas, dão testemunho do talento e da operosidade do sr. diretor de obras Goetz e do sr. inspetor de obras Zais.[47] As grandes salas de estar que se veem nas belas casas recém-construídas avivam a esperança de que alguns projetos alimentados em silêncio possam ser executados, a fim de que uma cidade tão visitada, que cresce dia após dia tanto em extensão quanto em abrangência, se torne ainda mais importante por seus acervos e suas instituições científicas. Muitos amigos da arte, da natureza e das antiguidades já se subscreveram para formar uma associação que dedicaria seus esforços tanto para os tesouros em geral quanto, em especial, para os dessa região. O sr. Von Gerning, que tem nas montanhas do Taunus o objeto privilegiado de suas obras literárias e de suas considerações, talvez pudesse ser convencido a transferir para cá sua rica coleção e lançar um alicerce sobre o qual o favor do príncipe e a boa vontade de alguns estrangeiros gratos sem dúvida continuariam a construir com afinco.[48]

---

46 Christoph Ludwig Wilhelm Cramer (1755-1832), mineralogista, perito em mineração e metalurgia.

47 Georg Carl Florian Goetz (1763-1829), arquiteto e urbanista alemão; Johann Christian Zais (1770-1820), arquiteto e urbanista alemão.

48 Johann Isaak von Gerning (1767-1837), escritor, colecionador e diplomata alemão. Era neto pelo lado materno de Johann Isaac Moors (1707-1777), amigo de juventude de Goethe.

Johann Wolfgang von Goethe

Frankfurt

Em tantos anos sob a opressão da guerra e de sofrimento, esta cidade se desenvolveu da forma mais suntuosa e alegre.[49] Um estrangeiro que não a tenha visitado por um longo período de tempo olha com espanto, e os nativos admiram todos os dias o que já é conhecido de há muito. O plano traçado com grande liberdade e inteligência ainda oferece os espaços mais belos para uma futura expansão. Por isso, repousam em bem-aventurança em um lugar público amigável os restos do senador Guiollett, que apresentou os primeiros esboços desses projetos de longo alcance para o favorecimento do príncipe e até sua morte dirigiu sua realização consequente.[50] O amor pelas artes figurativas, no sentido mais amplo, continuou sempre vivo nos indivíduos, e então chegou o momento em que uma comunidade livre de cidadãos, instada por uma feliz conjunção de circunstâncias, se juntará para promover a reunião e organização pública de tesouros dispersos.

Logo de início, vem ao nosso encontro a desejada notícia de que as pessoas aqui se ocupam seriamente com a ideia de construir um novo edifício para a biblioteca. O considerável acervo de livros teve de ceder o passo para a igreja das ordens descalças, e foi conservado até agora em diversos locais inadequados. Agora, porém, foi escolhida para esse fim uma das grandes praças livres, na qual ainda há espaço suficiente para que também outras instituições públicas possam se juntar a ela de modo digno. O sr. mestre de obras Hess, experiente e estimulado pelo exemplo de seu pai, por viagens de formação e pelo estudo dos grandes edifícios já construídos com muito bom gosto aqui, foi encarregado de fazer as plantas.[51] O inteligente e ativo bibliotecário, sr. professor Schlosser, merecerá toda a gratidão de sua cidade natal tanto pela instalação e organização quanto pela ampliação planejada

---

49 Frankfurt foi ocupada pelos franceses em 1792, e novamente em 1796. Ao todo, ficou vinte anos sob domínio francês.

50 Jakob Guiollett (1746-1815), funcionário público e político alemão. Prefeito de Frankfurt sob o governo de Karl Theodor von Dalberg (1744-1817).

51 Johann Friedrich Christian Hess (1785-1845 em Frankfurt-am-Main), arquiteto do Classicismo alemão, filho do também arquiteto Johann Georg Christian Hess (1756-1816).

para o futuro.[52] Pois pode-se com certeza dizer que com esse edifício será lançado o alicerce para todos os demais esforços científicos. Esse importante empreendimento já conta também com consideráveis contribuições patrióticas, pois por ocasião da festa pela liberdade reconquistada da cidade foi realizada uma subscrição muito significativa.

E talvez venha se juntar como vizinha a esse local uma instituição já florescente no momento atual, conhecida sob o nome de Museu. Uma sociedade de amigos da arte promoveu uma coleta suficiente, alugou belos e amplos espaços a fim de se reunir de tempos em tempos e se deleitar com a fruição de obras de arte. Em torno desse centro logo se reuniram algumas outras coisas: uma série de pinturas encheu o grande salão, uma rica coleção de gravuras foi legada pelo sr. Brönner, e também uma considerável soma em dinheiro, e até mesmo todos os quadros retirados de mosteiros abolidos foi anexada a ela.[53]

Sobretudo por causa desses quadros, é desejável que se pense em espaços suficientes, a fim de expô-los dignamente, pois hoje estão dispostos uns sobre os outros, e não poderiam ser vistos pelos amigos da arte sem o incômodo do prestativo sr. Schütz.[54] Essa coleção é notável porque contém em sua maioria quadros de artistas da Alta Alemanha, da Alta Renânia, com as quais Frankfurt manteve relações mais estreitas do que com os da Baixa Renânia, do Brabante. Holbein, o Velho, cujo talento se tem a oportunidade de contemplar e honrar aqui, foi por alguns anos hóspede dos carmelitas.[55] Tomara que em alguns anos essa coleção seja exposta e organizada publicamente para o deleite dos apreciadores. Tanto mais rápido ela então se ampliará por meio de aquisições, doações e legados. Por isso, aqueles que

---

52 Friedrich Christoph Schlosser (1776-1861), historiador, professor do Liceu de Frankfurt e, mais tarde, da Universidade de Heidelberg.

53 Johann Karl Brönner (1738-1812), livreiro e senador de Frankfurt.

54 Christian Georg Schütz (1758-1823), pintor paisagista e administrador da coleção de pinturas do museu de Frankfurt.

55 Holbein, o Velho: Hans Holbein (1465-1524), pintor alemão da Renascença, permaneceu, na qualidade de "comensal", no início do século XVI entre os dominicanos (e não com os carmelitas, como diz Goethe), e pintou diversos quadros para a igreja do mosteiro.

dirigem os trabalhos da nova construção não precisam temer nenhuma crítica por terem projetado espaços muito grandes, mesmo que para as necessidades de agora eles pareçam desproporcionais: pois também como tal eles podem ser imediatamente aproveitados da maneira mais produtiva.

Se o alemão contempla tudo o que de louvável e digno de imitação se edificou em diversos lugares nos piores momentos, ele sem dúvida se lembrará da bela instituição que a cidade de Praga deve aos nobres da Boêmia. Eles souberam honrar o precedente do digno conde Sternberg, que, como nobre amigo das artes e patriota, expôs sua própria coleção de pinturas para a visitação pública, juntando a ela, para o mesmo fim, seus próprios tesouros artísticos de tal modo que a propriedade de cada um foi preservada, indicada pela anexação do nome do proprietário e pela manutenção da liberdade de dispor dela.[56] A mesma sociedade também louvou as contribuições anuais para a manutenção de uma escola de arte e desenho, na qual, graças ao talento vivificador do sr. diretor Bergler, se formaram discípulos admiráveis mesmo entre as classes mais altas; e por que não se deveria esperar algo semelhante, e mesmo igual, para Frankfurt?[57]

Pois já nos dias de hoje está planejada a fundação de um importante instituto. O decano de todos os verdadeiros amigos da arte que aqui vivem, sr. Städel, em uma casa extremamente bem localizada, desfruta ainda em sua idade avançada dos tesouros artísticos que reuniu com inteligência e perseverança ao longo de toda a vida.[58] Muitos cômodos são adornados com quadros escolhidos de todas as escolas, em muitos armários se guardam desenhos e gravuras, cujo número incalculável, assim como seu valor inestimável, causa admiração ao amigo da arte que sempre regressa. Diz-se que esse excelente homem, que tem constantemente a pátria em mente,

---

56 O conde Franz Joseph von Sternberg-Manderscheid (1763-1830) era um primo do conde Kaspar Maria von Sternberg (1761-1838), teólogo, político, mineralogista e botânico, com quem a partir de 1820 Goethe manteria relações de amizade.

57 Joseph Bergler (1753-1829), pintor e gravador, diretor da Escola de Arte de Praga.

58 Johann Friedrich Städel (1728-1816), banqueiro de Frankfurt. Em 1815, deixou em testamento sua fortuna em benefício de uma coleção de arte que foi fundada e à qual foi dado seu nome.

"A campanha na França" e outros relatos de viagem

dedicou todos os seus tesouros artísticos, juntamente com um local espaçoso e um grande capital, à utilidade pública, o que então permite esperar o mais certo dos estímulos e a mais segura educação para o prazer e o entendimento artísticos por todo o sempre.

O sr. dr. Grambs possui igualmente uma coleção de quadros, gravuras e desenhos que supera todas as expectativas.[59] O conhecimento artístico seguro do proprietário proporciona ao visitante um rápido esclarecimento e uma profunda compreensão. Esse incansável amigo da arte, convivendo até recentemente com artistas vivos, ocupa e favorece muitos talentos em formação, entre eles o sr. Wendelstädt, que é seu auxiliar imediato e que, por sua habilidade, se qualifica como professor, e por seus conhecimentos históricos, como curador.[60]

O sr. Franz Brentano possui, em uma espaçosa sala bem iluminada, como também em vários cômodos grandes, uma excelente coleção de pinturas expostas de maneira bem organizada; ela foi reunida durante sua permanência em Viena por seu falecido sogro, Von Birkenstock, originário da região do Reno, que gozava de boa reputação no mundo artístico e erudito.[61] A ela se junta uma rica coleção de gravuras na qual, entre outras, podem se ver as obras de Marcantonio e de outros italianos antigos que o apreciador raramente tem diante dos olhos.[62]

Quem tem a sorte de utilizar as referidas coleções, com certeza sentirá se ampliar e vivificar seus conhecimentos, seja lá em que grau da escala de compreensão ele esteja.

O sr. Von Gerning administra um museu com tesouros de diversas espécies que, distribuídos em espaços mais amplos, despertaria a alegria

---

59 Johann Georg Grambs (1756-1817), advogado e colecionador de obras de arte. Em 1816, cedeu sua coleção ao Instituto de Artes Städel em troca de uma pensão vitalícia.

60 Karl Friedrich Wendelstädt (1785-1840), pintor e desenhista, filho adotivo de Grambs, tornou-se, em 1817, inspetor do Instituto de Artes Städel.

61 Franz Dominicus Maria Josef Brentano (1765-1844), comerciante, juiz honorário e senador de Frankfurt; Johann Melchior von Birkenstock (1738-1805), político austríaco, conselheiro áulico em Viena.

62 Marcantonio Raimondi (*c.* 1475-*c.* 1534), gravador italiano da Renascença. Fundou uma importante escola de gravadores em Roma.

e a admiração de qualquer apreciador e conhecedor ainda mais do que hoje, quando em uma habitação privada não se pode fazer justiça a todos os objetos.[63] Assim, por exemplo, a coleção de antigos vasos, bronzes e demais antiguidades, por si só, atrairia sobre si a atenção geral como parte integrante de um grande acervo.

O sr. Becker, muito apreciável como gravador de medalhas, tem uma importante série de moedas de todas as épocas, organizadas com inteligência para o esclarecimento da história de sua especialidade.[64] Em sua casa, encontram-se também quadros importantes, bronzes bem conservados e algumas espécies de obras de arte antiga.

Pinturas importantes são vistas isoladamente aqui e ali como propriedades privadas. Na casa do sr. Von Holzhausen, na Öde, há um valioso quadro de Lucas Cranach, Cristo reunindo em torno de si as mães e as crianças, notável pelo feliz achado da alternância de motivos do amor materno e da veneração do profeta. Quadros familiares bem conservados de tempos antigos nos dão uma ideia da dignidade de sua estirpe e do amor de seus antepassados pela arte.[65]

Quadros excelentes ornam também as moradas do sr. Leerse e da sra. de Neufville. Um dos mais belos quadros de Van der Neer é propriedade do sr. Ettling. A coleção de Lausberg, infelizmente, está espalhada pelo mundo inteiro.[66]

Pensemos aqui preliminarmente em como, no futuro, quando tudo em Frankfurt tiver tomado mais forma e se organizado mais, um amigo da

---

63 Gerning: cf. n.10 do capítulo "De uma viagem à Suíça no ano de 1797, ...".

64 Karl Wilhelm Becker (1771-1830), comerciante e negociante de objetos de arte, numismático, cunhador de medalhas e bibliotecário. Também ficou conhecido por ser um mestre na falsificação de moedas.

65 Georg von Holzhausen, pintor e colecionador de arte; Lucas Cranach, o Velho (1472-1553), um dos mais importantes pintores, gravadores e impressores de livros da Alemanha.

66 Jakob Philipp Leerse-Sarrasin (1763-1840), banqueiro; Sophie Franziska de Neufville (em solteira Gontard, 1767-1833), colecionadora de arte; Aernout van der Neer (ou Aert, ou Artus, 1603 ou 1604-1677), pintor paisagista holandês; Johann Jakob Ettling (1769-1830), farmacêutico; Johann Heinrich Friedrich Lausberg (1748-1809), comerciante.

"A campanha na França" e outros relatos de viagem

arte poderá prestar o maior serviço aos nativos e aos viajantes. Os venezianos possuem um catálogo das pinturas de sua cidade, segundo as épocas da história da arte e os anos em que os artistas floresceram; estão todos numerados em sequência histórica e para cada quadro é indicado onde ele se encontra. Se um jovem amigo da arte de Frankfurt tomasse essa obra como exemplo e fizesse em silêncio os preparativos necessários, ele poderia, no tempo certo, apresentá-lo ao público e, com isso, incentivar a mais instrutiva visão do todo. Cada reunião metódica de elementos dispersos promove uma espécie de sociabilidade espiritual que é, então, o objetivo supremo a que aspiramos.

Além disso, não podemos deixar de mencionar como os amigos da arte locais ainda são estimulados de diferentes formas. O sr. Morgenstern continua, já em idade avançada, a restaurar quadros com admiráveis dedicação e precisão. Dão prova de como ele consegue se plasmar no espírito e na maneira de cada grande artista várias cópias que, em pequenas dimensões, ele fez segundo as obras de arte dos melhores mestres que passaram por suas mãos, e estão guardadas em um armarinho e ordenadas quase como em um altar doméstico. Esse tesouro decerto merecerá a atenção dos administradores de instituições públicas, para que não seja levado de Frankfurt.[67]

O sr. Silberberg possui as mais esplêndidas gravuras antigas e modernas, que ele não se nega a ceder ao apreciador por meio de trocas e vendas.[68] Na casa do sr. Boy encontramos toda espécie de produtos artísticos e naturais, e, como alguns nomes, resta ainda mencionar aquele que propiciará uma introdução para estrangeiros que desejem conhecer Frankfurt.[69]

A situação de um amigo da arte não poderia ser mais favorável do que neste lugar: basta pensar nos leilões de heranças nacionais, assim como nas coleções que são enviadas para cá como objeto de especulação. Com isso, o apreciador se vê em condições de tomar conhecimento de vários mestres e

---

67 Johann Ludwig Ernst Morgenstern (1738-1819), pintor e restaurador. Goethe e sua irmã tiveram aulas de desenho com ele. Sua coleção foi posteriormente vendida para a Inglaterra.

68 C. W. Silberberg, colecionador e comerciante de objetos de arte em Frankfurt.

69 Anton Boy (1751-1834), ourives e antiquário.

de suas qualidades e, se tiver inclinação para tal, ampliar seu acervo artístico com obras excelentes a preços moderados. Essas exposições se duplicam e triplicam cada vez mais a cada feira, e no futuro sem dúvida com frequência ainda maior, uma vez que, com a imensa movimentação do mundo, ora algumas obras de arte mudam de dono, ora o amador se vê obrigado a trocar uma propriedade valiosa por dinheiro vivo. E assim é possível pensar em Frankfurt como mediadora entre o Alto e o Baixo Reno, entre o Nordeste e o Sudoeste alemão, e até mesmo entre o país e o exterior.

Se procurarmos saber o que é feito em termos de ensino das artes, chegaremos à conclusão, por isso mesmo, de que por enquanto se está bem servido. Uma das escolas de desenho, como as que desde há muito são, com razão, muito apreciadas na Alemanha, e das quais se pensa terem por objetivo antes educar o olho do indivíduo e do comerciante e disseminar um certo bom gosto do que formar artistas, já foi fundada aqui. O sr. Reges está à frente dela, sob a direção do sr. dr. Grambs.[70] Essas escolas, além daqueles objetivos, têm em especial a vantagem de servirem de noviciado para os talentos, pois seus administradores em muito pouco tempo identificam onde as habilidades natas se encontram com a atenção e a aplicação, a única forma de se reconhecer o verdadeiro artista futuro.

Mas, para levar isso adiante, aqui, menos do que em qualquer outro lugar, eu aconselharia que se criasse uma academia das artes. É necessária uma grande massa de artistas formados, uma multidão de talentos ambiciosos para que se decida lhes dar uma forma regulamentada, e mesmo uma autoridade. Devemos honrar todas as academias de artes que, nas capitais de um grande império, com uma abundância de tesouros artísticos, são dirigidas por homens excelentes, mas, antes que se possa dar conta, também aí se infiltra a forma republicana. Assim se distinguem em Dresden os discípulos dos srs. Seydelmann, Grassi, Matthäi, Kügelgen e Hartmann, bem como os seguidores de Zingg, Klengel ou Friedrich.[71] Uma instrução

---

70 Johann Andreas Benjamin Reges (1772-1842): de 1799 e 1832, diretor da escola de desenho (Zeichnungsinstitut) em Frankfurt; Grambs: cf. n.59 deste capítulo.

71 Jakob Crescenz Seydelmann (1750-1829), pintor e desenhista alemão, professor na Academia de Artes de Dresden; Josef Mathias Grassi (1757-1838), pintor

"A campanha na França" e outros relatos de viagem

geral é muito estimável; os jovens individualmente, por outro lado, querem ser ensinados pelo mestre individual, e se eles apenas obedecerem, o afeto, a confiança e uma certa convicção tranquila terão aqui a mais forte influência.

O que se deveria fazer, então, seria chamar homens de valor para Frankfurt, ou ao menos tornar-lhes a vida mais fácil neste lugar: deixem-nos em situação de poder alugar uma moradia adequada e se lhes ofereçam ainda algumas outras vantagens. Que as autoridades responsáveis pelas instituições artísticas da cidade confiem a tais mestres a instrução de um talento muito promissor e lhes paguem por isso um honorário digno. O jovem deveria até poder escolher ele mesmo seu mestre, seja de acordo com sua inclinação para um ramo artístico, seja por ter afinidade e confiança em determinada pessoa. Os pais abastados pagariam em nome de seus filhos, amadores de boa vontade, por protegidos nos quais depositassem esperança. Se o mestre fosse casado, e não avesso a uma relação mais abrangente, ele poderia acolher os jovens em sua residência, recebê-los em sua mesa e estabelecer formalmente uma pensão, e os já instruídos poderiam auxiliá-los como professores assistentes. Se em uma cidade livre várias pessoas forem livres para iniciar um tal empreendimento, colherão daí resultados maravilhosos.

Que se formem os jovens para uma atividade prática é a exigência dos tempos mais recentes. Sob um mestre como o que pressupomos, eles

---

austríaco de quadros históricos e retratos, professor na Academia de Artes de Dresden; Johann Friedrich Matthäi (1777-1845), pintor alemão de retratos e quadros históricos, professor da Academia de Artes de Dresden e, mais tarde, diretor de uma galeria de arte; Franz Gerhard von Kügelgen (1772-1820), pintor alemão de retratos e quadros históricos, professor na Academia de Artes de Dresden, pintou retratos de Goethe, Schiller, Wieland e Herder; Christian Ferdinand Hartmann (1774-1842), pintor alemão de quadros históricos, professor na Academia de Artes de Dresden e membro da Academia de Artes Prussiana; Adrian Zingg (1734-1816), pintor, desenhista e gravador suíço, professor de calcografia na Academia de Artes de Dresden; Johann Christian Klengel (1751-1824), pintor e gravador alemão, professor na Academia de Artes de Dresden; Caspar David Friedrich (1774-1840), pintor, gravador e desenhista, professor na Academia de Artes de Dresden, é considerado o maior artista do primeiro Romantismo alemão.

Johann Wolfgang von Goethe

aprenderiam a desenhar, pintar, copiar e restaurar; até mesmo talentos medianos não iriam, como muitas vezes acontece quando no ensino se fazem exigências demasiadas, terminar no aborrecimento e na paralisia. Se um indivíduo excepcional se revelar, sempre haverá tempo de confiá-lo a uma instituição superior estrangeira.

Que aqueles a quem caberia ter uma visão do todo também sem dúvida cuidarão para que seja providenciado em quantidade suficiente aos mestres tudo aquilo que eles próprios não puderem trazer consigo, como modelos, manequins etc., nem é preciso dizer. Já se encontra, assim, uma coleção de cópias em gesso de estátuas antigas no jardim do sr. Von Bethmann.[72] E que mais não se poderia esperar de um homem cuja inclinação e atividade é mantida em vivo movimento por uma fortuna tão grande?

Podemos tanto mais fazer sugestões dessa ordem por estarem em concordância com o espírito da época, e por ter, no que se refere a todas as instituições de ensino, a experiência comprovada de que é muito mais vantajoso semeá-las de modo liberal, humano, do que sujeitá-las à estreiteza de uma maneira coercitiva, monástica. Basta que o cidadão de Frankfurt regresse aos tempos históricos, às épocas em que tantos artistas floresciam lado a lado e pouco depois uns dos outros, sem que fossem submetidos a qualquer coerção acadêmica, quando o que importava era o círculo familiar em vez das escolas e academias. Recorde-se, dos tempos mais antigos aos mais recentes, dos Feyerabendt, Merian, Roos, Schütz, e assim estará traçado o caminho pelo qual os artistas da cidade livre poderão melhor adquirir formação e propósito.[73]

---

72 Simon Moritz von Bethmann (1768-1826), banqueiro, diplomata e filantropo alemão. Em 1812, franqueou à visitação pública uma coleção de cópias em gesso de estátuas antigas expostas no jardim de sua casa.

73 Siegmund Feyerabendt (1527-1590), xilogravurista, impressor e livreiro; Merian: importante família de gravadores e pintores, tais como Mathäus Merian, o Velho (1593-1650), editor; Mathäus Merian, o Jovem, (1621-1687), gravador e pintor; Maria Sybila Merian (1647-1717), naturalista, ilustradora e pintora de flores e insetos; Johann Heinrich Roos (1631-1685), pintor de animais e paisagens; Schütz: família de pintores, à qual pertencem Christian Georg Schütz, pai (1758-1791), paisagista; Christian Georg Schütz, filho (cf. n.54 deste capítulo.); Johann Georg Schütz (1755-1813), pintor.

"A campanha na França" e outros relatos de viagem

E aqui nos vemos obrigados a recordar ainda alguns artistas excelentes. O sr. Schütz, por apelido "o Primo", dá continuidade às obras de inspiração paisagística que, desde Sachtleben, se ocupam ininterruptamente da representação das cercanias do Reno.[74] Seus desenhos em sépia dão mostra de uma pureza e um afinco admiráveis, a claridade das águas e do céu são insuperáveis. A reprodução de ambas as margens, dos prados e rochedos e do próprio rio é tão fiel quanto graciosa, e o sentimento que toma conta de quem viaja pelo Reno nos é comunicado ou revivido pela contemplação dessas folhas. As pinturas a óleo desse artista lhe dão a oportunidade de imitar de um modo feliz a mudança dos tons de cor que é produzida tanto pelas horas do dia e pelas estações do ano quanto pelas influências atmosféricas.

Do sr. Radl se podem ver, em casa de Grambs, desenhos em aquarela muito apreciáveis, representando as cercanias de Frankfurt, bem como os aprazíveis vales das montanhas do Taunus, os quais, embora copiando a natureza, nada deixam a desejar quanto ao bom gosto na escolha dos objetos, à distribuição artística de luz e sombra e ao colorido.[75]

Tornar tais artistas conhecidos de um público maior, inclusive o estrangeiro, será um agradável dever dos administradores da arte; seja-nos permitido aqui fazer uma sugestão que, embora possa parecer um pouco estranha, merece decerto ser testada. Não fizemos segredo de que não gostamos de nada em nossas instituições artísticas que se pareça com uma prebenda; nossa sugestão, ao contrário, seria a seguinte. No caso de um artista habilidoso que não tenha de momento nenhuma encomenda nem possa trabalhar ao acaso, encomende-se, por parte dos administradores, quadros trabalhados com honestidade, pague-se por eles um honorário justo e os ofereça então aos apreciadores por um preço módico. O prejuízo que se terá aqui será um grande benefício para o artista, como se dessem a ele uma pensão sem lhe impor condições. Se ele de fato tiver talento, e este se tornar conhecido a um grande número de apreciadores, choverão encomendas e ele poderá, então,

---

74 Sr. Schütz: Christian Georg Schütz (cf. n.54 deste capítulo); Hermann Sachtleben (de fato Zaftleeven, 1609-1685), pintor holandês.

75 Anton Radl (1774-1852), pintor e desenhista austro-alemão.

com alguma inteligência, cobrar seus preços sem concessões. Uma reserva de caixa razoável poderia fixar uma soma para esse fim, e os administradores dela poderiam muito bem, por meio de exposições públicas e da venda desses trabalhos, talvez até mesmo de leilões, se precaver contra quaisquer acusações de parcialidade. E assim, homens de reconhecida integridade e comprovada inteligência trarão outra vez espírito e vida para a época que estamos atualmente preparando.

Uma vez que favorecemos formas republicanas para essas novas instituições, seja-nos permitido acrescentar que, por outro lado, ao cidadão livre que não aceita facilmente a ideia de ser instruído por outra pessoa, seria muito conveniente desenvolver em si mesmo virtudes sociais: pois a experiência, desde os tempos mais antigos até os mais recentes, nos ensina que o habitante de uma cidade livre dificilmente se associa ao seu igual. Não há nada mais natural do que a independência nos fortalecer em nosso próprio ser, com o que o caráter, decorridos vários anos, deve se tornar cada vez mais áspero, e como agora todos se permitem agir assim, aqueles que poderiam se unir pelos mais belos laços frequentemente se veem separados. Mesmo uma paixão comum não consegue mais unir, nem por um momento, esses espíritos: apreciadores de flores brigarão por causa de flores, conhecedores de moedas por causa de moedas, sempre que o espírito estiver acostumado a se deixar levar incondicionalmente por seus sentimentos e paixões.

Como é agradável, portanto, saber que em Frankfurt uma sociedade de amigos da arte se reúne alternadamente para manter instrutivas conversações sobre as gravuras que pertencem a cada um de seus membros. Com isso, um campo tão vasto e difícil, no qual tudo depende do valor de cada cópia em particular, pouco a pouco se torna compreensível. Mas a maior das vantagens que nos vem disso é que aquilo que pertence a outra pessoa torna-se nosso em espírito. Conhecer e amar o que é excelente e não possuímos, nem temos a esperança de possuir, é de fato o maior privilégio de uma pessoa culta, pois uma pessoa rude, egoísta, muitas vezes busca na posse apenas obter um sucedâneo para o conhecimento e o amor que lhe escapam. Se tais intermediações acontecerem no futuro em todos os ramos da arte, a nova geração se sentirá unida por alegres laços universais, assim como, em tempos terríveis, uma das metades se uniu exemplarmente para a defesa e a resistência, e a outra, para conselho e socorro, a fim de salvar a pátria.

Se já falamos das mais sublimes motivações que nos estimulam à vivificação da arte e da ciência, de meios delicadamente morais e intelectuais que seriam empregáveis para isso, devemos também nos confrontar com um preconceito que entrementes se faz notar. É que o amador muitas vezes se separa de modo excessivamente rigoroso do comerciante de arte. Isso vem de tempos passados, quando as pessoas abastadas tinham em alta estima o que possuíam, chegando mesmo a superestimá-lo pelo simples fato de possuí-lo. No entanto, no mundo moderno, mais animado, o amador não pode evitar ceder, por meio da troca ou da venda, uma obra de arte que ele já deixou para trás, ou para a qual seu amor já se embotou, a um terceiro a quem ela fará feliz. Sobretudo em Frankfurt é difícil pensar, diante do grande movimento, do vaivém de obras de arte, em um gabinete fixo, e em consequência disso ninguém irá levar a mal um apreciador que, calculando suas forças, procura manter sua inclinação viva por meio da troca de objetos de sua propriedade.

E assim não precisamos olhar ao longe para buscar exemplos de que, hoje como ontem, é perfeitamente possível se unir a atividade comercial ao amor pela ciência e pela arte: pois achamos que da parte do comércio livreiro se manifestam as perspectivas desejadas para a arte. O sr. Brönner expôs em um local digno, bem instalado e ornamentado, livros belamente encadernados; além disso, como é óbvio, encontramos em seu estabelecimento, para o lazer e eventual aquisição, as mais recentes obras em gravura, e mesmo pinturas.[76] Quando viajou para Roma, o sr. Wenner demonstrou ativo interesse pelos artistas alemães que vivem lá, apoiou os srs. Riepenhausen, Overbeck e Cornelius, e assumiu a publicação das cenas do *Fausto* desenhadas a bico de pena por este último.[77] Elas foram

---

76 Heinrich Karl Remigius Brönner (1789-1857), livreiro, sobrinho do senador Brönner (cf. n.53 deste capítulo).

77 Johann Friedrich Wenner (1772-1835), livreiro e editor de livros de arte; Riepenhausen: os irmãos Friedrich Franz (1786-1831) e Christian Johannes Riepenhausen (1788-1860), pintores, gravadores e historiadores da arte; Johann Friedrich Overbeck (1789-1869), pintor alemão radicado na Itália, membro do grupo romântico dos Nazarenos; Peter von Cornelius (1783-1867), pintor, outro membro do grupo dos Nazarenos.

gravadas com grande amor e precisão por Ferdinand Ruscheweyh, como os apreciadores podem comprovar pelas provas de impressão.[78] O sr. Wenner também transplantou para sua cidade natal as excelentes gravuras feitas a partir das obras de Canova e Thorwaldsen, facilitando a contemplação e a aquisição das mesmas.[79] O sr. Wilmans, também amante das artes, possui quadros apreciáveis; seus esforços em prol da literatura e da arte são conhecidos de todos.[80] Tomara que apareça em breve, por uma ou outra editora, quanto mais cedo melhor, uma notícia mais detalhada do que a que pode dar o viajante de todos os tesouros e atividades artísticos que enobrecem essa cidade revivida em liberdade.

Porém, como desejamos isso tanto de Frankfurt quanto de diversos outros lugares e cidades já mencionados e por mencionar, apelamos aos empresários que não realizem esse trabalho com timidez, antes façam uma pequena tiragem de um folheto de dimensões modestas, que o estrangeiro de bom grado adquirirá por um preço módico, e que a tiragem subsequente seja desenvolvida, ampliada e mais viva. Tudo o que deve ter influência no dia de hoje precisa ter uma apresentação amena, e aqui não se está pedindo uma obra para ser preservada, e sim para ser consumida pelo uso.

Que também em outras artes começa a se manifestar um espírito ativo, dá testemunho uma escola de canto que o sr. Düring empreendeu fundar por impulso próprio e puro amor pela arte.[81] Essa instituição já cresceu tanto que pessoas jovens de ambos os sexos que nela buscaram orientação realizaram apresentações musicais em ocasiões solenes nas igrejas das duas confissões, para o prazer e a edificação das comunidades. O mesmo aconteceu em concertos públicos. Todo domingo pela manhã são feitos ensaios aos quais, mediante inscrição, é franqueada a entrada ao público. Um local maior deveria ser oferecido à instituição, com o que ela ganharia muito.

---

78 Ferdinand Ruscheweyh (1785-1846), gravador alemão.

79 Antonio Canova (1757-1822), escultor e pintor italiano, considerado o maior nome do Neoclassicismo; Bertel Thorwaldsen (1770-1844), escultor dinamarquês.

80 Friedrich Wilmans (1764-1830), editor alemão.

81 Johann Georg Heinrich Düring (1778-1858), organista, compositor e professor de música alemão.

"A campanha na França" e outros relatos de viagem

Deve-se recomendá-la a todos os amigos da música, e não lhe deverá faltar nem o apoio nem a formação das vozes individuais, pois Frankfurt tem no sr. Schmidt um excelente diretor musical, e a ópera é abrilhantada por talentos que não apenas nos deleitam com o exercício de sua arte, como também assumem o dever de disseminá-la e perpetuá-la por meio de aulas e cursos.[82]

Depois de exprimir tantos desejos sinceros, de ter falado de alguns propósitos importantes e planos visionários, chegamos por fim a uma instituição que se funda sobre as bases mais sólidas e na qual neste exato momento se verifica uma atividade renovada, com o fito de pôr fim às paralisações e remover os eventuais obstáculos que se interpuseram até aqui. Referimo-nos à instituição que o sr. dr. Senckenberg, de bem-aventurada memória, médico atuante e homem de grandes conhecimentos, legou à sua cidade natal.[83] Ela se divide em duas seções, uma voltada para objetivos práticos, e a outra para fins teóricos. A primeira, um hospital municipal, está estabelecida em um edifício de aspecto semelhante a um palácio, mandado construir por seu fundador e assegurado por capitais consideráveis. Para ele afluem, desde os primórdios, grandes doações e espólios, dos quais se originou um patrimônio significativo, ano a ano é aumentado por meio das sobras de caixa. Aqui, portanto, não há nada que deixe a desejar.

Tanto maior atenção e boa vontade devem, por outro lado, ser voltadas à segunda seção, que, constituída com propósitos teóricos e científicos, não é favorecida na mesma medida. Ela abrange a casa, o pátio e os jardins da antiga morada do proprietário. A casa, que conta com um aposento destinado a um dos administradores, tem, de fato, apenas cômodos limitados, que só teriam espaço suficiente para aquilo que devem abrigar se todo o conteúdo fosse disposto na melhor ordem possível. Aqui se encontra uma excelente biblioteca, cujo acervo chega até os sucessores imediatos de Haller; ela contém os mais importantes livros antigos sobre Anatomia e

---

82 K. J. Schmidt, regente da Ópera de Frankfurt.

83 Johann Christian Senckenberg (1707-1772), médico, naturalista e botânico alemão. A Fundação Senckenberg foi criada por ele em 18 de agosto de 1763 e continua em atividade.

Fisiologia e, se pudesse ser complementada e aberta à utilização pública, pouparia à biblioteca municipal um setor significativo.[84]

Um gabinete de Mineralogia, que até agora constituía apenas um anexo da biblioteca, está sendo separado e organizado; contém coisas excelentes, mas apenas divididas em seções, sem coesão intrínseca. Os fósseis, colecionados nos tempos mais felizes, superam todas as expectativas.

O jardim botânico é espaçoso o bastante para, de acordo com a instituição, conter as plantas medicinais, ao lado das quais ainda haverá espaço para dispor com inteligência o que for importante do ponto de vista fisiológico, podendo levar ao conhecimento da vida das plantas e coroar todo o estudo.

O antigo laboratório de Química não é mais útil no atual estágio da ciência; um novo e satisfatório foi construído, para uso de escola, contíguo ao muro do jardim de Senckenberg, e atualmente está isolado, solitário, sem uso.

O anfiteatro de Anatomia é apropriado e espaçoso, os preparados expostos ali não pertencem todos à instituição.

Depois dessas breves menções das partes isoladas que constituem o todo, é nosso dever novamente examinar suas condições, bem como expressar e referir desejos e esperanças. Aqui se deve recordar, antes de mais nada, o propósito do fundador, que, como homem de ciência e conhecimento, pensava não haver forma melhor de prover seu hospital do que localizá-lo ao lado de uma instituição de ensino e estudos. Ele tinha o propósito de proporcionar aos médicos de sua cidade natal um centro de comunicação científica; convidava alguns deles, juntamente com outros cidadãos e enfermeiros, convocava-os todos para encontros mensais em suas dependências e os encorajava a fazer preleções em diversas especialidades.

Sua infeliz morte prematura interrompeu uma iniciativa que partira dele mesmo; contudo, esse instituto pôde se gabar de um período verdadeiramente florescente na época em que o meritório Reichard, autor da

---

84 Albrecht von Haller (1708-1777), médico, fisiologista, naturalista, botânico e poeta e crítico literário suíço, autor de importantes obras sobre Medicina, Fisiologia e Ciências da natureza. Sua obra literária mais conhecida é o poema *Die Alpen* [Os Alpes], publicado em 1729.

Flora de Frankfurt, era diretor médico da fundação.[85] Entrementes, os capitais destinados a esse departamento não cresceram, e o motivo para isso é que em uma cidade comercial se privilegia a prática em detrimento da ciência, e as pessoas têm mais urgência em resolver um mal presente do que prevenir um futuro. Em consequência, as doações e os espólios foram destinados apenas ao hospital, passando ao largo da instituição científica.

Esta se afundou cada vez mais na poeira e na invisibilidade, e adoeceu de males internos e externos. Uma escola de Medicina, que deveria reanimar os estudos, nasceu e morreu. Os ônus da guerra foram e são compartilhados, assim como outras desgraças que se juntaram a eles; em suma: o instituto atualmente é tão pobre que não pode atender às mínimas necessidades com recursos próprios. Agora mesmo, para a aquisição dos armários destinados à separação e organização dos minerais, é preciso contar com auxílio de terceiros.

Mas também aqui a esperança renasce. O dr. Lehr, médico da fundação há pouco falecido, a quem Frankfurt deve a vacinação contra a varíola bovina, incorporou sua biblioteca à da Fundação Senckenberg, deixou a ela em testamento uma coleção de retratos de médicos famosos, bem como um capital de 9 mil florins, cujos juros servem de abono ao médico de turno, com a condição de que no semestre de verão ele ensine Botânica sem remuneração.[86]

O sr. dr. Neuburg, assessor médico dessa instituição, cujos conhecimentos, operosidade e boa vontade são reconhecidos por todos, e que hoje se entrega com afinco à organização da coleção de História Natural, pretende, assim que se tiver uma visão geral do acervo e suas lacunas, doar para a instituição as duplicatas de sua coleção de moluscos e pássaros, e com certeza, quando os patriotas de Frankfurt tiverem uma visão clara da

---

85 Johann Jacob Reichard (1743-1782), médico e botânico alemão. Foi o primeiro diretor médico da Fundação Senckenberg. Autor da *Flora Moeno-Francofurtana* [A flora da região do Meno e de Frankfurt], de 1772, dois volumes.

86 Georg Philipp Lehr (1756-1807), médico, sucessor de Reichard como diretor médico da Fundação Senckenberg.

biblioteca e do museu de História Natural, estes atrairão para si algumas propriedades privadas e algumas benfeitorias.[87]

Se pensarmos agora na Botânica, pode-se deduzir do que foi dito antes que, por ora, não lhe faltam recursos. O sr. dr. Neeff, com a assistência dos jardineiros Bäumert e Isermann, iniciará na próxima primavera a complementação conveniente do jardim botânico, assim como dará início à sua utilização.[88]

No todo, porém, muito já se teria feito pela Botânica em Frankfurt se os amigos das plantas chegassem a um acordo sobre visitas e trocas de informações mútuas, mas, principalmente, se pudessem se unir e cada um deles assumir de preferência uma especialidade. Os holandeses e os ingleses nos precederam e nos dão o melhor exemplo: aqueles, o de haver fundado uma sociedade cujos membros assumiram a tarefa de representar as plantas ornamentais em sua maior magnificência, e estes, o de um grande número de amantes das plantas ter se comprometido a dedicar atenção exclusiva a espécies muito particulares, por exemplo as groselheiras, e assim, por conseguinte, cada participante se empenhou em cuidar com o maior esmero de uma única variedade. Se, olhando das alturas da ciência para baixo, isso pode a muitos parecer mesquinho, e mesmo ridículo, pense-se que um apreciador rico deseja possuir algo raro e notável, e que o fruticultor também tem de prover a mesa de seus clientes. Com uma associação dessa natureza, Frankfurt logo se tornaria importante no campo da Botânica.

Se o jardim botânico da fundação Senckenberg permanecesse dedicado apenas a necessidades medicinais e fisiológicas, seria um grande estímulo para o professor que atuasse nessa instituição ter o privilégio de visitar, com seus discípulos em Frankfurt e arredores, os jardins dos srs. Salzwedel, Jassoy, Löhrl e os hortos do sr. Metzler do outro lado de Oberrad.[89] Isso

---

87 Johann Georg Neuburg (1757-1830), médico. Era casado com uma prima de Goethe, Anna Margareta Melber.

88 Christian Ernst Neeff (1782-1849), médico; Johann Heinrich Bäumert (1743-1816), jardineiro e botânico; F. C. Isermann administrou interinamente o jardim botânico da fundação de 1814 a 1817.

89 Peter Salzwedel (1752-1815), farmacêutico em Frankfurt; Daniel Ludwig Jassoy (1768-1831), advogado e escritor; Johann Konrad Kaspar Löhrl (1769-1828),

"A campanha na França" e outros relatos de viagem

traria alegria e alento tanto para o proprietário como para os visitantes. Em uma cidade cheia de vida, tudo quanto em alguma medida tem um parentesco entre si deveria buscar se encontrar, e assim o botânico, o floricultor, o paisagista, o fruticultor e o horticultor não deveriam se afastar uns dos outros, uma vez que podem se instruir e auxiliar mutuamente.

Já a Química poderia ser incentivada com uma decisão das mais simples, uma vez que não faltam para ela nem local nem personalidades. O laboratório contíguo ao jardim da Fundação Senckenberg, novo e adequadamente construído, se encontra, depois do fechamento da escola de Medicina, abandonado e inutilizado, e deve corresponder ao desejo de todos vê-lo incorporado à instituição. A ordem das autoridades superiores, portanto, ainda mais em tempos pacificados, não deve demorar muito. O sr. dr. Kestner aguarda ansiosamente por essa decisão superior, e pode alimentar esperanças de que não faltará apoio aos seus esforços.[90] Sem dúvida, contando com um curso regular de Química, alguns cidadãos cultos verão realizado um de seus mais belos desejos. Pois a oportunidade de tomar conhecimento da abrangência da Química moderna, que já incorporou em si a maior parte da Física, deve ser proporcionada a qualquer cidade grande, e a Frankfurt em especial. Aqui seria proporcionada ao médico atuante a oportunidade de tomar contato comodamente com as mais recentes experiências e pontos de vista que ele deixa de lado no decorrer de sua atividade prática. O farmacêutico aprenderia a discernir o que de fato ocorre com os preparados e misturas que ele, seguindo as prescrições, já faz há tanto tempo. Muitas pessoas que têm em importantes fábricas a fonte de sua riqueza seriam beneficiadas com o conhecimento das descobertas mais recentes, outras, desejosas de uma formação mais elevada, encontrariam nos conhecimentos químicos um verdadeiro crescimento intelectual,

---

médico; Johann Friedrich Metzler (1749-1825), banqueiro e mecenas, tinha também o título honorífico de *Geheimer Kommerzienrat* [conselheiro privado comercial] dado pelo rei da Prússia.

90 Theodor Friedrich Arnold Kestner (1779-1847), quinto filho de Johann Christian Kestner (1741-1800) e Charlotte Kestner (1753-1828), a Lotte de *Werther* (em solteira, Charlotte Buff): médico, desde 1812 professor da Escola de Medicina, mais tarde médico municipal em Frankfurt.

e mesmo aqueles que não são avessos às antigas ideias químico-místicas encontrariam aqui uma satisfação plena ao reconhecer que tantas coisas que em tempos sombrios nossos antepassados só logravam compreender de modo fragmentário, e cuja totalidade apenas intuíam de maneira difusa, ganham agora uma unidade coerente e se esclarecem, de modo que talvez em nenhum outro campo mais do que na Química um conhecimento amplo é capaz de representar o ideal na realidade.

Se fosse possível trazer para cá um bom físico que se unisse ao químico e trouxesse consigo aquilo que alguns outros capítulos da Física contêm e elucidam, e que o químico não reivindica para si; se lhe dessem também condições de adquirir os instrumentos necessários para tornar os fenômenos perceptíveis, sem com isso empilhar uma parafernália enorme, cara e atravancadora, com isso se atenderia a necessidades importantes, sempre secretamente alimentadas de uma grande cidade, e se daria a certo emprego ruinoso de tempo e energias uma orientação mais nobre. Como local para esse instituto de Física se poderia tranquilamente escolher o anfiteatro de Anatomia. Em vez de lembrar que o sr. dr. Behrends, que, como um ilustre discípulo de Sommerring, havia sido até agora o responsável por essa matéria, se demitiu; em vez de mencionar que o sr. dr. Lucae, um homem ativo e experiente na Anatomia Comparada, está de partida para Marburg, seja-nos permitido falar de um modo geral das relações da Anatomia com a Fundação Senckenberg em seu estágio atual.[91] Aqui talvez o fundador, ao conceber a imagem de um instituto de Medicina completo, tenha se equivocado, por não ter atentado para as condições específicas em que sua instituição se encontrava. Conhecedores da arte da dissecação, professores dessa matéria em academias, concordarão de bom grado em que uma das tarefas mais difíceis é transmitir os fundamentos da Anatomia. Biblioteca, desenhos, preparados e centenas de aparelhos, trabalhos preliminares que exigem muito empenho, devem servir-lhe de base e, além disso, é imprescindível o cadáver humano como objeto de observação imediata e de ensino.

---

91 Johann Jakob Bernhard Behrends (1769-1823), médico, cirurgião e professor de Anatomia; Samuel Thomas von Sömmerring (1755-1830), anatomista, antropólogo, paleontólogo e inventor alemão; Samuel Christian Lucä (1787-1821), médico, anatomista e professor universitário.

Mas onde consegui-lo? Em toda parte, as leis coercitivas que existem são por causa disso observadas com negligência ou burladas, e o professor de Anatomia é visto, em uma época de humanismo, como alguém desumano diante dos que sofrem e estão de luto.

Que tudo isso seja visto como reflexões de um viajante apressado; o homem de negócios estabelecido talvez veja as coisas sob outra luz.

Mas tudo o que dissemos teria sido em vão se não ousássemos declarar que um instituto científico tão bem planejado, que honra tanto o fundador quanto a cidade, não pode crescer e nem mesmo, apesar de todos os esforços de seus funcionários, ter a mínima utilidade, se suas rendas não forem melhoradas. Também para isso a possibilidade não é remota: não hesitamos em convocar tanto os senhores cidadãos quanto os senhores diretores médicos a refletirem sobre em que medida uma parte da abastança de que goza o hospital não poderia ser transferida para a instituição científica, e em apelar com veemência para aqueles excelentes homens que, se puderem se entender de modo afirmativo, solicitem a anuência das autoridades competentes. As dificuldades que impedem uma decisão nesse sentido não são desconhecidas, mas pode-se contrapor a elas uma palavra: uma cidade livre tem de ter o pensamento livre, e para, em uma existência renovada, se apagarem os traços de males imensos é preciso antes de mais nada se libertar de preconceitos envelhecidos. Frankfurt merece brilhar de todos os lados, e dirigir sua atividade para todos os lados. É fato que as considerações teóricas e a formação científica são atribuições sobretudo das universidades, mas não são exclusivas delas. Conhecimento é bem-vindo em qualquer lugar. Observe-se a influência que as universidades de Berlim, Breslau, Leipzig têm sobre a vida prática dos cidadãos, veja-se como em Londres e Paris, os lugares mais agitados e ativos, os químicos e físicos se encontram em seu verdadeiro elemento; e Frankfurt tem todo o direito de, segundo suas condições, sua situação, suas forças, rivalizar com elas em objetivos tão louváveis.

Suplemento a Frankfurt

A Fundação Senckenberg, uma instituição extremamente importante e, de forma mais específica, sua seção científica, estão sob a supervisão do sr. dr. Neuburg, um homem de incansável empenho, pronto tanto a se sacrificar pela causa quanto a lutar por ela. Como no prazo de um ano já vimos tantas coisas desejáveis ser realizadas graças aos seus esforços e à atividade engajada de seus empregados, também por parte da administração do hospital não deverá faltar o socorro ao instituto científico. A inteligência para perceber a necessidade, reconhecer a utilidade e possibilitar a realização já deve estar viva em Frankfurt, ou estará em breve.

O falecido Senckenberg deixou uma coleção de minerais e fósseis de moluscos, das quais a primeira é menos importante e estava, segundo o estágio antigo da Mineralogia, misturada de modo desordenado. Por mais de quarenta anos essa coleção esteve coberta de pó, sem que ninguém se ocupasse com ela, e só nestes últimos anos é que se juntaram alguns mineralogistas, dentre os quais se destacou em especial o sr. dr. Buch, e a ordenaram segundo o sistema de Werner e Leonhardt, com o vívido propósito de enriquecê-la dos muitos exemplares mineralógicos que lhe faltam e de fazer dela um todo organizado.[92] É lamentável que a intensa dedicação dos envolvidos na empresa encontre pouco apoio, e que eles, apesar de todo o empenho de tempo e também de algum dispêndio de dinheiro, embora pequeno, só pouco a pouco possam alcançar seu objetivo. Há pouco tempo essa organização quase foi arruinada pela sugestão de alguns administradores que, felizmente, foi recusada. Pois o fato é que queriam, para ajudar de algum modo a fundação, alugar sua sede; isso teria remediado o mal tanto quanto a morte remedia uma doença incurável.

O anfiteatro de Anatomia ganhou muito graças aos esforços do sr. dr. Cretschmar, que faz preleções ali;[93] ele também procura, com seus próprios esforços e o de seus alunos, substituir os preparados que a instituição perdeu nos últimos tempos. Vários preparados bem-sucedidos pela inoculação de líquido conservante nos vasos sanguíneos, esqueletos de pássaros e outras peças de Anatomia Comparada, as quais contêm, em especial,

---

92 Johann Jakob Kasimir Buch (1778-1851), mineralogista alemão; Abraham Gottlob Werner (1749-1817), mineralogista alemão, considerado o fundador da Geognosia; Karl Cäsar von Leonhard (1779-1862), mineralogista e geognosista alemão.

93 Philipp Jakob Cretschmar (1786-1845), médico.

algumas partes muito diferenciadas do *Testudo mydas*, podem servir aqui de prova convincente.[94]

Também o jardim botânico ganhou muito no último verão. Um número não insignificante de plantas foi adicionado à estufa, sem que o caixa da fundação tivesse de adquiri-las, e muitas plantas que crescem na região de modo selvagem e não constam da *Flora de Wetterau* foram plantadas no jardim.[95] Pois deu-se que, tendo em vista as limitações do jardim botânico, se adotou como regra privilegiar plantas medicinais ou econômicas, ou então dar uma atenção especial às espécies raras que crescem em nossa vizinhança, uma vez que o espaço pequeno não permitiria acolher grande quantidade delas. O sr. Stein, farmacêutico muito bem informado da localidade, fez diversas excursões a lugares distantes da cidade e doou ao jardim diversas plantas raras que encontrou. A estufa foi dotada de várias plantas raras estrangeiras, como a *Laurus camphora*, a *Epidendrum vanilla* etc.[96] A exiguidade do tempo não permitiu ordenar totalmente, no chuvoso verão passado, o jardim até agora negligenciado em sua disposição, mas uma parte dele foi posta em uma ordem sistemática com o auxílio de um botânico muito habilidoso, o sr. Becker, de Offenbach, que deu sua colaboração por amor à ciência, e sem dúvida no decorrer do próximo verão todo o jardim estará igualmente em ordem.[97]

A biblioteca recebeu uma quantidade considerável das melhores obras antigas de Medicina, mas não pôde ser, como seria desejável, enriquecida com as mais recentes, em virtude da já mencionada limitação de caixa. Ela abrange de modo bem completo até o período em que Senckenberg morreu, pois ele mesmo as adquiriu e legou à fundação. É verdade que, depois

---

94 *Testudo mydas*: *Chelonia mydas*, ou tartaruga-verde. A denominação original de *Testudo mydas* foi dada por Lineu em 1758.

95 *Flora de Wetterau*: *Ökonomisch-technische Flora der Wetterau* [Flora técnico-econômica de Wetterau], obra em três volumes dos botânicos Philipp Gottfried Gaertner (1754-1825), Johannes Scherbius (1769-1813) e Bernhard Meyer (1767-1836).

96 *Laurus camphora*, nome original, dado por Lineu, da *Cinnamomum camphora*: canforeira; *Epidendrum vanilla*: vanilla mexicana.

97 Karl Ferdinand Becker (1775-1849), médico, naturalista, pedagogo e filólogo, conhecido por suas obras sobre a gramática alemã.

disso, algumas obras foram adquiridas, e o sr. dr. Lehr também ampliou a biblioteca com o acervo de livros que legou; nos últimos anos, contudo, algumas lacunas da literatura médica não foram preenchidas.[98]

O laboratório de Química, instalado sob o governo do príncipe primaz para utilização pela escola especial de Medicina, que agora voltou a ser propriedade municipal, bem como o jardim contíguo a ela, cultivado sobre a antiga muralha, foram cedidos de maneira gratuita pelo Senado a pedido dos administradores da fundação.[99] Também aqui há todas as razões para se desejar que seja respeitada a vontade de Senckenberg, que sabia honrar a importância da Química e gostaria de vê-la praticada em um local apropriado na sede da fundação, tanto mais porque em nossos dias essa ciência deixa quase todas as outras para trás.

A ruína incipiente da estufa, e não menos a vetustez dos demais edifícios, bem como a falta de alguns objetos imprescindíveis, tanto científicos como de outras espécies, dada a hesitação com que os assuntos da fundação são tratados, deveriam nos pôr diante dos olhos um triste prognóstico que se afasta de modo gritante dos desejos do falecido fundador, e seria muito de desejar que a fortuna de nossos concidadãos abastados se antecipasse, ainda que com contribuições módicas, à ruína que ameaça um instituto tão útil.

Para o hospital, cujos fundos são separados dos da fundação, muito já foi feito até aqui. Ainda no ano passado, uma soma considerável foi restituída como excedente das despesas. Por mais louvável que seja essa benemerência dos cidadãos de Frankfurt para com o hospital, não deixa de ser triste constatar neles tão pouca sensibilidade pela ciência médica e pela arte, que o fundador tinha tanto em vista, e cuja proteção teria consequências tão benéficas. Seria agir sem sombra de erro muito mais de acordo com o espírito do fundador se fosse destinada à fundação uma ao menos pequena parte do excedente de sua instituição-irmã, o hospital, que cresce a cada ano, ou que pelo menos nos casos duvidosos, que não raro acontecem, não se procedesse em relação a ela de modo tão rigoroso. Deve-se ter em mente que para ambos os institutos a maior perda está na omissão do bem, e que

---

98 Lehr: cf. n.86 deste capítulo.
99 Príncipe primaz: Karl Theodor von Dalberg (1744-1817).

qualquer capital adquirido só pode substituir uma parte ínfima dele, por mais que pareça importante a quem está acostumado a acumulá-lo desde a infância. Só os sacrifícios que a fundação fez pelo instituto quando de seu nascimento já deveriam levar os administradores a protegê-la, pois sua ruína privaria os médicos de Frankfurt, que, como os artífices, são remunerados isoladamente por trabalho realizado e não podem esperar nem condecoração nem promoção pela periculosidade e pelas fadigas de sua profissão, do estímulo para seguir em frente.

O sr. Städel, um amigo das artes como poucos, morreu aos 89 anos. O testamento que deixou destinou sua casa, coleções e posses, estimadas, em um cálculo moderado, em 1,3 milhão de florins, a uma fundação para as artes plásticas. O sr. dr. Grambs, colecionador inteligente e amigo das artes, foi escolhido como executor dessa sua última vontade.[100]

Offenbach

Nessa localidade alegre, bem construída e que cresce dia após dia, a coleção de pássaros empalhados do sr. conselheiro áulico Meyer merece todas as atenções, pois esse homem de muitos méritos, habitante de uma região feliz, se educou ao mesmo tempo como caçador e naturalista, e preparou a exposição de uma série completa de aves nativas. Ele dá ocupação a vários artistas com a cópia dessas criaturas, e com isso promove e anima um ramo da arte dos mais necessários à História Natural; a reprodução exata de seres orgânicos, dentre os quais as variadas figuras dos pássaros, a formação diferenciada das partes de seu corpo, a plumagem leve, delicada e colorida exigem do artista a mais fina capacidade de diferenciação e seu maior zelo. A obra editada pelo sr. Meyer já há muito revelou à pátria os méritos desse homem extraordinário que, com a descrição das aves da Livônia e da Estônia, novamente fez por merecer a gratidão dos naturalistas.[101] Os artistas que ele emprega tanto em sua casa como fora dela são, em especial, os srs.

---

100 Städel: cf. n.58 deste capítulo; Grambs: cf. n.59 deste capítulo.
101 Bernhard Meyer (1768-1835), médico e farmacêutico. Sua coleção ornitológica foi incorporada ao Museu Senckenberg. Editou em 1810, em colaboração com o

Gabler e Hergenröder.[102] A irmã deste último goza de boa reputação como desenhista de plantas. A srta. Stricker, de Frankfurt, que também possui um belo talento nessa especialidade, não pode se ocupar dela tanto quanto seria de desejar.[103]

Hanau

Os tempos modernos proporcionaram a essa cidade uma vantajosa e duradoura reputação no âmbito da História Natural. Por um raro e feliz acaso, encontraram-se aqui pesquisadores dedicados em todos os ramos da magnífica ciência. Assim, o sr. dr. Gaertner, esse admirável veterano dentre os botânicos alemães, já há muito, graças à sua participação na *Flora de Wetterau*, alcançou seu reconhecimento como um mestre de sua profissão.[104] O brilhante Leisler dominava toda a Zoologia, mas concentrava seus estudos principalmente nos pássaros e mamíferos.[105] A Química e a Física eram praticadas, com os melhores resultados, pelo sr. conselheiro áulico dr. Kopp, com atenção especial para os conhecimentos de Mineralogia.[106] O artista Schaumburg, apreciável em especial no ramo da História Natural, cuja coleção sem dúvida ocupa o primeiro lugar entre os gabinetes privados alemães, ofereceu uma profusão de experiências excelentes.[107] Também se encontraram ativos especialistas em Mineralogia no sr. conselheiro privado Leonhard

---

ornitólogo, botânico e pedagogo Johann Wolf (1765-1824), a obra *Taschenbuch der deutsche Vögelkunde oder kurze Beschreibung aller Vögel Deutschlands* [Almanaque da ornitologia alemã, ou breve descrição de todas as aves da Alemanha], e publicou em 1815 uma *Beschreibung der Vögel Liv- und Esthlands* [Descrição das aves da Livônia e da Estônia].

102 Ambrosius Gabler (1762-1834), desenhista, pintor e gravador alemão; Johann Matthias Hergenröder (1774-1820), gravador e pintor de animais alemão.

103 Christiane Friederike Stricker (1780-1840), pintora de flores.

104 Philipp Gottfried Gaertner (1754-1825), botânico, diretor da Sociedade de História Natural de Wetterau; *Flora de Wetterau*: cf. n.95.

105 Johann Philipp Achilles Leisler (1772-1813), médico e zoólogo alemão.

106 Johann Heinrich Kopp (1777-1858), médico e naturalista alemão.

107 Johann Heinrich Schaumburg (1752-1831), ornitólogo e taxidermista alemão.

e no já falecido vigário Merz.[108] O público conhece a grande obra sinóptica editada por ambos em colaboração com o dr. Kopp.[109] O conselheiro privado Leonhard, que atua continuamente através de sua revista, é também o autor de uma Mineralogia topográfica, e podemos esperar para muito breve uma introdução e preparação para a Mineralogia com muitas gravuras coloridas e em preto e branco de autoria dele, do dr. Kopp e de Gärtner, o Jovem, um químico e físico muito inteligente.[110] Essa propedêutica à História Natural do reino inorgânico, fruto de um extenuante trabalho de anos e que preencherá uma lacuna essencial em nossa literatura, pode ser esperada pelo público científico com justificada confiança.

Entrementes, pareceu oportuno aos homens mencionados dirigir os esforços de cada um para um ponto específico, a fim de buscar prosseguir com os esforços combinados. Em meio às tempestades da época, do conflito não apaziguado dos povos, em 1808, foi elaborado o plano para a fundação de uma sociedade científica de História Natural. O pequeno número dos associados deu ao todo solidez e realidade. Logo se juntaram a eles outros homens de mérito de regiões próximas e distantes, e assim essa liga literária se estendeu para muito além das fronteiras da província pátria, para todas as partes da Europa erudita. Um local apropriado, cedido pelo governo, ofereceu a oportunidade para a instalação de um museu. De todos os lados, a profícua instituição foi enriquecida com donativos. Entretanto, os recursos permaneceram muito limitados, até que o compreensivo

---

108 Leonhard: cf. n.92 deste capítulo; Ernst Karl Friedrich Merz (1776-1813), sacerdote e naturalista alemão.

109 Obra sinóptica: *Systematisch-tabellarische Übersicht und Charakteristik der Mineralkörper* [Compêndio sistemático-sinóptico e descrição dos corpos minerais], Frankfurt, 1806.

110 Revista: *Taschenbuch für die gesamten Mineralogia, mit Hinsicht auf die neuesten Entdeckungen* [Almanaque de Mineralogia geral, com especial atenção às descobertas mais recentes, publicado em Frankfurt a partir de 1807]; Mineralogia topográfica: *Handbuch einer allgemeinen topographischen Mineralogie* [Manual de Mineralogia topográfica geral], 3v., Frankfurt, 1805-1809; Introdução: *Propädeutik der Mineralogie* [Propedêutica à Mineralogia], Frankfurt, 1817; Gaertner, o Jovem: Karl Ludwig Gaertner (1785-1829), farmacêutico em Hanau, sobrinho de Philipp Gottfried Gaertner.

Johann Wolfgang von Goethe

Karl von Dalberg, em 1811, concedeu uma renda nada desprezível de seu pecúlio, de que a sociedade desfrutou por muitos anos. A epidemia, consequência da retirada francesa, roubou à corrente formada alguns de seus elos mais valiosos. Em contrapartida, hoje, vive-se a animadora esperança de que o governo atual dará ao instituto a atenção que ele merece, ratificará a garantia do local e assim proporcionará fundamento e estabilidade a uma instituição das mais dignas de louvor que, de outra forma, inevitavelmente se dissolveria.

É fácil inferir que, dada a viva dedicação dos naturalistas de Hanau, decerto será possível encontrar aqui várias coleções importantes.

O museu da Sociedade de Wetterau abrange todos os ramos desse conhecimento e se encontrava até o presente em constante crescimento, pois a maioria de seus membros tinha, segundo a inteligente prescrição dos estatutos, buscado justificar a escolha que os chamou àquele honroso encargo. No todo, porém, a visitação desse museu em sua generalidade desperta menos interesse do que uma daquelas coleções particulares pertencentes a cada um dos eruditos daqui. Nelas a individualidade se expressa com maior vivacidade, bem como a dedicação e o cuidado com que uma obra dessa natureza é levada a cabo, e que não raro é o prêmio de toda uma vida.

Quanto ao gabinete de Zoologia, destacam-se entre eles sobretudo a coleção do falecido Leisler e a de Schaumburg. A última, contudo, desde que o proprietário mudou seu domicílio para Kassel, não se encontra mais aqui, e também a de Leisler não permanecerá por muito tempo ainda em Hanau, uma vez que seus herdeiros decidiram vendê-la.

Para celebrar aqui em certa medida a memória daquele homem extraordinário, fazemos a seguinte consideração. Ele se ocupou nos primeiros tempos com a Entomologia, porém mais tarde se dedicou com toda a sua alma ao estudo dos mamíferos, pássaros e peixes; entrementes, a Ornitologia foi a que permaneceu por maior tempo como objeto de suas pesquisas em História Natural. Observando apenas de passagem seus méritos no conhecimento das aves pátrias, mencionamos que se esforçou por conhecer e determinar com precisão as diversas cores das vestimentas dos pássaros: pois a maioria das aves aquáticas troca de penas duas vezes ao ano, e assim o mesmo pássaro aparece na primavera e no verão, na juventude e na velhice, com coberturas de cores diferentes. E por isso ele colecionou com viva dedicação cada espécie individual nas mais diversas cores e fases. Como ele próprio era um caçador e tinha um excelente conhecimento da arte de empalhar corpos de animais, sua coleção apresenta grandes vantagens sob diversos aspectos, de modo que, com exceção da de Meyer, nenhuma outra, pelo menos na Alemanha, se compara a ela.

Nos últimos anos, ocupou-se com o estudo dos morcegos, mas, uma vez que, confiando em sua excelente memória, nada anotou a respeito, todas as suas experiências teriam se perdido para nós se um jovem, o último de seus discípulos, não tivesse se apropriado de grande parte delas a fim de escrever uma monografia sobre essas estranhas criaturas, que deverá ser publicada em breve.

Os peixes estão todos excelentemente embalsamados e são de grandeza rara. A série dos espécimes de água doce da Alemanha é quase completa, e dos marinhos se encontram muitos exemplares de grande beleza. A coleção de insetos é importante. Com mais de seiscentos exemplares, as borboletas constituem a maior parte dela.

Por fim, deve-se observar que Leisler, antes de se dedicar à Medicina, estudou com grande sucesso a jurisprudência, e a composição de uma obra sobre Direito natural lhe valeu aplausos como escritor filosófico.

O dr. Gaertner, dedicado e famoso estudioso das plantas, a quem devemos a formação de alguns botânicos excelentes, se fez merecedor de um considerável reconhecimento na esfera da ciência com a divulgação de belos exemplares de plantas dessecadas. Depois da edição da já mencionada *Flora de Wetterau*, ele se dedicou continuamente e com incansável dedicação ao estudo dos vegetais pátrios. Descobriu diversos fanerógamos e mais de duzentos criptógamos, cuja descrição com certeza é, graças à sua mão de mestre, digna de apreço no mais alto grau. Seu herbário, dos mais notáveis, em especial no que se refere aos criptógamos, está organizado da maneira mais bela. Nos últimos tempos, Gaertner também se dedicou com todo afinco à Zoologia pátria. Suas coleções de mamíferos, pássaros e moluscos dão prova disso. Embora seus moluscos estrangeiros sejam muito numerosos e, no meio dessa grande quantidade se encontrem exemplares muito raros, ele tem, contudo, um apreço muito maior pelos que coletou nas imediações de Hanau, pois foi o primeiro a cultivar esse ramo da História Natural em Wetterau. Ele disseminou aqueles produtos nativos no círculo de seus amigos e, com isso, deu vida a um novo estudo, que parece quase negligenciado na Alemanha. Nos primeiros anos, Gaertner se ocupou também com a Química, a Física e a Mineralogia, de forma a merecer o nome de naturalista em toda a extensão da palavra. Da coleta e da ordenação do museu de Wetterau, bem como da redação dos anais publicados por essa associação de naturalistas, ele participou com todo afinco. É de lamentar que nesse momento sua idade e sua saúde, fragilizada por grandes esforços, não lhe permitam desenvolver nenhuma grande atividade.

O gabinete de Mineralogia do conselheiro privado Leonhard, que conta com mais de 7 mil exemplares, está dividido em uma seção de Orictognosia e outra de Geognosia. A coleção de Orictognosia está ordenada segundo o método de classificação aceito pela visão geral e pela descrição sistemático-sinóptica dos corpos minerais, na quais, contudo, não deixaram de ser levadas em conta as modificações que se tornaram necessárias em virtude do progresso da ciência. Muito satisfatório é o trabalho metódico que se expressa na ordenação e exposição. Em todos os exemplares, foram levados em conta a característica e o frescor, e um alto grau de regularidade do formato proporciona um grande prazer. Além disso, essa coleção é notável pela grande completude. Não sentimos falta nela de quase nenhuma das descobertas mais recentes, e as sequências que ela contém de muitas espécies tornam importante e instrutivo seu estudo das condições de *procedência* dos fósseis: uma consideração até aqui muito negligenciada e agora mais uma vez requisitada.

O conselheiro privado Leonhard fez por merecer a gratidão do público pela fundação de um instituto mineralógico-mercantil. Essa instituição promove a ciência por oferecer os recursos para, por meio da troca ou por um preço módico, se adquirirem fósseis de todas as regiões e países, em exemplares únicos ou em conjuntos ordenados de maneira sistemática. Esse empreendimento merece duplamente a confiança porque não é orientado pelo desejo de lucro, e sim, exclusivamente, pelo amor à ciência.

Dentre as instituições de formação artística, a escola de desenho é digna de uma menção honrosa. O sr. conselheiro áulico Westermeyer, que está à frente desse instituto como professor e diretor, e conta com um apoio

"A campanha na França" e outros relatos de viagem

apenas moderado por parte do Estado, merece ter seus méritos essenciais reconhecidos.[111] Desde seu regresso de Weimar, a inclinação pelas artes foi despertada de maneira notável, e é um prazer constatar que alguns dos cidadãos abastados começam a formar pequenas coleções de quadros. Na escola de desenho, entre 250 e 300 alunos recebem atualmente sua instrução. O instituto possui fundos, frutos dos ganhos dos professores, que podem ser empregados de modo muito proveitoso para a aquisição de pinturas e outros objetos artísticos.

Também a digna esposa do conselheiro áulico Westermeyer atua efetivamente para o bem da instituição.[112] Além dessa artista, merecem ser mencionados aqui os nomes dos pintores locais Tischbein, Carteret, Berneaud, Franz, Nickel e Deikert, e não devem ser esquecidos o genial Kraft e Bury, o último dos quais deve sua formação a estudos profundos, nomes que, mesmo à distância, honram sua cidade natal.[113]

Com a pintura de esmaltes se ocupam sobretudo Carteret e Berneaud, e ambos fazem plenamente jus ao nome de artistas. Além deles também se destaca de modo muito vantajoso naquele ramo da pintura Franz Nickel, nascido em Hanau que viveu muitos anos em Madri e ocupou na Academia o cargo de adjunto.

Dentre as coleções de pintura locais, a primazia cabe à do comerciante sr. Wilhelm Leisler, irmão mais novo do naturalista.

As fábricas de joias locais são especialmente dignas de atenção. Elas existem desde o ano de 1670 e devem ser vistas como um viveiro de plantas de instituições semelhantes existentes em diversas capitais alemãs e europeias que, contudo, sem exceção ainda não podem se comparar ao seu modelo. Os

---

111 Konrad Westermayer (1765-1834), professor e diretor da Academia de Hanau.

112 Christiane Henriette Westermeyer (1772-1841), pintora e bordadeira artística, professora na Academia de Desenho de Hanau.

113 Heinrich Wilhelm Tischbein (1779-?), pintor, membro da Academia de Desenho de Hanau; Antoine Carteret (1813-1889), pintor em esmalte; Johann Daniel Berneaud (1773-1861), pintor em esmalte; Franz Nickel (1773-1845), pintor de miniaturas em esmalte; Friedrich Deikert (1792-1843), pintor; Johann Peter Kraft (1780-1856), pintor de quadros históricos e retratos em Viena; Friedrich Bury (1763-1823), pintor, tornou-se amigo de Goethe em Roma e pintou dois retratos seus.

profissionais de Hanau gozam de uma reputação muito positiva, são solicitados em toda parte. Os mais importantes dirigentes, os irmãos Toussaint, Souchai e Collin, Buri, Müller e Jünger, não apenas mantêm a fama das fábricas, como também se esforçam para aperfeiçoá-las a cada dia, e assim se pode afirmar com veracidade que Hanau fornece produtos que nem em Paris nem em Londres se sabe fabricar, e que por vezes superam até mesmo aqueles da industriosa Genebra. Também se deve notar a abrangência da atividade desenvolvida pelos ateliês dos mencionados ourives, que começa pelo material bruto e vai até o produto final na maior variedade.

A fábrica de tapetes do sr. J. D. Leisler & Cia. merece especial atenção porque nela se produz, com a maior perfeição, o artigo conhecido sob o nome de Tapete de Wilton. Nela se pode encontrar não apenas uma grande variedade de motivos de bom gosto nas cores mais belas e vivas, como também se produzem quaisquer desenhos sob encomenda. Além disso, essa fábrica fornece tapetes lisos e felpudos em veludo, tapetes venezianos e escoceses etc.

A união que se fez outrora entre Holanda e França foi muito prejudicial às vendas, e quase só as cortes alemãs proporcionaram ocupação à fábrica durante aquele período.

Também a fábrica de tapetes de seda merece ser mencionada, pois em tempos passados ela abastecia a maior parte das cortes alemãs com a decoração de interiores do mais fino gosto. No tormentoso período dos últimos dez anos, contudo, os irmãos Blachierre, proprietários da fábrica, acharam mais aconselhável produzir apenas artigos que servem a todas as classes. Assim, principalmente as fábricas de produtos de algodão e seda de Hanau, que correspondem menos à orientação artística do que às necessidades gerais, foram decididamente proveitosas à população e à exportação, e agora é possível alimentar esperanças de que a abertura do comércio marítimo restituirá também a essas fábricas uma parte de seu antigo florescimento.

Aschaffenburg

Também aqui se encontram pinturas alemãs antigas provindas de mosteiros dissolvidos: de Grünewald e outros, talvez também de Dürer, e ainda outras poucas, mas valiosas obras de arte.[114] Se fossem trazidos para aqui alguns dos tesouros artísticos da capital, numerosos quase até o ponto de causar fastio, e se organizasse uma exposição para o prazer e a instrução, essa cidade bem localizada teria ao menos um substitutivo para aquilo que ela perdeu com o afastamento da corte. Alguns estrangeiros passariam de bom grado algum tempo aqui.

Agora que os tesouros acumulados em Paris buscam de novo o ar livre e, espalhados pela Europa, proporcionam entusiasmo e benefícios isoladamente, seria algo de grandioso se os maiores governos alemães se empenhassem em fazer, com convicção e vontade, aquilo que a nação vencida tem de aceitar a contragosto, ou seja, dividir pelas províncias os excedentes das residências. Apenas Estados menores fazem bem em manter reunidos seus poucos tesouros, os grandes deveriam espalhar o mais possível sua riqueza artística. Isso estimularia a formação não apenas de artistas, mas também de apreciadores da arte, e quanto mais houver desses últimos, melhor será para os primeiros.

Com pesar paramos por aqui, a fim de não nos determos por um tempo demasiado na observação do rico Leste, e voltamos àquele ponto em que o Meno se aproxima do Reno.

Darmstadt

O museu do grão-ducado aqui provavelmente sempre será considerado uma das melhores dentre as instituições dessa região, e sua organização exemplar servirá com razão de paradigma para todos os empreendimentos semelhantes.[115] No local extremamente espaçoso estão expostos os objetos mais variados, sem pompa, mas com ordem, dignidade e limpeza, de modo que o visitante admirado sentirá prazer ao ser instruído.

---

114 Dois dos mais importantes e originais artistas alemães. Matthias Grünewald (1470-1528), pintor e desenhista; Albrecht Dürer (1471-1528), pintor, desenhista, matemático e teórico da arte.

115 Museu do grão-ducado de Hessen, fundado em 1820 pelo grão-duque Ludwig I de Hessen-Darmstadt (1753-1830).

As estátuas mais esplêndidas, em excelentes cópias de gesso, às quais se juntam numerosos bustos, partes do corpo e baixos-relevos, talvez mereçam ser mencionadas em primeiro lugar, todos dispostos em espaços convenientes, favoráveis tanto à contemplação quanto ao estudo. As reproduções em cortiça de todos os monumentos romanos importantes, e também dos italianos, aos quais se acrescentam alguns alemães antigos, oferecem ao arquiteto a oportunidade de fazer comparações das mais significativas.

Uma numerosa coleção de pinturas, por intermédio da qual, segundo seu interesse pessoal, todo apreciador pode se instruir historicamente ou se deleitar confortavelmente com as obras de mestres antigos e modernos, está distribuída por várias salas.

Se procuramos em vão transmitir algumas notícias dos demais tesouros, não podemos deixar de desejar que um catálogo, ainda que contendo apenas informações gerais, logo chegue às mãos do viajante: pois de que outro modo poderíamos nos orientar em meio a essa infinita riqueza, embora esteja reunida e ordenada de modo excelente? Não seria exagero afirmar que aqui é possível encontrar peças exemplares da arte e das maravilhas de todos os séculos e lugares que nos foram transmitidas como coisas dignas de ser contempladas. Vasos e urnas de toda espécie, vasilhames para bebidas e ornamentais, bronzes de todos os séculos, dentre os quais é possível admirar os mais preciosos candelabros e castiçais em cobre para muitas velas, relicários das mais antigas eras bizantinas, de latão e esmalte, e alguns mais tardios, de marfim, objetos eclesiásticos de toda espécie, inestimáveis desenhos à mão dos maiores mestres, obras chinesas e japonesas, tanto antigas quanto modernas, utensílios de cozinha em vidro, preciosos tanto pelo material quanto pela forma e pela arte da decoração; e assim teríamos de prosseguir a fim de proporcionar uma imagem geral dessa coleção de arte exemplar, e nem assim chegaríamos a explorá-la em sua totalidade.

Encontra-se ali, por exemplo, grande quantidade de pinturas sacras alemãs antigas que, restauradas e renovadas, poderiam servir de excelente decoração para uma capela de fantasia.

Mas o que impressiona o visitante mais até do que os próprios tesouros é a vivacidade que se nota nessa coleção em contínua formação. Todos os campos estão em movimento, em toda parte se acrescenta algo de novo, em toda parte as coisas se combinam de um modo mais claro e melhor, de maneira que de ano para ano o espírito criador e ordenador mais se torna merecedor de nossa admiração.[116] Mesmo se, em benefício de Colônia, teríamos privado o museu de Darmstadt da coleção do sr. Von Hüpsch, alegramo-nos ao ver aqui o feliz destino que coube a esse caos, de ser aumentado, separado e integrado a um mundo já ordenado e vivo.[117]

Uma coleção de História Natural de igual riqueza e completude se encontra ao lado dessa coleção de arte. Os três reinos da natureza estão organizados em uma galeria bem iluminada, cuja limpeza é sempre mantida por homens ativos, o que aumenta o prazer do visitante, e sua ordenação se torna cada vez mais clara tanto para os conhecedores quanto para os que buscam conhecimento. Mesmo que não se possa falar dela senão de um modo geral, podemos ao menos mencionar em especial a coleção dedicada à Anatomia Comparada, que nos põe diante dos olhos, ordenados e preservados, aqueles interessantes fósseis, restos dos animais gigantescos da pré-história que com tanta frequência são desencavados no vasto Vale do Reno. Foi comovente para o visitante encontrar aqui várias peças reunidas por Merck, seu falecido amigo de juventude, salvas e seguras graças ao interesse do landegrave e aos cuidados de um naturalista que deu continuidade ao trabalho.[118]

Também encontramos aqui satisfeito o desejo de ver aqueles objetos naturais que dificilmente poderíamos ter diante dos olhos dispostos ao lado de outras verdadeiras raridades. Uma daquelas portentosas galhadas de cervo que se desencavam na Irlanda estava experimentalmente reproduzida sobre uma superfície de papel para a admiração do visitante. Tomara que o propósito firmado de se mandar reproduzir esse objeto e outros semelhantes nos grandes espaços acima dos armários logo seja realizado.

Uma biblioteca riquíssima e também dignamente exposta logo provoca a admiração do viajante e lhe desperta o desejo de poder fazer uso desses tesouros por um período de tempo mais prolongado. Mesmo que ele fosse

---

116 Espírito criador e ordenador: Ernst Christian Friedrich Adam Schleiermacher (1755-1844), naturalista e primeiro diretor do museu.

117 Cf. n.10 deste capítulo.

118 Johann Heinrich Merck (1741-1791), escritor, editor e naturalista alemão.

estrangeiro e desconhecesse de todo as condições deste lugar, não poderia deixar de ter sua atenção necessariamente atraída para o espírito que dá vida e mantém um corpo tão grande. Ele não poderia ignorar nem por um momento que o interesse do príncipe por esses entretenimentos é grande e decidido, que ele deposita toda a sua confiança em um homem inteligente, o qual pode atuar aqui de modo planejado e diligente sem ser perturbado e que, por conseguinte, só são empregados sob suas ordens colaboradores e servidores que levam adiante o trabalho com a mesma orientação, no mesmo passo, sem pausa nem pressa e na mesma direção.[119] Por isso, uma instituição excelente como essa não parecerá de fato um milagre; contudo, sobre o solo de nosso mundo, em que a separação, a desordem e o arbítrio são tão favorecidos, ela ainda assim não deixará de ser maravilhosa. Será então uma felicidade, para aqueles que ao longo de tantos anos e sob condições tão desfavoráveis demonstraram ininterruptamente à Sua Alteza Real, o grão-duque, uma dedicação tão bela, ver que o sr. Schleiermacher, conselheiro privado do Gabinete, soube merecer e preservar toda a confiança em um grau tão elevado, e que sob sua direção os senhores seus filhos estiveram à frente das coleções de arte e da biblioteca, e ainda tornaram aproveitável por meio de preleções um aparato de Física; que o sr. Fehr, mestre medalheiro, cuidou da seção mineralógica e geológica, e não menos da coleção de moluscos, assim como o sr. Becker, conselheiro da seção florestal, dos demais reinos animais. Se hoje, percorrendo as muitas salas, encontramos tudo como que feito de uma só vez, se notamos que no prazo de um ano tudo cresceu de modo planejado, decerto sentiremos o desejo de que cada curador estude essa coleção por seu lado artístico, antiquário, naturalista, literário, mas sobretudo pelo ético, e a tome como modelo.

Dadas essas facilidades, era de se esperar que também não faltassem artistas ativos. O sr. Moller, conselheiro chefe de obras públicas, encontra, em uma residência cujas ruas se expandem dia a dia, em que edifícios privados são construídos e edifícios públicos são projetados, a desejada oportunidade para seu talento arquitetônico.[120] Além disso, ele também se

---

119 Homem inteligente: o diretor do museu, Schleiermacher.
120 Moller: cf. n.17 deste capítulo.

ocupou desde muitos anos em desenhar edifícios alemães antigos, e a obra de Boisserée sobre a catedral de Colônia dará um testemunho inequívoco de sua dedicação e minuciosidade, bem como de seu bom gosto. A planta original da catedral de Colônia, recentemente descoberta, está em suas mãos, e um fac-símile dela será editado por ele em sequência à obra de Boisserée; assim, a história da arquitetura alemã também lhe será devedora das mais belas contribuições, pois ele está ocupado em mandar desenhar e gravar em cobre os antigos edifícios de seu distrito em Mainz, Oppenheim, Worms, Speyer, Frankfurt etc.

O sr. Primavesi, que goza de boa reputação por suas representações de paisagens gravadas à mão, continua a trabalhar com afinco. Ele assumiu o penoso trabalho de desenhar tendo por modelo a realidade das regiões do Reno das duas nascentes para baixo. A obra que surgirá daí será publicada em fascículos juntamente com uma breve descrição, e por essa via será também estabelecida uma ligação, por meios artísticos, entre as maravilhas que limitam com o principal rio alemão.[121]

Heidelberg

Essa cidade, notável sob diversos aspectos, ocupa e entretém o viajante de mais de uma maneira. Contudo, o caminho que tomamos para nossos objetivos nos leva primeiro para a coleção de antigas pinturas que, trazida da Baixa Renânia, pode ser considerada como um ornamento especial do lugar, e mesmo da região.

No momento em que, decorrido o intervalo de um ano, estudo a coleção de Boisserée pela segunda vez, penetro mais fundo em seu sentido e propósito, e também não me sinto avesso a dizer sobre ela uma palavra em público, vejo-me diante de todas as dificuldades pressentidas: pois, uma

---

121 Johann Georg Primavesi (1774-1855), gravador e pintor do teatro da corte em Darmstadt. A obra referida por Goethe, *Der Rheinlauf von dessen verschiedenen Quellen bis zu seinem Ausflusse. Nach der Natur gezeichnet und geätzt* [O curso do Reno de suas diversas nascentes até sua foz. Desenhado e gravado de acordo com a natureza], foi publicada em 1818-1819.

vez que toda a prerrogativa das artes figurativas consiste em que, embora possamos expor com palavras suas representações, não as podemos expressar, uma pessoa perspicaz sabe que nesse caso empreende algo impossível, caso não queira ele mesmo impor medida e objetivo ao seu itinerário. Ele então reconhece que, pela via histórica, pode atingir aqui a maior pureza e utilidade; assumirá, assim, o propósito de honrar uma coleção tão bem provida, tão bem organizada, procurando fazer um relato não tanto sobre os quadros em si quanto sobre suas relações mútuas; ele se guardará de fazer comparações externas em particular, embora tenha de derivar a época artística da qual se fala aqui de atividades artísticas distantes, separadas pelo tempo e pelo lugar. E desse modo fará, no lugar que é o delas, justiça plena às preciosas obras com as quais nos ocupamos neste momento, e as tratará de modo que o conhecedor profundo da história possa reconhecer a posição que ocupam no grande círculo do mundo geral da arte.

Como introdução a isso, e para que o caráter especial dessa coleção se manifeste de modo mais claro, devemos antes de mais nada recordar sua origem. Os irmãos Boisserée, que, em sociedade com Bertram, são hoje seus proprietários e sempre que podem compartilham com seus amigos a fruição delas, dedicavam-se outrora à profissão de comerciantes, e com esse fim realizaram seus estudos tanto em casa quanto em diversas grandes cidades.[122] Enquanto isso, buscavam satisfazer um anseio por uma formação mais elevada, e encontraram uma bela oportunidade para isso quando homens excelentes da Alemanha foram chamados a atuar como professores na recém-fundada escola de Colônia.[123] Com isso, adquiriram uma formação mais rara naquelas paragens. E embora para eles, que desde a infância se viram cercados de obras de arte antigas e modernas, o prazer encontrado nelas e o amor por elas devesse ser algo natural e costumeiro, foi na verdade um acaso que lhes despertou a inclinação para possuí-las e deu ocasião ao mais louvável dos empreendimentos.

---

122 Sobre os irmãos Boisserée e Bertram, cf. n.7 deste capítulo.

123 Dentre esses professores se encontrava, principalmente, Friedrich Schlegel (1772-1829), chamado a ensinar na Escola Secundária de Colônia por indicação dos irmãos Boisserée e de Bertram, tendo permanecido ali nos anos de 1806 e 1807. Goethe não apreciava as opiniões de Schlegel sobre as artes, e evita nomeá-lo.

"A campanha na França" e outros relatos de viagem

Recordemos aquele jovem que, na praia, encontrou uma cavilha de remo e, levado pelo prazer que essa ferramenta simples lhe causava, adquiriu um remo, depois um bote, em seguida mastro e vela e, de início se exercitando próximo à margem, lançou-se por fim corajosamente ao mar, com embarcações cada vez maiores, acabando por se tornar um rico e feliz negociante dos mares.[124] Assim como ele, nossos jovens adquiram casualmente, por um preço ínfimo, um dos quadros de igreja que caíram nos brechós, em breve outros mais e, à medida que, graças à posse e restauração, se aprofundaram cada vez mais no valor desses trabalhos, sua inclinação se transformou em uma paixão que, com o crescente conhecimento adquirido pela posse de exemplares bons e excelentes, se tornou cada vez mais intensa, de modo que para eles não parecia ser nenhum sacrifício empregar parte de sua fortuna, bem como todo o tempo de que dispunham para, mediante viagens dispendiosas, novas aquisições e outros empreendimentos, alcançar enfim o objetivo a que haviam se proposto.

Aquele impulso de retirar os monumentos arquitetônicos alemães do esquecimento, de representar os melhores em sua pureza e assim chegar a um veredito sobre a degradação desse estilo de construção ganhou vida da mesma forma. Um esforço caminhava ao lado do outro e agora eles estão em condições de editar uma obra esplêndida, incomum na Alemanha, e de exibir uma coleção constituída de duzentos quadros que dificilmente terá igual em raridade, pureza, feliz preservação e restauração, mas sobretudo em sua pura sequência histórica.[125]

Agora, porém, a fim de nos fazer compreender tanto quanto é possível em palavras, precisamos voltar a tempos mais antigos, como alguém que, tendo de preparar uma árvore genealógica, precisa passar dos ramos às raízes tanto quanto é possível fazê-lo, para o que, porém, sempre pressupomos que essa coleção possa estar presente ao leitor, seja de fato ou de memória, e não menos que ele também conheça as obras que mencionaremos e, de mente sóbria, queira seriamente se deixar instruir por nós.

---

124 Recordemos: Goethe se utiliza da mesma comparação em *Os anos de peregrinação de Wilhelm Meister* (Livro 2, cap.11).

125 Obra esplêndida: cf. p.525.

Por força de desgraças políticas e militares, o Império Romano havia descido a um tal grau de desordem e degradação que boas instituições de toda espécie desapareceram da face da terra e, com elas, também a habilidade artística. A arte, que havia alguns séculos ainda ocupava um lugar muito elevado, se perdera por completo na atroz situação bélica e militar, do que nos dão a mais clara prova as moedas dessa época tão degradada, na qual um sem-número de imperadores e imperadorzinhos não sentiam a menor desonra em aparecer como figuras grotescas nas mais ínfimas moedas de cobre, e de dar aos seus soldados, em lugar de um soldo digno, uma esmola indigente, como se fossem mendigos.

Já à Igreja cristã devemos a preservação da arte, mesmo que apenas como centelhas sob as cinzas. Pois embora a nova doutrina íntima, moral-compassiva, repudiasse aquela arte enérgico-sensorial e tivesse de, se não destruir, ao menos remover as obras por ela produzidas, havia, contudo, no âmbito histórico da religião como em nenhum outro, uma semente variadíssima, e mesmo infinita, e estava na natureza das coisas que ela vingasse até sem a vontade e a contribuição dos novos devotos.

A nova religião reconhecia um deus superior, que ela imaginava não tão majestático como Zeus, e sim mais humano; pois ele é o pai de um filho misterioso que deveria representar as qualidades morais da divindade sobre a terra. A ambos se juntou uma inocente pomba esvoaçante, como uma chama configurada e esfriada, e formou uma estranha folha de trevo, ao redor da qual se reuniu um bem-aventurado coro de espíritos em inumeráveis graus de hierarquia. A mãe daquele filho podia ser venerada como a mais pura das mulheres; pois já na Antiguidade pagã se podia pensar a maternidade unida à virgindade. A ela se juntou um ancião, e das alturas foi permitido um casamento equívoco, para que não faltasse ao deus recém-nascido um pai terrestre para salvar as aparências e cuidar dele.

A força de atração exercida por esse ser divino e humano em seu crescimento e atuação finita nos é mostrada pela multidão e variedade de seus discípulos e seguidores do sexo masculino e feminino, que, diferentes pela idade e pelo caráter, se reúnem ao redor dele: os apóstolos que surgem da multidão, os quatro autores dos anais de sua vida, além de alguns devotos de toda espécie e classe social e, de Estêvão em diante, uma série de mártires.[126]

Se, além disso, essa nova aliança se funda sobre outra mais antiga, cujas tradições alcançam até a criação do mundo e são, ainda, mais históricas do que dogmáticas, se levarmos em conta também os primeiros pais, os patriarcas e juízes, profetas, reis, restauradores, dos quais cada um se destaca especialmente, ou deve ser destacado, então constataremos que, ao que parecia, a arte e a Igreja estavam fundidas uma na outra, e uma não existia sem a outra.

Se, por isso, a arte helenística começou pelo universal e já bem tarde se perdeu no particular, a cristã tinha a vantagem de poder partir de um sem-número de individualidades a fim de pouco a pouco se elevar ao universal. Basta lançar um olhar para a multidão de figuras históricas e míticas enumeradas, basta recordar que de cada uma delas se exaltam ações importantes e características, e que, além disso, a nova aliança se esforçou por buscar sua justificativa simbolicamente na antiga, e aí repercutiam de milhares de maneiras tanto relações históricas e terrenas quanto celestes e espirituais, então também deveriam ter restado belos monumentos nas artes figurativas dos primeiros séculos da Igreja cristã.

Contudo, o mundo como um todo estava demasiado confuso e oprimido, a sempre crescente desordem expulsou a cultura do Ocidente; apenas Bizâncio permanecia ainda uma sede firme para a Igreja e a arte a ela ligada.

Mas, infelizmente, nessa época o Oriente já tinha um aspecto triste e, no que se refere à arte, aquelas individualidades mencionadas não floresceram de imediato; não obstante, elas impediram que um estilo velho, enrijecido, mumificado, não perdesse de todo seu significado. Continuavam-se a diferenciar as figuras; mas, a fim de tornar perceptível essa diferenciação, escreviam-se nome por nome no quadro, ou sob ele, para que, entre os santos e mártires que se faziam cada vez mais numerosos, não se venerasse um em lugar do outro, e sim, como convinha, se desse a cada um o que lhe era devido. E, assim, tornou-se uma responsabilidade da Igreja produzir as imagens. Isso

---

126 Os "autores dos anais de sua vida" são os quatro evangelistas; Estêvão é considerado o primeiro mártir do cristianismo: cf. Atos dos Apóstolos 6,7.

aconteceu segundo uma exata prescrição, sob a supervisão do clero, e do mesmo modo elas foram incorporadas, por meio da consagração e do milagre, ao serviço divino então instituído. E, assim, até o dia de hoje, as imagens sacras veneradas pelos fiéis da Igreja grega em suas casas e durante suas viagens são produzidas em Susdal, uma cidade da 21ª comarca da Rússia, e em suas vizinhanças, sob a supervisão do clero; daí necessariamente decorre e se mantém uma grande concordância.

Se agora voltarmos a Bizâncio e àquela época da qual falamos, podemos constatar que a própria religião assume um caráter diplomático-pedante, ao passo que as festas tomam a forma de solenidades da corte e do Estado.

A essa limitação e persistência deve-se também atribuir o fato de que mesmo a destruição de imagens não trouxe nenhuma vantagem à arte, pois as imagens produzidas de novo com a vitória do partido principal tinham de ser exatamente iguais às antigas, a fim de assumirem os direitos delas.[127]

Como, porém, se insinuou a mais triste das ocorrências, a de, provavelmente por influxos egípcios, etiópicos, abissínios, se retratar a Mãe de Deus com a pele escura, e como se deu também uma cor mourisca ao rosto do Salvador impresso no véu de Verônica, se poderá demonstrar talvez com mais precisão por uma revisão da história da arte daquele período; tudo, porém, aponta para um estado de coisas que pouco a pouco se tornava cada vez mais ruinoso e cuja completa dissolução se verificou muito mais tarde do que seria de imaginar.

Aqui, porém, temos de tentar deixar claros os grandes méritos que a escola bizantina, da qual pouco tivemos a dizer de bom, trouxe em seu seio, que se transmitiram artisticamente para ela a partir da nobre herança de seus antepassados, os gregos e romanos mais antigos, e foram preservados nela através das guildas.

---

127 O imperador bizantino Leão III, o Isauro, que governou entre os anos de 717 e 741, combateu o culto às imagens e mandou retirá-las de todas as igrejas. O movimento iconoclasta foi oficialmente reconhecido pelo Concílio de Hiéria, convocado em 754 pelo imperador Constantino V, o Coprônimo, cujo reinado se estendeu de 741 a 775. O banimento das imagens só foi revogado no Segundo Concílio de Niceia, em 787.

"A campanha na França" e outros relatos de viagem

Pois se antes, não sem razão, a chamamos de mumificada, devemos também lembrar que em corpos esvaziados, em músculos ressecados e embalsamados, a forma do esqueleto ainda assim se faz valer. E o mesmo se passa aqui, como uma dissertação mais prolongada demonstrará.

A mais alta tarefa da arte figurativa é adornar determinado espaço, ou dispor um ornamento em um espaço indeterminado; dessa exigência nasce tudo o que chamamos de composição conforme aos princípios da arte. Nisso os gregos, e depois deles os romanos, foram grandes mestres.

Portanto, tudo que deve nos impressionar como ornamento precisa ser articulado, e isso em um sentido mais elevado, uma vez que se constitui de partes que se relacionam mutuamente umas com as outras. Para isso é necessário que possua um meio, um acima e um abaixo, um lá e um cá, dos quais, em primeiro lugar, surja a simetria que, se permanecer de todo apreensível pelo entendimento, pode ser chamada de ornamento na escala mais baixa. Quanto mais variados, porém, forem os membros, e quanto mais aquela simetria inicial estiver diante de nossos olhos como um evidente mistério, intrincado, oculto, alternado em contrapartes, mais agradável será o ornamento, e alcançará a plena perfeição quando, ao contemplá-lo, não pensarmos mais naquele primeiro fundamento, mas formos surpreendidos por algo arbitrário e casual.

A escola bizantina sempre se ateve àquela simetria rigorosa, seca, e embora com isso suas imagens se tornem rígidas e desagradáveis, há alguns casos em que, da alternância de posição dos membros, de figuras que se opõem umas às outras, se produz uma certa graça. Aqueles artistas e artesãos orientais, portanto, disseminaram esse mérito por todo o mundo devoto de então, assim como a variedade de temas tradicionais do Antigo e do Novo Testamento que louvamos anteriormente.[128]

O que aconteceu na Itália em decorrência disso é do conhecimento de todos. O talento prático havia desaparecido por completo, e tudo que tinha de ser representado dependia dos gregos. As portas da basílica de São Paulo Extramuros foram fundidas no século XI em Constantinopla e os campos

---

128 As considerações de Goethe a respeito da Escola Bizantina se baseiam nos trabalhos de D'Agincourt mencionados mais adiante.

dela, pavorosamente ornamentados com figuras gravadas. Justo naquela época se disseminaram pela Itália escolas de pintura gregas, e Constantinopla enviou arquitetos e mosaicistas que soterraram o Ocidente destruído com uma arte infeliz. Mas quando, no século XIII, o sentimento da verdade e do encanto da natureza despertou de novo, os italianos logo recorreram aos méritos dos bizantinos que louvamos anteriormente: a composição simétrica e a diferenciação dos caracteres. Tiveram tanto mais sucesso ao fazê-lo porque o senso da forma não tardou a se manifestar. Esse senso não pudera desaparecer de todo entre eles. Ao longo de séculos, tiveram diante dos olhos magníficos edifícios da Antiguidade, e as partes conservadas dos que se arruinaram ou haviam sido destruídos foram em pouco tempo reaproveitadas para fins eclesiásticos e públicos. As mais esplêndidas estátuas escaparam da devastação, bem como os dois colossos, por sua vez, jamais foram soterrados.[129] Assim, cada ruína ainda mantinha sua forma. Em especial o romano não podia pisar o chão sem tocar algo a que se tivesse dado forma, não podia cultivar seu jardim nem seus campos sem trazer à luz o que havia de mais precioso. Não necessitamos nos deter sobre o que aconteceu em Siena, Florença e outros lugares, ainda mais porque o amigo das artes pode se informar com toda a exatidão sobre todos os objetos já referidos através da valiosíssima obra do sr. D'Agincourt.[130]

Mas a consideração de que os venezianos, como habitantes de costas e baixadas, logo sentiram abrir-se para eles o sentido da cor é importante para nós, pois o utilizaremos como passagem para os flamengos, nos quais encontramos a mesma qualidade.

E com isso nos aproximamos de nosso verdadeiro objetivo, a Baixa Renânia, por amor da qual não nos poupamos de fazer esse grande circunlóquio.

---

129 Colossos: Os Domadores de Cavalos, par de estátuas colossais que representam os Dióscuros (Castor e Pólux). Encontram-se, desde a Antiguidade, perto das Termas de Constantino, no Monte Quirinal em Roma.

130 Jean Baptiste Louis Georges Seroux d'Agincourt (1730-1814), antiquário e historiador da arte francês. Os sete volumes de sua *Histoire de l'Art par les Monuments, depuis sa décadence au IVᵉ siècle jusqu'à son renouvellement au XVIᵉ* [História da arte através dos monumentos, desde sua decadência no século IV até sua renovação no XVI] foram publicados em Paris entre os anos de 1810 a 1823.

Não se precisa de muito para recordar como as margens desse magnífico rio foram percorridas, guarnecidas de fortificações, habitadas e fortemente moldadas pelos exércitos romanos. Se a mais privilegiada das colônias daquela região leva o nome da esposa de Germânico, não resta dúvida de que naquela época se fizeram grandes esforços artísticos: pois em tais instalações tinham de colaborar artistas de toda espécie, arquitetos, escultores, oleiros e mestres medalheiros, como nos provam os muitos restos que se desencavaram e se desencavam.[131] Em que medida, em uma época mais tardia, a mãe de Constantino Magno e a esposa de Otão atuaram aqui, fica a cargo dos historiadores investigar.[132] Para nosso propósito é mais proveitoso se aproximar da lenda e perscrutar, nela ou além dela, um sentido histórico universal.

Envia-se uma princesa britânica, Úrsula, e também um príncipe africano, Gereão, através de Roma para Colônia; aquela rodeada por um cortejo de nobres donzelas, este por uma comitiva de heróis.[133] Homens argutos, que sabiam enxergar por entre as névoas da tradição, nos comunicam o seguinte a respeito dessas tradições: quando em um império surgem dois partidos

---

131 O nome da esposa do general romano Germânico era Agripina. No ano 50, sua filha Júlia Agripina Menor, quarta esposa do imperador Cláudio e mãe de Nero, pediu que o vilarejo em que nascera fosse alçado à categoria de colônia sob o nome de Colonia Claudia Ara Agrippinensium (Colônia de Cláudio e Altar de Agripina).

132 Mãe de Constantino: Flávia Júlia Helena (250-330), também conhecida como Helena Augusta e Helena de Constantinopla, é venerada pela Igreja católica como Santa Helena. Atribui-se a ela a construção da igreja de São Gereão em Colônia. Esposa de Otão: Teofânia Esclerina, Teofana ou Teofano (960-991), realizou obras importantes de ampliação e renovação na igreja de São Pantaleão em Colônia.

133 Segundo a lenda, Úrsula, filha de um rei britânico, ao voltar de uma peregrinação a Roma no ano de 452, foi morta pelos hunos juntamente com 11 mil donzelas. É venerada como Santa Úrsula pela Igreja católica; Gereão era um soldado da Legião Tebana que foi decapitado em Colônia no ano de 318 ao lado de cinquenta outros soldados por se recusarem a oferecer sacrifícios aos deuses pagãos. É venerado pela Igreja católica como São Gereão. Segundo a lenda, a Legião Tebana (de Tebas, cidade do Egito de onde se originava) era uma legião romana de mais de 6 mil homens que se converteram ao cristianismo e foram martirizados por se recusarem a tomar parte nos rituais pagãos dos romanos.

e se separam irrevogavelmente um do outro, o mais fraco dos dois se afastará do centro e buscará se aproximar das margens. Ali, onde a vontade do tirano não chega de imediato, existe um espaço para a ação de facções. Ali, em todo caso, um prefeito, um governador podem se fortalecer graças aos descontentes, respeitando, favorecendo ou mesmo compartilhando-lhes as convicções, as opiniões. Essa ideia é muito estimulante para mim, pois vivemos em nossos dias um espetáculo semelhante, ou mesmo idêntico, que ocorreu também mais de uma vez em um passado imemorial.[134] Multidões dos mais nobres e valorosos emigrados cristãos se dirigem, uma depois da outra, para a famosa e belamente situada Colônia Agripina, em cujas maravilhosas vizinhanças, bem recebidas e protegidas, gozam de uma vida alegre e piedosa, até sucumbirem ignominiosamente às violentas diretrizes de um partido contrário. Se considerarmos a espécie de martírio que Úrsula e suas companheiras sofreram ali, não veremos repetidas, por exemplo, aquelas histórias absurdas de como na bestial Roma pessoas delicadas, inocentes e cultivadas foram martirizadas e assassinadas por carrascos e animais para satisfazer a curiosidade de uma plebe inferior e superior enlouquecida; não, vemos em Colônia um banho de sangue que um partido promove contra outro a fim de retirá-lo de seu caminho com maior rapidez. O assassinato cometido contra as nobres donzelas se assemelha a uma noite de São Bartolomeu, a um dia de setembro; e da mesma forma parece terem perecido Gereão e os seus.[135]

Se também na mesma época a Legião Tebana foi aniquilada na Alta Renânia, encontramo-nos em um tempo no qual um partido dominante não buscava reprimir outro que crescia, e sim exterminar um que já se igualava a ele.

---

134 Referência às lutas partidárias ocorridas no âmbito da Revolução Francesa, e das emigrações provocadas por elas.

135 Noite de São Bartolomeu: na noite de 23 para 24 de agosto de 1572, o chefe dos huguenotes, Gaspard de Coligny, foi morto, juntamente com duzentos adeptos, como consequência da repressão ao protestantismo promovida pelos reis católicos. Estima-se que na sequência tenham sido mortos mais de 20 mil outros huguenotes. Dias de setembro: entre os dias 2 e 7 de setembro de 1792, mais de 1300 prisioneiros contrários à Revolução Francesa foram sumariamente executados em Paris e outras cidades francesas.

"A campanha na França" e outros relatos de viagem

Tudo que dissemos até agora do modo mais sumário possível e, contudo, muito circunstanciado, era extremamente necessário para fundamentar um conceito da escola de arte flamenga.[136] A escola de pintura bizantina dominou por muitos anos em todas as suas ramificações, como em todo o Ocidente, também na Renânia, e formou artífices e discípulos nativos para os trabalhos eclesiásticos gerais; é por isso que se encontram em Colônia e suas vizinhanças também obras secas, em tudo semelhantes às daquela escola sombria. Porém, talvez em nenhuma outra parte o caráter nacional, a influência climática se manifesta de maneira tão bela na história da arte quanto nas regiões do Reno, razão pela qual dedicamos toda a nossa aplicação ao desenvolvimento deste tópico e solicitamos uma atenção amiga para nossa dissertação.

Passaremos por alto a importante época em que Carlos Magno semeou a margem esquerda do Reno de Mainz até Aachen com uma série de residências, porque a cultura que nasceu daí não teve nenhuma influência sobre a pintura, que é o que nos interessa neste momento. Pois aquela secura sombria do Oriente também não se desanuviou aqui antes do século XIII. Agora, porém, um alegre sentimento da natureza eclode de súbito, não como imitação da realidade individual, e sim como um deleitoso prazer visual que se desfralda de modo geral sobre o mundo sensível. Rostos de meninos e meninas redondos como maçãs, faces ovaladas de homens e mulheres, anciãos abastados com barbas fluidas ou encrespadas, a estirpe inteira boa, piedosa e alegre, e todos, embora ainda bastante característicos, representados por um pincel delicado, e mesmo macio. Algo semelhante se passa com as cores. Também elas são alegres, claras, e mesmo fortes, sem verdadeira harmonia, mas também sem estridência, de todo agradáveis e confortáveis para os olhos.

As particularidades materiais e técnicas das pinturas que caracterizamos aqui são o fundo dourado com a auréola de santo, na qual se pode ler o

---

136 A descrição da escola de arte flamenga feita por Goethe corresponde à concepção desenvolvida por Friedrich Schlegel entre 1802 e 1804 em suas descrições de pinturas de Paris e dos Países Baixos e completadas por Sulpiz Boisserée de acordo com as novas aquisições para sua coleção.

591

nome, cunhada ao redor da cabeça. Também a superfície metálica brilhante é muitas vezes estampada com estranhas flores, à maneira de tapeçarias, ou aparentemente transformada, por meio de contornos e sombreamentos, em obra de entalhe dourada. Que podemos atribuir esses quadros ao século XIII dão prova aquelas igrejas e capelas onde ainda os encontramos expostos, de acordo com sua primeira destinação. Mas a prova mais forte consiste em que os claustros e outros recintos de diversas igrejas e mosteiros foram decorados com pinturas semelhantes, nas quais se encontram as mesmas marcas, na própria época de sua construção.[137]

Dentre os quadros que se encontram na coleção Boisserée, dispõe-se justificadamente em um lugar privilegiado uma Santa Verônica, pois ela pode, sob muitos aspectos, ser tomada como prova do que dissemos até agora. Talvez no futuro se descubra que esse quadro, quanto à composição e ao desenho, foi uma concepção sacra tradicional bizantina. O rosto moreno, talvez escurecido mais tarde, coroado de espinhos, tem uma expressão estranhamente nobre e dolorosa. As barras do véu são seguradas pela santa que se posta por trás dela, encoberta quase até o peito, e não tem quase nem um terço do tamanho natural. Gestos e rosto são de uma graça extrema; o sudário cai sobre um piso apenas esboçado, sobre o qual, nos dois cantos inferiores do quadro, três anjinhos cantores, tão pequenos que se estivessem em pé não ultrapassariam 1 pé de altura, estão sentados, reunidos de modo tão belo e artístico em dois grupos que a mais alta exigência pela composição é plenamente satisfeita. Toda a concepção do quadro aponta para uma arte tradicional, pensada, trabalhada à exaustão; pois que grau de abstração não é necessário para distribuir as figuras pintadas em três dimensões e elevar o todo inteiramente à dimensão do simbólico! Os corpinhos dos anjos, em especial as cabecinhas e as mãozinhas, se movem e se dispõem de forma tão bela umas diante das outras que não nos resta mais nada a recordar ali. Se fundamentamos aqui nosso direito de atribuir ao qua-

---

137 A descrição feita por Goethe corresponde ao retábulo de Santa Clara, que se encontrava originalmente na igreja do convento de Santa Clara e, depois da secularização e da demolição do convento, foi salvo por Sulpiz Boisserée e Ferdinand Wallraf (cf. n.7 deste capítulo), que o levaram para a Catedral de Colônia.

"A campanha na França" e outros relatos de viagem

dro uma origem bizantina, a graça e a delicadeza com que a santa foi pintada, com que as crianças foram representadas, obrigam-nos a localizar a feitura do quadro naquela época da Baixa Renânia que já caracterizamos circunstanciadamente. Ele exerce, por reunir em si o duplo elemento de um pensamento rigoroso e uma execução agradável, um poder incrível sobre quem o contempla, para o que colabora de maneira não desprezível o contraste entre o rosto terrivelmente medusiano, a formosa donzela e as graciosas crianças.

Algumas telas maiores, nas quais se veem os apóstolos e os Pais da Igreja em postura imóvel, quase como imagens esculpidas e coloridas, executados por um pincel macio e agradável, em cores alegres e aprazíveis, representados com metade de seu tamanho natural entre merlões dourados e outros ornamentos arquitetônicos pintados, nos dão oportunidade para considerações semelhantes, mas ao mesmo tempo apontam para novas condições.[138] Ocorre que, próximo ao fim da assim chamada Idade Média, também na Alemanha a escultura se antecipou à pintura, por ser mais indispensável à arquitetura, mais adequada à sensibilidade e mais à mão para o talento. O pintor, se quiser se salvar do mais ou menos amaneirado através de uma observação própria da realidade, tem o duplo caminho da imitação da natureza ou da reprodução de obras de arte já existentes. Não diminuímos de modo algum, portanto, o mérito do artista flamengo nessa época da pintura, quando nos perguntamos se esses homens santos, ricos mas livremente envoltos em mantos, retratados aqui em pinturas com doce suavidade e delicadeza, não seriam cópias de imagens esculpidas, coloridas ou não, que se encontravam entre obras arquitetônicas verdadeiras semelhantes, esculpidas e douradas. Acreditamos encontrar uma justificativa especial para essa conjetura nos crânios pintados, dispostos aos pés desses santos em compartimentos ornamentados, dos quais deduzimos que essas imagens imitam um relicário instalado em algum lugar com seus ornamentos e figuras. Mas uma tal imagem se torna mais agradável quando

---

138 Goethe se refere aqui à parte interna do retábulo da abadia de Heisterbach, trabalho da escola de Stefan Lochner (cf. n.9 deste capítulo), hoje na pinacoteca antiga de Munique.

certa seriedade, que a escultura sempre antecipa à pintura, se entremostra dignamente através de um tratamento amável. Tudo que afirmamos aqui se confirmará de modo ainda mais decisivo quando voltarmos uma atenção desprovida de preconceitos para os antigos resquícios eclesiásticos, embora dispersos.

Se já no início do século XIII Wolfram von Eschenbach apresenta em seu *Parzival* os pintores de Colônia e Maastricht quase proverbialmente como os melhores da Alemanha, ninguém se admirará que tenhamos dito tantas coisas boas a respeito dos antigos quadros dessa região.[139] Mas agora uma nova época que se abre no início do século XV exige toda a nossa atenção, se pensamos igualmente em assimilar seu caráter decidido. Antes, porém, de continuarmos e falarmos da forma de tratamento que então se manifestou, mencionamos mais uma vez os objetos que se ofereciam sobretudo ao pintor da Baixa Renânia.

Já observamos antes que os principais santos daquela região eram nobres donzelas e rapazes, que a morte deles não teve nada das casualidades que tornam tão incômodas as representações de outros mártires. Mas os pintores da Baixa Renânia devem contar entre as maiores felicidades que os esqueletos dos três reis magos tenham sido levados de Milão para Colônia.[140] É em vão que se examinam as fábulas, tradições e lendas a fim de encontrar um objeto tão propício, rico, agradável e gracioso quanto o que se oferece aqui. Entre paredes arruinadas, sob um teto precário, um menino

---

139 Wolfram von Eschenbach (*c.* 1160/80-*c.* 1220), poeta alemão. No terceiro livro de seu *Parzival* ele diz, descrevendo o herói em sua recém-conquistada armadura: "Minha narrativa dá conta de que, entre Colônia e Maastricht, não havia pintor capaz de oferecer um quadro convincente daquilo que ele, assim magnificamente montado, oferecia de fato" (Cf. Von Eschenbach, *Parsifal*, p.120). Friedrich Schlegel tomou essa passagem como prova da antiguidade da escola de pintura de Colônia. Goethe, a exemplo de Schlegel, chama o poeta de Wolfram von Eschilbach.

140 As ossadas teriam sido encontradas na Palestina por Santa Helena, que as levou para Constantinopla. No início do século IV, teriam sido levadas pelo bispo Eustórgio para Milão. Depois do cerco e da destruição da cidade em 1162 por Frederico Barba-Ruiva, o imperador as tomou e presenteou com elas o arcebispo Reinaldo de Dassel, de Colônia, onde são preservadas em um relicário como um dos tesouros da catedral.

recém-nascido, mas já consciente de si mesmo, protegido no colo da mãe, cuidado por um ancião. Diante dele se inclinam os nobres e grandes do mundo, e submetem a honra à minoridade, os tesouros à pobreza, a coroa à humildade. Um numeroso séquito se queda admirado com o estranho objetivo de uma viagem longa e acidentada. A esse objeto dos mais amáveis os pintores flamengos devem sua sorte, e não é de admirar que eles não se cansaram de repeti-lo artisticamente ao longo dos séculos. Agora, porém, chegamos ao importante passo que a arte renana dá na passagem do século XIV para o XV. Havia tempo já que os artistas, em virtude das muitas personagens com possibilidade de representação, dependiam da variedade da natureza, mas eles se contentavam com sua expressão genérica, ainda que aqui e ali se encontre algo semelhante a um retrato. Porém, agora se menciona expressamente o mestre Wilhelm de Colônia, ao qual ninguém se iguala na reprodução de rostos humanos. Essa qualidade se manifesta do modo mais admirável na imagem da catedral de Colônia, e pode ser considerada, de resto, como o eixo da história da arte da Baixa Renânia.[141] Resta apenas desejar que seu verdadeiro mérito seja reconhecido no âmbito histórico-crítico. Pois, de fato, ele agora é tão incensado com hinos que é de se temer que em breve se encontre de novo obscurecido aos olhos do espírito, como outrora, escurecido pela fuligem de tochas e velas, foi subtraído aos olhos carnais.[142] Constitui-se de um quadro central e dois laterais. Em todos os três, o fundo dourado está preservado segundo a técnica dos quadros descritos até aqui. Além disso, a tapeçaria por trás

---

141 Wilhelm von Köln é um pintor mencionado em documentos como tendo atuado entre 1370 e 1390, sendo considerado o mais importante representante da escola de pintura de Colônia. Não se pôde, contudo, identificar com segurança uma obra de sua autoria. O quadro referido por Goethe, como só mais tarde se pôde constatar, foi pintado por Stefan Lochner. A atribuição da autoria a Wilhelm von Köln se deve a Sulpiz Boisserée.

142 Essas palavras depreciativas se referem a uma descrição da obra de autoria de Ferdinand Wallraf publicada no *Taschenbuch für Freunde altdeutscher Zeit und Kunst auf das Jahr 1816* [Almanaque para os amigos dos tempos e arte alemães antigos para o ano de 1816]. Antes de ser novamente exposto na catedral de Colônia em 1810, o quadro passou por uma restauração, daí Goethe dizer que "havia sido subtraído aos olhos carnais".

de Maria foi impressa por meio de cunhos e colorida. No restante, essa técnica utilizada com tanta frequência foi totalmente desprezada; o pintor se dá conta de que com seu pincel poderia produzir brocados e damascos, e tudo quanto é cambiante, brilhante e luzidio, sem precisar de nenhum outro recurso mecânico.

As figuras do quadro principal, assim como dos laterais, se relacionam com o centro de modo simétrico, mas com grande variedade de contrastes significativos das figuras e dos movimentos. A máxima bizantina tradicional ainda domina por completo, mas é considerada com doçura e liberdade.

Um caráter nacional semelhante tem toda a multidão que se reúne em vestimentas orientais em torno do grupo principal, feminina ao redor de Santa Úrsula e cavaleiresca ao redor de São Gereão. Retratos consumados, porém, são os dois reis ajoelhados, e diríamos o mesmo da Mãe. Não queremos nos estender muito sobre essa rica combinação e os méritos dela, uma vez que o *Almanaque para amigos dos tempos e arte alemães antigos* nos põe diante dos olhos uma reprodução muito bem-vinda dessa obra excepcional, e acrescenta ainda uma descrição satisfatória, que reconheceria com a mais pura gratidão, se não fosse orientada por uma mística entusiástica, sob cuja influência nem a arte nem o conhecimento podem florescer.[143]

Como esse quadro pressupõe uma grande experiência do mestre, pode ser que uma investigação mais precisa ainda encontre no futuro um ou outro da mesma espécie, ainda que o tempo tenha destruído algumas coisas e uma arte posterior tenha sepultado outras. Para nós, trata-se de um documento importante de um passo decisivo que deixa para trás a realidade estereotipada e evolui de uma fisionomia nacional generalizante para a plena realidade do retrato. Segundo essa dedução, portanto, estamos convencidos de que esse artista, seja lá qual for seu nome, tinha uma índole e uma origem genuinamente alemãs, de modo que não vemos necessidade de apelar para influências italianas a fim de explicar seus méritos.[144]

---

143 Refere-se ainda à descrição de Wallraf mencionada na nota anterior.

144 Seja lá qual for seu nome: alusão à tese de Wallraf de que o pintor seria Philipp Kalf.

Uma vez que esse quadro foi pintado em 1410, ele se situa na época em que Jan van Eyck já florescia como um artista decidido, e assim ele nos serve para explicar em certa medida o que há de incompreensível na excelência de Van Eyck, por nos dar um testemunho de como eram os companheiros de geração daquele homem excepcional.[145] Dissemos que o retábulo da catedral era o eixo ao redor do qual a arte flamenga mais antiga fazia seu giro para a moderna, e agora consideramos as obras de Van Eyck como pertencentes à época da revolução completa daquela arte. Já nos mais antigos quadros baixo-renanos bizantinos encontramos as tapeçarias cunhadas tratadas por vezes de maneira perspectivista, embora inábil. No retábulo da catedral não aparece nenhuma perspectiva, pois o fundo puramente dourado circunscreve tudo. Mas agora Van Eyck remove tudo que é cunhado e todo o fundo dourado, e um espaço livre se abre, no qual não apenas as personagens principais, como também todas as figuras secundárias são retratos consumados seja quanto ao rosto, a estatura ou a vestimenta, assim como é plenamente retrato qualquer objeto secundário.

Por mais que seja sempre difícil dar conta de um homem de tal magnitude, ousaremos fazer aqui uma tentativa, na esperança de que a contemplação de suas obras não escape ao leitor, e não hesitamos nem por um momento em situar nosso Van Eyck na primeira classe daqueles que a natureza dotou de talentos para a pintura. Ele teve também a sorte de viver na época de uma arte de técnica altamente desenvolvida, universalmente disseminada e que tinha chegado a um certo limite. Além disso, aconteceu de ele se dar conta de uma vantagem técnica mais elevada na pintura, podemos mesmo chamá-la a mais elevada de todas; pois, seja lá como for que se tenha dado a invenção da pintura a óleo, não levantaríamos dúvidas de que Van Eyck foi o primeiro a misturar com as próprias tintas substâncias oleosas que em geral só se aplicavam sobre os quadros prontos, tendo escolhido dos óleos os que secavam com mais facilidade, e das tintas as mais claras, as que menos encobriam o fundo, a fim de, ao aplicá-las, deixar aflorar a luz

---

145 1410: a datação se deve a Sulpiz Boisserée; Jan van Eyck (*c.* 1390-1441), pintor flamengo. É considerado, com seu irmão Hubert van Eyck (1366-1426), o fundador da pintura flamenga moderna.

do fundo branco e uma cor através da outra, segundo seus propósitos.[146] E, uma vez que a grande força da cor, que é em si um tom escuro, é despertada não porque a cor reverbere a luz, e sim porque a luz aflora através dela, com essa descoberta e esse tratamento se satisfizeram ao mesmo tempo as mais altas exigências da Física e da arte.[147] Mas, como flamengo, o sentimento da cor foi dado a ele pela natureza. O poder da cor lhe era conhecido, como aos seus contemporâneos, e assim ele logrou, para falar apenas de tecidos e tapeçarias, elevar a aparência do quadro muito acima de todas as manifestações da realidade. Isso é, afinal, o que deve realizar a verdadeira arte, pois a visão real é, tanto para o olho quanto para os objetos, condicionada por infinitas casualidades, ao passo que o pintor pinta segundo leis que regem de que forma os objetos, delimitados uns dos outros por luz, sombra e cor, devem ser apreendidos em sua mais plena visibilidade por um olhar saudável e novo. Além disso, Van Eyck se apropriou da arte da perspectiva e assimilou a variedade da paisagem, em especial de infinitos edifícios, que agora aparecem no lugar dos precários fundos dourados ou tapeçarias.

Contudo, poderia parecer estranho se agora afirmássemos que ele, descartando imperfeições materiais e mecânicas da arte até aquele momento, renunciou ao mesmo tempo a uma perfeição técnica que se mantivera em silêncio, a saber, a composição simétrica. Porém, também faz parte da natureza de um espírito extraordinário que, quando rompe uma casca material, nunca pensa que sobre ela se desdobra ainda uma fronteira espiritual ideal contra a qual ele luta em vão, à qual deve se entregar ou deve criar segundo sua própria índole. Por isso, as composições de Van Eyck são de grande veracidade e suavidade, embora não satisfaçam as exigências rigorosas da arte, e pareça mesmo que ele propositadamente não quer fazer uso de tudo aquilo que seus antecessores possuíam e praticaram nesse sentido. Entre seus quadros que se tornaram conhecidos para nós, não há nenhum grupo que se pudesse comparar àqueles anjinhos ao lado da Santa Verônica. Mas como

---

146 O primeiro a atribuir a Van Eyck a invenção da pintura a óleo foi Giorgio Vasari (1511-1574) em seu livro *Le vite de' più eccellenti Pittori, Scultori e Architetti* [Vida dos mais excelentes pintores, escultores e arquitetos], de 1550.

147 Tom escuro: Na introdução ao seu *Esboço de uma teoria das cores*, Goethe define as cores como "meias-luzes" e "meias-sombras".

sem simetria nenhum acontecimento provoca encanto, ele, como homem de bom gosto e delicadeza de sentimentos, a produziu à sua própria maneira, e então surgiu algo que tem um efeito mais gracioso e penetrante do que aquilo que se atém às regras da arte sempre que isso prescinde da ingenuidade, falando então apenas ao entendimento e estimulando o cálculo.

Se nos ouviram pacientemente até aqui, e se os conhecedores concordam conosco em que cada passo que se dá de uma situação artística enrijecida, envelhecida, em direção a uma verdade natural livre e vivaz traz consigo ao mesmo tempo uma perda que só pouco a pouco, e quase sempre em um tempo futuro, se restabelece, então podemos agora observar nosso Van Eyck em sua singularidade, pois agora se trata de honrar incondicionalmente sua essência individual. Já os primeiros artistas flamengos preferem representar em uma certa sequência tudo o que se oferece de delicado no Novo Testamento, e assim encontramos, na grande obra de Van Eyck que adorna essa coleção e se constitui de um quadro central e dois laterais, o artista pensador que, com sentimento e compreensão, se propõe a representar uma trilogia progressiva.[148] À nossa esquerda, a mais virginal das donzelas recebe de um jovem celestial o anúncio de um estranho acontecimento. No centro a vemos como uma mãe feliz, admirada, venerada em seu filho, e à direita ela aparece levando a criança à consagração no templo, já quase como uma matrona que pressente com toda a seriedade o que espera pelo menino recebido com encanto pelo sumo sacerdote. A expressão de todas as três faces – assim como a figura e a posição de cada uma, a primeira de joelhos, a segunda sentada e a terceira em pé – é cativante e nobre. A relação das pessoas entre si em todos os três quadros dá testemunho do mais delicado sentimento. Na representação no templo, encontra-se também uma espécie de paralelismo que, sem ter um centro, é produzida pela contraposição das personagens. Uma simetria espiritual, tão sentida e sensorial que nos sentimos atraídos e cativados, sem que, contudo, possamos lhe atribuir a medida da arte perfeita.

---

148 O tríptico do altar de Santa Columba é, de fato, obra do pintor flamengo Rogier van der Weyden (1399 ou 1400-1464), pintado para a igreja de Santa Columba em Colônia. Até 1841, sua autoria era atribuída a Jan van Eyck.

Do mesmo modo que Jan van Eyck, como excelente artista pensador e sensível, sabe conferir a suas figuras uma diversidade elevada, ele também soube dar um tratamento igualmente feliz às localidades. A anunciação ocorre em um quarto fechado, estreito, mas alto e iluminado por uma janela disposta em um ponto elevado. Tudo ali é muito limpo e agradável, como convém à inocência que só se preocupa consigo mesma e com seu entorno imediato. Bancos encostados à parede, um genuflexório, a cama com dossel, tudo gracioso e arrumado. A cama sob cobertas e cortinados vermelhos, tudo representado do modo mais admirável, inclusive a cabeceira da cama revestida de brocado. O quadro central, por sua vez, nos mostra a vista mais livre, pois a capela ao centro, nobre mas arruinada, serve antes de moldura de certos objetos do que para encobri-los. Ao lado esquerdo do observador há uma cidade a meia distância, cheia de ruas e casas, repleta de comércio e movimento, que se estende para o fundo do quadro e deixa espaço para um campo vasto. Este, adornado por diversos objetos rurais, termina por fim em um amplo terreno abundante em água. À direita do observador, insinua-se no quadro parte do edifício de um templo circular de vários andares, mas o interior dessa rotunda se mostra através da porta que dá para ele, e contrasta maravilhosamente pela altura, amplidão e claridade com aquele primeiro quartinho da virgem. Dizemos e repetimos, portanto, que todos os objetos dos três quadros foram executados com a maior perfeição, com magistral exatidão; e assim se pode fazer uma ideia geral da excelência desse quadro bem conservado. Desde a vegetação musgosa das pedras desgastadas e quebradas da ruína, dos talos de gramíneas que crescem no teto de palha apodrecido até as taças de ouro cravejadas de pedras preciosas que contêm os presentes, da roupa ao rosto, da proximidade à distância, tudo é tratado com o mesmo cuidado, e não há nenhum ponto desses quadros que não ganharia em ser observado com uma lente de aumento. O mesmo se pode dizer de um quadro solitário no qual Lucas desenha a imagem da Santa Virgem amamentando.[149]

E aqui vem à tona aquela importante situação em que o artista dispôs nos arredores a simetria que exigimos de maneira tão incisiva e, com isso,

---

149 *São Lucas desenhando a Virgem*, também obra de Rogier van der Weyden.

substituiu o indiferente fundo dourado por um meio artístico e relevante. Ainda que suas figuras não se movimentem nesse meio e não se comportem umas diante das outras de maneira inteiramente conforme às regras da arte, trata-se, contudo, de uma localidade disciplinadora que lhes determina um certo limite, com o que seus movimentos naturais e quase casuais aparecem regulados da maneira mais agradável.

Porém tudo isso, por mais que tenhamos procurado expressá-lo do modo mais preciso e claro, não passa de palavras vazias sem a contemplação dos próprios quadros. Por isso, seria altamente desejável que os senhores proprietários, antes de mais nada, nos disponibilizassem um esboço preciso, em tamanho médio, dos quadros mencionados, o que permitiria àqueles que não tiverem a sorte de ver as próprias obras poderem verificar e julgar aquilo que dissemos até aqui.

Ao expressar esse desejo, temos ainda mais motivos para lamentar que um jovem talentoso que se formou com essa coleção foi levado prematuramente pela morte. Seu nome, Epp, ainda é caro a todos os que o conheceram, mas especialmente aos apreciadores que possuem cópias de antigas obras suas, preparadas por ele com fidelidade, afinco e extrema honestidade.[150] Mas também não devemos desesperar, porque um artista muito habilidoso, o sr. Köster, se associou aos proprietários e se dedicou à preservação de uma coleção tão importante.[151] Ele daria mais seguramente provas de seu belo e consciencioso talento caso dedicasse seus esforços à realização daqueles desejados esboços e à sua edição. Acrescentaríamos então, desde que eles se encontrassem nas mãos de todos os apreciadores, ainda algumas coisas que agora, como costuma acontecer com a descrição em palavras de pinturas, apenas confundiria a imaginação.

É com pesar que me conformo aqui em fazer uma pausa, pois justamente o que teria a comentar em seguida tem algo de gracioso e agradável. De Jan van Eyck não devemos dizer quase mais nada, pois sempre voltaremos a ele quando formos falar dos próximos artistas. Mas os que se seguem

---

150 Friedrich [Peter] Epp (1785-1813), pintor, gravador e restaurador de quadros alemão.

151 Christian Philipp Köster (1784-1851), pintor e restaurador alemão.

são daqueles para os quais temos tão pouca necessidade de pressupor influências estrangeira quanto para ele. De resto, não passa de um fraco recurso, quando se trata de honrar um talento extraordinário, apressar-se a investigar onde ele porventura adquiriu suas qualidades. A pessoa que na infância levanta os olhos não encontra a natureza pura e nua diante de si: pois a energia divina de seus antepassados criou um segundo mundo no mundo. Hábitos impostos, práticas ancestrais, costumes apreciados, tradições honrosas, monumentos preciosos, leis úteis e produções artísticas tão variadas rodeiam de tal modo o ser humano que ele jamais sabe discernir o que é original e o que é derivado. Ele se serve do mundo tal como o encontra, e tem todo o direito de fazê-lo.

Podemos, portanto, chamar original àquele artista que trata os objetos ao seu redor de um modo individual, nacional e, primeiro de tudo, tradicional, e os configura como um todo articulado. Assim, quando falamos de um tal artista, é nosso dever observar antes de mais nada sua força e a educação dela, em seguida seu ambiente mais imediato, na medida em que ele lhe transmite temas, habilidades e convicções, e só por último podemos lançar nosso olhar para o exterior e investigar não tanto o que ele conheceu de estrangeiro, quanto o modo como o utilizou. Pois o hálito de tantas coisas boas, aprazíveis e úteis sopra por sobre o mundo, muitas vezes ao longo de séculos, antes que sintamos seu influxo. Muitas vezes nos admiramos do lento progresso na história de habilidades puramente mecânicas. Os bizantinos tinham diante dos olhos as inestimáveis obras da arte helênica, sem que pudessem se alçar acima da tristeza de suas secas pinceladas. E podemos perceber particularmente em Albrecht Dürer que ele esteve em Veneza? Esse excelente artista pode ser inteiramente explicado a partir dele mesmo.

E assim eu desejo encontrar o patriotismo ao qual todo reino, Estado, província e mesmo cidade tem direito: pois quando exaltamos o caráter do indivíduo, que consiste em que ele não se deixa dominar pelos ambientes, e sim os domina e vence ele mesmo, então prestamos a cada povo, a cada parte de um povo, o tributo e a honra de lhe atribuir um caráter que se revela em um artista ou em qualquer outro homem extraordinário. E assim procederemos em primeiro lugar quando tratarmos de artistas estimáveis como Memling, Israhel van Meckenem, Lucas van Leyden, Quentin Massys e outros.[152] Estes se mantêm em seus círculos de origem, e nosso dever é, tanto quanto possível, refutar influências estrangeiras sobre suas qualidades. Mas agora entram em cena Scorel, mais tarde Heemskerck e vários outros, que educaram seus talentos na Itália e, apesar disso, não podem negar sua origem flamenga.[153] Pode ser que em suas obras transpareça o exemplo de Leonardo da Vinci, Correggio, Ticiano, Michelangelo, o flamengo permanece flamengo, sim, a singularidade nacional o domina de tal forma que ele por fim se encerra em seu círculo mágico e repele toda a formação estrangeira. Assim Rembrandt exerceu o mais sublime talento artístico, para o qual lhe bastavam o material e a ocasião encontrados em sua vizinhança imediata, sem que tenha jamais tomado o menor conhecimento de que um dia houve gregos e romanos no mundo.

Se, então, tivermos logrado apresentar o que nos propusemos, então temos de nos dirigir à Alta Renânia, onde buscaremos nos impregnar no próprio lugar, assim como na Suábia, Francônia e Baviera, das qualidades e peculiaridades da escola da Alta Alemanha. Também aqui deveria ser nosso primeiro dever ressaltar a diferença, ou mesmo a oposição entre ambas, a fim de conseguir que uma escola valorize a outra, que reconheçam mutuamente os homens extraordinários de cada uma das partes, não neguem os progressos uma da outra e tudo o que de bom e nobre surge de convicções comuns. Desse modo procuramos honrar com alegria a arte alemã dos séculos XV e XVI, e a espuma da superestimação, que já agora é repulsiva ao conhecedor e apreciador, pouco a pouco se perderá. Com segurança poderemos então olhar para cada vez mais longe em direção ao leste e ao sul e de boa vontade formar fileiras com nossos companheiros e vizinhos.

A decisão de editar em um fascículo o presente escrito foi bastante favorecida pelo fato de estas folhas serem dedicadas ao tempo presente, e

---

152 Hans Memling (entre 1430/1440-1494), pintor flamengo; Israhel van Meckenem (*c.*1445-1503), gravador e ourives alemão; Lucas Hugensz van Leyden (1494-1533), pintor e gravador holandês; Quentin Massys (1466-1530), pintor flamengo.

153 Jan van Scorel (1495-1562), pintor holandês; Maarten van Heemskerck (1498-1574), pintor holandês.

podemos expressar o desejo de que elas em parte exerçam uma influência benéfica sobre nossa época, e em parte sejam exaltadas e favorecidas por ela, o que só pode acontecer pela satisfação dos justos desejos, pelo apaziguamento e a dissolução das contendas problemáticas que mencionamos, mas em especial por uma atividade contínua de todos os empreendedores. Assim, nesse entretempo as pranchas da coleção dos Boisserée avançaram cada vez mais, em Paris foi encontrada uma duplicata da catedral de Colônia e já chegou à Alemanha. Moller terminou a primeira prancha com o fac-símile mais preciso da planta da catedral anteriormente descoberta, ao mesmo tempo que publicava dois fascículos de sua valiosa representação por meio das gravuras mais precisas e impecáveis de antigos edifícios e monumentos arquitetônicos alemães. Assim também, segundo o feliz exemplo dos primeiros arautos dos tesouros artísticos libertados da escravidão em que viviam, pelos quais fomos saudados em Colônia, já voltaram à pátria os que estavam espalhados por todos os cantos do mundo, e com isso deve se dar uma nova direção à arte novamente disseminada sobre as regiões e o império, assim como ao seu conhecimento e prática.

Sobre a coleção de pinturas dos irmãos Boisserée, acrescentamos ainda que de um ano para cá ela foi consideravelmente ampliada, em especial com excelentes quadros da escola da Alta Alemanha. Dos mestres que ainda faltavam, foram incluídos: Wolgemut, Altdorfer, Beuckelaer e um excelente pintor de Colônia, até agora de todo desconhecido: Hans von Melem, da estirpe de Scorel; algumas obras importantes, outras mesmo obras-primas.[154] Além disso, foram adquiridas obras de mestres já representados na coleção: de Martin Schön, de J. J. Walch, um pintor de retratos contemporâneo de Dürer, do próprio Dürer e de Jan Mabuse.[155] O último,

---

154 Michael Wolgemut (1434-1519), pintor e gravador alemão; Albrecht Altdorfer (*c.* 1480-1538), pintor, gravador e arquiteto alemão da Renascença; Joachim Beuckelaer (1533-1574), pintor flamengo; Johann von Melem: o quadro referido por Goethe era então atribuído ao pintor alemão Hans von Melem (*c.* 1480-1520), mais tarde se descobriu que era retrato de autoria desconhecida do comerciante de Frankfurt Johann von Melem.

155 Jakob Walch, de fato Jacopo de' Barbari (entre 1460/1470-1516), pintor e gravador italiano; Jan Mabuse, de fato Jan Gossaert (1478-1532), pintor flamengo.

"A campanha na França" e outros relatos de viagem

um dos melhores pintores flamengos antigos, é notável também pela variedade de suas formas de tratamento, tanto maior, portanto, se deve considerar a felicidade de se poder acrescentar à coleção várias obras-primas, verdadeiras joias de realização e preservação de diversas fases de sua vida. Talvez, contudo, entre todas as novas aquisições, a *Descida da cruz*, de Dürer, deva ser considerada a mais valiosa.

Além disso, não podemos deixar de notar que os proprietários, graças a ligações de longa distância, extremamente proveitosas, têm para muito breve a perspectiva de enriquecer metodicamente sua coleção e torná-la cada vez mais completa, pois alimentam fundadas esperanças de logo ter a felicidade de recuperar várias obras dispersas em distantes terras estrangeiras, monumentos valiosíssimos para o esclarecimento da história da arte alemã, e de integrá-las ao já existente círculo artístico aparentado.

Na Baixa Renânia, prepara-se um bom número de instituições científicas e artísticas e, até onde sei, em toda parte se leva adiante e se põe em atividade tudo o que é necessário. Se tivermos a felicidade de voltar a passar uma temporada na Alta Renânia, Mannheim, Schwetzingen e a coleção de antiguidades alemãs do conde de Erbach nos oferecem o mais belo material, assim como Karlsruhe — por seus jardins e instituições de Botânica, belas coleções de História Natural e de arte e notáveis edifícios novos — nos oferece a oportunidade para importantíssimas considerações. Congratulamos então a Alta Renânia por ter o raro privilégio de contar com um poeta provincial na pessoa do sr. Hebel que, impregnado da índole peculiar de seus patrícios, lançando o olhar do elevado estágio de cultura de sua região, arremessa a teia de seu talento como uma rede a fim de pescar as peculiaridades de seus compatriotas e contemporâneos, com o intuito de lhes mostrar a abundância delas para sua diversão e instrução;[156] somos também, graças aos manuscritos que voltaram a Heidelberg,[157] conduzidos

---

156 Johann Peter Hebel (1760-1826), escritor, teólogo e pedagogo alemão.

157 Manuscritos: a biblioteca dos príncipes eleitores do Palatinado, chamada Biblioteca Palatina, era a mais importante coleção de manuscritos medievais alemães. Em 1623, quando a cidade de Heidelberg foi tomada pelas tropas da Liga Católica comandadas pelo conde de Tilly, a coleção foi levada para Roma a pedido do papa

aos tesouros das antigas épocas alemãs e relembrados da antiga arte da poesia, como fomos até agora da antiga arte figurativa, e aqui também temos um caso semelhante: pois também nela existe superestimação, interpretação equivocada e uso doméstico infeliz.[158] Mas aqui parece haver também grandes esperanças de que, passada a alegria desmedida pela nova descoberta ou pelas novas observações, uma compreensão verdadeira e uma atividade bom orientada se disseminará rapidamente de modo geral. Tomara o próximo fascículo possa trazer um relato fiel e bem-intencionado disso tudo e de algumas outras coisas que até agora mal puderam ser mencionadas, bem como, dadas as circunstâncias sob as quais o presente foi produzido, corrigir e completar o que se fizer necessário.[159]

Por fim, devo ainda pedir desculpas pela rubrica do fascículo que serão aceitas de bom grado, tanto mais porque eu mesmo me censuro por tê-la feito antes estreita do que larga demais. Segundo o primeiro propósito destas folhas, surgidas, aliás, de modo muito casual, só se deveria falar aqui em arte e Antiguidade; mas como se poderia pensar em ambas sem a ciência, e nas três sem a natureza? E foi assim que, pouco a pouco, vieram se juntando uns aos outros todos os objetos que se apresentaram aos nossos olhos e às nossas mãos. Esperamos que uma acolhida amigável daquilo que apresentamos aqui, e que de fato deve ser visto apenas como um contínuo agradecimento do viajante por todo o bem recebido, possa favorecer uma continuação.

E, por fim, não posso deixar de dizer que os desejos e propósitos dos amigos da arte também são favorecidos pela sorte. Pois foi encontrada em Paris uma segunda planta original da catedral de Colônia, da qual posso agora dar notícia depois de vê-la com meus próprios olhos, e confirmar a informação que havia recebido anteriormente.

Gregório XV. Em 1797, Napoleão exigiu de Pio VI que quinhentos dos manuscritos pertencentes à biblioteca fossem levados para Paris. Em 1816, depois do Congresso de Viena, os manuscritos foram devolvidos à Biblioteca Universitária de Heildelberg.

158 Goethe achava inadmissível a comparação da *Canção dos nibelungos* com a *Ilíada* feita pelos românticos, que as punham em pé de igualdade.

159 Esse plano não foi levado adiante.

"A campanha na França" e outros relatos de viagem

Desse original, assim como de um par de outras plantas que o acompanhavam, haveria por ora o seguinte a dizer: o maior, no que concerne à medida e aos desenhos, é em tudo uma contraparte da planta de Darmstadt; mas esta representa a torre norte, ao passo que o nosso representa a torre sul, com a diferença de que abrange todo o frontão central que se liga a ela, junto com a porta principal e os vitrais, com o que, portanto, se pode preencher a lacuna deixada por uma tira rasgada na planta de Darmstadt. A nova descoberta mede no todo 3 pés e 2 polegadas renanas de largura e 13 pés e 2 polegadas de comprimento.

Na segunda folha, vê-se a planta baixa da torre sul, à direita da entrada principal, na mesma medida e desenhada pela mesma mão da maneira mais limpa; na terceira, então, a elevação e o perfil do lado leste do segundo andar dessa torre com a vista em corte da extremidade contígua à nave da igreja, em uma outra medida e desenhada por outra mão, de um modo menos belo e cuidadoso, mas também ela um original, não apenas porque, como o plano geral, difere do edifício construído em um ponto essencial, mas também porque em certa medida difere do próprio plano geral. Já por seu objeto, este último desenho foi feito apenas para ser utilizado na construção e sobretudo desse ponto de vista ele é notável e instrutivo. Podemos pensar que se trata de um trabalho do administrador e mestre de obras da associação dos construtores. Ambas as folhas têm as mesmas dimensões, 3 pés de comprimento e 2,5 de largura, ambas em pergaminho, muito bem preservadas e limpas.

No que concerne à conservação da grande planta, não se encontra, a não ser em alguns pequenos pontos, nenhuma violação drástica. Em contrapartida, está desgastada pelo uso e, aqui e ali, foi retrabalhada, embora de maneira desnecessária, por mão tardia. Por esse motivo, e porque a planta, junto com as outras folhas que a acompanham, tem por objeto a torre que está mais próxima de ser concluída, e também porque em Colônia jamais se teve conhecimento desse segundo perfil, e sim apenas daquele que estava desde sempre guardado no arquivo da catedral em Darmstadt, é de se supor que ele tenha estado nas oficinas e tenha sido já desde muito tempo levado embora de Colônia, o que seria tanto mais possível porque os arquitetos dessa cidade eram com frequência chamados a trabalhar em terras estrangeiras.

Se hoje vemos o alemão patriota se ocupar apaixonadamente com a ideia de se deleitar com seus sagrados monumentos arquitetônicos, de preservar os que foram concluídos ou semiconcluídos, e também em restaurar o que foi destruído; se em alguns lugares encontramos as somas necessárias para isso; se procuramos recuperar ou substituir as extraviadas, então nos inquieta a constatação de que não apenas os recursos financeiros se tornaram mais parcos, como os artísticos e profissionais desapareceram quase de todo. Em vão buscamos ao redor um grupo de pessoas capazes e dispostas a esse trabalho. Contudo, a história nos ensina que o trabalho de canteiro naqueles tempos era realizado por membros de uma guilda grande, abrangente e fechada em si, sob as mais rigorosas formalidades e regras.

Ocorre que os canteiros tinham conquistado um lugar muito vantajoso no mundo culto, por ficarem a meio caminho entre a arte e o trabalho. Eles se chamavam irmandades, seus estatutos eram referendados pelo imperador. Essa instituição se baseava em uma enorme energia humana e perseverança, mas ao mesmo tempo em gigantescas construções que deveriam ser, todas elas, edificadas, incentivadas e preservadas. Um sem-número de rapazes e homens experimentados trabalhavam, espalhados pela Alemanha inteira, em todas as cidades importantes. Os mestres de todas essas corporações estavam estabelecidos em Colônia, Estrasburgo, Viena e Zurique. Cada um deles presidia seu distrito, de acordo com a localização geográfica.

Se procurarmos nos informar sobre as relações interiores dessa sociedade, encontraremos a palavra *cabana*, primeiro em seu sentido original, de espaço coberto com tábuas, no qual os canteiros realizavam seu trabalho, mas em um sentido figurado como a sede das corporações, dos arquivos e do exercício de todos os direitos. No caso de se passar à realização da obra, o mestre então preparava a planta que, aprovada pelo chefe da obra, permanecia como documento e contrato nas mãos do artista. A regulamentação para aprendizes, oficiais e servidores, seu aprendizado e emprego, suas obrigações artísticas, técnicas e morais são determinados com a máxima precisão, e todas as suas ações orientadas pelo mais delicado sentimento de honra. Em contrapartida lhes são garantidas grandes vantagens, inclu-

"A campanha na França" e outros relatos de viagem

sive aquela muito eficaz de se dar a conhecer aos seus através de sinais e fórmulas secretas em todo o mundo da construção, ou seja, no culto, semiculto e inculto.

Pense-se, pois, em uma inumerável massa humana organizada, em todos os graus de habilidade, auxiliando o mestre, certo de ter trabalho para todos os dias de sua vida, assegurado para os casos de velhice e doença, entusiasmado pela religião, animado pela arte, disciplinado pela moral; e então começamos a compreender como obras tão portentosas puderam ser concebidas, empreendidas e, quando não concluídas, ao menos realizadas como algo cuja continuidade era sempre plausível. Acrescentemos ainda que era lei e condição construir esses edifícios ilimitados em troca de um *salário diário*, a fim de que tudo concorresse para a maior perfeição até nas menores partes; e então pousaremos a mão sobre o peito, a fim de, com alguma reserva, perguntar: que medidas deveríamos tomar para produzir algo semelhante em nossa época?

Se pudermos dar no futuro maiores informações sobre a Irmandade dos Canteiros, deveremos tal feito ao digno e engenhoso veterano sr. dr. Ehrmann, de Frankfurt, que nos franqueou para esse fim uma coleção de documentos e notícias de seus tesouros antiquários, assim como nos comunicou amavelmente algumas observações e pesquisas próprias.[160]

Um louvável empreendimento do nordeste da Alemanha vem ao encontro de nossos esforços no sudeste, as *Notícias semanais para os amigos da história, da arte e da erudição da Idade Média*, editadas pelo dr. Büsching, que não devem ser ignoradas por ninguém que se interesse por aquele período histórico.[161] Também são de todo recomendáveis e dignos de ser imitados, ainda que com outro material, seus moldes em ferro de antigos sinetes silesianos. Pois dessa forma o apreciador obtém, em pequenas dimensões, monumentos artísticos aos quais jamais poderia almejar possuir em grande formato.

---

160 Johann Christian Ehrmann (1749-1827), médico em Frankfurt, possuía uma coleção de documentos referentes à história da Irmandade dos Canteiros, que deixou em herança para os irmãos Boisserée.

161 Johann Gustav Gottlieb Büsching (1783-1829), arqueólogo, germanista e pesquisador da cultura popular alemã, professor da Universidade de Breslau. Büsching dedicou o primeiro volume da obra citada a Goethe.

Johann Wolfgang von Goethe

Para nós, é também extremamente auspicioso e importante poder, no final deste fascículo, incluir ainda a notícia de que graças à excelsa intervenção de Sua Majestade, o imperador da Áustria e rei da Prússia, Sua Santidade, o papa, restituiu à Universidade de Heidelberg não apenas as obras da antiga Biblioteca do Palatinado encontradas em Paris, como também ordenou que sejam devolvidos 847 volumes originários dessa coleção que se encontram na Biblioteca do Vaticano. Todo alemão sente tão profundamente o valor dessa dádiva que não é necessário ainda acrescentarmos algo a essa notícia. Seja-nos apenas permitido observar a grande quantidade de desejos dos alemães que foram satisfeitos desde que o viajante recebeu a feliz notícia do regresso do padroeiro de Colônia.

A festa de São Roque em Bingen[1]

Em 16 de agosto de 1814

Para as colinas alongadas do Reno,
Bem-aventuradas amplidões,
Prados que espelham o rio,
Extensões de terra adornadas de vinhedos,
Possais, com as asas do pensamento,
Acompanhar vosso amigo fiel.[2]

Amigos fiéis, íntimos, que já desfrutavam havia semanas da cura saudável em Wiesbaden, sentiram um dia certa inquietação que procuraram apaziguar pela realização de um propósito desde muito tempo acalentado.[3] Já passava do meio-dia e, mesmo assim, chamaram de imediato uma car-

---

1 Título original: *Sankt Rochus Fest zu Bingen.* Publicado pela primeira vez no segundo volume da revista *Kunst und Altertum* [Arte e Antiguidade].

2 Zu des Rheins gestreckten Hügeln,/ hochgesegneten Gebreiten,/ Auen, die den Fluß bespiegeln,/ weingeschmückten Landesweiten/ möget, mit Gedankenflügeln,/ ihr den treuen Freund begleiten.

3 Goethe viajou a Bingen em companhia do compositor berlinense Carl Friedrich Zelter (1758-1832) e de Ludwig Wilhelm Cramer (cf. n.46 do capítulo "Sobre arte e Antiguidade nas regiões do Reno e do Meno".).

ruagem a fim de tomar o caminho para o aprazível Rheingau. No alto da colina para além de Biebrich se avistava o vasto e magnífico vale do rio com todas as povoações no interior dos campos mais férteis. Mas a vista não era tão perfeitamente bela quanto aquela de que já frequentemente havíamos desfrutado de manhã bem cedo, quando o sol nascente iluminava tantas fachadas e empenas brancas de inumeráveis edifícios maiores ou menores, às margens do rio ou no alto das colinas. Na mais vasta distância, luzia então mais que tudo o mosteiro de Johannesberg, do lado de cá e de lá do rio havia pontos de luz esparsos.[4]

Mas para que logo ficássemos sabendo que andávamos por uma terra piedosa, quando estávamos próximos a Mosbach encontramos um modelador de gesso italiano, equilibrando audaciosamente sobre a cabeça seu tabuleiro lotado. Contudo, as figuras que balançavam em cima dele não eram daquelas que se costumam encontrar no Norte, imagens sem cor de deuses e heróis, e sim figuras bem coloridas de santos, adequadas à região alegre e serena. A Mãe de Deus reinava sobre todos; dos catorze santos auxiliadores haviam sido escolhidos os melhores; à frente deles estava São Roque, em vestimenta negra de peregrino, tendo ao lado seu cãozinho com um pão na boca.[5]

Seguimos então até Schierstein através de vastos campos de cereais, adornados aqui e ali por nogueiras. Ali a terra fértil se estende à esquerda do Reno e à direita das colinas que pouco a pouco vão ficando mais próximas da estrada. Bela e perigosa parece ser a localização de Walluf, sob uma baía do Reno, como que sobre uma língua de terra. Através de árvores

---

4 Mosteiro de Johannesberg: construído em estilo barroco entre 1757 e 1759 para substituir um mosteiro beneditino dissolvido. Foi secularizado em 1802.

5 Os catorze santos auxiliadores são invocados em situações difíceis, especialmente em casos de doenças. Seu culto se iniciou na Alemanha no século XIV. O grupo é formado por São Brás (3 de fevereiro), São Jorge (23 de abril), Santo Acácio (8 de maio), Santo Erasmo (2 de junho), São Vito (15 de junho), Santa Margarida de Antioquia (20 de julho), São Cristóvão (25 de julho), São Pantaleão (27 de julho), São Ciríaco (8 de agosto), Santo Egídio (1º de setembro), Santo Eustáquio (20 de setembro), São Dionísio (9 de outubro), Santa Catarina de Alexandria (25 de novembro), Santa Bárbara (4 de dezembro). Embora não faça parte do grupo, São Roque (16 de agosto), assim como São Cristóvão, era invocado em tempos de peste.

"A campanha na França" e outros relatos de viagem

carregadas de frutos, cuidadosamente protegidas, viam-se barcos passando, alegres, duplamente favorecidos, rio abaixo.

O olhar é atraído para a outra margem; surgem localidades bem construídas, grandes, rodeadas por prados férteis, mas logo temos de tornar a voltar os olhos para o lado de cá: nas proximidades se veem as ruínas de uma capela que, sobre um verde relvado, eleva seus muros recobertos de hera verdejante com maravilhosa pureza, simplicidade e graça. Agora, à direita, os vinhedos se achegam completamente ao caminho.

Na cidadezinha de Walluf[6] reina profunda paz, apenas os sinais de aquartelamento feitos a giz nas portas das casas ainda não se apagaram. Mais adiante, veem-se vinhedos de ambos os lados. Mesmo sobre o terreno plano, pouco inclinado, as vinhas se alternam com o cereal, as colinas distantes à direita são totalmente recobertas de videiras.

E então, em uma planície aberta, rodeada de colinas e cingida de montanhas em sua extremidade ao norte, fica situada Elfeld,[7] igualmente próxima do Reno, defronte de uma grande várzea cultivada. As torres de um castelo antigo, assim como a da igreja, indicam já uma cidade provinciana maior, que também se notabiliza por casas mais antigas, de arquitetura ornamentada.

O motivo pelo qual os primeiros habitantes dessas localidades se estabeleceram em tais lugares? Investigá-lo seria uma ocupação agradável. Ora é um riacho que corre da colina para o Reno, ora pontos propícios para a ancoragem e a descarga, ora outra comodidade local qualquer.

Veem-se belas crianças e pessoas adultas bem formadas, todos com uma aparência serena, nada impetuosa. Excursionistas em carroças ou a pé se encontravam pelo caminho a todo momento, os últimos quase sempre com guarda-sóis. O calor do sol era grande, a secura geral, a poeira muito importuna.

Abaixo de Elfeld há uma casa de campo nova, suntuosa, rodeada de jardins ornamentais. Ainda se veem pomares na planície à esquerda, mas os vinhedos se multiplicam. Povoações se interpõem, herdades se encaixam entre elas, de modo que, vistas umas depois das outras, parecem se tocar.

---

6 Walluf: Niederwalluf.
7 Elfeld: Eltwille am Rhein. A construção do castelo data de 1330-1350.

Toda essa vida vegetal das planícies e colinas viceja em um solo feito de cascalho que, misturado ao lodo em maior ou menor quantidade, favorece grandemente a videira de raízes profundas. É, aliás, o que mostram os fossos que se abriram para a pavimentação da estrada real.

Erbach, como as demais localidades, é pavimentada com esmero, as ruas são secas, os andares térreos habitados e, como se pode ver pelas janelas abertas, arranjados com asseio. As sedes das herdades, semelhantes a palácios, se seguem umas às outras, os jardins chegam até o Reno, é com prazer que contemplamos terraços aprazíveis e umbrosas alamedas de tílias.

Aqui o Reno assume outra fisionomia, torna-se apenas parte do todo, o amplo vergel o limita e lhe dá a forma de um rio mediano, mas fresco e de correnteza forte. Nesse ponto, as videiras da margem direita chegam bem perto da estrada, sustentadas por sólidos muros nos quais um nicho profundo atrai a atenção. A carruagem se detém e nós nos refrescamos na água que brota com força de um cano. É a Marktbrunnen, da qual o vinho que se produz no trecho de colina recebe seu nome.[8]

O muro termina, as colinas se aplainam, seus lados e encostas suaves estão abarrotados de videiras. À direita, árvores frutíferas. Próximo ao rio, salgueirais que o escondem.

Ao atravessar Hattenheim, a estrada faz uma subida: sobre a colina que se alcança depois da localidade, o solo lodoso tem menos cascalho. De ambos os lados, vinhedos, à esquerda cercados de muros, à direita contidos por um talude. Reichartshausen, antiga propriedade de um mosteiro, pertence hoje à duquesa de Nassau.[9] Uma fenda aberta no último canto do muro mostra um gracioso jardim de acácias coberto de sombras.

Planuras suaves, ricas, sobre a elevação que se estende ao longe, mas em seguida a estrada torna a descer para junto do rio, que nesse trecho ficara até agora bem distante, lá embaixo. Aqui o terreno plano é utilizado para a agricultura e a horticultura, e a menor das elevações para o cultivo

---

8 Marktbrunnen: de fato Markbrunnen, de *marka* ou *marke*, médio alemão para "fronteira" ou "limite" (e não *Markt*, mercado), pois a fonte ficava situada na fronteira entre Erbach e Hattenheim. O vinho se chama Markobrunn.

9 Duquesa Luise von Waldeck (1750-1816), esposa do duque Friedrich August von Nassau-Usingen (1738-1816).

614

dos vinhedos. Östrich fica situada em um lugar muito agradável a alguma distância das águas, em um terreno em aclive: pois atrás da localidade os vinhedos se estendem até o rio, e assim por diante, até Mittelheim, onde o Reno se alarga magnificamente. Logo depois vem Langenwinkel, e merece o adjetivo de Langen, pois é uma povoação que se estende até esgotar a paciência de quem a atravessa; já de anguloso ela não tem nada.[10]

Diante de Geisenheim, um terreno plano, baixo, se estende até o rio, que provavelmente ainda hoje o inunda nas cheias; esse terreno serve para a horticultura e o cultivo do trevo. A várzea junto ao rio e a cidadezinha às suas margens se estendem, muito belas, ao encontro uma da outra, a vista para o outro lado se torna mais livre. Um largo vale entre colinas se move através de duas elevações em direção ao Hunsrück.

À medida que nos aproximamos de Rüdesheim, a planície baixa à esquerda chama cada vez mais a atenção, e chegamos à conclusão de que em eras pré-históricas, quando a serra nas proximidades de Bingen ainda era fechada, a água obstruída e impelida para trás aplainou essa depressão do terreno até que por fim, pouco a pouco, escoando-se e fluindo continuamente, formou o atual leito do Reno ao lado dela.

E assim chegamos, em menos de três quartos de hora, a Rüdesheim, onde a hospedaria Zur Krone, localizada na graciosa vizinhança do portão, de imediato nos seduziu.

Ela foi construída junto de uma antiga torre, e das janelas fronteiras a vista se estende Reno abaixo, ao passo que das traseiras a vista se estende Reno acima; mas logo saímos em busca do ar livre. Uma construção de pedra avançada é o lugar de onde se tem a vista mais desobstruída para a região. Daqui, lançando o olhar rio acima, veem-se os prados verdejantes em toda a sua beleza panorâmica. Olhando para baixo, na margem contrária, vê-se Bingen; mais abaixo, no meio do rio, Mäuseturm.[11]

---

10 Langenwinkel: Goethe decompõe o nome, o que resulta nas palavras Lange (longo) e Winkel (ângulo). O nome Winkel, contudo, é derivado do latim *vinicella* (vinícola).

11 *Mäuseturm* (Torre dos Camundongos): torre da alfândega no Reno. Segundo a lenda, ela foi mandada construir pelo arcebispo Hatto II de Mainz (morto em

Johann Wolfgang von Goethe

De Bingen para cima, próximo ao rio, uma colina se estende para o planalto superior. Pode-se pensar nela como um contraforte nas águas outrora mais altas. Em sua extremidade leste se vê uma capela, dedicada a São Roque, que está sendo restaurada dos danos sofridos durante a guerra. De um dos lados, os andaimes ainda não foram retirados; apesar disso, amanhã será celebrada a festa. As pessoas pensam que viemos por causa dela, e nos prometem muitas alegrias.[12]

E assim ficamos sabendo: que durante o tempo de guerra, para grande desgosto da região, esse templo foi profanado e devastado. De fato, não por arbítrio e perversidade, e sim porque aqui era um posto de observação privilegiado, de onde se podia ver toda a região, e se dominava uma parte dela. Com isso, o edifício foi privado de todos os objetos necessários ao culto, e mesmo de todos os ornamentos, coberto de fuligem e enxovalhado pelo bivaque, e até mesmo conspurcado como estábulo.

Mas nem isso fez diminuir a fé no santo que protege os fiéis contra a peste e as doenças contagiosas. É claro que não se poderia pensar em peregrinações até aqui: pois o inimigo, desconfiado e precavido, proibiu qualquer entrada e circulação de cortejos, como se estes fossem reuniões perigosas, incentivadoras de um sentido comunitário, e favorecessem conspirações. Por isso, durante vinte anos não foi possível realizar qualquer festa lá em cima. Mas os fiéis das vizinhanças, que estavam convencidos das vantagens de uma peregrinação ao local, oprimidos por grandes necessidades, viram-se impelidos a tentar o extremo. Sobre isso, os habitantes

---

970). Durante um período de grande fome, diz-se que o cruel sacerdote se negou a dar aos pobres uma parte dos cereais de sua despensa. Diante da insistência deles, mandou encerrá-los em um depósito e atear fogo nele. Ouvindo seus gritos, teria dito: "Estão ouvindo como os camundongos guincham?". Nisso, surgiram de todos os cantos milhares de camundongos que puseram os criados da casa em fuga. O arcebispo, então, refugiou-se na ilha, onde pensava estar em segurança. Mas ali foi devorado vivo pelos camundongos. A lenda foi narrada por diversos escritores do Romantismo, entre eles Clemens Brentano e Victor Hugo.

12 A capela de São Roque foi construída em 1666, durante uma epidemia de peste. Foi devastada nas guerras contra a França. Reconstruída e decorada com esculturas e pinturas góticas do mosteiro de Eibingen em 1814, depois da devolução da margem esquerda do Reno pelos franceses.

de Rüdesheim narram o seguinte exemplo insólito: em uma noite alta de inverno, eles avistaram uma procissão com tochas que, de modo inteiramente inesperado, partia de Bingen e subia a colina, indo por fim se reunir ao redor da capela e lá, como se supôs, realizava seu culto. Até que ponto as autoridades francesas de então condescenderam com a aflição daqueles fiéis, uma vez que sem semelhante favorecimento ninguém teria se atrevido a tanto, jamais se pôde apurar, e assim o acontecimento permaneceu sepultado sob o mais profundo silêncio.

Mas todos os habitantes de Rüdesheim que, acorrendo à margem do rio, foram testemunhas desse espetáculo, asseguram: jamais viram nada mais estranho e emocionante em suas vidas.

Fomos descendo devagar pela margem, e todos aqueles a quem encontrávamos se alegravam com a restauração do lugar sagrado da vizinhança: pois, embora Bingen em especial deseje essa renovação e revivificação, esta não deixa de ser um acontecimento piedoso e feliz para toda a região, e por isso uma alegria geral para amanhã.

Pois o intercâmbio impedido, interrompido, e com muita frequência suspenso entre as duas margens do Reno, mantido apenas pela fé nesse santo, deverá ser esplendidamente restabelecido. Toda a região ao redor está em movimento para pagar antigas e novas promessas. Querem ali confessar seus pecados, alcançar a absolvição, reencontrar amigos que há muito não se viam na multidão de forasteiros que são esperados.

Em meio a essas perspectivas piedosas e alegres, sem tirar os olhos do rio e da outra margem, chegamos, descendo pela longa extensão de Rüdesheim, ao antigo castelo romano, que, situado na extremidade da cidade, se conservou graças à sua excelente alvenaria.[13] Uma feliz ideia do proprietário, o sr. conde Ingelheim, proporciona aqui a todos os estrangeiros uma visão geral rápida, instrutiva e agradável.

Entra-se em um pátio com o feitio de uma fonte; o espaço é estreito, grandes muros negros bem construídos se erguem às alturas; sua aparência

---

13 Trata-se do Brömserburg, também conhecido como Niederburg. Até bem recentemente, acreditava-se ter sido construído sobre a base de uma antiga fortificação romana. Contudo, embora a data de sua construção não seja segura, o mais provável é que seja posterior à época em que os romanos se retiraram da região.

é rudimentar, pois as pedras que dão para o exterior não são polidas e têm uma rusticidade inartística. Pode-se subir pelas paredes íngremes graças a escadas recentemente instaladas; no edifício propriamente dito se encontra um contraste peculiar entre cômodos bem mobiliados e grandes abóbadas nuas, enegrecidas pela chama das velas e pela fumaça. Esgueiramo-nos passo a passo através de escuras frestas nos muros e, por fim, chegando às ameias com feitio de torres, temos diante dos olhos uma vista esplendorosa. Então caminhamos no alto para lá e para cá, admirando os jardins cultivados nas velhas ruínas ao lado. As torres, o alto dos muros e as superfícies são interligados por pontes, tendo entre eles alegres grupos de flores e arbustos; dessa vez estavam carentes de chuvas, como toda a região.

Agora, na clara luz do entardecer, Rüdesheim se estendia diante e abaixo de nós. Não distante desse antiquíssimo castelo, há outro datando da Idade Média. A vista sobre os inestimáveis vinhedos é então encantadora; colinas de cascalho mais suaves e mais íngremes, e mesmo os rochedos e as muralhas são utilizados para o plantio de uvas. Mas, seja lá quais edifícios sacros e profanos nos surjam diante dos olhos, a Johannesberg predomina sobre tudo o mais.

Devemos, então, diante de tantos vinhedos, lembrarmo-nos da safra de 1811. Com esse vinho se passa o mesmo que com um grande e bondoso príncipe regente: a toda hora, sempre que se fala das excelências da região, ele é mencionado. Do mesmo modo, uma boa safra de vinhos anda em todas as bocas. Além disso, o vinho de 1811 tem a principal qualidade da excelência: a de ser ao mesmo tempo saboroso e abundante.

A região pouco a pouco submergia no crepúsculo. E o desaparecer de tantas singularidades impressionantes nos fez sentir em toda a sua extensão o valor e a nobreza de tudo aquilo, em meio aos quais teríamos preferido nos perder; mas era necessário partir.

Nosso regresso foi animado por uma continuada salva de canhões que soava da capela. Esse rumor guerreiro nos deu ocasião, à mesa da hospedaria, de lembrar que o ponto mais alto da colina é um posto militar. Lá do alto se avista todo o Rheingau, e se distinguem quase todas as localidades que mencionamos no caminho até aqui.

"A campanha na França" e outros relatos de viagem

Ao mesmo tempo, chamaram-nos a atenção para o fato de que, da colina acima de Biebrich, já devíamos ter muitas vezes avistado nitidamente a capela de São Roque como um ponto branco iluminado pela luz da manhã; e, de fato, tínhamos uma clara lembrança de tê-lo feito.

Com tudo isso, não poderíamos deixar de considerar São Roque como uma figura digna de veneração, uma vez que, graças à confiança conquistada, transformara no dia de hoje esse posto de guerras e contendas em um local de paz e reconciliação.

Nesse ínterim, chegara e tomara lugar à mesa um forasteiro que todos pensaram ser um peregrino, e por isso se puseram a louvar o santo com uma maior espontaneidade. Mas, para grande espanto do amável grupo, descobriu-se que ele, embora católico, era em certa medida um adversário do santo. No dia 16 de agosto, um dia de festa, quanto todos celebravam São Roque, sua casa foi destruída por um incêndio. Um ano depois, no mesmo dia, seu filho foi ferido; o terceiro caso ele não quis nos revelar.

Um comensal inteligente replicou: em casos particulares, o mais importante é que se apele ao santo certo, aquele sob cuja alçada se encontra o problema. A prevenção aos incêndios está a cargo de São Floriano; as feridas são curadas por São Sebastião; quanto ao terceiro ponto, quem sabe se Santo Huberto não poderia ter ajudado? De resto, havia um grande leque de possibilidades para os fiéis, uma vez que no todo haviam sido designados catorze santos auxiliadores. Era só repassar as virtudes de cada um para se convencer de que o que não faltava eram santos auxiliadores.

Para nos livrarmos de tais observações, que se tornavam cada vez mais melindrosas, embora em uma atmosfera alegre, saímos para debaixo de um céu rutilante de estrelas e permanecemos ali por tanto tempo que o sono profundo em que caímos a seguir quase poderia ser considerado nulo, uma vez que nos abandonou antes do nascer do sol. Logo voltamos a sair, a fim de contemplar o cinzento Vale do Reno lá embaixo; um vento fresco vindo daquela direção nos soprava o rosto, benfazejo tanto para quem subia quanto para quem descia o rio.

Já agora os barcos todos estão agitados e ocupados, as velas estão sendo preparadas, lá de cima se fazem disparos para começar o dia, assim como se faz para anunciar o entardecer. Algumas figuras isoladas e grupos de

Johann Wolfgang von Goethe

pessoas podem ser vistos, como sombras sob o céu claro, ao redor da capela e nas encostas das montanhas, mas no rio e nas margens ainda há pouca animação.

A paixão pelas ciências da natureza nos estimula a observar uma coleção onde as formações metálicas do Westerwald estariam expostas segundo sua largura e comprimento, além de excelentes amostras minerais de Rheinbreitenbach.[14] Mas essa visita científica quase redundou em prejuízo para nós: pois, quando voltamos para a margem do Reno, encontramos os que estavam de partida na maior movimentação. Eles acorriam em massa a fim de embarcar e, um atrás do outro, os barcos superlotados iniciavam sua viagem.

Do outro lado, à margem do rio, veem-se rebanhos e carroças passando, barcos vindos das regiões mais acima ancoram ali. Subindo a montanha, um formigueiro colorido de gente, através de trilhas mais ou menos íngremes, esforçando-se para alcançar o topo. Uma salva incessante de canhões anuncia a chegada de peregrinos de diversas localidades.

Agora já é tempo! Também nós estamos no meio do rio, nossas velas e remos competem com centenas. Assim que desembarcamos, notamos, graças à nossa predileção pela geologia, estranhos rochedos ao pé da colina. O naturalista é mantido longe da trilha sagrada. Felizmente temos um martelo à mão. Ali se encontra um conglomerado digno da maior atenção. Um rochedo de quartzo despedaçado no momento em que se formava, os fragmentos de arestas pontiagudas, novamente ligados pela massa de quartzo. Uma enorme dureza nos impede de retirar mais do que uns pequenos estilhaços. Tomara que não demore para um naturalista viajante examinar mais de perto esses rochedos, determinar suas relações com os maciços montanhosos mais antigos que se encontram um pouco mais abaixo, e ter a gentileza de me enviar notícias, juntamente com algumas amostras instrutivas! Eu lhe seria reconhecidamente grato.

Junto com centenas e centenas de pessoas, subimos pela escada mais íngreme, que ziguezagueia sobre os rochedos, devagar, parando muitas

---

14 A coleção pertencia ao conselheiro áulico Wilhelm Friedrich Götz (1763-1823), de Rüdesheim.

"A campanha na França" e outros relatos de viagem

vezes para descansar e fazendo gracejos. Era o próprio quadro de Cebes no sentido mais próprio, movimentado, vivo, com a única diferença de que aqui o caminho não se ramifica em tantas vias secundárias.[15]

Lá em cima, na capela, encontramos aperto e movimento. Esprememo--nos entre as outras pessoas para entrar. O espaço interno forma quase um quadrado perfeito, do qual cada lado tem cerca de 30 pés; o coro, ao nível do solo, terá talvez uns 20 pés. O altar principal não é moderno, mas conforme ao gosto da rica Igreja católica. Eleva-se bem para o alto, e a capela como um todo tem uma aparência bem livre. Também nos cantos mais próximos do quadrilátero principal há dois altares semelhantes, intactos, tudo como outrora.[16] E como se explica isso em uma igreja destruída há tão pouco tempo?

A multidão se movia da entrada principal em direção ao altar elevado, depois se voltou para a esquerda, demonstrando grande veneração por uma relíquia preservada em um esquife de vidro.[17] Apalpavam a caixa, acariciavam-na, benziam-se e permaneciam ali tanto tempo quanto podiam; mas uns empurravam os outros, e assim também fui empurrado ao longo do esquife e para fora pela porta lateral.

Homens mais velhos de Bingen se aproximaram de nós, a fim de saudar amigavelmente o funcionário do duque de Nassau, nosso valoroso guia;[18] elogiavam-no como a um vizinho bom e prestativo, sim, como o homem que lhes possibilitou celebrar a festa de hoje com decoro. Então ficamos sabendo que, depois da dissolução do mosteiro de Eibingen, os aparatos eclesiais internos, altares, púlpito, órgão, genuflexórios e confessionários foram cedidos por um preço módico à comunidade de Bingen para a plena instalação

---

15 Atribuía-se ao filósofo grego Cebes, discípulo de Sócrates, um diálogo que explicava um quadro alegórico: um grande número de pessoas sobe penosamente uma montanha sobre cujo pico encontram a virtude e a felicidade, desde que não se deixem seduzir pelos vícios e enveredassem por caminhos desviantes. Goethe possuía uma gravura de Matthäus Merian representando a cena.

16 Um dos altares é dedicado a Maria, o outro a São Sebastião.

17 A relíquia era de São Ruperto, do mosteiro de Eibingen.

18 Funcionário: Wilhelm Friedrich Götz (cf. n.14 deste capítulo).

da capela de São Roque.[19] E como do lado protestante se demonstrou tanta solicitude, todos os cidadãos de Bingen prometeram transportar pessoalmente aquelas peças para cá. Abalaram-se para Eibingen, tudo foi cuidadosamente retirado, alguns se encarregaram individualmente das partes menores, outros, em grupo, das maiores e assim, feito formigas, levaram colunas e cornijas, quadros e ornamentos para a margem do rio onde, ainda conforme à promessa, foram apanhados por barcos, transladados e descarregados na margem esquerda para mais uma vez serem levados sobre ombros piedosos através das diversas trilhas para o alto da colina. Como tudo isso aconteceu de uma só vez, era possível, olhando da capela para as terras e o rio lá embaixo, ver o mais estranho dos cortejos, pois tudo quanto havia de esculpido e pintado, dourado e laqueado se movia em uma fileira colorida, e ao contemplá-lo se desfrutava da agradável sensação de que cada um, sob o peso de sua carga e com o esforço que fazia, podia esperar bênção e edificação para toda a vida. O órgão, também trazido para cá, mas ainda não instalado, em breve terá seu lugar em uma galeria defronte do altar principal. Só agora o mistério é desvendado, e respondemos à pergunta que fizemos: como se explica que todos esses ornamentos já antigos estejam, apesar de tudo, bem conservados, não estejam danificados, mas também não aparentem ser novos, embora se encontrem em um recinto que só há pouco foi construído?

Essa condição atual do templo é tanto mais edificante para nós porque nos faz recordar a melhor das boas vontades, o auxílio mútuo, a realização planejada e sua conclusão feliz. Pois o que nos revela que tudo foi feito de modo pensado é nada menos do que o seguinte: o altar principal de uma igreja muito maior tinha de caber aqui, e para isso se decidiu aumentar em vários pés a altura das paredes, com o que se obteve um espaço adequado, e também ricamente ornamentado. O antigo devoto pode se ajoelhar agora na margem esquerda do Reno diante do mesmo altar em que rezava desde a infância na margem direita.

---

19 Trata-se do mosteiro beneditino de Rupertsberg em Bingen, fundado em 1148 por Hildegard von Bingen (1098-1179), monja beneditina, abadessa, poetisa, compositora e polímata, venerada como santa e doutora da Igreja católica.

Também a veneração daqueles ossos sagrados era já uma longa tradição. Podia-se rever aqui aqueles restos de São Ruperto que outrora em Eibingen eram tocados e venerados como miraculosos. Assim, o sentimento alegre de se aproximar outra vez de um protetor há muito comprovado anima alguns fiéis. Isso nos faz perceber a inconveniência de incluir em uma compra essas relíquias sagradas, ou de obtê-las em troca de alguma quantia; não, muito pelo contrário, também elas vieram para São Roque como dádiva, como bônus piedoso. Quem dera sempre, em toda parte, se procedesse com a mesma reverência em casos semelhantes.

E agora somos engolfados pelo turbilhão! Milhares e milhares de figuras disputam entre si nossa atenção. Esses tipos humanos todos não se diferenciam nitidamente entre si pelos trajes, e sim pelas variadíssimas fisionomias. Mas o tumulto não permite comparações; seria esforço inútil procurar características gerais na confusão desse momento, perdemos o fio da observação, deixamo-nos atrair para dentro da vida.

Várias tendas, como convém a uma quermesse, estão instaladas não muito longe da capela. Arrumadas à frente se veem velas, amarelas, brancas, pintadas, adequadas às diferentes posses dos celebrantes. Seguem-se livros de orações, devocionários do santo festejado. Em vão perguntamos por um bem-vindo folheto que nos esclarecesse a respeito de sua vida, feitos e martírio; mas rosários de toda espécie se encontravam em grande quantidade. Também havia um farto suprimento de pãezinhos, roscas, biscoitos, bolachas amanteigadas, e um não menor de brinquedos e enfeites para atrair crianças de diferentes idades.

As procissões continuavam. Aldeões se distinguiam de aldeões, o espetáculo teria talvez rendido bons resultados a um observador sereno. De modo geral, pode-se dizer: as crianças, bonitas, os jovens não, as faces envelhecidas muito bem formadas, dentre elas alguns anciães. Desfilavam proferindo estrofes e antístrofes, bandeiras esvoaçavam, estandartes tremulavam, uma vela grande e outras ainda maiores se erguiam umas após as outras. Cada comunidade tinha sua imagem da Mãe de Deus carregada por crianças e donzelas, vestindo roupas novas, adornadas com muitas fitas cor-de-rosa, ricas, tremulando ao vento. Gracioso e único, um Menino Jesus, carregando uma grande cruz e olhando amigavelmente para aquele instrumento de martírio. Ai!, exclamou um espectador de sentimentos delicados: cada criança que olha com alegria para o mundo não se encontra na mesma situação? Haviam-no vestido com uma roupa nova de tecido dourado, e como principezinho da juventude ele tinha uma presença muito bela e serena.

Mas então uma grande movimentação anunciou: aí vem subindo a procissão principal, que partiu de Bingen. Todos correram para a encosta da colina ao encontro dela. E então nos surpreendemos com a visão da paisagem, magnificamente transformada em uma cena toda nova. A cidade, em si bem construída e preservada, rodeada de jardins e grupos de árvores, no fim de um vale importante de onde flui o Nahe. E então o Reno, a Mäuseturm, o Ehrenburg![20] Ao fundo as severas e cinzentas muralhas rochosas nas quais o poderoso rio penetra e se esconde.

A procissão sobe a montanha, enfileirada e ordenada como as outras. À frente os meninos menores, atrás deles os adolescentes e os homens. Carregado, São Roque, em roupa de peregrino de veludo negro e, por cima dela, um longo manto de rei do mesmo tecido, debruado de ouro debaixo do qual se entrevê um pequeno cão com o pão entre os dentes. Logo em seguida vêm meninos maiores em túnicas curtas e negras de peregrino, conchas no chapéu e nas golas, cajados nas mãos. Logo atrás vêm homens sérios, que não parecem ser nem camponeses nem gente da cidade. Em seus rostos bem formados pensei ter reconhecido barqueiros, pessoas que durante toda a vida exerceram com cautela um ofício perigoso, arriscado, em que cada momento tem de ser considerado com atenção profunda.

Um baldaquim de seda rosa subia oscilando; sob ele se venerava o Altíssimo carregado pelo bispo, rodeado por dignitários eclesiásticos, acompanhado por soldados austríacos, seguido por autoridades seculares. Assim se avançava para celebrar essa festa político-religiosa, que deveria se constituir em um símbolo da recuperação da margem esquerda do Reno, assim como da liberdade de crença em milagres e sinais.

Mas se eu tivesse de expor sumariamente as impressões mais gerais que todas as procissões deixaram em mim, eu diria: as crianças eram todas alegres, serenas e divertidas, como em um evento novo, maravilhoso, alegre.

---

20 Ehrenburg: ruína do castelo da alfândega Ehrenfels em Mainz, construído em 1211.

"A campanha na França" e outros relatos de viagem

Já os jovens se aproximavam com indiferença. Pois a eles, nascidos em uma época infeliz, a festa não podia trazer nenhuma recordação, e quem não se recorda do bem não tem esperança. Mas os velhos estavam todos comovidos como que por uma época feliz, que para eles voltava inutilmente. Por aí podemos ver que a vida de uma pessoa só tem valor na medida em que tem uma continuidade.

Mas então o observador teve sua atenção inconvenientemente perturbada e desviada desse nobre, vário e digno cortejo por um barulho às suas costas, por uma gritaria estranha, ordinária e intensa. Mais uma vez se repetia aqui a experiência segundo a qual destinos sérios, tristes, e mesmo terríveis são muitas vezes interrompidos por um acontecimento inesperado, de mau gosto, como que por um entreato ridículo.

Na colina atrás de nós começa um estranho clamor, não são sons de uma contenda, de horror, de ira, mas são bastante ferozes. Entre pedras, arbustos e mata, uma multidão excitada corre para lá e para cá gritando: pare! – aqui! – lá! – acolá! – agora! – aqui! – agora para cá! – assim ressoa com todas as entonações; centenas de pessoas tomam parte, correndo, pulando, em uma arremetida frenética, como em uma caçada ou em uma perseguição. Mas no exato momento em que o bispo alcançava o topo com o venerando cortejo, o mistério foi solucionado.

Um rapaz ágil, rude, corre à frente, exibindo satisfeito um texugo ensanguentado. O pobre animal inocente, assustado com o movimento da multidão piedosa que chegava, impedido de voltar à sua toca, foi morto no momento mais abençoado da mais compassiva das festas pelos sempre impiedosos seres humanos.

Mas logo o equilíbrio e a seriedade foram restabelecidos, e nossa atenção foi atraída para uma nova procissão que chegava com toda a pompa. Pois, enquanto o bispo se encaminhava para a igreja, chegava a comunidade de Bidenheim,[21] tão numerosa quanto distinta. Aqui também malogrou a tentativa de pesquisar as características dessa localidade em particular. Nós, confundidos por tanta coisa confusa, a deixamos entrar tranquilamente na confusão que se tornava cada vez maior.

---

21 Büdesheim.

Johann Wolfgang von Goethe

Todos agora se espremiam em direção da capela e buscavam entrada para ela. Nós, empurrados para o lado durante o trajeto, permanecemos ao ar livre, a fim de desfrutar no lado de trás da colina da ampla vista que se abria sobre o vale para o qual o Nahe se esgueira sem ser visto. Aqui um olho saudável domina uma região variadíssima, fertilíssima, até o sopé da Donnersberg, cujas poderosas encostas fechavam majestosamente o fundo.[22]

Mas logo nos demos conta de que nos aproximávamos dos prazeres da vida. Barracas, tendas, bancos, abrigos de toda espécie se enfileiravam ali. Um aroma bem-vindo de banha assada chegava até nós. Encontramos, correndo ao redor de um monte de cinzas ardentes, a jovem e ativa dona de uma barraca — era filha de um açougueiro — ocupada em assar salsichas frescas. Graças ao trabalho de suas próprias mãos e do esforço incessante de vários servidores ágeis, ela dava conta de atender àquela massa afluente de fregueses.

Nós também, generosamente abastecidos de uma comida gordurosa, fumegante, e um excelente pão fresco, fizemos o possível para encontrar um lugar em uma mesa longa, coberta, já cheia. As pessoas se espremeram amigavelmente, e assim pudemos desfrutar de uma vizinhança agradável, pode-se mesmo dizer de uma amável sociedade que viera das margens do Nahe para a festa renovada. Crianças alegres bebiam vinho como os mais velhos. Canequinhas marrons com o nome do santo em branco passavam de mão em mão no círculo familiar. Tínhamos outras semelhantes e as depositamos, bem cheias, sobre a mesa diante de nós.

Então se mostrou a grande vantagem de uma reunião popular como aquela, quando, em busca de algum interesse mais elevado, tantos raios isolados são atraídos de um círculo vasto, abrangente, para um centro único.

Aqui aprendemos de uma vez só sobre diversas províncias. Logo o mineralogista descobre pessoas que, conhecedoras do tipo de montanhas que há em Oberstein e com a ágata que se encontra ali e a forma de trabalhá-la, mantiveram uma instrutiva conversação com o amigo da natureza. Também se mencionaram os minérios de mercúrio em Muschel-Landsberg. Novos

---

22 A Donnersberg é a montanha mais alta do Palatinado.

conhecimentos se revelaram, e alimentamos a esperança de receber de lá um belo amálgama cristalizado.

O prazer do vinho não foi interrompido por essas conversações. Enviamos nossas vasilhas vazias para o copeiro, que nos pediu para termos paciência até que o quarto barril fosse aberto. O terceiro já fora começado nas primeiras horas da manhã.

Ninguém se envergonha por se deleitar com o vinho, em certa medida se gabam de beber. Belas mulheres confessam que seus filhos já provavam o vinho junto com o leite materno. Perguntamos se era verdade que senhores do clero, e mesmo príncipes eleitores, conseguiam tomar em 24 horas oito medidas renanas, ou seja, dezesseis de nossas garrafas.

Um conviva aparentemente sério observou: como resposta a essa pergunta, bastava recordar o sermão da quaresma de seu bispo auxiliar que, depois de pintar com as tintas mais fortes o terrível pecado da embriaguez, terminou assim:

"Por isso, convencei-vos, ouvintes devotos, já absolvidos por arrependimento e penitência, que comete o maior dos pecados aquele que abusa dessa maneira das maravilhosas dádivas de Deus. Mas o abuso não impede o uso. Pois está escrito que o vinho alegra o coração dos homens! Isso deixa claro que para nos alegrarmos e às outras pessoas, podemos e devemos, sim, saborear o vinho. Mas entre meus ouvintes do sexo masculino talvez não se encontre um único que não tome duas medidas de vinho sem com isso sentir qualquer perturbação de seus sentidos; quem, contudo, lá pela terceira ou quarta medida já começa a se esquecer por completo de si mesmo, a desconhecer sua mulher e seus filhos, a feri-los com censuras, pancadas e pontapés, e trata as pessoas a quem mais ama como os piores inimigos, este deve tomar consciência de si e renunciar imediatamente a tal exagero, que o torna desagradável a Deus e aos homens, e desprezível para os seus semelhantes.

"Mas quem, ao saborear quatro medidas, ou mesmo cinco ou seis, ainda permanece de tal forma semelhante a si mesmo, que pode dar o braço amorosamente a seu irmão em Cristo e chefiar sua casa, sentindo-se mesmo em condições de cumprir as ordens das autoridades clericais e seculares, este também deve saborear a modesta parte que lhe cabe e aceitá-la com gratidão. Cuide-se, porém, de ir mais longe se não for experiente o bastante, já que aqui se costuma encontrar o limite de um homem fraco. Pois é raríssimo acontecer de o Deus de misericórdia conceder a alguém a graça especial de poder beber oito medidas, como a concedeu a mim, seu servo. Mas como não me pode ser imputado que, tomado de injusta ira, eu tenha atacado alguém, que tenha desconhecido companheiros de casa e parentes, ou deixado de cumprir com meus deveres e ocupações espirituais, e uma vez que vós, ao contrário, sereis testemunhas de que estou sempre pronto a me mostrar ativo no louvor e na adoração a Deus, bem como no proveito e préstimo de meu próximo, eu decerto posso de boa consciência e com gratidão continuar a desfrutar da dádiva que me foi concedida.

"E vós, meus devotos ouvintes, tomai cada um, a fim de se reconfortar de corpo e alma segundo a vontade do dadivoso Deus, a modesta parte que vos cabe. E para que assim seja, e todo exagero seja evitado, agi todos segundo o preceito do Santo Apóstolo, que diz: 'Examinai tudo e retende o melhor'."[23]

E assim não poderia deixar de ser o vinho o principal objeto de toda a conversação, como de fato o foi. Logo se estabeleceu uma discussão sobre a excelência das diversas uvas, e é muito bom ver que os grandes produtores não têm entre si nenhum conflito de hierarquia. Sejam de Hochheim, Johannesberg, Rüdesheim, todos reconhecem uns aos outros, apenas entre os deuses de graus inferiores o ciúme e a inveja predominam. Aqui o muito apreciado tinto da Casa Asmann está especialmente sujeito a muitas ressalvas. Ouvi um vinhateiro de Oberingelheim afirmar que o seu pouco ficava a dever àquele. O da safra de 1811 teria sido muito saboroso, mas não havia como comprová-lo, por já estar esgotado. Esse fato recebeu grande aprovação dos demais convivas, pois o vinho tinto deve ser degustado logo nos primeiros anos.

O grupo vindo do Nahe, por sua vez, gabou-se de um vinho produzido em sua região, conhecido como Monzinger. Segundo eles, seria um vinho

---

23 Cf. Epístola de São Paulo aos Tessalonicenses 5,21: "Examinai tudo. Retende o bem" (segundo a tradução de João Ferreira de Almeida, Imprensa Bíblica Brasileira, 1948).

fácil e aprazível de beber até acabar, mas que sobe à cabeça antes que se possa perceber. Convidaram-nos a experimentá-lo. Ele havia sido tão bem recomendado que, estando em tão boa companhia, não poderíamos deixar de desejar experimentá-lo e nos pôr à prova, mesmo que ao fazê-lo se corresse algum perigo.

Nossas canequinhas marrons também voltaram cheias, e ao ver os alegres traços brancos do nome do santo em atividade tão benfazeja por toda parte, não podíamos deixar de nos envergonhar por não conhecer sua história, embora logo se recordasse que ele, renunciando a todos os bens terrenos para tratar dos doentes da peste, também não se preocupou com sua própria vida.

Então a companhia contou, acedendo a esse desejo, aquela graciosa lenda, e o fez sob a forma de competição, filhos e pais se ajudando mutuamente.

Aqui conhecemos a verdadeira essência da saga, quando ela passa de boca em boca e de ouvido em ouvido. Não houve contradições, mas infinitas diferenças, o que provavelmente se deve ao fato de cada mente ter um interesse diverso na história e nos episódios isolados, razão pela qual uma situação era ora deixada de lado, ora enfatizada, assim como as diversas peregrinações e a estada do santo em diferentes lugares eram trocadas.

Uma tentativa de reproduzir a história como a ouvi, sob a forma de conversação, não foi bem-sucedida; assim, deve ser incluída aqui da maneira pela qual é costumeiramente transmitida.

São Roque, um devoto da fé, nasceu em Montpelier; seu pai se chamava João, e sua mãe Libera, e esse João tinha não apenas Montpelier sob seu poder, como também outras localidades, mas era um homem pio e vivera durante muito tempo sem ter a bênção de um filho, até que ele rogou a Maria que lhe desse seu Roque, e a criança trouxe consigo ao mundo uma cruz vermelha no peito. Quando seus pais jejuavam, ele também tinha de jejuar, e nesses dias sua mãe lhe dava o peito uma única vez. Em seu quinto ano de vida ele começou a comer e beber muito pouco; aos doze, abandonou toda fartura e toda vaidade e passou a empregar sua mesada com os pobres, em prol dos quais praticava muitos atos de bondade. Também demonstrou grande dedicação aos estudos, tendo em pouco tempo granjeado muita fama por sua capacidade, e seu pai, no leito de morte, lhe fez um comovente discurso, no qual o exortou a sempre praticar o bem. Ainda não tinha 20 anos de idade quando perdeu os pais, e então dividiu toda a sua herança entre os pobres, renunciou ao governo da região, viajou para a Itália e chegou a um hospital onde havia muitas vítimas de uma doença contagiosa das quais quis cuidar, e embora de início relutassem em lhe permitir a entrada, advertindo-o do perigo, ele não arredou pé dali, e quando consentiram que se aproximasse dos doentes, curou-os a todos tocando-os com a mão direita e fazendo sobre eles o sinal da santa cruz. Depois disso foi para Roma, onde libertou muitos da peste, inclusive um cardeal, junto do qual permaneceu por três anos.

Quando por fim ele próprio contraiu o terrível mal e o levaram para junto dos outros no hospital, onde, acometido por dores cruéis, muitas vezes soltava gritos horríveis, abandonou seu leito e foi se sentar lá fora diante da porta, a fim de não atormentar os outros com seus clamores; e quando os passantes viram aquilo, pensaram ser negligência dos que cuidavam das vítimas da peste; contudo, ao ouvir que não era assim, todos o consideraram louco e insensato, e o expulsaram da cidade. Então, guiado por Deus e apoiado em seu cajado, rastejando lentamente, foi se esconder na floresta mais próxima. Mas quando a grande dor não lhe permitiu ir mais longe, ele se deitou sob um bordo e ali descansou um pouco, pois junto dele jorrou uma fonte na qual ele se refrescou.

Não longe dali havia uma herdade, onde muitas pessoas distintas da cidade haviam se refugiado, entre elas um homem chamado Gotardo, que levara consigo muitos criados e cães de caça. Então aconteceu um fato muito estranho: um desses cães de caça, em geral muito bem disciplinados, roubou um pão da mesa e saiu a correr. Embora tenha sido castigado, no segundo dia ele aproveita uma oportunidade e novamente foge, feliz com sua presa. Então o conde desconfiou de algum segredo e o seguiu com seus criados.

Lá encontraram sob a árvore o piedoso peregrino agonizante, que lhes rogou que se afastassem e o deixassem, para não serem acometidos do mesmo mal. Mas Gotardo decidiu não deixar o enfermo enquanto não estivesse curado, e cuidou dele da melhor maneira possível. Quando Roque recuperou um pouco de suas forças, partiu sem demora para Florença, onde curou muitos da peste e teve ele próprio a saúde completamente restabelecida por uma voz vinda do céu. Ele também convenceu Gotardo a segui-lo, a estabelecer com ele sua morada na floresta e servir a Deus ininterruptamente, o que Gotardo prometeu fazer, desde que pudesse permanecer ao lado dele, e então ambos passaram um longo tempo juntos em uma velha cabana; quando, por fim, Roque havia iniciado suficientemente Gotardo nessa vida de eremita, ele se pôs outra vez a caminho e, depois de uma penosa viagem, regressou à sua casa, àquela mesma cidade que um dia lhe pertencera e que ele deixara para seu primo. Ali, como era um tempo de guerra, ele foi tomado por um espião e levado à presença do senhor da terra, que não mais o reconheceu devido tanto à grande transformação pela qual passara quanto a suas roupas miseráveis, e mandou encerrá-lo em uma dura prisão. Ele, porém, agradeceu ao seu Deus por fazê-lo experimentar todo tipo de desgraças, e passou cinco anos inteiros no cárcere; nem sequer aceitava quando lhe ofereciam algo cozido para comer, antes martirizava ainda mais seu corpo com vigílias e jejuns. Quando percebeu que seu fim se aproximava, pediu aos servos do carcereiro que lhe mandassem chamar um sacerdote. O lugar onde ele estava era uma enxovia muito escura, mas quando o sacerdote chegou ela se iluminou, causando-lhe uma grande admiração; além disso, assim que pôs os olhos em Roque, o sacerdote viu nele algo de divino e, de medo, caiu semimorto no chão; logo a seguir, foi ter com o senhor da terra e lhe comunicou o que experimentara e concluiu que Deus deveria estar muito ofendido por terem mantido durante tanto tempo o mais piedoso dos homens em uma prisão tão severa. Quando a notícia se espalhou pela cidade, todos correram para a torre, mas São Roque foi tomado por uma fraqueza e entregou seu espírito. Todos viram, porém, por uma fresta na porta, uma luz muito clara que vinha dali; quando abriram a cela, encontraram o santo morto e estirado sobre a terra, e lâmpadas que ardiam junto à sua cabeça e a seus pés; em seguida, por ordem do senhor da terra, ele foi sepultado com toda pompa na igreja. Ele também foi reconhecido pela cruz vermelha no peito que trouxera consigo ao mundo, e isso deu motivo para um grande pranto e uma grande lamentação.

Isso aconteceu no ano de 1327, no dia 16 de agosto; e depois daquela época também foi erguida uma igreja consagrada a ele em Veneza, onde agora seu corpo é conservado. Quando, então, no ano de 1414 foi realizado um concílio em Constança, e a peste apareceu por lá, sem que se pudesse encontrar ajuda em parte alguma, ela desapareceu assim que se apelou para esse santo e se realizaram procissões em sua honra.

Aquele estava longe de ser o lugar apropriado para se ouvir tranquilamente essa história serena. Pois nas fileiras de mesa, já havia algum tempo, muita gente discutia sobre o número de peregrinos e visitantes que tinham chegado naquele dia. Segundo algumas opiniões seriam 10 mil, segundo outras seriam mais, e mais ainda deveriam formigar em grande confusão naquela encosta da colina. Um oficial austríaco, confiando em seu olho militar, declarou ser pela cifra máxima.

Diversas outras conversas se cruzavam. Anotei em meu bloco de notas diferentes regras para os camponeses e profecias proverbiais sobre o clima que deveriam ter surgido este ano, e quando notaram meu interesse, procuraram se lembrar de outras que também poderiam caber aqui, porque aludiam a hábitos regionais e aos assuntos mais importantes dos moradores.

"Um abril seco não é o que o camponês quer. – Quando o mosquito canta antes de a videira brotar, está anunciando um bom ano. – Muito sol em agosto traz um bom vinho. – Quanto mais próximo da lua nova cair o Natal, mais duro será o ano seguinte, mas se for próximo da cheia ou da minguante, tanto mais suave será. – Os pescadores recebem do fígado do lúcio este sinal, que deve ser infalível: quando ele é muito largo em comparação com a bexiga, mas a parte da frente é pontuda e fina, isso significa um inverno longo e duro. – Quando a Via Láctea já brilha clara e bela em dezembro, isso significa um bom ano. – Quando o tempo que vai do Natal até o Dia de Reis é escuro e nevoento, isso indica que haverá doenças no ano seguinte. – Quando na noite de Natal os vinhos se movimentam nos barris até transbordar, pode-se esperar um ano de boa safra. – Quando se ouve o abetouro cantar cedo, pode-se esperar uma boa colheita. – Quando os feijões crescem demais e os carvalhos dão muito fruto, então haverá pouco cereal. – Quando a coruja e outros pássaros deixam as florestas contra seus costumes, e voam com frequência para as aldeias e as cidades, será um ano infértil. – Um maio frio dá um bom vinho e muito feno. – Nem muito úmido nem muito frio, enche o silo e o barril. – Morangos maduros em

Pentecostes significa um bom vinho. — Quando chove na noite de Santa Valburga, há esperança de um bom ano. — Se o esterno de um ganso assado no dia de São Martinho for marrom, haverá frio; se for branco, neve."

Perguntaram a um montanhês, que ouvira, se não com inveja, ao menos com seriedade esses muitos provérbios relacionados a uma grande fertilidade, se algo semelhante seria comum também entre eles. Ele respondeu que não poderia servir uma variedade tão grande, adivinhas e bênçãos eram entre eles algo simples e diziam:

> De manhã, redonda,
> Ao meio-dia, amassada,
> À noite fatiada;
> Assim deve ser,
> É saudável.[24]

Todos se alegraram com essa feliz frugalidade, e asseguraram que havia épocas em que a gente se contentava em ter uma situação tão boa como aquela.

Nesse ínterim, alguns grupos se levantavam, indiferentes, deixando aquela mesa de uma quantidade de gente quase impossível de calcular, outros saudavam e eram saudados, e assim a multidão ia pouco a pouco se dispersando. Apenas os que estavam sentados mais próximos, uns convivas pouco desejáveis, hesitavam. Separamo-nos com pesar, até voltamos algumas vezes para perto uns dos outros, a fim de gozar a pena agradável de uma despedida como aquela, e para encerrar nos prometemos, a fim de nos consolar, um impossível reencontro.

Fora das tendas e barracas, sob o sol alto, sentimos de imediato, infelizmente, a falta de uma sombra, a qual, contudo, fica prometida aos futuros bisnetos por uma nova plantação de jovens nogueiras na encosta da colina. Que cada peregrino poupe as delicadas árvores, que uma louvável comunidade de Bingen proteja essa iniciativa e, com uma dedicada ação

---

24 Solução da adivinha: a batata.

de reflorestamento e um cuidado consciente, lhe permitam pouco a pouco atingir seu ápice, para o proveito e a alegria de tantos milhares de pessoas.

Uma nova agitação anuncia um novo evento; todos se apressam para ouvir o sermão, o povo todo se aperta no lado leste. Ali o edifício não está terminado, aqui ainda há andaimes, enquanto se constrói já se serve a Deus. Era exatamente assim quando pios anacoretas erguiam com suas próprias mãos igrejas e mosteiros em meio a regiões ermas. Cada pedra que se cortava, que se assentava, era ofício divino. Os amigos da arte se recordam dos importantes quadros de Le Sueur,[25] representando a peregrinação e as ações de São Bruno.[26] Assim se repete tudo que é significativo no grande curso do mundo, o observador atento o nota em toda parte.

Um púlpito de pedra, assentado sobre mísulas na parede externa da igreja, só é acessível por dentro. O pregador aparece, um clérigo em seus melhores anos. O sol está bem no alto, e por isso um garoto lhe estende um guarda-sol. Ele profere em uma voz claramente compreensível um inteligente discurso. Acreditamos ter-lhe apreendido o sentido, e o repetimos por vezes entre amigos. Mas pode ser que ao referi-lo nos afastemos do texto original e introduzamos algo de nossa própria lavra. Assim se encontrará no que vem abaixo um espírito suave que conclama à atividade, mesmo que nem sempre sejam exatamente as palavras enérgicas e precisas que ouvimos naquela ocasião.

"Devotos caros ouvintes! Subis em grande número a essas alturas no dia de hoje a fim de celebrar uma festa que, por desígnio de Deus, foi suspensa por muitos anos. Vindes encontrar a casa de Deus, ainda há pouco abandonada e arruinada, reconstruída, enfeitada e consagrada, entrais nela com devoção e pagais com gratidão as promessas feitas ao santo que é aqui especialmente venerado. Uma vez que coube a mim o dever de dirigir-vos nesta oportunidade uma palavra edificante, talvez não haja nada melhor a fazer senão evocarmos juntos, no fundo de nossos corações, o modo como

---

25 Eustache le Sueur (1616-1655), pintor francês, autor de uma série de 22 quadros representando episódios da vida de São Bruno, pintados entre 1645 e 1648 para a decoração do claustro da Cartuxa de Paris.

26 São Bruno de Colônia (*c.* 1030-1101), fundador da Ordem dos Cartuxos.

"A campanha na França" e outros relatos de viagem

um tal homem, filho, de pais verdadeiramente pios, mas pecadores, alcançou a graça de estar diante do trono de Deus e, intercedendo por aqueles que lhe dirigem devotamente suas orações, obter para eles a libertação de males terríveis que dizimam povos inteiros, e até mesmo da própria morte.

"Ele se fez digno de uma tal graça, podemos alegar com confiança, do mesmo modo que todos aqueles a quem veneramos como santos, porque possuía a mais inestimável das qualidades, que encerra em si todos os demais bens, a saber, uma entrega incondicional à vontade de Deus.

"Pois, embora nenhuma criatura mortal deva ousar tornar-se igual, ou mesmo apenas semelhante a Deus, uma submissão ilimitada à sua santa vontade já opera a primeira e mais segura aproximação ao Ser Supremo.

"Ora, tomemos como exemplo os pais e mães que, abençoados por uma numerosa prole, cuidam amorosamente de todos os seus filhos. Mas se um ou outro deles se destaca pelo respeito e pela obediência, acata sem questionar ou hesitar as ordens dos pais, cumpre incontinente os mandamentos e se comporta como se vivesse apenas para seus genitores, ele adquire para si grandes prerrogativas. Os pais lhe ouvem os pedidos e intercessões, e amiúde deixam passar, apaziguados por meio de amigáveis carícias, a ira e o descontentamento. Assim também deve ser considerada, de um modo humano, a relação de nosso santo com Deus, à qual ele se elevou graças à sua dedicação incondicional."

Nós ouvintes, enquanto isso, olhávamos para a pura abóbada do céu lá no alto; algumas nuvens deslizando suavemente vivificavam seu azul claríssimo; nós nos encontrávamos em um ponto elevado. A vista rio acima do Reno, clara, nítida, livre, o pregador à esquerda acima de nós, os ouvintes à sua frente e abaixo de onde estávamos.

O espaço ocupado pela numerosa comunidade é um grande terraço inacabado, desigual e em declive na parte de trás. No futuro, com tino arquitetônico, convenientemente murado e arranjado, o todo viria a ser uma das mais belas localidades do mundo. Nenhum pregador, falando para alguns milhares de ouvintes, jamais viu uma paisagem tão rica acima de suas cabeças. Se o arquiteto dispusesse a multidão sobre uma superfície limpa, regular, talvez um pouco elevada na parte de trás, todos veriam o pregador e o ouviriam com comodidade; dessa vez, contudo, com as instalações inacabadas, todos ficavam de lado, uns atrás dos outros, acomodando-se uns ao lado dos outros o melhor que podiam. Vista de cima, uma onda estranha, oscilando muda. O lugar de onde o bispo ouvia o pregador se destacava apenas pelo baldaquim proeminente, ele mesmo escondido e engolido pela multidão. Também para esse digno prelado um arquiteto sensato saberia reservar um lugar adequado e distinto, e com isso enobrecer a festa. Esse olhar geral, essas considerações impostas a um olhar artístico experimentado, não impediam de prestar atenção às palavras do digno pregador, que chegava à segunda parte de sua prédica e continuou a falar mais ou menos nestes termos:

"Uma tal entrega à vontade de Deus, por mais que possa ser enaltecida como altamente meritória, teria, contudo, permanecido estéril se o piedoso jovem não tivesse amado ao seu próximo como a si mesmo, aliás, mais do que a si mesmo. Pois, embora tenha distribuído sua fortuna entre os pobres a fim de ir para a Terra Santa como um piedoso peregrino, ele, contudo, se desviou desse louvável propósito no meio do caminho. A grande aflição em que vê mergulhados seus irmãos em Cristo lhe impõe o dever incontornável de socorrer os doentes mais graves sem pensar em si mesmo. Ele segue sua vocação através de diversas cidades até que, por fim, contraindo ele próprio o mal que se alastrava, viu-se impedido de continuar a socorrer seus semelhantes. Mas graças a essa perigosa atividade ele se aproximou ainda mais do Ser Divino: pois assim como Deus amou de tal modo o mundo que entregou seu único filho para salvá-lo, assim sacrificou São Roque a si mesmo por seus semelhantes."

A atenção prestada a essas palavras era grande; os ouvintes, incalculáveis. Todos os peregrinos que haviam vindo solitários e todas as procissões comunitárias se reuniam ali, depois de terem deixado seus estandartes e bandeiras encostados na parede da igreja à direita do pregador, o que constituía uma ornamentação nada desprezível para o local. Além disso, foi muito agradável ver, em um pequeno pátio inacabado que se abria para a assembleia, todas as imagens que haviam sido trazidas para ali postas sobre altos andaimes, fazendo valer seus direitos como os ouvintes mais distintos.

"A campanha na França" e outros relatos de viagem

Três imagens novas e frescas, de diferentes tamanhos, da Mãe de Deus, se erguiam sob a luz do sol, as longas fitas cor-de-rosa esvoaçavam alegres e festivas, batidas por uma alegre corrente de ar. O Menino Jesus em roupas douradas continuava sempre amigável. São Roque, também representado mais de uma vez, contemplava tranquilamente sua própria festa. A figura com a roupa de veludo negro, com toda a razão, acima das outras.

O pregador iniciava agora a terceira parte, e se fez ouvir mais ou menos nos seguintes termos:

"Mas também essa ação importante e difícil teria permanecido sem nenhuma consequência benigna se São Roque tivesse esperado, para tão grandes sacrifícios, uma recompensa terrestre. Atos tão piedosos só podem ser recompensados por Deus e, assim mesmo, na eternidade. A duração do tempo é curta demais para um galardão ilimitado. E assim o Pai Eterno concedeu sua graça ao santo homem para todo o sempre e lhe garantiu a maior das bem-aventuranças, a saber: a de ser lá das alturas, assim como já havia sido durante sua vida aqui embaixo, um constante socorro para seus semelhantes.

"Por isso, podemos ver nele, em todos os sentidos, um exemplo pelo qual medir os degraus de nosso crescimento espiritual. Se em dias tristes vos dirigistes a ele e alcançastes uma feliz acolhida pela misericórdia divina, então deixai agora toda insolência e toda arrogante soberba, perguntai a vós mesmos com humildade e indulgência: tivemos suas qualidades diante de nossos olhos? Esforçamo-nos por imitá-lo?

"Entregamo-nos, na época mais terrível, sob um peso quase insuportável, à vontade de Deus? Reprimimos uma queixa nascente? Vivemos em uma esperança resignada, para merecer que ela agora nos seja confirmada de modo tão inesperado quanto misericordioso? Nos dias terríveis em que grassavam enfermidades terríveis, semelhantes à peste, fizemos algo além de rezar e implorar pela salvação? Socorremos os nossos, os parentes próximos ou distantes, os conhecidos, e mesmo os estranhos e adversários naquela aflição, arriscamos nossas vidas por amor a Deus e ao santo?

"Se puderdes responder com um 'Sim!' a essas perguntas no silêncio de vosso coração, como decerto pode honestamente a maioria de vós, levai, então, um louvável testemunho convosco para casa.

Johann Wolfgang von Goethe

"Se também puderdes, como não duvido, acrescentar ainda: em tudo isso não pensamos em nenhuma vantagem terrena, ao contrário, contentamo-nos com o ato agradável a Deus em si mesmo, então vos alegrai ainda mais por não haver feito uma súplica inútil, e terdes vos tornado iguais a ele, ao Intercessor.

"Crescei e fortalecei-vos nessa qualidade espiritual também nos dias bons, para que nos maus, que chegam tantas vezes sem ser previstos, possais dirigir preces e votos a Deus através de seu santo.

"E assim considerai também as futuras peregrinações até aqui como recordações renovadas de que não podeis trazer ao Altíssimo maior oferenda de gratidão do que um coração melhorado e enriquecido de dons espirituais."

A prédica terminou decerto com um efeito benéfico sobre todos: pois cada um ali havia ouvido aquelas palavras claras, e cada um guardado no coração as lições compreensíveis e práticas.

Então o bispo volta à igreja; o que aconteceu lá dentro permanece oculto para nós. Os ecos do *Te Deum*, nós ouvimos aqui fora. As ondas de gente que entravam e saíam provocavam uma movimentação intensa, a festa se encaminhava para sua dispersão. As procissões se enfileiravam para iniciar sua partida; a de Bidenheim, que fora a última a chegar, foi a primeira a partir. Ansiávamos por sair daquela confusão e, por isso, acompanhamos a serena e severa procissão de Bingen em sua descida. Também nesse caminho percebemos os vestígios dos dias tormentosos da guerra. As estações da Via Dolorosa de Nosso Senhor haviam sido provavelmente destruídas. Para a restauração dela poderiam colaborar um espírito piedoso e um sentido artístico honesto, pois cada um, fosse quem fosse, percorreu aquele caminho com uma edificação participante.

Chegando à maravilhosamente situada Bingen, não encontramos nenhuma paz, sentimos antes, depois de tantos acontecimentos maravilhosos, divinos e humanos, a necessidade de nos lançar de imediato no selvático banho da natureza. Um bote nos levou rio abaixo. Deslizamos sobre os restos do velho dique rochoso, que o tempo e a arte haviam vencido, tendo à nossa esquerda a torre feérica, construída sobre indestrutíveis rochedos de quartzo, e à direita o Ehrenburg; mas logo fizemos a volta para regressar, os olhos cheios daquelas fendas montanhosas cinzentas e íngremes, pelas quais o Reno abre seu caminho desde o início dos tempos.

Assim como durante toda a manhã, também nesse nosso caminho de volta o sol alto nos acompanhou, embora nuvens que se formavam e passavam nos céu nos dessem esperanças de uma ansiada chuva; e de fato, por fim, tudo aquilo caiu, refrescante, e por um tempo suficiente para que em nossa viagem de regresso sentíssemos a paisagem toda mais amena. E assim, talvez, São Roque, exercendo sua influência sobre outro auxiliador, também nos concedeu suas bênçãos abundantes, mesmo que fora de suas verdadeiras atribuições.

Dias de outono em Rheingau
(Suplemento de *A festa de São Roque*, 1814)[27]

A observação viva das localidades e objetos a ser agora descritos eu devo à tão amada quanto venerada família Brentano, que me proporcionou muitas horas felizes em sua casa de campo em Winkel.[28]

A maravilhosa situação do edifício deixa o olhar livre para todos os lados, e todos os moradores, dentre os quais sou grato por ter sido incluído durante algumas semanas, podem assim se movimentar alegremente por todas as redondezas, por água e por terra. De carruagem, a pé e de barco se alcançam, em ambas as margens do rio, os pontos de observação mais esplêndidos, ora pressentidos, ora não pressentidos. Aqui o mundo se mostra mais variado do que o supomos; o próprio olho não é em si suficiente em presença de tudo, como poderia agora uma palavra escrita ser suficiente para evocar a memória do passado? Por isso, espero que estas páginas possam ser fielmente dedicadas pelo menos ao meu sentimento naqueles momentos inestimáveis e à minha gratidão por eles.

---

27 Título original: *Im Rheingau Herbsttag. Supplement des Rochus-Festes, 1814*. Publicado pela primeira vez no terceiro número da revista *Kunst und Altertum* [Arte e Antiguidade].

28 Família Brentano: Franz Dominikus Maria Josef Brentano (1765-1844), comerciante em Frankfurt, e sua esposa, Johanna Antonia Josepha Brentano (em solteira Birkenstock, 1780-1869). A família possuía uma herdade em Winkel.

1º de setembro

O mosteiro de Eibingen dá a ideia mais desagradável de uma existência digna destruída. A igreja roubada de todo o seu aparato, quartos e salas sem o mais ínfimo apetrecho doméstico, as paredes das celas danificadas, as portas para os corredores obstruídas por trancas, as divisões do enxaimel não preenchidas, entulho para todos os lados. Mas por que essa destruição sem objetivo nem sentido? Foi-nos dito o motivo. Aqui deveria ser instalado um hospital de campanha, caso o palco da guerra tivesse permanecido nas redondezas. Sendo assim, ainda temos de nos dar por felizes com esse entulho e esse trabalho abandonado. Atualmente, aliás, parece que se quer utilizar os cômodos vazios como depósito de uniformes e para guardar apetrechos de guerra antigos e de pouco uso. No coro há selas enfileiradas, nas salas e quartos mochilas, também não faltam peças de fardas abandonadas, de modo que, se alguma das freiras, anos atrás, tivesse o dom da premonição, não poderia deixar de se horrorizar com a futura devastação e profanação.[29] O brasão dessas damas outrora abrigadas e sustentadas aqui ainda adorna uma sala vazia.[30]

Em seguida, visitamos a casa de Brömser em Rüdesheim, que contém restos extraordinários, mas desagradáveis, do século XVI.[31] No entanto, um retrato da família dos senhores de Kroneburg, de 1549, é muito bom em sua espécie e digno da atenção de todos os amigos da antiguidade e da arte.[32]

Na igreja matriz, na praça do mercado, encontra-se a figura milagrosa que outrora atraía tantos fiéis a Nothgottes.[33] Cristo ajoelhado, com as mãos levantadas, cerca de 8 polegadas de altura, possivelmente a figura

---

29 Goethe alude aqui à fundadora do convento, Hildegard von Bingen, que tinha o dom da premonição.

30 O convento beneditino fundado por Hildegard von Bingen era destinado a damas da nobreza.

31 Antigo solar nobre em Rüdesheim am Rhein, residência da família Brömser em estilo gótico tardio e renascentista sobre as bases de um edifício medieval.

32 Os Kroneburg eram uma família aristocrática aparentada dos Brömser.

33 Nothgottes: mosteiro dos capuchinhos em Eibingen, conhecido por ser um local de peregrinação.

"A campanha na França" e outros relatos de viagem

central que restou de um antiquíssimo grupo no Jardim das Oliveiras. A cabeça e o corpo esculpidos em madeira, as vestes em fino tecido de linho colado, firmemente ajustadas onde as dobras já haviam sido esculpidas na madeira, mas soltas nos braços rudes, formando as mangas e estofadas, o todo pintado com um fundo em giz. As mãos erguidas eram muito compridas, mas em contrapartida os pulsos e unhas eram bem elaborados; uma época não incapaz, mas inábil.

2 de setembro

Mais ou menos no centro de Winkel se faz uma curva em direção à colina para visitar Vollrath.[34] De início, o caminho passa através de vinhedos, em seguida se chega a um prado, inesperado aqui, úmido e cercado de pastagens. Ao pé da montanha, sobre uma colina, ergue-se o castelo, à direita e à esquerda campos férteis e vinhedos, às nossas costas uma floresta de faias e carvalhos que cresce na montanha.

O pátio do castelo, rodeado de edifícios notáveis destinados à moradia e à administração, dá testemunho da antiga riqueza, a parte traseira menor é reservada aos utensílios de agricultura.

À direita, entramos em um jardim que, como o todo, dá testemunho da antiga riqueza e da previdência dos antigos senhores, e que hoje estranhamente nos atrai como uma ruína viva. As árvores frutíferas, antigamente mantidas sob a forma de leque ou pirâmide, cresceram sem arte e desordenadamente, tornando-se poderosos troncos e galhos que cobrem de sombra os canteiros, obstruem os caminhos e oferecem, cheias de excelentes frutos, uma visão das mais inusitadas. Uma casa de veraneio, construída pelo príncipe eleitor da família Greifenklau, recebe em visível decadência o recém-chegado. Os cômodos do térreo foram todos desprovidos da antiga nobreza, o salão do primeiro andar desperta a memória de um passado florescente pelos retratos de família, que, sem ser bem pintados, exprimem, contudo, a presença das personalidades. Um Greifenklau, que devia ter lá

---

34 Castelo Vollrath (Vollrads), propriedade da família Greifenklau.

seus motivos para se gabar de si e de sua condição, está sentado, satisfeito, em tamanho natural. Tem ao seu lado duas esposas e muitos filhos, cônegos, soldados e cortesãos, e as crianças, talvez também parentes, que não encontraram lugar sobre o chão plano, aparecem, como pinturas na pintura, na parte superior do quadro. Também estão pendurados quadros de príncipes eleitores, cônegos e cavaleiros, em tamanho natural, de corpo inteiro ou meio corpo, no salão não devastado, mas devassado, onde cadeiras antigas e ricas ainda mantêm seus postos desordenadamente entre arbustos negligenciados e lixo de todo tipo. Nos cômodos laterais, as tapeçarias em couro folheado a ouro tremulam nas paredes, parece que tiraram os pregos de tapeceiro que as firmavam para usar em alguma outra coisa.

Se o olho se desvia desse horror para a janela, o jardim fértil tomado pelo mato lá embaixo lhe oferecerá uma vista esplêndida. Através de um vale suavemente aberto, vê-se Winkel de comprido; então, para além do Reno, Unter-Ingelheim e Ober-Ingelheim, uma região fértil. Atravessamos o jardim negligenciado em busca do viveiro de plantas que, contudo, encontramos nas mesmas condições; o jardineiro, segundo nos disseram, ama a pescaria.

Lá fora, abaixo do jardim, sobre o prado, um grande choupo bem desenvolvido nos atraiu a atenção; disseram-nos que foi plantado na festa de casamento do penúltimo Greifenklau, cuja viúva, por fim, gozava dessas maravilhas com um prazer incontido. Mas depois da morte prematura de um filho, a posse dessa bela propriedade passou para um outro ramo da família que, morando longe, parece ter pouco se preocupado com sua preservação. Passamos ao largo de uma torre esquisita, construída no meio de um tanque, e entramos no edifício residencial.

Se ontem, no mosteiro de Eibingen, vimos a destruição causada, de bom ou mau grado, pela mudança das relações de governo e dos conceitos religiosos, pelos rumos da guerra e por outras preocupações e necessidades, se vimos lá um mosteiro dissolvido, o que vimos aqui foram os vestígios de uma velha família que se dissolveu a si mesma. As veneráveis árvores genealógicas ainda se preservavam nas paredes dos corredores ao redor. Aqui as famílias Greifenklau e Sickingen se uniram e multiplicaram em diversos ramos, os nomes mais distintos e famosos se uniram pelo lado feminino ao de Greifenklau.

Em outros desse quadros, bispos, abades, clérigos, mulheres se ajoelhavam sob a árvore da qual haviam brotado e pediam bênçãos. Um terceiro quadro dessa espécie havia sido desfigurado de maneira premeditada ou de propósito; alguém recortara o patriarca, talvez um amador de tais antiguidades, daqueles que em parte alguma merecem confiança. Hastes e ramos pairavam no ar, vaticinando o ressecamento.

De resto, o quanto em tempos mais vivos essas galerias devem ter oferecido diversão aos membros da família e parentes, ainda pode ser medido pelo fato de que as plantas de algumas propriedades, com seus limites, privilégios, partes em disputa e tudo o mais que merecesse a atenção, estavam penduradas aqui e oferecidas à observação.

Mas faltava ainda algo que os visitantes de outros tempos conheceram e nós por fim descobrimos em outro cômodo: retratos de família, empilhados como camadas de sedimentos uns sobre os outros e entregues à ruína. Alguns merecem ser preservados, a todos teríamos dado um lugar na parede. Em alguns quartos ainda se encontram cadeiras e armações de camas, cômodas e coisas parecidas, pouco a pouco estragadas pelo tempo e pela desordem.

Na pequena capela ainda se rezam missas, mas também ela está apenas sofrivelmente limpa. Um par de pequenas imagens gregas quase não merece ser salvo dessa ruína geral.

Fugimos desses lugares tristes para a natureza rica e alegre, subindo para o topo da colina, em direção do Johannesberg, com vinhedos à esquerda e campos cultiváveis arados havia pouco à direita. O limite do vinhedo assinala ao mesmo tempo o limite da terra inundada, onde os campos cultivados começam a revelar a espécie original da montanha. É um quartzo aparentado à ardósia, que costuma se separar em placas e prismas.

Não se pode deixar de olhar para trás à esquerda, em direção ao rio e às paisagens e habitações que o ladeiam em ambas as margens que, já conhecidas em particular, podem ser observadas com grande interesse no todo.

Mas surpresos mesmo ficamos quando subimos ao miradouro do castelo de Johannesberg. Pois, se quiséssemos repetir o nome de todos os lugares e objetos mencionados na descrição da festa,[35] só se apresentaria à nossa memória, em todo caso, aqueles que se avistam daqui, assim que, mantendo-nos no mesmo lugar, voltamos a cabeça para a direita ou para a esquerda. Ocorre que, de Bieberich até Bingen, tudo é visível para um olho sadio ou aparelhado. O Reno, com as localidades que se cingem a ele, com ilhas inundáveis, margens opostas e campos em aclive. Em cima, à esquerda, o pico azulado do Altkönig e do Feldberg, e bem defronte de nós a encosta do Donnersberg! O rio conduz nosso olhar para a região onde nasce o Nahe. Embaixo à direita fica Bingen, ao lado dela a ominosa garganta montanhosa onde o Reno se perde.

O sol às nossas costas ilumina esses objetos variados do lado que temos diante de nós. Nuvens leves, estranhas, em fiapos, que se movem do horizonte para o zênite, interrompiam a claridade geral da imagem, trechos iluminados pelo sol atraíam alternativamente a atenção, ora para cá, ora para lá, e o olho se deleitava aqui e acolá com uma graça isolada e fresca. O estado do castelo em si mesmo não perturbava essas impressões agradáveis. Está vazio, sem mobília, mas não arruinado.

Ao pôr do sol, o céu se cobriu de todos os lados com fiapos de nuvens coloridas em forma de flechas que deslizavam sempre para o horizonte: elas anunciavam uma mudança no tempo sobre a qual a noite decidirá.

3 de setembro

O céu da manhã, de início todo coberto de nuvens, foi pouco a pouco ficando limpo com o vento norte que não parava de soprar. Depois de termos visto um quadro antigo em Geisenheim na casa de um comerciante, tomamos o caminho para cima através de uma plantação de carvalhos que a cada catorze anos são derrubados para serem utilizados em um curtume. Aqui voltamos a encontrar formações de quartzo e, mais acima, uma espécie de *totliegend*.[36] À direita, tem-se uma vista para um vale atopetado

---

35 A festa de São Roque.

36 *Totliegend* (literalmente, algo que jaz morto). O nome é derivado de *Rotliegend* (vermelho subjacente), tipo de rocha vermelha formada por camadas de arenito e

de carvalhos velhos e jovens, as torres e tetos de um antigo mosteiro se mostram, inteiramente cercadas do mais rico verde, no fundo solitário e selvagem do vale. Uma situação em total concordância com o nome desse lugar sagrado: pois ele ainda é chamado de Nothgottes, embora a imagem miraculosa que lamentava aqui seu sofrimento diante do cavaleiro tenha sido levada para a igreja de Rüdesheim.[37] Essa localidade pareceria ainda hoje de todo inóspita se não se tivesse desmatado e destinado à agricultura um pequeno trecho da colina contígua.

O caminho então sobe em direção a uma superfície cultivada lá no alto, até chegar ao Niederwald, onde uma estrada larga anuncia construções distintas. No fim dela se ergue um pavilhão de caça, com alas laterais. Já do pátio, e ainda melhor do alto de uma torrezinha, se vê o Reno desaguar na portentosa garganta lá embaixo. Lorch, Dreyeckshausen,[38] Bacharach podem ser vistas deste e daquele lado, e desse ponto de observação me foi dado ver o início de uma nova região e o total esgotamento do Rheingau.

Em um passeio pela floresta, passamos por vários pontos de observação, e por fim chegamos a um miradouro disposto sobre o cume de um rochedo do contraforte, de onde se pode desfrutar de um belíssimo panorama. Muito abaixo de nós a corrente do Binger Loch, acima dele a Mäuseturm. O Nahe passando pela Ponte de Bingen, vindo em nossa direção, mais à frente a encosta da capela de São Roque e o que mais pertence a ela, um grande panorama, variado em todas as suas partes. Se o olho se volta para trás e para baixo, vemos o castelo arruinado de Ehrenfels aos nossos pés.

Depois de atravessar sem problemas um trecho de floresta, chega-se a um templo redondo voltado para o norte. Aqui, voltamos a olhar para o Reno correnteza acima e encontramos ocasião para sumariar tudo o que vimos e revimos durante esses dias. Conhecemos bem os objetos em particular e

---

que, por ser encontrada sobre camadas de ardósia, era chamada de *rotes totes liegendes* (vermelho morto subjacente).

37 Segundo a lenda, um cavaleiro da família Brömser fez na Palestina a promessa de construir um mosteiro, mas se esqueceu de cumpri-la ao voltar e foi lembrado dela por uma imagem do Menino Jesus descoberta por um arado e por um servo que se lamentou pelo "sofrimento de Deus" (*Not Gottes*).

38 Trechtlingshausen.

Johann Wolfgang von Goethe

assim se pode, com o auxílio de uma luneta, ou mesmo a olho nu, contemplar e observar algumas coisas especiais que há nas proximidades e à distância.

Quem em seguida se esforçasse por descrever o Niederwald não poderia perder de vista como as montanhas primitivas de Wiesbaden se achegam aqui cada vez mais ao Reno, empurram a correnteza em direção ao oeste e, então, os rochedos do Niederwald são os limites em que ele pode novamente tomar seu caminho para o norte.

A íngreme trilha para Rüdesheim passa através dos mais belos vinhedos, que com seu verde vivo em fileiras regulares, como tapetes bem tecidos, revestem algumas colinas que se achegam e se amontoam.

4 de setembro

De manhã cedo na igreja, onde a missa, por disposição da família Greifenklau, foi celebrada com solenidade maior do que a habitual. Crianças enfeitadas e coroadas de flores se ajoelhavam nos degraus laterais do altar e espalhavam pétalas de flores de seus cestinhos nos momentos principais da cerimônia; mas como eram muito pródigas ao fazê-lo e não queriam de modo algum faltar nos momentos mais solenes, elas as recolhiam do chão, punham-nas de volta nos cestinhos e a oferenda era feita uma segunda vez.

Depois, fomos para a capela de São Rábano,[39] arruinada e transformada para ser usada como casa de verão pelo vinhateiro. Segundo consta, foi o primeiro edifício de Winkel, e parece velha o bastante para isso. Diz-se que a terra, ou melhor, o entulho catado onde antes ficava o altar espanta ratos e camundongos.

Depois do almoço, em um barco sobrecarregado de gente, de Mittelheim a Weinheim, com um vento nordeste muito forte. O curso do rio age com força na margem esquerda, depois de ter levado um trecho do prado. As raízes dos velhos salgueiros estão expostas, os troncos descascados pelo gelo. Foi construído um dique para proteger os campos contra inundações.

---

39 Rábano Mauro Hrabanus Magnentius Maurus (*c.* 780-856), monge beneditino, diretor da escola do mosteiro e abadia de Fulda, mais tarde arcebispo de Mainz. Uma das figuras mais importantes da chamada Renascença Carolíngia.

646

"A campanha na França" e outros relatos de viagem

Ao final desse dique, próximo a Nieder-Ingelheim, encontramos verdadeiras dunas, formadas pelas águas nos tempos mais remotos, agora sua fina areia é levada para lá e para cá pelo vento. Um sem-número de caracóis se misturava a ela, uma parte deles semelhantes aos fósseis de moluscos que se encontram no tufo calcário de Weinheim. Que espécimes desse ainda se multipliquem nesse território arenoso pode-se deduzir da concha com um animal ainda vivo que algumas crianças atenciosas me mostraram.

Atrás de um moinho, começa uma região fértil que se estende até Nieder-Ingelheim. Essa localidade, que já se situa em uma elevação, em um suave outeiro, pertence ao distrito outrora chamado de Vale do Sacro Império Romano. Encontramos o palácio de Carlos Magno meio destruído, desmembrado, dividido em pequenas propriedades, sua circunscrição ainda se pode reconhecer pelos altos muros, talvez de uma época tardia.[40] Um fragmento de uma coluna em mármore branco se encontra adaptada ao portal, com a seguinte inscrição da Guerra dos Trinta Anos:

"Há oitocentos anos esta sala pertenceu ao grande imperador Carlos, depois dele a Luís, filho do indulgente imperador Carlos, mas no ano de 1044 ao imperador Henrique, no ano de 1360 ao imperador Carlos, rei no palácio da Boêmia, e o imperador Carlos Magno, mandou trazer, junto a outras colunas fundidas, essa coluna de Ravena, na Itália, para este palácio, e ela foi aqui instalada no governo do imperador Ferdinando II e do rei da Espanha Filipe IV e também de seu mui louvável governo estabelecido no Baixo Palatinado, em 6 de abril do ano de 1628, quando a fé católica foi novamente introduzida e constituída."[41]

Münster, em *História de Ingelheim*, o vale do sacro império romano, fol. DCLXXXIX.[42]

---

40 O palácio real em Niederingelheim foi construído com mármores de Ravena entre 768 e 774 por Carlos Magno, que teria nascido naquela localidade. O palácio e a aldeia foram destruídos em 1689.

41 Isto é, durante a ocupação católica da Renânia-Palatinado durante a Guerra dos Trinta Anos.

42 Referencia à obra *Cosmographia universa* (Basileia, 1544), de Sebastian Münster, que nasceu em Ingelsgeim.

Johann Wolfgang von Goethe

Pretende-se haver descoberto o lugar em que ficava em tempos remotos a cozinha, por terem encontrado muitos ossos de animais, em especial dentes de javalis, no fosso mais próximo. Durante o domínio francês, fizeram-se diversas buscas, e algumas colunas também foram levadas para Paris.

Recentemente, por ocasião da grande obra de construção da estrada, Ingelheim recebeu uma excelente pavimentação, e a sede do correio foi bem instalada. A esposa do chefe do correio atende pelo nome de sra. Glöckle, muito visitada agora por viajantes, em especial ingleses e inglesas.

Noite escura, chegamos em casa pela balsa, não sem transtornos, mas bem.

5 de setembro

Partimos de carruagem para Rüdesheim, depois seguimos viagem de barco para Bingen, com um forte vento que soprava na direção contrária à correnteza; a balsa transportou a carruagem.

Passeio pela margem, descarga de gesso, muito misturado com argila cinzenta. De onde poderá vir? Passeio pela cidade, parada na taberna do Cavalo Branco. Dona melancólica, com uma singular consciência de sua condição. Depois de uma refeição boa e barata, subimos a montanha de São Roque, passando pelas estações arruinadas da Via Sacra. Encontramos a capela de São Roque aberta. O homem que fez a restauração estava presente, feliz com sua obra, que de fato pode ser considerada bem-sucedida. As paredes da igreja foram erguidas tanto quanto necessário a fim de abrir um espaço conveniente para o altar principal de Eibingen. O transporte não custou nada, pois os habitantes de Bingen carregaram tudo lá de cima para baixo, e lá de baixo aqui para cima, e os barqueiros também trouxeram tudo sem receber nada em pagamento. Com isso, os objetos isolados foram bem preservados, e só necessitaram de pequenos reparos.

Naquele momento, estavam ocupados em instalar o órgão. Quando perguntamos à pessoa que tomamos como mestre dos trabalhos pela qualidade do órgão, ele respondeu com ênfase: é um órgão suave, um órgão para freiras! Deixaram-nos ouvir alguns registros, eram fortes o suficiente para as dimensões da capela.

"A campanha na França" e outros relatos de viagem

Então nos voltamos para a vista que jamais poderia ser contemplada em demasia, e depois examinamos a formação rochosa. No topo, ela se constitui de um quartzo aparentado à ardósia; no sopé, na direção de Kempten, é de uma espécie de *totliegend*, que consiste em fragmentos de quartzo pontudos, quase sem elemento de ligação. É extremamente firme e recebeu na superfície, através das intempéries, o conhecido revestimento de calcedônia, que pode com razão ser incluído entre as brechas primitivas.

Descemos através dos vinhedos, deixamos Kempten à esquerda e chegamos à nova e excelente estrada, em cujas margens, dos dois lados, se pode ver um solo fácil de trabalhar. Como queríamos ir a Ober-Ingelheim, deixamos a estrada e seguimos pela direita sobre um solo arenoso através de bosquezinhos de pinheiros jovens; suaves elevações já mostravam uma terra melhor; por fim, encontramos vinhedos e chegamos a Ober-Ingelheim. Esse lugarejo fica em uma elevação em cujo sopé corre um rio chamado Selz.

Na localidade limpa, bem pavimentada, vê-se pouca gente. No alto, ergue-se um antigo castelo todo arruinado, em cuja circunscrição há uma igreja ainda utilizada, mas mal conservada. Na época da revolução, arrebentaram os brasões dos túmulos dos cavaleiros. Vidros velhíssimos pouco a pouco se quebram sozinhos e despencam. A igreja é protestante.

Pudemos observar um maravilhoso costume. Sobre as cabeças dos colossos de pedra representando os cavaleiros se viam leves coroas coloridas de arame, papel e fitas, trançadas em forma de torres. Havia outras iguais sobre as cornijas e, pendurados nelas, grandes corações de papel com inscrições. Disseram-nos que estavam lá em memória de pessoas que morreram solteiras. Essas recordações fúnebres eram o único adorno do edifício.

Entramos em uma casa de vinhos e encontramos um velho comerciante que, não obstante seu fôlego curto, não deixou de nos contar sobre os tempos bons e os ruins. As duas Ingelheim pertencem a uma província chamada de Oito Localidades, que desde tempos imemoriais desfrutou de grandes privilégios. As tarifas eram baixas, pela grande fertilidade. Sob a dominação francesa, tinha-se de arcar com grandes tributos.

Aqui só costumava haver vinho branco, mas depois, por imitação e concorrência com a Casa Asmann, também se oferecia o tinto; elogiaram-lhe a excelência, embora já não pudessem nos servir um da safra de 1811; por isso, degustamos o branco da mesma safra.

Quando voltamos à margem em Weinheim e pedimos por um barco, dois rapazes se ofereceram para nos levar para o outro lado. Demos mostra de desconfiança por causa da juventude deles, mas eles nos asseguraram ser melhores do que os velhos, e de fato nos levaram para a margem direita com rapidez e sem percalços.

6 de setembro

Durante um passeio, em um trecho onde se erguia um muro, fiquei sabendo que o calcário, que se constitui quase todo de pequenos moluscos, é extraído nas colinas do lado de lá e em diversos lugares. Como esses moluscos, segundo o que se pensa mais recentemente, são produtos da água doce, fica cada vez mais claro o represamento do rio em tempos remotos, formando um grande lago.

Mostraram-me junto ao Reno, no meio de um salgueiral, o lugar em que a srta. Von Günderode se suicidou.[43] A narrativa dessa catástrofe, no lugar preciso, por pessoas que estavam nas proximidades e participaram da história, nos deu a sensação desagradável que o local de uma tragédia sempre provoca. Assim como não se pode pisar em Eger sem que os espíritos de Wallenstein e seus companheiros nos rodeiem.[44]

Fomos libertados desses sentimentos trágicos perguntando pelas ocupações da vida.

Curtume. A formação de brotos de um carvalho cortado leva de treze a catorze anos, então os carvalhos jovens são descascados, seja no tronco, ou depois de derrubados, isso tem de ser feito enquanto ainda há seiva. Essa casca é trazida de lugares distantes, do Neckar através de Heidelberg, de Trier etc. O transporte fluvial facilita o negócio. Moinhos para moer

---

43 Karoline Friederike Louise Maximiliane von Günderrode (1780-1806), poeta romântica alemã. Suicidou-se em Winkel, às margens do Reno, depois do fim de seu relacionamento com o filólogo e mitólogo Friedrich Creuzer (1771-1858).

44 O marechal Albrecht von Wallenstein (1583-1634), uma das personalidades mais conhecidas da Guerra dos Trinta Anos, foi assassinado em Eger.

"A campanha na França" e outros relatos de viagem

fino a casca. Peles, as norte-americanas, vieram nos últimos tempos sempre através da França. Tratamento das peles, tempo de curtição.

Cultivo dos vinhedos. Muito esforço. Vantagens, ganho, perda. No ano de 1811, foram produzidos oitocentos barris em Winkel.[45] Grande rendimento do dízimo.[46] A qualidade do vinho depende das condições, mas também da colheita. Sobre isso, os ricos e os pobres estão sempre discutindo, todos querem muito desse bom vinho. Afirmam que em Johannesberg há condições melhores; mas aquele é um distrito fechado, e, como tal, pode atrasar sem problemas sua colheita; daí vem a grande qualidade de seu produto. Nos distritos comunitários, os vinhedos são fechados algum tempo antes da colheita, nem mesmo o proprietário pode entrar. Se quiser uvas, tem de chamar uma testemunha juramentada.

E assim teríamos mais uma vez terminado com o feliz refrão:

No Reno! No Reno!
Ali crescem nossas uvas![47]

---

45 Barril: em alemão, *Stück*, forma abreviada de *Stückfass*, cuja medida variava entre 10 e 12 hectolitros.

46 Dízimo: apesar de normalmente ser identificado com uma contribuição religiosa, o dízimo (ou seja, a décima parte) também poderia denominar outras formas de impostos. Aqui se refere à taxa que se pagava ao arrendatário ou ao Estado.

47 *Am Rhein! am Rhein!/ Da wachsen unsre Reben!* Versos iniciais da oitava estrofe do poema "Rheinweinlied" [Canção do vinho do Reno], de Matthias Claudius (1740-1815).

SOBRE O LIVRO

Formato: 16 x 23 cm
Mancha: 27,8 x 48 paicas
Tipologia: Venetian 301 12,5/16
Papel: Off-white 80 g/m² (miolo)
Couché fosco encartonado 120 g/m² (capa)

1ª edição Editora Unesp: 2021

EQUIPE DE REALIZAÇÃO

Edição de texto
Silvia Massimini Felix (Copidesque)
Tulio Kawata (Revisão)

Capa
Vicente Pimenta

Editoração eletrônica
Eduardo Seiji Seki

Assistência editorial
Alberto Bononi
Gabriel Joppert

Outros títulos da série

Conversações com Goethe nos últimos anos de sua vida (1823-1832) — Johann Peter Eckermann

De minha vida: Poesia e verdade — Johann Wolfgang von Goethe

Viagem à Itália — Johann Wolfgang von Goethe

Impressão e Acabamento

PlenaPrint
Indústria Gráfica